中国新闻舆论史丛书

# 中国近代新闻传播流变史研究：1815—1949

## （上）

王天根　主编

合肥工業大學出版社

**图书在版编目(CIP)数据**

中国近代新闻传播流变史研究:1815—1949/王天根主编.—合肥:合肥工业大学出版社,2021.10

ISBN 978-7-5650-5411-2

Ⅰ.①中… Ⅱ.①王… Ⅲ.①新闻事业史—研究—中国—1815—1949 Ⅳ.①G219.296

中国版本图书馆 CIP 数据核字(2021)第 175073 号

**中国近代新闻传播流变史研究:1815—1949**

(上下册)

王天根 主编　　　　责任编辑 孙南洋

| | | | |
|---|---|---|---|
| **出　版** | 合肥工业大学出版社 | **版　次** | 2021 年 10 月第 1 版 |
| **地　址** | 合肥市屯溪路 193 号 | **印　次** | 2021 年 10 月第 1 次印刷 |
| **邮　编** | 230009 | **开　本** | 710 毫米×1010 毫米　1/16 |
| **电　话** | 人文社科出版中心:0551-62903200 | **总印张** | 29.5 |
| | 营销与储运管理中心:0551-62903198 | **总字数** | 513 千字 |
| **网　址** | www.hfutpress.com.cn | **印　刷** | 安徽昶颉包装印务有限责任公司 |
| **E-mail** | hfutpress@163.com | **发　行** | 全国新华书店 |

ISBN 978-7-5650-5411-2　　　　总定价: 68.00 元(上下册)

本书为安徽大学文科学术创新团队“新闻舆论史”(A类)及安徽省学术和技术带头人科研资助(项目编号:Z020118075)安徽省教育教学研究重点课题“新闻与舆论:基于学科融合的中国新闻史教材研究”(批准号:2020jyxm0101)的成果,亦为“中国新闻传播史研究”(教育部研究生课程思政示范项目)重要成果之一。

# 目　录

## （上）

# 导论

近代新闻舆论史主要是指舆论在报纸乃至广播上的呈现和展示,并分析这一过程中新闻传播历史的纵向关系呈现及规律性的展示,所以其书写涉及历史与现实交融互释。就学科构成而言,新闻传播史和新闻理论、新闻业务,共同构成了新闻传播学学科最根本的内容。老一辈的学者方汉奇先生认为新闻史属于历史学,后又称新闻史属于历史学的同时也是文化史学的一部分。这种转变和老一辈学者常将新闻史视作一种科学有关。将学术史看作一种科学,为新闻史学的研究奠定了一定的基础。

## 一、新闻舆论史及其关联的新闻传播流变探索现状

新闻舆论史及其关联的新闻传播流变和传统新闻史书写有明显的差别,其尤关注新闻舆论在这些媒介上如何呈现及展示,及其关联的历史语境与传媒生态:首先聚焦舆论在报纸等媒介上客观呈现,其次是主观意图的展示。呈现主要是指客观性的存在,展示主要指主观的动机和意图。探究近代新闻舆论史要寻求其规律,这是中国新闻舆论史系列要探讨的重要内容。另外,还要聚焦新闻与时评分析。简言之,新闻舆论史的书写,首先要聚焦新闻舆论怎样在报纸等传媒上展示,其次要注意新闻与时评的关系分析。就目前学术史的回顾而言,从舆论的维度探索新闻史仅见1936年林语堂所撰《中国新闻舆论史》,时间截至20世纪20年代,篇幅仅十余万字(自1932年始,林语堂主持《论语》《人世间》《宇宙风》等刊物,系报刊界闻人)。该书分两编,即古代部分、现代部分。古代部分涉及中国古代新闻事业,古

代歌谣，汉朝的“党锢”和公平批评，魏晋时期舆论的凋零，宋朝的学生请愿，明朝的宦官、御史和东林党人等 6 章；现代部分包含现代报业的开创（1815—1895）、革命前的维新报业（1895—1911）、民国时期的报刊（1912 年之后）、报界之现状、当代期刊、新闻检查制度等 6 章。可见，所谓新闻舆论史大体上是编年史学意义上的新闻史。林语堂在引言中称：现在中国报业仍处在发展的初期。在技术层面上，从新闻收集、发布和编辑艺术的角度来看，中国的报业还远远落后于西方。报刊被视为舆论工具的同时正走向腐化，至少现在看来是这样，而某些独裁政权的西方国家的现代报纸在这方面可能引领着潮流。可以看出，该书受戈公振著《中国报学史》、白瑞华著《中国的报刊：1800—1912》的影响，但是作者林语堂认为自己没有必要重复他们研究成果的细节，“除了引用他们著作中某些有用的图表作为参考之外，我将主要把自己的研究兴趣限定在宏观的发展视野上”。他认为：“中国新闻史就是民间舆论和中国当权者之间的斗争史。”大体而言，该书对近代新闻传媒与舆论场域等的探讨并不充分。

因此，基于舆论演变轨迹及其关联场域，分析舆论呈现，展示其与新闻传媒关系，就有必要完成一部较为系统的学术著作，在报刊史学基础上探索新闻舆论史。具体而言，中国近代新闻舆论史按时段主要分为 4 个部分：中国近代报刊产生与维新舆论的媒介建构（1815—1898）、清末民初传媒格局变迁与革命舆论的媒介建构（1898—1915）、民初政治架构发轫到形成与社会重构中的新闻事业（1915—1937）、全面抗战语境中政治架构强化及解放战争语境下国家重建中的新闻事业（1937—1949）。前两个部分侧重传媒与舆论建构的关系，后两个部分在“家—国关系”重构中分析传媒建构乃至动员。

## 二、学科危机语境下中国新闻舆论史探索的学术价值

在撰写书稿内容的过程中，我们在借鉴老一辈学者相关研究经验的同时，从时代和舆论结合的角度，重新切入近代新闻史。而新闻舆论史的研究路径与方法、撰写思路与章节编排方式，与笔者在复旦大学传播学博士后流动站的相关研究存有一定的联系，在学术理念上亦受到北京师范大学龚书铎、中国社会科学院近代史研究所王庆成、复旦大学宁树藩等学者的影响，同时笔者也注意研读新闻学界、历史学界时贤的著述。总之，面对媒介化社会及全球化语境，中国新闻舆论史专题系列的书写有非常重要的意义。

首先，新闻与历史的关系书写，涉及所谓“今天的新闻是明天的历史”等说法，

而新闻史学的重审及其书写，有着现实的语境。近几年的新闻学界乃至整个学术界有很多的学者，不断开会讨论新文科背景下新闻教育应如何做，还有很多谈学科规划的文章陆续发表。此外，有很多面对世界格局变动及一些西方大国选举中所谓"黑天鹅事件"冲击传统的社会调研及其分析，有关"网络时代""后真相时代"新闻传播学科处境的探讨等。实际而言，这是新文科语境下任何人文学科及社会科学都有可能会遇到的问题，如以前历史学不也有史学危机吗？历史学面对现实冲击而有史学危机，但是历史学学科没有被取消掉。目前，国内一些重点大学有意识加强了文史哲等学科基础的建设，如清华大学等高校越来越重视利用传统书院的方式培养文学、史学、哲学方面的人才，浙江大学设置了文史哲方面的学院等。总体而言，一方面，在互联网的冲击下，新文科、新工科面临学科重构，我国重点高校趋向加强文学、史学、哲学等学科的建设，而理工科也再次加强包括数理化在内的基础学科的发展。另一方面，面对互联网时代所谓知识碎片化以及传统学科框架的现代变动，我们再度强调基础学科建设，要在强调文史哲、强调数理化等传统学科分类意义上夯实基础。

其次，结合两次在国外访学的经历，笔者越来越感觉到在"互联网+"语境中诸多学科都在重新夯实基础。2011—2012 年及 2019 年，笔者在英国威斯敏斯特大学、格林尼治大学、伦敦大学亚非学院访学时，感觉时下经济学又重回亚当·斯密等古典经济学的学理分析，如伦敦大学亚非学院的发展经济学院派学者到非洲调研，其调研过程中所应用的方法和遵循的理论路径，很大程度上沿袭了亚当·斯密展示的学科智慧。与之相类似，中国一些文科类基础学科也重新回归文史哲。这些都是我们科研团队从新闻舆论层面出发，重新审视中国新闻传播史的促动因素。

最后，新闻学学科危机意识及其现实应对，涉及以史为鉴。相比较新闻学学科发展及其曲折而言，社会学在学科发展史上也曾遭遇危机。历史上，社会学遭受危机的时候，社会学创始人斯宾塞撰写了著作 *Study of Sociology*（《社会学研究》），一一批驳了那些认为"社会学不是科学"的诸多偏见。比照当下，在历史学遭遇危机时，牛津大学学者理查德·艾文斯撰写了 *In Defense of History*（《捍卫历史》）。而在新闻传播学学科发展出现危机的时候，一些大学首先取消了本科招生，这种情况的出现和新闻学界的学者自身学科反省有关，特别是一些学者写文章谈互联网背景下如何重建新闻学理论。实际上，其他学科也存在这些问题。笔者提及以上这些内容，主要是想讲，我们过去的模式和当今遇到的问题，决定了作为学科基础的新闻传播史的重要性。

## 三、以历史学为参照：中国新闻舆论史学体系探索的意义

新闻史学系历史学的分支或整体意义上一个构成部分。中国史学南北各有特色，以北京、上海为中心明显分为两大地域流派。北派中代表性的有北大、北师大等。目前北大的模式仍然是非常独立的，北大历史学系培养的人才，强调中国通史和世界通史的教育，如中国通史涉及从夏商周秦汉、魏晋南北朝到唐宋元明清，等等。从北大教学视频来看，每一个时段的教学都花费了很多的课时数，每一个朝代都讲得很精细。北大以断代史为主，学科基础很牢固。但从教学通则来看，断代史讲授太多，教学课时上就很少有经济史等其他内容的切入。相比较而言，中国历史教育体系亦存在以白寿彝、龚书铎为代表的北京师范大学历史教学模式。北师大为师范类大学，重视学科模式与教学特色，自然在情理之中。白寿彝是民族史学、史学史等学科领域的大师级人物，其所主持的北师大历史学科，是史学教育与研究的重镇。一度担任北师大历史系主任的龚书铎在教学认识论上接受了白寿彝老师的建议并进行了教学方案的规划，认为本科 4 年时间不能全部用在讲授中国通史和世界通史，应将中国通史和世界通史的教学压缩到 2 年时间左右，剩下的时间开设中国近代文化史、中国近代经济史、中国近代政治史等选修课程，这种教学方案后来成为国内师范大学乃至综合性大学历史专业普遍采用的模式。目前的史学界基本上是以北师大历史系(历史学院)的改革为基础进行相关教学方案的安排。当然，北大世界史及中国史也有很好发展，北大一些教员曾多次给相关领导讲授历史，培养的骨干在史学界出类拔萃，足以证明北大的教学模式也是非常成功的。

与历史学科相比较，新闻传播学学科的发展及其教学也存在类似一些问题。比照新闻传播学专业发展史可见，改革开放之初，新闻传播学学科在诸多综合性大学得以开设，很多大学一直将其挂靠在中文系，由此新闻系本科生的培养很大程度上接受了中国文学史、古代汉语以及现代汉语等课程的专业训练。由于新闻专业挂靠在中文系下教学，学生接受了严格的写作能力训练，这个模式在培养“名记者”写作能力方面是非常成功的。随着时代的发展，2000 年前后，国内诸多高校纷纷将新闻传播学学科从中文系中剥离出来，开始把传播学理论正式纳入教学大纲中，然后又引入了“文化研究”，少数大学还从海外引进并开设“传播政治经济学”等相关课程。海外及国内的一些学者，包括美国、英国、加拿大等国名校培养的一些华裔学者，他们都对“文化研究”“传播政治经济学”等课程进行研讨。与此对应，新闻传播理论和新闻业务研究也出了一些文集，但媒介新陈代谢很快，比如互联网时

代，基于其现实意义，有关电报的内容及其作为载体的分析与研究，已很少有专题研究，所以以往出版的这些文集的阅读者较少或新陈代谢很快。在这种情况下，更需要坚持论从史出，夯实新闻传播史的基础。面对新闻传播所谓“有学”“无学”，以及“学”与“术”之争，我们确信，夯实学科史基础，将使新闻传播学科学术地位得以牢牢确立。

## 四、关系及其面相：近代传媒与中国社会舆论动员

多年来，笔者及研究团队以近代报刊等新闻传媒与社会历史变迁互动关系为总的问题意识，相关研究成果力图将近代西学东渐、传播媒介、政治舆论演化结合起来，在 1815—1949 年的历史阶段内，以通论方式结合历史文献来探析西学、媒介与政治变革之间的关系，尤重报刊“通中外”“达新知”等政治功能的发掘与媒介舆论建构、解构之互动。其关键问题涉及 5 个层面。

其一，1815—1949 年中国新闻舆论史研究的整体面向。作为专题史层面的 1815—1949 年新闻舆论史学，是近代中国新闻史学的重要构成部分。此时期新闻传播涉及媒介系统，而媒介系统属社会关系网络的重要构成，亦与社会交通系统密切勾连。所谓交通乃是社会传播的实体形式之一种。战争亦常导致原有的经济意义上的交通枢纽发生巨变。而能与交通巨变带来的实体性流通相比较或对应的，往往是舆论动员意义上的大众传媒所涉政治传播及社会动员。1815—1949 年的中国变革属于世界格局变迁的一部分，特别是在此期间的两次世界大战对中国产生了深远影响。世界大战往往改变社会生态，当然包括社会生态的子系统——传媒生态。具体而言，战争改变传媒生态，涉及从经济建设上的商战转向政治动员及相关传媒格局的改变。

其二，救亡图存语境下的社会重建及其舆论表征。就历史记忆而言，面对两次鸦片战争的战败及其经验总结，梁启超等学人群体早期反省多从器物层面聚焦中国在武器上不敌西方列强的坚船利炮。与此同时，清政府亦派青年才俊前往英国学习海军。问题是购买了英德等国所造先进坚船利炮，甲午海战中国仍为东邻日本所败。国人反思转向注重从制度层面考察，认为君主专制较君主立宪落后，留学日本遂成风潮。历史发展到 20 世纪 20 年代，国内实现了第一次国共合作，国民党以孙中山为核心的领导阶层提出联俄、联共、扶助农工三大政策，触及统一战线的一些策略问题。毛泽东等中共领导人不但以共产党员的个人身份加入国民党，还参与了国民党中央的工作，毛泽东一度成为国民党中央宣传部代理部长，负责主编

国民党政治喉舌《政治周刊》等，而《政治周刊》的重要取向即强调联合特别是国共合作，当然也涉及与民众的大联合。与此对应，国民党重要人物蒋介石时任黄埔军校校长，只是部分掌握军权，谈不上掌控党政。这些从当时主要的政论性报纸相关舆论动员中可见一斑。

其三，抗战氛围下"战时新闻学"兴起与国家重建中的舆论动员。1931 年抗战爆发，内战与外战联动并涉及爱国主义舆论动员，呼吁国共"团结一致""共同对外""再次合作"的政论主张在诸多报刊上汇聚并达成共识。面对日本所谓"大东亚共荣圈"掩盖下的侵略企图，以及在中国东北建立伪满洲国等侵略行径，国民党、共产党领导的军队皆以抗日救国为主题，救亡图存语境下国共第二次合作有了现实的可能性。彼时，无论是地处西北的共产党领导的人民武装，还是国民党领导的华北抗敌一线的军队，都是在"抗战建国"的语境中努力。而无论是国民党领导的国统区，还是共产党领导的抗日根据地，在抗战中也都面临民族复兴的主题和"抗战建国"的问题。当然，因统辖区域等行政差异，二者有着不同的区域社会的语境。另外，"战时新闻学"兴起，涉及当局的新闻改革，而自由主义者胡适等人在《新月》等杂志刊文对国民党采取的言禁措施颇为反感，对国民党能否完成国家重建的历史职责一度表示质疑，由此而受到国民党的围追堵截，这在舆论界引发强烈的反弹。

其四，全面抗战时期舆论场域空间分割及其媒介生态。考察抗战语境中诸多历史事件并分析其背后的社会语境，涉及战争与媒介的关联，也涉及研究者当下的时空及其在历史剪裁上的投影。大体而言，这涉及"此时此地"研究者对"彼时彼地"中的研究对象"他者"之历史记忆。就新闻传播而言，日本侵华改变了中国传媒格局，中国在地域空间上被分成国统区、沦陷区、根据地，各自皆有媒介系统及情报系统。三大区域的情报工作者亦在特殊信息交流上相互渗透，但国统区的传媒生态显然区别于沦陷区、根据地。三大舆论场域的空间分割，为探索上海孤岛时期的舆论活动及其与其他两个区域之间的互动联系提供了思路；同时，三大舆论场域对话语权的争夺、投降派和主战派之间的舆论争夺等问题也值得思考。战争亦对中国社会结构产生严重冲击，造成人口大迁移等。这些人口迁移涉及都市和乡村，农村人口多是短距离迁移，而长途迁移的往往是社会精英。战争语境下人口迁移带来很多社会问题，如妻离子散。对包括报人在内的知识分子而言，迁移又涉及跨区域的社会身份认同问题。江山沦陷、家国离析、命运多舛的惆怅感油然而生，而文艺副刊往往成为文人情绪倾诉乃至学人报国的平台。在这样的背景下，社会精英也通过舆论串联起三大舆论场域，影响着不同场域中的社会认知。

抗战的历史语境及其舆论动员，关系中华民族的存亡，也涉及社会重建、国家重建中的民族复兴之路。与此对应，抗战时期的新闻传播涉及“报人报国”，背后隐含政治宣传。抗战语境中的共识乃至历史记忆，大多离不开传媒这一舆论载体。所谓“抗战建国”是近代社会变迁中重要的历史主题，抗战中家国情怀与社会重建、国家重建的舆论议题先后重叠，涉及中华民族对自身前途与出路的探讨。

其五，解放战争语境下国共攻守易势与国家重建舆论的政治转向。全面抗战期间，国共双方的主要报刊在抗战的舆论宣传上大体一致，即“团结对外”并“一致抗日”。而在抗战胜利前后，伴随国共双方力量对比变化及国际局势的演变，中国共产党提出了“联合政府”的口号，并借党报党刊展开了行之有效的舆论宣传。这一政治主张很快引起中国社会各界的广泛关注，并得到大后方民主党派多数意见的赞同，进而与国民党媒体宣扬的“立宪政府”路线相对峙。解放战争期间，作为中共的喉舌之一，《新华日报》大力抨击国民党的专制统治。1947 年 2 月 28 日，《新华日报》在重庆被国民党封禁。在此情况下，1947 年 10 月《中国人民解放军宣言》发布，提出了“打倒内战祸首蒋介石，组织民主联合政府，借以达到解放人民和民族的总目标”。其后诸多报纸在宣传上跟进，并形成时事学习材料《打倒蒋介石，建立新中国》。

抗战胜利后，国民党新闻业或接管汪伪政权遗留下来的大批报馆，或接收汉奸报纸并改组。不过，由于国民党的军事失败及国统区的经济衰败，其舆论宣传收效甚微，难有作为。此外，原依附于国民党政权的自由主义报刊倡导走“第三条道路”，后随着国民党政权的倒行逆施而有所分化。尤其是《大公报》等报刊，由倡导支持蒋介石的国家中心论转而批评国民党政治腐败，实际上也意味着这些报刊的新生。随着解放战争的推进，国民党军队日渐溃败，与之相联系的则是国民党的新闻出版事业在大陆的垮台。

由此可见，解放战争时期，“国家重建”的话题通过不同阵营的媒体和舆论，呈现不同的媒介镜像。在不同的媒介镜像中，双方又对国家未来作出了不一样的判断，而这也进一步影响双方对于“国家重建”的不同方略。中国共产党的舆论宣传获得了明显效果，其政治主张得到了广大人民以及众多民主人士的认可与支持；与之对应的是，国民党的新闻业因国民党政府倒行逆施的政治、军事行动及内部的经济腐败，逐渐丧失了公信力，其舆论宣传自然也起不到引导作用。同时，民间报刊在时局的转变下，也逐渐倒向共产党，并批驳国民党的专制、腐败。简言之，通过对解放战争语境下三方新闻业演变的考察，可探究此时政治舆论的转向，进而窥探解放战争的发展进程。

总体而言，反思这一时期中国新闻事业所走过的历史轨迹及取得的经验，可见基于新闻传播基础之上的政治舆论及其导向，一定要把握国情，在时代方向感的选择上要顺从民意。简言之，1815—1949 年新闻史探索涉及报纸乃至广播作为载体的物品史的变迁，1815—1949 年新闻史聚焦占新闻事业主体的报纸沿革史，应当呈现报纸流行话语及其所涉舆论主题乃至口号转向，从而在舆论新陈代谢中展示报纸的时代感及方向感。

# 第一编

# 中国封建帝制语境下政治传播及古代报刊(1815 年之前)

# 第一章

# 中央集权政治体制建构及政治传播

公元前221年，秦始皇统一六国，终结了诸侯争雄的战国时代，建立起一个幅员辽阔的大帝国。为了实现对帝国的有效掌控，秦始皇进行了一系列的制度建设，中央集权的政治体制初具雏形，中国开始进入长达两千多年的帝制时代。此后，虽然王朝不断更迭，但支撑帝国运转的官僚制度逐步完善，皇权政治不断强化。汉代的三公九卿制、隋唐的三省六部制、明朝的内阁制、清朝的廷寄制等，皆为加强皇权所实行的制度。在皇权逐步加强的同时，传统王朝的政治传播机制也在不断演化的过程中发挥了其特有的政治功能。

## 第一节　自上而下的中央集权政治的建构

中华文明绵延至今，历久不衰。在五千年的历史长河中，中华民族不仅创造了丰富、灿烂的物质文化和精神文化，而且能够通过一系列的制度建构维护对内控制来应对自然灾害（如黄河泛滥）和外来势力（主要是来自北方的游牧和渔猎民族）的冲击。在应对挑战的过程中，中华民族逐渐建立和完善了自己特有的制度体系。当然，制度的建构不是一蹴而就的，其间历经重大变革。“殷周之变”，涉及创设井田制、宗法分封制、礼乐制度。“周秦之变”是继“殷周之变”后的又一次剧变，创设了皇帝制度、郡县制、官僚任免选拔制度、“书同文”、“车同轨”、统一度量衡等。周秦之际的制度创设影响深远，有效加强了中央集权，增强了国家和社会的凝聚力，奠定了中国长期维持“大一统”格局的基础。

## 一、制度转型：从“封土建邦”到“中央集权”的过渡

中华文明演进过程中，中国政治也发生多次重大的转向。第一次是发生在商周之际，王国维称“中国政治文化之变革，莫剧于殷周之际”[①]，这一时期是制度、文化更迭的重要时期，嫡长子继承制、宗法分封制、庙数制度、同姓不婚制度等都是在这一时期建立和完善的。同时，与政治体制相契合的礼乐制度也逐步建立起来，为中华文明铺上了“郁郁乎文哉”[②]的底色。王国维对殷周之际的制度变革给予了高度评价，认为：“有制度、典礼以治，天子、诸侯、卿、大夫、士，使有恩以相洽，有义以相分，而国家之基定，争夺之祸泯焉。民之所求者，莫先于此矣。”[③]不可否认，这一时期的制度建设对西周中前期统治秩序的稳定和领土拓展起到了重要作用，但宗法分封制的弊端随着时间的推移也逐渐凸显，一些诸侯国由于经济的发展和领土的扩张而不断强大，如齐、晋、楚、秦等国。这些强大起来的诸侯国与周王室开始离心离德，更有甚者，想取周而代之，如楚庄王的“问鼎中原”。至此，以宗法分封为基础的封建制度开始瓦解，中国历史进入了“礼崩乐坏”的春秋战国时代。

春秋战国时代是从宗法分封制向中央集权制转变的关键时期，特别是技术进步所引发的经济基础的变迁，进一步导致政治组织制度的变革。在春秋时代，各国为适应“争霸”战争，已经开始了一系列的变革，著名的如齐国的“相地而衰征”[④]、鲁国的“初税亩”[⑤]、晋国的“作爰田”[⑥]、楚国的“书、土田”[⑦]、秦国的“初租禾”[⑧]等，这些变法反映了经济发展的新趋势，对旧制度的基础产生了很大冲击。到了战国

---

① 王国维：《殷周制度论》，谢维扬、房心亮主编：《王国维全集》第 8 卷，浙江教育出版社 2009 年版，第 302 页。

② 朱熹：《四书章句集注》，中华书局 1983 年版，第 310 页。

③ 王国维：《殷周制度论》，谢维扬、房心亮主编：《王国维全集》第 8 卷，浙江教育出版社 2009 年版，第 317 页。

④ 左秋明撰，鲍思陶点校：《国语》，齐鲁书社 2005 年版，第 115 页。

⑤ 杨伯峻：《春秋左传注》，中华书局 1981 年版，第 758 页。

⑥ 杨伯峻：《春秋左传注》，中华书局 1981 年版，第 361 页。

⑦ 杨伯峻：《春秋左传注》，中华书局 1981 年版，第 1107 页。

⑧ 司马迁：《史记》，中华书局 1959 年版，第 708 页。

初年,随着兼并战争的加剧,变法的大幕徐徐拉开,各主要国家开始了大张旗鼓的变革。这些变革围绕一个中心议题展开,即削弱各级旧贵族的势力,增强君主(中央)的权力。战国时期的"变法"意义深远,不仅促成了大一统的实现,而且变法在中央集权体制上的探索为秦汉时期的制度建设提供了依据,影响深远,诚如王夫之所言,战国变法为"古今一大变革之会"[①]。

秦始皇兼并六国之后,也曾面临制度抉择的难题。在制度惯性的影响下,大批官员主张重建周代的分封制,秦始皇和李斯拥有超乎常人的政治眼光,坚定地推行中央集权制度,力图避免出现周代因分封而导致诸侯割据的局面。但制度的转型不可能一蹴而就,从"周制"到"秦制"的转变亦是如此。以秦始皇和秦二世的残暴统治导致的农民起义作为导火索,六国旧贵族出现集体反扑。项羽在灭亡秦朝后也不得不顺应时势,推行了霸王主导下的分封建国。继之而起的汉高祖刘邦也不得不对异姓和同姓进行分封。但根据当时流行的政治学说,不论是儒家还是法家都主张加强君权,推行中央集权。所以,在汉初几位皇帝的努力之下,皇权首先剪除了异姓王,其次通过镇压"七国之乱"大大削弱了同姓诸侯,最终在汉武帝时期通过"推恩令"和酎金夺爵等措施彻底将封建力量削平。至此,秦制才真正为汉所继承,秦汉所建立的基本政治原则和架构为其后历代政治家所仿效,且不断因革损益,直到清朝末年,面临西方的冲击,才被迫开始了现代转型,因此才有"百代都行秦政法"的说法。[②]

## 二、制度创设:中央集权统治机制的建构与完善

自秦汉奠基,专制主义的中央集权统治模式也在不断发展和完善,但权力集中与分散的矛盾始终贯穿于历史发展的长河中。掌握最高权力的帝王为巩固皇权并加强对国家的控制、管理,就必须进行制度建设。在报刊等能够记录文字并有效传播的媒介出现之前,历代王朝的统治者对于政府各级官员及普通民众的教化与管理,主要是通过设立官僚机构及规束各级部门管辖权力实现的。以政治权力在中央的高度集中为核心进行层层管控,实现君王对于国家的治理,体现了专制主义中央集权"金字塔"式的管理模式。

---

① 王夫之:《读通鉴论》,中华书局1975年版,第2549—2550页。

② 毛泽东《七律·读〈封建论〉呈郭老》,《建国以来毛泽东文稿》第13卷,中央文献出版社1998年版,第361页。

毫无疑问，专制主义中央集权的治理原则和制度建构肇始于秦帝国的建立，但中央集权的思想和制度尝试在战国时期已经萌芽。商周时期，王权固然尊崇，但受到原始氏族部落制度的遗留影响，诸侯、卿大夫等具有一定程度的独立性，例如周族作为商朝的附属邦国，就具有很大的独立性，而且在商朝衰落之时，能顺势而起，取而代之。西周时期，周公通过制礼作乐、武力征伐和宗法分封，在理论和制度上强化了王权。但一旦王权所依靠的武力衰弱，诸侯便离心离德，继而出现礼崩乐坏、天下无道的局面。春秋战国之世，"争霸"和"兼并"导致生灵涂炭、民不聊生，旧的秩序被瓦解，各国统治者和思想家都在思考如何建立新规范形塑新秩序，这也是百家争鸣和各国变法的历史背景。在这个思想争鸣文化璀璨的时代，结束大争之世，增强君主权力，实现"华夏"大一统，成为各学派思想主张的重要内容。儒家虽然喜好回溯三代，对周公制定的礼乐制度推崇备至，但从秩序建设的角度出发，他们也强调"天下有道，则礼乐征伐自天子出"[①]，即天子掌握最高权力。同样，孟子极力辟除的墨家[②]言论，也强调"尚同"，即"天下之百姓皆上同于天子"[③]，这是一种绝对的集权主义观点，代表当时下层社会民众的部分主张。在战国"变法"大潮中异军突起的法家学派是中央集权的有力阐释者和支持者，其目的在于能够最大限度地汲取国家资源，以富国强兵。韩非子强调"事在四方，要在中央。圣人执要，四方来效"[④]。申不害提出了君主要综合运用法、术、势来统御臣子，增强自身权力。商鞅在政治改革中建立县制，县令由国君任免，加强了君权，削弱了地方贵族的权力。可见，在诸子争鸣的时代，中央集权的治理理念已经被主流学派所认可。除了思想之外，中央集权在制度实践上也进行了一系列尝试，如郡县制的萌芽，春秋末年的晋、楚等大国的疆域大大扩展了，在边地临时性地创设郡、县。到了战国之世，随着兼并战争加剧，主要强国的疆域急剧扩展，各国尝试加强对新征服地域的控制，防止地方出现坐大和分离倾向，君主便将郡县制度化、常规化，并亲自任命郡县长官，这就有效强化了中央权力。

秦始皇统一六国后，在法家思想和战国变法实践的基础上开始了大规模的制

① 杨伯峻：《论语译注》，中华书局 1980 年版，第 174 页。

② 在孟子的时代，"杨朱、墨翟之言盈天下，天下之言，不归杨，即归墨"。孟子认为"墨氏兼爱，是无父也。无父无君，是禽兽也"，因此，他要"距杨墨，放淫辞，邪说者不得作"。朱熹：《四书章句集注》，中华书局 1983 年版，第 272 页。

③ 吴毓江撰，孙启治点校：《墨子校注》，中华书局 1993 年版，第 110 页。

④ 王先慎著，钟哲点校：《韩非子集解》，中华书局 1998 年版，第 44 页。

度建构。在制度开创性方面,秦始皇建立了延续两千多年的皇帝制度。据《史记》记载,秦朝建立之初,丞相王绾、御史大夫冯劫及廷尉李斯奏称:"昔者五帝地方千里,其外侯服夷服诸侯或朝或否,天子不能制。今陛下兴义兵,诛残贼,平定天下,海内为郡县,法令由一统,自上古以来未尝有,五帝所不及。臣等谨与博士议曰:'古有天皇,有地皇,有泰皇,泰皇最贵。'臣等昧死上尊号,王为'泰皇',命为'制',令为'诏',天子自称曰'朕'。"[①]秦始皇经过思量,最终采纳的是"皇帝"之号。自此,以皇帝为核心所建构的皇权专制制度不断发展完善。从上面的描述中,我们可以看到皇权制度赋予皇帝至高无上的权力,从当今视角来观察这一制度,有理由对其大加批判,但回到历史的场景,皇权制度可以说具有极大的历史意义,其所关涉的正统、天命等理论使其不仅成为制度体系的中心,达到维持正常的政治乃至社会秩序稳定运作的目的。同时,在前现代社会,国家信仰还未产生,皇帝作为一种象征符号,起到了凝聚人心、实现家国认同的作用。以此来观察皇帝制度,我们就可以更深刻地理解曹操"挟天子以令诸侯"和刘备"皇叔"称号的重要意义。

皇帝制度的建立为皇帝奠定了至高无上的地位,使皇帝处于政治运作的中心,但皇权意志的施展与辐射需要借助官僚体制。西周封建制施行"授土授民"的世卿世禄,官位主要依靠血缘世袭而来。而中央集权制度下的官僚体制则打破了血缘宗法关系:首先,以察举、科举等手段将优秀的管理人才选拔到官僚队伍中,再用层级制度将官员组织起来,建立尊卑有序、权责分明、各司其职且相互制衡的官僚体系。其次,为了能够保证官员尽职尽责、体系有序运行,严密的监察考核制度和严厉的律法制度必不可少。最后,优厚的俸禄制度保证了官员的特权生活,也是赎买他们忠心的物质手段。秦始皇对后世官僚体制作出了巨大贡献,度量衡的统一使得中央能够有效地集中财富,用于俸禄的发放和官员的供养;"书同文"[②]有助于官员的培养与选拔,形成了士大夫文化精英共同体,是建立文书行政制度的前提;"车同轨"[③]则有效地沟通了中央和地方之间的联系,对于政令的上传下达发挥了重要作用。秦汉开创的这套官僚体制当然也不是一成不变的,历"三公九卿"制,到隋唐时实行了三省六部制度,再到明清的"内阁制"。但不论形式如何转变,其核心的制度要素总不脱离上述的那些基本架构原则,其调整也总是围绕着权力的分配与制

---

① 司马迁:《史记》,中华书局 1959 年版,第 236 页。
② 司马迁:《史记》,中华书局 1959 年版,第 239 页。
③ 司马迁:《史记》,中华书局 1959 年版,第 239 页。

衡而展开，即协调君臣（皇权与官僚系统）关系，维持官僚系统有效运转，保障皇权的稳固。

在秦朝实现大一统之初，庞大的帝国疆域迫使统治者于制度创建时必须进行地缘政治的考量，建立起中央对各个地方的实际管控。郡县制经历了战国时期的探索，最终为秦始皇所采纳，他“分天下以为三十六郡，郡置守、尉、监”[①]。秦始皇的这一伟大制度抉择基本奠定了此后两千多年的央、地关系，随着朝代更替，郡县制度在名称上虽有变迁，出现过省、州、府、道等各种不同的称呼，但郡县制的制度设计原则被长久维持下来。首先，郡县的高级长官由中央（皇帝）任免，不能世袭，权力的合法性源自中央的授权。其次，地方官实行异地回避、轮换制度，使得地方官难以在一个地方扎下根基，形成割据。最后，分权制衡与监察考课，特别是宋代之后，地方的财权、民政、司法等权力分掌于职权不同的官员手中，再加上定期的考核、监督，地方再难形成反抗中央的力量。

创立皇帝制度、官僚制和郡县制的同时，采取相应政治思想、政治学说来将新的制度合理化、神圣化，成为王朝统治者亟须解决的问题。秦朝统一的基础奠定于商鞅变法时期，因此秦朝的制度与文化多以法家思想为主导。秦以“法”治国，以“吏”为师，提倡不别亲疏、不殊贵贱，一断于法[②]。虽然法家思想在稳定秩序、富国强兵和打击世袭贵族方面起到很大作用，但也要看到秦朝的法律带有严苛、残酷的特点，民众动辄受到刑罚的株连。秦朝的“苛政”“苛法”给继起的汉朝统治者提供了借鉴，使他们清醒地认识到法家思想的不足和缺陷。因此，汉朝统治阶层经过近百年的探索，终于从“黄老”治国过渡到了汉武帝时期的“罢黜百家，独尊儒术”。当然，汉武帝时期的“儒学”和先秦儒家的思想主张已经有了很大区别，是经过叔孙通、董仲舒、公孙弘等儒生改造后的意识形态化的儒学。可以说，汉朝“新儒学”以先秦儒家思想为导向，吸收了道家、阴阳家、名家和法家的精华，是适应时代发展、巩固中央集权和皇权政治的新型思想体系。具体来说，汉代“新儒学”的政治功能主要有如下几点：其一，为皇权的合法性与神圣性提供依据，强调“君权神授”；其二，对皇权进行一定程度的限制，提出“天人感应”“以德治国”；其三，将家庭伦理、宗族伦理和政治伦理相结合，把宗法制的家族和国家政治组织相协调，实现家国同构；其四，将儒家的政治意识形态和中央集权的制度建设有机结合，创造出一套独

① 司马迁：《史记》，中华书局 1959 年版，第 239 页。
② 司马迁：《史记》，中华书局 1959 年版，第 3291 页。

具特色的中华治理体系,为中华文明的繁荣发展打下了牢固基础。当然,汉代建立的"新儒学"并非一成不变,而是不断与时迁化,如魏晋时期的"名教"危机,儒学在回应玄学、佛教和道教的挑战中得到发展。唐宋时期,儒学通过三教融合逐步向"理学"过渡,二程和张载、朱熹等大儒在理论上重塑了儒家的宇宙论、本体论和心性论,补充完善了儒家在形而上层面的不足。可以说,儒学思想在不同时代的演化是与政治制度上的变革相协调的,为中央集权政治体制的建构提供了理论支撑。

综上,中国较早建立了中央集权的制度体系,将不同地区、不同文化、不同生活方式的人群有效整合起来,形成了一个稳固的政治经济文化共同体。也正是由于这一制度体系的"早熟"性质,在中国这片古老大地上的子民较早地形成一种前现代的"共同体"意识。虽经"分久必合,合久必分",但这一制度体系能够有效凝聚共同体和共同体意识,其传播体系与功能在其中发挥的作用功不可没,正如邓小南所说:"传统中国中央集权政治体制的运作,围绕着对信息传递、政令颁行的控制而展开。政治权力的效用功能、各层级官僚工作的实施状况,都与该时代的信息沟通方式有着直接密切的关联。"①因此,就有必要从多个维度对中央集权体制下的政治传播体制进行考察。

## 第二节　中央集权制度下的政治传播体制的建构

自秦汉形成大一统的局面以来,中央政府为维护对国家的有效治理,就必须通过各种传播方式将王朝主导的政治思想、政治观念和政治价值传播到广大统治区域和民众当中去,以实现对民众的教化。这种文化和思想的扩散与传播对政治秩序的稳定意义重大。因此,中央集权的制度设计或隐或显地展现着政治传播的功能。除了这种比较巧妙的"隐性"制度设计外,如何在技术落后的传统时代,实现政令、信息的有效传达,就必须建立一套成体系的传播制度,这也可以称为"显性"的传播制度建构。

---

①　参见邓小南:《北京社科名家文库 宋代历史探求 邓小南自选集》,首都师范大学出版社2015年版,第59页。

## 一、控制与渗透：中央集权制度下的"隐性"传播机制

自汉武帝发起"罢黜百家，独尊儒术"以后，儒家思想逐步成为历代王朝所尊奉的正统意识形态。儒家所宣扬的纲常名教对于政权合法性的阐释和尊卑有序政治社会秩序的建构具有重要的现实意义。但在农耕时代，想将儒家思想从"中原"的一隅之地传播到东南西北的广大地域，殊为不易。不同地域都存在各种不同的传统，主要是指各地的民间文化和信仰，这种传统是在漫长的历史长河中生发出来的，具有很强的地域性和韧性，而过于强烈的地方传统是不利于中央集权的制度建设的。因此，以皇权为核心的制度设计必须将作为主流社会意识形态的儒家思想传统传播到广大区域，去引导、改变和同化地方传统，而我们可以看到，传统体制下的诸多制度设计也都凸显了政治传播功能。

首先，任何政治思想的传播都离不开人。由此而论，传统政治制度中不仅重视对儒生的培养，而且想方设法用制度来引导儒生作为思想的传播中介。汉代，设立五经博士，且为其置弟子；又设立太学，其中所教授的主要是《周易》《尚书》《诗经》《礼记》《春秋》等儒家经典。这些儒生或太学生学成之后，有的在中央为官，还有的到地方为官，而这些受儒家熏陶的地方官的一个重要任务就是"化民成德"，如唐代规定："礼义兴行、肃清所部，为政教之最。"[①]可见，相比于税收、钱粮、捕盗等方面的政绩，朝廷更为关注官员在传播礼仪教化方面所发挥的作用。人才选举方面，也以儒学思想的传播为导向。自汉到隋的察举制度，拔举的人才要能够孝敬父母、忠公俭正，其选拔导向亦以儒家价值为依归，这对传播儒家文化、信奉儒家价值观发挥了重要的作用。隋唐之后科举制度有所变革，考试选拔成为选官的最主要渠道，而科举考试的内容涉及儒家的经典及其阐释。这种选拔方式与儒家经典印刷本的结合，大大促进了儒学在中国乃至整个东亚地区的传播、扩散。科举制培养出来的人才信奉"在朝美政、在野美俗"的信条：为政之时，注重贯彻儒家的治国信条，将儒家思想宣之四方；在野之时，则教化乡里、宗族，锻造诗礼传家的传统。

其次，通过礼、法制度的渗透传播儒家、法家的政治价值、政治意识。历朝都十分重视礼乐制度的建设，中原王朝的礼治色彩也为其赢得了"礼仪之邦"的美称。从司马迁的《史记·礼书》开始，历代正史中都详细记载了礼仪制度，而这套礼仪制度之所以为历代政治家所重视，是因为它不仅仅是一套显示威仪、文明的礼节仪

---

① 李林甫等撰，陈仲夫点校：《唐六典》，中华书局1992年版，第43页。

式,更是传播政治思想、政治价值、政治伦理的工具。政府通过将礼仪制度渗透到民众的日常生活中,达到对民众潜移默化的“规训”,使得“日常生活中的传统、习俗、仪式、活动等都为‘政治’服务,体现政治价值和政治诉求,并在生活中落实符合现实政治要求的‘秩序’”[①]。

以衣冠制度为例,历代王朝都制定了严格的舆服制度,凸显服饰“分尊卑”“别贵贱”“严内外”和“辨亲疏”的政治功能。同时,朝廷通过《礼记》《孝经》等一系列儒家经典的规定,将儒家教化和日常衣冠生活有机结合在一起,如衣冠穿戴在展现孝道方面,根据长者的年龄和辈分分配不同的服饰资源,“庶人耄老而后衣丝,其余则麻枲而已”[②]。《礼记》中规定“七十曰‘老’,而传。八十、九十曰‘耄’”[③],所谓“耄老”就是指七八十岁以上的老人。麻枲指的是麻、葛一类的粗布,丝绸虽是中国的特产,但也不是普通平民能随意享用的,只有年龄达到七八十岁以上的老人,才能给予他们衣冠上的特权[④],这不仅是为了宣扬“孝治天下”的治国理念,也是在百姓的头脑中灌输敬老的理念。在女子行为规训方面,在衣冠礼节上对女性强加了许多限制性措施。在女性礼仪规训方面,提倡女子大门不出二门不迈,如果需要出门,“必拥蔽其面”,不能让他人看到自己的面容,夜间出行要点燃蜡烛,“无烛则止”[⑤]。已经订婚或者结婚的妇女要在发型和发饰上做出明显的标识。在男女交往方面,要求“男女不杂坐,不同椸枷,不同巾栉,不亲授”[⑥],即男女不能坐在一起,不能共用衣架、毛巾和梳子,也不能亲手递东西。即使是夫妻关系,在衣冠方面也有严格限制,妻子不能把自己的衣服挂在丈夫的衣架上,也不能把自己的衣服放到丈夫的衣箱里。在服饰方面,强调“男女不通衣裳”[⑦]。可以说,作为人们日常生活中“须臾不可离”的活动,通过衣冠礼仪来传播政治价值、观念和规范,让人们时时刻刻、无声无息地受到儒家伦理价值的熏陶与塑造,是政府施行教化再合适不过的选择。当然,除了衣冠礼制,其他如吃、住、行等方面的礼仪制度也都起到类似的传

① 朱承:《论中国式“生活政治”》,《探索与争鸣》2014年第10期。

② 王利器校注:《盐铁论校注》,中华书局1992年版,第350页。

③ 郑玄注,孔颖达疏,龚杭云整理,王文锦审定:《礼记正义》,北京大学出版社1999年版,第19—20页。

④ 《礼记》规定达到一定的年龄,即使犯罪也不能加以惩罚,即“悼与耄虽有罪,不加刑焉”。后来历代律法都对此原则加以细化和肯定。参见郑玄注,孔颖达疏,龚杭云整理,王文锦审定:《礼记正义》,北京大学出版社1999年版,第20—22页。

⑤ 郑玄注,孔颖达疏,龚杭云整理,王文锦审定:《礼记正义》,北京大学出版社1999年版,第837页。

⑥ 郑玄注,孔颖达疏,龚杭云整理,王文锦审定:《礼记正义》,北京大学出版社1999年版,第51页。

⑦ 郑玄注,孔颖达疏,龚杭云整理,王文锦审定:《礼记正义》,北京大学出版社1999年版,第836页。

播政治教化的功能。

最后，有关“隐性”政治传播关联皇权制度的剖析。刘泽华认为：“皇帝称谓内涵着制度、法律、道德、文化。皇帝名分本身，就是一种重要的政治资源”①。同样，从信息传播角度看，皇帝本身就处于传播体系的中心位置，重大的决策从法理上说都是由皇帝或其授权的官僚作出，继而层层传达、实施，向下输出；而在帝国境内发生的重大事件信息原则上也应层层上报，最终汇总到皇帝那里。正是因为皇帝在制度体系中处于核心地位，皇帝的一言一行就成为万民的表率，皇帝因此也成为政治价值、政治意识和政治讯息最重要的传播者。古代主要思想家早就认识到君主的这一重要意义，孟子就强调：“君正莫不正。一正君而国定矣。”②(《孟子·离娄上》)法家的管子也称：“治官化民，其要在上。”③(《管子·君臣上》)到了宋代，“理学”兴起，士大夫追求“得君行道”，对皇帝的言行要求更加严格。所以皇帝相关皇权作为一种制度，有着重要的符号意义。皇帝不能为所欲为，而需要按照制度的规定，遵循儒家教导的原则，从事特定的仪式活动。如皇帝参加“亲耕”“籍田”等活动，显示王朝对农业的重视；皇帝对长辈尽孝，也是在向全天下宣示孝道。皇帝对重要案件的判罚干涉，亦要考虑政治教化的影响。皇帝在生活上勤政、简朴，即是给官僚系统作出表率。正如董仲舒所说的：“故为人君者，正心以正朝廷，正朝廷以正百官，正百官以正万民，正万民以正四方。四方正，远近莫敢不壹于正，而亡有邪气奸其间者。”④由此可见，皇帝相关皇权制度承担着传播、推广政治价值、政治思想的重要功能。

综上可见，帝制时代中央集权体制下的制度建构十分重视发挥“隐性”的传播功能，即各项制度设计都或多或少为主流政治思想、政治价值的传播提供支持和保障。这种“隐性”传播功能不仅显示了“传播是一种自然而然的、必需的、无所不在的活动”⑤，而且为儒家政治思想的扩散作出了重要贡献，为传统时代政治、社会秩序的稳定提供了坚实的思想保障；同时，对主流政治乃至社会价值的认同起到了大共同体的强化作用，为“大一统”王朝的接续奠定基础。当然，国家的有效运行仅仅靠“隐性”传播是不够的，政令的上传下达、信息的有效沟通还必须有特定的“显性”

---

① 刘泽华：《中国政治思想史　秦汉魏亚南北朝卷》，浙江人民出版社1996年版，第225页。

② 朱熹：《四书章句集注》，中华书局1983年版，第285页。

③ 黎翔凤撰，梁运华整理：《管子校注》，中华书局2004年版，第554页。

④ 班固：《汉书》，中华书局1962年版，第2502—2503页。

⑤ 威尔伯·施拉姆、威廉·波特著，陈亮、周立芳等译：《传播学概论》，新华出版社1984年版，第20页。

传播制度加以维系，在这方面，传统中国也有诸多制度创设。

## 二、中央集权制度下“显性”传播机制的建构与演进

传播活动是伴随着人类群居生活的开始而出现的，肢体、口头语言或者一些简单的工具都能满足人类交流的需要。中国古代早期信息的传递很大程度上依赖于口耳相传，正如清代阮元所说的：“以简策传事者少，以口舌传事者多；以目治事者少，以口耳治事者多”[①]。但随着国家的产生、统治机构的复杂化和领土的扩展，口耳相传的传播方式已经很难适应国家统治的需要。商周时代出现早期的文字传播，如商朝的甲骨文、周代青铜器上的金文和铭文等；同时，为了满足统治需要，周朝还建立和完善了许多信息传播制度，对后世中央集权传播体系的建构产生了相当的影响。

周朝的传播制度涉及与礼乐制度相配合的采诗、采歌制。古代的民间歌谣反映了人民的生活场景，也蕴含着对统治情况的褒贬，因此统治者为实现下情上达，设置了专门人员负责。据《汉书·艺文志》记载：“古有采诗之官，王者所以观风俗、知得失、自考正也。”[②]这种采诗的下情上达方式为后世政论家重视，如隋代的王通就感慨称：“诸侯不贡诗，天子不采风，乐官不达雅，国史不明变，呜呼，斯则久矣，《诗》可以不续乎！”[③]唐代的白居易专门作了一首《采诗官》来赞美该制度，称“采诗听歌导人言。言者无罪闻者诫，下流上通上下泰”，但“周灭秦兴至隋氏，十代采诗官不置”，他认为当前的诗歌音乐“郊庙登歌赞君美，乐府艳词悦君意。若求兴谕规刺言，万句千章无一字”，“贪吏害民无所忌，奸臣蔽君无所畏”。他警示君王“君不见厉王胡亥之末年，群臣有利君无利”，希望“君兮君兮愿听此，欲开壅蔽达人情，先向歌诗求讽刺”。[④] 除了采诗歌之外，周朝传播有烽燧制度，如周幽王烽火戏诸侯就是涉及这一制度。“木铎”徇道也是周代信息传播的一种方式，《周礼·天官·小宰》记载有“徇以木铎”。东汉郑玄注称：“古者将有新令，必奋木铎以警众，使明听也”[⑤]，即宣布政教法令时候使用木铎传播信息。后人将孔子比之为木铎[⑥]，正是赞

① 郭绍虞：《中国历代文论选》第三卷，上海古籍出版社 1980 年版，第 586 页。
② 班固：《汉书》，中华书局 1962 年版，第 1708 页。
③ 李宝淦：《诸子文粹》，岳麓书社 1991 年版，第 309 页。
④ 朱金城：《白居易集校笺》(第四卷)，上海古籍出版社 1988 年版，第 263 页。
⑤ 参见阮元校刻：《十三经注疏》，中华书局 1980 年版，第 655 页。
⑥ 《论语·八佾》载“天下之无道也久矣，天将以夫子为木铎。”参见朱熹：《四书章句集注》，中华书局 1983 年版，第 68 页。

扬他在“礼崩乐坏”之时周游列国、宣扬教化的功绩。

周代所创制的传播方式及相关制度和方法适应了先秦封建制度下“小国寡民”的统治形式，政令信息的传播和解释掌握在贵族手中。随着“王官之学”的解体，民间崛起的“士”阶层要求打破垄断，分享政治信息和权力，这才有了子产的“铸刑书”和赵鞅、荀寅的“铸刑鼎”，以公开和固定的形式将政令、法令信息传播到民众当中。上述先秦时期的传播制度是适应周代的封建体制的，但随着封建制度的崩溃加上战国时期领土国家的出现，简单、低效的传播制度亟须变革，特别是在秦帝国建立之后，如何建立完备、高效的传播制度，将中央的意志和政令施诸四方，是巩固帝国统治的头等大事。

### （一）中央集权制度下的传播体系构建

中央集权制度下的传播体系构建奠基于秦帝国的建立。在这方面，秦始皇的几项大的举措影响尤为深远。其一，秦始皇统一文字，建立了完备的文书行政系统，为信息传播体系的构建奠定了基础。其二，秦始皇施行“车同轨”，征发民众修筑通往全国各地的道路。这些道路亦是信息传递的生命线，此即帝国统治赖以维持的重要保障。后世诸多精密的制度设计都肇基于这两项伟大的制度创设，如便捷的邮驿制度，“是历代政府施行有效统治的工具之一，是高度集权政治的产物。在平时，邮驿是传达政令、沟通中央与地方及地方之间联系的纽带；在战时，邮驿是报传军情、指挥作战的有力工具”①。随着“大一统”观念的深入人心，为维护国家的统一，信息传播体系也在不断发展、完善。

#### 1. 谏议制度的设计、发展与完善

中央集权体制下的君主和政治家多重视信息的“上通下达”，认识到“防民之口，甚于防川”，正如苏东坡的奏议所言“天下治乱，出于下情之通塞”②。范祖禹称：“言路开则治，言路塞则乱，治乱者系乎言路而已。”③因此，臣子向皇帝传递“下情”就成为臣下的职责和义务，而在传统的政治传播体系中颇具特色的就是谏议制度。秦帝国的统一也有赖于秦始皇的纳谏，尤为著名的就是李斯的《谏逐客书》，秦始皇正是倾听了李斯等客卿的心声，六国人才才能为秦所用，最终实现秦的统一。

---

① 刘广生、赵梅庄：《中国古代邮驿史》，人民邮电出版社1999年版，第5页。

② 见苏轼：《朝辞赴定州论事状》，转引自乾隆御定，乔继堂点校：《唐宋文醇》（下），上海科学技术文献出版社2020年版，第757页。

③ 范祖禹：《唐鉴》卷一《高祖》，上海古籍出版社1984年版，第11页。

有鉴于此，秦帝国建立后，在“三公九卿”的制度体系中就设立了专门的谏官，隶属于九卿之一的郎中令[①]，但由于秦帝国二世而亡，谏议制度真正发展于汉代。汉代的思想风气较秦朝更为开放包容，不论是开明的帝王还是刚刚登上政坛的儒家士人，都想在帝王与臣子之间建立顺畅的沟通渠道，因此谏议制度有了很大发展。这一时期，谏议仍然属于九卿之一的光禄勋管理，但谏议职责更为明确，人员也有所增加。“大夫掌论议，有太中大夫、中大夫、谏大夫，皆无员，多至数十人。武帝元狩五年初置谏大夫，秩比八百石，太初元年更名中大夫为光禄大夫，秩比二千石，太中大夫秩比千石如故。”[②]从禄秩上来看，谏官的地位和俸禄不断上升。当然，皇帝为了信息来源渠道的多元化，也赋予身边的郎官、儒生、宦官等近侍以谏议权力，并且授予侍中、中常侍、给事中、博士等官职，这些官职在汉代虽未被纳入谏议系统，但确实担负起了下情上达的职责。值得一提的是，除了赋予官员上书谏议的权力，汉代还允许吏、民上书言事，九卿之一的卫尉下设公车令一职，“掌宫南阙门，凡吏民上章，四方贡献，及征诣公车者”[③]。从上述秦汉时期的官制设置来看，统治者对广开言路十分重视，也设置了专门谏议的官职，但谏议官员在“三公九卿”的体系下还处于附属地位，只有到了隋唐时期在“三省六部”体系下才真正形成了独立的谏议系统并在官僚体制中占据重要地位。

相比较而言，西晋时期，门下省建制，下设黄门侍郎、散骑常侍、给事中、谏议大夫等职员，“择其能正色弼违，匡救不逮者，以兼此选”[④]，标志着负责谏议的官员有了属于自己的部门，谏议制度进一步制度化和规范化。到了隋唐时期，谏议制度逐步成熟，三省六部制度正式确立，门下省不仅是专门的谏议部门，而且成了重要的决策机构。唐太宗和武则天等人善于纳谏，为了培养谏议人才，在科举当中还专门设置了“贤良方正能言极谏科”，并在谏议制度方面进行了创新与完善，除了原有的官职外，唐朝还增创了补阙、拾遗、起居郎等官职，负责下情的上达，如拾遗就是“发令举事，有不便于时，不合于道，大则廷议，小则上封，若贤良之遗滞于下，忠孝之不闻于上，则条其事状而谏言之”[⑤]。唐代的谏官职责明确，品级从八品到三品不等，均为实职，可以从不同的层面对朝廷事务进行监督和谏言。到了宋代，谏官从门

---

① 参见安作璋、熊铁基：《秦汉官制史稿》(上)，齐鲁书社1984年版，第109页。

② 班固：《汉书》卷十九上《百官公卿表上》，中华书局1962年版，第727页。

③ 范晔：《后汉书》，中华书局1965年版，第3579页。

④ 房玄龄等：《晋书》，中华书局1974年版，第53页。

⑤ 刘昫等：《旧唐书》，中华书局1975年版，第1845页。

下、中书等部门独立出来，中央出现了独立的谏官机构——谏院，用以收集百官谏言。谏院在宋太宗太平兴国九年(984年，是年十一月改元雍熙，故又称雍熙元年)之前就已经出现，据《宋会要》载，时年七月十二日，诏"仍令谏院依旧差谏官一员判院"①。谏院在宋真宗、宋仁宗时期不断完善，有固定的人员配置和固定的办公场所，成为一个专门性的独立机构。宋代初年鼓励谏言，不杀言官，因此，宋代的谏官地位较高、职权较大，不仅可以谏言君主、参与朝政、举荐官员、纠察百官，还担负起了沟通臣民与皇帝的重任。谏院的设立是宋代中央集权统治者为收取各级官员信息而设立的政府职能部门，谏官担任着信息上传下达的传播者角色，成为宋代官方信息传播的载体。

到了元代，谏官制度逐渐瓦解，皇权的加强导致专制帝国更加侧重于掌控与监察，中央新设立的御史台"司耳目之寄，任举刺之事"②。地方则设立行御史台来负责地方监察。御史台事实上既监察百官，也负责向皇帝进谏。明朝建立后，仿效元朝，仍然实行台谏合一，监察官亦负谏议之责，设六科，"六科，掌侍从、规谏、补阙、拾遗、稽察六部百司之事"③，其中规谏属六科之职责。明代还设有都察院，有监察御史负责监察与谏言。其后清代沿袭、发展明代制度，亦设置六科和监察御史等官职，清代帝王为加强中央集权，将谏官视为朝廷开通耳目之职，以获听臣下之言，可见谏官系统自春秋之初出现至清代，基本作为统治者中央权力机构建设的一部分。谏官作为谏言制度的重要构成，负责监管君王行为的得失，其职能与监察类似，虽受制于统治者权力的管制，但担负起了信息上传下达的责任，带有舆论信息传达的性质。

2. 公文、邸报

除了设置和完善谏议机构外，传统时代传播体系的建构也离不开具体的传播介质，其形式有公文、邸报等。公文包括上行、下行和平行。下行文书是由皇帝或上级下发给臣民和下级的文书。皇帝的下行文书有制、诏、册、敕、诰等，据《史记》载，秦朝时丞相李斯等谏言"命为'制'，令为'诏'"④，可见秦朝时"诏"开始出现，"制"和"诏"都为皇帝命令的载体。汉代以后，诏书成为帝王政令向下传达的主要方式。当然，只有"天子"的命令才能称得上"诏"，其是天子至高无上权力的表征。

---

① 徐松：《宋会要辑稿》(职官三)，中华书局1957年影印本，第2428页。

② 宋濂等：《元史》，中华书局1976年版，第2178页。

③ 张廷玉等：《明史》，中华书局1974年版，第1805页。

④ 司马迁：《史记》，中华书局1959年版，第236页。

上级的下行文书则更为丰富，有布告、榜示、檄文、榜文、简书、符等。布告是书面或印刷的通知，榜是悬挂于公共场所的文书，包括通知、劝诫、安抚、命令等信息，可细分为皇榜、敕榜、转榜、旗榜、赏榜等。檄文也称羽书或羽檄，多指紧急的军事文书。上行公文是臣子给皇帝或下级给上级的公文，具体的称谓有奏疏、章、表、议、策、状、劄等。奏疏是臣子向帝王陈述主张、汇报信息的常见方式。密奏是秘密上书言事的公文。章、表则是臣民向皇帝上书言事的文书。议是臣下向皇帝提意见的方式，如前文所说的谏议。策是进言的文书，如董仲舒的《天人三策》。平行文书就是官僚系统内部平行机构间的文书传递，如移文、咨、平牒、关、白等。移文是各级官署间互发的平行文书。咨文是同级官署和同级官员间的咨询所用。平牒是地方官员间的互发公文。还有许多不能归入以上三类的公文，如露布，是一种征讨报捷的特定文书。可以说，传统时代国家的建构和强化涉及中央官僚系统内部或者中央和地方之间的信息传递，这就是所说的文书行政。

除各种信息传递的公文之外，中国传统政治体制下也产生了和近代报刊有某些相似特征的传播介质，被称作“邸报”或“邸抄”，这可以看作中国古代的报纸。邸报作为一种传播形式，其源头可以追溯到唐代，唐代出现了开元杂报和进奏院状两种信息传播介质。开元杂报是朝政公报抄件，古代朝廷虽然有将朝政或者军国大事公开的传统，却没有形成定例，只是依靠统治者的主观意愿来决定是否发布。但是开元杂报的特殊意义则在于定期化、有序化公布朝政信息。唐代还出现了进奏院状。唐代中后期，藩镇坐大，各个藩镇为了呈递奏折、传递朝廷政令、搜集中央信息，在长安设立了名为进奏院的办事处，而进奏院发给藩镇和地方的信息报告就被称为进奏院状，也称“状报”“报状”等。

开元杂报和进奏院状属不属于古代报纸的范畴，抑或是这两种传播介质能不能代表邸报产生于唐代？学术界还存在一定的争议，但根据今天对报刊的定义，上述两种传播介质显然不是完整意义上的报纸。但不可否认的是，开元杂报和进奏院状的出现在中国新闻传播发展史上具有开创性的作用。对于第二个问题，作为中国古代最为学者所关注的新闻媒介——邸报，到底产生于何时？戈公振将邸报溯源至西汉时期①，但可以肯定地说，汉代没有产生后世意义上的邸报。还有许多学者通过检索、考证，从《全唐诗话》《读开元杂报》等史料发现“邸报”，或相类似的称谓，认为邸报出现于唐代，但如前所述，不论是开元杂报还是进奏院状，都和宋代

① 戈公振:《中国报学史》，中国新闻出版社1985年版，第22页。

以后的邸报存在很大差异[①]。

随着藩镇割据的消除，宋朝开始改革进奏院状，先是易名邸报，由中央统一发布，禁止地方任意窥伺、发布中央信息。太平兴国六年(981年)，宋太宗在中央设立都进奏院，取代各州在京城的进奏院，并对其业务进行统一管理。从此，中国传统社会的第一份官报面世了。当然，由于读书人的数量极少，邸报的受众主要面向士大夫。邸报虽然由朝廷掌控，但是内容还是极为丰富的，"凡朝廷政事施设、号令赏罚、书诏章表、辞见朝谢、差除注拟等播告四方令通知者，皆有令格条目，具合报事件誊报"[②]，即朝廷的重大仪典、官员的升迁、战场的胜负、外国交往、水旱灾害等信息都出现在邸报之中。邸报通过王朝建构的发达邮驿网络传布四方，让当时的读书人能够了解王朝的大政方针，可以有效地凝聚共识，较大程度地实现士大夫参与政治的愿望。当然，邸报的局限在于其发布的信息由官方严格控制，主要还是在统治阶级内部进行信息传递，是为巩固专制政权服务的，并不能真正做到下情上达、反映民间疾苦。

3. 邮驿系统的创建与完善

行政文书的传达需要构建完善的传递网络，而中国之所以能成为文明发达、政治统一、历史悠久的国度，与发达的信息网络是息息相关的。在部落时代，就流传着黄帝作舟车的传说，考古发掘中也确实发现了夏朝之前的简易交通工具。商代甲骨文中已经记载了烽火台、传令兵等信息传递制度，周朝由于国家疆域的扩展和书简等书写工具的出现，邮驿制度也初步确立。根据《诗经》中"周道如砥，其直如矢"的记载，可以想象周朝的道路建设已经初具规模，并且设置大行人、小行人和行夫等职位来负责传递信息。秦帝国建立之后，秦始皇为了控制广大疆域，征发大量民众服徭役修建驰道，这些道路以咸阳为中心，北至内蒙古草原，南至百越，东到大海，西至流沙，保证了信息的传递，为统一的多民族国家建构奠定了重要基础。在四通八达的道路之上，秦政府还设置了大量的驿站，配备人员，负责传递行政文书、军情急报和接待往来使者等任务。历朝历代都十分重视驿站的建设，秦朝规定30里设一驿站，汉朝则10里一亭。到了隋唐时期，邮传制度更加严密，驿站30里一设，配有驿夫、驿马、驿船、驿田等，由政府任命的驿长专门管理。到了宋代，邮驿制

---

① 对于邸报起源的争议大致有3种有影响的说法：其一是以戈公振为代表的汉代说，参见戈公振的《中国报学史》；第二种是方汉奇的唐代说，参见方汉奇的《中国新闻事业通史》；第三种则是朱传誉的宋代说，参见朱传誉《宋代新闻史》。

② 徐松：《宋会要辑稿》(职官二)，中华书局1957年影印本，第2397页。

度更加完善，驿卒纳入军事管理，同时为提高信息传递效率，出现了急递铺，值得注意的是，宋朝允许私人信息的传递使用官办的邮驿系统。元世祖为了统治广袤的疆域，在全国设置了1500多个驿站，就连交通极其困难的藏区也设置了30多个驿站。明朝将驿站的管理纳入兵部，设置了车驾清吏司，各省设驿传道，管理分散于全国各地的驿站。清朝的邮驿制度仿照明朝，由驿、站、塘、台、所、铺6种形式构成，每种形式对应不同传递方式，如驿负责传递紧急公文，站负责军报传递，塘和台负责西北等地军报传递。综上，四通八达的邮驿系统像强健粗壮的血管一样，将信息从首都心脏输送到帝国的各个角落；同时，将各地的信息汇聚到中央，便于朝廷及时决策，以巩固帝国的安定统一。

（二）信息控制与中央集权体制下的官制演进

政治权力的施行与政治体制的运作都与对政令、信息的传递与控制息息相关[①]。观察政令、信息的控制与传播可以从两个视角来看：其一是中央朝廷内部，即皇权与官僚系统间的信息传递与控制。其二是中央与地方之间的信息沟通与控制。从中央官制的演变来看，秦汉时期创制了“三公九卿”制，在“三公”之中，丞相地位最尊、权势最重，史称“掌丞天子助理万机”[②]。在汉朝初年，出任丞相一职的多是追随刘邦的功臣及其后人，因此对皇权拥有强有力的制衡能力，不仅可以规劝皇帝，甚至可以封驳皇帝所发出的诏令，而且在人事权方面，丞相掌握人才的详细信息，可以举荐和任免部分官员。除此之外，国家的户籍图册、案件的审理、官员的考课等信息都会汇总到丞相及其下属那里，从信息的控制角度来说，这一时期丞相和皇帝都处于信息控制的中心地位。但从中央集权角度来说，相权与皇权是此消彼长的，为加强皇权，就势必要削弱相权，“三公”中御史大夫的设立就是为了制衡丞相，御史大夫地位虽次于丞相，但不对丞相负责，直属于皇帝，负责监察百官（包括丞相），其所掌御史台下属的御史中丞“掌图籍秘书，外督部刺史，内领侍御史员十五人，受公卿奏事，举劾按章”[③]。当然，地位尊崇的御史大夫在丞相地位下降之后，也失去了制衡的意义，其职权也逐渐被皇帝削夺，御史大夫和御史中丞所统率

---

① 传统中国的中央集权政治体制的运作，围绕着对信息传递、政令颁行的控制而展开。信息传递与政令指挥系统的运行既落实了官僚责任制度，亦反映出政治权力的具体运作方式；而信息与政令之基本载体，是当时上下流通的文书。参见邓小南：《北京社科名家文库　宋代历史探求　邓小南自选集》，首都师范大学出版社2015年版，第59—60页。

② 班固：《汉书》，中华书局1962年版，第724页。

③ 班固：《汉书》，中华书局1962年版，第725页。

的下属官员亦可直接对皇帝负责，如汉代名义上隶属于御史大夫的部刺史所发行文可以不经御史台而直呈皇帝。

在丞相和御史大夫在信息控制中被边缘化的同时，皇帝所掌控的信息逐渐增加，所处理的事务也日益繁重，因此皇帝需要建立新的机构来加强对信息的控制，于是尚书和尚书台应运而生。所谓尚书，“主天子物曰尚，主文书曰尚书”[①]，可见，尚书一职就是帮助皇帝处理文书、信息。尚书初始之时是负责文书传达，但由于常在天子左右，能对决策产生一些影响，而随着西汉后期皇帝能力较弱，尚书的影响开始增加，较为典型的是汉昭帝时期的霍光，其任大将军大司马领尚书事，大将军原只掌管军事，对朝廷政事进行干涉则名不正言不顺，但加上“领尚书事”的职衔，就可以正大光明地成为军、政实权人物。但在西汉一朝，尚书的数量和规模还不大，据载“尚书四人，为四曹。常侍曹尚书，主丞相、御史事；二千石曹尚书，主刺史、二千石事；民曹尚书，主庶民上书事；主客曹尚书，主外国四夷事。成帝初置尚书，员五人，有三公曹，主断狱事”[②]。但到了东汉之后，光武帝鉴于霍光、王莽等外戚权臣擅权，大力削夺“三公”之权，“虽置三公，事归台阁。自此以来，三公之职，备员而已”[③]。尚书台自此成为核心决策机构，可以拆阅奏章、传达诏命，正如李固所说的，“今陛下之有尚书，犹天之有北斗也。斗为天喉舌，尚书亦为陛下喉舌”[④]。可以看出，皇帝利用身边的近臣担任尚书来取代丞相、御史大夫等行政官僚的职权，尚书直接隶属于皇帝，成为皇帝处理信息以及和行政官僚争夺权力的工具。这种利用直属近臣来处理政事的方式有助于皇帝掌握真实的信息。大体上官僚体制层级众多，皇帝希望的是信息能够由下到上，层层汇总，最终集中到皇帝那里，然后由皇帝作出正确的政治决策。但事实上各级官员为了自身的利益，可能会对信息进行层层封锁或篡改，信息经过官僚体制的层层过滤，汇总到皇帝那里时可能失真，变成官员们想让皇帝知道的信息，而非真实的信息。所以皇帝利用直属的近臣、宦官担任重要职位，直接获取一些重要的信息，可以有效加强皇权。

可见，中央官制的变迁和信息控制的争夺息息相关。尚书台作为皇帝的“中朝”机构，原本直属于皇帝，是皇权的直接代理人。因此，为了更好地控制尚书，皇帝一般不会授予尚书台官员很高的位阶，即所谓“位卑权重”。但这是一种矛盾的

---

① 班固：《汉书》，中华书局 1962 年版，第 86 页。
② 孙星衍等辑，周天游点校：《汉官六种》，中华书局 1990 年版，第 64 页。
③ 范晔：《后汉书》，中华书局 1965 年版，第 1657 页。
④ 范晔：《后汉书》，中华书局 1965 年版，第 2076 页。

设置，掌握大权的尚书不可能安于"位卑"的地位，随着尚书权力的加重，他们的机构必然要不断膨胀，最终不可避免地从皇帝的"私属"演变成正式的行政官僚机构，如尚书台在经过魏晋南北朝时期的演变，逐渐成为隋唐的"三省六部"制度。而在这种情形之下，皇帝必须重新培植新的直属人员或机构来与官僚系统争夺权力，如在三省六部成定制之后，武则天为了掌控权力，分润三省宰相之权，命弘文馆的一些学士到翰林院待诏，参与机要，即所谓北门学士。宋朝的皇帝和官僚关系处理得相对融洽，但到了明清之后，集权体制达到顶峰，明太祖废除宰相，建立内阁秘书班子，也是利用直属官员来加强信息控制，包括后来的清朝雍正皇帝设立的军机处也是这种模式的再现。可以说，集权体制下的中央官制变迁本质上是皇帝与官僚系统争夺信息的控制权，而集权制度的强化正是处于权力核心的皇帝力图最大限度地掌控信息的结果。

在中央和地方层面，皇权与地方官僚之间的信息争夺攸关国家的统一，这种信息的控制与反控制也更为激烈。如盛唐时期的"安史之乱"，安禄山利用节度使的职权将亲信安插到各个岗位，控制了所辖地区与中央沟通的信息渠道，导致中央在安禄山起兵很长一段时间后才得到消息，错过了镇压叛乱的宝贵时间。因此，历朝历代的统治者在进行中央和地方关系的制度建设方面十分重视信息的"上传下达"。在"上传"方面，为防止地方官员垄断信息，特别是州郡一级的官员，容易瞒上欺下，打造自己的"小王国"，形成割据势力，就必须建立完善的信息监督制度。秦代在设置郡县的同时，相应设置监御史，负责监察一郡上下之官员。到了汉武帝时期，郡国数量大增，开始设置刺史一职，并且规定了刺史监察的范围，即：

一条，强宗豪右田宅逾制，以强凌弱，以众暴寡；二条，二千石不奉诏书遵承典制，倍公向私，旁诏守利，侵渔百姓，聚敛为奸；三条，二千石不恤疑狱，风厉杀人，怒则任刑，喜则淫赏，烦扰刻暴，剥截黎元，为百姓所疾，山崩石裂，祆祥讹言；四条，二千石选署不平，苟阿所爱，蔽贤宠顽；五条，二千石子弟恃怙荣势，请托所监；六条，二千石违公下比，阿附豪强，通行货赂，割损正令也。[①]

从刺史六条的规定看，其针对的对象主要是两千石的郡守和地方的强宗豪右，这两者的结合是中央最不愿意看到的，因此刺史的任务就是要把这二者的不法行为随时通报中央；六条之外，刺史则无权干涉。同样，刺史也是直接对皇帝负责，位

① 班固：《汉书》，中华书局1962年版，第742页。

卑而权重。但和中央的尚书一样，这种以卑临尊的现象不能持久，刺史的监察区最后演变成州一级的行政区，刺史也变成州牧，渐渐演变为地方最高行政长官。

唐朝统治者吸取汉朝刺史尾大不掉的弊端，往各州县派出巡抚使、按察使、采访使等使节监察地方、搜集信息。同时，为避免采访使垄断信息，规定采访使仅察访善恶，举其大纲，不许干涉地方郡守的事务。但到了唐玄宗时期，又走上了汉朝的老路，节度使与采访使合流，如安禄山就身兼采访使、节度使两职，阻碍了地方与中央的信息流通；唐中后期的藩镇长官往往身兼观察使和节度使两职，逐渐阻断了中央和地方的信息沟通。宋朝吸取汉唐经验，为防止地方割据，将地方行政权力拆分，地方没有集权力于一身的行政长官，而是由分掌不同部门的长官各司其职、互相监督，分别对中央负责。到了明清时期，除了将地方事权拆分之外，还建立了许多非常规的信息搜集渠道，如厂卫制度和密折奏事制度，前者可派遣密探到地方搜集、刺查信息，后者可授予官员可以越过上司给皇帝直接上密折的权力。

综上可以看出，自秦汉以来，历代王朝为了维护大一统，都想要建立稳定、畅通的信息交流渠道，皇帝为了防止地方坐大，总是力图使用自己信任的直辖官员去刺查地方，但中央派遣的这些刺查官员以皇帝为靠山，容易凌驾于地方行政官员之上，久而久之监察与行政合二为一，形成尾大不掉的局面。为了克服上述矛盾，中央在正常的监察、信息采集渠道之外，又不断地将地方权力进行拆分，赋予地方不同层级官员奏事汇报权力，做到信息来源的多元化，这样就避免了地方官员对地方信息的垄断。同时，随着集权体制不断强化的需要，非制度性的信息采集方式也被频繁运用，如前所述的厂卫制度和密折制度。

在传统时代，为了维持中央政府对广袤领域的统治，历朝历代不断创造和完善着治理方式，形成了一套独有的政治制度体系，而历史也雄辩地证明这套制度对巩固国家的统一、促进文明的演进发挥了重要的作用。在中央集权的制度设计过程中，都或隐或显地展现着政治传播的功能，其中包括比较巧妙的“隐性”制度设计，即各项制度设计都或多或少在为主流政治思想、政治价值观的传播提供支持和保障。同时，为了有效传达政令、信息，保障对国家的有效统治，一套成体系的“显性”传播制度也建立起来，包括负责监察的御史台、负责上书言事的谏官系统等。而从信息控制的角度出发，我们也能发现官制的变迁与信息传播息息相关，传统制度与信息传播的互动关系对今天的制度设计仍然有一定的借鉴意义。

# 第二章

# 邸报·《京报》·“小报”：官方与民间的传播媒介

封建君主专制时期，中央集权“金字塔”般自上而下的传播机制，更多起到的是皇帝旨意的“下达”传输作用，涉及对下传达皇权各项信息的功能。上传下达是封建王朝权力收归中央在信息散播和把控方面的体现。

## 第一节　从邸报到《京报》：中央集权下政治传播机制的变化与发展

宋代中央向地方的信息传播模式发生了巨大的变化，进奏官向地方传发的“进奏院报”，始收归政府中枢部门都进奏院统一管理，并以报状的形式发布，此种报状是官方正式报，被统一称为邸报。宋光宗绍熙四年（1193 年）十月四日，有臣言“国朝置进奏院于京都，而诸路州郡亦各有进奏吏，凡朝廷已行之命令，已定之差除，皆以达于四方，谓之邸报，所从久矣”[①]。可见，此时的邸报已作为宋代的官方信息传播媒介存在，其功能与唐代的进奏院状报类似，都是由进奏官进奏的内容组成。而

① 徐松辑，刘琳校：《宋会要辑稿·刑法》第 166 册，中华书局，1957 年影印本，第 6558 页。

后至明朝，进奏院不再设立，但由中央发出的官报仍被称为邸报。

## 一、官方报刊邸报的刊行与发展

邸报的发行，是宋代中央集权在信息传播方面日益完善的表现，其信息发布权力收归中央，有益于中央旨意的对下传播，有利于封建王朝在传播内容上的政治控制。邸报的传抄由专人负责，宋代新设立都进奏院，由门下省主要负责，其职责主要是收集和传递官文书，用以传送皇帝下发的诏令谕旨，继而严格地把控各地方藩镇所接收的内容信息，这是中央集权下政治传播机制较为完善的表现。

中国古代封建王朝统治期间，随着中央集权的不断加强与完善，传播媒介亦有所变化和发展。清朝时，邸报发行系统较为完善，已拥有较为完备的发行网络。清朝邸报的发行系统主要有驿站和提塘。驿站包括中央和地方，提塘则包括京塘和省塘。据《清史稿》有关清代驿站传输系统的记载："车驾掌牧马政令，以裕戎备。凡置邮曰驿、曰站、曰塘、曰台、曰所、曰铺，驰驿者验邮符，泄匿稽留者论如法……典京师驿传，以待使命。又捷报处司官无定额。驻京提塘官十有六人。直隶、山东、山西、河南、江西、福建、浙江、湖北、湖南、四川、广东各一人，陕甘、新疆一人，云南、贵州一人，漕河一人，由督抚保送本省武进士、举人及守备咨补。后改隶邮传部。"①可见清朝提塘系统，已设有"驿、站、塘、台、所、铺"等，同时，在京师的提塘官即有 16 人之多，按照地理区域划分进行信息的传送工作，此时的驿站、提塘系统可谓较为完善。

清咸丰同治年间，内有太平天国农民起义，外有列强入侵，清政府的统治地位受到挑战，中华民族的生存亦受到了威胁。一批率先接触西方思想及西方制度的有识之士，开始谋求中国的求存之路，洋务运动、维新运动等相继进行，封建君主专制制度日益遭受质疑，作为封建王朝信息传输的驿站通信系统亦遭到破坏。直至光绪二十四年(1898 年)，光绪帝下旨昭告变法事宜，"国家振兴庶政，兼采西法，诚以为民立政，中西所同，而西法可补我所未及"，同时下令"各省撤驿站，设邮政"②。此间，1895 年甲午中日战争，清廷战败，宣告了以"自强""求富"为口号的洋务运动破产，标志自救运动的失败。清光绪三十四年八月，"庚辰，裁奉天驿站，设文报局。

---

① 赵尔巽：《清史稿》卷一百十四，中华书局 1977 年版，第 2235－2236 页。

② 赵尔巽：《清史稿》卷二十四，中华书局 1977 年版，第 925 页。

壬午,诏中外臣工研究君主立宪政体。谕定自治章程”[①]。驿站随着清末维新变法运动的失败而衰落,同时随着君主专制体制的分崩离析而被邮政、报馆所取代,但在驿站系统存在期间,其为封建君主专制中央集权的加强起到了重要的信息管控作用。驿站系统重要的功能,首先是对下传送皇帝诏令;其次是将各地方事务及变动信息上传,有助于中央对地方信息的有效获取与把控。驿站系统以信息传送的方式沟通中央与地方,体现了清朝驿站系统上传下达的信息传输作用。

除驿站和提塘等较为完善的信息传输系统外,清朝已有电报的使用。1873年,第一部汉字电码本《电报新书》即已编成,1875年福建船政学堂附设电报学堂,1877年中国自建了第一条电报线路。电报的出现与使用,弱化了原有王朝驿站的传输作用。

除官方性质的邸报外,随着历史的发展,各朝民间对信息的需求日益增加,民间非法经营的小报开始出现并最终形成了半官方性质的《京报》,这些表明民间报房等信息传送渠道开始出现。这些非官方信息传播渠道的出现,某种程度上亦是封建王朝统治下民众对获取信息的需求日益增多的结果。

## 二、半官方性质《京报》的出现及封建专制官方垄断传播局面的打破

明清之际,《京报》成为介于官方与民间的合法性媒介,在信息传播的过程中,发挥了重要作用。《京报》出现于明朝还是清朝,学界有不同的看法。李提摩太称:“中国朝报,见于炎宋,亦名邸报。苏轼诗‘坐观邸报,谈迂叟。’此其证明也。明时有《京报》。国朝仍之。”[②]有学者称:“据北京报房中人言,清初有南纸铺名荣禄堂者,因与内府有关系,得印《缙绅录》及《京报》发售。时有山东登属之人,负贩西北各省,携之而往,销行颇易。此辈见有利可图,乃在正阳门外设立报房,发行《京报》,其性质犹南方之信局也。”[③]戈公振认为,清初改邸报为《京报》,《京报》“亦称《塘报》《驿报》;此外又有《宫门抄》《辕门抄》《谕折汇存》之类。所记无非皇室动静,官吏升降,与寻常谕折而已”[④]。可见《京报》是基本经官方认可,同时带有民间经营性质的合法性纸质传媒,这体现中国古代报纸自官方向民间普及的趋向,体现民

① 赵尔巽:《清史稿》卷二十四,中华书局1977年版,第964页。

② 1906年7月4日(光绪三十二年五月十三日)《汇报》第9年第43期(原第七百九十三号)的“问答”栏目。

③ 戈公振:《中国报学史》,中国新闻出版社1985年版,第29—30页。

④ 戈公振:《中国报学史》,中国新闻出版社1985年版,第20页。

间信息传播合法性报纸的出现,打破了以往封建王朝垄断官方信息传播渠道的局面。黄卓明依据俞正燮的《癸巳存稿》进行考证,认为《京报》起源于明朝。俞正燮的《癸巳存稿》记载:"《芦城平话》四卷,《皇明小史》十八卷,《宫史》五卷,《事物初略》三十四卷,又有《买愁集》,不全,皆吕贞九撰,句容王君乔年所藏。吕盖天津人,其自号'赤隐',不知何意。《平话》中说熊廷弼、汪文言、傅櫆、吴孔嘉、吴养春事甚详。前于王氏见明时不全京报,天启四年四月,傅櫆参内阁中书汪文言,即休宁县犯赃遣戍之库吏汪守泰,六月,审确,杖革为民。检《熹宗本纪》不载……(明天启六年)十月,《本纪》有'丙申'逮中书舍人吴怀贤下镇抚司狱,杖杀之',不见京报。"① 俞正燮的文稿中已多次提及《京报》,其中卷十一另载:"雍正十一年五月初八日,四川潼门府盐亭县民杨士荣,家牛产麟,见《京报》。川督黄廷桂、川抚宪德奏。"②可见《京报》征引督抚的奏折,事多谶纬之语。卷六有:"嘉庆十年十月,读《京报》。库伦办事大臣蕴端多尔济奏:俄罗斯遣使来学侣征说故事,知俄罗斯有撒纳特衙门。检乾隆二十二年九月二十七日《京报》,录出之,渐积搜辑,竟得书一百八十七条。"③可见,《京报》亦登外交轶事。黄卓明认为《癸巳存稿》中所载《京报》,内容涉及天启年间的事情,故《京报》当出现于明末,其性质属于民间经营④。黄卓明还认为"《京报》和'邸抄'实质是同一性质的事物,或者说,前者是后者的翻版"⑤。可见清代《京报》仍是重要的传播媒介,然而《京报》始于明朝这一说法却受到了其他学者的质疑。姚福申在其文章《关于明代京报的辨析》中认为:"现存的京报原件,都是清朝道光以后的出版物,而这些京报的内容,都没有超越传抄官文书的范围","过去认为明代史料中出现'报房'字样,就一定是民办的京报房,出现了'明时不全京报',一定就是和清朝民营京报同样的东西,显示是带有片面性的结论。"⑥其后随着报刊史料的日渐增多,学术界有关《京报》起源的研究更为深入。尹韵公在《中国明代新闻传播史》中通过对小说《鼓掌绝尘》的撰写内容"一日,送京报来说:九龙知县已有官了,姓金名石,系金陵人,选贡出身"等进行分析,发现明代小说中已有

---

① 俞正燮撰:《癸巳存稿》辽宁教育出版社 2003 年版,第 430—431 页。

② 俞正燮撰:《癸巳存稿》,辽宁教育出版社 2003 年版,第 312 页。

③ 俞正燮撰:《癸巳存稿》,辽宁教育出版社 2003 年版,第 160 页。

④ 黄卓明:《创始于明末的民间经营的〈京报〉》,见氏著.《中国古代报纸探源》,人民日报出版社 1983 年版,第 101 页。

⑤ 黄卓明:《继承明末〈京报〉的清代〈京报〉》,见氏著.《中国古代报纸探源》,人民日报出版社 1983 年版,第 150 页。

⑥ 姚福申:《关于明代京报的辨析》,《新闻大学》1984 年第 7 期。

传送消息的《京报》的记载。小说来源于生活,特定时期的小说撰写往往同作者特定的生活背景有关,虽此是一则文学意义上的小说内容记载,但无疑给《京报》起源于明朝的说法有所印证。明代中叶,著名的文学流派"明后七子"领袖王世贞之弟王世懋(1536—1588)曾有行书手札一封,内容有"得书,欣若面谈。适早,得京报,知家兄南都之谤,不人,与王龙池俱无恙。此诚为世道庆,不但仆家事也。唯虚江兄在罢软之列,差为不乐耳。"①可知明朝中叶,已有人从《京报》获悉外部信息,则明朝《京报》极有可能已作为信息传播的纸质媒介而存在。

清代皇权专制日益完善。康熙在位期间,中央中枢系统涉及内阁、议政王大臣会议、南书房,最终权力收归皇帝。雍正帝在位期间,设置了军机处,用以协助自己处理各项事务。可见,邸报信息来源不再只有通政使司一处,同时有出自军机处抄发的皇帝谕旨和奏折。除中央设置军机处抄发皇帝诏令外,清朝还在各地方设立诸多提塘与报房,形成了一套较为完善的传送系统,专门负责中央诏令在地方的传送。各地方亦出现了专门刊载中央诏令的场所。

## 三、《京报》的合法性经营及官方信息的民间传播

《京报》作为明后期及清朝信息传播的重要渠道存在于封建君主专制体制中,亦受制于君主专制体制。封建君主为了更好地进行中央集权的统治,始终把信息传播的主要渠道把控在自己手中,同时严格控制传播的内容。《京报》作为一种较为正规的传播媒介,其内容基本是封建王朝中央下发的谕旨和各地方大臣上报的奏章,属官方信息。据清朝朱一新的《京师坊巷志稿》记载,清朝的报房已有胡同之称:"大、小报房胡同。报或作豹。井一。北大院井一。正白旗蒙古汉军都统署俱在大报房胡同,详衙署。坊巷胡同集:明照坊六铺。万历沈志:法华寺在明照坊,有敕建碑。案:寺在大报房胡同,明景泰中,太监刘通舍宅为寺,详寺观。"②可见清朝报房已具有相当大的规模。咸丰元年(1851年),江西巡抚张芾奏请"刊刻邸钞,发交各省",后奉谕平行申诉,谓:"逐日所降明发谕旨及应行发钞内外臣工折奏,例由内阁传知各衙门通钞,即由各该管衙门行知各直省,或由驿站,或交提塘分递。该衙门自能斟酌缓急轻重,遵例妥办,岂有各省大吏无从闻知之理?所有刊发钞报,乃民间私设报房,转向递送,与内阁衙门无涉。内阁为经纶重地,办事之侍读中书,

① 《四库全书》第828册,子部134,艺术类,上海古籍出版社1987年版,第155页。
② 朱一新:《京师坊巷志稿》,北京古籍出版社,1982年版,第112页。

从无封交兵部发递事件。若令其擅发钞报,与各督抚纷纷交涉,不但无此体制,且恐别滋弊端。"①可见咸丰年间,官报传送机构有各衙门、驿站或提塘,上谕认为报房为民间私立,让其传抄报纸,恐怕会滋生事端。可见清朝对民间所设报房的不信任以及对信息传输的严格把控。随着中央集权的不断加强,到了清朝中后期,封建中央集权空前集中,权力被不断收归中央,同时,清帝为了维护自身对于官民的控制,在信息传播方面亦不断加强控制。

据相关学者考证,目前所能见到的出版时间较早的清朝《京报》,出版于乾隆二十六年(1761 年)八月二十三日,该报收藏于合肥润泽东方老报馆。2009 年,中国图书北京海王村拍卖有限责任公司,在 2009 年春季书刊资料拍卖会上,拍卖了一份标记时间为清乾隆三十二年(1767 年)十一月二十三日出版的《京报》活字印本,该报右上角印有《京报》字样,右起第二列即登载了具体的时间为"乾隆三十二年十一月二十三日",后右起第三列为内容分类"纶音",即封建王朝帝王的诏令。中国书店官网公布的信息显示,该份报纸为毛装,尺寸大小为 19.5 厘米×9.5 厘米,内容为户部钦奉上谕。方汉奇先生认为:"乾隆、嘉庆等朝民间报房所出的报纸,一般没有报头,没有封面。每天一期,每期一册,每册 4 至 10 页不等,每页长宽约 24 厘米×18 厘米,每册第一页的第一行印有出版时间。版心部分印有'题奏事件'四个字。每册第一页和最后一页的空白处都印有报房的堂名。"②

同治年间,民间报房所刊出的报纸在样式上开始变化,此时的民间报房所刊载的报纸有了封面,且封面颜色较多采用黄色连史纸,故被称为"黄皮京报",同时在首页报头位置会有"京报"二字登印。此时的"黄皮京报""每期一般为 4 至 10 页,超过 10 页的时候也有,但较少。每页对折之后用纸捻装订成册。每册的长和宽一般约为 22 厘米×9 厘米。个别报房所出的报纸有宽到 12 厘米以上的,仅是少数。"③《京报》作为清末信息传播的重要方式,所登载的内容仍以皇帝所颁布的诏令及各地大臣上报的奏章等为主,主要包括宫门抄、上谕和奏章等,其中既有皇帝谕旨、诏书的登录,朝廷内部皇帝与朝臣的动向,也有各级大臣建言献策的奏折内容及皇帝的批示。此外,《京报》的制作样式亦不统一,拥有多个版式。

---

① 《清实录·咸丰朝实录》卷一百一十六。
② 方汉奇:《清代北京的民间报房与京报》,《新闻研究资料》,1990 年第 52 期。
③ 方汉奇:《清代北京的民间报房与京报》,《新闻研究资料》,1990 年第 52 期。

## 四、现存《京报》的类别及《申报》中的《京报》

复旦大学新闻学院珍稀资料室现存《京报》样式丰富，为《京报》类别的研究提供了重要的参考。

### (一)现存《京报》的类别及主要刊载内容

复旦大学新闻学院珍稀资料室藏有《京报》数种。第一种封面左上题有“京报”(木刻雕版印刷)。中间居下三分之二位置题有“京字×××(大写数字)号”。封底题字的内容及版式同封面[①]。《京报》刊载内容包括“宫门抄”，刊发朝廷时政要闻，如光绪二十九年(1903 年)二月二十二日：“兵部太常寺、太仆寺厢黄旗值日，内阁引见二名、外务部四名、值年旗四名、中书科一名、厢白汉八名、厢红满二十三名、正蓝满十八名、厢蓝满二名、健锐营十四名。”比照同日《那桐日记》：“早进内，带外务部引见，到熙滁翁处出分。巳刻到提署拣选五营官缺，又挑兵缺。申正归。”[②]可见此中部分消息可互相印证，此基本上是一句要闻。

除朝廷时政要闻外，《京报》中亦有详尽的官吏任免布告，“京字二十九号”《京报》：光绪二十九年二月二十五日“旨湖南沅州府知府着王瀛补授，云南罗平州知州着陶大濬补授，直隶延庆州知州着刘凤镳补授，山东滨州知州着江瑞钟补授，福建漳州府石码通判着彭祖照补，江苏松江府柘林通判着李桂荣补授，安徽繁昌县知县着沈祖煌补，山东泗水县知县着刘煌补授，山西怀仁县知县着汪文浣补授，福建建安县知县着王宗猛补授，浙江龙泉县知县着胡绍苏补授，直隶蓝山县知县着段献增补授，福建上杭县知县着谢翌雯补授，浙江常山县知县着荣春晖补授，河南商水县知县着徐懋昭补授，安徽芜湖县知县着沈祖懋补授，广东兴宁县知县着藤贵森补授，贵州印江县知县着马惟瀛补授，四川邻水县知县着邓杰补授，直隶鸡泽县知县着杨谷成补授，广东琼山县知县着文绍震补授，江西广丰县知县着吕用宾补授，山西兴县知县着庄元鉴补授，江西德安县知县着柴玉衡补授，四川眉山县知县着郭之琦补授，福建长汀县知县着文达补授，广西雒容县知县着管廷纲补授，广西来宾县知县着徐作襴补授”。如此大规模的知县官员调整，反映了义和团及八国联军侵华对清王朝官僚秩序的冲击，清末新政的一个重要举措就是基层政权的重建，这一切皆可从《京报》的有关记载中窥见一斑。

---

① 王天根：《晚清报刊与维新舆论建构》，合肥工业大学出版社 2008 年版，第 8 页。

② 《那桐日记》，《北京档案馆史料》，新华出版社 2002 年版，第 171 页。

晚清时期，清廷推行新政，同时对权力分配亦非常重视。此时，《京报》较多刊载科举及官吏任免的消息。

《京报》第二种版式也由复旦大学新闻学院收藏，封面左起顶格为“京报卷五”（其中“卷五”字号略小），封面右起顶格为“光绪癸卯”，其内容文字是木刻雕版印刷[①]。从报道内容上可见报道材料之取舍。该《京报》刊有光绪二十九年（1903 年）闰五月初一日奉旨云：“南正考官着张星吉去，副考官着吴庆恩去。”“奉旨贵州正考官着李明哲去，副考官着刘彰年去。”“奉旨分发江苏知县王瑞兰，安徽知县萧翰臣、张翊六，山东知县李承先、戴树升、陈萝藻、张汝析；仓传□，山西知县吴恩溥、姚廷献、张树屏，河南知县庆仁、卢自滨、范寿铭、杨宏恩、奎沚、萨嘉曦，陕西知县王猷、李沛，甘肃知县樊鼎枢、廖元佶，浙江知县程铭敬、陈象绂、宗彭年、戴承绪，江西知县刘廷弼、刘钟琳、吴回翼、宗鹤年、崔祥鸠、王鸿寿、商言志、施谦、高继祖，福建知县张弧、陈培基、方宗猷、王家驹，湖北知县谢培德、恽启森、樊金声、陈樊、吴淞、萧大镛、杨士桐、王建动，湖南知县杜成章”[②]，主要是官吏任免的消息。

第三种《京报》，封面左上题有“京报”，中下有双线方框，内竖书“聚升报房”。内页有日期“光绪二十四年五月初三日”，及“目录”“谕旨”“督察院奏请”字样[③]。有《京报》的内容涉及光绪三十一年（1905 年），其中是年四月二十八日刊有：

> 四川成都将军奴才绰哈布、成都副都统奴才苏噜岱跪奏，为拣选成都驻防骁骑校缺，遵照部咨，援案核办，恭折具奏，请旨补放事：窃于光绪三十年十月二十七日，接准兵部咨开武选司案呈，所有本部议覆，翰林院侍读学士伊克坦奏请五品以下世职，六品骁骑校各员，俸饷既薄，糊口维艰，来京旅费筹措不易，拟请嗣后八旗过职，除轻车都尉、骑都尉照旧办理外，其云骑尉人员及岁时由各该将军副都统于年终汇奏，经部旗议准后，给予全俸，毋庸送部引见。六品骁骑校由各该将军副都统拣选，当差勤奋者，拟定正陪，奏请钦定。奉朱批，圈出拟正者准其补授，拟陪者作为记名，亦毋庸送部引见，惟曾经奉旨记名人员，仍应按奉旨日期挨次序补等因，于九月二十二日具奏，奉旨依议。钦此。

由上可见，其所刊载的多为公文性质，内容多涉及部门官员或地方官员缺员，

---

① 王天根：《晚清报刊与维新舆论建构》，合肥工业大学出版社 2008 年版，第 10—11 页。

② 《京报》（光绪癸卯）。按：引文中“□”表示原件字迹不清或原件破损以致无法辨认。

③ 王天根：《晚清报刊与维新舆论建构》，合肥工业大学出版社 2008 年版，第 10 页。

科举废除前后新政中关于办学等等诸多举措[①]。

第四种《京报》,封面左起顶格为“京报全扁四月福”(其中“四月福”字号略小,且另起一行),封面右起居中为“耀新”,内页为铅字印刷。报纸中缝有“上海新闻报馆敬刊”[②]。光绪十九年(1893 年)癸巳夏季《京报》中四月初一日“宫门抄”:“上谕一道,恭录正幅。”“李中堂奏永定河凌汛抢护平稳折。”“东抚福奏桃汛水涨黄河两岸工程防护平稳折。”“福督谭奏遴补温镇右管游击折。”“东抚福奏改办烟台练军片。”“福宁镇曹奏出洋督缉日期折。”“豫抚裕奏荆子关副将丁忧片。”“锦州副都统崇奏牧群隐亏官马匿报灾癞请将各官分别革讯折。”“云督谭奏汇报正法强盗土匪各案折。”可见消息多为官场政务。除此之外,《京报》还登载了部分宫廷行踪预告等消息:四月初一日“工部鸿庐寺八旗两翼值日,无引见。”“澍贝勒续假五日。”“铭公龄公奎秀各续假十日。”“吏部呈进月官卷。”“召见军机。”“皇上明日卯初二刻,升中和殿,看版巳初,进坛,入斋宫。”以上多为消息目录。另有部分奏折内容的登载:“大学士直隶总督一等伯臣李鸿章跪奏为永定河凌汛抢护平稳,恭折仰祈圣鉴事。窃臣前因永定河道凌汛届期,令该河道万培因督饬文武员弁驻工,妥慎防守。兹据该河道禀称:正月二十一日以后冰凌逐渐融化,河水迭次增长。自七八尺至一丈二三尺,势甚汹汹……”可见李鸿章就汛情向皇帝作汇报。再如“李瀚章等片”:“再,案准户部咨奏拨癸巳年筹备饷需一折,单开广东省银二十万两等因。当经行司筹解,嗣据筹银五万两。饬候补知府联兴、候补知县李九波领解,赴京投纳,业经奏报在案。兹据广东布政使贵罗成允详称,此项饷需关系紧要,自应赶紧筹解。现于藩库各款内竭力凑拨款五万两作为癸巳□筹备饷需,第二批照案发交商号日升昌白川通蔚太厚新太厚汇兑至京。遴委试用,同知章□□、□补知县胡鉴,领齐汇单于光绪十九年四月初六日启程,由海道进京支取银两,户部投纳等情奏咨前来,臣□□□□□□□查照外,谨合词附片具陈,伏恭圣鉴。谨奏奉。”可见,所谓《京报》,类似公文报表性质,发挥着公告板的作用。《京报》的出现与合法性经营,打破了邸报作为官方信息传输方式的局面,是民间信息需求增加的结果,同时也是封建中央集权无法对其统治区域内信息传输进行严格控制的体现。作为民间经营的合法性半官方性质的信息刊载载体,《京报》的出现与发展有效地冲击了以往官方对于信息传输的把控。

---

① 王天根:《晚清报刊与维新舆论建构》,合肥工业大学出版社 2008 年版,第 11 页。
② 王天根:《晚清报刊与维新舆论建构》,合肥工业大学出版社 2008 年版,第 11 页。

除复旦大学新闻传播学院现存《京报》外，上海《申报》自创刊后，亦经常刊载《京报》目录或全部内容。

(二)《申报》中的《京报》及其主要内容

《申报》于1872年4月30日在上海创刊，至1949年5月27日停刊。《申报》自创刊后至1890年，多次全文登载同治、光绪、宣统年间的《京报》内容，1890年之后，时有登载。《申报》上所登载的《京报》内容，为后世学者研究《京报》提供了极大的帮助。

1873年，《申报》第375号在其显著位置登载《论中国京报异于外国新报》一文，该文指出："吾国之新报，盖和朝野之新闻而详载之，贵国京报，仅有朝廷之事，而闾里之事不与焉。且即以朝廷之事而论，亦仅就日所习见习闻者而录之，至于新立一政，新创一议，亦不备哉，每使观者兴味之减。"[①]可见，该文作者认为中国的《京报》仅登载朝廷之事，且没有"新立一政，新创一议"等新进信息的登载，指出《京报》登载内容的单一及更新速度的迟缓。

《申报》在登载《京报》内容时，多指明哪年哪月哪日"京报全录"，时间信息较为明确，如《五月初四日京报全录》《七月初九日京报全录》《光绪五年正月二十六日京报全录》等。通过查阅《申报》可知，《京报》主要包含上谕、奏折等内容，《京报》开篇印有"宫门抄"三字，以示《京报》的内容属性，部分《京报》会在"宫门抄"下方直接指出信息的条目，如"旨三道""上谕二道""谕旨二道"等。1872年6月21日，《申报》登载《四月二十八日京报全录》："宫门抄。上一道。湖南巡抚王奏遵旨拣员调补省会知府，以资治理折子。又奏长沙县篆务应行拣员署理夹片。侍郎绵等奏遵旨考试汉教习事竣恭呈试卷折子。四月二十八日刑部都察院大理寺正黄旗值日无引见。王等盘查三库完竣复命。顺天学政夏同善请训。伯王假满请安。召见军机……"可见，《京报》主要记录了朝廷的政务等。1877年9月4日，《申报》登载《光绪三年七月十六日京报全录》："宫门抄。奉上谕六道三道录前。大臣明奏为清查出哈密缠回各缘由折子。又奏，为回子亲王特呈请赏颁福晋册封各缘由夹片……召见军机。会纪泽、广科、醇王。皇上明日卯正至奉先殿……上谕，本日御史刘恩溥奏片内抬写银悮刘恩溥着交部议处，钦此。……奏军机大臣奉旨知道了钦此。"[②]可见，其时《申报》转载《京报》主要内容即为皇帝处理政务及日常朝见官员

① 《论中国京报异于外国新闻》，《申报》，1873年7月18日第375号。
② 《光绪三年七年十六日京报全录》，《申报》，1877年9月4日第三版。

等信息。

与邸报、《京报》等官方、半官方性质的报纸同时期出现的，还有被统治者严令查禁的民间小报。官方信息在传输过程中的泄露及民间需求的增加等，促进了民间小报的出现及经营，但为了有效统治舆论及把控民间的信息传输，封建王朝对小报基本实行打压的政策。

## 第二节　民间传播方式小报的出现及其影响

随着封建王朝的更替、社会的动荡及民间信息需求的增加，非官方性质的传播途径，有其生存空间与受众诉求。王朝的不断更迭致使社会秩序几经变化，社会失范使得民间舆论滋长，继半官方报纸《京报》之后，民间小报应运而生。所谓小报是相对于大报而言，小报常载小道消息或传言。

### 一、小报的兴起与艰难发展

黄天鹏在《中国新闻事业》中称："小报者，以篇幅小而得名，在社会亦具相当之势力，不可以小而忽之也。"[①]"小报"之称谓，见于宋朝《论禁小报》，该文称："方陛下颁诏旨，布命令，雷厉风飞之时，不无小人诪张之说，眩惑众听。如前日所谓召用旧臣，浮言胥动，莫知从来。臣尝究其然矣，此皆私得之小报。"[②]其时，小报未见有特定报名，而统一被称为小报。

宋朝小报有其时代特征："小报者，出于进奏院，盖邸吏辈为之也。比年事有疑似，中外不知，邸吏必竞以小纸书之，飞报远近，谓之小报。如曰：'今日某人被召，某人罢去，某人迁除'。往往以虚为实，以无为有。朝士闻之，则曰：'已有小报矣！'州郡间得之，则曰：'小报到矣！'他日验之，其说或然或不然。使其然耶，则事涉不密；其不然耶，则何以取信？此于害治，虽若甚微，其实不可不察。"臣僚主张查禁，"望陛下深诏有司，严立罪赏，痛行禁止。使朝廷命令，可得而闻，不可得而测；可得而信，不可得而诈。则国体尊而民听。"[③]作为民间舆论的载体，宋代的小报所登载

① 黄天鹏：《中国新闻事业》，上海联合书店 1930 年版，第 100 页。

② 周麟之：《论禁小报》(《海陵集》第 23 卷)。

③ 转引自戈公振：《中国报学史》，中国新闻出版社 1985 年版，第 27 页。

的内容,多为民间欲知信息,代表着民众的求知偏向。其时,宋朝统治者对于民间小报的刊行多实行查禁的布令。南宋绍熙四年(1193 年)十月四日,有臣上奏:"恭惟国朝置进奏院于京都,而诸路州郡亦各有进奏吏,凡朝廷已行之命令,已定之差除,皆以达于四方,谓之邸报,所从久矣。而比来有司防禁不严,遂有命令未行,差除未定,即时誊播,谓之小报。始自都下,传之四方,甚者凿空撰造,以无为有,流布近远,疑悟群听。且常程小事,传之不实,犹未害也,倘事干国体,或涉边防,妄有流传,为害非细。乞申明有司,严行约束,应妄传小报,许人告首。根究得实,断罪追赏,务在必行。"又言:"朝报逐日自有门下后省定本,经由宰执,始可报行。近年有所谓小报者,或是朝报未报之事,或是官员陈乞未曾施行之事,先传于外,固已不可。至有撰造命令,妄传事端,朝廷之差除,台谏百官之章奏,以无为有,传播于外。访闻有一使臣及阁门院子,专以探报此等事为生。或得于省院之漏泄,或得于街市之剽闻,又或意见之撰造,日书一纸,以出局之后,省、部、寺、监、知杂司及进奏官悉皆传授,坐获不赀之利,以先得者为功。一以传十,十以传百,以至遍达于州郡监司。人情喜新而好奇,皆以小报为先而以朝报为常,真伪亦不复辨也。欲乞在内令临安府重立赏榜,缉捉根勘,重作施行。其进奏官令院官以五人为甲,递相委保觉察,不得仍前小报于外。如违,重置典宪。"①此是南宋官员有关邸报、小报、朝报的上奏内容,涉及小报"始自都下,传之四方,甚者凿空撰造,以无为有,流布近远,疑悟群听",并出现了专以探报此等事为生的人。可见,小报的刊行已具备商业营利的性质。小报刊载内容"或是朝报未报之事,或是官员陈乞未曾施行之事",内容真假不辨,而"人情喜新而好奇,皆以小报为先而以朝报为常,真伪亦不复辨也",所以若小报报道内容"倘事干国体,或涉边防,妄有流传,为害非细",故"令临安府重立赏榜,缉捉根勘,重作施行。其进奏官令院官以五人为甲,递相委保觉察,不得仍前小报于外。如违,重实典宪",可见,斯时民间小报是非法存在的,且官方对于非官方信息传播渠道的小报,采取了非常严苛的查抄制度。宋朝官员指出,因猎奇心理的作用,接收者大多以小报所登载的信息为自己认识外部世界的来源,以小报为先而以朝报为常,这无疑是接收者对官方信息传播渠道的不重视,可见其时王朝统治者对于民间信息传播渠道的失控,其背后所指代的则是民间信息传播机制对封建中央集权统治下的传播模式的威胁。在信息传抄的过程中,报文接收者在阅读小报所登载内容时不去辨别真伪,如此就会导致错误信息的传播,该上奏指出小报内

① 徐松:《宋会要辑稿》(刑法二),第 166 册,中华书局,1957 年影印本,第 6558 页。

容若涉及国体及边防，恐怕会威胁到皇权的统治。因此，宋代对于小报的查禁，不仅仅是对官方信息传播渠道及传播内容的控制，更为重要的则是其对国家统治权力的维护与把控，但宋代的民间小报依旧屡禁不止。

据宋朝赵升编撰的《朝野类要》记载："朝报，日出事宜也。每日门下后省编定，请给事判报，方行下都进奏院，报行天下。其有所谓内探、省探、衙探之类，皆衷私小报，率有漏泄之禁，故隐而号之曰新闻。"①简要说明了宋代朝报的发行机制，朝报每日发行，由门下省编定，之后审核，而后方可下发给都进奏院，然后进一步下发，可见宋代朝报发行有着严格的把关审核机制，体现了宋代君主对于官方信息传播的重视。该书同时指出，"其有所谓内探、省探、衙探之类，皆衷私小报，率有漏泄之禁，故隐而号之曰新闻"，可知民间非法经营的小报所登载的信息，部分是由政府内部专职负责抄送官方信息的官员泄露的。此种无视政府有关小报的查禁政策，而泄露官方信息给民间小报进行传播与登载的行为，无疑是违反了朝廷官方的信息传输机制。在严苛的信息发布管理运行机制下，宋朝不允许存有"漏泄"可能的小报生存，故而对其进行查禁；同时可以看到"新闻"一词在宋朝所指代的，是载于民间非法经营的小报上非法抄传的官方信息，率先将"报"与"新闻"结合在一起，体现出小报的出现和发展与中国新闻事业的一定联系。非法经营的小报，多是民间小报经营者谋生逐利的结果，可见小报经营者为追求经济利益而进行的非法经营，而小报对于"新闻"发展的促进作用，则为后世新闻事业的发展提供了契机。

元朝统治时间较短，从目前掌握的资料来看，尚未见到关于小报的记载。据方汉奇先生考证，元朝民间雕印发卖的"小本"，很有可能就是宋代民间小报的延续和发展②。据《元史》载："诸但降诏旨条画，民间辄刻小本卖于市者，禁之。"③可见，元朝仍存在民间非法辄刻官方信息以进行售卖等商业行为的操作者，且该时期朝臣官员眼中的小报内容多是讹传，不可轻信。

明朝统治期间，不曾设置进奏院这一官职，而是由通政司、六科等专门负责朝廷相关新闻的誊抄与发布，这些发自朝廷中央的官报仍被称为邸报。与此同时，民间小报、报房等报业亦有所发展。明熹宗天启三年(1623年)有载："督理军务大学士孙承宗言，国家以全辽设一巡抚，内与蓟抚统于一总督，以两抚各提数道，臣与镇

① 赵升:《朝野类要》卷四。

② 方汉奇:《中国新闻事业通史(第1卷)》，中国人民大学出版社1992年版，第81页。

③ 宋濂:《元史》(卷一百零一)，中华书局，1976年版，第2680页。

协各治其地……且计往返不过十余日，自不妨边事，更可以边事一一上告君父，胜于旗尉之听记，下告友朋，胜于小报之讹传。”[①]可见在明中后期，民间新闻传播活动增多，同时出现了民间报房和专门从事抄报事业的人员。

清朝前期和中期，民间小报屡禁不止，官方对于民间小报仍实行查禁的政策。如康熙五十三年（1714年）十二月辛巳，“兵部议覆督察院”左都御史揆叙疏言：‘近闻在京各省提塘及刷写报文者，除科抄外，将大小事件探听写录，名曰“小报”，送与各处，甚至任意捏造，骇人耳目。祈严加禁止，庶好事不端之人有所畏惧’等语。应如所请。严行禁止，违者从重治罪。从之。”[②]可见，清朝官方仍将非法抄送的消息称为小报，此时小报的消息来源与地方官府有所联系，有时甚至就是在京负责抄录官方消息的地方抄录员，将本该属于官方传播渠道进行传送的消息、大小事件摘抄而成小报，而后将这些小报传送到别的地方，而其内容有时与官方消息有所出入，“甚至任意捏造、骇人耳目”。对此左都御史揆叙上奏，请求禁止小报的发行，可见小报的刊行不利于朝廷的舆论控制和官方信息传播的保密，同时因其载录内容难以管理，不利于清廷对民间地方流通信息的治理，因此小报始终是官府打击的对象。清乾隆二十一年（1756年）正月丙申，“兵部议准御史杨开鼎奏，各省提塘外，另有小报房，皆无职之人。呈科取结，便准开设，易滋私钞讹传泄漏之弊，应请严禁。从之。”[③]可以看出，乾隆年间严禁小报发行，因各省已设有提塘这一官方信息发布传播渠道，而小报作为一种非官方的信息传播渠道，容易出现私自抄发、肆意传播或泄露官方信息的不良情况。可见，封建统治者对民间小报在传播信息方面的担忧及其对信息传播渠道的严格把控。小报的出现无疑打破了官方邸报、《京报》等对于信息传播的垄断局面，同时也是对于封建王朝皇权专制的挑战。

## 二、打破官方封锁的小报对封建专制制度的挑战

自宋代出现时即被查禁，一直到清代仍未消亡的民间非法性经营的小报，是民间小报商贩谋生存、营利性经营的结果，同时也是对封建王朝中央集权有关信息传播垄断机制的挑战。

宋太祖赵匡胤召见赵普，问道：“天下自唐季以来，数十年间，帝王凡易八姓，战

① 《明实录·熹宗实录》卷四十二，天启三年十二日。

② 《清实录·康熙朝实录》卷二十二，康熙五十三年十二月辛巳。

③ 《清实录·乾隆朝实录》卷五百五。

斗不息，生民涂地，其故何也？吾欲息天下之兵，建国家久长之计，其道何如？”对此赵普答曰：“陛下之言及此，天地人神之福也。此非他故，方镇太重，君弱臣强而已。今所以治之，无他奇巧，惟稍夺其权，制其钱谷，收其精兵，则天下自安矣。”[①]面对唐末地方割据分而治之的局面，赵匡胤询问赵普的建议，赵普认为唐朝地方割据势力强盛的原因，在于地方藩镇权力过重，君权弱而群臣势力强，并给出上述建议，可见，赵普的建议是夺取地方权力。建隆二年(961 年)，赵匡胤杯酒释兵权，以此加强中央集权。在信息传送方面，宋朝实行定本制度，由枢密院具体实施，“定本制度”可以说是中国早期的新闻检查制度。咸平二年三月，宋真宗下诏令：“缘边马递至进奏院者，委进奏官自枢密院开拆”，规定进奏院所进奏的报只能由枢密院拆开，严格把控驿站传输系统的信息传递。同年六月，宋真宗再次下诏：“进奏院所供报状，每五日一写，上枢密院定本供报”。[②] 实行定本制度，供报内容事先检查，可见宋朝对于信息传输内容的控制。其后，大中祥符元年(1008 年)，宋真宗诏令：“不得非时供报朝廷事宜。令进奏官五人为保，犯者科违制之罪”。同年九月诏令：“诸州实封奏状，委监进奏院官看详，验无损动者题‘封记全’三字，实时进内。有损动者，重封进入。”[③]宋朝不仅有信息传输过程的严格把控，信息最终的归档亦极为严格，专门设立检查进奏院报的官员，检查奏状是否完整无损。宋朝所实行的定本制度，彰显了王朝统治者对于报纸传输内容的严格把控，是封建王朝对有关舆论信息传输，进行制度性管制的体现。小报登载朝廷未实行之事，无疑是对封建王朝信息机制把控的挑战。南宋周麟之甚至撰写了《论禁小报》，要求禁止小报。周麟之指出朝廷无法掌控小报所登载信息之真伪，并发问小报中不实之信息“何以取信”，点明小报的刊行于国家治理、政治统治有害，并恳请宋朝统治者“深诏有司，严立罪赏，痛行禁止”。上奏请求君主下旨查禁于国家治理有害的小报，可看出周麟之想要维护封建官方信息传输的垄断地位。

南宋淳熙十五年(1188 年)正月二十日，宋孝宗下诏书曰：“近闻不逞之徒，撰造无根之语，名曰小报，转播中外，骇惑听闻。今后除进奏院合行关报已施行事外，如有似此之人，当重决配。其所受小报官吏，取旨施行。令临安府常切觉察禁戢，勿到违戾[④]。”通过诏书的形式，南宋统治者定义小报为“不逞之徒撰造无根之语”，

① 佚名，李之亮点校：《宋史全文·卷一》。
② 徐松：《宋会要辑稿》(第 59 册)，中华书局，1957 年影印本，第 2394 页。
③ 徐松：《宋会要辑稿》(第 59 册)，中华书局，1957 年影印本，第 2394 页。
④ 徐松：《宋会要辑稿》(刑法二)，中华书局，1957 年影印本，第 6557 页。

将小报发行人定义为“不逞之徒”，将小报刊行内容定义为“无根之语”，报刊发行系统中的发行人及刊行内容皆被定义为非法的存在，可见宋朝对于小报所采取的严禁政策。“今后除进奏院合行关报已施行事外，如有似此之人，当重决配”，可见宋朝统治者认为只有进奏院合行关报才是官方信息的传播形式，其他传播渠道都是非法的存在，彰显了宋朝对于信息传输的严格把控。南宋绍熙四年（1193 年）六月十九日，有大臣谏言：“朝廷大臣之奏议、台谏之章疏、内外之封事、士子之程文，机谋密划，不可漏泄。今乃传播街市，书坊刊行，流布四远。事属未便，乞严切禁止。”可见，南宋时期有大臣认为官方之“奏议”“章疏”“程文”此类官方信息的泄露，极大地挑战了至高无上的中央集权在信息传输及国家治理等方面的权威。而后，宋光宗下诏命：“四川制司行下所属州军，并仰临安府、婺州、建宁府，照见年条法，指挥严行禁止。其书坊见刊板及已印者，并日下追取，当官焚毁，具已焚毁名件，申枢密院。今后雕印文书，须经本州委官看定，然后刊行。仍委各州通判专切觉察，如或违戾，取旨责罚”①，要求严禁坊间已刊行的民间印刷品，同时焚烧书坊中的刊板及已经刊行的非法小报，实行更为严苛的文书刊前检查制度，只有经过官方勘定之后的文书才可刊行，可见宋王朝君主专制统治下统治者对信息的严格把控。

同年十月四日，再有大臣谏言点明民间小报刊布周期及内容的来源，可见宋朝官员对民间所刊行小报的了解之深，同时可见，南宋时，针对官方信息的传播与记录实行的仍是定本制度，要求专门官员对信息进行核查之后再定本封订。凡诸路州郡进奏官所报之朝廷已行之命令、已定之差除，谓之邸报，可知南宋时期的官方信息刊载报纸仍被称为邸报，而与邸报相对立的，则是防禁不严而导致有命令尚未实行、差除尚未决定之时就已传播出去的小报。从中即可看出，南宋官员将小报定位为与官方报纸——邸报相对立的存在，是非法经营的信息传播，其后更是说道：“人情喜新而好奇，皆以小报为先而以朝报为常，真伪亦不复辨也”，指出民间在获取信息时，以小报为信息主要来源，不首要取信于朝报。民间管理向来是封建统治者所看重的地方，民间百姓“皆以小报为先而以朝报为常”的信息获取习惯，正是非法经营小报打破官方信息传播渠道的结果。

皇权中央对于信息传播渠道的专制统治，受到了民间非法经营小报的挑战。虽然宋代及其后历朝历代，对非法存在的小报多采取查禁的政策，但小报的发展始终未曾断绝。此种结果的出现，一方面可说明封建王朝无法控制地方非法经营小

① 徐松：《宋会要辑稿》（刑法二之一二五），中华书局，1957 年影印本，第 6712 页。

报的民间营利办报商贩，另一方面也说明民间信息需求始终存在。

总之，自北宋时期小报出现开始，至最后一个封建王朝清朝，不同于封建官方信息合法性经营的邸报、朝报，小报大多处于被封建统治者查禁的状态，但并未彻底消亡，且呈现日趋发展之态。民间非法经营的小报，是民间小报商贩经营者谋生之道，民间信息需求与报纸销量是其生存的根本，相较于专门登载传输官方信息的邸报、朝报而言，小报不用经过重重官方刊布程序，所以其刊行速度相较更快。宋时已有“朝士闻之，则曰已有小报矣，州郡间得之，则曰小报已到矣”之说。封建王朝对于官方传播的消息控制较为严苛，社会舆论在官方传播的途径流通不畅，开始走民间传播的途径。由此而言，小报传播的小道消息成为其时社会必然的选择。作为媒介，小报的传播信息功能，与官方传播媒介并无太大差异，问题在于媒介是信息传播的工具，读者首先关注的是传播的内容，而传播媒介只是涉及信息传播的成本。大报控制得太严，小道消息即以娱乐调侃的方式在小报上泛滥。就信息传播而言，“内容为王”，内容决定形式，在某种程度上内容也塑造着形式。非法经营的民间小报与官方信息传播渠道相对立，小报一直被封建统治者视为无根之语，小报的出现打破了封建王朝官方传播方式的垄断局面，亦是对封建王朝中央集权统治制度的挑战。

# 第二编

# 中国近代报刊产生与维新舆论的媒介建构(1815—1898)

# 第三章

# 早期在华外报的政治舆论表达及其对国人办报的示范

鸦片战争前后，来华欧美传教士、商人等创办的一批中外文报刊传播西学，促进东西方相互了解，发挥了“通中外”的功能，推动了近代意义上中国报刊的发展。伴随工业革命的发展，开拓海外市场及殖民扩张逐步成为欧美资本主义国家的方针。打开中国大门，实现“中外互通”是其攫取在华利益的重要步骤。来华欧美传教士、商人通过创办中外文报刊来表达西方列强的政治意图，为其殖民利益营造舆论。中国国情及中外关系的沿革与报刊的办报旨趣、传播的地理空间、传播内容、舆论导向等方面存在关联。本章将结合中国国情及中外关系发展，概述1815—1898年外报刊的情况及其政治舆论表达。

## 第一节　对华早期中文报刊与列强利益表述

中国近代报刊是伴随着西方列强的入侵活动而出现的，欧美来华传教士基于传教布道的目的最先创办了近代宗教性中文刊物。这些宗教刊物传播基督教义及西方文明，并充当列强的喉舌，为殖民活动辩护。虽然这些报刊也刊登部分时政类消息，但与西方新闻专业主义还存在一定的差距。

## 一、鸦片战争前来华传教士的迂回宣传

鸦片战争前,清廷以天朝大国自居,实行闭关锁国政策。西方传教士采取迂回宣传的策略,首先在华侨密集的东南亚创办了一批近代中文刊物,主要包括 1815 至 1821 年马礼逊和米怜在马六甲创办发行的《察世俗每月统记传》,1823 至 1826 年麦都思在巴达维亚(今雅加达)创办出版的《特选撮要每月纪传》,1828 至 1829 年吉德在马六甲创办刊行的《天下新闻》,1833 年至 1835 年郭士立(或译为郭实腊)主持的《东西洋考每月统记传》以及 1837 至 1838 年郭士立和马儒翰在新加坡续办的新《东西洋考每月统记传》,1838 年麦都思创办的《各国消息》,等等。

1815 年 8 月 5 日,英国传教士马礼逊和米怜在马六甲创办针对中国受众的宗教性刊物《察世俗每月统记传》。马礼逊(Robert Morrison,1782—1834)与米怜(William Milne,1785—1822)分别是 1807 年和 1813 年由英国对外宣教组织伦敦会派遣到中国的。鉴于中国的禁教政策,他们将传教的中心定在气候适宜、交通便利的马六甲。马礼逊曾称:"现在,不论在澳门或广州,都因门户禁闭无法进入传教。为此,我们可以在麻(马)六甲或爪哇找到门户开放的地方。"[①]创办中文报刊成为他们进行"文字传教"的方式之一。

《察世俗每月统记传》办刊主旨为传播基督教,同时也颇注意中国受众的本土文化语境。米怜等人根据中国文化的特点,以书刊的形式出版,引用儒家经典语录,消除话语障碍,为基督教在华传播铺平道路,其封面中间为刊名,左下角是"博爱者纂",右边为"子曰:多闻,择其善者而从之"[②]。时间以中国农历形式纪年。传播内容主要包括"神理、人道、国俗、地理","最大是神理,其次人道,又次国俗,是三样多讲,其余随时顺讲"[③],杂糅神学与科学,融合传教布道、道德教化、开发民智,"受到当地中国读者的欢迎"[④]。1821 年,《察世俗每月统记传》出版 7 卷后,因米怜的去世而停刊。1823 年,英国传教士麦都思(Walter Henry Medhurst,1796—1857)承继《察世俗每月统记传》衣钵在巴达维亚创办了《特选撮要每月纪传》。《特选撮要每月纪传》与《察世俗每月统记传》皆反映了西方传教士在东南亚地区利用宗教性期刊对华传教的策略;两者在办刊理念上有一脉相承之处,即其传教布道的

---

① 马礼逊夫人编,顾长声译:《马礼逊回忆录》,广西师范大学出版社 2004 年版,第 96 页。

② 《察世俗每月统记传序》,《察世俗每月统记传》第 1 卷,嘉庆乙亥年七月(1815 年 8 月),封面。

③ 《察世俗每月统记传序》,《察世俗每月统记传》第 1 卷,嘉庆乙亥年七月(1815 年 8 月),第 2 页。

④ 马礼逊夫人编,顾长声译:《马礼逊回忆录》,广西师范大学出版社 2004 年版,第 135 页。

“救世”“救心”方略，大致相同；两者将宗教性期刊易名“书”，采取中西文化杂糅的方式向中国受众推销西方价值观念，这反映了鸦片战争前西方列强利用媒介对中国进行思想渗透的基本用意。

19 世纪 30 年代，传教士中文报刊的办刊地点开始逐步由东南亚地区向中国本土转移。1833 年 8 月，普鲁士传教士郭士立在中国广州创办了中文报刊《东西洋考每月统记传》。广州有着与外国经济交往的悠久历史，在中外关系史上占有重要地位。乾隆二十二年，清政府宣布外国船只只能在广州贸易，不能到浙江及其他海口。① 自此至鸦片战争时期，中国的对外贸易主要集中于广州一地。伴随广州外国船只的增加，居住在广州的外国商人与传教士也呈增长趋势。这些传教士逐步走上联合，成立“广州基督徒联合会”，用以联络在华传教士，传播基督教教义。② 在此形势下，对中国文化及社会习俗进行深入考察的郭士立便在广州创办了《东西洋考每月统记传》。

《东西洋考每月统记传》在继承前期传教士中文报刊的基础上也展现出部分特色，其仍以月刊及中国线装书本的形式出版，以从右往左、从上到下的竖排顺序编辑，对孔子语录予以部分征引。在编纂方法与内容选择上，其“采取了分类编纂方法”，将所刊内容分为“序”“地理”“新闻”“论”“天文”“煞语”“东西史记和合”“杂文”等栏目，“这样明显地采用分类的方法来编纂中文期刊，在中国报刊史上无疑是一种创举”③；并开辟“新闻”栏目，“搜罗择取”“要紧之消息，而翻译之”④。《东西洋考每月统记传》注重探究学问，鼓吹东西文化平等及东西洋之“亲善”，引用孔子的“四海之内，皆兄弟也”⑤等语，力图消除中国人对西洋的敌视态度。

## 二、殖民地化的香港与《遐迩贯珍》《香港船头货价纸》

西方对华报刊兴衰与中国政治变迁紧密相连。上海、宁波、福州等城市被迫开放通商后，列强在武力胁迫的同时，也创办了一系列中文刊物，借此为殖民主义服务，进行政治宣传及鼓吹商贸的舆论动员。这些报刊主要集中在殖民地化的香港和半殖民地化的上海、宁波、广州等城市，早期代表性中文刊物见表 3 - 1 所列。

① 王先谦：《东华续录》，清光绪三十二年上海积山书局石印本，乾隆卷四十六，第 53 页。
② 罗伟虹：《中国基督教》，五洲传播出版社 2004 年版，第 66 页。
③ 爱汉者等编，黄时鉴整理：《东西洋考每月统记传》，中华书局 1997 年版，第 15 页。
④ 《序》，《东西洋考每月统记传》，道光丁酉（道光十七年，1837 年）正月，第 1 页。
⑤ 《序》，《东西洋考每月统记传》，道光丁酉（道光十七年，1837 年）正月，第 2 页。

表 3-1 早期代表性中文报刊

| 刊　名 | 创刊年份 | 办刊地点 | 主　编 |
| --- | --- | --- | --- |
| 《遐迩贯珍》 | 1853 | 香港 | 麦都思(W. H. Medhurst)(英籍) |
| 《中外新报》 | 1854 | 宁波 | 玛高温(D. J. Macgowan)(美籍) |
| 《六合丛谈》 | 1857 | 上海 | 伟烈亚力(A. Wylie)(英籍) |
| 《香港船头货价纸》 | 1857 | 香港 | 孖剌(Y. J. Murrow)(英籍) |
| 《中外杂志》 | 1862 | 上海 | 麦嘉温(J. Macgoman)(英籍) |
| 《中外新闻七日录》 | 1865 | 广州 | 湛约翰(J. Chalmers)(英籍) |
| 《教会新报》 | 1872 | 上海 | 林乐知(Y. J. Allen)(美籍) |
| 《万国公报》 | 1874 | 上海 | 林乐知(Y. J. Allen)(美籍) |
| 《格致汇编》 | 1876 | 上海 | 傅兰雅(J. Fryer)(英籍) |

作为英国在华最早的殖民据点,香港成为西方列强在远东重要的文化思想输出地,创刊于香港的《遐迩贯珍》《香港船头货价纸》等刊物成为列强对华思想输出的重要工具。《遐迩贯珍》创刊于 1853 年 8 月,由香港马礼逊教育协会(Morrison Education Society)出资主办,香港英华书院印刷,麦都思、奚礼尔、理雅各先后任主编。《遐迩贯珍》的出版形式、封面设计、内容选择、价值取向等吸收了鸦片战争前传教士中文报刊的办刊经验,并在一定程度上进行了创新。其仍以中文书本形式出版,封面包括时间与期号、刊名、印刷机构及订阅价钱,开始采用西历的纪年形式。在内容选择上,《遐迩贯珍》主要分为以下几类,即介绍基督教教义及历史的宗教宣传,西方历史、地理、医学、科技、政治制度等知识、中西关系的长篇介绍与论述;有关世界及中国各地的新闻报道;翻译的中文《伊索寓言》;反映“洋货时价”与“本地时价”的商业行情表及部分商业与教育机构发布的广告等等。其中中国相关新闻报道所占分量较大。

从价值取向上来看,一方面,《遐迩贯珍》为英帝国等殖民活动进行辩护,认为西方列强发动对华战争是为了争取平等商业贸易的机会,称“列邦人原无意寻战侵疆,因争占所得,理难久享其利,不若贸易相安,时可获益无穷也。是中国愈见兴隆,则列邦欲增丰裕”①。其运用中国人惯常的话语表达方式,从英国的立场出发呈现战争、商贸、传教、华工出国等中西关系的新闻,展现出殖民主义者追逐利益及

① 《序言》,《遐迩贯珍》,1853 年 8 月 1 日,第 1 号,第 2 页。

霸权的话语表达。麦都思等人试图用宗教传播来弥合中外的利益裂隙。另一方面,《遐迩贯珍》也坚持教化和认知等方面的社会功能,要求达到"开民智"的社会责任。1854 年《遐迩贯珍》第 12 期刊发的《〈遐迩贯珍〉小记》申明了其办刊的初衷:"盖欲人人得究事物之巅末,而知其是非,并得识世事之变迁,而增其闻见,无非以为华夏格物致知之一助。"[①]《遐迩贯珍》的发行范围及受众都有所扩展,除香港外,在上海、广州、厦门、福州、宁波等城市都有发行,偶尔也有内陆城市订阅。[②] 读者群的范围也不断扩展,《遐迩贯珍告止序》谈到"自刊行以来,将及三载,每月刊刷三千本,远行各省,故上自督抚,以及文武员弁,下递工商士庶,靡不乐于披览"[③]。

《香港船头货价纸》是出版于 1857 年 11 月的第一份商业性中文报纸,由孖剌负责经营和联系,与英文日报《孖剌报》(*The Daily Press*)遥相呼应,反映英国在中国的商业利益,表达了西方同化中国的文化价值趋向。该报较为重视中国人提供的新闻,常刊登针对中国人的征稿启事:"唐人如有切要时事,或得之目击,或得之传闻,不论何事,但取其有益于唐人,有合于同好者,均可携至本馆刻刷,分文不取。"[④]从传播内容看,作为比较专业化的对中国商旅报刊,《香港船头货价纸》偏重对华商贸信息的报道与传播。内容包括船运消息、商品贸易消息、寻物启事等,呈现出近代商贸的日常叙事,也重视报纸的特色,及时根据社会议题的变化进行深刻揭示。设置有"新闻"专栏,主要刊登时政要闻,集中探讨鸦片贸易、英法联军活动、第二次鸦片战争、中英军事力量对比、英军与清军交战、太平天国运动、香港地方官员任免及其与英帝国的关系、法兰西与西班牙为殖民安南事的交涉、"猪仔"贸易、走私案等问题,也常发布官方告示,该报成为英方对华殖民的传声筒。

### 三、租界化都市上海与《六合丛谈》《万国公报》

除殖民地化的香港外,部分通商口岸也成为外国来华传教士和商人的办报地,特别是租界地化的上海,逐步取代香港成为新的报业中心。时人评论称:"自西洋报纸输入中国,开人智慧,映入眼帘,知新之士,渐次仿行。香港为开风气之先,沪上创铸铅之活字,由是报章出世,阅历倏经五十余年,其港沪刊行者,均发自西人,

---

① 《遐迩贯珍小记》,《遐迩贯珍》,1854 年 12 月 1 日,第 12 号,第 1 页。

② 《〈遐迩贯珍〉解题》,松浦章、内田庆市、沈国威编著:《遐迩贯珍》,上海辞书出版社 2005 年版,第 93—94 页。

③ 《遐迩贯珍告止序》,《遐迩贯珍》,1856 年 5 月 1 日,第 4、5 号,第 1 页。

④ 《香港船头货价纸》,1859 年 2 月 3 日(己未年正月初一日,礼拜一),第 197 号。

聘华人为主笔，稍具规模，材料未富，以是士商两途，迄未看重。”[①]可见，香港与上海的洋人报刊在中国近代新闻传播史发展中的地位。从香港的《遐迩贯珍》，上海的《六合丛谈》《万国公报》等报刊，反映出西方对华宗教性刊物在地理空间上的迁移。

《六合丛谈》是上海最早的对华中文报刊，其秉承了《遐迩贯珍》办刊理念，以“传教布道方式”杂糅科学知识，对中国进行文化渗透。1857 年 1 月，正值第二次鸦片战争期间，伦敦会传教士创办了《六合丛谈》。这个报刊由墨海书馆负责印刷、出版，主笔是伟烈亚力，编辑群体是慕维廉、艾约瑟、韦廉臣等上海的新教传教士及王韬、李善兰等中国学者。《六合丛谈》仍保持中国书本的出版样式，着重中西文化交融互释，以传播宗教与西学为旨趣。主编伟烈亚力在《六合丛谈小引》中就表达了中外互通有无的办报宗旨，“今予著《六合丛谈》一书，亦欲通中外之情，载远近之事，尽古今之变，见闻所逮，命笔志之，月各一编，罔拘成例，务使穹苍之大，若在指掌，瀛海之遥，如同衽席，是以琐言皆登诸纪载，异事不壅于流传也”[②]。其传播内容也以宗教教义、自然科学、人文科学、新闻及货价表为主，其中宣教类文章数量有所压缩；学术类论文所占篇幅较大，力图用科学佐证宗教；新闻专栏，特别是中国本土的新闻并不占主要地位。

《六合丛谈》反映了鸦片战争及《南京条约》签订以后，西方列强对中国领土甚至文化进行殖民的野心。伟烈亚力的《六合丛谈小引》中就暗含了他办报的立场所在：“朔自吾西人越七万余里，航海东来，与中国敦和好之谊，已十有四年于兹矣。吾国士民，旅于沪者，几历寒暑，日与中国士民游近沪之地，渐能相稔。然通商设教，仅在五口，而西人足迹未至者，不知凡几。兼以言语各异，政化不同，安能使之尽明吾意哉！是以必颁书籍以通其理，假文字以达其辞。俾远方之民与西土人士，性情不至于隔阂，事理有可以观摩，而遐迩自能一致矣。”[③]他以居高临下的姿态教化中国民众，强调《六合丛谈》沟通“中外”的功能。

《万国公报》是 1874 年 9 月 5 日由广学会的《教会新报》易名而来的一份中文报纸，其作为西方教会传播组织的舆论平台，关注宗教事务的同时，注重列强对华动态，并站在列强对华政策的立场上，为晚清政治变革献策。时人对《万国公报》传布的“中西重大新政”给予关注，评论称：“报中所采多教士议论时事之作，而中西重

① 伍廷芳：《中华民国图治刍议》，《伍廷芳集》，中华书局 1993 年版，第 607—608 页。
② 《六合丛谈小引》，《六合丛谈》，咸丰丁巳年正月朔日（1857 年 1 月 26 日），第 1 卷第 1 号，第 1 页。
③ 《六合丛谈小引》，《六合丛谈》，咸丰丁巳年正月朔日（1857 年 1 月 26 日），第 1 卷第 1 号，第 1 页。

大新政悉具于中,惜文笔未佳,每册首载有言教之说[尤]为可厌。"①《万国公报》重视清朝时局要闻,在排版先后次序上将这些要闻放在首位,偶尔有例外,还专门进行说明。如1895年4月《万国公报》第75卷标明:"'大清政要'宜在'各国近事'之前,此次以发排匆促,欧美二洲朝野签载,先已译就,偶跻前列,阅者鉴之。"②《万国公报》追求的目标是寻求标榜富强的政治新思维,促进清政府进行不损害列强利益的政治变革。该报刊发有《设广学会以期中国富强说》《中国亟宜变通新法论》《亟宜防外患论》《兴国略言》《泰西之学有益中华论》等文章,传播西方富强之术,论述中国社会变革。

总之,鸦片战争前后,列强早期对华中文报刊办报旨趣是伴随近代中国时局变迁而转向的。一方面,其充当了殖民喉舌的功能,炮制新思维背后有着列强改造中国的殖民企图;另一方面,对华宗教性刊物在传教布道的同时,也宣传一些自然科学知识和西方的工业化、民主化状况,将科学与宗教联系在一起,在一定程度上对中国人起到了"达新知"的功能,客观上起到了思想启蒙的作用。

## 第二节 对华外文报刊及其政治舆论表达

媒介的发展与战争、商贸对信息的需要存在内在关联。伴随晚清中外交往形势的变化,居留于中国的欧美传教士、商人、外交官、新闻记者人数逐步增加。出版面向在华西侨的外文报刊成为列强获取信息,拓展商业市场,攫取高额殖民利润的途径之一。在华商人、传教士等群体除在中国创办中文报刊外,还创办了一批服务于殖民主义者的外文报刊。这些报刊主要以英文报刊居多,还包括葡文、法文、日文、德文、俄文等。其针对中外战争、中外贸易、鸦片问题等展开讨论,表达在华西人的意志,建构在华舆论空间。

### 一、鸦片战争前在华外文报刊的舆论导向

鸦片战争前,商业贸易构成中西交往的重要内容,西方渴望打破广州体制,寻求"自由贸易"及治外法权。英美商人及在华商业团体在经济、政治层面成为中外

① 徐维则:《增版东西学书录》(1902年),熊月之主编:《晚清新学书目提要》,上海书店出版社2007年版,第146页。

② 《万国公报》,1895年4月,第75卷。

沟通的桥梁。来华基督教传教士远涉重洋到达中国传教，建立文化团体，从事医疗、出版、教育、慈善等事业。西方商人群体、传教士鼓吹“中外互通”，在公共舆论中发挥着重要作用，他们在澳门、香港、广州等地出版了一批外文报刊，如1807年6月，葡籍赖特(J. J. Leite)于澳门创办的《消息日报》(*Diário Noticioso*)；1822年9月，葡籍巴波沙(P. da Silva Barbosa)、阿美达(J. de Almeida)于澳门创办的《蜜蜂华报》(*A Abelha da China*)；1827年11月，美籍伍德(W. W. Wood)于广州创办的《广州纪录报》[*The Canton Register*，后由英籍马地臣(J. Matheson)接办]；1831年7月，美籍伍德(W. W. Wood)于广州创办的《中国差报与广州钞报》(*Chinese Courier and Canton Gazette*)；1831年，英国东印度公司在广州主办的《广州杂志》(*The Canton Miscellany*)；1832年5月，美籍裨治文(E. C. Bridgman)于广州创办的英文月刊《中国丛报》(*The Chinese Repository*)；1833年5月，英籍马礼逊(R. Morrison)于澳门创办的中英文合刊《澳门杂文编》(*The Evangelist and Miscellanea Sinica*)；1835年9月，英籍富兰克林(W. H. Franklyn)于广州创办的《广州周报》(*The Canton Press*)；1838年10月，葡籍席尔瓦·特莱斯(J. C. da Silva Telles)主编的《澳门人邮报》(*O Correio Macaense*)；1839年1月，葡籍彼亚度(M. M. Dias Pegado)主编的《澳门钞报》(*Gazeta de Macau*)；等等。

早期在华外文报刊与西人在中国周边创办的报刊相互联系，表达早期在华西人群体的观念及政治主张，构成鸦片战争前西方在东方并辐射到欧美的舆论场域。

首先，表达西人诉求，宣扬“中外互通”。鸦片战争前，中国“一口通商”的对外贸易体制[①]成为英国“自由贸易”政策的障碍，因此，抨击广州体制，力求实现多口通商，获取在华治外法权等成为欧美商人及传教士在华舆论的重要内容。如1832年，《中国丛报》就曾发表美国商人查尔斯·经的文章 *Intercourse with China*，宣称：“(上帝)将物产分布在地球上的不同地带，使其所有者通过互利互惠联合起来”，但中国的“排外体制与其说使我们愤怒，不如说令我们感到悲悯”，“希望欧美那些能够通过提升中西关系而直接获益的商业国家，进行温和的干预以改善我们的处境”。毋庸讳言，其主张向中国实施武力，从而“影响中国君主的政策”[②]。《广州纪录报》亦发表有号召

① 1757年，清政府宣布撤销其他海关，外国船只“将来止许在广东收泊交易，不得再赴宁波，如或再来，必令原船返棹至广，不准入浙江海口”，自此至鸦片战争时期，中国的对外贸易主要集中于广州一地。参见王先谦：《东华续录》，清光绪三十二年上海积山书局石印本，乾隆卷四十六，第53页。

② C. W. King，“Intercourse with China”，*The Chinese Repository*，vol. Ⅰ，PP. 143－146.

"自由贸易"、开放中国沿海港口的文章。[①] 除了宣扬"自由贸易",干涉中国司法权也成为其舆论的焦点,如《广州纪事报》曾发表文章称:"我们希望,对中国的法律做出对外国人和中国人都有利修改的时候正在临近,将英国的法律和政治注入中国人意识的死海,将使其加速回到健康的生活之流中来。"[②]

其次,辩论鸦片问题,为鸦片贸易辩护。19 世纪 20—30 年代,鸦片贸易成为欧美国家在中国谋利的重要手段,其对中国的政治、经济、文化都造成极大危害。鸦片问题成为关乎中外交往的一个重要议题,在华西人外文报刊就此问题展开辩论,体现了其在道德准则与追逐利益之间游移的心态。一方面,部分作者从道德层面出发抨击鸦片贸易。如 1838 年 6 月 12 日,《广州纪录报》曾转发《印度之友报》的一篇文章,指出:"与鸦片贸易有关的所有情况都如此奇怪,而且与我们的信念不相一致。我们看到,一方面,文明的、受到启示的不列颠基督徒政府,为了麻醉中华帝国这一公开目的,在东方绷紧了每一根神经增加印度的鸦片生产。另一方面,我们看到半文明的中国政府竭尽全力拒斥这种物品,从中不难看到其社会的、政治的美德和勇气。"[③]1839 年,《中国丛报》刊载的《论当前的鸦片贸易》一文也从鸦片给中国造成的危害和不利于西方国家道德形象建构等方面鞭挞鸦片贸易。[④] 另一方面,为鸦片贸易辩护的言论在外文报刊上也有所呈现。如 1836 年,《广州纪录报》曾刊发文章辩解鸦片是否为毒品的问题,称:"每个人都说鸦片是毒品。我们相信几乎所有运到中国的鸦片都是当作奢侈品来使用的,但同样需要知道的是,它也是中国药方中的一味,就像在欧洲一样,被中国医生作为药材……鸦片并非'十足的脏物',它的效果也并非总是有毒的,如果说它有时毁灭生命的话,它有时也拯救生命。"[⑤]鸦片贸易"合法化"关乎中国对外政策的变动,成为外文报刊的关注点,《广州纪录报》《广州周报》等报刊都曾就此问题展开论述[⑥],并生动地展现鸦片商的诡辩辞令。如 1840 年,《广州周报》曾刊发鸦片商的来信,该信的结尾部分称:"鸦片生意所产生弊端的大部分,来自对中国法律的违犯……让它合法化,这些邪恶之处

① "Free Trade to All the Ports of the Chinese Empire", *The Canton Register*, June 24th, 1834.

② "Penal Code of China", *The Canton Register*, June 24th, 1834.

③ "Opium", *Friend of India*, April 19th, 1838, 转引自 *The Canton Register*, June 12th, 1838.

④ E. C. Bridgman, "Remarks on the present crisis in the opium traffic", *The Chinese Repository*, vol. Ⅷ, P2—8.

⑤ *The Canton Register*, June 12th, 1838.

⑥ "The Future Ⅴ", *The Canton Register*, February 6th, 1838. 编者评论, *The Canton Press*, February 13th, 1836.

就都消散了。”[①]

最后，煽动对华战争，制造舆论。战争的发动与媒体的舆论导向密切相连，早期在华外文报刊企图以塑造舆论影响欧美国家的对华政策，推动中外关系的发展符合其本国利益。在华西人的对华言论逐步由抨击中国的“排外体制”向强硬政策转变。1832 年，《广州纪录报》发表的《外国人在中国》一文中宣扬：“诉诸武力作为首要手段，以教训这个傲慢的民族，我们的力量是存在的，尽管我们隐忍不发。”[②] 1833 年 9 月，《广州纪录报》称：“迫使中国同我们贸易，诉诸武力是必要的。”[③]《中国丛报》亦发出一系列的相关文章，形成对华主流舆论的武力威慑。如 1833 年，《对华自由贸易》一文对中英关系的发展提出一系列的设想，其第 6 条专门强调以武力为后盾获取利益。[④] 1835 年，刊发一组文章凸显在华西人的对华诉求，并强调：“绝对有必要采取强硬而坚定的措施，以为过去取得昭雪，扫除现有的弊端，为将来谋求保障的时间已经到来。”[⑤]

## 二、鸦片战争后对华外文报刊的兴盛

鸦片战争后，中外交往的形势发生了变化，西方来华商人、传教士、外交官等的数量逐步攀升，活动的范围不断扩展，澳门、香港、上海、广州、宁波、福州、厦门、天津等城市成为外国“冒险家”们居留的主要城市。外文报刊成为这批殖民主义者了解中国及表达诉求的重要方式。因此，大批对华外文报刊在西人居留地得以创办，主要报刊见表 3 - 2 所列。

表 3 - 2　早期主要对华外文报刊

| 刊　名 | 译　名 | 创刊年份 | 办刊地点 | 主　编 | 语言 |
|---|---|---|---|---|---|
| *HongKong Gazette* | 《香港公报》 | 1841 | 香港 | 英籍马儒翰 (J. R. Morrison) | 英文 |
| *O Farol Macaense* | 《澳门灯塔报》 | 1841 | 澳门 | 葡籍克鲁兹 (F. F. da Cruz) | 葡文 |

① Delta, “To the Editor of the Canton Press”, *The Canton press*, April 11th, 1840.

② “Foreigners in China”, *The Canton Register*, December 20th, 1832.

③ “Foreigners in China”, *The Canton Register*, September 16th, 1833.

④ J. Goddard, “Free Trade with Chinese”, *The Chinese Repository*, Vol. 2, PP. 355—374.

⑤ E. C. Bridgman, “Negotiation with China”, *The Chinese Repository*, Vol. 3, P428.

（续表）

| 刊　名 | 译　名 | 创刊年份 | 办刊地点 | 主　编 | 语言 |
|---|---|---|---|---|---|
| *The Friend of China* | 《中国之友》 | 1842 | 香港 | 英籍奥斯威尔德(R. Oswald) | 英文 |
| *HongKong (late Conton) Register (HongKong Register)* | 《香港(前广州)记录报》(《香港记录报》) | 1843 | 香港 | 英籍凯恩斯(J. Cairns)、英籍米切尔(W. H. Mitchell) | 英文 |
| *HongKong Registerand Government Gazette* | 《香港记录与政府公报》 | 1844 | 香港 | 英籍凯恩斯(J. Cairns)主编 | 英文 |
| *The China Mail* | 《德臣报》 | 1845 | 香港 | 英籍肖锐德(A. Shortrede) | 英文 |
| *The Overland Friend of China* | 《中国之外友》 | 1845 | 香港 | 美籍卡尔(J. Carr) | 英文 |
| *The Overland Register and Price-Current* | 《大陆记闻与行情》 | 1845 | 香港 | 英籍凯恩斯(J. Cairns)、英籍米切尔(W. H. Mitchell) | 英文 |
| *O Solitário na China* | 《在华团结周报》 | 1845 | 澳门 | 葡籍彼亚度(M. M. Dias Pegado) | 葡文 |
| *Chinese Miscellany* | 《中国杂录》 | 1849 | 上海 | | 英文 |
| *North-China Herald* | 《北华捷报》 | 1850 | 上海 | 英籍奚安门(H. Shearman)、英籍康普东(C. S. Compton)、英籍马诗门(S. Mossman)、英籍詹美生(R. A. Jamieson) | 英文 |

（续表）

| 刊　名 | 译　名 | 创刊年份 | 办刊地点 | 主　编 | 语言 |
|---|---|---|---|---|---|
| *Shanghai Almanac and Miscellany* | 《上海年鉴和杂录》 | 1852 | 上海 | 英籍奚安门（H. Shearman）、英籍詹美生（R. A. Jamieson） | 英文 |
| *The Daily Press* | 《孖剌报》 | 1857 | 香港 | 美籍赖德（G. M. Ryder）［一说赖德与英籍孖剌（Y. J. Murrow）］ | 英文 |
| *North China and Japan Market Report* | 《北华与日本市场消息报》 | 1858 | 上海 | 英籍康普东（C. S. Compton） | 英文 |
| *Shanghai Chronicle (of fun, fact and fiction)* | 《上海真相》 | 1859 | 上海 | 英籍康普东（C. S. Compton） | 英文 |
| *Shanghai daily Times* | 《上海每日时报》 | 1861 | 上海 | 英商威脱洋行（W. Wynter & Co.）、英籍史密斯（J. M. Smith） | 英文 |
| *Shanghai Weekly Times* | 《上海周报》 | 1861 | 上海 | 英籍史密斯（J. M. Smith） | 英文 |
| *Shanghai Recorder* | 《上海载记》 | 1862 | 上海 | 美籍鲍克（J. T. F. Bowker）、美籍琼斯（C. T. Jones） | 英文 |
| *The North-China Daily News* | 《字林西报》 | 1864 | 上海 | 英籍詹美生（R. A. Jamieson）、英籍盖德润（R. S. Gundry） | 英文 |
| *The Missionary Recorder* | 《教务杂志》 | 1867 | 福州 | 美籍教士裴来尔（L. N. Wheeler） | 英文 |

(续表)

| 刊 名 | 译 名 | 创刊年份 | 办刊地点 | 主 编 | 语言 |
|---|---|---|---|---|---|
| *The Shanghai Express* | 《上海差报》 | 1870 | 上海 | 美籍琼斯(C. T. Jones)、法籍罗扎利欧(C. do Rozario) | 英文 |
| *Le Nouvelliste de Shanghai* | 《上海新闻》 | 1870 | 上海 | 法籍比埃(H. A. Béer) | 法文 |
| *The Celestial Empire* | 《华洋通闻》 | 1874 | 上海 | 英籍巴尔福(F. H. Balfour)、英籍才克尔(J. G. Thirkell) | 英文 |
| *The Shanghai Mercury* | 《文汇报》 | 1879 | 上海 | 美籍李闱登(C. Rivington)、英籍开乐凯(J. D. Clark) | 英文 |
| *The Hongkong Telegraph* | 《香港电讯报》 | 1881 | 香港 | 英籍斯密斯(R. F. Smith) | 英文 |

在华西人在中国的沿海城市办报，以报馆为阵地，借助于这些外文报刊，对中国的政治、经济、外交、文化、社会等各方面发表议论。作为传播媒介，这些外文报刊除具有殖民化色彩这一历史共性外，因办报地域、把关人、语种等的差异，还有各自的话语空间及受众。从媒介的政治功能来看，外文报刊一方面坚持所谓新闻专业主义立场，另一方面在政治话语上又基本维护所属国的殖民利益。就法律约束规范而言，外报刊基本上游离于清政府管辖之外。

## 三、清末上海的外文报刊与列强的政治舆论表达

对华外文报刊的发展与列强对中国信息的需求有着内在的关联性，伴随清末中国政治的变革，作为近代中西文化交汇的核心区域，上海也随之成为对华外报刊的大本营。特别是上海的英文报刊《文汇报》《北华捷报》《字林西报》《大陆报》等成为在华西人的重要舆论阵地。正如姚公鹤所言："上海报纸，于不受政治暴力之外，尤得有一大助力，则取材于本埠外报是也。查本埠外报，以《字林》《泰晤士》为最

古，继之者为《文汇报》《大陆报》，皆英文也。此外复有法文报、德文报、日文报，皆各国殖民政策中之一手段也。"[①]

《文汇报》(*The Shanghai Mercury*)是1879年4月17日由美籍李闻登(C. Rivington)、英籍开乐凯(J. D. Clark)创办于上海的英文日刊晚报。其设立新闻、广告、评论等栏目，获取最新、最重要，并能引起读者兴趣的新闻，服务于上海及远东地区的外国居民点。《文汇报》采取商业运作模式，订阅及刊登广告、启事等都收取费用。订阅需要预付报资，每份零售价为0.25美元。月定价为2美元，季定价为5美元。而每周刊登一英寸的六条启事或广告，广告资费1美元；每周一英寸双栏的六条启事或广告，资费2美元。长期刊登广告有优惠价。生日、婚姻和死亡方面的启事须预先确认并预付1美元。[②]《文汇报》具有明显的商业化办报立场，其头版刊载上海埠头各国贸易船只进港及离港的时间，包括船只名称及船长名字，甚至还刊登船只旗帜的国别，运载货物及始发地等方面的商业资讯。同时，《文汇报》也凸显出为殖民主义者服务的政治意图，1879年4月17日，其发文直言："我们不仅为自己而奋斗，而且为我们办报所在地福祉和大英帝国发展和繁荣奋斗。"[③]其虽标榜没有政治偏向，但在日俄战争期间，出现了明显偏向日本的言论，开乐凯(J. D. Clark)甚至把大部分股权卖给了日本人佐源[④]，《文汇报》变相地成为日本政治主张的传声筒。

《北华捷报》(*The North-China Herald*)是《字林西报》的前身[⑤]，是1850年8月3日由英籍奚安门(H. Shearman)于上海创办的一份英文商业性周刊，主要为大英帝国商业、外交及政治关系谋取功利。《北华捷报》开设通告、评论、贸易统计、消息、船运、《京报》选录等栏目。创办者具有较强的经营意识，收取售卖及订阅费用，"每份零售50分，订阅每份25分，一个季度4元，半年8元，一年15元，需要预付"[⑥]。另外，该报还通过刊登船只营运广告、公司启事、"保险"及其他混杂广告

---

① 姚公鹤：《上海报纸小史》，杨光辉等编：《中国近代报刊史料丛书·中国近代报刊发展概况》，新华出版社1986年版，第263页。

② *The Shanghai Mercury*, April 17th, 1879.

③ "Introductory", *The Shanghai Mercury*, April 17th, 1879.

④ 《纳许自述》，参见上海通社编：《旧上海史料汇编》(下)，北京图书馆出版社1998年版，第339页。

⑤ 参见 *North-China Daily News and Herald*, Lid Centenary Supplement(字林西报·捷报百周年纪念号), Gratis Shanghai, August 3, 1950.

⑥ 参见 *North-China Daily News and Herald*, Lid Centenary Supplement(字林西报·捷报百周年纪念号), Gratis Shanghai, August 3, 1950.

等，收取相应的资费。《北华捷报》亦较为注重政治与外交，代表了英国的殖民利益。1850年8月3日，《北华捷报》创刊号第二版刊登的《致民众》一文中曾直言："尤为重要的是我们最艰辛的努力可唤起舒适自在之感，有助于拓展上海和大英帝国之间建立更大范围的商业关系和更亲密的政治联系……如果可能的话，(我们办报)并非为了吸引稍纵即逝的大众意识，而致力为大英帝国构建一种彻底而深层次的国际地位。除为这个强大帝国增添意想不到的资源外，我们还致力于整个文明世界潜在的深远发展。"[①]其为英国殖民利益服务的企图可见一斑。特别是太平天国运动期间，《北华捷报》登载大量的太平天国的文件、信息等，并加以评论，除部分同情太平军的言论外，以攻击性观点为主。[②] 1856年，《北华捷报》社还主办《每日航运新闻》(*Daily Shipping News*)，刊登船期和商业信息，作为《北华捷报》的补充。

1862年，该报易名为《每日航运与商业新闻》(*Daily Shipping and Commercial News*)。1864年6月1日，易名为《字林西报》(*The North-China Daily News*)。《字林西报》借助于较为灵便的通信网络，发展的势头较为强劲。特别是在戊戌变法时期，《字林西报》站在英国的立场上进行分析，倾向支持维新派的政治改良，成为重要的舆论平台。

总之，鸦片战争前后，在华西人创办了一批代表西方殖民势力的外文报刊，与西方早期对华中文宗教报刊相比，两者的差距较大。早期中文宗教报刊主要以华人为受众，以传教布道为主要目的，而在华外文报刊的受众则以在华西侨为主，目的是在华拓展商业市场，攫取高额的殖民利益。外人报刊在上海的兴衰与列强在中国的势力变迁相同步，政治功能发掘亦与近代中国政治变迁相勾连。

## 第三节　对华中文报刊的舆论趋向及其对国人办报的示范

近代以降，西方文化及社会风气逐步向东方传播，外文报刊成为中国人了解西方世界的一个窗口。除创办宗教类刊物及外文报刊外，在华外人还在上海、北京、天津、广州等地创办了一批以中国人为主要受众的中文报刊，这批报刊报道中外新闻，试图影响中国的舆论走向。

① *The North-China Herald*, August 3, 1850.

② 参见上海社会科学院历史研究所编译:《太平军在上海〈北华捷报〉选译》，上海人民出版社1983年版。

## 一、西风东渐与外人对华中文报刊的创办

鸦片战争后，一系列不平等条约迫使中国割让香港给英国，并开放通商口岸等。外人在中国的活动区域及自由度也随之扩展，西方文化向中国渗透的范围及形式表现出新局面。来华传教士、商人等以通商口岸为主要基地，开办教会医院、新式学校、书馆、报馆、报社等多样的传播机构；出版及翻译大量书刊传播西学；中国的部分知识分子开始主动学习西学，甚至李善兰、徐寿、华蘅芳、严复、马君武等人也参与翻译西书活动，西方文化对中国民众的影响不断深入，阅读报刊日益成为中国知识分子了解国家及国际局势的方式之一。作为传播西学的重要媒介，在华外人创办的一批供中国人阅读的报刊成为彼时中国舆论趋向的重要影响因素。主要代表性报刊见表 3 - 3 所列。

**表 3 - 3　在华外国人创办的供中国人阅读的主要报刊一览表**

| 刊名 | 创办时间 | 停办时间 | 创办城市 | 主办者及主笔 | 刊载内容 |
|---|---|---|---|---|---|
| 《上海新报》 | 1861 年 11 月 19 日 | 1872 年 12 月 31 日 | 上海 | 英籍詹美生 (R. A. Jamieson)、伍德(M. F. Wood)、傅兰雅(J. Fryer)，美籍林乐知 (Y. J. Allen) | 船期、房地产、货价等广告；新闻；转录《京报》及辕门抄 |
| 《申报》 | 1872 年 4 月 30 日 | 1949 年 5 月 27 日 | 上海 | 英籍美查 (F. Major)、蒋芷湘、钱昕伯、何贵笙等 (1909 年后由国人主办) | 论述广告、文艺、各地新闻、社会新闻等，转录《京报》 |
| 《字林洋行沪报》 | 1882 年 5 月 18 日 | — | 上海 | 字林洋行主办，戴谱笙等主笔 | 广告、新闻、言论、《京报》、辕门抄 |
| 《字林沪报》 | 1882 年 8 月 10 日 | — | 上海 | 字林洋行主办，蔡尔康等主笔 | 新闻、论说、《京报》、辕门抄、小说、杂著 |
| 《夜报》 | 1882 年 | — | 上海 | 字林洋行主办，蔡尔康等主笔 | 论说、谕旨、各省新闻、本地新闻 |

(续表)

| 刊名 | 创办时间 | 停办时间 | 创办城市 | 主办者及主笔 | 刊载内容 |
|---|---|---|---|---|---|
| 《点石斋画报》 | 1884年5月8日 | 1898年 | 上海 | 申报馆主办，吴友如主编 | 时事新闻画为主，兼刊风俗、人物画 |
| 《时报》 | 1886年5月16日 | 1891年5月 | 天津 | 津海关税务司英籍德国人德璀琳(G. von Detring)与怡和洋行英籍笳臣 | 京津新闻、翻译新闻、译稿、外省新闻、各行告白、谕旨恭录、邸报全录 |
| 《新闻报》 | 1893年2月17日 | 1960年5月31日 | 上海 | 华商张鸿禄、英商丹福士 | 广告、论说、新闻、诗词 |
| 《字林汉报》 | 1893年3月23日 | — | 汉口 | 英商主办，姚湘等经理 | 广告、船期、商情、论说、电稿、上谕、新闻 |
| 《中华日报》 | 1893年 | 1905年 | 广州 | 英商主办 | — |
| 《佛门日报》 | 1894年1月 | — | 上海 | 日本东本愿寺别院主办，日籍佐野则悟主编 | 阐扬佛教，报道佛事，亦代登告白 |
| 《直报》 | 1895年1月26日 | 1904年6月14日 | 天津 | 德籍汉纳根(C. von Hanneken)主办，杨荫庭等主编 | 上谕恭录、广告、评论、新闻 |
| 《汉报》 | 1896年2月12日 | 1900年9月28日 | 汉口 | 日籍宗方小太郎主办，日籍冈幸七郎主笔 | 上谕、督抚辕抄、电传、新闻、广告、论说 |
| 《闵报》 | 1897年12月17日 | — | 福州 | 日籍中岛真雄、宗方小太郎、前田彪、井手三郎 | 论说、广告、皇清政典、宫抄电传、办矿续闻、策论课题、邸第纪闻、疆臣升调、京事述要、船署近闻、闽中官场记事 |
| 《亚东时报》 | 1898年6月25日 | 1900年4月28日 | 上海 | 日本乙未会主办，日籍山根虎之助、河本矶平、白岩龙平、狩野良知等主编 | 论说、来稿、杂录、汇译、诗赋、附录 |

英国人、美国人、德国人、俄国人及日本人等，都纷纷在中国创办中文报刊，从办刊时间来看，英国人办刊最早。从报刊地点来看，其具有较为明显的区域性，英国人、美国人、德国人所办报刊多集中在上海、广州、汉口等城市，俄国人所办报刊则集中于东北及华北地区，而日本人所办报刊则分布较广，涉及天津、北京、上海、福州、厦门等城市以及东北地区。外人在华中文报刊的区域性特征在一定程度上反映出列强瓜分中国的野心。从办报主体及办报宗旨来看，这些报刊分为两类：一类受列强政府控制，属于其在华的政治性"御用报刊"，如《顺天时报》《盛京时报》《全闽新日报》等都受日本外务省的控制；另一类属于在华商人及商业性机构创办的洋商报纸，如《申报》《新闻报》等。

## 二、上海报业的繁荣与《申报》《字林沪报》《新闻报》的办报旨趣

清末中国政治发生了颠覆性的变革，上海也伴随西方文化的传播展现出趋新、趋欧的文化倾向，出版事业迅速壮大，成为政治变革的舆论中心，并进入畸变的报业繁荣时期。正如姚公鹤所言：全国"以上海报纸为最有声光"，"凡事非经上海报纸登载者，不得作为征实，此上海报纸足以自负者也"。其还进一步分析了上海报业繁荣的原因："一、历史上之地位，则上海报为全国之先导是也；二、交通上之地位，则水陆交会，传达消息灵便是也；三、大商埠之地位，则上海一隅，为全国视线所集，因别种关系而报纸亦随以见重于世是也。惟以上三者，第一层取得之历史资格，则上海各报，其初均由外人创办，即第二层、第三层之交通商埠，亦何一非外人经营有效之后，而吾国人席其势以谋发展者。"①外人以报馆为阵地，以上海为中国政治舆论的避难所，创办了一批中文报刊，其中以英商及字林洋行创办的洋商报纸《上海新报》《申报》《字林沪报》《新闻报》最为突出。这类报刊尽力中国化，纷纷聘请中国人担任编辑，迎合中国人的阅读习惯，并标榜其是"商业性"的营业报刊。

1861 年 11 月 19 日，商业性报刊《上海新报》由字林洋行创办于上海，英籍詹美生（R. A. Jamieson）、伍德（M. F. Wood）、傅兰雅（J. Fryer）和美籍林乐知（Y. J. Allen）等先后担任主编。创办之初，《上海新报》为周刊，1862 年 5 月开始，"每逢礼拜二、四、六日发出"②。1872 年 7 月，该刊改为日刊。1872 年 12 月 31 日，

① 姚公鹤：《上海报纸小史》，杨光辉等编：《中国近代报刊史料丛书·中国近代报刊发展概况》，新华出版社 1986 年版，第 261 页。

② 《本馆谨启》，《上海新报》1862 年 7 月 17 日。

在与《申报》的竞争中,《上海新报》停刊。作为商业报刊,《上海新报》刊登有船期航运、房地产、货价等商业信息、政治及经济新闻,且转录《京报》及辕门抄,等。其在发刊词中写道:“大凡商贾贸易,贵乎信息流通。本馆印此新报,所有一切国政军情、世俗利弊、生意价值、船货往来,无所不载。”①《上海新报》刊登大量的广告,包括奢侈品广告、娱乐广告等,在一定程度上反映出彼时上海都市的消费样态。另外,中外重要的政治事件亦成为其报道的焦点,如太平天国运动时期,太平军与清军的战斗、太平军的将领以及军官动向等都成为《上海新报》重要议题。

19 世纪末,上海形成《申报》《字林沪报》《新闻报》“三报鼎立”的格局。《申报》办报历史悠久,影响范围广泛,在中国近代新闻史上占有极重要的地位。1872 年 4 月 30 日,英籍商人美查(F. Major)邀请伍华德(C. Woodward)、普莱亚(W. B. Pryer)、麦洛基(John Machillop)等在上海合股创办《申报》,1912 年,归史量才所有,1949 年 5 月 27 日停刊。蒋芷湘、钱昕伯、何桂笙、黄协埙、金剑华、张继斋等曾被聘任为主笔。《申报》创办伊始,便宣扬其以谋利为宗旨,在编辑风格、新闻业务、经营理念、机构设置等方面都注重盈利的目标。《论本报作报本意》一文明确指出:“夫新报之开设,大抵以行业营生为计,故其谋疏义以仅谋利者或有之,其谋利而兼义者亦有之……若本报之开馆,余愿有直言之不讳焉,原因谋利所开者耳。”②相较而言,在早期中文报刊中,《申报》更讲求西方的新闻专业主义,特别重视新闻的真实性,在《本馆告白》中曾指出:“凡国家之政治,风俗之变迁,中外交涉之要务,商贾贸易之利弊,与夫一切可惊、可愕、可喜之事,足以新人听闻者,靡不毕载,务求其真实无妄,使阅者明白易懂。不为浮夸之辞,不述荒唐之语。庶几留心事务者,于此可以得其概;而出谋生理者,于此亦不致受其欺。”③《申报》刊载的内容主要包括转录《京报》、刊发社会新闻、文艺作品、广告等,注重发表言论及报道社会、商业、政治新闻,迎合中国读者的需求。论说一般位于首版头条的位置,主要内容包括呼吁中国学习西学、抨击不良社会现象、评论中国国家发展局势等内容,代表了《申报》的言路趋向。

《申报》以广阔的视域评论涉及欧洲、亚洲、美洲、非洲的众多国家的时事,并从华人的视角出发关注中国所处的复杂内外环境,“猪仔贸易”“藩属国”“海防与塞防

---

① 《本馆谨启》,《上海新报》1862 年 6 月 20 日。

② 《论本报作报本意》,《申报》,1875 年 10 月 11 日。

③ 《本馆告白》,《申报》,1872 年 4 月 30 日。

之争”“中法战争”“甲午中日战争”“戊戌变法”“教案”“义和团运动”“八国联军侵华”“清末新政”等，都成为重要议题。在评述这些重要问题时，其仍以忠君、荣礼等中国传统文化为基本话语框架，维护清政府统治；同时也表现出民族主义意识及爱国主义情怀，对于启发中国国民意识起到重要作用。如 19 世纪 70 年代，以李鸿章和左宗棠为首的清廷官员展开关于海防与塞防的激烈争论时，《申报》刊登部分评论，反对左宗棠用兵新疆的主张，而为李鸿章的重海防战略造势。1874 年 11 月 11 日与 13 日，《申报》分别于头版发表《论喀什噶尔事》《书论喀什噶尔事后》两文，反对集结东南各省财富支援西北，称：“故国中似于戈壁以外之地不必尽行据为己有，亦所以体天之心，顺人之性也。”[①]而 1874 年 12 月 12 日，《申报》头版头条又刊登《论世务》一文赞誉李鸿章为“救时宰相乎”，“与同朝诸公同心协力，削平发捻，肃清海关”……“购用西国枪炮轮船”。[②] 在“海防与塞防之争”中，《申报》站在先注重海防的立场上，反对用兵西北，带有一定的地方保护色彩，对洋务官员产生了部分影响。中法战争时期，《申报》亦“有闻必录”，及时报道战争的发展动态，翻译相关西文报刊消息，总结战争经验，且刊登交锋式的评论文章，特别是伴随战争的进行，《申报》在“战与和”的问题上展现出不同的立场。1883 年 12 月 19 日，其曾在头版刊登《防战客谈》一文，该文开篇即写道：“自法人攻越以来，知必与中国有所牵涉，屡着论说。言战、言和、言守，不下数十篇，非逞才而好胜口说也。第以中法开衅，大局攸关，不必谓华人袒华，西人袒西，即平情而论。”[③]由此来看，中法战争开始伊始，“战与和”的问题已经成为《申报》的关键性议题。在一定程度上，其为公众营造了一个较为轻松的舆论空间。

1882 年 8 月 10 日、1893 年 2 月 17 日，《字林沪报》与《新闻报》分别创刊。《字林沪报》是由《字林西报》的主笔巴尔福(F. H. Balfour)提议字林洋行出资创办的，是 1882 年 4 月 2 日创办的《沪报》更名而来的，主笔蔡尔康。该报刊登论说文品评时事，小说、小品文等文艺作品适应读者口味，中外新闻争夺读者市场。《字林沪报》依托《字林西报》和路透社在及时获取国际新闻方面占据一定的优势，另外，在社会新闻方面，注重“择事之攸关紧要，里巷锁闻弗取焉”[④]。《新闻报》属于英商丹福士等与华商张鸿禄合资创办的报刊，1899 年，由于丹福士商业失利，其将《新闻

① 《书论喀什噶尔事后》，《申报》，1874 年 11 月 13 日。
② 《论世务》，《申报》，1874 年 12 月 12 日。
③ 《防战客谈》，《申报》，1883 年 12 月 19 日。
④ 《招请扬州卖报友人》，《字林沪报》，1885 年 5 月 14 日。

报》转给了美籍福开森(J. C. Ferguson),蔡尔康、郁岱生、袁祖志、金煦生、孙家振、姚伯欣等先后任主笔。

《申报》《字林沪报》《新闻报》三大商业性报纸形成竞争之势,影响上海舆论趋向。这三大报纸具有明显特点:首先是都标榜"公正""客观"的办报旨趣,讲求新闻专业性。其次是都属于商业性报刊,利用售卖报刊及刊登广告赚取利益,且较注重市场竞争,以打价格战、扩展销售区域、刊登多样广告及新闻等方式争夺读者群体。再次是中国人参与度都愈加深入。《申报》《字林沪报》《新闻报》都聘请中国人做主笔,且《新闻报》创办伊始便是中外合资,《申报》后期还为史量才所收购。另外,其亦对国人办报形成示范,国人以参与编务及投资报业的路径开始投身于中国近代新闻事业。

总之,外报刊在近代中国新闻舆论史中占有重要地位,外国传教士、商人等出于不同的目的在中国创办了一批中外文报刊,客观上对中国造成多重影响:一方面,发挥"通中外"功能,对民众起到思想启蒙的功效,"我国人士之守旧思想渐次为之打破,而以研究新学相激励……追求溯源……则外人所发行之书报是也";另一方面,外报刊又常贩卖政治偏见,表达列强的政治诉求,成为其喉舌,"外报在我国……几一致为其国家出力,鼓吹资本主义与帝国主义。关于外交问题,往往推波助澜,为害于我国实大"[①]。

① 戈公振:《中国报学史》,上海古籍出版社2003年版,第142页。

# 第四章

# 清末官方政治舆论控制与官报的近代化趋向

清末中国社会一方面面对西学东渐，另一方面则涉及中国传统结构的过渡转型。这两种趋向对近代中国的报刊发展颇有影响。

## 第一节 清末官方政治舆论控制

随着西学东渐在晚清社会开展，报纸作为传教士带入中国的新传播媒介，使得西学传播的力度大有提升。李提摩太(Timothy Richard)曾这样介绍报章："泰西各国竞立报馆者何也？缘百年之内，各国所出新法，有益于教养者多，故先登报章，俾人周知，择善而从之耳。"[①]随着外报的扩展，西人对华宣传不仅在空间上有所突破，还越来越深地介入晚清的政治社会生活。虽然多以传教为旗号，但包含很强的文化渗透性，且以资本主义的人文精神影响了传统中国。

① 李提摩太：《中国各报馆始末》，《万国公报》第32册，1891年9月，第10页。

## 一、清廷官员初次接触新式报刊的反应

鸦片战争前，外报在澳门、广州出现后，清廷内部并未多加理会。根深蒂固的“华夷之辨”思想，让统治者自春秋之时便有“天朝上国”“华夏中心”的优越感。直到鸦片战争英军的炮舰打开国门，清廷闭关锁国的政策宣告失败，一些有识之士开始认识到世界的变化、中国的落后以及国人的愚昧无知，于是各类新思潮先后兴起。以魏源、林则徐为代表的地主阶级知识分子中的开明派主动了解西方，并认为学习西方技术进而达到“师夷长技以制夷”的程度就能够有效抵御外敌。如此进步的思想已经为“华夷之防”打开了缺口，引领中国迈入世界体系，参与全球性话语体系。

### （一）“睁眼看世界”林则徐与《澳门新闻纸》

1839年，林则徐以钦差大臣的身份抵达广州后便对沿海探访观察，并向上呈递《报抵粤日期并体察洋面堵截趸船情形折》《英烟贩查顿情形及请早颁严惩吸食鸦片律例片》等汇报情况，“探访夷情，知其虚实，始可以定控制之方”[①]，这是林则徐“通中外、达新知”思想的直接展现，反映到实践上便是译报工作的有序开展，《澳门新闻纸》由此出现。《澳门新闻纸》只持续了1年零3个多月，总计译文177则，编成6册。《澳门新闻纸》翻译的来源主要是《广州新闻纸》《广州纪事报》《新加坡自由报》，“其中译自《广州新闻报》者141则、译自《广州纪事报》者21则、译自《新加坡自由报》者15则。而其他原文中标注的来自兰顿、孟买的新闻，是由于当时全球各地报纸间大量转载的做法所致”[②]。

《澳门新闻纸》没有固定的新闻样式，偶尔会在译出原文的标题后就进入正文，如79则的评论便确切地翻译出“鸦片垄断”(Opium Monopoly)论鸦片包揽贸易的内容。但每则前面都会标注译文的材料来源和时间，如“澳门××月×日新闻纸”“新奇坡××月××日新闻纸”“孟阿拉××月××日新闻纸”等，符合新闻写作的真实性原则。此外，碰到前后篇为同一内容并且后一篇为某一事件的再报道时，便用“又”字以示连载说明。

林则徐译报的初始目的便是更好地了解西方，以便更好地开展禁烟工作。因

① 陈锡祺：《林则徐奏稿、公牍、日记补编》，中山大学出版社1985年版，第100－101页。

② 苏精：《林则徐看见的世界：〈澳门新闻纸〉的原文与译文》，广西师范大学出版社2017年版，第3－50页。

此,《澳门新闻纸》译文的内容大多关涉鸦片贸易、西方军事活动以及走私情况的说明。新闻纸内容有侧重但不意味着多样性的匮乏,除却占比较大的题材以外,整本“新闻纸”也出现了地理、文化、西方奇闻逸事等相关话题。

具体而言,《澳门新闻纸》中涉及的内容有林则徐禁烟举措以及媒体(主要是西方)对林则徐本人及其活动的评价,林则徐的外交活动(主要是作为钦差大臣对管辖地、百姓的治理和对西方驻华监督义律、在华商人、英女王及官员的交涉),中西方贸易活动的记载(包括非正当贸易如鸦片贸易和常规贸易往来如茶叶、丝绸、西洋玩意儿贸易等),对正当与非正当贸易的评价,军事的报道与评价,中西方军事活动以及武器装备等军事实力介绍,西方侵华言论,世界地理知识和探险活动的介绍,外国人眼中的中国,西方一些国家的国内情况和奇闻逸事等。多样化的信息不仅丰富了《澳门新闻纸》的整体框架,更反映了林则徐对外界变化的至深关切。

林则徐不同于思想保守的上层统治者,他明白中国不能停止与其他国家的贸易,因此翻译经济类文章可以打开对外的窗口,了解不断变化的世界市场。有两点值得一提:其一,译文内容出现与世界地理方面有关的题材,“今兰顿付来之信内,见得有讲及新出印地理图,并上颜色之法……今格劳所出之法,不独可以用木代铜,乃亦不必人力以涂其颜色,图内之城池河道尽皆显明”①,这是对英国最新印刷彩色地图方法的介绍,以及对南极、对北极考察的消息翻译。“华夷之防”的缺口在林则徐这里被不断打开,中国不再是想象中“一家独大”而又“唯一”的国度,植根于中国人内心的“天朝”思想开始出现瓦解之势。其二,在贸易内容之外,“新闻纸”于第 36 页和 37 页则出现两条关于船保险的广告,林则徐在第二则中更是添加批注,“在广东保船馆所保之船,如往兰吨途中有失,俟到兰吨埠头,兰吨保船馆即照保字付银,余系仿此”②。言论所及反映他鼓励中国人外出经商且无须担心途中意外遇险的情况,这种明确想要融入世界贸易体系的进步思想在当时清政府闭关锁国的时代环境下十分难得。

对待外报,林则徐基于本土的信息资源进行了对比,将其与《京报》等同视之,这当然也与创办初期,外报为减少报章作为新事物引起的压力,在内容上有“迎合”中国之意相关。尽管尚未认识到两者的不同,甚至觉得外报“其中颇多妄语,不能

---

① 苏精:《林则徐看见的世界:〈澳门新闻纸〉的原文与译文》,广西师范大学出版社 2017 年版,第 413 页。

② 苏精:《林则徐看见的世界:〈澳门新闻纸〉的原文与译文》,广西师范大学出版社 2017 年版,第 142—143 页。

据以为实，不过借以采访夷情”[①]，更没有想到要效仿办报，但是作为清廷上层官僚，能注意到近代报刊的“传事”功能而“不妨兼听并观”，已是相当开明。

### (二)“师夷长技以制夷”魏源及其有关新闻纸的功能观

魏源也追随林则徐参与了译报活动，将林则徐“探访夷情”的主张归纳为“师夷长技以制夷”，并从林则徐给他的《澳门新闻纸》中选择部分内容，加工整理成《澳门月报》，总计 54 段文字，包含“论中国”“论茶叶”“论禁烟”“论兵事”“论各国夷情”5个主题，收入所著《海国图志》第 81 至 82 卷。

相较于《澳门新闻纸》译稿抄送的连续性，《澳门月报》完全是按照材料的专题整理的，没有时间上的连续性。在译稿的文字表达上，《澳门新闻纸》虽比较繁芜，但是在翻译的时候尽力对应原文，态度更客观。魏源在编辑《澳门月报》的过程中，经常对两则以上的内容重组合并，又予以删减、修改、增添等，虽然内容上显得简洁、凝练，意旨也表达得更为清楚，但是明显具有中国人的政治立场与民族意识，与所从出的《澳门新闻纸》有所差别。

魏源在《海国图志》中对外报作了更进一步的介绍，“澳门所谓新闻纸者，初出意大里亚国。后各国皆出，遇事之新奇及有关系者，皆许刻印，散售各国无禁。苟当事留意挥阅，亦可觇各国之情形，皆边防所不可忽也”[②]，另有说明：“刊印逐日新闻纸以论国政，如各官宪政事有失，许百姓议之”[③]等。

魏源和林则徐一样，没有提出办报的举措，但已逐步明确可以通过单向度获取信息的管道，认为译报“可觇各国之情形”，是我方“驭夷要策”之一，尤其说明“古之驭外夷者”，“止防中华情事之泄于外，不闻禁外国情形之泄于华也”，在此基础上还着重强调了解外部信息的重要性，“欲制外夷者，必先悉夷情始；欲悉夷情者，必先立夷馆翻夷书始；欲造就边才者，必先用留心边事之督抚始”[④]。在报刊功能上，魏源认为外报除了“传事”，还具有“医瞑眩”即开眼界、治愚昧的作用。这样，在对外报的认知上，魏源比林则徐更进了一步。

## 二、传统政治架构中王朝上层对报刊的矛盾态度

面对列强的挑战，清王朝对待近代意义上新媒体报纸的态度欲迎还拒，颇显矛盾。

---

① 杨国桢：《林则徐书简》(增订本)，福建人民出版社 1985 年版，第 46 页。
② 魏源：《海国图志》中册，岳麓书社 1998 年版，第 1440 页。
③ 魏源：《海国图志》上册，岳麓书社 1998 年版，第 24 页。
④ 魏源：《海国图志》上册，岳麓书社 1998 年版，第 26 页。

## (一)支持新事物的开放态度

经过两次鸦片战争的失败，以及太平天国的打击，清政府内外交困。在内忧外患的双重危机下，一部分官员开始认识到西方坚船利炮的威力，特别是第二次鸦片战争，英法联军攻入北京，火烧圆明园。为解除危机，实现富国强兵，封建统治集团被迫搞起了洋务运动，决心"诚取西人器数之学，以卫吾尧舜禹汤文武周孔之道，使西人不敢蔑视中华"①，开始学习西方文化及先进的技术，"师夷制夷以自强"。

### 1. 为近代报刊的舆论传播提供合理生存的条件

随着洋务运动的开展，先进的思想文化和科学技术在华的传播与普及加快了速度，近代西方报刊的体例、新闻撰写模式和经营方式日益引起关注，报刊在西方国家政治、经济、文化生活中的重要作用，以及反映民情、传播时事与知识、影响舆论等"上下通"与"中外通"的功能亦为越来越多的人所认识。伴随着国人办报活动的兴起，以宣传变法图强为己任的维新人士还表现出对外人在华报刊抑中扬外行径的不满，"奈何掩聪塞明，钳口结舌，坐使敌国怀觊觎之志，外人操笔削之权……施施然甘受他人之凌辱"②，积极要求政府禁止外人在中国出版中文报刊，呼吁政府允许国人办报。

百日维新期间，光绪皇帝以"御批"的形式，发布"报馆之设，所以宣国是而通民情，必应亟为倡办"③，"至各报体例，自应以指陈利害，开阔见闻为上，中外时事，均许据实昌言，不必意存忌讳，用副朝廷明目达聪，勤求治理之至意"的诏书，这无疑是以法律的形式宣布沿袭数千年的民间报禁彻底开放。光绪皇帝不仅认为报馆具有"宣国是而通民情"的功能，还下令"必应亟为倡办"，允许官民上书言事，并可以"指陈利害"，批评朝廷"不必意存忌讳"④，大开言路，是一个历史性的进步。此举既与光绪皇帝同情维新变法，在"改良"的框架内愿意接受新思想，希冀"以贤义义

---

① 薛福成：《变法》，《筹洋刍议》十四篇中的一篇。薛福成从1875年开始担任直隶总督李鸿章的幕僚。1879年，他网罗见闻，将自己认为应采用的"应变之道"写成书面文字，即著名的《筹洋刍议》，分《约章》《边防》《邻交》《利器》《敌情》《藩邦》《商政》《船政》《矿政》《利权》和《变法》等14篇（其中《利权》共4篇）。参考费成康：《薛福成》，上海人民出版社1983年版，第52—61页。

② 郑观应：《日报》，《盛世危言》，1894年（光绪二十年）。

③ 徐致祥：《清代起居注册》（光绪朝）第61册，联合报文化基金会国学文献馆1987年版，第31255—31256页。

④ 徐致祥：《清代起居注册》（光绪朝）第61册，联合报文化基金会国学文献馆1987年版，第31255—31256页。

理之学,植其根本;又须博采西学之切于时务者,实力讲求"的态度有关,也和晚清上层不同的政治利益集团需要利用媒介为本集团牟利,展开政治宣传脱不开关系。不管缘由如何,上层舆论管控的暂时放松,给了近代报刊合理生存的条件。在维新变法运动期间,国人办报活动更发展到一个新的阶段,即所谓第一次国人办报高潮。

在这一情势下,中央集权上层还下发了《传递新闻电报减收半价章程》,明确规定"华洋报馆所发刊登日报之新闻电报,准照电局电表各减收半价",这是清朝政府第一个与新闻相关的专门性法规,也是在经济上推出扶助报业发展举措,虽然其间也有"报章参用暗码或字句,隐存别意,或密码,概照平常商报以取全价",或若有"所发电报,有影射情弊并未将电报刊登报端","即向该报馆罚洋五百元,并撤销该报馆所领执照,永不再给"等新闻电报的概念范围以及使用此种减价新闻的传递范围[①]等诸多限制,但是在实际层面上,确实为新闻报纸通过电报方式传递和接收异地新闻消息提供了便利,极大地促进了各地报刊的迅速发展。

2. 为办报活动提供经济襄助

清末华人媒介以政治报刊为主,救亡图存语境下报刊的政治功能尤为凸显。不管是"窃以中国千余年之积习,皆坐人心锢蔽,才智不出,今欲开锢蔽,则报馆为尤急",或是"无报馆何以广见闻""去塞求通,厥道非一,而报馆其导端也"[②]的表述,都是看重了报纸"去塞求通"的作用。自甲午战败,晚清统治秩序逐步失范,"倡言变法,唤起国民之精神,开豁维新之风气"[③]成为社会政治主要思潮。救亡图存语境中官方对报纸"上下通"的舆论定位的态度尤为重要,相关的政治利益集团充分发掘媒介的政治功用,为推动本集团在谋求政治功利方面积极采取行动,对报刊的刊行、推广和发行渠道等方面积极提供经济襄助。

《时务报》曾以"本馆草创半岁,迭承中外大府各省同志提倡保护,顷助款至一万三千余金,派报至七千余分,非借诸公大力,何以及此。将以明岁力图推广并加整顿,惜才力绵薄,惧弗克任耳,伏望海内君子更有以导之,辱承扶掖,铭感实深,事关公义未敢言谢"[④]的"告白",说明报纸获得了来自官方的襄助,尤其是督抚大臣

① 《传递新闻电报减收半价章程》,倪延年主编:《中国新闻法制通史》,南京师范大学出版社2015年版,第89—90页。

② 梁启超:《论报馆有益于国事》,《时务报》第1册,1896年8月9日,第1—2页。

③ 《本馆告白》,《清议报》第16册,1899年5月30日。

④ 《本馆谢启》,《时务报》第17册,1897年1月13日,"告白",第1页。

饬令官销《时务报》。湖广总督张之洞曾要求"所有湖北全省文武大小各衙门，文职至各州县各学止，武职至实缺都司止，每衙门俱行按期寄送一本，各局各书院分别多寡分送"①。此外，浙江巡抚廖寿丰也发函各府县，不仅肯定《时务报》"议论切要，采择谨严，于一切舟车制造之源流，兵农工商之政要，旁搜博纪，尤足以广见闻资治理"，还指示各地方官以公款订购该报，分发各级官员阅读，"以长智能"②。湖南巡抚陈宝箴在发给各府厅州县的札文中，也对《时务报》大加褒扬，认为该报"议论极为明通，其激发志意，有益于诸生者，诚非浅鲜"，决定由部院公款订购该报若干份，分发全省各书院，以供"次第传观，悉心推究"③。据此可以明确，《时务报》在销售环节对官方渠道的严重依赖。

与《时务报》同样得到官方支持的还有《知新报》和《湘报》。《知新报》创刊于1897年2月22日，与《时务报》相互呼应，发表维新言论，宣传变法思想，是影响华南舆论风气的大报。在该报第15册中登载了《广西洋务局奉史中丞饬全省阅〈知新报〉札》一文，特别说明了广西巡抚史念祖饬令全省阅读《知新报》的内容："广西地处边陲，向无报馆，闭塞耳目"，"或一行作吏，无暇读书；或远宦荒隅，隔绝文献。欲通时事，其道无由"，"兹有知新报馆，其叙例著于篇首，所录各国近事，皆照各国本文译出，至详且备，亟应随时阅看，以广见闻"④。贵州学政严通也因"查澳门《知新报》，钟行于今岁之孟陬，其采承各端，皆近今要务，总持斯事，皆当代通人。现在直隶、安徽、两湖、江浙、山西、广西诸省，均因该报有裨政学，或由官府札饬所属，或由院长劝谕诸生，官吏士民，咸知购阅"⑤，言下之意，贵州也应效仿，并饬全省教官士绅购阅。

《湘报》于1898年3月7日创刊于长沙，以宣传爱国救亡、鼓吹向西方学习、要求变法图强为办报定位，很快成为湖南维新运动的舆论中心。该报也曾在《湘报馆章程》中，声称"本馆现蒙抚宪提款津贴常年经费，故取值极廉，仅收工本纸张之费。无论贵贱贫富、士农工商，皆可阅报"，明确交代了该报得到本省抚宪支持。诸如此类，可以看出，官方资助办刊的情况是普遍存在的。

---

① 张之洞：《札北善后局筹发〈时务报〉价(附单)》，光绪二十二年七月二十五日，《张之洞全集》第5册，第3317—3318页。

② 《浙抚廖分派各府县〈时务报〉札》，《时务报》第18册，1897年2月22日，第11页。

③ 陈宝箴：《湘府陈购〈时务报〉发给全省各书院札》，《时务报》第25册，1897年5月2日，第7—8页。

④ 《广西洋务局奉史中丞饬全省阅〈知新报〉札》，《知新报》第15册，1897年5月2日，第4页。

⑤ 《贵州学政严通饬全省教官士绅购阅〈时务〉、〈知新报〉札》，《知新报》第42册，1897年5月2日，第11页。

报刊在发行中纠缠了诸多的政治因素，相应地，报刊信息的刊布上也就或多或少地烙上了官方色彩。诸如“谤议官绅、伤风败俗之文，概不登录”的说明，或将“谕旨恭录”“奏折要录”置于报刊之首，甚有条陈、奏折或上书之类的文字，都有助于官方信息更广泛地传播，更有利于钳制舆论。据此，倒是可以理解为这些报刊的创办是来自朝野上下的共识与互动。

### (二)专制政治治理体系下的压制态度

帝制时代的信息控制构成权力的象征。王韬对近代报刊的描述为“主笔得持清议，于朝纲国政颇得参以微权。阅之足以知民情之向背，习尚之好恶，风俗之浇醇，国计之盈虚，时局之盛衰，兵力之强弱”①，此种倡言“以论国政，如各官宪政事有失，许百姓议之”②的传播方式，实则是触动了清廷“国政则不可议”之禁。因此当报纸真正以这样的方式介入政治中，必然引发冲突。

清代的中央集权表现在诸多方面，人与人等级依附关系是其集中体现，在社会信息资料的分配上，侧重谕旨上传下达的单向度传播，这也是中央集权对信息的垄断和对舆论的控制。其时，可供传播的官方信息也分为不同的层级，“我国凡百政务，皆以诏书为凭，而诏书又分两种：一为明谕，下之于内阁，刊于邸报，臣民共见者也；一为廷寄(亦名交片)，下之于军机处，不刊于邸报，民不能共见者也”③。这也就是说明，即便是在流通中的官方信息，也不是都可以供媒介公开传播的。1874年总理事务衙门奏称上海林华书院《新报》与上海《汇报》中刊刻密寄谕旨，引起清廷大怒，要求下旨查办：“军机处封发寄信谕旨，各省奉到后自应加意慎密，况系中外交涉事件，岂容稍有漏泄。乃本年三月二十九日密寄沈葆桢等谕旨，上海新闻纸内竟行刊刻，究系何人泄漏，著李宗羲严密确查，据实复奏，毋得稍涉含混。嗣后各将军督府等奉到寄谕，务当格外严密，以昭慎重，倘有仍前泄漏，致误机宜，惟该将军督抚等是问。”④中央集权对信息的控制实质构成了其权力的象征。

除却原有的信息控制系统(邮驿、报刊)，清廷还通过种种方式取得了对新技术媒介(电报)的控制权和主权，从而实现对新闻的管制，尤其是把对政治、军事信息传播的控制能力作为晚清电报建设首要的考虑。

---

① 王韬：《论日报渐行于中土》，《弢园文录外编》，中华书局1959年版，第206页。

② 魏源：《海国图志》上册，岳麓书社1998年版，第24页。

③ 梁启超：《戊戌政变记》，《饮冰室合集》第6册，中华书局1989年版，第20页。转引自章清：《清季民国时期的“思想界”》(上)，社会科学文献出版社2014年版，第29页。

④ 《清穆宗实录》卷369，“同治十三年七月下”，《清实录》第5册，第886页。

中法战争时，《申报》曾特聘一位俄国访员赴越南等地采访战事进展，并利用电报技术第一时间发回相关报道。从占比上看，尽管当时电报已在全国范围内展开建设，但《申报》利用电报报道战争消息实际还受到了官方信息控制等多方面限制，这与官方出于"秘其军情"等多方面考虑而限制公众获取战争信息有密切关系。因为官方严密封锁战场真实消息，无法从政府这里得到关于战争情况的通报，不少报刊常常会将社会上流传的关于战争的传闻作为新闻在报纸上进行报道。再加上战争消息的来源有很大一部分来自所谓消息人士的"口述"，这里的消息人士可能是前线将士，也有可能是朝廷中通晓消息的官僚。鉴于前线将帅出于邀功、冒领抚恤或者隐瞒败绩等原因而谎报军情的情况在晚清对外战争史上绝不少见，所以从这些"消息人士"口中得到的消息可靠性未必就高，极易误导舆论。

甲午战争期间，清政府发布了严格控制电报使用的命令，其措施包括不得使用暗码传送电报，以及在明码传送的电报中不得含有与战争有关的信息："现当中日有事之秋，电信往来关系紧要。中国官商传递电信，明码暗码，向准递者自便，今因防务吃紧，奉电局督办盛杏荪观察飞电，内开奉傅相面谕，倭人犯顺牙山，已经开仗，所有各局收递电信，以六月二十五日起，除一二三四各等有印官报、并出洋各钦差及各局督办照常密码代发、留底备查外，余皆概用明码，且无关军情者方许收发，否则退还等。因有此一番防范，日人虽狡计百出，亦将无所施矣。"①甚至到战争后期，不但军情信息不允许通过电报传递，而且绘有各处战事的图书也在禁止出售之列："自中倭用兵以来，好事者将各处战事绘成图画，携回市廛求售。汉镇清军附店司马以其摇惑人心，因即出示不准售卖，如有违抗立拿究惩。"②再加上清政府始终拒绝中外记者随军采访，大多数报刊只好转载外国报纸、外国使馆相关资讯，或多二手表述，因此报道质量大打折扣。清廷排斥媒体的相关举措，造成本国战争立场难以在新闻纸上有所呈现，世界只能听到日本的一面之词，相关国际舆论倒向日本。

政事通过报章进行披露，其实也很难为政府官员所接受。《申报》曾发表对左宗棠的质疑，文章称"左爵帅于万分竭蹶之中，作通盘熟算之想，特委胡雪岩观察在沪告贷于西商，前后三次，共银一千二百五十万两，分期摊还，按年给与重利，并以

① 钱佳湧：《何以"新"闻：电报的应用与晚清〈申报〉发展》，中国社会科学出版社，第47—48页。
② 钱佳湧：《何以"新"闻：电报的应用与晚清〈申报〉发展》，中国社会科学出版社，第47—48页。

江海、粤海、闽海等关为质”,“此为中国古今未有之创局”,“此有心人所为痛哭而流涕者也”[①]。《申报》披露此事,引发左宗棠对报纸的讥评,直言“近时传播新闻纸,本英人设局,倩江浙无赖之徒所为,侈谈海务。旁及时政,公造谣言,以惑视听,人所共知”[②],他还表示“近称洞悉洋务者,大率取材于此,不觉其诈耳”,公开指责《申报》文章是“颠倒是非,辩言乱政”[③]。

《申报》因介入对地方事务的评说,与地方官员的冲突更多。1878年《申报》刊文:“州县为亲民之官,与民最近,故易行其爱。而官既爱民,民亦爱官,爱之极而敬生焉。”然实际情况却为“民间望官长如帝天,则官长视下民如土芥,难道所谓亲民之官如是耶?”[④]引来地方官员的指控。1882年1月,江苏学政黄体芳专门发布告示张贴在《申报》馆前,指责《申报》为文“信口讥评”“散布流言”,“于风俗人心,贻害不浅”[⑤]。御史陈启泰也奏称:“上海《申报》,轻华人播弄,阴图射利,捏造事端,眩惑观听,藐玩纪纲,亟应严行禁革。”[⑥]

《申报》之外,其他报章也因为评论政事被压制。邝其照仿效《申报》样式于1886年在广州创办的《广报》,1891年因发布某大员被参消息,引得两广总督兼署粤抚李瀚章大怒,以“辩言乱政,法所不容”的理由,指责《广报》“妄谈时事,淆乱是非,胆大妄为,实堪痛恨”,下令查封该报,还责成番禺、南海两县“严行查禁”“不准复开”。湖南《湘报》也有着同样的境遇。张之洞就曾指责《湘报》谬论甚多,攻击其“背叛君父,诬及京传”,是“率天下而乱”的“邪说”,要求陈宝箴下令停办。湘绅王先谦、叶德辉等人还煽动流氓打手捣毁湘报馆,殴打主笔编辑,甚至将《湘报》的撰述樊锥以“乱民”罪名开除乡籍,如此种种。

随着国人自办报刊的出现,清廷则实行严加限禁的政策。1883年12月30日出版的《循环日报》登载了一则广东南海、番禺县令关于查禁私自刊刻新闻纸的“告示”:“访闻近有不法之辈,伪造谣言,并私自刊刻新闻纸等项,沿街售卖。本月初五、六两日,竟有一二匪徒意欲聚众至礼拜堂滋扰,借端生事……为此示谕属内军民人等一体遵照:尔等须知前项情弊,均属有干禁令。现在中外各同和好,本无异

---

① 《贷国债说》,《申报》1878年8月21日。
② 左宗棠:《答李筱轩侍御》,《左文襄公全集》,“书牍”卷15,第58—59页。
③ 左宗棠:《答杨石泉》,《左文襄公全集》,“书牍”卷15,第55—56页。
④ 《书本报邑尊严厉后》,《申报》1878年11月9日。
⑤ 徐载平、徐瑞芳:《清末四十年申报史料》,第91—92页。
⑥ 《清德宗实录》卷143,《清实录》第54册,第24页。转引自章清:《清季民国时期的“思想界”(上)》,社会科学文献出版社2014年版,第114页。

心。倘经此次示谕之后，尔等仍复有伪造谣言，刊卖新闻纸，及聚众滋扰各节，即以谣言滋事之罪按律惩办，决不姑宽。”①梁启超对此做了评论，“专制之国家，最恶报馆”，“各省报馆，多禁发刊。故各报皆借西人为护符，而报章也罕有佳者”。即便维新运动期间，清廷以上谕的形式颁布了开放“报禁”命令，在表面上看是光绪帝应孙家鼐《奏遵议上海时务报改为官报折》之请，实际上孙家鼐的本意是为了通过全面开放“报禁”这一举措来抑制《时务报》地位的上升之势。

随着百日维新的失败，清廷发布上谕命各地督抚查禁报馆、严拿报馆主笔，“莠言乱政，最为生民之害，前经降旨，将官报《时务报》一律停止。近闻天津、上海、汉口各处，仍复报馆林立，肆口逞说，捏造谣言，惑世诬民，罔知顾忌，亟应设法禁止。着各该督抚，饬属认真查禁，其馆中主笔之人，皆斯文败类，不顾廉耻，即饬地方官严行访拿，从重惩治，以息邪说而正民心”②。1900 年 2 月 14 日，清廷再次发布上谕，缉捕康有为、梁启超，严令查禁康党报馆，称“该逆等狼子野心，仍在沿海一带煽诱华民，并开设报馆，肆行簧鼓，种种悖逆行径，殊堪发指”，要求“南北洋、闽浙、广东各督抚，再行明白晓谕，不论何项人等，如能将康梁缉获送官，立即赏银十万两。至逆贼等开设报馆，发卖文章，比在华界，但使购阅无人，该逆等自无所施其伎俩，并着各督抚逐出严查。如有购阅前项报章者，一体严拿惩办”。至此，清政府对报刊的遏制达到极致。

## 第二节　官报的近代化趋向

为了维护自己的统治，封建王朝侧重谕旨的单向度传播，加强舆论一律，这一政治思维持续了 2000 余年。作为帝制时代官方信息传播的主要渠道，邸报始于宋，各地方于京师设邸，邸中传抄诏令奏章等报于诸藩，因名之，又称邸抄。明朝设通政司，负责内外奏章文报的收递发布，将朝廷同意公布的文件和政事消息传报地方。清承明制，清代邸报的发布方式和发行渠道与明代的基本相似，关于清代邸报的运作程序，《钦定历代职官表中》有详细的说明：“国朝定制，各省设在京提塘官，隶于兵部，以本省武进士及候补候选守备为之，由督抚遴选送部补充，三年而代。

① 《告示》，《循环日报》1883 年 12 月 30 日。

② 《中国近代报刊史参考资料（上册）》，中国人民大学新闻系，1982 年版，第 294 页。

凡疏章邮递至者，提塘官恭送通政司，通政使、副使参议校阅，封送内阁。五日后，以随疏赍到之牒，应致各部院者，授提塘官分送；若有赐予其省之大吏，亦提塘官受而赍致之。谕旨及奏疏下阁者，许提塘官誊录事目，传示四方，谓之邸抄。"[①]这样的制度实际构成了维系皇权的重要环节，服务于自上而下的治理方式。

鸦片战争后，在西方报刊的冲击与影响下，中央集权的统治政策有所调整，与媒介的关系也随之改变。为了维系清王朝统治，朝廷仍然十分重视邸报的发抄、刻印和传报活动，被朝廷中的保守派视为正统的"达民情、通政令"的主要工具。官报系统作为联系上下的沟通管道，承担上层舆论话语表述的功能，这一功能在清末内忧外患的社会氛围中尤显突出。

## 一、封建王朝上层舆论的沿革

在西方暴力的冲击下，清末社会秩序虽然在意识形态上处于失范状态，但封建专制仍存在，清王朝颁行政策及其政治趋向的表述，主要通过媒介传播，因此上谕依旧发挥着上传下达的政治功能。这一功能在义和团运动及八国联军侵华的内忧外患社会氛围中尤显突出。1900 年 8 月 7 日，李鸿章被任命为议和全权大臣。8 月 15 日晨，慈禧与光绪仓皇逃离北京，北京就此沦陷。慈禧及光绪等权力核心人物虽然滞留西北，但仍不惜余力在混乱的战事中统一舆论，以期重建权力及言论传播网络，《谕旨汇存》就在这样的背景下出版了。其间，清廷官员的活动频繁，诸如 1900 年 12 月 6 日，"宁夏副督统成鹤谢恩""福建按察使吴重熹请训""陕西布政使端方、陕西按察使冯光遹均谢恩""召见军机成鹤、吴重熹"等；1900 年 12 月 7 日，"魏光焘现已调补云贵总督，着即来行在陛见。陕甘总督着李廷箫护理未到任以前，着何福堃暂护"，"协办大学士、前吏部尚书孙家鼐现在闻已病痊愈，着补授礼部尚书"，"鹿传霖调补户部尚书"等[②]，此间消息中关于陕甘等地官员调遣的内容居多数，这与慈禧太后、光绪皇帝流亡西安前后，需要加强西北行政及边防力量密切相关，官员之间职位对调及升降时间也大为缩短。《谕旨汇存》中载官员更替之多，为史罕见。在当时，《谕旨汇存》的刊布加快了宫廷朝政信息传播的速度。当然清

---

① 《钦定历代职官表》，是关于历代职官制度的重要工具书，清乾隆四十五年至四十八年(公元 1780—1783 年)纪昀等奉敕编撰。全书 72 卷。该书以清廷所设职官为纲，追溯历代沿革。清代以前取材于各正史，如《职官志》《通典》《通考》等书，清代取材于《清会典》。转引自倪延年选编：《中国新闻法制通史》(第五卷，史料卷)，南京师范大学出版社 2015 年版，第 62—63 页。

② 王天根：《晚清报刊与维新舆论建构》，合肥工业大学出版社 2008 年版，第 2—3 页。

廷除了出版《谕旨汇存》，还发行了《行在钞报》。

《行在钞报》是晚清两宫西行时官方报刊传播的一种样式。[①] 所谓“行在”，即为北京沦陷后，慈禧太后、光绪皇帝流亡西北的行宫。1900 年 10 月 20 日上谕有：“谕军机大臣等：毓贤前次奏请，前来行在，当谕令毋庸来见，现闻将抵西安，殊堪诧异。”[②]《行在钞报》中“行在”取同义。《行在钞报》无疑是战争时期官方危机发布的产物，它的刊行显示奄奄一息的清王朝在信息传播上采取了应急措施，使得清王朝在舆论上可以继续维持其统治的合法性。

从排版及字体来看，《行在钞报》基本铅印，内容主要是刊载军机大臣及封疆大吏的奏折及皇帝的批字，也有少许涉及官员职务等较为机密的信息，比如“军机大臣片”：“查军机章京连文冲，蒙恩简放江西赣州府知府，所遗章京一缺，应以额外行走之礼部员外郎欧阳熙充补。”

1900 年 12 月 16 日《行在钞报》刊登了陕西等地灾情及救灾的官僚奏折及朱批的照抄，从新闻报道的接近性而言，随着权力重心由京入陕，西安成为“行在”，《行在钞报》受流亡政府高度重视，也从侧面反映清王朝在权力中心临时转移到西北后，急于灾荒救济、催征钱粮的惊慌失措的心态。

八国联军侵华期间，战争带来了诸多的伤亡，《行在钞报》对此作了反映。

《行在钞报》刊登了伤亡及殉节名单以请清廷予以表彰，比如“奉恩将军宗室公中佐刚扎隆阿率同胞宗人府笔贴式朴诚、胞妹暨弟妇舒舒觉罗氏并朴诚之女，在顺承王府祠前自缢殉节等因”，“花翎骁骑营忝领兼公中佐优领正白旗骁骑营管带官锡昌于七月二十一日在东直门城上带兵驻扎，力战阵亡，锡昌之母闻伊子阵亡，登(顿)时率领子媳那氏并女暨孙闲散、奇光、奇生孙女，全家殉节等因”，“湖广道监察御史宋承庠于七月二十一日闻洋兵进城，晚间遥望城内火起，自言主辱臣死，义无可逃。既读圣贤书，惟有捐躯报国而已。至二十二日子刻殉节。”[③]诸如此类，不一而足，如同表彰殉难晚清帝国的碑铭。不过，就事件报道层面而言，时间、地点、事因等信息倒是交代得很清楚。从刊载名单先后来看，反映了清王朝政治秩序中，满、汉的地位，以满为尊，其次是汉族官吏亲属或宗藩。刊发诸多清王朝的学、仕、兵等殉节，无外乎从舆论层面表彰忠于清廷的殉节者比比皆是，显示清王朝仍有很

---

① 复旦大学新闻学院资料室藏珍稀资料《行在钞报》。

② 林树惠、金家瑞：《有关义和团上谕》(辑自清德宗实录)，中国史学会主编《中国近代史资料丛刊．义和团》(四)，上海人民出版社、上海书店出版社 2000 年版，第 69 页。

③ 转引自王天根：《晚清报刊与维新舆论建构》，合肥工业大学出版社 2008 年版，第 4—6 页。

好的统治基础。

对于清政府上层来说，既要面对外来殖民势力，又要加强传统的政治意识形态控制，调动社会舆论鼓吹清王朝统治的合法性、合理性，以维护中央集权的正常运转，因此，《行在钞报》刊行，在晚清政治危机运转中仍发挥重要的作用。

## 二、清廷近代化报刊的初次尝试

1840年的鸦片战争使中国逐步沦为半殖民地半封建社会，古老的中国受到西方的全面挑战；太平天国和第二次鸦片战争所带来的双重打击使中国社会经历了有史以来最激烈最深刻的动荡与变化，清朝统治者被迫正视帝国面临的严重危机，力图“师夷长技”“御侮自强”；在甲午战争中，中国败于蕞尔岛国日本的惨痛事实，进一步加深了清王朝的统治危机。清朝政府清醒地认识到，办报乃是大势所趋的时代潮流，政府须利用官报引导社会舆论。

### (一)官方信息介入民间近代报刊的调适

晚清洋务改革的推行，无论从内容上还是数量上，都产生了因剧烈变革而导致官方信息激增的情况。另一方面，对泄密者会严格追究责任。诸如光绪皇帝据上奏降旨：“未经明降谕旨交内阁发钞者，外间如有传播，应根究泄露之人，治以应得之罪。”[①]此外，清政府一直限制邸报的发行范围，使其主要在官员之间流通，但是政务信息不能传达到所有官员，一些低层次的官员无法看到邸报。同时，朝廷自下而上地收集民意，以使得改革能够顺利推行，缺少官方信息大众化的传播工具，使得清政府的一些要员和大臣感受到了压力，对于上下不通的焦虑达到了顶点。为维护受到近代化冲击的封建官报，借助《申报》登载封建官报的内容，使得官方信息介入民间报刊，算是清政府的一种妥协。

在《申报》上出现的第一篇官报是1878年8月6日位于《申报》第三页的《上海官报》，内容主要是关于上海本地的官员请假、抵达某地任职的信息，其中涉及“招商局”的职位变动。《上海官报》共在《申报》上出现过4次，涉及官员觐察、职位变动的内容，诸如乘坐的交通工具、几时出发、几时到达的行程都有详细的描述。1878—1900年，《申报》登载的地方官报共137篇，涉及湖北、江苏、江西、安徽、上海、广东、四川、甘肃、天津、浙江等省份，其中篇数最多的依次为《金陵官报》(24

---

① 章开沅：《清通鉴：同治朝、光绪朝、宣统朝》，岳麓书社2000年版，第628页。

篇)、《鄂省(湖北)官报》(24 篇)、《江西官报》(19 篇)、《安徽官报》8 篇，篇数最少的《川蜀官报》《甘肃官报》《天津官报》等。官报具体数目见表4－1所列。

**表 4－1　各地官报名称及内容一览表**

| 所属省份 | 登载时间与篇数 | 官报名称 | 内　容 |
|---|---|---|---|
| 湖北 | 1881.12.16—1893.6.4(24 篇) | 鄂省(湖北)官报 | 官员新任卸任，官员巡检、出行及其他官员来访、宴客、老人逝世等 |
| | 1889.2.7—1890.10.25(4 篇) | 鄂渚官报 | |
| | 1879.5.7—1894.1.31(9 篇) | 鄂垣官报 | |
| 江苏 | 1892.3.4—1899.5.5(6 篇) | 苏省官报 | 官员上任卸任，官员巡检、押送物资、解押犯人“秋审人犯均已起解发回”，官员请销假、病故，官员赈灾捐款、缉私以及官员出使外国等 |
| | 1892.2.8(1 篇) | 清江官报 | |
| | 1897.5.18(1 篇) | 苏垣官报 | |
| | 1885.12.7—1886.4.5(2 篇) | 扬州(维扬)官报 | |
| | 1879.7.11(1 篇) | 江垣官报 | |
| | 1886.6.2—1899.10.16(24 篇) | 金陵官报 | |
| 江西 | 1882.12.23—1898.10.20(19 篇) | 江西官报 | 官员调任，官员巡检“清查交代称输豁免各事”，海防、督修圩堤、祈雨、记功、生病、病故等 |
| | 1886.10.31(1 篇) | 浔阳官报 | |
| | 1885.7.11(1 篇) | 袁江官报 | |
| 安徽 | 1885.8.20—1894.5.22(8 篇) | 安徽官报 | 官员试用、升迁或调职，官员查案“清由差咨来省禀谢饬知扬州吏目冯国琛辞行”、海防等 |
| | 1879.6.1—1899.9.19(4 篇) | 皖省官报 | |
| | 1892.12.19(1 篇) | 皖垣官报 | |
| 上海 | 1878.8.6—1884.12.1(4 篇) | 上海官报 | 官员变动、观察，洋务提调等 |
| | 1881.1.1—1883.7.5(6 篇) | 本埠官报 | |
| 广东 | 1892.2.21—1893.4.20(3 篇) | 粤东官报 | 官员升迁或调职，巡检“就近梭巡盖恐兵勇滋事”，赈捐、修轨道、海防等 |
| | 1888.6.9(1 篇) | 粤省官报 | |
| | 1888.9.13(1 篇) | 粤垣官报 | |
| 四川 | 1879.6.7(1 篇) | 川蜀官报 | 官员变动，科考诣旨，“岁试重庆文童事毕接试武童”等 |
| | 1895.9.3(1 篇) | 蜀中官报 | |
| 甘肃 | 1888.2.23(1 篇) | 甘肃官报 | 官员变动、调职等 |
| 天津 | 1889.3.141 篇 | 天津官报 | 官员变动、生病等 |
| 浙江 | 1879.5.7(1 篇) | 杭省官报 | 官员升迁或调职等 |

此时《申报》上登载的地方官报还是属于封建官报的范畴，不同于后来清末新政时期新式官报体系中的各行省官报，但部分省份如安徽、湖北等地新旧官报使用

了同一名称。

登载的封建官报包括上谕、官场信息以及洋务、外交等内容。“上谕”所占的比重极小，也不是每期都有，主要是人事任免之类的谕旨。“江藩牌示”一般照发牌示的原文，内容主要是省内各级官员的差委任免。“官场信息”比较庞杂，包括省内官员们的请假、销假、禀到、辞行、就医、丁忧、起复等，诸如某某官衔命到某地公干，中枢或外省某某长官因公或因私抵达省内某地。省籍京官的升黜，省内候补官员的月考考期，以及某某官员及官太太们的寿辰等各方面的消息。随着清政府洋务运动的推进，官报上也出现了与洋务运动所涉及的军事、政治、经济、外交有关的诸如“修筑铁路”“修建堤坝”“勘察煤矿”“补给海防”“水师学堂”“上海机器局”“陆师学堂”等洋务信息。

《申报》对封建官报的转载扩大了封建官报的发行渠道、读者群，清廷借助《申报》的民间化倾向向普通百姓传播适度的官方信息以维护统治，这也是清政府为了官报的生存所做出的妥协。

### (二)改办《官书局报》与《官书局汇报》

在救亡压力下，政治道路抉择大体上与战争有内在联系。日本在甲午战争中击败中国多被国人视作日本学习西方实行君主立宪的胜利，舆论纷纷主张仿效日本，变法维新。1895 年 5 月 2 日，康有为联合在京参加会试的 18 省 1300 多举人，上书皇帝，提出“拒和、迁都、练兵、变法”主张，由此拉开了维新变法运动的序幕。

为了宣传维新变法主张，制造舆论，争取人心，唤起更多官僚和士大夫知识分子的支持，康有为认为“非有报馆不可。报馆之议论既渍于人心，则风气之成不远矣”[①]。经过筹备，1895 年 8 月 17 日，维新派的第一份政治性报刊《万国公报》在北京正式创刊，9 月康有为与梁启超商讨拟定《京师强学会序》及章程。由于外国传教士李提摩太认为该刊与外国教会创办的《万国公报》同名，于是 12 月 16 日由康有为题写报名，将《万国公报》改名为《中外纪闻》，强学会正式成立后就成为它的机关报。维新变法的合法性，需要南北舆论共同构建，于是康有为游说张之洞资助强学会，在上海设立分会。1896 年 1 月 12 日，上海《强学报》成立，刊载《上海强学会章程》，称设强学会是为了政治维新之目的，“本会为中国自强而立，以中国之弱，由于学之不讲、学之未修，故政法不举。今者鉴万国强盛弱亡之故，以求中国自强之

① 梁启超:《戊戌政变记》，中华书局 1954 年版，第 148 页。

学”[1]，以自强问学为旨趣，与《中外纪闻》遥相呼应，大力宣传维新变法思想。

对康有为等人办报、宣传变法的行为，大学士徐桐、御史褚成博、杨崇伊等强烈不满，纷起弹劾，以维新派报刊“植党营私”“开处士横议之风”等诽议朝政罪名，奏请封禁。原本对强学会及其《强学报》予以资助的洋务派官僚、时署两江总督的张之洞，也因康有为对《强学报》“托古改制”的做法，怀疑其图谋不轨，打算对《强学报》进行改组。在朝野内外尤其是慈禧太后的巨大压力下，光绪帝于1896年1月20日下令关闭强学会，查禁《中外纪闻》。1月25日上海强学会解散，《强学报》停办。

1896年2月4日，御史胡孚宸上折《书局有益人才，请饬筹议以裨时局》，奏请将强学书局改归官办，以便除“选刻中西各种图籍外”，“并将总署所购洋书选译印行，以扩见闻”。2月5日，总理各国事务衙门在《奏复书局有益人才请饬筹议以裨时局折》中议复：“拟照八旗官学之例，建立官书局”“聘定通晓中西学问之洋人为教习”，负责有关书籍和“各国新报”的选译印售工作。3月4日，光绪帝下旨“改强学书局为官书局”，隶属于总理衙门，由工部尚书、大学士孙家鼐任管理官书局大臣，负责官书局开办事宜。官报局除了负责译刻各国关于律例、公法，商务、农务、制造、测算之学，以及武备、工程之书籍外，还刊行了《官书局报》和《官书局汇报》，《官书局汇报》则是《官书局报》的汇编。这两种新式官报，每日一册，以黄纸为封面，作书册状，形式如《京报》。内容除奏折上谕外，还有“路透电新闻”“西国近事”“本国新闻”、先儒格言论说以及有关新事新艺的译文等，其出版章程明确规定：“印送各路电报，只选择有用者照原文抄录，不加议论，凡有关涉时政，臧否人物，概不登载。”[2]

《官书局报》和《官书局汇报》的创办，是清政府公开发行新式官报的开始。之所以称之为“新式官报”，是因为它们有别于从进奏院状到邸报的那种只在官僚机构内部传递的、封闭式的旧式官报，是清廷上层践行近代化报刊的尝试。百日维新失败后，对报馆也进行了清算，慈禧太后下令将官报一律停止，连续出版了4年半的《官书局报》和《官书局汇报》被迫停刊。

（三）改《时务报》为《时务官报》

《中外纪闻》和《强学报》被查禁后，梁启超受黄遵宪等人之邀来到上海，主持

---

① 汤志钧：《康有为政论集》（上册），中华书局1981年版，第173页。
② 戈公振：《中国报学史》，上海商务印书馆1927年版，第38页。

《时务报》笔政。1896年8月9日《时务报》创刊，成为维新派重要的舆论阵地，为变法维新继续呐喊，在爱国知识分子和一部分开明官僚中引起强烈共鸣，张之洞评价《时务报》"识见正大、议论切要，足以增广见闻，激发志气"，"实为中国创始第一种有益之报"[①]，并下令所属官学订阅。

随着《时务报》的影响愈益扩大，"开议院""伸民权"的改革言论也越来越新颖大胆，遭到顽固势力和洋务派的反对，于是一些大臣纷纷上书，提出《时务报》收归官办，欲将其言论纳入设定的轨道，实现对《时务报》的有效"控制"。

1898年7月17日，御史宋伯鲁向皇帝上了一件《奏改时务报为官报折》，得到皇帝的认可，随即批"着总理大学堂大臣孙家鼐酌核妥议，奏明办理"。于是，孙家鼐遵旨向皇帝就关于《时务报》改办为官报一事上折《奏拟官报〈时务报〉章程三条》，所提"章程"中，一是明确了官报主笔责任，"《时务报》虽有可取，而庞杂猥琐之谈，夸诞虚诬之语，实所不免。今既改为官报，宜令主笔慎加选择，如有颠倒是非，混淆黑白，挟嫌妄议，渎乱宸聪者，一经查出，主笔者不得辞其咎"；二是限定了官报所及内容，"官书局向有汇报，系遵总理衙门奏定章程，不准议论时政，不准臧否人物，专译外国之事，俾阅者略知各国情形"；三是提出了"阅报者应一体出价"的发行建议。因为梁启超奉旨办理译书事务，为此他建议由康有为"督办官报"，并附带"今新开官报，既得随时进呈，胪陈利弊，将来官书局报，亦请开除禁忌，仿陈诗之观风，准乡校之议政"的请求，意在继续维持掌控舆论的基础上，通过推进言论开放，建立其认可的信息渠道，期望于更好实现"上下通"[②]。

1898年8月9日(光绪二十四年六月二十二日)，康有为向光绪皇帝进言，一方面表白了自己将严格遵守"章程"中"慎选主笔，严加督饬，其论说务以昌明大义，忠君爱国，尊主庇民，博采中外，开广闻见为主"的规定，以符合皇帝"据实直言，破除忌讳"[③]的要求；另一方面提出了运作官报所需开办经费的请求，称"官报原为开风气而广见闻，只可(依《时务报》例)仍旧每年收报费四元。……且臣亦无由令其阅看。既无补助，又无拨款，办理实难，无从措手"，"商报可以开闭随时，官报岂可令诏书中废"。光绪皇帝对康有为的建议御批："官报局所需经费，照官书局之例，由

① 张之洞：《札北善后局筹发〈时务报〉价(附单)》，光绪二十二年七月二十五日，《张之洞全集》第5册，第3317－3318页。

② 孙家鼐：《官书局开办缘由》，张静庐辑注《中国近代出版史料初编》，中华书局1947年版，第45－49页。

③ 康有为：《请定中国报律折》，1898年8月9日，《康有为全集》第4集，第332页。

两江总督按月拨银一千两。另开拨开办经费六千两。”对于康有为督办的改《时务报》为官报在经费上给予了全力支持。

因戊戌变法失败，1898 年 9 月 26 日清廷发布上谕：“开办时务官报及准令士民上书，原以寓明目达聪之用，惟现在朝廷广开言路，内外臣工条陈时政者，言苟可采，无不立见施行，而疏章竞进，辄多摭拾浮词，雷同附和，甚至语涉荒诞，殊多庞杂。嗣后凡有言责之员，自应各抒谠论，以达民隐而宣国是，其余不应奏事人员，概不准擅递封章，以符定制。时务官报无裨于治，徒惑人心，着即行裁撤。”[①]于是《时务报》改官办的事情，遂成虚话。

中国传统报业的发展时期基本上由官报独占，清末延续了明代封建官报的发行办法，在社会信息资源的分配上，侧重谕旨上传下达的单向度传播，建立权力中枢的舆论发布平台，官报是中央集权应对时局变迁的官方信息传播系统中核心部分。在西方暴力的冲击和国内政治改良呼声日益高涨的舆论环境下，清政府不得不顺势调整了统治策略，一改皇权对传媒表达官方意志重视不够的状态，努力建立其认可的管道，在有限度的范围内尝试推行新式官报，以更好地实现“通上下”，既有识时务的一面，更有利用官报继续维持控制舆论的一面。

---

① 徐致祥等撰：《清代起居注册》（光绪朝）第 61 册，联合报文化基金会国学文献馆 1987 年版，第 31255－31256 页。

# 第五章

# 清末政治革新与本土意见领袖的维新舆论建构

面对内忧外患，一批志在解救清朝于危亡中的有识之士开始探索报刊媒介作为舆论建构工具的重要作用，涉及政治革新思想，关联洋务派及维新派人士对报刊舆论认知的解读。维新变法时期，报刊作为政治思想宣传的工具性特征日益彰显。

## 第一节　洋务派人士及早期维新派人士对报纸舆论的认知

两次鸦片战争使得晚清有识之士认识到西方坚船利炮的强悍。面对内忧外患的形势，清廷部分官员发起了“师夷长技以制夷”的洋务运动，主张“中学为体，西学为用”。学习西方先进的科技以强“中体”，亦涉及创办报刊，利用报刊进行宣传。

### 一、洋务派代表人物对报刊舆论的初步认知

作为清廷内部借助学习西方先进科学技术，寻求富强的改良运动，洋务运动发端于太平天国农民起义期间。1895 年中日甲午战争清廷战败，宣布了洋务运动的破产，此间约计 35 年。洋务派成员涵盖清廷中央与地方，中央以恭亲王爱新觉罗·奕䜣、军机大臣瓜尔佳·文祥、军机大臣瓜尔佳·桂良等为代表，地方以“晚清

中兴四大名臣”曾国藩、李鸿章、左宗棠、张之洞为代表，先后提出“自强”“求富”的口号，旨在引进西方先进技术，以求富国强兵。除兴办军用企业、民用企业，洋务派在教育方面亦注重对西方先进科学知识的引入，官派留学生到西方学习，同时大量翻译西方著作。

太平天国运动时期，广泛接触过西方新生事物的洪仁玕，在《资政新篇》中提及设立新闻官的相关措施，洪仁玕提出“设书信馆，以通各省郡县市镇公文；设新闻馆，以收民心公议”[①]，“兴邮亭以通朝廷文书，书信馆以通各色家信，新闻馆以报时事常变、物价低昂”[②]等主张。洪仁玕认为：“要自大至小，由上而下，权归于一，内外适均而敷于众也。又由众下而达于上位，则上下情通，中无壅塞弄弊者，莫善于准卖新闻篇或暗柜也。”[③]《资政新篇》的改革方案虽未能有效实施，但也彰显了洪仁玕对于新闻馆沟通上下功能的认知。1861年，曾师从林则徐而后入李鸿章幕府的冯桂芬，撰《校邠庐抗议》中“采西学议”部分提出：“今欲采西学，宜于广东、上海设一翻译公所，选近郡十五岁以下颖悟文童，倍其廪饩，住院肄业，聘西人课以诸国语言文字；又聘内地名师，课以经史等学，兼习算学”。冯桂芬同时提出：“闻英华书院、墨海书院藏书甚多，又：俄夷道光二十七年所进书千余种，存方略馆，宜发院择其有理者译之”。[④] 冯桂芬主张聘请西人以传授国人西方知识，并提议从英华书院及墨海书院等地的藏书中择其有理者进行翻译。冯桂芬提出：“中国之伦常名教为原本，辅以诸国富强之术”[⑤]的学习主张，后被归纳为洋务运动“中学为体，西学为用”的八字宗旨。冯桂芬是李鸿章幕府的一员，李鸿章为晚清重臣，是早期维新变革主要倡导者，亦是淮军和北洋水师的创始人，他主张经世致用。

### （一）李鸿章有关报纸经世致用功能的认知

1859年，李鸿章入曾国藩幕府。李鸿章对于新闻报纸的认知有个历史渐进的过程。随着外人在华报刊的创办及报刊宣传作用的日益显著，特别是镇压太平军过程中，对军事情报等“信息”高度重视，他的态度有所转变。

1859年，就镇压太平军事务，咸丰帝曾称“借用洋兵，恐后患不堪”，表达对借助西方兵力镇压太平军的担忧。然而面对太平军强大攻势，清廷仍选择借助西方

---

① 洪仁玕：《资政新篇》。
② 洪仁玕：《资政新篇》。
③ 洪仁玕：《资政新篇》。
④ 冯桂芬：《校邠庐抗议（下卷）》影印版，第38页。
⑤ 冯桂芬：《校邠庐抗议（下卷）》影印版，第39页。

军队镇压太平军。同治元年(1862年),李秀成率太平军进攻上海附近的嘉定,是年三月二十五日,李鸿章率淮军到沪后给曾国藩写信道:"英兵头翻译昨又来敝营,敦促协剿嘉定"。当英军要调用李鸿章所率兵勇,李鸿章称:"今日调剿,明日调防,各营官既难从命,鸿章只知有廷旨、帅令,不能尽听洋人调度。"而后李鸿章向曾国藩请示自己应对之法,"鸿章拟两全和好之法,俟接任后,令会防局官绅将薛公各营挑去二三千人,随同洋兵操练驻扎,专供应会剿,会防差使仍由抚藩札调,似可省以后许多缠绕……可否,乞核示"[①]。四月初二日,李鸿章给曾国藩的信中写道:"外国新闻纸商情用清字摹刻者,大都买卖场中之事,无甚关系。"[②]可见此时的李鸿章对新闻纸的作用尚未有过多评价,只认为新闻纸记载的是"买卖场中之事"商业行情。而后,同年七月十九日,李鸿章在给曾国藩的信中提及,其从新闻纸中获取有关外人在沪行管理,"今日新闻纸有云,上海各国人众,设有事故,何人管束,不如将上海地界全归外国管理,与华官无涉,方才周妥,未识肯与不肯等语"。对此李鸿章发表意见:"肯与不肯之权固操之总理衙门,吴道即有此心,亦未向薛公与鸿章提及。其实沪城内外各事实皆洋人主持,惟所欲为,不过关税捐厘仍为华官收放耳。鸿章前复总理衙门公函云,难保无他日占据,果有是说,全在中朝衡夺。履霜坚冰,殊为隐患。"[③]此时李鸿章已转变其之前对新闻纸的不信任态度,愿从新闻纸中获取西人消息。同年闰八月二十一日,李鸿章在给曾国藩所写信件中再次言及:"会防局翻译新闻纸,已饬其十日半月总钞一纸交递洋行。新闻纸谣言过多,然系闲散洋人借此牟利。闻有挟恩怨编造送刊者,无凭拿办,亦未便禁阻。"[④]可见,会防局虽令人翻译新闻纸,并十日半月总抄一份送达洋行,但李鸿章认为西方新闻纸谣言过多,且撰写新闻稿时伴个人恩怨,无法保证新闻纸内容的客观性。

与李鸿章一样,丁日昌对新闻纸亦有评点。同治六年(1867年)十二月初四日,刚从上海道升任江苏布政使的丁日昌,上奏曰:"通商码头设新闻纸馆,外由商人出名而密派妥员总司其事。夫西人设立新闻纸馆,上以议国家之得失,下以评草野之是非,可以知四方之物价,可以悉外国之情形,原为有益之举,今宜仿而行之,惟不准议朝廷得失。凡外国物价、外国情形,及中国人有被外国人欺凌者,或传教不公道者,皆可写入新闻纸,布告各国,咸使闻知,使归曲于彼,且以见中国百姓痛

① 李鸿章:《李鸿章全集》,时代文艺出版社1998年版,第3029页。
② 李鸿章:《李鸿章全集》,时代文艺出版社1998年版,第3036页。
③ 李鸿章:《李鸿章全集》,时代文艺出版社1998年版,第3059页。
④ 顾廷龙,戴逸:《李鸿章全集》,安徽教育出版社2008年版,第125页。

恨洋人，必将激而生变，庶彼君臣闻之惕然知惧，必饬令彼国公使领事自行约束。”[①]由此可见，丁日昌已认识到泰西新闻纸在上议国家之得失，下评草野之是非及知四方之物价、悉外国之情形等方面的作用。相比之下，李鸿章在“秘陈丁日昌拟议修约片”中，指出“驭夷以诚信为主，有时诚信所不能动，口舌所不能争，不得不设法以相抵制。如所称纠合商民，散布新闻纸，公递呈词，以劫其气，为近来洋务棘手时转关妙用”[②]，此时的李鸿章已重视新闻纸在处理西人事务时发挥的作用。太平天国被镇压之后，西方列强同中国的矛盾日益凸显。外人在华殖民利益诉求日增，同时报刊在其中所发挥的作用日增。外人在华报刊的创办除为其自身服务外，亦为中国带来了新的信息传播形式。清季有识之士始认识到报纸对信息传达的重要作用。1874 年 2 月 4 日，王韬在香港创办了《循环日报》；1874 年 6 月 16 日，容闳在上海创办了《汇报》；1876 年 11 月 23 日，冯焌光在上海创办《新报》。在此之前，《申报》于 1872 年 4 月创办于上海。报纸逐渐成为国人获悉西方各国情况的重要来源。洋务派人士对新闻报纸的认知渐深刻。而其中张之洞对新闻报纸的认知亦较具有明显的时代特征。

### （二）张之洞有关报纸功能的认知

张之洞是后期洋务派代表性人物，其对新离纸功能认识亦与时俱进。张之洞称林则徐任职广东时，“始求得外国新闻纸而读之，遂知洋情，以后更无有继之者”[③]。1895 年以后，张之洞称“志士文人创办报馆，广译洋报，参以博议，始于沪上，流衍于各省，内政、外事、学术皆有焉”[④]。是时，张之洞拨官款购《时务报》，分发衙门及书院等。浙、湘、桂也有相应举措。张之洞在“外侮日亟”的社会语境中探讨了在华洋报的社会功能，称“吾谓报之益于人国者，博闻，次也；知病，上也”。以此衡量西方报刊，张之洞称：“近人阅洋报者，见其诋訾中国不留余地，比之醉人，比之朽物，议分裂，议争先，类无不拂然怒者。”比照大部分人对待在华外报的态度，张之洞称西方报刊“勤攻吾阙者，诸葛之所求；讳疾灭身者，周子之所痛”[⑤]。张之洞将攻中国之短处的西方报刊作为“诤友”来看待，并支持创办报刊。任职湖广总督期间，1899 年，张之洞曾派陈衍在汉口创办《湖北商务报》，1904 年改办《湖北官

---

① 顾廷龙，戴逸：《李鸿章全集（奏议三）》，安徽教育出版社 2008 年版，第 175 页。
② 顾廷龙，戴逸：《李鸿章全集（奏议三）》，安徽教育出版社 2008 年版，第 170 页。
③ 张之洞撰，冯天瑜、肖川评注：《劝学篇》，湖北人民出版社 2002 年版，第 156 页。
④ 张之洞撰，冯天瑜、肖川评注：《劝学篇》，湖北人民出版社 2002 年版，第 156 页。
⑤ 张之洞撰，冯天瑜、肖川评注：《劝学篇》，湖北人民出版社 2002 年版，第 157 页。

报》。除支持符合其思想的报刊外，张之洞对宣传立宪的《清议报》却加以批判，并动员总署加以查禁。可见此时的张之洞已深切认识到报刊对于思想的宣传作用，已具备利用报刊开展思想舆论争夺的意识。

1898年，张之洞“会通中西，权衡新旧”，著《劝学篇》上下卷。他在序言中称：“窃惟古来世运之明晦，人才之盛衰，其表在政，其里在学。”[①]《劝学篇》全书著论二十四篇，“内篇务本，以正人心，外篇务通，以开风气”[②]。外篇十五篇中，“眉睫难见，苦药难尝，知内弊而速去，知外患而豫防也”[③]，是为张之洞所谓“阅报”之旨趣。张之洞在外篇“阅报第六”中称：“外国报馆林立，一国多至万余家。有官报，有民报。官报宣国是，民报达民情。凡国政之得失，各国之交涉，工艺商务之盛衰，军械战船之多少，学术之新理新法，皆具焉。是以一国之内如一家，五洲之人如面晤。”[④]可见张之洞已认识到西方报刊的种类之多及其各自的功能。然而，张之洞的《劝学篇》刊行不久，在朝野获得赞许的同时，亦遭到早期维新派代表人物何启、胡礼垣等人的痛诋。1899年何启、胡礼垣合作发表《〈劝学篇〉书后》[⑤]，认为张之洞的《劝学篇》“其志则是，其论则非，不特无益于时，然且大累于世”[⑥]。针对张之洞的《阅报》篇，何、胡著《〈阅报〉篇辩》称：“中国之弊政，虽在平民亦多知之，在官者岂有不知之理？”[⑦]在何、胡看来，“中国之不能富强者，由不明民权之故”[⑧]。

就社会传播系统而言，晚清报刊可分为官方与民间两种，报刊以“士”这一阶层为依托。1905年后，科举制度废除，情况发生变化。近代知识分子开始在职业上分化。科举制度废除后，具有新的知识结构与知识系统的知识分子，实际上处在官僚系统与民众之间。“公卿争荐特科人才，曾慕陶举《繁华报》之李伯元，几被吏

---

① 张之洞撰，冯天瑜、肖川评注：《劝学篇》，湖北人民出版社2002年版，第24页。

② 张之洞撰，冯天瑜、肖川评注：《劝学篇》，湖北人民出版社2002年版，第24页。

③ 张之洞撰，冯天瑜、肖川评注：《劝学篇》，湖北人民出版社2002年版，第24页。

④ 张之洞撰，冯天瑜、肖川评注：《劝学篇》，湖北人民出版社2002年版，第156页。

⑤ 张之洞撰，冯天瑜、肖川评注：《劝学篇》，湖北人民出版社2002年版，第348页。

⑥ 张之洞撰，冯天瑜、肖川评注：《劝学篇》，湖北人民出版社2002年版，第222页。

⑦ 《〈劝学篇〉书后》全书最后一句话是“予岂好辩哉？予不得已也。”关于《劝学篇》及《〈劝学篇〉书后》辩难之得失，《皇朝蓄艾文编》的编辑者于宝轩称：“南皮《劝学篇》二十四首，苦心苦口，煞费经营，见得到，说得出，今日巨公中一人而已。其委屈难言之隐，有较胜于曾侯《先睡后醒论》者。《书后》各条，持论诚有太苛，或见解失之一偏。此盖痛心时势，有激而谭，引《春秋》责备贤者之义，遂将原书概行抹煞。”《劝学篇·劝学篇书后》，湖北人民出版社2002年版，第222页。

⑧ 何启、胡礼垣撰，冯天瑜、肖川评注：《劝学篇》，湖北人民出版社2002年版，第348页。

议。”[①]相对于官僚系统而言，缘于利益冲突及社会矛盾的导向，晚清知识分子既有向心力又有离心力。近代新型的传播体系，基本上掌握在官僚以及近代知识分子的手中。知识分子的向心力或离心力导致社会传播的变动，从而促进社会结构、社会功能的变迁。实际上，思想家提出的政治观念，并不是一经提出就已完成，政治观念的形成，需要借助报刊舆论等的广泛传播，通过社会动员，被广大受众接受与认可方才得以实现。

近代中国报刊的出现，既是西学东渐的结果，也与晚清社会面对救亡图存的舆论压力，力图利用报刊媒介进行社会动员的诉求密不可分。在此过程中，社会革新力量扮演了重要的角色。媒介联系着作者与读者，而媒介的政治倾向往往取决于作者的政治立场。以王韬和郑观应等为代表的早期维新派，活跃于洋务运动时期，同时亦为维新派君主立宪的政治主张的提出做了必要的思想准备。在论述报纸通达民情、民隐的信息传递功能时，早期维新派大多纵观中国历史，且以泰西各国为参照系，他们枚举的事例类同，话语表达也有相似之处。

## 二、早期维新派意见领袖对报纸舆论的认知

西方的新闻思想在中国本土化的过程中往往与中国传统史学经世致用思想相互糅合。德国传教士、汉学家花之安在《自西徂东》中称新闻纸同经史著作一样，“可以扩见闻以新耳目”[②]。在花之安看来，新闻纸可以开阔读者视野，同时能够给读者带来新的内容知识，中国缺报馆，难以“通天下”，而新闻纸之设，“则下情得以上达，而不至疾苦有所难宣”，“上谕得以下告，而不至政事多所隐蔽”[③]。花之安认为新闻纸具有促使民意上达、上谕下告的作用。此外，还有西方学者将西方的文官制度与报刊舆论的先导作用结合起来。麦肯齐(Robert Mackenzie)著、蔡尔康笔录、李提摩太口译的《泰西新史揽要》[④](*History of the Nineteen Century*)称：“英人既有举官之权，若不知国事何能知措理，若不观新闻纸何能国事，则新闻纸者，诚民间所不可少者也。”[⑤]花之安与麦肯齐这些有关新闻纸作用的作品，曾经在《万国公报》上连载，对中国近代舆论精英及知识分子影响巨大。

---

① 严复、熊季廉书，孙应祥，皮后锋：《〈严复集〉补编》，福建人民出版社 2004 年版，第237 页。

② 花之安：《自西徂东》，上海书店出版社 2002 年版，第 178 页。

③ 花之安：《自西徂东》，上海书店出版社 2002 年版，第 178 页。

④ 注《泰西新史揽要》，原名《十九世纪史》，故其英文书名为 *History of the Nineteen Century*。

⑤ 麦肯齐(Robert Mackenzie)著，蔡尔康笔录、李提摩太口译：《近代文献丛刊·泰西新史揽要》，上海书店出版社 2002 年版，第 89 页。

救亡图存语境下的中国近代传播观念源于传播实践，同时传播观念变革引导着传播实践。近代中国报业崛起或衰败，同内外战争期间社会舆论的消长关联密切。中国近代知识分子受西方政治传播思想冲击极大。19世纪中期主要受西方传教士的“宗教月刊”及英国的《泰晤士报》的影响。其中受影响较深的有国人自办报刊的先行者王韬。

### (一)政论报刊《循环日报》的创办及王韬政论思想的展现

1848年2月，科举未中的王韬前往上海看望父亲。在上海，王韬结识了墨海书馆负责人、英国伦敦教会教士麦都思。1849年，王韬应麦都思之邀，到墨海书馆任中文编辑一职，并参与编辑《六合丛谈》，自此开始接触西学。王韬在上海与西方报刊中的华人交往颇多，“西馆中，时则有海宁李壬叔、宝山蒋剑人、江宁管小异、华亭郭友松，并负才名，皆与老民[①]为莫逆交”[②]。王韬同时结交在华传教士，咸丰九年(1859年)5月6日，“予尝与蒋剑人论云：‘西国政之大谬者，曰男女并嗣也，君民同治也，政教一体也。’西人伟烈君亚力闻之，曰：‘是不然。泰西之政，下悦而上行，不敢以一人揽其权，而乾纲仍弗替焉；商足而国富，先欲与万民用其利，而财用无不裕焉。故有事则归议院，而无蒙蔽之虞；不足，则筹国债，而无捐输之弊。今中国政事壅于上闻，国家有所兴作，小民不得与知。何不仿行新闻月报，上可达天听，下可通民意。况泰西之善政颇多，苟能效而行之，则国治不难。’”[③]王韬与伟烈亚力讨论中西政体之不同及中国政体上闻不得下达的信息阻隔。1860年3月31日，针对时局，王韬在日记中写道：“自闻武林之破，心绪恶劣。丹、常以上，亦不免风鹤之警。西邻方拟整励甲兵，调集舟舰，以图北犯。其谋正未可测也。呜呼！国家多事，内外交攻，虽有智者，亦不能善处之矣。以吾策之，则曰：莫如暂屈以议和，悉锐以靖乱。吾与泰西诸国通商以来，已历二十余年，而在廷诸臣之于洋务，昏然如堕云雾中。一二草茅之士，或能通达时事，叹息时艰，偶言之于当道，则必斥之‘多事’，鄙之曰‘躁妄干进’，呵之为‘不祥之金’。于是乎而禁口卷舌者多矣。不然，徐松龛中丞、魏默深司马之书具在，探夷情，师长技，坐而言者可以起而行，何一非驭外之要图？奈何当道者，熟视若无睹也，是诚我不知之矣。”[④]可见王韬主张“暂屈

---

① 此为王韬自指。

② 王韬：《弢园老民自传》，《近代文献丛刊·弢园文录外编》，上海书店出版社2002年版，第270页。

③ 王韬：《弢园老民自传》，《近代文献丛刊·弢园文录外编》，上海书店出版社2002年版，第270页。

④ 王韬：《弢园老民自传》，《近代文献丛刊·弢园文录外编》，上海书店出版社2002年版，第270页。

以议和，悉锐以靖乱”，希望清廷多了解西方，同时将“起而行”，将前人“探夷情，师长技”的主张付诸实际行动。

同治元年(1862 年)，王韬回乡探亲，因牵扯到苏州儒士黄畹上书太平军刘肇钧攻取上海之策，成为清廷追捕的对象。三月十五日，李鸿章给曾国藩写信言及此事，“吴方伯送来洋兵攻贼营所获新阳秀才上忠逆一书，颇得贼与西人交接之情”[①]，王韬被迫逃亡，得西方之庇护，后流亡香港，随后协助传教士理雅格译书。有关王韬是否借黄畹之名上书太平军，其在日记中曾多次否认，后世研究者对此亦有两种观点：一种认为王韬可能因庇护家人及偏向英人等原因借回家探亲之时，以黄畹之名上书太平军，献策劝其先行攻打上海；另一派则通过上书笔迹与内容、以往王韬对清廷之忠心、对太平军之态度及王韬自撰日记等认为黄畹非王韬。但无论事实如何，王韬都受此影响而逃至香港，并于此开始了其在港一系列办报活动。

1862 年，王韬抵达香港后，即开始了自行创办报馆的系列活动。10 月 14 日，王韬在日记中记载：“黄胜[②]兄来访……午后，同李星云出街啜茗，黄君偕余至英华书院观活字板，规制略同墨海，惟以铜模浇字，殊携便。书院创于道光十七年，理君入粤，盖已二十余载矣。”[③]王韬同黄胜一同去了英华书院，并见识到了比墨海书院技术更为先进的铜模浇字印刷。同治六年(1867 年)冬，“西儒理君雅各招往泰西佐译经籍，遂得遍游域外诸国”[④]，这次游览使王韬大开眼界，“览其山川之诡异，察其民俗之醇漓，识其国势之盛衰，稔其兵力之强弱”[⑤]。王韬亦曾抵达英国苏格兰及法国巴黎等地。深谙西方的王韬察觉到报刊的重要性。1873 年，王韬同黄胜买下原英华书院的印刷设备，成立了中华印务局，并于 1874 年 2 月 4 日创办了《循环日报》。

### (二)王韬政论思想的媒介呈现

王韬为近代文人论政开创性人物。王韬曾称：“日报之行于泰西诸国，岂泛然而已哉？所载上关政事之得失，足以验国运之兴衰；下述人心之事，亦足以察风俗之厚薄。凡山川之形胜，物产之简番，地土之腴瘠，邦国之富强，莫不一览而了然，

---

① 顾廷龙，戴逸：《李鸿章全集·信函(一)》，安徽教育出版社 2008 年版，第 75 页。

② 黄胜，中国第一批出国留学西方的学生之一，1847 年与容闳、黄宽等留学美国，1848 年返回香港。此后，黄胜曾参与编辑《德臣西报》《遐迩贯珍》等报，在王韬来港避难期间，黄胜同其结识。

③ 王韬：《弢园老民自传》，江苏人民出版社 1999 年版，第 125 页。

④ 王韬：《弢园老民自传》，《近代文献丛刊·弢园文录外编》，上海书店出版社 2002 年版，第271 页。

⑤ 王韬：《弢园老民自传》，《近代文献丛刊·弢园文录外编》，上海书店出版社 2002 年版，第271 页。

其所以见重于朝野，良有以哉。”[①]由此，可见王韬对于泰西日报“达上下”功能的重视。《循环日报》刊行两年后，王韬作《论日报刊行于中土》，指出：“西国之为日报主笔者，必精其选，非绝伦超群者，不得预其列。今日云蒸霞蔚，持论蜂起，无一不为庶人之清议。其立论一禀公平，其居心务期诚正。如英国之泰晤士，人仰之几如泰山北斗，国家有大事，皆视其所言以为准则，盖主笔之所持衡，人心之所趋向也。”[②]该文讨论了泰西诸国日报主笔“绝伦超群”的才智，同时可看出王韬对于报纸有关“论”功能的重视，凸显了他对于报纸的政论功能的关注。

1879年，王韬访问日本，后与中国驻日使馆参赞黄遵宪相识并成学术知音。黄遵宪后成为维新运动的参与者。王韬在其主持的《循环日报》上发表黄遵宪的《日本杂事诗》并为之作序。黄遵宪给王韬的信中对《循环日报》寄寓厚望，“弟初以为我国各报馆必有译出汉文者，久而寂然，窃疑为未见，故敢以一通径达贵馆也。果蒙不弃，录塞余白。乃陆续接到贵报，于中间录刻来去之文，将原报所有讥弹日本语，概为删去。始而深讶不知何故，继乃念阁下及干甫先生均未能深通西文，翻译人口诵之时，隐匿不言，即无从书之于笔，不足怪也。原报流传既久，敝署既将原文及译文寄呈总署及伯相，均承其命人将原文再译，与敝署所译意悉相符。贵馆译而删去，于公事原无甚得失，弟不知贵馆译人是西人抑是东人？抑我国人？不知彼出何心，而有意为此？读所译汉文，神采飞动，非出公手，即是洪公。是二公亦受其欺矣。狂瞽之言，敢达清听。今将敝署译汉普本新闻寄呈，至原文具在，请复校之。”[③]王韬感愤日本对华咄咄逼人的态势，乃与黄遵宪论及中日有关琉球问题。王韬在香港期间撰写了多篇政论文章，诸如《日本通中国考》《琉球朝贡考》《琉球向归日本辨》《驳日人言取琉球有十证》《琉事不足辨》等，这些“立言”在中日关系讨论中产生了重要的影响。

除《循环日报》外，王韬亦在传教士林乐知创办的《万国公报》中刊登了大量时评。1890年10月，《万国公报》第21期刊有王韬的《英重防俄》，该文围绕土耳其问题分析了英、俄之争的表象及其深远的影响。这些表明王韬分析时局变迁时已具有世界目光。广学会的《万国公报》，林乐知主其事。而分任其事者为韦廉臣、慕威

---

① 王韬：《重订法国志略》第21卷第29页。参见侯杰：《〈大公报〉与近代中国社会》，南开大学出版社2006年版。

② 王韬：《论日报刊行于中土》，《循环日报》。参见王韬：《弢园文录外编(第七卷)》，人民出版社1994年版，第299页。

③ 黄遵宪：《黄遵宪集(下)》，天津人民出版社2003年版，436页。

廉、艾约瑟、丁韪良、沈赘翁、德子固、李提摩太等，其中沈赘翁即为沈毓桂，号赘翁。沈毓桂自1882年始，协助林乐知编辑《万国公报》而任华文主笔。除登载王韬《英重防俄》外，《万国公报》第21期亦登载沈毓桂、艾约瑟、韦廉臣、慕威廉等编辑人员撰稿及美国在华传教士李佳白的《近时华英相交说》和王良佐的《论弟子不可不教》等。李佳白同奕䜣、李鸿章、翁同龢等洋务派人士时有往来，由此可见洋务派人士已较多选择利用报刊表达自己的思想主张。王韬在《万国公报》上陆续发表《英宜保土》《土胜俄不足恃》《英俄经营亚洲》等系列时评。总之，《万国公报》这一舆论平台有着广泛的社会影响，也培育了王韬意见领袖的地位。

以西方为参照系，王韬利用报刊批判国民劣根性并探寻中国富强之道。1890年12月，《万国公报》刊有王韬的《原人》，称国人欲齐家、治国、平天下，则"先自一夫一妇始"①，反对一夫多妻制，可见其思想之解放。1891年1月，《万国公报》刊有王韬《原才》。在王韬看来，"原才天下非无人才，患在取才之法未善，用才之志不专，又患在上之人不能灼知真才"②。何谓真才？在王韬看来，"夫所谓真才者，与国家同休戚共患难也"③。面对救亡图存的压力，王韬认为只有兴办洋务并进行适当的社会革新，中国才有出路。

王韬作为早期维新派代表人物，早在咸丰元年(1851年)即提出："西人凡于政事，无论巨细，悉载日报，欲知洋务，先将其所载各条一一译出，日积月累，自然渐知其深，而彼无遁情。国家亦当于各口岸设立译馆，凡有士子及候补人员愿肄习英文者，听入馆中，以备他日之用。果其所造精深，则令译西国有用之书。西国于机器格致舆图像纬枪炮舟车，皆著有专书，以为专门名家之事，苟识其字，通其理，无不可译。如此，则悉其性情，明其技巧，而心思材力之所至，何不可探其秘匙哉！将不见十年间，而其效可睹也。"④可见王韬对于翻译西报而获得外情的主张。然其时，"咸丰初元，国家方讳言洋务，若于官场言及之，必以为其人丧心病狂必不至是。以是虽有其说，而不敢质之于人。不谓不及十年，而其局大变也。今则几乎人人皆知洋务矣"。可见，王韬对于咸丰初年，自己提议学习西文以获悉洋务之事不被采纳之惋惜。十年之后，清廷部分官员始展洋务，而未有及时之效果。在《洋务(上)》中，王韬言及："特我谓今日之自谓能明洋务者，亦尚未极其晓畅也。今日者不过相

① 王韬：《弢园文录外编》，上海书店出版社2002年版，第5页。
② 王韬：《弢园文录外编》，上海书店出版社2002版，第5页。
③ 王韬：《弢园文录外编》，上海书店出版社2002版，第5页。
④ 王韬：《弢园文录外编》，辽宁人民出版社1994年版，第47页。

安于无事耳，求无不遂，请无不行，以谨凛之形观骄盈之色。其所称建制船舶，铸造枪炮，开设机器，倡兴矿务，轮舶之多遍至于各处，一切足以轶乎西人之上而有余，富国强兵之本，当必以此为枢纽，讲求西法，千载一时，不知此特铺张扬厉语耳，求其实效，仅得二三。"[①]可见，王韬对于洋务派"建制船舶，铸造枪炮，开设机器，倡兴矿务"等一系列作为的认同，但同时表达了他认为这并非强国强兵之根本，继而提出："欲明洋务，尤在自强，自强之效，则在治民练兵。治民先在简择牧令，练兵先在整顿团练。"同时，王韬对比泰西等国，"试观《万国公法》一书，乃泰西之所以联与国，结邻邦，俾众咸遵其约束者，然俄邀诸国公议行阵交战之事，而英不赴，俄卒无知之何。此盖国强则公法我得而废之，亦得而兴之，国弱则我欲用公法，而公法不为我用"[②]，以泰西诸国之争为例，说明国强之重要性。可见王韬在分析国是时，不再拘泥于国内而具有世界的眼光。

1891年7月，《万国公报》载有王韬的《变法自强(上)》："泰西诸国通商于中土，亦既三十余年矣，而内外诸当事者多未能洞明其故，若烛照数计而龟卜，其于利害之所系，昏然如隔十重帘幕，其有规恢情势，斟酌时宜，能据理法以折之者，虽未尝无人，而不知彼之所谓万国公法者，必先兵强国富，势盛力敌，而后可入乎此；否则束缚弛骤，亦惟其所欲为而已。"[③]这些体现王韬对于国富民强的诉求与认知。此外，王韬以本名及天南遁叟笔名多次在《万国公报》上发表时评、历史掌故等，诸如1892年2月，王韬以"天南遁叟"为名在《万国公报》上发表《平贼议》，1892年7月在《万国公报》上发表《洋泾滨海市说》，1892年7月在《万国公报》上发表《哥伦布传赞》，1892年9月在《万国公报》上刊布《拟上当事书》，1892年9月在《万国公报》上刊布《救时刍言下》，等等。王韬之所以能在《万国公报》中充当意见领袖的角色，源自他的政见与西方传教士对华布道所要达到的目的有一致的地方。

王韬的媒介经历及传播思想，是晚清中国媒介史的侧影。除王韬外，晚清洋务运动期间仍有先进者，率先提出"君主立宪"思想的郑观应即为其一。

### (三)郑观应有关君主立宪思想及办报"去塞求通"主张的提出

不同于洋务派张之洞等提出"中学为体，西学为用"的主张。早期维新派提出了学习西方制度，实行君主立宪的主张，注重对西方进行制度层面的学习，乃其时

① 王韬：《弢园文录外编》，辽宁人民出版社1994年版，第48页。
② 王韬：《弢园文录外编》，辽宁人民出版社1994年版，第49页。
③ 王韬：《弢园文录外编》，辽宁人民出版社1994年版，第53页。

有识之士选择放弃封建专制制度的表现，而较早提出“君主立宪”思想的是早期维新派代表人物郑观应。

《盛世危言》作为郑观应思想的代表之作，集中体现了郑观应代表民族资产阶级的思想主张。郑观应在《盛世危言》中提议设置议院、引进西方先进制度、开办日报、主张商战。光绪二十一年（1895年）三月二十六日，江苏布政使邓华熙上奏并向光绪帝推荐郑观应的《盛世危言》。邓华熙说道：“自海禁开而外夷庸集中华，目睹彼族之炮利船坚，所向无敌，何尝不规规仿效振作于前？是以建船坞，筑炮台，购铁甲之船，设制造之厂，所耗帑项何止数千万？然而马江之役兵船灰烬，藩服终属于他人。”[①]邓华熙以1884年中法战争中福建水师同法国军队作战失败为例，述及洋务运动“所耗帑项何止数千万”。但中法战争清廷失败，邓华熙表达自己的观点：“夫泰西立国，具有本末。广学校以造人才，设议院以联众志；而又经营商务以足国用，讲求游历以知外情。力果心精，实事求是。夫然后恃其船械，攸往咸宜。今中华不揣其本而末是求；无学校之真，则学非所用，用非所学；无议院之设，则上下之情隔，粉饰之弊多……臣犹有鳃鳃过虑者：诚恐习俗拘迂未化，或以用夷变夏为言，凡事畏难苟安，复蹈浅尝辄止之失，不思倭与我本同文之国，彼以能自得师而效著，我何难幡然变计以维新。”[②]邓华熙主张向西方学习，提出“臣阅候选道郑观应所辑著《盛世危言》一书，于中西利弊透辟无遗，皆可施诸实事”，邓华熙认为《盛世危言》所言各项皆为“可施”，可见邓华熙对郑观应在《盛世危言》中所提各项主张的赞同。

1859年，郑观应科举失利，到上海入职英商宝顺洋行，而后入英国传教士傅兰雅开办的英华书馆听课，开始学习英文，后渐开西学。在《盛世危言》自序中，郑观应有言：“愤彼族之要求，惜中朝之失策。于是学西文，涉重洋，日与彼都人士交接，察其习尚，访其政教，考其风俗利病得失盛衰之由。乃知其治乱之源，富强之本，不尽在船坚炮利，而在议院上下同心，教养得法。”[③]在与西人交流的过程中，郑观应“察其习尚，访其政教，考其风俗利病得失盛衰之由”，通过观察总结经验，郑观应认为泰西诸国“治乱之源，富强之本，不尽在船坚炮利，而在议院上下同心，教养得法”。在《议院·上》中，郑观应说道：“议院者，公议政事之院也。集众思，广众益，用人行政一秉至公，法诚良、意诚美矣。无议院，则君民之间势多隔阂，志必乖违。

① 郑观应著，夏东元主编：《郑观应集》，上海人民出版社1982年版，第225页。

② 郑观应著，夏东元主编：《郑观应集》，上海人民出版社1982年版，第226页。

③ 郑观应：《盛世危言上》，朝华出版社2017年版，第20页。

力以权分，权分而力弱，虽立乎万国公法之中，必至有公不公、法不法，环起交攻之势。故欲借公法以维大局，必先设议院以固民心”，并具体列出“考议政院各国微有不同，大约不离乎分上、下院者。近是上院以国之宗室勋戚及各部大臣任之，取其近于君也。下院以绅耆、士商才优望重者充之，取其近于民也。选举之法惟从公众。遇有国事，先令下院议定，达之上院；上院议定，奏闻国君，以决从违。”[①]在《自强论》中，郑观应指出：“中国当此危机之时，而求安图治，上下皆知非自强不可，而自强非变法不可……立君政治者，即君民共主之国，政出议院，公是公非，朝野一心，君民同体，上无暴虐之政，下无篡逆之谋。”[②]郑观应明确提出君主立宪的主张，相较于洋务派维护君主专制统治的思想是一大飞跃。较为可惜的是早期维新派人士的政治主张并未及时付诸实践。除君主立宪的政治主张外，郑观应还十分重视报刊“去塞求通”的通达功能。

郑观应在《日报·上》中认为，唐宋“民隐悉通，民情悉达，则犹未也。欲通之达之，则莫如广设日报矣”[③]，“泰西各国上议院、下议院，各省、各府、各县议政局、商务局、各衙门大小案件，及分驻各国通使、领事，岁报新艺商务情形，凡献替之谟，兴革之事，其君相举动之是非，议员辩论之高下，内外工商之衰旺，悉听报馆照录登报。”[④]报馆的主要目的是“去塞求通”，通达民情，“泰西各国……凡献替之谟，兴革之事，其君相举动之是非，议员辩论之高下，内外共商之衰旺，悉听报馆照录登报”[⑤]，同时该文提到“中国通商各口，如上海、天津、汉口、香港等处，开设报馆，主之者皆西人，每遇中外交涉，间有诋毁当轴，蛊惑民心者。近通商日久，华人主笔，议论持平”[⑥]，可见郑观应对于设立报馆及报馆主笔的重视。郑观应自19世纪70年代开始写政论文章，登载于《循环日报》。除重视报刊“去塞求通”的功能外，郑观应亦积极参与电报事业。在外人将电报技术传入中国后，郑观应曾积极参与其中，为中国电报事业的发展做出了重要的贡献。近代电报引入，有个过程。1873年，法国人威基杰参照《康熙字典》的部首排列法，最终挑选了6800个汉字编撰了中国第一部电码本《电报新书》。1880年，李鸿章在天津设立电报总局和电报学堂，电

① 郑观应著，夏东元主编：《郑观应集》，上海：上海人民出版社1982年版，第103页。
② 张岱山：《盛世危言》，辽宁人民出版社1994年版，第73页。
③ 郑观应著，曹冈译：《盛世危言》，内蒙古人民出版社2006年版，第40页。
④ 张岱山：《盛世危言》，辽宁人民出版社1994年版，第75页。
⑤ 郑观应著，曹冈译：《盛世危言》，内蒙古人民出版社2006年版，第40页。
⑥ 郑观应著，曹冈译：《盛世危言》，内蒙古人民出版社2006年版，第41页。

报开始成为洋务运动兴办的事项。1881年,时任上海电报局总办的郑观应,主持扩编电码本,而后将其定名为《中国电报新编》。《中国电报新编》是在《电报新书》的基础上扩编而成。电报的出现与发展,不仅是西方电报技术传入中国的结果,同时也是国人接受西方先进技术、求富自强的表现。

除提出君主立宪思想的郑观应外,自洋务派转变为早期维新派的陈衍,其有关报刊的认知亦具有解放思想的重要作用。

(四)陈衍有关报刊主笔的认知

陈衍曾在上海担任《求是报》的主笔。作为张之洞的幕宾,陈衍曾为湖北官报局的总纂及《湖北商务报》总纂。陈衍在《论中国宜设洋文报馆》中称:"张以报纸者,遏其意于事先,其势顺而易。"[①]陈衍认为报纸具有监督与梳理事与意的作用。报纸利于思想的宣传,继而能够促进事物的有效发展。可见陈衍已认识到报纸传播思想的重要作用。同时他认为思想的先行传播,有利于事务活动的后续进展,可见其有关思想引导实践的认知。陈衍亦对中文主笔"通才"要求作阐述:"今若开设洋文报馆,延访中国通人,贯通中外时务者数人,为中文主笔,举所谓务材、训农、通商、兴工、敬教、劝学、使贤、任能各要务,备筹所以整顿之法,皆实在可言可行者,广为论说。"[②]就报纸而言,早期维新派代表人物对报纸"主笔"的角色有较深刻的认识。报馆的设立需要编辑队伍具备较强的办报能力。在早期维新派诸多学人看来,主笔的学识与道德修养对报刊舆论的导向尤其重要。1891年,清末早期改良思想家宋恕在《六斋卑议》中提倡变法,并主张设立学校、议院、报馆。在"议报章第七"中,宋恕写道:"学校、议院、报馆三端,为无量世界微尘国土转否成泰之公大纲领。今宜诏求英德法美日本等国议院、报馆详细章程,征海内通人斟酌妥善。兴学校同时举行三大纲领既举,则唐虞三代之风,渐将复见。英德法美之盛渐将可希矣。"[③]

早期维新派的诸多思想对康梁变法颇有影响。1895年,康有为、梁启超等创办的《万国公报》(后易名《中外纪闻》)就是维新派试图以言论影响政治的重要举措。上海《时务报》及天津《国闻报》的创办,使得以维新变法为标识的南北舆论联为一体。随着变法维新政治活动的开展,以报刊为中心的社会舆论鼓吹变法愈炽。

---

① 张之华:《中国新闻事业史文选公元724年—1995年》,中国人民大学出版社1999年版,第12页。
② 张之华:《中国新闻事业史文选公元724年—1995年》,中国人民大学出版社1999年版,第12页。
③ 《唯是》,1920第3期,第1—10页。

1895年中日甲午战争,中国战败宣告了洋务运动的破产。急于救国安邦的清廷内部官员再次踏上寻找拯救中国出路的征程。不同于洋务派"中学为体,西学为用"的宗旨,此时的清廷一些官员,在以王韬、郑观应等为代表的早期维新派所提出的思想基础上,提出了维新变法、实行君主立宪的自上而下政治改良主张,史称"维新派"。无论是洋务派,还是维新派,其有关报刊的新认知,都是思想解放的呈现。洋务运动失败后的中国知识分子,继续寻找救亡图存的路径。由此形成清朝的政治改良与意见领袖的维新舆论建构。在此过程中,有关变法思想的舆论建构,主要通过报刊为舆论造势。

## 第二节　政治改良与意见领袖对报刊舆论的建构

1895年《马关条约》签订之后,光绪帝发布上谕:"嗣后,我君臣上下,惟期坚苦一心,痛除积弊,于练兵筹饷两大端,实力研求,亟筹兴革,毋骛虚名,毋勿远国,毋沿积习,务期事事核实,以收自强之效。朕于内外诸臣有厚望焉!"[①]可见此时的光绪皇帝亦决心变革,以求自强。1895年,北京强学会设立强学书局,1896年改为官书局,并接管《中外纪闻》,刊行《官书局报》《官书局汇报》。1898年上海的《时务报》亦改为《时务官报》,体现了官方对于报刊舆论的重视与把控。随着国内变法图强自救运动的失败及西方新进思想的引入,国内的一些有识之士再次寻找救亡图存的方法,更加重视报刊在观念传播与思想解放等方面的作用。

### 一、维新派政治主张及其对报刊功能的认知

维新派是在与洋务派关系密切的早期维新派基础上发展而来的改革派系。自甲午战后至辛亥革命,维新派人士前后活动约计十六年,维新派认识并汲取了王韬等一批早期维新派的办报经验,他们主要在北京、上海、湖南等地创办报刊,并进行有关变法和政治主张的宣传。自1895年至1898年,维新派所办报刊"总共创了五十多种"[②],其政治主张及思想观念,主要是以其所办报刊为舆论阵地进行意见的表达。

---

① 顾廷龙,戴逸:《李鸿章全集》,安徽教育出版社,2008年版,第137页。
② 徐松荣:《维新派与近代报刊》,山西古籍出版社1998年版,第54页。

与洋务派维护君主专制的政治主张不同，维新派在政治上主张广开议院，要求实行君主立宪制，这也是洋务派同维新派最大的不同之处。两者虽然都属于自上而下的改革，但改革的方向不同：洋务派主张学习西方器物以增强中国的技术，大体在“中学为体，西学为用”框架内向西方学习；维新派则提出向西方进行思想、制度等方面的学习。不同于以往仅利用报刊接收外来信息的洋务集团，维新派同时重视报刊对政治思想的宣传功能，将新闻报刊同政治运动相联系，发挥了报刊的政论功能。

政治上，维新派发展了早期维新派提出的“君主立宪”思想，并主张设立议院，限制君权，经济上主张兴办实业，反对八股文，要求思想解放。此外，相较于之前的洋务派及早期维新派，维新派更为深刻地认识到报刊在政论主张及思想传播等方面的作用。维新派认为报刊有“通上下之情开风气，通中外之故开民智”的作用，梁启超在《清议报》一百册中有言“欲觇国家之强弱，无他道焉，则于其报章之多寡良否而已矣”①，可见维新变法之后的梁启超，已将报刊书目之多寡视为评价国家强弱之衡量标准，亦可见其对于报刊在国家发展中地位的重视。

清末报刊政治功能的嬗变，与传媒沟通中外的功能密不可分。清末以报刊为核心的大众传媒具有上下联系、横向贯通的作用，上下联系即沟通社会上层人物与下层民众，横向贯通即指中西文化交流。中国近代思想启蒙多获益于中西文化交流。在“通上下”的过程中，意见领袖的作用不容忽视。

## 二、意见领袖对维新舆论的建构

最初的维新思想，诞生于洋务运动时期。虽然维新派力求变法以自强，主张君主立宪，但因其内部组成人员所代表的阶级不同，其内部亦存有不同的派系。除了康梁等维新派的主要领袖人物之外，严复、谭嗣同等亦在维新思想启蒙中的进程中发挥了巨大的作用。

### （一）维新变法的主要推动者康梁的报刊思想

康有为、梁启超为首的维新运动主要推动者，其思想发展变化有个过程。

#### 1. 康有为的报刊思想

中法战争部分显示了洋务运动的颓败之势。1888 年 12 月 10 日，康有为《上清

① 梁启超：《祝辞并论报馆之责任及本馆之经历》，《清议报》，1901 年 11 月 11 日，第 1—8 页。

帝第一书》中即提到“臣所欲言者，曰变成法，通下情，慎左右而已”，“夫治国之有法，犹治病之有方也，病变则方亦变。若病既变而仍用旧方，可以增疾。时既变而仍用旧法，可以危国”[①]。康有为提出“变成法”“通下情”“慎左右”的建议。康有为将治国比作看病用药，以此表明其想要变法维新的主张。此是康有为有关维新运动要求变法思想主张的体现。这也推动着康有为及梁启超等，孜孜不倦地利用报刊进行政治思想宣传。1895 年，康有为作《变则通通则久论》，提出“法《易》之变通，观《春秋》之改制，百王之变法，日日为新，治道其在是矣”[②]之说，表达了康有为极力要求变法以寻求国家自救的思想主张。

1895 年 4 月 17 日，清政府派李鸿章同日本代表签订《马关条约》。《马关条约》规定清朝割让辽东半岛、台湾澎湖列岛给日本，同时向日本赔款。甲午战败，清廷对外割地赔款。于清廷统治而言，则宣告了自救的洋务运动破产。4 月底，清廷战败的消息传至京城，广东举人康有为联名其他举人“首诣察院，呈请代奏”，反对议和。康有为、梁启超发动“公车上书”。1895 年 5 月 2 日，康有为借上京应试的机会作《上清帝第二书》，文章以“具呈举人康祖诒等，为安危大计，乞下明诏，行大赏罚，迁都练兵，变通新法，以塞和款而拒外夷，保疆土而延国命”始，可以看出康有为为维护清王朝统治而上书建议清帝变通新法，如是才可以“塞和款而拒外夷，保疆土而延国命”。虽然康有为在“第二书”中提到“阅《上海新报》，天下震动，闻举国廷诤，都人惶骇”，可见康有为已借报纸知悉人心惶然全国危局。[③] 而后，康有为在 5 月 29 日作《上清帝第三书》，6 月 30 日作《上清帝第四书》，提出了多条变法自强的建议。康有为在《上清帝第四书》中提及“一在立科以励智学也”“一在设议院以通下情也”，可见康有为对于设立议院以通下情的重视。康有为曾说：“人皆来自四方，故疾苦无不上闻；政皆出于一堂，故德意无不下达；事皆本于众议，故权奸无所容其私；动皆溢于众听，故中饱无所容其弊。”有关洋务运动的自强措施及其效果，康有为曾说：“近者设立海军使馆、招商局、同文馆、制造局、水师堂、洋操、船厂，而根本不净，百事皆非，故有海军而不知驾驶，有使馆而未储使才，有水师堂、洋操而兵无精卒，有制造局、船厂而器无新制，有总署而不通外国掌故，有商局而不能外国驰驱，若其徇私丛弊，更不必论。故徒糜巨款，无救危败，反为攻者借口，以明更张

① 康有为：《康有为全集(第 1 集)》，上海古籍出版社 1987 年版，第 359 页。

② 康有为著，乔继常选编：《康有为散文》，上海科学技术文献出版社 2013 年版，第 21 页。

③ 此处的《上海新报》，可能泛指上海的报纸，因《上海新报》已于 1872 年停刊。

无益而已。”[①]可见康有为对于洋务运动收效甚微的不满，认为“诚以积习既深，时势大异，非尽弃旧习，再立堂构，无以涤除旧弊，维新气象”[②]，表达了康有为舍弃旧有思想、创立学堂、维新气象的变法维新的主张。康有为针砭时弊，直抒胸臆：“窃观今日经此创巨痛深之后，未闻卧薪尝胆之谋，有兵事则惶恐纷纭，既议和则因循敷衍；皇上有自强求治之心，而未闻求言求才之事；上下隔绝，未闻纡尊降贵以通下情；泄沓苟安，未闻震动激励以易风俗；大小上下，未闻日夜会合谋议自强之举。”[③]康有为痛斥了当时清廷官员的胆怯，认为清廷官员有兵事就惶恐，并直言清帝虽有自强之心，却未有举措，不广征谏言，不寻找有才之人，上下隔绝，即清帝与部下意欲进言献策之人无法沟通，致使自强之运动成效不佳。随即康有为再次说道：“皇上若深观时变，稍降尊严，职所欲言者有五焉”：“一曰下诏求言”“二曰开门集议”“三曰辟馆顾问”“四曰设报达聪”“五曰开府辟土”。其中有关报刊的部分，康有为认为：“宜令直省要郡各开报馆，州县乡镇亦令续开，日月进呈。并备数十副本发各衙门公览，虽宵旰寡暇，而民隐咸达，官匿皆知”，并说：“今日要事，在知敌情，通使各国，著名佳报，咸宜购取。其最著而有用者，莫如英之《太[泰]晤士》、美之《滴森》，令总署派人每日译其政艺，以备乙览，并多印副本，随邸报同发，俾百僚咸通悉敌情，皇上可周知四海。”[④]康有为认为其时最需要做的事情，就是了解敌情，购买知名的报刊。康有为同时主张派人翻译《泰晤士报》以供学习，并要求将翻译的《泰晤士报》多印副本，继而将翻译过来的《泰晤士报》同邸报一起发放，如此百官可以获悉敌国情况，清帝亦可获取外来信息。康有为不仅要求翻译外报，同时要求将翻译文本同邸报一起发放，可见康有为对外报翻译本传达渠道的重视。

1895 年 8 月 17 日，康有为等“根据陈炽的建议，先办报，后举会”[⑤]而创办《万国公报》，梁启超、麦孟华等担任主笔。《万国公报》一度作为北京强学会机关报。是年 9 月，康有为记载：“割台行成后，与陈次亮郎中炽、沈乙庵刑部曾植、丁叔衡编修立钧、王幼霞侍御鹏运、袁慰亭观察世凯、沈子封编修曾桐、文道希学士廷士、张巽之编修孝谦、徐菊人编修世昌、张君立刑部权、杨叔峤中书锐同开强学会于京师，以为政党嚆矢，士夫云从。”[⑥]强学会既包括早期维新派代表人物陈炽，同时也包括

---

① 清华大学历史系：《戊戌变法文献资料系日》，上海书店出版社 1998 年版，第 84 页。

② 清华大学历史系：《戊戌变法文献资料系日》，上海书店出版社 1998 年版，第 82 页。

③ 梁启超：《梁启超全集(第 1 册)》，北京出版社 1999 年版，第237 页。

④ 清华大学历史系：《戊戌变法文献资料系日》，上海书店出版社 1998 年版，第 87 页。

⑤ 徐松荣：《维新派与近代报刊》，山西古籍出版社 1998 年版，第 60 页。

⑥ 康有为著，汤志钧编：《康有为政论集上》，中华书局 1998 年版，第 163 页。

后期窃取辛亥革命果实，意欲重建帝制的袁世凯等。11月上海强学会成立，《上海强学会章程》中有："今设此会，聚天下之图书器物，集天下之心思耳目，略仿古者学校之规，及各家专门之法，以广见闻而开风气，上以广先圣孔子之教，下以成国家有用之才"，并提出"译因图书""刊布报纸""开大数藏""开博物院"等四项要事，其中写道："今之刊报，专录中国时务，兼译外洋新闻，凡于学术治术有关切要者，巨细毕登，会中事务附焉。其邸报全分，各处各种中文报纸，各处新事，各人议论，并存钞以广学识，各局互相钞寄。"①无论是早期维新派，还是维新派，皆将报刊与政治动员相联系，而其作为维新派核心人物的梁启超更是近代舆论骄子。他对报刊有开风气之论述，创办了诸多报刊，充当了意见领袖的角色。同时他对近代报刊的功能有着深刻的见解。

2. 梁启超的报学思想

甲午战败后，梁启超曾指出"吾国四千余年大梦之唤醒，实自甲午战败、割台湾、偿二百兆以后始也"②，可见梁启超认为甲午战争清廷战败，给了清廷官民一个认清自己的机会，使得中国上下四千余年故步自封的大梦醒来了。1896年8月9日，梁启超、汪康年在上海创办《时务报》，重在利用报刊进行思想启蒙与维新变法信息的通达。梁启超论及报馆对开通民智、国家富强之作用时，作《论报馆有益于国事》称："阅报愈多者其人愈智；报馆愈多者其国愈强。曰：惟道之故。"梁启超指出近代报刊应"广译五洲近事，则阅者知全地大局与其强胜弱亡之故，而不至夜郎自大，坐眢以议天地矣"③，这实际上是要求报纸要做到"通中外"，"详录各省新政，则阅者知新法之实有利益，及任事人之艰难经画与其宗旨所在，而阻挠者或希矣。"在梁启超看来，办报要资政。梁启超指出，办报既要"博搜交涉要案"，又要"旁载政治学艺要书"，"准此行之，待以岁月，风气渐开，百废渐举，国体渐立，人才渐出，十年以后，而报馆之规模，亦可以渐备矣"④。梁启超所主持的《时务报》，基本上从"报馆有益于国事"的层面对报刊的政治功能进行发掘。

戊戌变法失败后，梁启超流亡海外，于1898年12月23日与冯镜如在日本横滨创办《清议报》。其办刊宗旨如是："为国民之耳目，作维新之喉舌。"其目标有四："维持支那之清议，激发国民之正气；增长支那人之学识；交通支那、日本两国之声

① 康有为著，汤志钧编：《康有为政论集上》，中华书局1998年版，第174页。
② 梁启超：《饮冰室合计·专集(第一册卷一)》，中华书局1936年版，第1页。
③ 梁启超：《时务报》，光绪二十二年七月初一日，第一册第1—2页。
④ 《时务报(第一册)》，1896年。

气，联其情谊；发明东亚学术以保存亚粹。”①该报办报旨趣由中国而及中日关系，再扩展至东亚，其时评主调仍是维新变法。1902年2月8日，梁启超在日本横滨创办《新民丛刊》。在《敬告我同业诸君》中，梁启超提出：“某以为报馆有两大天职：一曰对于政府而为其监督者；二曰对于国民而为其向导者是也。”②指出报馆具有监督政府和作国民向导的两大天职。梁启超在《清议报》上发表《本馆第一百册祝辞并论报馆之责任及本馆之经历》，涉及“中国报馆之沿革及价值”。甲午战败，宣告了中国在所谓“器物层面”上向西方学习的失败，其后的清廷有识之士试图从“制度层面”进行社会改革，以求富强。梁启超称：“中国《邸报》，视万国之报纸，皆为先辈，姑为置论。即自通商以后，西国报章之形式，始入中国。于是香港有《循环日报》，上海有《申报》，于今殆三十余年矣。”③“近年以来，陈陈相接，惟上海、香港、广州三处，号称最盛，而其体例无一足取。”④梁启超认为：“发达之迟缓而无力，独未有如中国之报馆者。”⑤梁启超还分析了近代中国报业凋敝的原因。总体而言，梁启超为改良派代表性的人物，其办报有社会改良之用意，在他看来，“戊戌政变，时务云亡，而所谓此十余家者，亦如西山残阳，倏忽匿影，风吹落叶，余片无存”⑥，梁启超的论述反映出改良派办报为改良“时务”之努力。

梁启超还将报馆的“耳目喉舌”的功能与人类对自由的追求联系在一起，作了阐述，“思想自由、言论自由、出版自由，此三大自由者，实惟一切文明之母，而近世世界种种现象皆其子孙也。而报馆者，实荟萃全国人之思想言论，或大或小，或精或粗，或庄或谐，或激或随，而一一介绍之于国民；故报馆者，能纳一切，能吐一切，能生一切，能灭一切。西谚云：‘报馆者，国家之耳目也，喉舌也，人群之镜也，文坛之王也，将来之灯也，现在之粮也。’伟哉，报馆之势力！重哉，报馆之责任！”⑦梁启超在《敬告我同业诸君》中称：“西人有恒言曰：‘言论自由、出版自由，为一切自由之保障。’诚以此两自由之失坠，则行政之权限万不能立，国民之权利万不能完也。而报馆者即据言论、出版两自由，以龚行监督政府之天职也。”⑧除此，梁启超亦将党

① 梁启超著，李华兴，吴嘉勋编：《梁启超选集》，上海人民出版社1984年版，第260页。
② 张之华等：《中国新闻事业史文选公元724年—1995年》，中国人民大学出版社1999年版，第46页。
③ 杨光辉等：《中国近代报刊发展概况》，新华出版社1986年版，第10页。
④ 杨光辉等：《中国近代报刊发展概况》，新华出版社1986年版，第10页。
⑤ 杨光辉等：《中国近代报刊发展概况》，新华出版社1986年版，第11页。
⑥ 杨光辉等：《中国近代报刊发展概况》，新华出版社1986年版，第12页。
⑦ 张之华：《中国新闻事业史文选（公元724年—1995年）》，中国人民大学出版社1999年版，第38页。
⑧ 张之华：《中国新闻事业史文选（公元724年—1995年）》，中国人民大学出版社1999年版，第47页。

报与政治变革联系在一起。在他看来,“有一人之报,有一党之报,有一国之报,有世界之报”,其中,“以一党之利益为目的者,一党之报也”①。梁启超称自己主持的《清议报》“在党报与国报之间”②。梁启超还希望《清议报》将来“全脱离一党报之范围,而进入于一国报之范围,且更努力渐进以达于世界报之范围”③。

谭嗣同、严复等深受梁启超办报思想的影响,亦与康梁有近似的报刊思想,认为报刊有“通中外”“达上下”的功能。

(二)梁启超的报学思想对谭嗣同的影响

梁启超的报学思想是维新派的一面旗帜,对谭嗣同等人的报学思想颇有影响,谭嗣同有关“民史”“民口”与报刊舆论的关系的认识,就直接受到梁启超的启迪。

谭嗣同属维新派中的激进人物,其报学论述多见于《湘报》,其报刊活动所在地湖南,部分充当了维新运动的舆论宣传阵地。谭嗣同有关变法的思想,早于1896年就已体现出来。1896年,谭嗣同撰写《仁学》,并认为“仁以通为第一要义”,谭嗣同指出:“通有四义:中外通,多取其义于《春秋》,以太平世远近大小若一故也;上下通,男女内外通,多取其义于《易》,以阳下阴吉,阴下阳吝,泰否之类故也;人我通,多取其义于佛经,以‘无人相,无我相’故也。”④体现了谭嗣同对于“通中外”“通上下”思想的认知。在谭嗣同被杀害的九十日后,梁启超以其“同学”的身份为《仁学》作序,说道:“余之识烈士,虽仅三年,然此三年之中,学问、言论、行事,无所不与共。其于学也,同服膺南海,无所不言,无所不契。每共居,则促膝对坐一榻中,往复上下,穷天人之奥,或彻数日夜废寝食,论不休。”⑤可见梁启超与谭嗣同关系之密切。梁启超称谭嗣同作《仁学》之目的在于“将以会通世界圣哲学之心法,以救全世界之众生”⑥。梁启超认为谭嗣同作《仁学》,表达了谭嗣同对于西方先进哲学思想的引入之意,并欲将之用于经世。

有关报刊功能的认知,谭嗣同在1898年3月18日《湘报》第11期发表文章《湘报后叙》(上、下),首次辨析社会变革中新、旧语境,再论报刊《湘学新报》中所谓“新”之义,“往者江君建霞,督学吾湘,有鉴于此。日日使新人,阐新理,纪新事,而

---

① 张之华:《中国新闻事业史文选(公元724年—1995年)》,中国人民大学出版社1999年版,第45页。
② 张之华:《中国新闻事业史文选(公元724年—1995年)》,中国人民大学出版社1999年版,第45页。
③ 张之华:《中国新闻事业史文选(公元724年—1995年)》,中国人民大学出版社1999年版,第45页。
④ 谭嗣同:《仁学》,中华书局1958年版,第4页。
⑤ 谭嗣同:《仁学》,中华书局1958年版,第82页。
⑥ 谭嗣同:《仁学》,中华书局1958年版,第82页。

作为新书。不俟其书之成也，而十日一出之，名之曰《湘学新报》。其助人日新之意至切也”[①]。在谭嗣同等人看来，十日之新谈不上“日新”，于是“同志诸友，复创为《湘报》。日一出之，其于日新之义庶有合也。虽然，吾尤愿读此报者，勿泥以为新止于此也”[②]。报刊原应以传播新闻为要旨，“新”应是新闻的应有之义，但谭嗣同等办《湘报》时正值维新变法期间，强调革新，这与学政江标等在湖南提倡“新学”有其一致性。新学为新政铺垫学理，谭嗣同等所谓“新”表现在多个层面，但“假民自新之权以新吾民者，厥有三要：一曰创学堂，改书院……二曰学会……三曰报纸”。在谭嗣同看来，“报纸出则不得观者观，不得听者听”，谭嗣同称：“且夫报纸，又是非与众共之之道也。新会梁氏，有君史民史之说，报纸即民史也。彼夫二十四家之撰述，宁不烂焉，极其指归，要不过一姓之谱牒焉耳。于民之生业，靡得而详也；于民之教法，靡得而纪也；于民通商惠工务材训农之章程，靡得而毕录也，而徒专笔削于一己之私，滥褒诛于兴亡之后，直笔既压累而无以伸，旧闻遂放失而莫之恤。谥之曰官书，官书良可悼也！不有报纸以彰民史，其将长此汶汶暗暗以穷天，而终古为喑哑之民乎？西人论人与禽兽灵愚之比例，人之所以能喻志兴事以显其灵，而万过于禽兽者，以其能言耳。而喑之，而哑之，其去禽兽几何矣。呜呼！‘防民之口，甚于防川’，此周之所以亡也；‘不毁乡校’，此郑之所以安也；导之使言，‘谁毁谁誉’，此三代之所以直道而行也。吾见《湘报》之出，敢以为湘民庆，曰诸君复何忧乎？国有口矣。”[③]谭嗣同受梁启超所谓民史的启发，论述了民意在王朝兴衰中扮演的角色，并将历史与现实相联系，将“民口”与国家安危相联系。

（三）梁启超的报学思想对严复的影响及严复之反思

梁启超的报学思想不仅对谭嗣同深有影响，且引起严复的密切关注，严复讥讽称：“梁任公是绝妙议论家。”[④]严复称：“每次见《清议报》，令人恶意。梁卓如于已破之甑，尚复哓哓，真无成益。平心而论，中国时局使不可挽回，未必非对山等之罪过也。轻举妄动，虑事不周，上负其君，下累其友，康、梁辈虽喙三尺，未由解此十六字考注语；况杂以营私揽权之意，则其罪愈上通于天矣。”[⑤]在严复看来，梁启超办报鼓吹改良政治，是为了营私揽权谋求政治功利。比照 1898 年梁启超的《清议报》

① 蔡尚思等：《谭嗣同全集》，生活·读书·新知三联书店 1954 年版，第 137 页。
② 蔡尚思等：《谭嗣同全集》，生活·读书·新知三联书店 1954 年版，第 138 页。
③ 蔡尚思等：《谭嗣同全集》，生活·读书·新知三联书店 1954 年版，第 139 页。
④ 严复：《与熊纯如书（十七）》。参见王栻：《严复集（三）》，中华书局 1986 年版，第 615 页。
⑤ 严复：《与张元济书（五）》。参见王栻：《严复集（三）》，中华书局 1986 年版，第 533 页。

叙例，可见严复所言指向，“今兹政变，下封禁报馆之令，揆其事实，殆与一千八百十五年至三十年间，欧洲各国之情形，大略相类，呜呼！此正我国民竭忠尽虑，扶持国体之时也。是以联合同志，共兴《清议报》为国民之耳目，作维新之喉舌”[①]。1900年3月2日，严复致张元济信：“闻有人见新出《清议报》册后，刻有穗兄吊六君子诸诗，居然将其大名明白著布，此事仆实疑而不信。”[②]可见，《清议报》的舆论动员辐射到国内。

梁启超在《清议报》停办后，又于1902年创办《新民丛报》，以鼓吹新民说，致力于“开民智”等方面的思想启蒙，同时刊载译著积极介绍西方的新史学、经济学等学科知识，以寻求近代中国富强之道。但严复对此另有解释：“近见卓如《新民丛报》第一册，甚有意思，其论史学尤为石破天惊之作，为近世治此学者所不可不知。颇闻京学编史一事，以付于君晦若，甚欲见其成书也。《丛报》于拙作《原富》颇有微词，然其佩其语；又于计学、名学诸名义皆不阿附，顾言者日久当自知吾说之无以易耳。其谓仆于文字刻意求古，亦未尽当；文无难易，惟其是，此语所当共知也。”[③]严复与梁启超作为清末重要思想派系的意见领袖，其在思想主张方面既有共识亦有不同。严复对《新民丛报》在社会舆论方面所产生的影响颇有看法。严复撰写译著《政治讲义》并在上海开设讲座，讨论君主立宪的学理依据，并刊之报刊，形成有别于《新民丛报》的不同声音。

虽政见不同，但严复与梁启超有关报刊功能的认识不谋而合，梁启超的报学思想与严复的共识在于“去塞求通”。1896年，梁启超在《时务报》创刊号发表《论报馆有益于国事》：“觇国之强弱，则于其通塞而已。血脉不通则病，学术不通则陋。道路不通，故秦越之视肥瘠，漠不相关；言语不通，故闽粤之与中原貌若异域。惟国亦然：上下不通，故无宣德达情之效，而舞文之吏，因缘为奸；内外不通，故无知己知彼之能，而守旧之儒，乃鼓其舌。中国受辱数十年，坐此焉耳。”[④]梁启超在《变法通议》中也提出“通”“变”之思想。“法者，天下之公器也；变者，天下之公理也。大地既通，万国蒸蒸，日趋于上。大势相迫，非可阏制，变亦变，不变亦变。”[⑤]“今夫万国并立，犹比邻也。齐州以内，犹同室也。比邻之事而吾不知，甚乃同室所为，不相闻

① 梁启超：《梁启超全集第1册》，北京出版社1999年版，第168页。
② 严复：《与张元济书(八)》。参见王栻：《严复集(三)》，中华书局1986年版，第538页。
③ 严复：《与张元济书(十四)》。参见王栻：《严复集(三)》，中华书局1986年版，第551页。
④ 张之华：《中国新闻事业史文选》，中国人民大学出版社1999年版，第18页。
⑤ 梁启超著，李华兴，吴嘉勋编：《梁启超选集》，上海人民出版社1984年版，第10页。

问，则有耳目而无耳目；上有所措置不能喻之民，下有所苦患不能告之君，则有喉舌而无喉舌；其有助耳目喉舌之用，而起天下之废疾者，则报馆之为也。”[①]梁启超认为报馆有“耳目、喉舌”功能，能“通中外、通上下”。

在宣传方面，梁启超、严复皆主张政治改良。但在严复看来，正是梁启超主持的报刊舆论，对清王朝的传统政治形态进行了消解，最终导致中国政治走向革命。严复感喟道：“吾国自甲午、戊戌以来，变故为不少矣。而海内所奉为导师，以为趋向标准者，首屈康、梁师弟。顾众人视之，则以为福首，而自仆视之，则以为祸魁。何则？政治变革之事，蕃变至多，往往见其是矣，而其效或非；群谓善矣，而收果转恶，是故深识远览之士，愀然恒以为难，不敢轻心掉之，而无予智之习，而彼康、梁则何如？于道徒见其一偏，而由言甚易。”[②]在严复看来，康有为、梁启超在社会舆论导向中起了误导的作用，“南海高年，已成固性。至于任公，妙才下笔，不能自休”[③]。严复认为梁启超在报刊舆论中贩卖政治偏见，将报刊等传媒视作赚钱牟利的工具。在严复看来，清王朝在社会舆论及政治动员上亡于康梁之手。“今夫亡有清二百六十年社稷者，非他，康、梁也。何以言之？德宗固有意向人之君，向使无康、梁，其母子固未必生衅，西太后天年易尽，俟其百年，政权独揽，徐起更张，此不独其祖宗之所式凭，而亦四百兆人民之洪福。而康乃踵商君故智，卒然得君，不察其所处之地位为何如，所当之沮力为何等，卤莽灭裂，轻易猖狂，驯至于幽其君而杀其友，已则逍遥海外，立名目以敛人财，恬然不以为耻。夫曰‘保皇’，试问其所保者今安在耶？必谓其有意误君，固为太过，而狂谬妄发，自许太过，祸人家国而不自知非，则虽百仪、秦不能为南海作辩护也。”[④]而戊戌变法后，康门弟子梁启超在社会舆论中仍充当意见领袖的角色，“至于任公，则自窜身海外以来，常以摧剥征伐政府，为唯一之能事。《清议》《新民》《国风》，进而弥厉，至于其极，诋之为穷凶极恶，意若不共戴天，以一己之为新学，略有所知，遂若旧制，一无可恕，其辞具在，吾岂诬哉！”[⑤]时过境迁，严复认为与时俱变的康有为、梁启超归国后仍能引领社会舆论的导向。“至于今日，事已往矣，师弟翩然返国，复睹乡枌，强健长存，仍享大名，而为

① 梁启超著，李华兴，吴嘉勋编：《梁启超选集》，上海人民出版社 1984 年版，第 10 页。

② 辛亥革命以袁世凯上台告终，而袁世凯称帝昭示中国近代政治境遇的坎坷。所谓拥护袁世凯称帝的筹安会六君子，严复名列其中。在全国舆论一片反对袁世凯称帝的呼声中，严复有自己的看法。参见王栻：《严复集(三)》，中华书局 1986 年版，第 632 页。

③ 严复：《与熊纯如书(三十)》。参见王栻：《严复集(三)》，中华书局 1986 年版，第 632 页。

④ 严复：《与熊纯如书(三十)》。参见王栻：《严复集(三)》，中华书局 1986 年版，第 632 页。

⑤ 严复：《与熊纯如书(三十)》》。参见王栻：《严复集(三)》，中华书局 1986 年版，第 631—632 页。

海内之巨子，一词一令，依然左右群伦，而有清之社，则已屋矣，中国已革命而共和矣。”①严复认为由于康梁舆论的影响，中国政治由改良转向革命，清帝国之江山社稷毁于康梁之“词令”。

(四)严复的报学思想与维新政治的变迁

就近代报学思想而论，严复可以与梁启超相提并论。由于严复留学英国多年，精通英文，且精研西学，远非梁启超所能比。

严复不仅善于利用报刊以了解周边大事，对外报刊载的中国时评亦非常关注，还对报刊媒介的功能及其与社会的关系有着深刻的认识。1895 年，甲午战败后，面对救亡图存的迫切需要，严复在天津《直报》上发表《救亡决论》的政论文章，提出了“救亡”的口号。文章开篇即说道：“天下理之最明，而势所必至者，如今中国不变法，则必亡”。1897 年 10 月 26 日，严复同王修植、夏曾佑等在天津创办《国闻报》，并出版《国闻汇编》，严复担任《国闻报》主笔。《国闻报》主要刊载政论及各省新闻，并刊布了严复译著的《天演论》。《国闻报》在其刊行期间，与南方上海《时务报》相互呼应，为清末维新变法运动发挥了重要的舆论动员作用。1898 年 9 月，《国闻报》因报道戊戌变法事宜而被迫停刊。

严复的报学思想在内容上主要体现在其对西学的引进与介绍等方面。在思想传播上，严复比较系统地阐述了“求通”的思想。严复认为“求通”主要表现在以下两个层面：“一曰通上下之情，一曰通中外之故。为一国自立之国，则以通下情为要义；塞其下情，则有利而不知兴，有弊而不知去，若是者，国必弱。如各国并立之国，则尤以通外情为要务；昧于外情，则坐井而以为天小，扪萡而以为日圆，若是者，国必危。”②就传播的纵向沟通而言，“求通”主要表现为上层社会与下层社会交流与反馈；就中西交往的横向传播而言，主要为“通中外之故”。将“通上下之情”与“通中外之故”比较，两者在轻重缓急上是不一样的。严复认为：“今日谋吾群之道将奈何？曰：求其通而已矣。而通下情，尤以通外情为急。何则？今之国，固与各国并立之国，而非一国自立之国也。”③“通外情”较“通下情”为急，如何做到“通外情”？严复等认为“欲通知外情不能不详述外事，欲详述外事不能不广译各国之报”④。可见严复主张广泛翻译外报，以获取外事动态。

① 严复：《与熊纯如书(三十)》。参见王栻：《严复集(三)》，中华书局 1986 年版，第 632 页。
② 王栻：《严复集(二)》，中华书局 1986 年版，第 453 页。
③ 王栻：《严复集(二)》，中华书局 1986 年版，第 454 页。
④ 王栻：《严复集(二)》，中华书局 1986 年版，第 455 页。

在“求通”方面，鉴于《时务报》等详于内而略于外，严复强调《国闻报》馆“取报之例，大要有二：一、翻译；一、采访”，可见，其首重翻译，“此《国闻报》馆之所为继诸家而起也”①。《国闻报》馆“十日合印之《汇编》”，其目的亦为“中外通、上下通”。“上下之情通，而后人不自私其利；中外之情通，而后人不自私其治”②。“求通”与国家富强密切相关，消息传播是否畅通与王朝的兴衰更替密不可分，“求其公理，蔽以一言，不过相通则治进，相闭则治退而已”③。正因为如此，“事有古今，贵通则一”④。“求通”是针对闭关自守而言的。严复在《上皇帝书》中称：“三古以还，君此土者，不知几易，治乱兴衰，如循环然。此其故何哉？司马迁曰：‘物穷则变，变则通，通则久。’穷变通久，使民不倦。”⑤可见，“变”与“通”互为因果。中外比较，“外国穷而知变，故能与世推移，而有以长存。中国倦不思通，故必新朝改物，而为之损益”⑥。

除自行办报“求通”的思想外，严复亦较多关注其他报刊内容。与严复关系密切的报刊即有二十余种，如《大公报》《外交报》《中外日报》《刍言报》等。1896 年，严复帮助好友兼学术知音张元济在北京创办通艺学堂。9 月 24 日，严复在其写给汪康年、梁启超的书信中说道：“寄上汇票百元，到时乞与察入付据。区区不足道，聊表不佞乐于观成此事之心云尔。”⑦严复亦曾捐款百元，资助梁启超与汪康年在上海创办的《时务报》，1898 年 7 月 23 日，清廷改《时务报》为官报。1898 年 8 月 17 日，汪康年在上海创办的《时务日报》改名《中外日报》，严复亦对其较为关注。1902 年 1 月，张元济主编的旬刊《外交报》创刊，是年 2 月 5 日，严复在致张元济的信中称：“《外交报》义例、译笔均佳，必能行远；此其有益当轴诸公，实非浅。”⑧严复对《外交报》发行情况也颇关注。1902 年 3 月 9 日，严复在致张元济的信中称：“《外交旬报》销路何如，甚欲闻之。”⑨严复虽对《外交报》支持，但对《外交报》主编张元济主张的文明排外论不以为然。1902 年 5 月 2 日及 5 月 12 日，《外交报》发表了严复

---

① 王栻：《严复集（二）》，中华书局 1986 年版，第 455 页。
② 王栻：《严复集（二）》，中华书局 1986 年版，第 455 页。
③ 王栻：《严复集（二）》，中华书局 1986 年版，第 456 页。
④ 王栻：《严复集（二）》，中华书局 1986 年版，第 457 页。
⑤ 王栻：《严复集（一）》，中华书局 1986 年版，第 63 页。
⑥ 王栻：《严复集（一）》，中华书局 1986 年版，第 63—64 页。
⑦ 严复：《与汪康年书十三封》。参见王栻：《严复集（三）》，中华书局 1986 年版，第 505 页。
⑧ 严复：《与张元济书（十三）》。参见王栻：《严复集（三）》，中华书局 1986 年版，第 546 页。
⑨ 严复：《与张元济书（十四）》。参见王栻：《严复集（三）》，中华书局 1986 年版，第 551 页。

的《与〈外交报〉主人书》:“自大报风行,其裨益于讲外交者甚巨。曩所惠寄初二三编,体例修絜,裁审群言,多合于原序‘文明排外’之旨。”[①]“与其言排外,诚莫若相勖于文明。果文明乎,虽不言排外,必有以自全于物竞之际;而意主排外,求文明之术,傅以行之,将排外不能,而终为文明之大梗。二者终始先后之间,其为分甚微,而效验相绝,不可不衡量审处以出之也。不敢以空虚无据之辞进,请即大报所论列者,相与扬榷辨晰之可乎?”[②]严复针对义和团运动所谓“扶清灭洋”口号及《外交报》倡导的“文明排外论”的舆论导向,予以批判。同时,严复与《大公报》的创始人英敛之交谊甚厚。1902年6月17日,《大公报》在天津创刊,严复在《大公报》加入了一千元的股。[③] 1902年6月24日,英敛之收到严复的“洋洋数千言”的《主客评议》。严复致英敛之信中称:“《大公报》馆开,谨草《主客评议》四千余言,于此冀以通新旧两家之邮,亦以改旧日之党祸。此固日下最切要之问题也。”[④]6月26日至28日《大公报》予以连载。此外,严复颇关注报刊舆论。他对1910年11月2日汪康年在北京创办的《刍言报》亦较为关注。1911年7月30日,严复致汪康年的信称:“前期《刍言报》除记载教育会日表外,无他议论,想天气炎煸,贤者稍为精力消停;顾外议必以此为弩末,或竟废不购阅。北方诸报章,惟此稍有救正之能,故私心常以失坠为虞,顾有以勉就盛业也。”[⑤]严复对汪康年主持的《刍言报》言论立场予以较好的评价。

严复对近代报刊有关翻译事宜颇重视,“津门之译局报馆,以陈太守之久于官,遂有处处官做之意,如集官股奏设分派州县阅看诸节,皆复中心所未安者也”[⑥]。1901年10月13日,严复致张元济信,称:“一昨见津报,言南洋公学译书局,丞堂以沈、费两公董其事,不知是否讹传;沈、费所为,岂能出阁下右耶?吾不知丞堂之旨也。”[⑦]“近来有一种人,开口动言民智,于是学堂、报馆、译书,三者日闻于耳。”[⑧]“外国最恶龙[垄]断,而独于著书之版权、成器之专利,持之甚谨;非不知其私也,不如

① 严复:《与〈外交报〉主人书》。参见王栻:《严复集(三)》,中华书局1986年版,第557页。
② 严复:《与〈外交报〉主人书》。参见王栻:《严复集(三)》,中华书局1986年版,第558页。
③ 王芸生,曹谷冰:《英敛之时期的〈大公报〉》,文史资料选辑第9辑。
④ 孙应祥,皮后锋:《〈严复集〉补编》,福建人民出版社2004年版,第272页。
⑤ 严复:《与汪康年书·十一》。参见王栻:《严复集(三)》,中华书局1986年版,第512页。
⑥ 严复:《与张元济书(九)》。参见王栻:《严复集(三)》,中华书局1986年版,第540—541页。
⑦ 严复:《与张元济书(十二)》。参见王栻:《严复集(三)》,中华书局1986年版,第545页。
⑧ 严复:《与张元济书(十二)》。参见王栻:《严复集(三)》,中华书局1986年版,第545页。

是，则无以奖劝能者，而其国之所失必滋多。”[①]可见严复从开民智层面探究学堂、译书、报馆的社会功用。应该说，这三种事情都是严复一生从事的职业，也是严复养家活口的基本手段。就报馆而论，严复既参与发起创办《国闻报》，在名利是非场中又善于观察时势，把握舆论导向。

严复一生从事的重要实业要算任职开平矿务局。严复致力于开平煤矿所涉中方利益入其对舆论的引导。早在 1901 年 5 月 9 日，严复致书汪康年，称："兹有告启千余言，可否求于《中外日报》中留数方寸之纸为之地乎？此亦与外国力争利权之大事也。弟自到津以来，凡百叨芘，惟山河举目，满市夷骑，令人邑邑耳。京津两处，皆有人拟鸠股本，开设绝大报馆，挽弟为之著述家。独是朝廷虽累有新政之诏，然观其行政用人，似与所言尚非相应者。既开报馆，原与庶人不议之例不符，与其不议，不如勿开；开而议之，窃恐方今之日，尚不能言者无罪也。”[②]

1901 年 6 月中下旬，严复致信张元济，称："与此言开平，岂止言一开平已哉。此主权既失之后，万事所以不可一为也，又何怪往者刚赵之徒之痛恶此等事乎？彼欲绝之而不知所以绝之者，此所以降而加厉耳。呜呼，亦足悲尔！挚甫书又极为廉惠卿报馆说合，又托秋樵劝驾，知两贤皆复至交，意在必欲得当。复言报论取直，动触忌讳，恐阻挠不终。渠则云，此后报馆不致仍前阻挠；亦嫌南中诸报客气嚣嚣，于宫廷枢府肆门谩骂，此非本朝臣民之所宜出，果见地不谬，立言不妨和婉，在笔端深浅耳；若无微妙之笔，则不涉议论，但采外报译传，似亦其次。廉意欲复于主笔之外，更为要删英美宝书译之，用以维持报馆；辇人材所萃，且出政之地，劝复勿以财利计较出入，而有以领袖提挈云云。”[③]可见，严复任职开平矿务时，友人夏曾佑曾劝其就职报馆，严复发表对报刊言论之看法，言论颇为精当。

1903 年 4 月 16 日至 18 日，严复在《大公报》发表文章，称："阅上海《中外日报》三月初一日所论，张燕谋侍郎复奏开平矿务一节，徒为肆口诋谟，而于办事者功过是非，如不识痒痛者从旁说针砭。此诚中国报章之通病，以较西国报论，不啻霄壤之分，以是之故。虽年来报馆之设，南北如林，于民智国是徒益纷淆，初无毫末裨补。尝窃思其故：一则以道德心程度之不高，不知报馆为人耳目。”[④]可见，严复认

① 严复：《与张元济书（十二）》。参见王栻：《严复集（三）》，中华书局 1986 年版，第 545 页。

② 严复：《与汪康年书（八）》。参见王栻：《严复集（三）》，中华书局 1986 年版，第 509—510 页。

③ 严复：《与张元济书（十）》。参见王栻：《严复集（三）》，中华书局 1986 年版，第 541—542 页。

④ 严复：《论〈中外日报〉论开平矿事书》参见孙应祥，皮后锋：《〈严复集〉补编》，福建人民出版社 2004 年版，第 13 页。

为报馆犹如人之耳目。1904年2月8日,严复在其给熊季廉的信中称:"开平局事为不知者所诟厉。本初伺隙抵峨,内与善化相怨,以倾通州。幸今事稍明白,无所谓不测者。报纸所登,大率皆党袁者扇其焰耳,非事实也。"[①]为开平煤矿中英纠葛事,袁世凯等上书弹劾张翼。严复认为报纸有明显的利益偏见。此时严复为张翼所聘用。在严复看来,《中外日报》之所以出现这些问题,原因有三:"一则以道德心程度之不高,不知报馆为人耳目,立言有体,将为通国别白是非,非于其人有所愤好。二则以学识浅陋,于所论事势全然隔膜,虽辩口悬河,其于阅报者犹以盲谕盲,益增迷惘。三则言为私利,受人指嗾,其植所欲植也耸之九天,其倾所欲倾也抑之九地。"[②]严复所谓"报馆为人耳目,立言有体",基本包含耳目喉舌论。在严复看来,"坐此三端,遂使年来小人道长,君子道清[消]。每见朝贵要人所经报馆特骂、屡骂,不一骂者,其人类多方正长厚,不屑或不解招呼报馆之人。至于真实巧言奸人,其于报馆固已早为布置,或以金赀,或加钳制,或讲交情,必使之不得直言而后已。诸公试于旦气未亡时纳手扪心,便知下走此言为诬为实。"[③]严复还对言论自由与报人道德自律的关系进行论述,称:"噫!公等日说言论自由,辄忿忿于其物之不可得。然须知自由之亡,缘于外加之压力者寡,而起于自营之私意者多。私意大行,虽去其压力,吾未见其民之果能自由而不终至于偾败也!"[④]严复对言论出版自由的评述及其在近代新闻史上达到的高度,由此可见一斑。

严复平时对报刊言论颇重视[⑤],尤其是外报刊中发表的西方言论,因其身在国内,严复有时言论上有所顾忌。严复也用英文发表文章,常另有他意。严复对报刊

---

① 严复:《与熊季廉书(十九)》参见孙应祥,皮后锋:《〈严复集〉补编》,福建人民出版社2004年版,第245页。

② 严复:《论〈中外日报〉论开平矿事书》参见孙应祥,皮后锋:《〈严复集〉补编》,福建人民出版社2004年版,第13页。

③ 严复:《论〈中外日报〉论开平矿事书》参见孙应祥,皮后锋:《〈严复集〉补编》,福建人民出版社2004年版,第13页。

④ 严复:《论〈中外日报〉论开平矿事书》参见孙应祥,皮后锋:《〈严复集〉补编》,福建人民出版社2004年版,第13页。

⑤ 1909年2月18日,严复日记:"读《神州日报》论说,所与《时报》互讦者,计十四日。"[王栻:《严复集(五)》,中华书局1986年1月第1版,第1488页。]辛亥革命中,11月12日严复日记:"报言江宁恶战","报言武昌内讧。"[王栻:《严复集(五)》,中华书局1986年1月第1版,第1512页。]严复还自费订阅一些中英文报刊。严复手书账册有1915年阳历八月初一日(六月十日星期)"付洋文京津报十五元"。[王庆成:《严复合集》(5),财团法人辜公亮文教基金会,1998年9月版,第191页。]严复手书账册民国五年一至六月收支账目有(民国)五年二月十二号"付京津时报二十五元"。[王庆成:《严复合集》(5),财团法人辜公亮文教基金会,1998年9月版,第200页。]

舆论颇为关注，诸如严复就任安庆高等学堂监督时，用其同乡周献琛为斋务长，后学堂发生倒周风潮，事态恶化。1907 年 6 月，严复致沈曾植书称："闻逐周之顷，先有讨监督之檄文，后则上海《南方》《神州》各报日日有毁誉监督之论说，皆由皖寄去。"[①]严复对报刊舆论诽谤深恶痛绝。此外，严复对于维护清廷统治的洋务派人士有所评点。

在洋务运动宣告破产之后，亦有部分人士转变成维新派。其中陈炽自洋务派转变而成维新派人士后，他对维新运动发挥了巨大的推动作用。同时，其对于报刊功能的认知，也较为深刻。

(五)早期维新派人物陈炽的报学思想

在内忧外患的压力下，早期维新派在"求通"同时，注意"开民智"。1893 年前后，陈炽作《庸言》。1896 年，宋育仁为《庸言》作序，称陈炽"探综古今中外全局，发愤著《庸书》内外百篇"[②]。陈炽在《庸言·报馆》(外篇卷上)中有专篇论及报馆，称："古人于是有谏鼓谤木之制，有采风问俗之官；惟恐下情不得上闻，上泽不能下究。"[③]相比较而言，"泰西报馆之设，其国初亦禁之，后见其公是公非，实足达君民之隔阂，遂听其开设，以广见闻"[④]。陈炽仍将报馆定义为统治者与被统治者间沟通的渠道。陈炽亦认为报馆对国家的政令、司法皆有帮助。因报馆存在，"耳目所经聪明益浚"，陈炽认为报馆有拓展人的阅听的"耳目"功能，其强调报馆的"耳目"功能对"四民之智识宏开"颇有帮助。正因为报馆在视听领域颇有作为，"万里之形声不隔，高掌远跖"[⑤]。报馆要做到此，须有好的"主笔"，"主笔者公明谅直，三年无过，地方官吏据实保荐，予以出身，其或颠倒是非，不知自爱，亦宜檄令易人"[⑥]。陈炽主张官吏对于主笔的"公明谅直"这一道德品质和个人素质修养要求，在一定时限予以考察，并据此赏罚。陈炽这一主张表明，早期维新派对报人、主笔要求由自律走向他律。

1895 年，陈炽在其著作《续富国策》中提及，作书的目的在于"救中国之贫

---

① 严复：《与沈曾植书》。参见王栻：《严复集(三)》，中华书局 1986 年版，第 590 页。
② 赵树贵，曾丽雅：《陈炽集》，中华书局 1997 年版，第 3 页。
③ 赵树贵，曾丽雅：《陈炽集》，中华书局 1997 年版，第 105 页。
④ 赵树贵，曾丽雅：《陈炽集》，中华书局 1997 年版，第 106 页。
⑤ 赵树贵，曾丽雅：《陈炽集》，中华书局 1997 年版，第 147 页。
⑥ 赵树贵，曾丽雅：《陈炽集》，中华书局 1997 年版，第 106 页。

弱"[①]。在该书卷四《畅行日报说》中,陈炽探讨了日报的四大功能:其一是日报与商务的关系,"游历之使,所以辟商途也,一地图一日记,各报争先快睹,举国风行,心力目光毕注于是,前者死,后者继,虽千艰万苦,无一还心,天下有不可成之事哉?"[②]其二是"条约之章,所以保商务也。约章登报,愚智瞭然,何者照约,何者违约,何者为约中之利,何者为约外之意,销何货,遵何道,工制之,商运之,亿中先知,寻声赴响,天下有不可收之利哉?"[③]其三是"天下通商各埠,市情之长落,物价之低昂,五金百货之多寡利钝,或函或电,入之报中,操奇计赢,若辨黑白,以明者敌瞽者,天下有不可估之便宜哉!"[④]陈炽从经商、商务、商埠等求富活动中的报刊之功用层面,探讨日报刊行的必要性。最后陈炽还从学问创新的层面探究日报之功,"探一新地也,得一新法也,成一新器也,制一新物也,著一新书也,不过潜德幽光,孤芳自赏耳。一登报而心得之精微流传四海,彼此互相印证,聪明智力,日进无疆,天下有不可通之学问哉?"[⑤]在陈炽看来,"此其大略也。日报之有益于国计民生者,更仆而难以悉数"[⑥]。陈炽称:"泰西各国之兴,仅百年耳。其内治外交,何遽能若是之严肃清明?君民一体也。……其虽所以致此之由,则始于日报而成于议院。议院之制,各国不同。若日报,则万国风行,均视为宣上德、达下情、察地形、开民智、尽物理第一事。"[⑦]可见此时的陈炽,仍从君民关系考察报刊在"宣上德、达下情"中所起的作用;同时,陈炽也看到了报刊在开发民智中的作用。在陈炽看来,通过中外报刊,"各国之情伪,可以参稽互证,而耳目渐开;各埠之工商,可以弃短取长,而聪明渐浚"[⑧]。陈炽从寻求富强的路径方面,探讨报刊的耳目功能及开民智的传播效果,强调"中国国故朝章,庶人不议,然既欲振兴商务,何妨准各省分立商报,以开耳目而收利权"[⑨]。

大体上看来,陈炽报学思想除与其游学四方密切相关外,亦与其常研习西学密

① 赵树贵,曾丽雅:《陈炽集》,中华书局 1997 年版,第 268 页。
② 赵树贵,曾丽雅:《陈炽集》,中华书局 1997 年版,第 268 页。
③ 赵树贵,曾丽雅:《陈炽集》,中华书局 1997 年版,第 268 页。
④ 赵树贵,曾丽雅:《陈炽集》,中华书局 1997 年版,第 268—269 页。
⑤ 赵树贵,曾丽雅:《陈炽集》,中华书局 1997 年版,第 269 页。
⑥ 赵树贵,曾丽雅:《陈炽集》,中华书局 1997 年版,第 269 页。
⑦ 赵树贵,曾丽雅:《陈炽集》,中华书局 1997 年版,第 268 页。
⑧ 赵树贵,曾丽雅:《陈炽集》,中华书局 1997 年版,第 269 页。
⑨ 赵树贵,曾丽雅:《陈炽集》,中华书局 1997 年版,第 269—270 页。

切相关。1896年，陈炽为传教士李提摩太草拟《新政策》[1]（光绪二十一年九月二十五日），陈炽在文中称："窃考中西各国治国之法，中国有纲领也，皆应亟行改革者。一曰教民之法；二曰养民之法；三曰安民之法；四曰新民之法。"[2]其中"教民之法"指的是想要在中西交涉的近代社会语境中"欲通上下"，首先要立报馆，而设置报馆的重要目的就是寻求富强之道，"欲强国，必须富民；欲富民，必须变法。中国苟行新政，可以立致富强，而欲使中国官民皆知新政之益，非广行日报不为功，非得通达时务之人，主持报事以开耳目，则行之者一，泥之者百矣。其何以速济？则报馆其首务也"[3]，这表明陈炽已经意识到报纸将会对全民就支持和认可新政形成共识起到关键作用。在《新政策》中，陈炽认为"报馆、译书、书院、科目四者，皆由学部总览其成"[4]，而养民之法有十种，其十就是"刻报单"："泰西各国，君臣上下，每行一政，举一事，事前事后，规条账目，均有报单列之通衢，登诸日报。谋皆预定，故办理无游移；事可周知，故内外绝欺蔽耳目。"[5]所谓新民之法中第六种办法即是"阅日报"："中国报馆主笔人，无一洞达泰西之大事奥理者，主笔人既不洞达，阅报者安能洞达乎？"[6]针对此，陈炽认为："国家日报，关系安危，应请德人某某，美人某某总之，此二人名望甚高，才德俱备，可与中国大臣合办。"[7]陈炽不但是早期维新派代表人物，而且参与了康梁等倡导的维新变法，亦是戊戌变法中的重要人物。他对报刊舆论极为重视，积极帮助梁启超、汪康年等推广《时务报》。

## 三、维新运动中不同派系的报刊主张与利益属性之争

与康有为、梁启超、严复、谭嗣同等维新变法主要推动者相仿，洋务派代表人物张之洞及以翁同龢为代表的政治势力，认识到了报刊在社会变迁及国家自强中所能发挥的重要作用。这些人亦参与具体的报刊创办活动，但其中始终存有反对的声音。

---

① 这一点学界有争议，赵树贵、曾雅丽编《陈炽集》第373页附录《新政策》的注脚，称："《万国公报》所刊《新政策》，尚有《自叙》千余字，与麦仲华辑之《皇朝经世文新编》所刊，出入较大，且疑非陈炽起草，今略去。据内容判断，此文绝非陈炽起草，很有可能为笔述而已。"张登德在其出版的博士学位论文《寻求近代富国之道的思想先驱——陈炽研究》（齐鲁书社2005年版）第81页称："如果将《新政策》与陈炽的著述相对照，不难发现其中有诸多相似之处。"

② 赵树贵，曾丽雅：《陈炽集》，中华书局1997年版，第373页。

③ 赵树贵，曾丽雅：《陈炽集》，中华书局1997年版，第374页。

④ 赵树贵，曾丽雅：《陈炽集》，中华书局1997年版，第374页。

⑤ 赵树贵，曾丽雅：《陈炽集》，中华书局1997年版，第376页。

⑥ 赵树贵，曾丽雅：《陈炽集》，中华书局1997年版，第379页。

⑦ 赵树贵，曾丽雅：《陈炽集》，中华书局1997年版，第370页。

光绪十六年(1890年),汪康年"年三十一岁,会试报罢,应两湖总督张孝达尚书(之洞)之招,课其孙刚孙、道孙兄弟。旋在自强书院任编辑事,又充任两湖书院史学斋分教。一时名流之在张尚书幕中及官于武昌者,先生皆与纳交"①。汪康年应张之洞之招为其孙辈弟兄授课,自此入张之洞幕府,而后光绪十八年(1892年),汪康年入京应会试。其时,常熟翁书平尚书(同龢)担任其总裁,与其一同参加考试的还有叶德辉、张元济、熊希龄、汤寿潜等人。1895年甲午战败,"吾国自甲午一战败日本后,洞明时事之流,已佥知非变法不足以图存,非将教育、政治,一切经国家、治人民之大经大法改弦易辙,不足以言变法。顾尚未有起而昌言者,先生乃有创设中国公会之议,期于联合同志,公同研究,草拟章程,先生在湖北与诸同人商议,又特至上海与诸名流集议"②。可见甲午战败后的汪康年,即在湖北提议成立公会以倡议变法,并撰写公会章程。后邹代钧致信汪康年,称:"今欲合诸西学为会,而先树一学会之的,甚不容易。若能先译西报,以立根基,渐广置书籍,劝人分门用功,互相切磋,以报馆为名,而寓学会于其中较妥。沪上英才甚多,祈博采而熟商之。"③邹代钧提议相较于创立公会,不如先行设立报馆以翻译西方报刊所载内容,其后公会虽最终未得以成立,但仍可见甲午战败后的邹代钧、汪康年等已认识到非变法不可救国。

光绪二十二年(1896年)七月初一,《时务报》在上海创办,"时新会梁卓如君方在京师,先生乃招之至馆,以撰述属之,而以筹款事自任"④。梁启超自北京回信数封,第一封写道:"兄在沪能创报馆,甚善,此吾兄数年之志,而中国一线之路,特天之所废,恐未必能有成也。若能成之,弟当惟命所遵。"⑤第三封写道:"此间亦欲开学会,颇有应者,然其数甚微,度欲开会非由报馆不可。报馆之议论已浸渍于人心,则风气之成不远矣。"⑥可见梁启超对于报馆在开风气方面所能发挥的作用寄予厚望。其后,《时务报》成为维新派在上海的舆论阵地,借以宣传维新思想。然而已入张之洞幕府的汪康年,同承袭了康有为变法维新思想的梁启超,背后所属的乃是两种思想。

① 汪康年著,王林茂编校:《汪康年文集》(全二册),浙江古籍出版社2011年版,第687页。
② 汪康年著,王林茂编校:《汪康年文集》(全二册),浙江古籍出版社2011年版,第691页。
③ 汪康年著,王林茂编校:《汪康年文集》(全二册),浙江古籍出版社2011年版,第692页。
④ 汪康年著,王林茂编校:《汪康年文集》(全二册),浙江古籍出版社2011年版,第697页。
⑤ 汪康年著,王林茂编校:《汪康年文集》(全二册),浙江古籍出版社2011年版,第698页。
⑥ 汪康年著,王林茂编校:《汪康年文集》(全二册),浙江古籍出版社2011年版,第698页。

甲午战败宣告了洋务运动的破产，但洋务派思想仍有所传承，且未能及时转变为维新立宪的思想，故这些人虽在维新运动的过程中有所接受变法维新的思想，为维护清廷统治而对维新变法运动有所推进，但思想仍较为保守，与维新派代表人物康有为、梁启超、谭嗣同等较为激进的维新思想仍有所不同，此种宣传思想及政治之争最先显示在有关《时务报》的运行方面。“《时务报》初开时，先生为总理，梁卓如君为主笔，其后梁君事繁，不能按期撰文，乃延顺德麦孺博君（孟华）为辅佐。其后则三水徐君勉君（勤）继之，归善欧云樵君（榘甲）又继之。先时亦尝延余杭章太炎君（炳麟），后以与梁君意见不合，遂自行告退。英文报译员先为桐乡张少堂君（坤德），后张君改就担文律师之聘，不能兼顾，乃改延吴县李一琴君（维格）专任英文报译事。未几，李君应湖南时务学堂之聘，与梁君同时去馆。”[①]可见章太炎因与梁启超意见不合而离开《时务报》，其后梁启超亦离开了《时务报》。光绪二十二年（1896 年）八月十一日出版的《时务报》第五册，登载梁启超《变法通议》三之一《总论》，“论学校”一文有言“金陵自强军所聘西人，半属彼中兵役，而攘我员弁之厚薪”。对此，达县吴铁樵去信汪康年说：“南皮阅第五册报，有讥南京自强军语，及称满洲为彼族，颇不怿。此层却是卓如君大意处，樵知必力阻之。”[②]其中“南皮”即为张之洞，吴铁樵此信表明张之洞对于《时务报》所载梁启超之言的不满，同时吴铁樵劝告汪康年“吾辈议论，当思非其时、非其人不可发也，此时、此人当受之以渐，声闻不可以菩萨行告之，况佛法耶！以后此种吹求，恐天下发之者尚多，我辈羽翼未丰，断不宜犯此大阵。倘樵在申，必力阻之。卓论诚快刀砍阵，而此间议之者亦不少。”[③]以此警戒汪康年不可登载言论过激之文章，应当循序渐进地宣传。是年八月初四日，钱塘江伯唐去信汪康年：“奉劝诸公不必作无谓之讥评，于一切犯忌之事，尤望检点。”[④]长乐高梦旦先生去信汪康年：“贵报《民权》一篇，及翻译美总统出身欧洲党人、提倡民主各事，用意至为深邃。惟风气初开，民智未出，且中国以愚黔首为常，一旦骤闻此事，或生忌惮之心，而守旧之徒，更得所借口，以惑上听。大之将强遏民权，束缚驰骤而不敢稍纵，小之亦足为报馆之累。鄙意此等事可以暂缓论议，出之以渐，庶不至倾骇天下之耳目也。”[⑤]而后高梦旦再次去信汪康年，说明自

① 汪康年著，王林茂编校：《汪康年文集》（全二册），浙江古籍出版社 2011 年版，第 698 页。
② 汪康年著，王林茂编校：《汪康年文集》（全二册），浙江古籍出版社 2011 年版，第 702 页。
③ 汪康年著，王林茂编校：《汪康年文集》（全二册），浙江古籍出版社 2011 年版，第 702 页。
④ 汪康年著，王林茂编校：《汪康年文集》（全二册），浙江古籍出版社 2011 年版，第 702 页。
⑤ 汪康年著，王林茂编校：《汪康年文集》（全二册），浙江古籍出版社 2011 年版，第 703 页。

己对《时务报》登载严复的《辟韩》一文的看法:“所论君臣一节,尤不宜说破。变法之事,久为人所不喜。内有顾瑗、杨崇伊,外有李秉衡、谭钟麟,皆以排斥异学为己任。君臣可废之语,既为人上所不乐闻,则守旧之徒,将持此以谮于上,不独报馆大受其害,即一切自新之机,且由此而窒。”[①]可见其不敢直言废除封建制度,害怕守旧派之打压,倡导“暂缓论议”。光绪二十三年(1897 年)三月十一日,《时务报》登载《辟韩》一文,距离《时务报》创刊仅八个月又十一天,朝中诸臣即写信给汪康年,指责《时务报》刊载文章言语过激。此后汪康年主持《时务报》言语趋于平缓,同梁启超等维新派激进人士所主张变法不同。故此后梁启超离开《时务报》另开维新运动之舆论宣传言路。但梁启超离开之后的《时务报》,同康有为、梁启超等宣传变法的思想路径终究不同,两派之论争日渐凸显。

1898 年 3 月 15 日,汪康年在上海创办《时务日报》,并在《论设立时务日报宗旨》中指出:“日报之制,仿于中国之邸报,而后盛行于泰西,又大变其制,能通消息,联气类,宣上德,达下情,内之情形暴于外,外之情形告之内。在事者得诉艰苦于人,僻处之士,不出户庭而知全球之事,顾其利或全、或偏、或有利不能无弊,然要之利胜于弊,于撤壅弊、辟顽固,力甚大而效甚捷。譬之隆冬始春,百草枯柄,蛰虫咸俯,震雷一击,而蛰者起,枯者茁。两国交妥,战事懈怠,鼓声一振,而士皆奋发,悉力致死。然则,处今之世,而欲使吾壅蔽顽痼之俗,一变而洞澈,而愤厉,惟日报宜也。”[②]可以看出汪康年对于报纸能够“宣上德,达下情,内之情形暴于外,外之情形告之内”等一系列上传下达功能的重视,同时可见汪康年对于创办日报之追求,然而同年 7 月 17 日,康有为、梁启超等趁受光绪帝召见时拟写奏折,请求将《时务报》改为官办,并由宋伯鲁上呈,其后光绪帝发布谕旨:“御史宋伯鲁请将上海《时务报》改为官报一折,着管理大学堂大臣孙家鼐酌核妥议,奏明办理。”[③]而后,《时务报》被收归官办。6 月 24 日,梁启超撰写《创办时务报原委》一文,登载于 1898 年 8 月 11 日出版的《知新报》“上谕恭录”后的位置,言及在办理《时务报》时汪康年同康有为及自己之争,“康先生之待穰卿,自启超观之,可谓得朋友之道矣,乙未办强学会,屡致函电请其来沪接办,是久以同志可信之人待之也,此次奉旨办理《时务报》后,即致一电函与穰卿,请其仍旧办理,己不过遥领而已。康先生之于穰卿,可谓尽道

① 汪康年著,王林茂编校:《汪康年文集》(全二册),浙江古籍出版社 2011 年版,第 703 页。
② 汪康年著,王林茂编校:《汪康年文集》(全二册),浙江古籍出版社 2011 年版,第 48－49 页。
③ 茅海建:《戊戌变法史事考初集》,生活·读书·新知三联书店 2012 年版,第 169 页。

矣，而穰卿既无复电，又无回信，既不肯仍旧同办，又不肯交出私众人所捐之金焉，已产私众人所出之力为己功，不顾交情显抗圣旨，吾不解其何心也。”[①]梁启超称汪康年对于下令将《时务报》收归官办，“既不肯仍旧同办，又不肯交出私众人所捐之金焉，已产私众人所出之力为己功，不顾交情显抗圣旨”。其后，汪康年撰写《创办时务报原委记书后》，对梁启超所撰的《创办时务报原委》作回应：“康与卓如订交于庚寅年，两人交若兄弟。自开报馆以后，尤觉亲密。但以学术不同，加以构间，致渐乖异。此记所言是非得失，尚待公论，康年既不欲毛举细故以滋笔舌之烦，尤不敢力争大端以酿朋党之祸，盖恐贻外人之诮，兼惧寒来者之心……又此记中节外生枝，离题殊远，其所言皆与从前实在之情形、卓如历来之信札诸多不符。”[②]汪康年指责梁启超“既无复电，又无回信”做出回应：“姑以近事言之，康年六月十三日即电致康工部，云：电悉，公办报甚善，乞速来。”十九日又发一电云：“《时务报》奉旨归官，康不敢擅拟，请公速来。二十二日接康工部信后，当时即发一回信去，备陈一切。卓如在京，断无不知之理，何以告白中竟有‘既无回电，又无回信’之语？则此告白是否出卓如之手，尚不可知，是以暂置诸不辩之列，庶于我两人平日相待之交情，相许之志愿，不致乖违。”[③]可见康有为、梁启超同汪康年之间的矛盾已达能公之于众的程度。之后，8 月 17 日，因《时务报》改为官办，则“《时务报》名目，自非草野所敢擅用刻印”。同时，汪康年应光绪帝六月初八日所发“广开言路，据实昌言”的谕令，后将其所创办的报纸命名为《昌言报》，“康年于获见电传上谕后，遵即暂行停办《时务报》，一面电催康主政速行来沪，候其主持，以明不敢擅专之意。又读谕旨，令民间广开报馆以开风气，康年穷思时务报馆原有之款，本系公共纠集，以为办报之用，故即续办《昌言报》，上副圣天子广开言路之盛心，下答捐款诸人集资委托之重任。商款仍归商办，此则康年另办《昌言报》之缘由也。”[④]同时“延请番禺梁节庵先生鼎芬为总董，一切体例，均与从前《时务报》一律。翻译诸人，亦仍其旧”[⑤]。可见，汪康年在言论思想上较为保守，不似康有为、梁启超等激进。

叶德辉曾与汪康年同期进京应试，其在维新运动期间属于保守派人士，坚决维护君主专制，反对维新变法运动，并极力抨击康梁派变法思想。1898 年 8 月，叶德

① 梁启超：《创办时务报原委》《知新报》，1898 年 8 月 11 号，第 3－6 页。
② 汪康年著，王林茂编校：《汪康年文集》（全二册），浙江古籍出版社 2011 年版，第 64 页。
③ 汪康年著，王林茂编校：《汪康年文集》（全二册），浙江古籍出版社 2011 年版，第 64 页。
④ 汪康年著，王林茂编校：《汪康年文集》（全二册），浙江古籍出版社 2011 年版，第 65－66 页。
⑤ 汪康年著，王林茂编校：《汪康年文集》（全二册），浙江古籍出版社 2011 年版，第 66 页。

辉在其所编著的《翼教丛编》中，收集攻击维新派的相关文章，其在序言中有载："甲午以来，外患日逼，皇上虑下情之壅阏，愍时艰之弗拯，博求通达时务之士，言禁稍弛，英奇奋兴。而倾险淫波之徒，杂附其间，邪说横溢，人心浮动。其祸实肇于南海康有为。康为人不足道，其学则足以惑世。招纳门徒，潜相煽诱。自黄公度为湖南盐法道，言于大吏，聘康之弟子梁启超主讲时务学堂，张其师说。一时衣冠之伦，罔顾名义，奉为教宗。其言以康之《新学伪经考》《孔子改制考》为主，而平等民权、孔子纪年诸谬说辅之。伪六籍，灭圣经也；托改制，乱成宪也；倡平等，堕纲常也；伸民权，无君上也。孔子纪年，欲人不知有本朝也。其谲悖无待辩，而罪状视刘、蔡万焉。徒以主张变法，牵傅时务，浅识被其蛊惑，奸邪利其阴谋。康、梁辈方骎骎向用，奥援弥固，连与成朋。许尚书、文侍御既以参劾获罪，而其党且执新旧相争为词，欲以阻扰新政之名，罗织异己。自朝逮野。默不敢言。惟张香涛尚书《劝学篇》、王幹臣吏部《实学报》辞而辟之，未加显斥。"[①]可见叶德辉对于康有为、梁启超等不满，认为"康为人不足道，其学则足以惑世"。叶德辉同时指出处于混乱之际的清廷，对于康有为、梁启超等宣扬的变法思想竟无人敢言，只有张之洞及王幹臣作文对其进行了些许言辞，但亦未有较为明显的斥责之意，可见其时变法图存的思想已成为救亡图存的主流，甚少有人敢直述驳斥。

知识分子作为社会中间阶层，对下联系基层民众，对上联系上层社会，对社会变革及社会发展起着较为明显的推动作用。处在文化转型中的近代知识分子，通过报刊政论来表达本阶层对救亡图存历史使命的看法，从而使传统知识分子价值取向"立身、立德、立言"的表达与近代报刊相联系。

总之，鸦片战争以后，中国人如何看待时下病态的本土社会，亦可分为两个层次：其一，是到过西方或从文献等传播媒体中，对西方社会发展大势比较清楚的中国人，如何看待自身赖以生存的社会出现的疾症；其二，是昧于世界大势但又熟悉现实国情的中国人，如何看待本社会的病根。第二种类型的中国人若能熟悉历史，往往能有意识或不自觉地将中国近代与古代进行纵向比较，也能看出一些问题。

近代报刊兴衰与传统士人的近代文化转型密切相关，研究近代文化转向中的"意见领袖"的传播实践及传播思想，也是学术发展的内在逻辑。报刊的实务离不开办报者等近代意义上知识分子的思想理念。早期对华宗教性期刊，往往将西方

---

① 沈云龙主编，叶德辉编：《近代中国史料丛刊第65辑翼教丛编》，文海出版社1973年版，第12页。

宗教中"神理"与中国孔子等儒家官方哲学结合在一起，又将科学与神学杂糅，而自从严复等从西方引进生物进化论及社会有机体论后，受进化论影响，梁启超等关于报刊的耳目喉舌论的认知，开始带有社会有机体色彩，这是西方报刊理论本土化过程中的侧面。就媒介而言，近代救亡图存的历史使命，是传播者政治言论的出发点及归宿，无论是王韬等代表的早期维新派，抑或是梁启超、严复等为代表的维新派皆是如此，在救亡图存的压力下，他们皆在寻求富强的框架内，探求如何利用报刊进行政治舆论动员。

总体而言，戊戌变法前后，中国知识分子主导的第一次办报高潮中涌现了诸多舆论骄子，梁启超、谭嗣同、严复等无疑扮演了意见领袖的角色。他们的传播实践及其传播思想与清末政治改良的社会语境密切相关。清末维新舆论动员表现为政治家有精英意识及基层民众集体无意识的盲从。精英与民众的差异，导致晚清维新舆论建构多在精英圈内进行，民众依旧生活在农耕文明蕴含的宗法世界，而精英知识分子利用报刊，不断塑造维新变法的合法性或非法性，此种合法性或非法性又涉及列强在华利益重新分配。近代维新舆论建构或解构的冲突，实际上亦可理解为政治精英与报刊依托的列强间的利益冲突。政治家或政客对媒介政治功能的发掘愈发深入，愈发加剧了列强瓜分中国狂潮的激烈程度。

# 第三编

# 清末民初传媒格局变迁与革命舆论的媒介建构(1898—1915)

第六章

# 清末新政与新式官报体系构建及民间报刊的政治趋向

1901年1月29日，八国联军炮火下仓皇逃出北京的慈禧太后以光绪皇帝名义下诏变法，开启了清政府最后十年的“新政”时期。新政是一场清政府自上而下的力图挽救王朝危局的改革运动，其举措涉及面广，“参酌中西政要，举凡朝章国故，吏治民生，学校科举，军政财政”[①]等而有所措置。新政氛围下，清政府改变传统的言禁政策，创办新式官报以争夺舆论主导权，至1907年基本形成中央与地方、综合性与专业性纵横交错的官报体系。国内民间报刊在经历戊戌政变、庚子事变挫折后逐步复苏，《大公报》《外交报》《东方杂志》《申报》《时报》等南北民营大报延续维新舆论，在新政氛围下积极倡导政治改良；与此同时，抵制美货等爱国运动兴起，民间报刊发挥了重要的舆论动员作用。另一方面，主要在港澳、海外的革命派报刊向大陆渗透，尤以1903年《苏报》及“苏报案”影响巨大，昭示着从维新到革命舆论的新陈代谢。

① 故宫博物院明清档案部:《义和团档案史料(下册)》，中华书局1959年版，第915—916页。

## 第一节 清末新政与新式官报体系构建

清末新式官报萌芽于维新运动时期。1895 年,京师官绅文廷式等创设强学书会,次年收归官办,改为官书局。官书局出版《官书局报》及《官书局汇报》,“其形式与京报相似,内容除谕折外,尚有若干关于新事新艺之译文。虽章程中有‘印送各路电报,只选择有用者,照原文抄录,不加议论,凡有关涉时政,臧否人物者,概不登载’之语,然不能不谓其有进步也”①。1898 年百日维新时期,清廷有改《时务报》为《时务官报》之议,后慈禧发动政变,下谕谓“《时务官报》无裨于治,徒惑人心,着即裁撤”②。

新政改革语境下,清政府对新式报刊的政策进行调整,创办新式官报以与民间报刊争夺舆论主导权。1901 年,管学大臣张百熙应诏上书称:“报纸所以寄耳目,东西洋于开化变法之始,无不以此为要图。”③创办新式官报的主旨在应对民间报刊舆论的纷杂局面,“中国通商各埠,由民间自行办理者不下数十种;然成本少而宗旨乱,除略佳之数种外,多不免乱是非而淆视听。又多居租界,挂洋旂,彼挟清议以訾时局,入人深而藏力固,听之不能,阻止不可。惟有由公家自设官报,诚使持论通而记事确,自足以收开通之效,而广闻见之途”④。

### 一、新式官报《北洋官报》创办及行省官报体系

清末新政时期,从中央政府到地方政府所办官报较多,据不完全统计,1902 年至 1911 年至少有 106 种;种类亦较为丰富,有综合性的官报如《湖南官报》(1902 年)、《晋报》(1902 年)等,亦有专业性的商务类官报如《商务官报》(1906 年)、教育类官报如《学部官报》(1906 年)等。其中以袁世凯所办《北洋官报》影响较大。

---

① 戈公振:《中国报学史》,中国新闻出版社 1985 年版,第 38 页。

② 戈公振:《中国报学史》,中国新闻出版社 1985 年版,第 38 页。

③ 《御史张百熙:敬陈大计疏》,璩鑫圭、唐良炎编:《中国近代教育史资料汇编学制演变》,上海教育出版社 2007 年版,第 32—33 页。

④ 《御史张百熙:敬陈大计疏》,璩鑫圭、唐良炎编:《中国近代教育史资料汇编学制演变》,上海教育出版社 2007 年版,第 32—33 页。

（一）袁世凯与《北洋官报》创办

清末新政甫开，袁世凯于1902年创设《北洋官报》，对新政年间新式官报体系形成起到样板示范作用。1894年袁世凯以道员衔驻天津小站编练新军，创建陆军行营兵官学堂，以军事实力在政坛崭露头角。1897年，他任直隶按察使，1900年任山东巡抚，1901年任直隶总督兼北洋大臣，属新政时期体制内倡导社会变革的中坚人物。1902年12月25日，袁世凯主导的《北洋官报》在天津创刊，创刊号上登载《〈北洋官报〉序》，着重从官方政治传播维度论证新式报刊的定位："自三代以前，以封建治天下，下得以周知，其相通也犹易。自秦以后，易封建为郡县，合数千里或万里而统治于一人。守宰令长，不得专制。上下之间，已有难于相通之势矣……及乎世变多故，一切因时为治之法，非小民所习见，则相与惊异而不安，有告以立法之意者，亦或仍顽固而不信。上下岌岌，势不得已，乃取其尤愚梗者以法绳之；于是上下阂阻之弊暴著而大显，而所谓求其志之交通者，乃愈知其不可一日矣。泰西报纸之兴，所以广见闻，开风气，而通上下，为国家之要务。"[①]大体与梁启超等维新派论述报刊通上下之职能类似。

《北洋官报》希望在应对纷杂的民间报刊舆论方面有所作为。《〈北洋官报〉序》称："中外大通以来，中国识时之士，亦稍稍仿西法，立报馆矣，然皆私家之报，非官报。官报尝一设于京师，未久而旋罢。私家之报，识议宏通，足以觉悟愚蒙者，诚亦不少。独其间不无诡激失中之论，及或陷惑愚民，使之莫知所守。然则求其所以交通上下之志，使人人知新政新学为今日立国必不可缓之务，而勿以狃习旧故之见，疑阻上法，固不能无赖于官报也。"[②]可见，《北洋官报》旨在从官方立场上推行"新政新学"。

就官报的体例和内容而言，《〈北洋官报〉章程》称："官报篇首恭录圣谕广训一节，次则恭录谕旨，再次则本省之政治、学务、兵事，旁至时务各学之新理，农工商业之近效，教务洋务之交涉，各国各省之新闻，凡足以惊动国人之心目者，靡不择要登载。"[③]《圣谕广训》是清雍正二年（1724年）编订的官修典籍，为宣扬官方意识形态的政治读物；《北洋官报》篇首录《圣谕广训》可见官报力图将政治仪式传播与新式报刊结合起来。就报馆的业务管理而言，《北洋官报》设"总办一员，总理局务。举

① 《〈北洋官报〉序》。参见张之华：《中国新闻事业史文选》，中国人民大学出版社1999年版，第104页。
② 《〈北洋官报〉序》。参见张之华：《中国新闻事业史文选》，中国人民大学出版社1999年版，第104页。
③ 《北洋官报章程》。参见戈公振：《中国报学史》，中国新闻出版社1985年版，第48页。

凡局内应办之事，以及官报之体例，办事之规则，寄报之章程，报价之数目，统由总办核定，禀明遵办。”[①]总办以下，则根据报纸的具体业务设六股：“分编纂处、翻译处、绘画处、印刷处、文案处、收支处为六股，每股按事务之繁简，定人数之多寡，统由总办延聘之。编纂处，有总纂，有副纂，司撰述 论注 选录 校勘等事；报务是其专责。翻译处，专译东西各国现售之新闻纸及诸杂志诸新书。绘画处，专摹外国新图，以舆图为大宗，旁及名人胜迹，凡足资观感之一名一物，每图必有说以发明之。印刷处，司印刷 盖戳 号码 裁订 题封等事，兼存储图籍画器及一切需用之物料。文案处，司禀启 移咨 公牍各件，并刊发公私告白，掌管卷宗，誊写报册，盖用关防等事。收支处，司发售官报、收回报价、采办物料、发薪俸伙食杂用，及一切出入等款。”[②]编纂、印刷、收支等处涉及报馆经营的流程，而翻译、图画等处则与报纸的栏目设置及刊载内容有关，显示了报馆各司其职的现代经营管理理念。就报刊责任伦理而言，《北洋官报章程》有“条规”一项，规定“不准妄参毁誉，致乱听闻”；“不准收受私函，致挟恩怨”；“所有离经害俗委谈隐事，无关官报宗旨者，一概屏不登录”；“记载各条必其事实有根据，其或偶涉讹误者，应随时声明更正”。[③] 当然《北洋官报》报馆自律是在维持旧有社会秩序及其伦理规范上，达到“他律”的目的。

总体而言，1902 年创办的《北洋官报》为行省官报树立了典范。《北洋官报》总局设在天津，为直隶服务，但其分局设在保定和北京，表明袁世凯办官报的全国意图。《北洋官报》的发行范围，如章程所称：“按期递寄各府厅州县，分送各村长、各学堂阅看。至外省之商埠城镇，亦可推广分售。”[④]《北洋官报》在清末新政中确有开风气之功，正如戈公振称：“《北洋官报》既出，山西踵起。”[⑤]《北洋官报》的巨大影响力，还与其子报支撑有关系。《北洋官报》附带发行《北洋学报》《北洋政学旬报》，1905 年冬还随报刊行白话报，“天津北洋官报局于乙巳冬起，增编白话报，随报分发各州县，不另收价，以为宣讲之资”[⑥]。这些子报也成为全国效法的样板。诸如湖北，“调任鄂督赵次帅，前以鄂省咨议局业已成立，特饬该局创办《宪法学报》，月

① 《北洋官报章程》。参见戈公振：《中国报学史》，中国新闻出版社 1985 年版，第 48 页。

② 《北洋官报章程》。参见戈公振：《中国报学史》，中国新闻出版社 1985 年版，第 48 页。

③ 《北洋官报章程》。参见戈公振：《中国报学史》，中国新闻出版社 1985 年版，第 48—49 页。

④ 《北洋官报章程》。参见戈公振：《中国报学史》，中国新闻出版社 1985 年版，第 48 页。

⑤ 戈公振：《中国报学史》，中国新闻出版社 1985 年版，第 41 页。

⑥ 《各省报界汇志》，1906 年 4 月 18 日《东方杂志》第三卷第三期。参见杨光辉等编：《中国近代报刊史料丛书·中国近代报刊发展概况》，新华出版社 1986 年版，第 87 页。

出三册，全仿《北洋法政学报》办法”[①]。可见《北洋官报》系列对全国影响之大。

(二)《北洋官报》的推广与《南洋官报》创办

《北洋官报》并非新政中开办最早的地方官报。早在1902年4月19日，湖南洋务总局编印《湖南官报》创刊。8月4日，山西省官报《晋报》亦创刊发行。而《晋报》之体例及新闻颇佳，甚至引起上海等地媒体关注。8月28日，上海《中外日报》报道称：“此间近日设有报馆一处，名曰《晋报》，以红纸印刷其第一期，业已发行。该报五日出一期，每年报价三两。除上谕、邸抄、京内及外洋新闻外，尚有新学一门，如耕田新法以及天文、地理、格致等类。第一次新闻颇佳，倘能照此办法，当亦可有用之报也。”不久，商约大臣吕海寰、伍廷芳等奏请广设官报，《晋报》是与《北洋官报》并举的例子。

后来各地官报运作模式主要按《北洋官报》的模式进行。这与《南洋官报》在创办过程中，清廷中枢肯定《北洋官报》样板地位紧密相关。据1903年7月11日《申报》的新闻《官报难行》称：“此间大宪前拟仿照北洋官报章程，创兴南洋官报。江宁藩宪李芗垣方伯札委学务处提调张子虞太守主持笔政。既而太守以未遑兼顾，特举茅广文自代，而以湘人饶明经副之，设馆学务处。左近布置整齐，出报有日矣。不意日前方伯忽谓学务处各员曰：方今邪说横流，迭见于中西各报，不辟其说，殊失创行是报之心，若辩驳频仍，则笔墨之争势必纠缠不已，既滋纷扰，且虞淆惑是非。不如暂时敛手之为愈。各员唯唯诺诺，不敢置一辞。自此官报遂独让北洋专美矣。”[②]《北洋官报》创刊后，江宁地方官绅欲办“南洋官报”，但未获清廷中枢认可而瞻前顾后。

官报推广及《北洋官报》作为官报样板的奠定，与外务部支持密不可分。1903年8月7日(光绪二十九年六月初五日)，办理商约大臣吕海寰、伍廷芳奏请创设官报，谓：“中国上海一隅，日出报纸不为不多，未经官为检察，又无报律以范围之，间译西报亦复转相因袭，罕得要领。近又有《清议》《新民》等报诬民惑世，讹言失实，不可不防其渐。上年政务处奏请汇编政要，尚未刊布，直隶督臣袁世凯等请饬外务部仿照蓝皮书办法，刊发交涉事件，亦尚无成书。近惟北洋及山西省会始有官报刊行，拟请饬下南北洋大臣迅速筹款，分则扩充开办。综其纲要：一恭录谕旨暨发钞

① 《各省报界汇志》，1908年7月23日《东方杂志》第五卷第六期，参见杨光辉等编：《中国近代报刊史料丛书·中国近代报刊发展概况》，新华出版社1986年版，第106页。

② 《官报难行》，《申报》1903年7月11日，第2版。

折件，二各省咨报、公牍、章程，三译报，四论说。月为一册，仍参酌定章，详审义例，由南北洋大臣核定刊行，发交各属一体销售，所在各学堂亦令随时阅看。”[①]吕、伍上书提及《北洋官报》《晋报》的示范作用。

随后，外务部复议肯定《北洋官报》模式：“臣等查东西洋各国所出各报，每经政府核明，始行刊布，其于谤议泄漏，亦皆悬为禁律。中国未有报律，各报传闻之词，既多失实，甚至邪说肆行，大为风俗人心之害。该大臣等奏请推广官报，实为转移整顿之要义……现北洋所刊官报，首列圣谕广训，恭录谕旨，并载奏议、公牍、时政、新闻等类，与该大臣等所拟条例大致相同，且月出一册尤便观览。南洋尚无官报，应令仿照北洋章程妥酌开办，一体发交各属销售，各学堂阅看。南北洋官报如能畅行，各省亦可逐渐推广。并请饬下修订律例大臣，参酌中西，详定报律，庶几体例谨严，议论正当，将来益可推行无弊。”[②]清末政潮中袁世凯与奕劻为伍。奕劻总理外务事，1903年兼军机大臣。奕劻主持下的外务部据吕海寰、伍廷芳奏请，企望南洋仿照北洋设置官报，南北洋官报畅行之后，再带动全国官报风行。

在此背景下，《南洋官报》创办迅速提上日程，至1904年2月16日正式发刊。《南洋官报》在创办之初基本按外务部要求，以《北洋官报》为样板，由《申报》1904年6月20日载《京报汇录》中《两江总督魏为推广官报片》可见一斑：“外务部咨议复商约大臣工部尚书吕海寰、外务部左丞伍廷芳奏酌拟近今要务折内推广官报一条，奏准由南北洋迅速筹款开办等因。当经饬据江宁布政使黄建笎议复，于江宁省城选择公地，设立南洋官报局，仿照《北洋官报》一切章程办理，并委江苏候补知府张预经理其事，以专责成，仍饬该司会同江南盐巡道徐树钧，江官督粮道胡延督率办理在案。查《南洋官报》即于光绪二十九年十二月初二日设局开办，该报所登悉照外务部复奏事办理。首列圣谕广训，恭录谕旨，并载本省外省折奏、公牍、商务要件、农工实业丛稿，选译东西各报时政新闻，务期体例精严，持论正大，庶于地方政治、风俗、学术、人心大有裨益。间有日出报一次，分发各省州县销售，各学堂阅看，以期流通而广见闻……臣覆核无异，除将该局印出官报咨送外务部查照外，理合附片陈明。伏乞圣鉴。谨奏。”[③]可见《南洋官报》基本上是在清廷中枢的督促下创设，以《北洋官报》为样板，自主空间极为有限。

---

① 《外务部遵旨议覆商约大臣奏陈酌拟近今要务折》，《申报》1903年10月31日，第1版、第2版。
② 《外务部遵旨议覆商约大臣奏陈酌拟近今要务折》，《申报》1903年10月31日，第1版、第2版。
③ 《两江总督魏为推广官报片》，《申报》1904年6月20日，第12版。

尽管《南洋官报》创办之初以《北洋官报》为模板，但也根据南方的人文特点而有所变革。正如《南洋官报》第四册所刊"本局广告"称："本报以开通内地风气，振兴农工商业为宗旨，每册之末，必附实学书一两页，其间以格致、化学、算理，能阐发各实业者，尤为上乘，搜采甄译，不惮详尽。四五册后或竟以两三页，为译录实业各书之地。凡一书皆另纸起页，或一页或两页为一种。俾阅者他日能拆订成书，未始非阅览方闻实事求是之一助云。"重实业、开风气，为《南洋官报》之标的，也是其特色。《南洋官报》在栏目设置上既传承了《京报》"谕旨""奏折"等，也另开辟"内政""学务""军政""商务"等专栏，以此利于新政政令之传播。作为官方喉舌，《南洋官报》提出了官报办报策略，将报纸分前后两部分，前部分刊载清"圣朝列祖"古训传达官方意旨，后部分为学习西方新政新学，以图务实。"本报后半幅，宗旨期于学务、农务、工务、商务，次第振兴，有利无弊，故不惮广搜译本与中人自撰之书，欲其舍短取长，日有进益。其有内地士商，素未讲习者，如度量权衡、各关税则等项，尚当次第刊列简明算法，以便周知，他日可施诸实用。至于附载各埠新闻，亦足以增广闻见，知所劝惩。"《南洋官报》对经世之学颇看重。可见《南洋官报》继《北洋官报》之后，承担官方传播的职责。

### (三)南北洋官报示范下的行省官报

《北洋官报》创办成效显著，且有清廷中枢的推广令。各地行省官报多以此为样板，渐次设立。如1904年《东方杂志》载浙江巡抚聂缉椝的告示："近因钦奉上谕，各州县年终考语及经征钱粮实数，均须刊入官报，俾众周知等因，已饬司参仿北洋章程开办官报，并以筹备经费，购置机器等件，恐稽时日，有先行派委赴沪，与某书局订约代印，按期寄浙之说。"[①]而《南洋官报》设立后，为全国官报学习的南方样板。对此，1908年《南洋官报》第一册称："开通内地民智，增长士林学识，此意亦南北洋大臣所以饬办官报之苦心也。"在榜样的示范下，各行省的官报也陆续办起来了。

总体来看，1904年后各地行省官报相继创办，主要有：《河南官报》(1905年前后)、《山东官报》(1905年)、《安徽官报》(1905年)、《湖北官报》(1905年)、《吉林官报》(1907年)、《甘肃官报》(1907年)、《两湖官报》(1907年)、《广西官报》(1907年)、《陕西官报》(1908年)、《浙江官报》(1909年)、《贵州官报》(1909年)、《黑龙江官报》(1910年)、《福建官报》(1910年)等。行省官报一般由省官报局办理，其刊期

① 《各省报界汇志》，《东方杂志》第一卷第六期，1904年8月6日，第147页。

有半月刊、旬刊、周刊、五日刊等。1905 年《南洋官报》改成《南洋日日官报》，亦有省份仿效。如《江西官报》于 1907 年改为《江西日日官报》，并采取官商合办的办法。《东方杂志》报道称："赣省官报前因经费不充，未能推广，且系按旬出报，石印迟滞，派销各属每至累月经旬，始能达到，窒碍良多。近经职员李君之鼎禀请洋务局设法改良，略仿《南洋日日官报》体裁，改名《江西日日官报》，以期出版便捷，裨益见闻。并请酌拨官款，作为官商合办，仍照旧例，派销各属。当经该局批准，并允筹拨官款二千两，以资提倡。"[①]按日出版符合新闻传媒对时效性的要求。

新式官报主要由官方拨款创设，其销售主要是通过官方渠道向下级机构摊派，但也有部分官报注重吸收民营报刊的业务经营经验，在发行和广告等方面有所措置。《北洋官报》初创时，其"章程"未言及广告，而在实际运营中，其广告亦有不少。笔者所见第 58 册以后，每期约有一页广告；如第 58 册有"起死回生神丹""牙科医生""琉璃厂有正书局新书新报地图仪器""瑞林祥元绸缎洋货店"等五花八门的广告。为鼓励各县多销，《北洋官报》在刊首登"本局告白"，对销售成绩好的县予以表彰，"本局自前月禀奉督宪批示严札推广，核定功过。比来报册销行日见畅旺，爰例胪列添报各属，登载广告，以志应求而兴观感。遵化、钜鹿、乐婷、吴桥、宁晋、邯郸、永年七邑，增购倍于原额，具见觉民开智之美。若枣强一日而增七十分，益以征赏令尹风从草偃之治已。"[②]而《四川官报》的销售除了摊派各州县销售外，也鼓励民间代售，并予以折扣，其第二册"本报告白"称："凡有愿代售本报者，即行函告本局愿任派若干份，本局认可后，即行按期汇寄。但报资须于收到第一册后，即行缴清，否则停寄，仍追取第一册价值。代派至十份以外者九折，五十份以外者八折。惟邮费不得折扣。"[③]显然吸收了民营大报以折扣鼓励代售的方法。《四川官报》亦重视广告经营，"本报告白"称："客商愿登告白者，请到本局面议，价值格外从廉。"[④]该报第一册有"官报书局发售北洋官书价目"及成都桂王桥北街傅氏图书局的"出售中国史学大地图股票"等广告，第三册有"图书局第十一次广告"，第四册有"改良启蒙通俗报"广告，第五册有"本局新出石印铅印各书价目表"广告，等等。

新政语境下各地行省官报的体例和内容大同小异，一方面旨在传播新政改革举措等官方政令；另一方面也注重本省、全国乃至国际的重要新闻，以及工农商学

① 《各省报界汇志》，《东方杂志》第四卷第三期，1907 年 5 月 7 日，第 64 页。

② 《各属州县添购官报清单》，《北洋官报》第 59 册，光绪二十九年四月初四日。

③ 《本报告白》，《四川官报》第二册，甲辰二月上旬。

④ 《本报告白》，《四川官报》第二册，甲辰二月上旬。

等新知,意在开风气。陕西官报创办较早,1903 年陕西省于课吏馆内设官报局,并出版官报。1904 年,《秦中官报》由旬刊改五日刊,其章程称:本报意在使"君子周知本省政要,兼知中外时局,用以扩充见闻,培成有用之才"[①]。《秦中官报》除主要刊载中央、地方的政令外,对国内外重大事件的新闻报道尤为关注:"向来本局所刻路透电音,皆取之于津沪各报,颇限不获先观。近来俄日失和,关心大局者,尤迫欲知其载事。兹由本局与上海电报局订定每日将路透电信转报秦中,则刚日之事,柔日即知。其未经订购以前之路透电信,仍当汇录,俾秦人士得窥其全。"[②]深处内陆腹地的陕西,借助国际新闻通讯社、电报与官报的连接,传播国内外政局变动消息。

值得注意的是,各地行省官报主要以"记录者"角色作自我定位,对于时评、论说等"立言"角色则相当谨慎。如前所述,《南洋官报》筹办颇费周折,地方官李芗垣考虑的是:"方今邪说横流,迭见于中西各报,不辟其说,殊失创行是报之心,若辩驳频仍,则笔墨之争势必纠缠不已,既滋纷扰,且虞淆惑是非。"[③]即办报立言,极可能卷入与民间舆论的口舌之争,触犯政治忌讳。因此,一些官报明确宣称不议政、不立言,以转载为能事。《四川官报》就说:"本报除本省公牍由各署各局抄送,本省新闻自延访事报告外,皆从各种月报、旬报、日报选辑,不议论朝廷,不臧否人物。"这使得地方官报"论说"等言论类栏目,主要以转载民间报刊,或翻译外文刊物的面目出现,原创性极其不足。

新政中官报创设之重要目的是与民间报刊争夺舆论主导权,然而,官报主动放弃立言角色,社会舆论亦以陈腐视之。1907 年 12 月 15 日东京出版的广西留日学生刊物《粤西》,评价当年的《广西官报》称:"《广西官报》初本拟月出三册,后又改为二册,今则仅月一册,然尚无自撰之论说。所录粤、沪、京、汉各报外,余则为本省之公牍云。"官报中的"官样文章"不仅无法引导舆论,反倒映照了官场腐败,评论称:"有思想而后有言论,有言论而后有实行。官场中人,其思想以富贵利达为目的物,其言论以升官发财为口头禅,且公事旁午,案牍劳形,其无自撰之论说也亦宜……剪录粤、沪、京、汉各报之时闻,照刊本省之公牍,一则可以图官报之稳脚,二则可以掩官家之劣迹,一举而两美备,官报之能事尽矣。"[④]就连民营报刊中立场保守的《新闻报》对官报亦观感不佳:"商报捐除忌讳,固购阅者多。官报敷衍故事,固购阅

① 《甲辰年变通秦报章程十一条》,《秦中官报》1904 年第 1 期,第 6—8 页。
② 《甲辰年变通秦报章程十一条》,《秦中官报》1904 年第 1 期,第 6—8 页。
③ 《官报难行》,《申报》1903 年 7 月 11 日,第 2 版。
④ 方汉奇:《中国新闻事业编年史(第二版)・上》,福建人民出版社 2018 年版,第 234 页。

者少。愤时之士至谓各省官报不能开通民智，反足闭塞民智，言虽过激，亦可知官报不足以感发人心矣。”进而，该报批评清政府对报刊言论记事之观念有误，“于议论之痛切者，则目为臆说；于纪载之关系者，则斥为谣言。甚且讳疾忌医，止谤防口，与泰西之尊重保护、津贴优待者大相反”[①]。体制束缚，加之观念跟不上时代，官报的政治传播效果自然并不理想。

## 二、《商务官报》等职能部门的专业性官报

清末新政期间官报体系，除了以南北洋及各省命名的综合性官报外，中央和地方政府职能部门创办了大量专业性官报。一些地方政府走在前列，尤以学务、商务类专业性官报为主。较早的有：1903 年 2 月 12 日湖北官书局出版《湖北学报》（后更名《湖北教育官报》），以“激发忠爱，开通智慧，振兴实学为宗旨”[②]；1904 年北洋官报局创办《北洋学报》；1905 年 3 月 6 日四川学务处发行《四川学报》（后更名《四川教育官报》），以“开通民智，振兴实业，使人人知力学自强为宗旨”[③]；等等。

就中央政府而言，“一部之有《官报》，自光绪三十二年之《商务官报》始，《学务官报》次之”[④]。商务、学务是新政改革的重要内容，其官报推行亦属题中应有之义。《商务官报》于 1906 年 4 月在北京创刊，商部主办。1906 年 4 月 9 日商部有关《商务官报》的函札称：“本部综理商政，日以振兴实业为务。前派本部候补郎中吴桐林办理商务报，期于开通风气，鼓舞商情……惟商务报既为本部机关，事归商办，终多未洽。现拟按照奏定章程，重加整顿，改归官办，另派本部主事章宗祥办理，改名《商务官报》。”[⑤]可见《商务官报》前身为官商合办的《商务报》（1903 年）。

作为清廷商部的机关报，《商务官报》宗旨涉及四项内容：“一、发表商部之方针；二、启发商民之智识；三、提倡商业之前途；四、调查中外之商务。”[⑥]其栏目及所刊载的主要内容由《商务官报章程》中“体例”条可见一斑：“（一）论说，以经济学理为基础，而参以实际应用之方法，此为发挥本报主义之地。（二）译稿，东西各报，其

① 《论报馆之有益于国》，《新闻报》1905 年 3 月 28 日至 31 日，《东方杂志》第二卷第四期转载。参见《东方杂志》第二卷第四期，1905 年 5 月 28 日，第 55—58 页。

② 《例言》，《湖北学报》第一年第一期，光绪二十九年正月十五日。

③ 《四川学报凡例》，《四川学报》第一期，光绪三十一年二月初一日。

④ “学务官报”系“学部官报”之误。引文见戈公振：《中国报学史》，中国新闻出版社 1985 年版，第 41 页。

⑤ 天津市档案馆：《袁世凯天津档案史料选编》，天津古籍出版社 1990 年版，第 218 页。

⑥ 《商务官报章程》，《商务官报》光绪三十二年四月初五日第一期，第 40 页。

关系商务者，精理明言，不遑枚举，至各国之对我经营，尤足注意，译录于此，以示他山之助。(三)公牍，凡关涉商务重要问题者，节录登载，其例行公事从略。分类如左:(甲)谕旨，(乙)奏稿，(丙)咨文，(丁)批示，凡商部各种批示悉行登载，商民得以此为据。(四)法律章程，凡商部所定各种商律及新颁各种部章，悉行首先登载，以示公布。(五)调查报告，凡调查报告之件，足资参考者，节录登载，或全文照登……(六)专件，凡关于商务上各种条约合同条陈章程等类，悉归此门登载。(七)记事，以关涉商部及商界之事为限。(八)附录，不拘条例。"[①]可见，《商务官报》不仅充当着官方有关商务政策的传递者角色，且"论说""译稿""调查报告"等栏力图在开通商民风气、振兴实业等方面有所作为。表6-1为1906年4月28日出版的《商务官报》创刊号各栏目及篇目，基本反映了该报的内容特色。

**表6-1　《商务官报》第一期目录**

| 栏　目 | 篇　目 | 署名或出处 |
|---|---|---|
| 论说 | 论各国经济竞争之大势 | 钱塘汪有龄撰 |
| 译录 | 论日本在中国生产品之价格不能廉于德国之原因 | 日本《国家学会杂志》，无锡杨荫杭译 |
| | 各国贸易品运输之大势 | 日本《实业报》，钱塘汪有龄译 |
| | 美国航业法案 | 日本《时事新报》，钱塘汪有龄译 |
| | 论贸易家必需之准备 | 日本《实业报》，钱塘汪有龄译 |
| 公牍 | 商部奏定商船公会章程折 | |
| | 商部各种批示一览表 | |
| 法律章程 | 商船公会章程 | |
| | 商会章程附则 | |
| 调查报告 | 调查秋冬季农工商诸政问题 | 河南商务议员胡翔林报告 |
| | 各国铁路办法报告书 | 节录上海商会报告 |
| | 美国华商情形及推广商业办法 | 节录驻美商务随员容庚、孙士颐、唐虞□ |
| 专件 | 日本农商务省官制 | 上海张奎、乌程章宗祥同译 |
| 记事 | 奏订路务议员章程等 | |
| 附录 | 本报章程 | |

① 《商务官报章程》，《商务官报》光绪三十二年四月初五日第一期，第40页。

同年，与《商务官报》同一类的中央政府专业性官报《学部官报》于8月20日创刊，由清廷中央学部编辑，学部图书处发行。据《东方杂志》的《各省报界汇志》称："学部前以各省学堂渐次增设，举凡核定章程，衡量学科，条理既繁，难于家喻户晓。仅恃文牍，则所及者甚隘，殊不足收共同一致之效。因仿各国行政衙门刊发公告之例，饬属拟定体例，按目编次，名曰《学部官报》。"①该报栏目主要有谕旨、本部章奏、文牍、京外学务报告、汇录京外奏稿、选译东西各国书报等。② 该报以政府公报定位，主要以宣扬清廷教育管理政策为主。

清末教育类官报遍及各地方，这与1905年废除科举后清廷的教育管理举措紧密相关。1906年，学部颁《奏定各省学务官制章程》裁撤各省学务处，改设学务公所，学务公所分总务、专门、普通、实业、图书、会计六课，其中"总务课，掌办理机密文书事件，收发一切公文、函电、案卷、册籍，编纂统计报告及各种学务报告，并编印教育官报"③，编印地方教育官报实为教育行政的常规活动。由此，各地方教育官报先后创设，如《贵州教育官报》(1906年)、《江宁学务杂志》(1906年)、《直隶教育杂志》(1906年)、《云南教育官报》(1907年)、《安徽学务杂志》(1907年)、《福建教育官报》(1908年)、《甘肃教育官报》(1909年)、《广东教育官报》(1910年)等，形成了一个自上而下的教育官报体系。

商务、法政、警务等专业性官报在地方亦有呈现。1906年9月18日，南洋商务局编辑、南洋官报局排印的《南洋商务报》创刊，其简章称"本报仿各国工商实业专门报告之法踪，商部现行《商务官报》之例禀准开办"④，系中央商部《商务官报》示范下创立。1910年，福建工农商局编辑出版《福建工农商官报》，以"登载关于工农商之事件及学理，以促实业之进步为目的"⑤。同年，还有《吉林司法官报》《广东警务官报》《江南警务杂志》等。

## 三、预备立宪与中央政府官报《政治官报》创设

新政改革语境下，立宪政体取代专制政体是清廷开明官员及民间报刊舆论的持续呼声。清政府于1905年派遣五大臣出洋考察各国宪政。1906年9月1日，清

---

① 《各省报界汇志》，《东方杂志》第四卷第三期，1907年5月7日，第62页。

② 上海图书馆：《中国近代期刊篇目汇录 第2卷(中)》，上海人民出版社1981年版，第1849页。

③ 《学部奏陈各省学务官制权限等事宜折》，《东方杂志》第三卷第七期，1906年8月14日，第165页。

④ 《南洋商务报简章》，光绪三十二年八月初一日，第1期。

⑤ 《本报凡例》，《福建工农商官报》，宣统二年正月。

廷颁《宣示预备立宪谕》,宣布"仿行宪政"。从新政到预备立宪是清政府迫于压力之举,以有限度的开放政权应对内忧外患的时局。预备立宪语境下,清廷新式官报体系亦有新的调整,尤以中央政府官报《政治官报》创设为代表。

预备立宪语境下新式中央官报提上议事日程,属意刷新清廷中枢的政治形象。1906 年 12 月 5 日,御史赵炳麟奏请设立印刷官报局、创办中央官报等,有"仰付七月十三日懿旨,使绅民明悉国政,为预备立宪之意等语"[①]。1907 年年初,政务处据此上奏称:"窃维预备立宪之基础,必造成国民之资格,欲造国民之资格,必自国民皆能明悉国政始。东西各国开化较迟,而进化独速,其宪法成立,乃至上下一体,气脉相通,莫不藉官报以为行政之机关,是以风动令行,纤悉毕达。"比较传统邸报、民间新报,新式官报对重塑政治形象显然是有利的,"中国风气甫开,国民教育尚未普及。朝章国典,罕有讲求,向行邸报,大抵例折居多,而私家报纸又往往摭拾无当,传闻失实,甚或放言高论,荧惑是非。欲开民智而正民心,自非办理官报不可"[②]。

大体而言,新政中地方官报、政府职能部门的专业性官报体系已然形成,但清廷中央的政令传达,仍以传统邸报系统及京报房刊刻的《阁钞汇编》《谕折汇存》等为主,显然跟不上时代。政务处奏称:"今学部,农工商部暨南北洋、山东、陕西等处,已有官报刊行,惟仅限于一部一省之事。亟应兼综条贯,汇集通国政治事宜,由馆派员专办一报,以归纳众流,启发群治。……凡一切立法行政之上谕及内外臣工折件电奏并咨牍章程等类,除军机外交秘密不宣外,所有军机处发钞暨各衙门随时咨送事件,依类分门,悉心选录,取东西各官报敏速精确之意。"由此,则"通国官民,从此传观研究,俾皆晓然于政令条教之本,无不与民休戚相关,自然智虑开通,共识负担国家之义"[③]。内忧外患语境下,清廷中枢对仿行宪政并设立官报等颇多期待。

此中央官报以《政治官报》定名,于 1907 年 10 月 26 日创刊。《政治官报》日出一册,社址在北京王府井大街,封面印有"电话内城总局第二百零一号"。据《政治官报章程》称:"本报专载国家政治文牍,由考察政治馆办理。"[④]考察政治馆是清廷中央于 1905 年创设,属立宪政体设计的中枢机构,其主旨是"延揽通才,悉心研究,

① 《奏设印刷官报局片》,参见张之华:《中国新闻事业史文选》,中国人民大学出版社 1999 年版,第 71 页。

② 《奏设印刷官报局片》,参见张之华:《中国新闻事业史文选》,中国人民大学出版社 1999 年版,第 71—72 页。

③ 《奏设印刷官报局片》,参见张之华:《中国新闻事业史文选》,中国人民大学出版社 1999 年版,第 72 页。

④ 《政治官报章程》,参见戈公振:《中国报学史》,中国新闻出版社 1985 年版,第 43 页。

择各国政法之与中国治体相宜者，斟酌损益，纂订成书，随时呈进，候旨裁定”①。此可见《政治官报》在预备立宪中处官报体系的中心地位。就体例而言，《政治官报章程》规划分十类：谕旨批折宫门抄第一，电报奏咨第二，奏折第三（分外务、吏政、民政、典礼、学校、军政、法律、农工、商政、邮电航路政十门），咨札第四，法制章程第五，报告示谕第七，外事第八，广告第九，杂录第十②。“外事”主要指的是“翻译路透电报、《泰晤士报》，及东西各国紧要新闻，及在外使臣领事报告等件”，“广告”则“如官办银行、钱局、工艺陈列各所、铁路矿务各公司，及经农工商部注册各实业，均准送报代登广告，酌照东西各国官报广告办法办理”③。可见《政治官报》不仅传递中央政令，而且注意在通中外信息、工商业信息等方面有所作为。但是，在实际的办报过程中，所谓“外事”，多仅见两三条路透社电，广告则未见。

总而言之，中央级官报《政治官报》创设属预备立宪中清廷新举措，标志着中央到地方、综合性到专门性的纵横交错的清末官报体系形成。《政治官报》的创设也意味着延绵千余年的中国传统邸报系统行将就木。在《政治官报》出版前一天，宪政编查馆行文报送北京外城警察总厅，请其令《谕折汇存》等即日停刊。④ 1911 年，清廷废军机处，设责任内阁，《政治官报》更名为《内阁官报》发行。随着辛亥革命爆发，清政府土崩瓦解，官报体系随之消亡。

## 第二节 南北民营报刊复苏与新政舆论

清末民间办报在戊戌政变后经历短暂挫折，1899 年新办民间报刊仅 4 种，1900 年为 7 种。1901 年新政开始后，民间人士办报热情再度高涨，1901 年新办民间报刊 11 种，1902 年至 1908 年均在 20 种以上。⑤ 从民办、官办、外人在华办报的总体数据来看，1895 年至 1898 年间，平均每年新创刊的期刊有 32.8 种；1899 年至 1905 年间每年创刊 71.7 种，是前一阶段的 2 倍多；而 1906 年至 1911 年则每年创

① 故宫博物院明清档案部：《清末筹备立宪档案史料·上》，中华书局 1979 年版，第 43 页。
② 《政治官报章程》，参见戈公振：《中国报学史》，中国新闻出版社 1985 年版，第 43 页。
③ 《政治官报章程》，参见戈公振：《中国报学史》，中国新闻出版社 1985 年版，第 43 页。
④ 方汉奇：《中国新闻事业编年史（第二版）·上》，福建人民出版社 2018 年版，第 239 页。
⑤ 桑兵：《清末民初传播业的民间化与社会变迁》，《近代史研究》1991 年第 6 期，第 55 页。

刊 155.5 种，又是前一阶段的 2 倍多。[①] 从戊戌到新政年间，报刊等新式传媒所构成的资讯和政治传播网络愈益普遍，影响日深。

面对内忧外患的时局，民间舆论在国家社会问题上基本达成共识，即没有变革就没有出路。问题是变革路径及其方式则语多分歧，民间报刊立言取向及其演变反映了新政舆论格局的演变。大体而论，新政初期南北民营政论报刊以天津《大公报》、上海《外交报》《东方杂志》《时报》等为代表，基本秉承维新运动的变法主张，对清廷新政积极立言，同时对新政弊端亦多评判。随着 1903 年"苏报案"爆发，以暴力革命手段寻求政治变革的革命舆论逐渐从港澳、海外借上海持续向内陆输入，昭示着从维新到革命舆论的新陈代谢。

## 一、新政语境下京津民营报刊及《大公报》的政治取向

清末新政时期，以北京、天津为核心的北方舆论重镇处于皇权中心区域，传统"邸报"、《京报》到新政年间天津《北洋官报》的样板示范作用，显示这一区域官方政治信息传播占优势地位。新政氛围下，京津民营报刊亦有相当发展。就北京而言，面对义和团运动及八国联军攻破京城等惨痛局面，有识之士属意报刊在开启民智上的作用，通俗报刊首先在京城兴起。"《辛丑条约》既成，都人士以赔款奇重，国将不堪，于是有爱国捐之提倡，所谓白话报者，应时势之需要，接踵而起。彭翼仲(诒孙)主办之《京话日报》，其最著者也。"[②]此外，"丁宝臣之《正宗爱国报》、萧益三之《京都日报》、乐绥卿之《公益报》、张展云之《北京女报》等，相继出版，皆白话报也"[③]。可见，当时京城的白话报刊颇兴盛。

新政时期，较有规模的是设在崇文门内船板胡同的《北京日报》(前身为《北京报》，1904 年创设)。《北京日报》实际上是外资经营、国人秉笔的报刊。广东省南海人朱淇(1858—1931)为主笔，报上署"代表人朱淇"。朱淇为康有为之师朱次琦的侄子，先后与康有为、孙中山交游，曾入"兴中会"。《北京日报》主要栏目有外论、要紧新闻、本京新闻、各省新闻、各国新闻、专件、宫门抄、批折摘由、奏稿、文苑等，其言论取向总体比较谨慎，(朱淇)"以故与中朝大老具有相当联络，其论文与消息

---

① 李仁渊：《晚清的新式传播媒体与知识分子：以报刊出版为中心的讨论》，稻香出版社 2013 年版，第 102—103 页。

② 徐凌霄、徐一士：《凌霄一士随笔》，中华书局 2018 年版，第 91 页。

③ 徐凌霄、徐一士：《凌霄一士随笔》，中华书局 2018 年版，第 91 页。

颇详实,因其尝为要人帮衬,故有官报之目”①。

相对而言,紧邻北京的天津,既有得官方政治信息之便利,复有多国租界地遍布城中,新政氛围下民营报刊颇活跃。“庚子乱后,国民备受耻辱,渐有维新求治之心,报纸之功用亦渐著。于是《大公报》、《醒狮报》、老《北洋报》等相继出版。”②彼时,北方新政言论尤以《大公报》为旗帜。《大公报》于1902年6月17日(五月二十日)创刊,报头有“L'Impartial”意为“公正无偏”。《大公报》创始人英敛之曾接受天主教洗礼,办报资本主要来自法国天主教,因此早期言路较为亲法。创刊之始,《大公报》面临着八国联军侵华之后中国社会出路的讨论。英敛之等主张政治变革。内政问题上,《大公报》创刊当年发表《论归政之利》,希望慈禧还政于光绪帝。文章从“中外利,满汉利,民教利,新旧利,宫阑利,草野利,君子利,小人亦无不利”等八个方面展开论述。此外,每年阴历六月二十六日的光绪帝生日,《大公报》亦有贺词。如1903年8月18日(农历六月十六),《大公报》称:“恭贺大清国大皇帝万寿圣节:一人有庆,万寿无疆;宪法早立,国祚绵长。”还发表《本报庆贺万寿之感情》的论说,针对南方兴起的排满革命舆论表明自我立场:“当世维新诸少年,往往本其偏浅之见,逞其骄矜之气,以发为危险怪僻之词,污蔑今上,扰乱和平。其无乃大不敬乎!而况筹国事者,宜顺民情。今国民所公认者,为君主。而吾独号于众曰:共和、共和,不但有拂伞民情之公,而且徒逞空言,决不能见诸实事。盖政体之沿革,由君主而立宪,由立宪而民主。阶级秩然,莫能陵踏。我中国之政体,不改良则已,欲改良,惟有立宪”。可见,新政氛围下创办的《大公报》坚持在原有政体基础上的改良主张,以达成君主立宪目的。

面对新政的舆论氛围,《大公报》强调报刊在政治变革中的立言角色。1903年9月12日(七月二十一日),《大公报》刊文《论新闻纸与民智通塞有密切之关系》称:“天下有担荷先觉觉人之责,以提倡真理,开导国民为义务。一言既出,而为数万人瞩目,所信从,化野蛮为文明,警愚顽于睡梦,其机捷于影响,而莫之或爽者,其惟新闻纸乎?国民文野之程度,以新闻纸之多寡为比例。”报纸之作用在于引导国民,“论新闻纸之权力,可以督饬国民,即师从之教训,亦莫能比其严;论报纸之效验,可以转移风俗,即朝廷之政令,亦莫能敌其力。其责重,故其力大;其力愈大而

① 管翼贤:《北京报纸小史》,参见杨光辉等编:《中国近代报刊发展概况》,新华出版社1986年版,第403页。

② 熊少豪:《五十来年北方报纸之事略》,参见杨光辉等编:《中国近代报刊发展概况》,新华出版社1986年版,第437页。

其责亦愈重。主持笔政者宜若何慎重,以求不负所担荷之责任乎!导引有方,则国民可入于文明之域;方针一误,则国民反入于昏黑之乡”。《大公报》属意报刊开通民智,从而作用于国家的政治变革。

英敛之等对《大公报》开民智的定位,亦多注重方法。《大公报》创刊之初,英敛之亲自为报上白话专栏撰文,光绪三十年(1904 年)三月将其汇编为《敝帚千金》印行。他在该书的“序”中称:“中国这几年来,外侮内乱,岌岌可危。自庚子以后,更弄得国不成国了,推求这个根源,总是民智不开的缘故……我等无权无位,又无才学,偏不自量,妄想担这个重大的责任,所以创办《大公报》,那报上的总意思就是为开民智。也不论见效不见效,也不管讨嫌不讨嫌,但是尽我们的这点血诚,自己可以信得过,绝不是私心歹意。到底所写的那些议论,虽然不是十分深奥,然而平常读书不多的人,也不容易懂得。故此想了一个方法,时常在报后面加上一段白话,后来屡次接到外边的来函,很多的人夸赞这白话好,说是用意正大美善,句法浅近明白,妇女小孩子略认得几个字的也可以看看,是开民智最相宜的。”①可见《大公报》经理英敛之办报开民智的良苦用心,并注重传播方法和策略。

针对清末新政时期各派政治势力角力,《大公报》以“合群爱国”为主旨,呼吁以国民立场联合御侮。1903 年 11 月 26 日(十月初八日),《大公报》发表社论《合群以御外侮说》,主张平满汉之见,去种界之争,化新旧之域;呼吁守旧、维新、革命等各方面政治力量,互泯恩仇,联合御侮。② 1905 年,美国续订歧视华工条约,上海等南方城市掀起声势浩大的抗议运动。身处北方的《大公报》积极声援,由此遭天津官府查禁。8 月 16 日,天津南段巡警的查禁告示称,“照得近来《大公报》所登类多有碍邦交,妨害和平,合行禁阅”③,即禁止邮寄和民众购阅。8 月 17 日,《大公报》针锋相对,刊登启事云:“抵制美约一事,倡于上海,各省风应,凡华字报纸,无一无之。敝报当仁岂能独让,故随诸君子后,亦尽国民一分之天职,诚以此举关系中国前途者,既远且大也。今不幸敝报独触当道之怒,严禁士人购阅,不准邮局寄递,为不封之封……想海内不乏明达豪杰之士,今遇此摧折芟夷我国民者,非由外人,实为我最有权力之长官也。”8 月 19 日,《大公报》再登论说《一息尚存　勉尽天职》,指出《大公报》开罪天津官场是“因为大众犯的罪”,非“为自己的利益犯的罪”;强调《大

① 周萍萍:《英敛之集·上》,广西师范大学出版社 2013 年版,第 7—8 页。
② 方汉奇:《中国新闻事业编年史(第二版)·上》,福建人民出版社 2018 年版,第 137 页。
③ 方汉奇:《中国新闻事业编年史(第二版)·上》,福建人民出版社 2018 年版,第 185 页。

公报》将继续国民立场："我们报还要更加精彩，更加改良。凡是力之所能尽，我们总要对得住国民。至于究竟成败如何，我们绝不管他。诸葛孔明坚卓不挠的精神，就在鞠躬尽瘁，死而后已两句话上，我们《大公报》也要如是。若是实在《大公报》不能生存于世界上了，要教千百年后的人提起来，说当初《大公报》为国民尽力不成而死，我们《大公报》为国民殉了难，也算死得值。"简言之，《大公报》以国民立场立言，对官场压迫不愿屈服。

面对新政语境下封禁报馆的专制行为，《大公报》借此阐明立宪政体与言论自由之关系。1905年8月21日，《大公报》发表社论《言论自由》称："文明国民皆有三大自由：一言论自由，二出版自由，三集会自由。朝廷予国民以此三大自由者，乃得为文明国，否则为野蛮专制。"该报认为清廷野蛮专制举措不符时代潮流，"近世之强国，无一非立宪政体。大国中，专制者惟中与俄。俄今改行宪政矣，而我中国犹以专制之力，阻国民之自由，岂将以野蛮专制标特色乎？"针对是年清廷五大臣出洋考察宪政，《大公报》呼吁清廷应即刻予报馆"三大自由"之权："或曰，中国近日派四大臣出洋考求政治，即为将来改行宪之先声，文明国之三大自由，我国民亦必有及身享受之一日，少安毋躁也。记者曰：国民即不久有享受三大自由之一日，吾辈报界中人，主持清议，开化民群，盖无一日不发言论者；三大自由中，吾辈当享受其二。而况报纸为维国政、保国权之机关，朝廷既欲改行宪政，尤当急予以自由之权，以为实行宪政之导线。"

总之，《大公报》以君主立宪、政治改良为立言准则；然而面对清政府的倒行逆施，改良主张未必就是"温和"的印象，其不惜以"死"与天津官场抗争尤可见当时民间舆论与官方对峙格局之一斑。

## 二、沪上舆论环境及《外交报》《东方杂志》《时报》的政治改良舆论

自19世纪60年代起，上海超越香港成为外国人在华办报的最主要区域。甲午战争后，国人办报亦以在上海为多。新政时期上海在全国新闻舆论场的中心地位日渐确立。姚公鹤称："全国报纸以上海为最先发达，故即在今日，亦以上海报纸为最有声光。北京称上海报为南报，而广东及香港南洋群岛称上海报为沪报，凡事非经上海报纸登载者，不得作为征实，此上海报纸足以自负者也。"[①]清末上海新闻

① 姚公鹤：《上海报纸小史》，参见杨光辉等编：《中国近代报刊发展概况》，新华出版社1986年版，第261页。

事业繁荣与其地理位置、商业贸易及租界治外法权等均有密切关系。胡道静认为，上海办报“环境的优越”，“其一是指上海商业的发达，使报纸容易获得培植的原动力；其二是指上海的报纸能够得到外国‘租借地’的掩护，在相当的限度内获得自由言论权。但是就为了这两个原因，上海报纸的本身不能不商业化，而且要对着帝国主义者低头”[①]，可见上海报业繁荣有托庇于外国侵略者的“畸形”一面。

清末上海民营报刊从商业化运作到政论报刊的趋向，起步于维新运动时期《强学报》《时务报》。虽经戊戌政变、庚子之乱等，维新派在沪上舆论阵地实际上却并未中断。1898年8月17日，汪康年将《时务日报》更名《中外日报》出版，在江浙地区仍广泛传播。庚子年在杭州养正书塾读书的马叙伦回忆：“欧美日本八国联军攻入北京，皇太后皇帝都向西安逃跑了。那时杭州有三份上海报纸，是《申报》《新闻报》《中外日报》，但是我们书塾里只教员室有报看，我们哪里敢进去。”[②]到新政时期，维新派在上海再度集结办报力量，尤以张元济等筹办《外交报》及《东方杂志》等为代表。马叙伦回忆：“那时(前清光绪二十八年)，上海是维新派最集中的地方，维新派是和平的改革派，戊戌党人‘硕果仅存’的张元济先生在这里，隐然是个龙头。”[③]张元济在百日维新中遭政治挫折而离京赴沪，一度以办教育及创办传媒机构为己任，新政语境下创办《外交报》《东方杂志》为中国政学界重要的舆论阵地。

《外交报》在1901年筹办之时曾取名“开先报”，属意紧扣新政语境并开通政治风气。10月31日，筹办者之一蔡元培撰该报“叙例”称：“更庚子之难，而人心又为之一变，高志孤愤者，大抵专思议于极端，而中庸之才，见朝廷变科举，励游学，有革新之象，则相与剽耳食之论，为口头之禅，诡出诡入，以求捷径，去实际远矣。夫思想顽钝，赖言论以破之；言论暧昧，则藉事实以画之……同人有鉴于此，议发旬报，荟我国自治之节度，外交之政策，与外国所以对我之现状，之隐情，胪举而博译之，将以定言论之界，而树思想之的，为理论家邮传，而为实际家前驱。”[④]随后，张元济等集中以外交事务为下手之法，以《外交报》定名。1902年1月4日(光绪二十八年正月二十五日)，张元济主编《外交报》壬寅年第一号在上海刊行，编辑有马裕藻等。《外交报》初由普通学书室出版，第29期起改由商务印书馆出版。该报为旬刊，以

---

① 胡道静：《上海的日报》，参见杨光辉等编：《中国近代报刊发展概况》，新华出版社1986年版，第280页。

② 马叙伦：《我在六十岁以前》，生活·读书·新知三联书店1983年版，第10页。

③ 马叙伦：《我在六十岁以前》，生活·读书·新知三联书店1983年版，第18页。

④ 高平叔：《蔡元培全集第一卷》，中华书局出版社1984年版，第137页。

旬之五日发行；设有论说、谕旨、文牍、外交纪闻、外交史、外交丛谈、译论、国际法等栏目。《外交报》创刊号上第一篇为张元济撰《外交报叙例》，论述其旨趣。在张元济看来，所谓“外交”即“保有主权不受凌侮劫夺为界说，是故外交其表面而排外其里面也”。国之外交政策受多重因素影响，“政党之胜败，军备之张弛，殖民之区域，贸易之自由与保护，以至学术之新旧，宗教之因革，俗尚之靡啬，工商业之通塞，何一非影响于外交者。观我国所为，此数者非惟不能尽排外之实，而助纣为虐焉”。国之外交根本要建立在本国政治经济实力基础上。由此，在万国并立的世界格局下，该报意在“审国势，洞外情，出文明之手段，以尽排外之天责”，显然是针对义和团运动及八国联军侵华战争而建言反省。

随着清末新政的推进，1904 年《东方杂志》《时报》相继在上海创刊，系新政中改良派重要的舆论阵地。3 月 11 日，张元济等主持的《东方杂志》创刊，创刊号登载《新出〈东方杂志〉简要章程》称：“本杂志以启导国民，联络东亚为宗旨……本杂志略仿日本《太阳报》、英美两国而利费 *Review of Review* 体裁。除本社撰译论说广辑新闻外，并选录全国各种官民月报、旬报、七日报、双日报、每日报名论要件，以便检阅”；其栏目主要有“一、社说（选论来稿附），二、谕旨，三、内务，四、军事，五、外交，六、教育，七、财政，八、实业，九、交通，十、商务，十一、宗教，十二、杂俎，十三、小说，十四、丛谈，十五、新书介绍”[①]。可见《东方杂志》属综合性杂志，中外时政、经济交通、学术文化等均有刊登。

新政语境下，《东方杂志》力图为政体改革建言。创刊号首篇论说《论中日分合之关系》（本馆撰稿），认为清政府应在外交上联日、内政上仿日立宪：“而今日拒俄之事乃拒元之事之结果，亚欧之荣落、黄白种之兴亡、专制立宪之强弱，悉取决于此也。而我中国，腼然为亚洲之大国，吾固可决吾民之意，即甚不肖，亦必不敢曰：吾愿欧洲之兴而亚洲之败也，吾愿白种之滋而黄种之灭也，愿刻薄吾身之专制政体日昌而安乐吾身之立宪政体日亡也。夫既不欲自处于奴隶与牛马矣，则当此存亡一发之系，则必与我之同利害者相共，而后可以集事也明矣。此所谓天定而不可逃者非欤。”[②]此亦诠释该刊所谓“联络东亚为宗旨”之意。创刊号亦选录汪康年等主持的《中外日报》论说《论中国必革政始能维新》，对新政各种治标之举表示怀疑，“然而起视中国其果有拨乱反正之气象乎？抑未也。起视中国之民，其果有鼓舞作新

① 《新出东方杂志简要章程》，《东方杂志》第一卷第一期，1904 年 3 月 11 日。

② 别士：《论中日分合之关系（本馆撰稿）》，《东方杂志》第一期，1904 年 3 月 11 日，第 3 页。

之气象乎？抑未也。本馆敢断言之曰，中国之于新法，无论为浮慕，无论为阻遏，无论为敷衍，无论为试行，抑无论其为实行，皆无裨于今日之大局，无救今日之危亡”。文章强调要在根本处改革政体，赋权于民：“抑岂是等新法皆宜于欧美诸国而不宜于中国哉？然而其收效异者何也？则由中西之政体截然不同故也。”[①]《东方杂志》与《中外日报》等呼应，力图在立宪舆论上有所建树。

随着清廷新政举措及新政舆论兴起，流亡海外的康有为、梁启超等虽仍未得到清廷宽免[②]，但亦试图回国参与报刊舆论活动。光绪三十年甲辰（1904 年）正月，梁启超返国，往香港开会；“二月末由港至沪，留数日，与狄楚青、罗孝高两君筹划办刊《时报》各事。三月，复返日本”[③]。6 月 12 日，《时报》在上海创刊，狄楚青主办，罗孝高主笔，雷继兴、陈冷血任新闻编辑。狄楚青在戊戌维新运动中与康有为结交，“也算是康门弟子，其实是泛泛的，不过他与梁启超等，则甚为莫逆”[④]。罗孝高则是梁启超弟子。《时报》创刊初期，梁启超是其政治方针的幕后主导，罗孝高的《任公轶事》称：“时罗孝高、狄楚青方奉南海先生命在上海筹办时报馆，任公实亦暗中主持，乃日夕集商，其命名曰《时报》及发刊词与体例，皆任公所撰定。旋即赴东。而《时报》初办时所登论说，亦多系任公从横滨寄稿来者。”[⑤]

《时报》政治改良倾向如其报名“时”所揭示，既呼吁清廷顺应时势而改革，也反对革命舆论的“过犹不及”。《时报》创刊号上，梁启超撰《发刊词》称：“今之中国，其高居于权要伏处山谷者，既不知天下大势，谓欲抱持数千年之旧治旧学，可以应今日之变，则亦既情见势绌，蹙然如不可终日矣。于是江湖恢奇少年踸踔之士，其泰西各国之由何途而拨乱，操何业而致强也，相与歆之，奔走焉，号呼焉，曰吾其若是！夫彼之所以拨乱而致强者，谁曰不然，而独不知与吾辈之时代果有适焉否也。孔子曰：过犹不及。不及于时者蹉跎荏苒，曰即腐败，而国遂不可救；过于时者，叫嚣狂掷，终无一成，或缘是以生他种难局，而国亦遂不可救。”[⑥]缘此，《时报》强调其言论要“以公为主”“以要为主”“以周为主”“以适为主”[⑦]。对于国内外舆论，该报在头版设有“报界舆论”“外论撷华”等舆论批评专栏，以政治改良取向对纷杂的报刊舆

① 《论中国必革政始能维新》，《东方杂志》第一期，1904 年 3 月 11 日，第 12 页。
② 1904 年 6 月 21 日，清廷特赦戊戌党籍，戊戌案内各员均予宽免，但康、梁除外。
③ 丁文江、赵丰田：《梁任公先生年谱长编》，中华书局 2010 年版，第 172 页。
④ 包天笑：《钏影楼回忆录》，中国大百科全书出版社 2009 年版，第 419 页。
⑤ 丁文江、赵丰田：《梁任公先生年谱长编》，中华书局 2010 年版，第 172 页。
⑥ 《时报发刊词》，《时报》1904 年 6 月 12 日。
⑦ 《时报发刊例》，《时报》1904 年 6 月 12 日。

论予以评判。

## 三、地域性白话报的复兴与开启民智

清末白话报刊兴起与救亡图存压力下开启民智的政治诉求紧密相关。甲午战后，有识之士发现万国竞争中民智是关键，“一人智而天下皆愚，能富强昔日之天下，决不能富强今日之天下。谋国大计，要当尽天下之民而智之，使号为士者、农者、工者，各竭其才，人自为战，而后能与泰西诸雄国争胜于无形耳”①。而中国的现实是，“识字之人百不二三；其一二识字之人，而知文义者百不二三”②。因此，运用通俗的白话报开启民智，在维新运动中得到重视。戊戌年间裘廷梁创办《无锡白话报》，称：“欲民智大启，必自广兴学校始，不得已而求其次，必自阅报始。报安能人人而阅之，必自白话报始。”③

新政语境下开启民智为救亡图强的重要之法，受到朝野上下高度重视。办学堂、废科举等教育改革属新政的主要内容，而白话报刊也由此发展迅速。据统计，1897 年至 1918 年，所出白话报刊 170 余种，其中 1900 年至 1911 年间出版有 111 种。④

白话报以知识程度一般的读者为主要对象，意在实现国民启蒙。庚子事变后，京沪等地白话报首先兴起。就北京而言，庚子年后“志者为之愤慨，人人发奋求强，深识者咸以振兴教育、启发民智为转弱图强之根本，于是私立中小学校竞相设立。时有崇文门内方巾巷崇实中学校长文实权，集合诸教员，发行《白话学报》，篇首冠以浅简白话论说，其次以京话讲解各门科学，如地理、历史、理化、算学等科，每星期出一册，每册仅售铜钱五百文”⑤。随后，彭翼仲创办《启蒙画报》(1902 年)，“概以社会教育为目的，于失学之人及妇孺受益匪浅”⑥。1904 年，彭翼仲又创办《京话日报》，宗旨如其广告所称：“本报为输进文明，改良风俗，以开通社会多数人之智识为

① 《衡州士绅开设俚语报馆禀》，《湘报》第 141 号，1898 年 8 月 30 日。

② 任访秋：《中国近代文学大系第 3 集 · 第 13 卷 · 散文集四》，上海书店出版社 1993 年版，第113 页。

③ 任访秋：《中国近代文学大系第 3 集 · 第 13 卷 · 散文集四》，上海书店出版社 1993 年版，第113 页。

④ 蔡乐苏：《清末民初的一百七十余种白话报刊》。参见丁守和：《辛亥革命时期期刊介绍 · 第五集》，人民出版社 1987 年版，第 493—546 页。

⑤ 管翼贤：《北京报纸小史》。参见杨光辉、熊尚厚、吕良海、李仲明：《中国近代报刊发展概况》，新华出版社 1986 年版，第 402 页。

⑥ 管翼贤：《北京报纸小史》。参见杨光辉、熊尚厚、吕良海、李仲明：《中国近代报刊发展概况》，新华出版社 1986 年版，第 402 页。

宗旨。故通幅概用京话，以浅显之笔，述朴实之理，记紧要之事，务期雅俗共赏，妇稚咸宜。”[①]可见其面向一般读者的特点。

上海作为新式出版中心，对白话报的复兴具有独特作用。不同于当时多数白话报的地域性，1903 年 12 月林獬在上海创办《中国白话报》，颇具全国视野。林獬以“白话道人”撰发刊词称：“深的文法，列位们又看不懂；就是说把你听，列位们又是听不来的。而且我在上海说话，那能够叫十八省的人都听得着，我又没有加响的喉咙。我为着这事，足足和朋友们商量了十几天，大家都道没有别的法子，只好做白话报罢，内中用那刮刮叫的官话，一句一句说出来，明明白白，要好玩些，又要叫人容易懂些。”他相信“倘使这报馆一直开下去，不上三年包管各位种田的、做手艺的、做买卖的、当兵的，以及孩子们、妇女们，个个明白，个个增进学问，增进识见，那中国自强就着实有望了。”[②]更重要的是，上海往往为周边地域性白话报提供印刷技术支撑。1904 年，陈独秀在芜湖开办《安徽俗话报》，“由章行言(士钊)先生办的上海大陆印刷局承印，问事的是程吉甫先生。总发行所是‘芜湖长街徽州码头科学图书社’”[③]。这种在当地编辑发行、上海印刷出版的还有《湖州白话报》等；而 1901 年包天笑在苏州办《苏州白话报》时，由于当地没有印刷机，只能用传统木刻印刷。[④]

清末白话报的一大特色是创办者对地域身份的强调。早在 1898 年裘廷梁就呼吁：“余又以为必每县自设一报，浸淫遍于十八行省，而后民智打开耳。”[⑤]新政期间，白话报的地域性身份由报名可见，或以行省命名如《安徽俗话报》《湖南白话报》《江西白话报》等，或以府县命名如《苏州白话报》《绍兴白话报》《湖州白话报》《潮州白话报》等。地域身份凸显有助于办报者明确言说对象，拉近与读者的距离，与其向普通民众的启蒙诉求紧密相关。1904 年，陈独秀在《开办〈安徽俗话报〉的缘故》中说：“做报的都是安徽人，所说的话，大家可以懂得。”[⑥]包天笑回忆《苏州白话报》亦称：“我们这个白话报，要做到深入浅出，简要明白，我和子青哥是一样的意思。我们不愿意销到大都市里去，我们向乡村城镇间进攻。曾派人到乡村间去贴了招

① 方汉奇：《中国新闻事业编年史(上)》，福建人民出版社 2018 年版，第 155 页。

② 白话道人：《中国白话报发刊词》。参见张之华：《中国新闻事业史文选》，中国人民大学出版社 1999 年版，第 111 页。

③ 汪原放：《亚东图书馆与陈独秀》，学林出版社 2006 年版，第 16 页。

④ 包天笑：《钏影楼回忆录》，中国大百科全书出版社 2009 年版，第 168 页。

⑤ 任访秋：《中国近代文学大系第 3 集・第 13 卷・散文集四》，上海书店出版社 1993 年版，第114 页。

⑥ 陈独秀著，任建树主编：《陈独秀著作选编・第一卷》，上海人民出版社 2009 年版，第 18 页。

纸。第一期出版,居然也销到七八百份。”[①]可见地方色彩旨在贴近地方受众。

但地域性白话报并不意味着仅局限于地方事务,多属意于对普通民众从地方意识到国家意识乃至世界意识的启蒙。陈独秀称:“譬如庚子年,各国的兵,都已经占了北京城,我们安徽省徽州、颍州的人,还在传说义和团打得胜战。那时候若是有了这种俗话报看,也可以得点实在信息。”因此,他对《安徽俗话报》定位“第一是要把各处的事体,说给我们安徽人听听”[②]。该报除论说、新闻等外,历史、地理等栏目颇具特色。“历史”栏用白话书写中国历史,而“传记”等则聚焦于安徽名人如朱元璋、花木兰等。其“地理”栏刊文顺序亦有考究,先刊世界地理(第 3 期),再刊中国地理(第 5 至 7 期),最后着眼于安徽地理(第 12、13、16、17 期),如摄像机般从远景的世界逐步拉回到近景的安徽:“地球有五大洲,而亚细亚居其一,亚细亚有十余国,而中国居其一,中国大别为六部,而中国本部居其一,中国本部有十八省,而安徽居其一。”[③]厘清安徽—中国—世界之间的关系是有重要意义的。作者说:“人生在世,第一要知道自己,第二要知道自己的乡里,第三要知道自己的国,第四要知他国,第五要知地球和天体。人能够把自己、把自己的乡里、把自己的国家,和他人他乡他国,一样一样的比较。确晓得那个好那个歹,那个长那个短,就不得不奋发起来,认真起来,要在这万国竞争的世界上,求个自己站住脚跟的方法,所以地理上知识,是人人不可缺少的。”[④]可见《安徽俗话报》旨在通过历史地理知识传播打开地方民众的视野。

总之,地域性白话报的成长在社会底层民众启蒙中扮演着重要角色。诸如陈独秀等倾向革命的知识分子,在白话报刊中未必用“革命”等字眼展开宣传,但国民、国家意识的启蒙无疑发挥着解构皇权专制的作用。

## 第三节 新政语境下美国排华风潮与抵制美货运动的民间舆论

新政语境下民间报刊舆论除了对国内政治革新建言外,亦涉及中外交涉中爱国主义运动的舆论建构。20 世纪初美国掀起新一轮排华风潮、抵制美货运动风

① 包天笑:《钏影楼回忆录》,中国大百科全书出版社 2009 年版,第 168 页。
② 陈独秀著,任建树主编:《陈独秀著作选编·第一卷》,上海人民出版社 2009 年版,第 18 页。
③ 一圈:《安徽地理》,《安徽俗话报》第十六期,甲辰年十月十五日。
④ 一圈:《安徽地理》,《安徽俗话报》第十六期,甲辰年十月十五日。

行,民间报刊舆论动员在其间发挥重要作用。1903年年底,美方欲借中美《华工禁约》期满之机,维持既定的排华政策。翌年1月24日,在旅美华侨的强烈要求下,清政府电令驻美公使梁诚“力争华工禁约”,就此约改废与美方展开谈判。[①] 1905年年初,中美两国围绕《华工禁约》展开多次交涉,但美方拒绝让步,谈判陷入僵局。针对彼时谈判的进展,国内舆论已有关注。5月5日《时报》刊出华盛顿专电:“华工禁约由出使大臣梁诚与美政府磋商数月,美政府一意坚执,无所通融。现因梁使不肯画押,美政府拟由新派驻华公使直接与我政府交涉。”[②]5月10日,上海商务总会为声援海外华人,倡议抵制“美国禁工条约”,沪上绅商在闽籍商人曾铸的领衔下通电全国二十一埠,筹划“相戒不用美货”。自此,1905年席卷全国的抵制美货运动徐徐拉开了序幕,在全国范围内逐渐形成了强大的反美舆论氛围。

## 一、20世纪初中美交涉《华工禁约》与本土报刊舆论聚焦

1904年,中美两国在《华工禁约》的谈判中出现严重对立,中美关系趋于紧张。本土报刊涉及条约交涉兼有海外与地方的两重视野,对外目光注重两国谈判的最新进展,对内目光侧重鼓动国内民众抵制不平等条约。1905年年中,随着中美谈判移步北京,本土报刊的地方视野渐成主流,舆论中心议题逐渐向国内抵制美约转移。

就本土报刊的海外视野而言,报纸多采纳海外信源报道《华工禁约》的最新消息。1904年3月26日,上海《中外日报》采译英国路透社电报称:“虽美人力阻中国,然中国终谓与美国所订禁止华人之约,实系不合此约。”[③]4月29日,报纸在《电传宫门抄》中再言:“美国禁止华工久成苛例,今届十年期满,亟宜援引公法驳正原约以期保护侨民策”。至两国谈判将开议之际,《中外日报》将驻美公使梁诚复京电文刊于报上,将条约交涉“大约九月底可以开议”[④]的重要消息及时告知国内读者。

1904年年底,中美正式展开条约磋商。中方以驻美公使梁诚为代表。针对其时的谈判进展,沪上《时报》援引华盛顿信源,指出若此次我方交涉不能力争美方废约,则亟应达成“禁工人不得禁商人”“禁新客不得禁旧客”等合理诉求,否则美方所

① 朱寿朋:《光绪朝东华录》,中华书局1958年版,第5271页。
② 《电报一》,《时报》1905年5月5日,第一张第3页。
③ 《续记英报志中美换约要闻》,《中外日报》1904年3月26日,第4版。
④ 《外埠新闻》,《中外日报》1904年11月2日,第3版。

言“(我国)上等人之欲入美国者议以特别优礼相待”[①]皆为泡影。《时报》言论旨在保全我方的正当利益。翌年1月25日，驻美公使梁诚代表中方，向美国国务院提交一份二十五款的修改草约，意在较大范围内对《华工禁约》进行修正，但遭到了美方内部以陆军部长塔虎特(William H. Taft)等人的激烈反对，并最终向梁使提交了一份与之相悖的反馈意见，双方在若干议题上的互不相让导致了谈判陷入僵局。[②] 6天后即1月31日，上海《中外日报》迅速评点此时久争不下的交涉近况，认为我方此次争约恐难顺利，其缘由在于“美国工党仇恨华人极甚，在上下议院之中该党占据多数，势力甚大，恐此议终难实行也”[③]。可见，本土报刊的海外视野密切关注大洋彼岸的谈判进展。

就本土报刊的地方视野而言，南北舆论宣传修约的现实意义，侧重动员国内民众抵制禁约，同时期上海《时报》与天津《大公报》的言论具有代表性。1904年8月1日，创刊不久的《时报》连载特别访员“如月女士”的海外来稿，认为此番争约“使天下知，国弱者必受人侮辱”[④]，鼓励国内外同胞起而反抗不平等条约。8月24日起，报纸连载寓美华商演说抵制工约的来稿，指出此次不应只惟政府参与，尤其是在两国谈判尚无头绪之时，更需要民间力量参与进来，“望我同业咸予赞助共起而鼓吹之”[⑤]。以《时报》为代表的本土报刊将破局希望部分地寄托在国民身上。翌年5月18日，《时报》第二页《本馆特别告白》甚至以“征文”形式向时人征求抵制美约之策：“如海内诸君别有高识雄论，务请指陈切实办法，惠寄本馆，俾得代为公表，以资互助，幸甚幸甚。”

北方舆论重镇《大公报》与上海的拒约舆论相联通，鼓动本地读者效仿南方迈出抵制美约的步伐，为此报纸还曾遭到袁世凯当局的“禁阅”惩处。1905年6月15日至8月20日，《大公报》于报纸第一版增辟“抵制美约要闻”栏目，汇录海内外涉及这一议题的电文(稿)及消息，至8月17日“禁阅风波”前，该栏目先后刊发要闻不下百件，有力地声援了南方抵制美约行动。8月17日当天，时任报馆总理英敛之于报纸头版刊登声明。英敛之认为：“抵制美约一事倡于上海，各省风应，凡华字报纸无一无之，敝报当仁岂能独让，故随诸君子后亦尽国民一分之天职，诚以此举

① 《禁止华工入境新约将定》，《时报》1904年12月3日，第一张第3页。

② 张存武：《光绪卅一年中美工约风潮》，“中央研究院”近代史研究所1983年版，第21—22页。

③ 《记驻美华使与美国磋商续订禁工条约事》，《中外日报》1905年1月31日，第2版。

④ 《如月女士·特别通信》，《时报》1904年8月1日，第一张第2页。

⑤ 《演说抵制条例》，《时报》1904年8月24日，第一张第2页。

关系中国前途者既远且大也。”[①]18、19两日，他又连发两文向读者袒露心迹，“且度今朝，谁管明朝”；“从前种种譬如昨日死，以后种种犹如今日生”[②]，点明了报纸在此议题上的坚定立场，并鼓励拒约同志要矢志不渝，坚持到底。

至1905年中期，美方决定绕过在谈判中表现强硬的梁诚，转向北京直接与清政府交涉。对这一突发消息，海外华侨先后拍电至国内，提醒时人要重视美方此举的背后意图，“美使抵京必施狡谋希图续约，稍为迁就，此后十年华旅生计尽绝”[③]。本土报刊接电后旋即将此消息刊于报上广而告之。5月5日，上海报界如《时报》《中外日报》同时刊出海外来电，两报言：“现因梁使不肯画押，美政府拟由新派驻华公使直接与我政府交涉”；“昨晚闻有人得美洲电云，美国商订限制华工之约，驻美华使不允画押，美政府当令驻北京公使向中政府商办”[④]。翌日，《时报》甚至将去年十万华侨的联名公电追录于报上，再三叮嘱时人对此事不可掉以轻心：“今改约之事迫于目前，倘我政府不加细察率行画押，则梁使力争数月之功尽付东流，而我国受该约之害将不知所底止矣”[⑤]。

5月10日，美国旧金山中华会馆拍电至沪，请求沪上绅商筹策拒约，作为回应，众绅商于10日下午集聚上海商会总会馆内，开会集议抵制美约之策，以示商界拒约之决心。对此，上海三大报——《申报》《时报》《中外日报》均在报纸显眼位置上有所呈现，将这一消息提前告知时人。《申报》10日《论美禁华工新约》中列举七条禁约“不可不争之故”，强调：“(抵制美约)关系重大，此吾国民所当出全力以争之者也。”[⑥]《时报》高赞上海华商集议对付美约之事，称此举有力地反驳了“中国人无国家思想”“中国人无权利思想”等谬说。[⑦]《中外日报》刊出《集议对付华工禁约办法》一文：“恳请各帮商董定于初七日即今日下午两下钟，在靶子路商会筹议对付办法。”[⑧]在当天的会议上，与会绅商达成共识——若《华工禁约》在两月后未能改良，则我方将实行“相戒不用美货”。会后，此决议由闽籍商人曾铸(1849—1908)领衔

① 《声明》，《大公报》1905年8月17日，第1版。

② 《苟延残喘之大公报》，《大公报》1905年8月18日，第1版；《一息尚存此　志不容少懈》，《大公报》1905年8月19日，第1版。

③ 张存武：《光绪卅一年中美工约风潮》，“中央研究院”近代史研究所1983年版，第32页。

④ 《电报一》，《时报》1905年5月5日，第一张第3页；《美洲来电述闻》，《中外日报》1905年5月5日，第3版。

⑤ 《择录旅美华商上当道公禀》，《时报》1905年5月6日，第一张第2页。

⑥ 《论美禁华工新约》，《申报》1905年5月10日，第1版。

⑦ 《时事批评》，《时报》1905年5月10日，第2页。

⑧ 《集议对付华工禁约办法》，《中外日报》1905年5月10日，第2版。

通电全国二十一埠，而“不用美货”亦在后续运动中逐渐成为其时拒约的主流口号之一。

伴随着5月10日上海商务总会公电的传出，抵制美约风潮席卷全国乃至海外，“繇自海内外通商各埠、内地城乡僻壤，凡商界、学界、女界、工界闻风兴起，接踵开会”①，各地各行业响应抵制美约的电报如潮水般涌向上海。沪上大报如《申报》《时报》《中外日报》紧跟时事，将各地电报汇录于报上，侧重呈现国内民众的同声相应。

随着国内抵制美货运动的渐次开展，南北报界的舆论聚焦有转移趋势，报纸或“坐而言”或“起而行”，将报道重心调整至抵制美货议题上。就“坐而言”层面，自5月10日“相戒不用美货”公电发出后，《大公报》《京话日报》《申报》《时报》《中外日报》等报刊开始有意识地以报纸社论进行舆论引导，重要社论有：《论不买美国的东西》(《大公报》6月16日)、《对于不用美货之精神物质研究谈》(《大公报》6月24日)、《抵制美国禁止华工续约》(《京话日报》5月30日至6月2日)、《论对付美约今日应办之事》(《申报》5月28日)、《论抵制美国华工禁约》(《时报》5月24日)、《论在上海之闽粤商人集议事》(《中外日报》5月16日)、《续论沪上绅商集议美约事》(《中外日报》5月18日)等文。

就“起而行”层面，本土报刊以身作则，积极响应“抵制美货”之倡议，先后声明本报拒登美商广告，如《京话日报》6月8日《本报不登美商告白》、《大公报》6月11日《本报不登美商告白》、《时报》6月25日《本馆特别告白》、香港《有所谓报》7月22日《本报抵制美约非常要告》、《中外日报》8月1日《本官特别广告》、《广东日报》8月4日《敬告我同业之资本家》等拒载美货广告的声明。本土报刊或言或行合力聚焦抵制美货议题，合力推动抵制美约的舆论声势走上顶点。

总体而言，1905年前后中美交涉《华工禁约》之际，本土报界聚焦《华工禁约》有“内外”结合的报道：海外视野下，报纸多借助国外信源跟进两国谈判的进展，并对条约谈判的未来走势持悲观性预判；地方视野下，报刊舆论建构起抵制禁约的现实意义，侧重动员国内民众参与抵制禁约。1905年5月10日，国内抵制美货运动开始爆发，本土报界有意识地将舆论重心导向至国内，大篇幅报道国内抵制美货议题旨在推动其时抵制美货运动向全国铺开。

---

① 苏绍柄：《山钟集》，1906年版，第13页。

## 二、抵制美货:本土报刊舆论动员及其渐次分野

1905年中期,"抵制美货运动"在本土报刊的舆论引导下逐渐成为其时重要议题,身处舆论中心地带,各家报馆凭借馆内报人群对这场运动的认知框架,在运动策略、运动目标等议题上扩大本报与现实运动的对话空间,侧重动员本地民众参与运动。但报刊舆论动员近似同步的背后,不同报刊在相同议题上的看法却非"铁板一块",呈现出舆论渐次分野的现实图景。

### (一)京沪等地报刊舆论动员的遥相呼应

5月10日与7月20日是国内抵制美货运动发展的两个关键节点,前者以上海商务总会通电各埠"以两月为期,如美国不允将苛例删改而强我续约,则我华人当合全国暂不运销美货益为抵制"为标志,标志运动进入筹备期;后者以各埠群体"集议不用美货"为标志,标志运动正式开展。[①]

运动筹备期(5月10日至7月20日前),随着上海商务总会倡议抵制美货的通电传遍全国,在地理区域上逐渐形成了以京津、上海、广东为中心的舆论场域。天津《大公报》、北京《京话日报》与上海报界遥相呼应;上海以《申报》《时报》《中外日报》为代表,舆论动员的议题有全局性考量;广东地区首推《广东日报》,报纸时评文章带有浓厚的地方性色彩。

就此阶段内《大公报》与《京话日报》而言,两家报纸在舆论动员的框架内以"庚子国变"为参照,呼吁读者维护抵制美货运动"和平抵制"的方针。《大公报》7月12日一篇文章称,"即以庚子一役言之,乘兴播选、宗社几里,亦可谓二百余年来未有之奇变矣",而如今"宜将抵制之手段示以和平办法,勿失之激烈"[②],不复前辙。关于此点,"眼光向下"的《京话日报》说得更是通俗,5月29日"演说"认为:"可要听明白,不是教给人再闹义和团,是要想一个柔软的法子。"[③]那么"柔软的法子"是什么?《京话日报》认为:"并不像那义和团、红灯照,专讲杀人放火,举着刀扛棍,拿肉身子去试枪炮,那种野蛮的丑相,怎比得了这回的文明竞争","这件事情,既然都是

---

① 抵制美货"两月之期"系抵制美约发起人曾铸与美驻华大使柔克义的约定,若美方在5月20日至7月20日内未能修改条约,则我方将以抵制美货作为回应。详见曾铸刊于《时报》6月26日第二张第7页《曾少卿观察致本馆书》一文。

② 《北京学界同志敬告全国学生文(论抵制美禁华工续约办法)》,《大公报》1905年7月12日,第1版。

③ 《论抵制美国禁止华工续约》,《京话日报》1905年5月30日。转引自《〈京话日报〉的宣传手段与社会实践》,湘潭大学,第39页。

美国工商的主意，所以大家想的法子也就是工商抵制工商，全不与两国政府相干"[①]。在《京话日报》看来，"工商抵制工商"即是抵制运动的正途，而非牵涉到中外交涉。同时为使"和平抵制"这一方针在更大的范围内传播，《京话日报》将上海本埠筹拒美货的缘由译为白话文，分送山东、山西、河南、奉天等周边省，"愿各省爱国爱群有志气的人多多传布，才不负我们这一片苦心"[②]，意在与上海舆论相勾连，将本地运动限定在理性抵制的框架内进行。

上海报界以《申报》《时报》《中外日报》为代表，从"民气"角度来解读本埠商人抵制美货之义举。《申报》5月17日在《论中国民气有发达之机》中率先指出，国人抵制美货恰证明了"吾中国人之民气尚能如此团结、如此发达，当亦通商互市以来绝无仅有之伟大举动也"[③]。翌日《中外日报》亦撰文称："虽其事之果效，尚未可知，(但)我华人之渐知觉醒，非复如前日之愦愦则断可知矣，本报于是不禁深为华人之前途贺也！"[④]同月23日，《时报》主笔陈冷刊登《论抵制美国华工禁约》一文，开篇明义地强调国内抵制美货运动，彰显了我国"人心之一民气之张，实为曩者所罕有，信乎我中国人之未易可侮也。"[⑤]三大报在"民气"层面上肯定运动的现实意义，有助于推动本地乃至全国的抵制美货进展。

另一方面，鉴于既往发起的爱国运动大多是虎头蛇尾，无果而终，因此同时期三报均表达了不同程度的担忧。《申报》5月28日第一版刊登《论对付美约今日应办之举》，认为："观于近年来，集议抵制外人之策，大率始则义愤向声，终则查无结果，如东三省俄约也、粤汉铁路也、周生有案也……吾民之能力薄弱，如风潮澎湃之不久而即息，亦未始无是弱点。"[⑥]5月18日《中外日报》在论说《续论沪上绅商集议美约事》中亦表达了类似担忧，称："我国以自古闭关独立之故，养成国人不明对外之义务，故各各社会自为利害，不知相顾，平日无事尚不甚觉，一遇外人以全国相争，则未有不败者，数十年中失败之故莫不由此。"[⑦]《时报》5月24日评论亦称："抵

---

① 《现在绅商会议的情形和抵制的办法》，《京话日报》1905年6月2日。转引自《〈京话日报〉的宣传手段与社会实践》，湘潭大学，第38页。

② 《论抵制美国禁止华工续约》，《京话日报》1905年5月30日。转引自《〈京话日报〉的宣传手段与社会实践》，湘潭大学，第39页。

③ 《论中国民气有发达之机》，《申报》1905年5月17日，第1版。

④ 《续论沪上绅商集议美约事》，《中外日报》1905年5月18日，第1版。

⑤ 《论抵制美国华工禁约》，《时报》1905年5月23日，第一张第2页。

⑥ 《论对付美约今日应办之事》，《申报》1905年5月28日，第1版。

⑦ 《续论沪上绅商集议美约事》，《中外日报》1905年5月18日，第1版。

制不能持久,美人之处心积虑以窘我华人也,数十年矣,得陇望蜀,有进无退。"[①]可见,此次抵制美货运动能否超越以往,是彼时国内舆论关心的重点之一。

广东素来是华人出洋务工的大省,本地报刊密切联系本省实际,动员本地民众响应拒约倡议。5月23日,《广东日报》在《敬告会议对付美约之诸君》一文中,点明此次争约与粤省人之关系重大:"今有一最重要之问题,关于吾华人之生命者,曰惟禁约;今有一最重要之问题,关于吾粤人之生命者,曰惟禁约。"[②]如何实现拒约目标,《广东日报》给出答案:"今日对付此禁约之问题,在有一最重要之解决,解决何在,则曰勿倚赖清政府,而专恃民气是也。"[③]与上海三报看法相近,《广东日报》亦从"民气"角度动员本地民众,"何谓专恃民气也,气者何? 有客气、有真气……毫无实际,群相哗噪,是曰客气,客气虽盛,不崇朝而涣散矣;若真气则如扎硬寨、打死仗,挟逼之而不惧,震撼之而不摇,恃此真气以兴大舞台相竞,无锐不破,无坚不摧,可预决也"[④]。从动员"民气"出发,与上海报界将拒约上升到国民义务的宏观角度不同,粤省报刊更兼具了地方角度,"就全局言之,则害国家之尊容,玷辱国民之人格;就我粤言之,则妨碍粤人之生计,侵害商民之利权,故吾粤人对于此较全国人感情尤倍"[⑤]。为此,报纸呼吁本省民众迅速行动,"为全国计,为全省计"响应拒约倡议。

6月下旬,当广东地区抵制美货有沉寂之迹象,《广东日报》亦将本地新宁人作为典范,动员本省以新宁地区(注:今指广东台山)为中心开展抵制美货行动。《广东日报》6月26日《新宁人实行对付美约之可嘉》中称:"虽然此约对于全国,则为辱没国权,对于吾粤,则为妨碍生计,于彼于此,痛定思痛,我粤人不啻加一重之苦果焉。"报纸指出:"平心而论,对付此约,当以粤人为主,而联合十八省之人以助之。若我粤之新宁人,则又主中之主,其经商而流寓美国者为最多,剥肤之痛,尤有甚焉。"对眼下新宁地区开展的抵制美约行动,报纸呼吁全省效法新宁,尽其义务,"此

① 《论抵制美国华工禁约》,《时报》,1905年5月24日,第2页。

② 《敬告会议对付美约之诸君》,1905年5月23日《广东日报》。参见广东省中山图书馆:《广东1905年反美爱国运动资料汇辑1　论说》,广东省中山图书馆1956年8月,第2页。

③ 《敬告会议对付美约之诸君》,1905年5月23日《广东日报》。参见广东省中山图书馆:《广东1905年反美爱国运动资料汇辑1　论说》,广东省中山图书馆1956年8月,第3页。

④ 《敬告会议对付美约之诸君》,1905年5月23日《广东日报》。参见广东省中山图书馆:《广东1905年反美爱国运动资料汇辑1　论说》,广东省中山图书馆1956年8月,第3页。

⑤ 《敬告会议对付美约之诸君》,1905年5月23日《广东日报》。参见广东省中山图书馆:《广东1905年反美爱国运动资料汇辑1　论说》,广东省中山图书馆1956年8月,第4页。

事非新宁之人事，而全省人与有责焉，全国人与有责焉”[①]。报纸言论将这场集体运动的落脚点落在“利益相关”上，在粤人中有相当的感召力。

综言之，运动筹备期内，发端于上海的抵制美货运动吸引了全国目光，以上海报界为中心的舆论动员向全国铺开，继而引起京津、广东等地报刊的回应。但7月20日后，由于运动在关键议题上的利益—代价分摊不均，遂导致了抵货共同体内部出现了分化，形成了“不用美货”与“不定美货”两方势力，两方以报刊为阵地对其对手展开舆论攻势，由此引发了《时报》与《中外日报》之间的大论战。

（二）《时报》《中外日报》在“抵制之术”上的舆论纷争

本土报刊舆论渐次分野尤其表现在上海报界，而引发舆论分野的焦点是究竟以何种手段开展运动。时人在“抵制之术”上的主流看法分为两种：一种主张全体华人从7月20日开始坚决不买美货，即“不用美货”派；另一种主张全体华商从7月20日开始不再订购美货，凡7月20日以前的订货准许在市面上销售，即“不订美货”派。两派分歧在于：若实行“不订美货”策略，准许华商前订的美货在市面上销售，则与抵制美货方针相悖，有破坏运动之嫌；但若从7月20日起实行“不用美货”，则华商7月20日前的订货将付之东流，有损伤商人利益之忧。两种主张在现实中的矛盾，直接导致上海《时报》与《中外日报》之间的舆论纷争，进而在很大程度上导致上海报界舆论出现分野。

《时报》与《中外日报》的这场舆论纷争出现在7月20日运动正式开始后，分歧点在于对“抵制之术”的不同看法。7月20日运动开始的当天，《时报》撰写时评论证“不用美货”的可行性，认为：“不用美货，则人人皆可自信，亦人人皆可共信，而实行之事，吾固敢决其举国一致，必无一心之异议者也。”[②]3日后，《时报》再刊一文论证“不用美货”的唯一性：“其一为谋不用美货之事之能持久，则所有陈货不可不速议处置，以释不定美货诸公之负；其一当防抵制之策之旁决，防抵制之策之旁决，则抵制之策只须认定不用美货一端而已，足不必别外枝节或致酿意外，至授美人以口实而重伤今日不定美货诸公之心。”[③]可见，“不用美货”在《时报》看来是抵制运动独一无二的策略。

反观《中外日报》，报纸对“不用美货”之说从担忧到怀疑再到反对，有一历时性

---

① 《新宁任实行对付美约之可嘉》，1905年6月26日《广东日报》。参见广东省中山图书馆：《广东1905年反美爱国运动资料汇辑1　论说》，广东省中山图书馆1956年8月，第8、9页。

② 《论今日为实行停销美货之期》，《时报》1905年7月20日，第一张第2页。

③ 《论十八日商务会总各大商签允不定美货事》，《时报》1905年7月23日，第一张第2页。

过程。7月24日论说《论集议不用美货事》对施行“不用美货”表达担忧:“盖此事之起议,甫在距今两月之前,则此两月之间,既未抵实行之期,商业诸家未必无定购美货者,且其定美货必有更在此事发起之前者。已定之货势不能不出,不出则美商可以向官控告,而抵制之事亦将受其牵率。”若未妥当处理此类已属华商资产之美货,有“无损于美商而有害于华商,徒以困中国之资本家,而上海事情亦必受其影响”之虞,故报纸建言“此事似宜有所变通也”①。可见抵制运动开始不久后,《中外日报》在“不用美货”问题上持保留看法。

7月24日后,《中外日报》连续刊文阐释“此事似宜有所变通也”的内在原因,这一系列文章批评“不用美货”给商界带来的冲击,进而从舆论层面上建构起“不定美货”一说的合理性。7月29日论说《论抵制工约宜以不定美货为正办》从“私利”角度辩解报纸“不定美货”的立场,并对“不用美货”一说持怀疑态度。文章认为:“抵制之法,除不定美货外,似不宜再添出枝节”,其缘由在于“若竟仓卒实行(不用美货),则彼贩运之美人早已捆巨金而去,徒使中国市面将无数有用之银变为无用之货,而银根为之骤紧运转之不灵,是其害未被于美商而先中于华商也”②。一面是群情汹涌的拒约“公益”,一面是维护商利的拒约“私利”,《中外日报》逐渐倾向于后者。29日论说称:“似不必操之已蹙,徒使体面商人亏损巨资,而市面且未所震动也。”③由此可见,同时期《中外日报》与《时报》在“公益”与“私利”上的优先选择,而前者29日论说中“似不宜再添出枝节”一语,则直接显示其时报纸对“不用美货”持有的怀疑态度。

8月9日,《中外日报》论说一栏再发《论现时不用美货不买卖美货宜有害于华商》,其态度较之先前更为明确,正式表明反对“不用美货”的言论立场。文章认为:“原欲以不定美货为抵制美约之办法,理至当义、至正也……若夫不用美货不买卖美货之说,不知其意何居,将以之苦美人乎?不知此项货物既入华商之手,则货物之价值早已为美人取去,而此后之损益皆华商自受之,与美人无涉!”④鉴于施行“不用美货”策略与美商利益无涉,且其直接损害了华商的利益,故作者向时人呼吁:“执笔人之意以为,美约不可不抵制,华商不可不保全。”⑤《中外日报》否定“不

① 《论集议不用美货事》,《中外日报》1905年7月24日,第1版。
② 《论抵制工约宜以不定美货为正办》,《中外日报》1905年7月29日,第1版。
③ 《论抵制工约宜以不定美货为正办》,《中外日报》1905年7月29日,第1版。
④ 《论现时不用美货不买卖美货宜防有害于华商》,《中外日报》1905年8月9日,第1版。
⑤ 《论现时不用美货不买卖美货宜防有害于华商》,《中外日报》1905年8月9日,第1版。

用美货"的系列文章倾向在"私利"的框架内考虑运动的得失，维护商利成为报纸立论的前提。

作为"不定派"的反对者——"不用派"自是不能赞同《中外日报》的观点，先后投书至《时报》馆，历数《中外日报》观点之"谬误"。关于此点，8月20日《时报》上署名李子英来稿尤能体现。李氏在来稿中毫不客气地批评《中外日报》，其言："近见《中外日报》独倡反对之议，支离诞谬，大出情理之外，吾不知其为由衷之言抑为有为而作，郑声不足以乱雅乐，我热血同胞当无一人受其所惑，以惟现当抵制吃紧之时，断难容此种缪说淆乱吾人之耳目。"①8月12日至25日不到半月的时间内，《时报》先后刊出九篇批评《中外日报》来稿，两派舆论对峙之态势显得相当明显，见表6-2所列。

表6-2 《时报》8月所刊涉及《中外日报》的来稿

| 日期 | 版面 | 标　题 | 作　者 |
|---|---|---|---|
| 8月12日 | 2 | 曾少卿遵限答中外日报馆书 | 曾铸 |
| 8月14日 | 7 | 海上不平父与商会函 | 海上不平父 |
| 8月14日 | 7 | 梁少梅覆中外日报馆论抵制美约事 | 梁少梅 |
| 8日14日 | 7 | 无 | 蔡骏烈 |
| 8月15日 | 2 | 龚子英袁观澜与中外日报馆社员叶浩吾论华工禁约事纪实 | 袁观澜、龚子英 |
| 8月15日 | 7 | 梁少梅覆中外日报馆论抵制美约事(续前文) | 梁少梅 |
| 8月19日 | 7 | 书《痛壄堂论抵制工约之事必宜通盘筹划》书后 | 于右任 |
| 8月20日 | 7 | 抉批中外日报近日论记之谬误 | 李子英 |
| 8月25日 | 7 | 东吴陆醒□上曾少卿书 | 东吴陆醒□ |

揆诸表6-2，"不用派"以《时报》为发声平台指摘《中外日报》，其反映了"不用派"对两报的正负看法。《时报》8月14日署名"蔡骏烈"的来稿称："时报主笔台鉴：抵制美约，贵报独力提倡，始终坚持，□内共钦。昨见□□□报有反对不用美货之论，不知不用美货乃所以杜绝定货之途？不见六月十八日后(注：7月20日)后仍□向美商定货者将何法以止之？"②蔡氏在来稿中有意将报名隐去，但"□□□"实际上指的就是《中外日报》，时人对两报一正一负的评价可见一斑。另一方面，以

① 《批抉中外日报近日论记之误谬》，《时报》1905年8月20日，第二张第7页。

② 《来稿》，《时报》1905年8月14日，第二张第7页。

《时报》刊登的来稿为镜，一封署名“东吴陆醒□”的来稿称：“自《中外日报》以不定美货为宗旨，反对不用与不买卖之说，舆论遂分两派。”[①]不少时人眼里，上海本地出现舆论分野是因《中外日报》独倡“不定美货”一说。

面对报馆外“不用派”施加的压力，《中外日报》为求在这场舆论纷争中占得上风，拉来彼时在沪的严复，引后者文章为奥援。8月16日，严复在《中外日报》撰文分别指出“不用美货”与“不定美货”在现实层面中的不足，并对国内抵制美货运动抱有悲观态度。[②] 尽管严文意在提醒时人应“通盘筹划”，从长计议此事，但此番观点不仅不能平息两派及两报之间的言论纷争，反而为这场争执再添了一把火。8月19日作为回应，于右任寄文刊于《时报》，批评严复立论不当。于文认为严复“一则曰事必中废，再则曰少安勿躁”一语，如同“从民气沸度最烈之时而用水泼之，从国锋磨砺以须之而伸意见抗之”[③]，并讥讽严复所谓“眼光注射周到”[④]。两日后，严复在《中外日报》上再刊一文回驳于右任，严文认为于文中的批评：“多在不佞个人之失短，而于此事政见事非则后之而少所发挥耳。”[⑤]其时两人之间的对话内容已溢出就事论事的边界，此后更有演变为“坊间对骂”的趋势，在强大舆论压力下，严复不得不在《中外日报》上宣布本人不再涉入此间争论，“所谓眼不见为净也”[⑥]，匆忙从抵制美货的舆论场域中抽身离开。

但严复本人的离开，并未给《时报》与《中外日报》之间的舆论纷争画上句号，两报之间的言论对话仍屡有发生。9月1日，“不用派”再以《时报》为发声平台批驳《中外日报》，作者署名“思补斋主人”，言语中显示其对美国在华的商务了解很深，或系商界中人。来稿开篇交代了其作文的缘由：“自《中外日报》反对之议起，仆即拟剀切畅论以安天下之心，奈为二竖所侵不克握管。”[⑦]为求以正视听，作者从美国在华的大宗商品入手，论证实行“不用美货”不仅不会给华商造成损失，反而华商能从中获利，因为“一旦工约改良，团体解散之后争先购用，势必货价飞腾，利市三倍，左券可操”[⑧]。在作者看来，美货物价将随着抵制美货取得收效而翻倍，因此经营

---

① 《东吴陆醒□上曾少卿书》，《时报》1905年8月25日，第二张第7页。
② 《瘉壄堂·论抵制工约之事必宜通盘筹划》，《中外日报》1905年8月16日，第1版。
③ 《书〈瘉壄堂论抵制工约之事必宜通盘筹划〉书后》，《时报》1905年8月19日，第二张第7页。
④ 《书〈瘉壄堂论抵制工约之事必宜通盘筹划〉书后》，《时报》1905年8月19日，第二张第7页。
⑤ 《瘉壄堂主人答于君书后书》，《中外日报》1905年8月21日，第1版。
⑥ 《录瘉壄堂主人来函》，《中外日报》1905年9月10日，第7版。
⑦ 《思补斋主人·权衡存货利重害轻可免疏通俾安人心论》，《时报》1905年9月1日，第一张第2页。
⑧ 《思补斋主人·权衡存货利重害轻可免疏通俾安人心论》，《时报》1905年9月1日，第一张第2页。

美货的华商将稳获巨利，故眼下或可不必“疏通”[①]华商手上的存货，因为商人的损失将在未来获得补偿。显然，“思补斋主人”来稿的立论前提是建立在工约必定得到改良的基础上的。

针对此点，《中外日报》9月10日刊出“求是斋主人稿”与之针锋相对，批评前文立论不当，“此语未免失言矣，既云抵制，必须预筹一彼不改良，我可永远坚持之策，如有希冀之想，则团体必不能坚”[②]。以工约必能改良作为立论前提，在《中外日报》看来未免过于乐观，故报纸回应称“此等议论毫无价值”[③]，为今之计，应准许华商前订存货应予“疏通”，使商业母金得以流转，避免“令美商有藉口牵入国际，败坏我团体”[④]。可见《中外日报》在强大外力的诘难下，仍自始至终地将商利作为立论的首要前提。

不过尽管《中外日报》站在商界立场上疾呼“美约不可不抵制，华商不可不保全”，甚至拉来严复在报上作文，以期将运动纳入本方所期待的轨道，但其论证并不足以使时人信服。运动期间，《中外日报》在“众怒”中遭到了上海工商学界的抵制，“奉劝热血同胞以相戒不阅该报”[⑤]，其时上海市面上甚至流行《中外日报》受贿“五千两”[⑥]的传言，报纸声誉因此受到了极大影响。在1906年抵货风潮渐趋平静之际，《中外日报》以“综其所为，未尽合于事理，结果盖未可知”[⑦]一语来评价这场运动，其馆主汪康年(1860—1911)亦持类似看法：“华商之办美货者，以大众不用美货受绝大之损失而影响及于全商界，论者谓今日商业之凋敝，此亦一大原因。”[⑧]可见报馆同人对运动给商人带来的负面影响耿耿于怀。

总体来看，《时报》与《中外日报》之间的舆论纷争揭示了抵货共同体在“抵制之术”上难以弥合的分歧，恰如严复所言“今者抵制美约事，其为鹄易见，而为术难求”[⑨]。而在舆论动员走向舆论渐次分野的历史过程中，反衬出报刊终难在“公益”与“私利”之间取得舆论共识。不过新式报刊在抵制美货运动中所刻下的历史记

① “疏通”一词指部分时人为减小经营美货华商的经济损失，而提出要将前订美货予以在市面上销售。
② 《答八月初三日〈时报〉思补斋主人来函》，《中外日报》1905年9月1日，第2版。
③ 《答八月初三日〈时报〉思补斋主人来函》，《中外日报》1905年9月1日，第2版。
④ 《答八月初三日〈时报〉思补斋主人来函》，《中外日报》1905年9月1日，第2版。
⑤ 戈公振：《中国报学史》，上海书店出版社1935年版，第142页。
⑥ 《记本馆社员与沪学会会员论抵制美约事》，《中外日报》1905年8月21日，第1版。
⑦ 《乙巳年大事记略》，《中外日报》1906年1月20日，第1版。
⑧ 汪康年著，汪林茂编校：《汪康年文集(上)》，浙江古籍出版社2011年版，第201页。
⑨ 《瘉壄堂主人答于君书后书》，《中外日报》1905年8月21日，第1版。

忆,在未来的抵制外货运动中得到了延续,爱国民众在报界舆论的影响下发起了一轮又一轮的爱国抵货运动,这一些运动的源头应追溯至1905年的抵制美货运动。

## 第四节　国内革命派报刊的兴起与清政府的舆论控制

庚子事变后,清末民间报刊舆论日渐形成改良与革命的政治分野。清末革命派报刊初兴起于港澳、日本等地,向中国上海及内陆地区渗透有一过程。1903年6月至8月"苏报案""沈荩案"爆发,加速了国内革命派报刊的兴起,对清末舆论格局及清廷的言论管控皆影响深远。

### 一、1903年"苏报案""沈荩案"及其舆论影响

《苏报》创刊于1896年,系在日本驻沪总领事馆注册。该报原是以刊登花边新闻为主的小报,1900年转让给陈范,宣传保皇立宪。1903年5月聘爱国学社社员章士钊为主笔,持续刊发章太炎、邹容等排满革命言论。6月,清廷与上海领事团密谋,由租界工部局逮捕章太炎、邹容等,并查封该报,史称"苏报案"。7月,因言获罪的"沈荩案"在京城爆发。沈荩(1872—1903)系维新运动中湖南维新派,1903年7月因于报刊揭发"中俄密约"而遭杖毙。据冯自由《革命逸史》载:"庚子六月,唐才常在上海邀请维新志士开国会于张园,沈被举为干事,旋被推任自立军右军统领,在新堤发难,是岁八月闻汉口失败,急举兵应之,以失援溃散。只身走北京,创设报馆。"①

沈荩因言获罪之原委,章士钊在1903年9月述及:"李鸿章与订密约以后,俄罗斯专用其诳骗手段,付全权于道胜银行之璞科第,凡北京之扑满党(小儿积钱之器曰扑满,故名积贿者为扑满党),西后以下,皆为所贿嘱,故密约不数月而辄一更,其所以促荩之死者,此亦其一重大之案。本年三月之杪,俄政府有要求满政府之密约七条如下……此密约也,乃诡密不可端倪,虽得联俄派之画诺,方未得间以暴白于外。无何,荩腾载于日本各新闻,号外、号外之声,大激动东京吾国留学生之脑,电达全国,到处响应。"②可见沈荩之泄密,事涉清廷内部腐败及拒俄运动的巨大影响。

---

① 冯自由:《革命逸史(中)》,新星出版社2009年版,第431页。

② 章士钊:《章士钊全集·第1卷》,文汇出版社2000年版,第134—135页。

一南一北同时爆发的报案,结局虽截然不同,但有相互牵连的关系,对此后的舆论格局影响实巨。沈荩于7月31日被杖毙,死状尤其惨烈。《大公报》1903年8月4日报道称:"兹闻是日入奏请斩立决,因本月系万寿月,向不杀人。奉皇太后懿旨,改为立毙杖下。惟刑部因不行杖,故此次特造一大木板,而行杖之法又素不谙习,故打至二百余下,血肉飞裂,犹未至死。后不得已,始用绳紧系其颈,勒之而死。"[①]当时,清廷正与上海领事团交涉引渡"苏报案"犯事宜。各国领事鉴于治外法权不愿开此先例,而清廷则借重福开森从中转圜,并许厚礼。因此,各国对此态度不一。据报载:"近在北京地方各公使因上海苏报馆一案,英国参赞之意,以为诸人不应交与华官,日本公使以为未曾拘人以前,上海道既与各国领事立有约章,现在即应照约办理。惟俄、法两国则欲助中国政府,将诸人交于华官,故其中彼等之意见各不相同。"[②]

随着"沈荩案"爆发,清政府的粗暴形象受到指责,各国领事意见趋于一致。1903年8月23日,张之洞致端方电称:"上海六犯英人不独不愿交。近因沈克諴杖毙,各国皆不以为然,决不肯交。望饬福开森与各国婉商,此六犯若交出,皆只以监禁了事,决不办死罪,或可望允。此节已与政府商明,断不失信。望将近日上海情形速示复。"[③]1903年9月4日,上海道袁树勋致电端方称:"咸谓沈荩严惩,各国均有违言。从前之允交者,今则意见不同,以后能否商交,实无把握。"[④]后清廷对引渡"苏报案"犯不了了之。至次年5月,章太炎、邹容分别被租界法庭判处监禁3年和2年。

"苏报案""沈荩案"结局使清政府面对民间报刊舆论,在舆论形象和法理管控等皆遭难以挽回的损害。就道义形象而言,沈荩惨死、章及邹下狱被中外媒体广泛报道,排满革命舆论更激昂。章士钊称:"本年事件之多端,亦既照人耳目矣,而区分之,约为四时代。一时代以一人作为代数以记之,则二三月之交者,吴敬恒、蔡民友同时代也;四月五月之交者,钮永建、汤槱同时代也;五六月之交者,章炳麟、邹容同时代也;六七月之交者,沈荩时代也。"章士钊认为革命派的持续行动,尤以"苏报案""沈荩案"引发的舆论震动为巨:"然吴敬恒以几次之演说,惹起满清之注目,是为本年骚动之发端,而钮永建复组织军队,为满清腐鼠之嚇,以故吴蔡汤钮之名词,

① 方汉奇:《中国新闻事业编年史(第二版)·上》,福建人民出版社2018年版,第130页。
② 《上海泰晤士报》,1903年8月17日。转引自《中国新闻事业编年史》,第132—133页。
③ 中国史学会:《中国近代史资料丛刊　辛亥革命(一)》,上海人民出版社1957年版,第432页。
④ 中国史学会:《中国近代史资料丛刊　辛亥革命(一)》,上海人民出版社1957年版,第435页。

扰攘于上海者数月,而卒无事……突发于章炳麟被捕之日,全国之视线,莫不注集于松江一角之地,以为满汉宣战,今其嚆矢。章炳麟之被俘,即吾四百兆同胞之被俘也。故章邹之狱,已足鼓动全国之舆论而坚吾军之壁垒。乃不逾月,而沈荩捶毙于满廷,于是舆论愈激昂,而热血愈腾涌,几若全国一致,以奔满洲,势汹汹骤不可夭阏。西人至谓:'沈荩之死,震动人心较之俄日开战尤当。'"①

就民间舆论管控的法理而言,清末租界治外法权的存在为革命派办报活动提供了"法外之地"。"苏报案"中,张之洞一度采取"不办死罪"等措施,希望各国同意引渡,其目的显然是开此先例,以使清廷对租界的革命舆论有一定的管控力度。1903 年 9 月 4 日,张之洞致湖广总督端方电称:"前因虑各国不肯交还,致永失主权,故拟退让一步商办,冀易就范。"②但清廷内部对此意见不一,张之洞亦"请作为罢论"。其中纠结,上海道袁树勋在 9 月 7 日至端方电中述之甚详:"查六犯免死,系外人最切意之着。职道争交无术,负疚万分。前蒙香宪承授机宜,此真日夕祷企以求而未敢出诸口者。在宁禀商督帅,亦深佩远谟。是以职道日来正感激图奋,以期迅赴事机。惟鉴于入手筹商未能周密,致被藉口阻扰,此时不敢不踌躇审慎。昨曾密嘱福开森将从宽监禁一节条陈美领,切商公会,作为出自古意。倘公会允即照转公使核示,职道即可乘机续议后不援例,以保主权,较易措手。断不敢捏饰讳过,自外生成。惟是香宪既请宪台饬知,不愿与闻,职道获戾更重。万求宪台转恳香帅,略迹原情,总求以天下为重,始终一力主持,俾得仰仗德威,磋磨就范。"③可见,清廷在"苏报案"犯引渡交涉中作罢,也有清廷内部意见不一、张之洞退出等因素影响。

"苏报案"显示了清廷对租界报刊施加政治影响之乏力,革命舆论在此后进一步发展。章士钊称:"辛亥以前之革命思潮,就上海而言,应以光绪癸卯夏至翌年甲辰秋此一时期为最高点。何以故?以《苏报》案开端,万福华案结尾,其他宣传诱导,内外质剂,与当时震荡奔放之人心适相应合故。"④就报刊而言,1903 年 8 月 7 日,章士钊、陈独秀等主编的《国民日日报》上海创刊,"发刊未久,风行一时,时人咸称为《苏报》第二"⑤。次年,蔡元培等人发起创办《俄事警闻》,后更名《警钟日报》,

① 章士钊:《章士钊全集·第 1 卷》,文汇出版社 2000 年版,第 121 页。
② 中国史学会:《中国近代史资料丛刊 辛亥革命(一)》,上海人民出版社 1957 年版,第436 页。
③ 中国史学会:《中国近代史资料丛刊 辛亥革命(一)》,上海人民出版社 1957 年版,第436 页。
④ 章士钊:《章士钊全集·第 8 卷》,文汇出版社 2000 年版,第 183 页。
⑤ 冯自由:《革命逸史·上》,新星出版社 2009 年版,第 106 页。

“实继承《苏报》与《国民日日报》之系统”[①]。尔后革命舆论渐成气候,改良与革命之论战在海内外持续上演。

## 二、革命舆论兴起与清政府舆论管控的近代化趋向

面对新式报刊及租界的革命舆论风潮,清政府传统的言禁政策及相关律令已跟不上时代。“古无报纸专律也,唯律例耳”。“苏报案”中,清廷所援引的律例系1901年《大清律例增修统纂集成》中“造妖书妖言”条例,内称:“凡造谶纬妖书妖言,及传用惑众者,皆斩。……凡妄布邪言书写张贴,煽惑人心,为首者,斩,立决。……各省抄房,在京探听事件,捏造言语,录报各处者,系官革职,军官杖一百,流三千里。”[②]租界审判的“苏报案”中,清廷律例并未得到采纳。

随后,清政府对倡言革命的报刊采取禁邮、禁阅等措施,在报刊传播的接受端进行查禁。《国民日日报》创刊后,两江总督魏光焘发令严禁,其主要措施在传阅层面:“仰各属府州厅县,将《国民日日报》荒谬悖逆情形,示知地方商民,不准买看。如有寄售《国民报》者,提究。”[③]10月,清廷外务部函总税务司,对该报采取禁邮措施:“八月初九日,接准南洋大臣咨称,据苏松太道袁树勋禀称,查上海苏报馆著书刊报,煽惑人心,业将报馆封闭在案。现又有人创设《国民日日报》,依然放肆蜚语,昌言无忌。该报执事人等,半多寒酸出身,甘于为非,扰害大局,耸人观听,藉广销场。但使无人阅其报纸,彼必支持不住,不难立即闭歇。除分咨沿江各省通饬一体示禁,不准商民买看该报外,应请剳行总税务司转知邮政局,毋得代寄《国民日日报》,杜其销路,绝其来源。”[④]

清末邮政是1876年总税务司英人赫德建议创设,后清政府于1896年创办国家邮政,但邮政管理之权仍在总税务司。[⑤] 由于当时邮局初兴,报纸多以信件方式寄递,实际很难禁邮。对于外务部禁邮《国民日日报》的举措,总税务司复函称:“查邮政局接收寄件,均以信字为主。随到随寄。虽有时因特别之故,有开看之权,然其大致,总以如何接收,如何转寄为本。现奉前因,除抄录来往文件,通饬各口邮局,遇有皮面书名《国民日日报》交局,概不准其收寄外,理合申复。惟查如此禁寄,

① 冯自由:《革命逸史·上》,新星出版社2009年版,第106页。
② 《大清律例》。参见张之华:《中国新闻事业史文选》,中国人民大学出版社1991年版,第141页。
③ 戈公振:《中国报学史》,中国新闻出版社1985年版,第128页。
④ 戈公振:《中国报学史》,中国新闻出版社1985年版,第129页。
⑤ 白寿彝:《中国交通史》,岳麓书社2011年版,第204页。

防不胜防，实属不妥。”[①]其效果可想而知。

禁邮难以实现，禁阅则颠倒主次，这引起舆论界反弹。1903 年 10 月 28 日，《申报》头版刊发社论称：“由观察所筹禁办之法何以不禁国民日报之刊印发售，而第禁人之卖看国民日报？又不解午帅何以竟谓此法妥善？”该报呼吁，报刊舆论治理应注重报律：“考东西洋各国所出各报，必经官吏核明，始行刊布，其于谤议漏泄，亦皆悬为厉禁。中国未有报律，故终无法以处之。必欲整顿各报，非修订报律不可。否则徒禁人阅看，禁人代售，均无益之空言，即使力足以禁之，而亦未见其善也。善乎外务部之奏复商约大臣酌拟近今要务一折，请饬下修订律例大臣参酌中西，详定报律，庶几体例谨严，议论正当，将来益可推行无弊云云。斯言也，盖可谓得其要领矣。”[②]《申报》主张仿照他国制定报律，以使舆论管控适应时代。次年，《东方杂志》刊载《日本敕定公布新闻纸律例》[③]，将日本新闻法翻译为中文传播，以资参考。

随后，清廷对报刊舆论管控的法制化进程开启。1904 年，清廷颁布《大清印刷物专律》，其中“第三章记载物件等”共 7 条，主要针对报刊舆论的管理，“凡印刷或发卖或贩卖或分送各种记载物件，而该记载物件并未遵照本律所载各条向京师印刷注册总局注册者，即以犯法论”[④]。希望以注册的方式，在源头上管控报刊。尔后，一些地方也制定了细致的管控举措，如 1906 年 5 月广东南海县令自订报律八条，对报刊所涉内容分“论说”“公件”“驳议”“实事”“访问”“传疑”“录报”“来函”八个方面作具体规定。[⑤] 京师巡警总厅也发布《报章应守规则》，有“不得诋毁宫廷”“不得妄议朝政”“不得妨害治安”“不得败坏风俗”等九条规则。[⑥]

至 1908 年 1 月 16 日，商部、民政部、法部等共同拟定《大清报律》，经宪政编查馆审核，于 3 月 14 日公布施行，中国近代第一个新闻法由此诞生。《大清报律》共 45 条，涉及报馆登记程序、发行编辑人员条件、报刊内容的具体规范，以及处罚措施等等。清廷报律颁行旨在维护其摇摇欲坠的专制统治，诸如规定“报纸不得揭

① 戈公振：《中国报学史》，中国新闻出版社 1985 年版，第 130 页。
② 《书本报所登严禁国民报示后》，《申报》1903 年 10 月 28 日，第 1 版。
③ 《日本敕定公布新闻纸律例》，《东方杂志》第一卷第五号，1904 年 7 月 8 日，第 53—57 页。
④ 《大清印刷物件专律》。参见张之华：《中国新闻事业史文选》，中国人民大学出版社 1999 年版，第 144 页。
⑤ 方汉奇：《中国新闻事业编年史(第二版)》，福建人民出版社 2018 年版，第 205 页。
⑥ 戈公振：《中国报学史》，中国新闻出版社 1985 年版，第 264 页。

载:诋毁宫廷之语,淆乱政体之语,损害公安之语,败坏风俗之语”等等[①];但也意味着民间报刊的“合法化”。而在当时通商口岸的外国租界内,清廷通过报律管控报刊,实际上又难以企及。据《申报》报道称:“前日粤督张鸣岐曾有电致民政部堂官,谓粤有报馆数家,显倡革命,屡经传令遵守报律,乃该馆藐抗不服。若欲从严处罚,因该馆系挂外国人旗号,为中国司法权所不能及。”[②]可见清廷对租界报刊无可奈何,报律的执行效果有限。

总而言之,庚子事变后,清政府被迫开始新政改革。新政期间中国政治舆论格局变迁涉及官报与民报之分野。就官方而言,新政语境下新式官报从中央到地方,从综合性到专业性各类官报普遍设立。受制于专制体制及陈腐的政治观念,官报在政治舆论导向上作用有限。而民间报刊在经历了短暂挫折后,在政治革新氛围下迅速发展,《大公报》《时报》《东方杂志》等对近代社会舆论产生重要影响的南北民营大报开始崭露头角。新政期间中国政治舆论的总体呈现从改良到革命的新陈代谢,1903年“苏报案”“沈荩案”等舆论影响尤为深远。一方面清政府为应对报刊舆论而开启报刊舆论治理的法制化进程;另一方面,清政府推行的新政改革以及被迫采取的预备立宪等举措,难以应对内忧外患的时局,加之租界为革命报刊屡仆屡起提供了可能,凡此种种都昭示了传统的专制王朝面对新式报刊及其舆论羸弱衰败的局面。

① 《大清报律》。参见张之华:《中国新闻事业史文选》,中国人民大学出版社1999年版,第149页。
② 《外国旗压倒报律》,《申报》1911年10月8日,第4版。

# 第七章

# 辛亥革命前夕政治交锋与革命舆论的媒介建构

在国家面临严重危机的状况下，怎样救亡图存、开通民智、复兴中国？这是辛亥革命前夕中国进步知识分子迫切关注的时代命题。他们纵观世界，发现西方国家实现变革的主要途径有两种：改良、革命。围绕哪一种变革途径更适合中国的论证与争辩，贯穿于辛亥革命前夕中国进步知识分子报刊实践活动的全过程。以梁启超为代表的主张“改良维新”的进步知识分子积极宣扬爱国救亡、抨击黑暗朝政，提倡民族主义、国民观念，介绍西方资产阶级哲学、政治、社会、伦理学说，在当时社会中对革命思想的启蒙产生了广泛影响。以孙中山为代表的主张“国民革命”的进步知识分子深刻揭露帝国主义侵略和清政府的腐败，介绍欧美资产阶级的革命思想和革命历史，传播民权思想，宣扬排满革命，建立民主共和国。作为革命社团宣传机关而创立的革命报刊，以及留日学生团体的办刊活动对革命思想持续不断、声势渐猛的宣传与启蒙，直接推动了革命纲领宣传网络的建立与扩散，并形成声势浩大的国会请愿与武装革命的舆论动员，最终触发革命行动——辛亥革命的爆发。“中华民国之创造，归功于辛亥前革命党之实行及宣传之二大工作。而文字宣传之工作，尤较军事实行之工作有力而且普遍。”①

---

① 冯自由：《开国前海内外革命书报一览》。参见杨光辉等：《中国近代报刊发展概况》，新华出版社，1986年，第30页。

辛亥革命前十余年间出版的各种倡导革命的书报有二百余种，其中报纸类 67 种，杂志类 48 种。[①] 从办刊的时间分布来看，革命报刊此起彼伏、层出不穷，十余年间其数量规模总体上比较均衡。革命思想启蒙阶段（1899—1904 年）创办的革命报刊有 37 种；革命纲领宣传阶段（1905—1907 年）创办的革命报刊有 37 种；武装革命动员阶段（1908 至 1911 年）创办的革命报刊有 40 种。从办刊的空间分布来看（见图 7－1），上海、东京是进步知识分子创办革命报刊、形成革命舆论的大本营，上海有 27 种，日本东京有 24 种。广州、香港以及东南亚、美洲等地也是革命报刊的重要基地，东南亚有 15 种，广州有 11 种，美洲有 10 种，香港有 8 种，其他零星分散在北京、汉口、桂林、贵阳、杭州、金华、长春、厦门、台湾等地，以及墨尔本、悉尼、巴黎等海外城市。

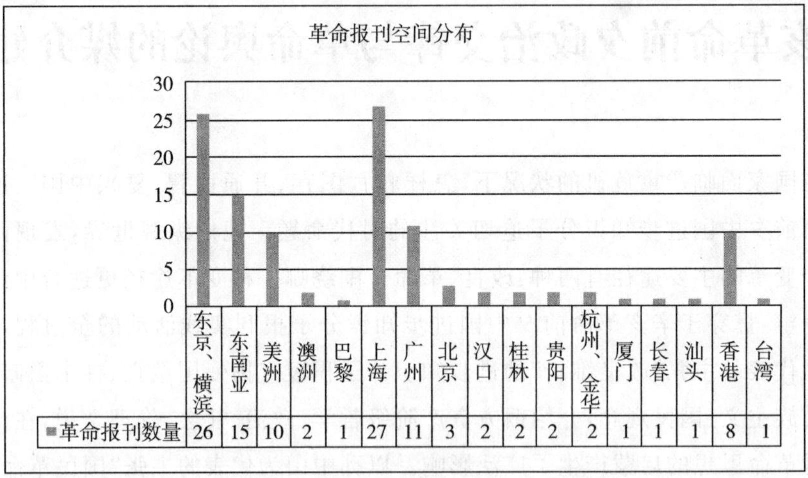


| | 东京、横滨 | 东南亚 | 美洲 | 澳洲 | 巴黎 | 上海 | 广州 | 北京 | 汉口 | 桂林 | 贵阳 | 杭州、金华 | 厦门 | 长春 | 汕头 | 香港 | 台湾 |
|---|---|---|---|---|---|---|---|---|---|---|---|---|---|---|---|---|---|
| 革命报刊数量 | 26 | 15 | 10 | 2 | 1 | 27 | 11 | 3 | 2 | 2 | 2 | 2 | 1 | 1 | 1 | 8 | 1 |

图 7－1　辛亥革命前十年间海内外革命报刊出版地统计

## 第一节　革命思想的启蒙与革命宣传机关的创立（1899—1904）

戊戌变法失败后，刚刚有些影响力的中国政论报刊遭受严重压制。一批进步知识分子东渡日本，或官派、自费留学，或被迫流亡，或谋生打工。洋务运动的困顿

① 依据冯自由著《开国前海内外革命书报一览》所开列的报刊名录进行数据统计。

和百日维新的失败，加剧了他们希冀在日本寻找真经的迫切之感。他们在日本或接受教育或自学成才，在迫害略有放松的情况下继续投身政治宣传工作，撰写文章创办报刊，传播新思想、新学说。《辛丑条约》的订立，使许多进步的中国知识分子对帝国主义侵略本性及清政府的昏庸腐败有了新的认识。当时上海和东京是青年知识分子与留学生集中地。1901—1904 年间，在他们中间兴起了一个创办刊物的热潮，一批宣传革命、革命倾向比较显著的报刊相继问世。

## 一、改良派报刊与革命思想的启蒙

戊戌变法失败后，梁启超等改良派知识分子亡命日本，先后在横滨创办《清议报》《新民丛报》，通过发表时评、撰写政论抨击慈禧太后和清廷顽固势力的腐朽专制统治，激发反对情绪，呼吁政治改革，并广泛介绍西方近代各方面的新思想，以启蒙民众。在梁启超看来，政治改革不能成功主要在于国民的不觉悟，他提出改造国民性的命题，从多个方面阐释新国民所应具备的基本品格，激烈批判旧观念与旧习俗。《清议报》《新民丛报》引介西方资产阶级自由主义的新理论、新思想，启迪和影响了不少爱国知识青年努力想方设法为国家、为民族寻找出路。《清议报》《新民丛报》之所以被视为思想启蒙刊物，主要在于其中刊载大量言辞激烈鼓吹进取、冒险、权利思想，鼓舞爱国进取，宣扬民主思想及抨击清政府的革命思想的论著。1899—1904 年，梁启超在《清议报》《新民丛报》所发之论说，大多是偏重于打破现状的议论。

### （一）《清议报》《新民丛报》的办刊宗旨

《清议报》创刊于 1898 年 12 月 23 日，停刊于 1901 年 12 月 21 日，旬刊，共出版 100 期。其所处历史时期正值维新变法被扼杀，清政府沦为列强的朝廷，国人的民族情感出现全面危机之际。梁启超以宣扬民族主义、民权主义为原则，激烈抨击清政府的封建专制统治，鼓吹革命，介绍自由民权思想、进化论思想等，以刺激国人的爱国心，“挽近百年间，世界社会日进，文明有不可抑遏之势……世之浅见者，徒艳慕其后此文物之增进，民人之自由，国势之淳兴，而不知其前此抛几多血泪，掷几多头颅以易之也”[①]。《清议报》所发表的政论文章“以发明爱国真理，输入文明思

---

① 《清议报叙例》,《清议报》,1898 年第 1 期,第 3 页。

想为主，又指陈时弊"，使读者"见外国进化之所由，及中国受病之所在"①。"主持清议，开发民智"概括了这三年中的宣传要旨。《清议报》先后开设多个评论专栏如《本馆论说》《外国近事及外议》《国闻短评》等。《清议报》在发行至100期时，发表了梁启超撰写的《〈清议报〉一百册祝辞并论报馆之责任及本馆之经历》一文，总结该报所发挥的传播职责有四：倡民权、衍公理、明朝局、厉国耻。总而言之，即是广民智、振民气。

1901年12月，《清议报》出版第100期后停刊。时隔两个月，1902年2月《新民丛报》创刊。与《清议报》相比，《新民丛报》办刊时间长，至1907年7月停刊，前后历时5年多，共出版96期。《新民丛报》第一期发布3条宗旨，其宗旨大义归纳而言即为，以教育为主脑，塑造新民，维护国家公利。《新民丛报》在1902年、1903年"以教育为主脑"，偏重于从思想文化层面进行反对封建专制的启蒙宣传。从创刊号起，连载《新民说》，强调"新民为今日中国第一急务"，鼓吹国民应摆脱封建奴性，树立独立、自由和爱国家、民族的思想；激励国民应具有"自尊""进步""利群"以及"进取冒险"等新精神。

（二）舆论焦点由清议转向新民

《清议报》致力于主持清议、开发民智，通过开设多种评论专栏引发、引导舆论。其中《外国近事及外议》主要介绍各国大事，译载各国报刊研讨中国问题的各种评论。所刊载的"论中国"的文章有80余篇，其中有60余篇摘自日本报纸或由日人撰写。《清议报》刊载这些评论的目的在于"网罗泰西各国之时论，他山之石可以攻玉，良药苦口使我瞑眩，一棒一喝字字皆实，读者可因以观时变、考舆论"②。编者通过记述列强在中国的侵略行径，告知国人中国已处于列强试图鲸吞蚕食的危险境地，促使国人早日警醒，以此激发国人的民族情感、国家情感。

其中《饮冰室自由书》《汗漫录》《国闻短评》《瀛海纵谈》等述评性栏目，主要刊载由梁启超所作的时评文章及其所编译的国外著作文章，其目的在于"不徒一党派之私言，凡海内外名流寄稿，崇论宏议络绎不绝，实可见中国舆论之一斑"③。梁启

---

① 《本编之十大特色》，《清议报全编》（卷一）。参见沈云龙：《近代中国史料丛刊三编》（第15辑），台北文海出版社，1973年，第5页。

② 《本编之十大特色》，《清议报全编》（卷一）。参见沈云龙：《近代中国史料丛刊三编》（第15辑），台北文海出版社1973年，第5页。

③ 《本编之十大特色》，《清议报全编》（卷一）。参见沈云龙：《近代中国史料丛刊三编》（第15辑），台北文海出版社1973年，第6页。

超所著的《中国近十年史论》《灭国新法论》《瓜分危言》等著名论说均在此栏目中发表。其中《饮冰室自由书》所发表文章是梁启超在日本接触新思想、新见闻有感而发的一些随笔,《清议报》从第 25 期开始刊载《饮冰室自由书》,前后共刊载 48 篇文章。这些文章在写作上充分发挥"时务文体"特有的"平易畅达,时杂以俚语韵语及外国语法"和"条理明晰,笔锋常带感情"等特点,多方面介绍国外见闻,宣扬爱国主义思想。

《国闻短评》这个专栏刊载的论说多是针对当时报刊所载国内外时事发表观点,抨击清政府压迫国民的行径,揭露列强侵略动向。其论说言简意赅,时效性、针对性强,是政论报刊评论形式的创新。"记者"等新闻词汇在该专栏中已有使用,诸如"记者曰,以今日之中政府,方日出其操莽懿温之手段,以窥觊神器之不给,何暇及外事哉"①"记者曰,善为国者,与民相信相爱,视其民如子弟如友朋"②。《清议报》在第 27 期、第 85 期开设了此栏目,共刊载短评 11 篇。

《瀛海纵谈》是《清议报》又一短评专栏,刊于第 64 期至第 73 期,共刊载评论文章 30 篇,作者署名邵阳蔡奋。该专栏的评论文章篇幅简短,语言精练。所评论的对象涉及国民性、国内外时局、国外名人、国家近代化事业的发展等问题。其中一篇名为《新闻力之强弱与国家文野之关系》的文章,介绍了西方国家新闻舆论之势力可谓为"国家之第四种力量",其社会功能的发挥体现为监督政府、引导国民、关注时事等;指出中国新闻舆论之势力的情形与西方相比差别之大,完全是由于封建专制统治的严重禁锢所造成。

《新民丛报》在栏目上更为多样,每期经常保持 10 至 15 种栏目;在内容上也更加丰富,从灌输常识入手,用很多篇幅刊登评介西方的论著、资料和信息,每期 120 页,五六万字。《新民丛报》专设"学术"栏目刊载西方学说、专著,如《民约论巨子卢梭之学说》《法理学大家孟德斯鸠之学说》《近世文明初祖二大家之学说》《天演学初祖达尔文之学说及其略传》《泰西学术思想变迁之大势》《意大利建国三杰传》《近世第一女杰罗兰夫人》《亚里斯多德之政治学说》《欧美各国立宪史论》《泰西学术思想变迁之大势》《万国思想家年表》等文章,宣扬近代西方民主、民权思想,鼓吹欧洲各国民族民主革命和保障国民"自由权"的政治制度。所涉及的学科范围,包括哲学、文学、历史、政治、经济、法律以至自然科学等。所涉及的人物有苏格拉底、柏拉图、

① 《俄公使论瓜分中国之易》,《清议报》,1899 年第 27 期,第 13 页。
② 《伪政府三大政策》,《清议报》,1899 年第 27 期,第 11 页。

亚里士多德、培根、笛卡儿等等，数以百计。《新民丛报》利用卷首插图，大量刊载西方国家名人像或名城、名胜古迹图片，并开设"海外奇谈""绍介新著""外洋入口之竹头木屑"等栏目，专门介绍国外新书刊、新知识、新消息。

《新民丛报》关于革命与鼓吹革命之论说，大多发表于 1902 年，主要由梁启超执笔。长篇宏论《新民说》论进取冒险、论权利思想、论自由、论进步、论自尊、论合群、论生利分利等，言辞激烈，富于煽动，与其所标榜的温和的办刊初衷，几乎相反。革命党亦承认《新民丛报》"开手几期本来有些意思"①。《新民丛报》在办刊宗旨、传播内容上偏重国民现代化的话语，与梁启超等人当时的社会活动、思想变化有关。日本社会环境对梁启超的影响很大。他在日本通过报刊、书籍及与维新人士的密切接触，广泛、大量接受新思想，促使他逐渐重视报刊在思想启蒙方面的作用。与此同时，除了利用报刊传播新思想，梁启超在日本还积极发展教育事业，创设东京高等大同学校和神户同文学校，培养留学生及华侨学生，通过学校教育来传播新思想，培养新式人才。梁启超在这一时期已非常重视思想启蒙，已将思想启蒙视为国家转弱为强之起点。在他们看来，国人思想中缺乏自由、权利观念，只有通过思想启蒙才能促使国民树立民权意识，开发民智。因此，梁启超在创办《新民丛报》时，办报的宗旨定位尤关注"开发民智"以塑造新民，但没有始终持续。由于形势发展，梁启超不甘于空以文章报国，他相继开设书局、筹建商会、考察美洲诸国宪政等，这些新的尝试牵扯了过多人力、财力、精力。1904 年后《新民丛报》的正常出版受到严重影响。

### （三）《清议报》《新民丛报》的舆论影响

《清议报》虽在日本创办，但用中文出版，以国内读者及海外华人为主要传播对象。清政府屡次禁止《清议报》的销售，但"禁者自禁，阅者自阅"。当时有专人驻上海为《清议报》转输内地，此人就是梁启超的学生何擎一。② 国内一些大城市的知识分子也能比较及时地阅读到《清议报》。与此同时，因进口困难，国内还曾有翻刻《清议报》的事情。《清议报》的销数常保持在 3000～4000 份，在当时已经属于销路很大的报刊。《清议报》在海内外设有代售处 30 多个，国内的代售处设在上海、天津、北京、汉口、苏州、广州、福州、安庆、九江、潮州等地，诸如上海的沪报馆、中外大

---

① 《记戊戌庚子死事诸人纪念会中广东某君之演说》，《民报》，1905 年第 1 期，第 99 页。

② 何擎一曾于 1902 年编上海广智书局出版的编年体《饮冰室文集》，广智书局由梁启超于 1901 年底《清议报》停刊后开办，《清议报全编》曾由广智书局印刷发行。

事报馆、商务印书馆,天津的国闻报馆,福州的闽报馆,北京东交民巷筑紫洋行等处均代售《清议报》。除日本之外,南洋、美洲、加拿大、澳洲、朝鲜,甚至俄国的海参崴均有其代售处。

《清议报》1901年冬停刊,按一般说法是因火灾。但1912年梁启超曾在《莅报界欢迎会演说辞》称,因清政府严禁该报入境,内地发行机关断绝,《清议报》不得已而停刊,“戊戌八月出亡,十月复在横滨开《清议报》,明目张胆,以攻击政府,彼时最烈矣。而政府相疾亦至,严禁入口,驯至内地断绝发行机关,不得已停办”①。1902年,新民社将《清议报》重新编辑整理合订,出版了《清议报全编》。当时读者欲补购《清议报》的需求比较大。《清议报全编》的出版正是为了满足读者补购的需要,其合订本的形式也比较便于读者保存,便于将其流传至相对偏远的地区。

《新民丛报》的传播范围更加广阔,其在国内外设有寄售点90多处,经常销行1万份左右。《新民丛报》所宣布的办刊宗旨相对温和,使清政府的阻挠有所缓和,“清廷虽严禁,不通遏;每一册出,内地翻刻辄十数”②。报纸可销至云、贵、陕、甘等边远地区。“二十年来学子之思想,颇蒙其影响。”③《新民丛报》把“塑造新民”放在首位,力图通过广泛介绍近代西方新思想、新学说,提高国民智识程度,促进国家文明进化。“本报以教育为主脑,以政论为附从,故于政治亦不得不详。惟所论务在养吾人国家思想,故于目前政府一二事之得失,不暇沾沾词费也。”④将对时局动态的关注,列为次要地位。冯自由《开国前海内外革命书报一览》将《新民丛报》收录其中,指出:“梁启超于此报出版第一、二年,阐扬民族主义,不遗余力。所著破坏论尤为激烈,影响国内青年之思想至巨。”⑤上海《新世界学报》《大陆报》、东京《游学译编》《湖北学生界》《浙江潮》等一些革命报刊在体例、发行方面也纷纷仿效《新民丛报》,“自去年本刊创刊以来,至今以同一之体例,同一之格式发行之丛报,殆近十

---

① 梁启超:《鄙人对于言论界之过去及将来》。参见梁启超著,侯宜杰选注:《新民时代——梁启超文选》,百花文艺出版社2002年版,第213页。

② 梁启超:《清代学术概论》,上海世纪出版集团2005年版,第71页。

③ 梁启超:《清代学术概论》,上海世纪出版集团2005年版,第71页。

④ 《新民丛报章程》。参见丁文江,赵丰田:《梁任公先生年谱长编》(第3册),人民出版社1983年版,第272页。

⑤ 冯自由:《开国前海内外革命书报一览》。参见杨光辉等:《中国近代报刊概况》,新华出版社1986年版,第38页。

家”[①]“此半年中，中国四五十家之报，无一非助公之舌战，拾公之牙慧者”[②]。

## 二、革命社团与革命宣传机关的建立

1900年，八国联军侵华。次年，《辛丑条约》签订，清政府沦为“洋人的朝廷”，中华民族灾难空前，国内阶级矛盾尖锐，主张排满革命、废除封建专制、建立民主共和政体的革命思潮潜滋暗长。以孙中山为代表的革命党人高举“排满讨贼”的民族主义旗帜，在海内外掀起了一个发行革命书报的热潮，宣传排满、宣传民权思想，革命宣传活动从依靠口头演说、散发传单和小册子的初级阶段，进入拥有大众传播媒介、连续开展的阶段。1903年春夏间，清王朝镇压拒俄、拒法运动，刺激了革命运动的发展，出现了一批新的革命报刊。

### （一）革命社团之宣传机关的初步建立

1895年广州起义失败后，孙中山“驻留日本，规划粤事，重图大举。知创设宣传机关之必要，派陈少白、王质甫等次第至港，筹办党报，兼为一切党务军务之进行机关”[③]。是年冬，兴中会机关报《中国日报》创刊。《中国日报》出版之初，经费由孙中山提供。惠州起义失败后，报馆经费难以维持；后依赖革命党人富商李纪棠之力为多，维持不坠。《中国日报》共出版14年，报务先后由陈少白、冯自由、谢英伯等负责，该报被视为中国国民党党报之鼻祖。

《苏报》是中国资产阶级革命派在国内掌握的重要报纸，“谈上海报界与辛亥革命最有关系者，当自《苏报》始”[④]。《苏报》转向“革命排满”的起点是关于南洋公学退学风潮的报道。1902年年底，上海南洋公学风潮迭起，师生们组织爱国学社，《苏报》不断加以报道，并激烈批评清朝统治者的兴学方针和各种守旧势力，支持进步师生。1903年年初，陈范与中国教育会、爱国学社协议，由会、社成员供给《苏报》每天刊登的材料，会、社负责人蔡元培、吴稚晖等7人按日轮流撰写论说，报馆每月拿出一百元资助爱国学社。这时的《苏报》实际上成了中国教育会、爱国学社的机关报。

---

① 梁启超：《书报之进步》，《新民丛报》，1903年第26期，第100页。

② 《光绪二十八年十一月黄公度至新民师函丈书》。参见丁文江，赵丰田：《梁任公先生年谱长编》（第3册），1983年，第171页。

③ 冯自由：《中华民国开国前革命史》（上篇），生活·读书·新知三联书店2014年版，第171页。

④ 天笑：《辛亥革命前后的上海新闻界》。参见杨光辉等：《中国近代报刊发展概况》，新华出版社1986年版，第151页。

苏报馆、爱国学社被封后，先前活跃在苏报馆和爱国学社的部分革命人士筹划创办新的刊物，以代替被封禁的《苏报》。1903 年 8 月，由江西谢小石出资，原《苏报》主笔章士钊及陈独秀、张继、何靡施、卢和生、陈去病等主办的《国民日日报》创刊。该报继承了《苏报》宣传革命的主旨，当时被称为"《苏报》第二"。为避免清政府干涉，《国民日日报》在英国驻上海领事馆注册。发行数月之后，报社中经理、编辑两部，因权限问题对簿公堂。经涉讼风波，原出资人不再支持，《国民日日报》因经费无着停刊。1904 年 10 月，上海东大陆图书译印局将《国民日日报》的内容分类编辑，出版《国民日日报汇编》，共四集，继续对外发行售卖。

1903 年 11 月，觉民社在江苏金山县张堰镇创办革命刊物《觉民》，主编高旭，该刊最初为高旭与其叔、弟等家庭成员创办的油印刊物，第 6 期起改为铅印，向社会发行，并征集外稿。[①] 黄节、陈家鼎、包天笑、顾灵石、马君武、刘师培、马一浮等革命派人士，都曾为之撰稿。该刊以启迪国民觉醒为宗旨，大胆揭露清政府的黑暗腐败现象，宣传民族主义，鼓吹反清革命。该刊在上海、松江、崇明、苏州、常熟、亭林、洙泾、浙江的宁波和奉化、湖北武昌等地设有分售处。其主编高旭 1906 年参加孙中山领导的中国同盟会，任江苏支部长。《觉民》的出版地属县城，可见形成革命舆论的空间并不限于东京、上海、广州、汉口等大中城市。

1903 年 12 月，中国教育会骨干蔡元培、叶瀚、王季同、陈竟泉等人组织成立对俄同志会，同时创办机关刊物《俄事警闻》。该刊设有社说、要闻、批评、外论、追记、现势、杂录等栏目，专录载俄人侵满消息，以唤起国人注意。1904 年 2 月，日俄战争爆发，反帝斗争形势发生变化，斗争已不限于"俄事"，《俄事警闻》出版第 73 期后，决定增加篇幅，改名"警钟"。"渐借外交失地事件，攻击满清政府，实继承《苏报》与《国民日日报》之系统。"[②]《警钟日报》主要编辑者有蔡元培、汪允宗、刘师培等人，撰稿者有刘师培、陶成章、林獬、汪舜、杜课园、高旭、陈去病、陈独秀、邹容等人。1904 年 3 月，对俄同志会改名为争存会，《警钟日报》继续作为该社团的机关报对外发行。

### (二)声援革命行动与声讨保皇论

《中国日报》介绍欧美的资产阶级革命和日本的社会改革的同时，还对改良派唐才常等人创设自立军在湖北、安徽一些地方发动武装起义，兴中会联络会党发动

① 贾树枚，《上海新闻志》编纂委员会：《上海新闻志》，上海社会科学院出版社 2000 年版，第340 页。
② 冯自由：《革命逸史(上)》，金城出版社 2014 年版，第 96 页。

惠州起义，以及浙江衢州、宁海的会党起义等武装斗争加以报道，并刊载自立军的揭帖和檄文等。1903 年 2 月，《苏报》独创“学界风潮”专栏，持续报道学潮，追究产生学界黑暗现象的根源，发出“革命排满”的号召，引导学生走向政治斗争领域。该报发表《论中国学生同盟会之发起》《倡学生军》等论说，倡导青年学生加入革命排满的行列。

1903 年 4 月，拒俄运动爆发，《苏报》用相当多的篇幅，报道沙俄侵华动向以及俄国内政，阐明边疆危机的严重性，揭露沙俄帝国主义的真实面目，宣扬只有革命才是唯一正确的救国之路。之后，《国民日日报》先后发表《俄国之满洲政策》《满洲撤兵问题》《东亚之风云观》《东方之危急与国民之感情》《满洲问题之沉寂》《论瓜分之局》等一系列文章，译载外国报纸对满洲撤兵和日俄战争问题的评论和消息，揭露沙俄对东三省的野心。《国民日日报》还发表一些爱国主义诗文，激发人们反对外国侵略的斗志。围绕沙俄侵占东北三省问题，《俄事警闻》用多种体裁文章揭露沙俄侵略中国的历史和现状，揭露列强在东北三省问题上的角逐和清政府的卖国外交政策，呼吁各种社会力量联合起来拒俄。其紧密配合形势，并采用白话文、漫画等新的形式，颇受读者欢迎。日俄战争也是《警钟日报》的一个关注中心，在报道消息的同时，其翻译大量关于日本、俄国内部状况的文章，宣扬将日俄战争看作文明与野蛮、自由与专制的冲突。该报对日俄战争之际，英国出兵西藏、法国出兵龙州、杭州日僧事件、台湾卖矿、福州卖矿、绍兴卖航路、粤汉铁路等军事侵略、宗教文化侵略及经济侵略的揭载尤详。

1903 年 10 月，康有为、徐勤等在香港创设《商报》，倡议“保皇扶满”。《中国日报》用谐文、谜语等方式嘲笑、攻击康有为，在论说中多次论述当时内忧外患的严重局势，反对康有为的保皇主张，明确提出革命主张，指出所谓君主立宪是根本行不通的，只有实行革命推倒清王朝的专制统治，才能使中国免于奴隶地位。《中国日报》致书康有为，指出他的政见书所言皆谬，误国误民，要求他公开答辩。然而康有为并未作答，《中国日报》便连发两篇“代答”，讽刺、嘲笑康有为。同年，梁启超从美洲回到日本，公开在《新民丛报》第 38 期宣称：“共和共和，吾与汝永别矣！”《中国日报》连续发表文章批驳其与康有为之政见书雷同。

1903 年 6 月，《苏报》连续发表《康有为》《驳〈革命驳议〉》《呜呼保皇党》《反面之反面说》《敬告国民议政会诸君》等文章，批驳保皇党主张君主立宪、反对革命的观点，提出“各国新政无不从革命而起”。针对保皇党强调革命会引起“外人干涉”，《苏报》刊文明确指出：“夫干涉亦何足惧？使革命思想能普及全国，人人挟一不自由毋宁死之主义，以自立于抟抟大地之上，与文明公敌相周旋。”[1]表现出坚定的反侵略决心，并对中国民众的觉醒充满信心。《警钟日报》发表社论《中国立宪无望于上》《中国立宪之可危》《中国之立宪问题》等揭露清政府的立宪骗局。

（三）宣传“排满革命”

从1900年秋开始，《中国日报》及《中国旬报》[2]相继发表《论民权》《主权论》等社论，强调外御强权，维护国家主权，同时宣传民主革命思想。其论说中明确提出“民权主义”“民主主义”，反对清廷，反对君主专制；主张学习欧美，特别是学习美国，以求自强。八国联军侵入北京后迫使清政府“议和”，民族危机愈加严重。1900年12月，《中国日报》及《中国旬报》发表《议和后之中国》《论为国死与为朝廷死之不同》等评论，抨击列强侵略和清政府出卖国家主权。

1903年3月，《苏报》发表蔡元培《释仇满》一文，旨在说明“排满”的正确含义。蔡元培用资产阶级社会学的观点，否定了中国封建时代的种族之见，比较客观地分析了当时满汉矛盾的内容，阐明“仇满”口号的实质乃是“政略之争”，是资产阶级和人民大众的“民权”要求和封建“特权”之争。6月，爱国学社学生章士钊应陈范之聘，出任《苏报》主笔，主持编辑事务，实行“大改良”，突出革命言论的地位，连续刊出《哀无国之民》《客民论》《论中国当道者皆革命党》《读〈革命军〉》《读严拿留学生密谕有愤》等多篇倡导“革命排满”的论说，激烈抨击清朝统治者。

8月，章士钊等创办《国民日日报》。《国民日日报》将宣传资产阶级民主思想、恢复民权、反对专制作为其宗旨，连续刊发《箴奴隶》《说君》《上海黑暗社会自序》《黄帝纪元论》《中国古代限抑君权之法》《道统辨》《奴隶狱序》等论说文章揭露封建专制下中国的黑暗状况，探讨君主专制制度产生、发展、必然灭亡的原因以及历史上对君权限抑的情况。《国民日日报》继承了《苏报》反满革命的传统，发表了一系列反满革命的论说，揭露清政府的卖国行径，着力渲染满汉矛盾，宣扬反满革命。当时，遍及全国的学潮是革命风潮高涨的一个重要标志和组成部分。《国民日日报》也开辟了“学风”一栏，报道各地学潮，介绍各校历史。

1903年，高旭等在江苏金山创办《觉民》月刊。《觉民》用很多篇幅描绘和揭露了帝国主义对中国的侵略，分析列强施行殖民政策的世界形势，呼吁欲拯救中国的

---

① 邹容著，周永林编：《邹容文集》，重庆出版社1983年版，第76页。参见章炳麟，邹容：《驳革命驳议》，原载1903年6月12日、13日《苏报》。

② 《中国旬报》是在《中国日报》的基础上汇编而成。

危亡，必须唤起国民的觉悟，发扬民族主义精神，奋起斗争；号召国民学习美国、意大利争取独立自由的精神，抵抗强权；赞扬菲律宾等被压迫民族反抗强权的精神；抨击清政府对外卖国，对内贻害人民，强调民主制度不是靠君主的恩赐，而是靠人民的争得。《觉民》倡导学习中国历史上岳飞、文天祥等抵抗外族侵略的历史人物之英勇事迹；并对民族主义和攘夷主义作了分析和区别，指出攘夷主义是盲目自大。《觉民》也发表文章讨论和宣传军国民主义，提倡军国民教育、尚武精神。

1903 年 12 月，蔡元培等在上海创办《俄事警闻》。《俄事警闻》在社说栏目连续刊发《普告国民》《告政府》《告前日拒俄会会员》《告全国女子》《告守旧党》《告道学先生》《告马贼》《告会党》《告义勇队》《告农》《告工》《告革命党》《告州县官》等以"告……"为题的文章数十篇，涉及新型知识阶层、农工商、流氓无产者、官吏等广泛的社会群体。该刊呼吁各种爱国反帝力量联合起来拒俄，并将新型知识阶层视为挽救民族危亡的领导力量；将农民、工人、商人视为反帝爱国的基本力量；将会党视为突击力量，希冀其在反帝武装斗争中充当急先锋；将官吏视为可争取的力量。《俄事警闻》在出版第 73 号后更名《警钟日报》。《警钟日报》继续宣扬爱国反帝、反封建，提倡光复汉族，一方面揭露满族奴役汉族的暴行，一方面力求在中国历史上寻找满洲非正统的证明，并把光复的意义从纯粹的种族革命提升到反对外来侵略的意义上。其对孙中山在檀香山建立中华革命军的情况也有较详细介绍。

### （四）早期革命社团报刊的舆论环境

两宫还都后，受国家政治环境及世界形势的影响，清政府出于自救宣布"新政"，有限度地开放"报禁""言禁"，为革命报刊的问世提供了环境条件。与此同时，晚清开埠，租界作为国中之国和法外之地，言论自由素为租界管理方所标榜；持激烈言论的革命报刊利用外商名义在领事馆注册，租界成为革命言论的避风港；凭借租界，上海成为全国舆论中心和抗议"生产"中心。①

1903 年 6 月，章士钊主《苏报》笔政，常用大号字或圈点来标明评论和新闻的关键内容等等。这些改革体现革命派知识分子对报纸性质和作用的认识，"恪守报馆为发表舆论之天职""作时局之机关"。《苏报》对当时国内新闻界的腐败进行了批判，揭露当时许多报纸"迁就于官场，迁就于商贾，迁就于新旧党之间"的腐朽倾向。《觉民》阐明发扬民族主义精神，救亡图存，就必须开展活动，既需要实行家之

---

① 李礼：《转向大众：晚清报人的兴起与转变：1872—1912》，北京师范大学出版社 2017 年版，第137 页。

奋起,也需要办报、演说以鼓动,从而使民智日开,社会精神勃发。

对于革命报刊日益激烈的言论,清政府加紧镇压。江苏巡抚恩寿下令上海道向租界当局交涉捉人,租界工部局多次传讯蔡元培、吴稚晖、章炳麟等人。6月下旬,《苏报》刊出论说《论江南陆师学堂指退学生为革命党事》,点名谴责当局官员;紧接着又刊出论说《论仇满生》宣布"革命之事不可一日缓",又摘选章炳麟的《驳康有为书》中一段,冠以《康有为与觉罗君之关系》标题刊出,讽刺"载湉小丑"。6月29日,租界巡捕闯进苏报馆抓人,严行封闭苏报馆。6月30日,章炳麟、邹容等被捕入狱。之后,《国民日日报》以大量的版面,登载"沈荩案""苏报案"的有关情况,包括案件的发生、经过、审理情况、中外交涉、各国态度,以及对沈荩和"苏报案"中心人物章太炎、邹容的回忆、纪念诗文、逸闻轶事等等。1905年3月《警钟日报》载文揭露德国在山东密谋以及铁良南下的阴谋,德领事与上海道袁树勋突然出票拘人,该报被封禁。

## 三、改良派阵营分化与海外革命报刊初创

辛亥革命前夕,中国大陆之外的革命言论主要来自日本。流亡日本的进步知识分子以及留日学生群体中有很多人参与办报,日本成为另外一个重要的革命舆论中心。一些革命报刊的创办者、撰稿人原本追随康、梁,力谋"改良维新";他们在日本接触消化西方资产阶级革命思想,迅速转变成力主"革命排满"的宣传倡导者。翻译西书、创办报刊,成为其从事革命宣传的主要方式。

### (一)海外革命舆论机关之初创

1899年冬,梁启超离开日本赴檀香山,麦孟华主理横滨《清议报》笔政,湘籍学生秦力山、蔡松坡、周宏业均任文字编辑,粤籍学生郑贯一驻该报任助理编辑。当时《清议报》言论大受康有为直接干涉,稍涉急激之文字俱不许登载。"诸编辑人员咸以为苦,而莫敢撄其锋"。1900年冬,郑贯一约其同学冯懋龙、冯斯滦创办《开智录》,"专发挥自由平等真理,且创作歌谣谐谈等门,引人入胜"。《开智录》为半月刊,是中国留日学生中最早出现的宣传革命的刊物之一。该刊的内容有议论,有翻译,并借《清议报》为发行及印刷机关,"凡有《清议报》销流之地,即莫不有《开智录》。各地华侨以其文字浅显,立论新奇,多欢迎之,尤以南洋群岛为最"①。

① 冯自由:《革命逸史(上)》,金城出版社2014年版,第72页。

1900年冬，秦力山在安徽大通发动自立军起义失败，遂亡命至东京。1901年5月，他与沈云翔、戢元丞、杨廷栋、杨荫杭、雷奋、王宠惠、张继诸人创办《国民报》月刊，大倡排满革命学说，措辞激昂，"开留学界革命新闻之先河"①。为躲避清公使馆干涉，秦力山在冯自由的帮助下，以英人经塞尔(Kingsell)为发行人，"经塞尔"是冯自由的父亲冯镜如之英文名。当时自立军起义失败诸志士多逃亡日本，群起责难康、梁拥资自肥，贻误起义时机，《国民报》列举康、梁的种种罪状，尤为翔实、激烈。

（二）倡导独立自主之革命精神

《开智录》设有论说、言论自由录等评论栏目，刊文指出"今日之世界，是帝国主义最盛而自由败灭之时代"②，造成这一新形势的原因有四："一、物理学之发明；二、人种之膨胀；三、强弱之不齐；四、列强革命之后"。并指出，中国已成为帝国主义列强角逐争夺的焦点，"然欲破其势，挫其锐，摧其锋，屈其气，败其威，非高摇自由自主之旗，大鼓国民独立之不羁之气，必不能"③。该刊颂扬义和团独立自主之精神，"与其谓义和团为攘夷，吾宁谓其独立也""美、阿、德、非之揭戈独立，于义和团之发奋而起，其成败之绩虽各殊，而独立之精神则无异也"④。当时《清议报》批评义和团为西太后为首的反动统治者所利用，导致帝国主义列强的干涉，《开智录》发表论说予以反驳，指出义和团运动的掀起完全是帝国主义列强的侵略逼出来的。其鼓动民众不畏强权，不惜流血牺牲，奋起反满革命，救亡图存。"夫义和团岂不知寡不可敌众，弱不可敌强哉？然出于爱国之心，忍之无可忍，故冒万死以一敌八，冀国民之有排外自立之一日也。"⑤

《国民报》设有社说、时论、丛谈、来稿等评论类栏目，连续发表评论文章《原国》《说国民》《说汉种》《亡国篇》《二十世纪之中国》《中国灭亡论》《支那灭亡论》，声讨帝国主义的侵略野心和罪恶行径；号召国人不要对清王朝抱有幻想，疾呼中国要通

---

① 冯自由：《革命逸史（上）》，金城出版社2014年版，第73页。

② 自强：《论帝国主义之发达及二十世纪世界之前途》，《开智录》1900年第2期。参见路遥：《义和团运动文献资料汇编（中文卷·下）》，山东大学出版社2012年版，第645页。

③ 自强：《论帝国主义之发达及二十世纪世界之前途》，《开智录》1900年第2期。参见路遥：《义和团运动文献资料汇编（中文卷·下）》，山东大学出版社2012年，第645页。

④ 自强：《义和团》，《开智录》1900年第1期。参见路遥：《义和团运动文献资料汇编（中文卷·下）》，山东大学出版社2012年版，第627页。

⑤ 贯公：《义和团有功于中国说》，《开智录》1900年第6期。参见路遥：《义和团运动文献资料汇编（中文卷·下）》，山东大学出版社2012年版，第686页。

过革命来争得民权，打破旧的成俗、习惯和传统势力。“吾知非一大杀戮，则奴隶之根永不能除，而身家之念终不能亡。天下断未有新旧杂糅而可与言国也，彗所以除旧布新也，旧之亡也勃焉，新之兴也勃焉。支那欲立新国乎，则必自亡旧始。”[①]《国民报》从排满革命的实际需要出发，开辟译编、外论等专栏，编译《美国独立檄文》《欧洲近代哲学》《革命新论前编》等作品，介绍西方资产阶级的政治观点、民权思想、自由平等学说，以及民族独立的主张，介绍美国、意大利、希腊等国的独立史和法国的革命史等，以期给中国革命提供借鉴。

(三)早期海外革命报刊的舆论影响

政治流亡者、侨商与留学生在海外办报，一方面远离国内的政治秩序，一方面吸收各种新思想，他们原先要求变革的呼声，历经戊戌政变、庚子事变的挫折之后，得以扩大到更全面性的颠覆。[②] 革命势力与海外报刊、政治流亡者与留学生的结合在1900年以后越来越明显。《开智录》《国民报》均得到过孙中山的资助。《开智录》接受资助后，将油印改为铅印，以扩大销量。但其激烈的革命言论引起海外保皇派的反对，《清议报》经理冯紫珊(系冯自由的叔父，保皇会横滨分会会长)遂不许《开智录》在该报印刷，并解除郑贯一的编辑职务。1901年春，郑贯一由孙中山介绍，到香港任《中国日报》记者。《开智录》仅出半年被迫停刊。

国内自立军起义的失败，给青年知识阶级一种强烈的刺激，从此借用“保皇”做旗号的人反渐渐地减少了。[③] 秦力山等人通过《国民报》痛斥“今日之中国，报馆有禁，出版有禁，立会演说有禁，倡公理则目为邪说，开民智则诬为惑人，中国人求为国民之心死……”[④]并对中国革命如何进行的问题做了积极探索，“世界文明之邦，其民之所以能革独裁专制之乱政，享自由平等之幸福，操代议监督之实权者，是必先有豪杰之士，其威望及于一部之国民，率彼以化导一国之舆论公议而日进于文明，以结成一公党为彼野蛮政府之劲敌”[⑤]，提出革命应当由资产阶级及其知识分

① 《亡国篇》，《国民报》1901年第4期。参见张枬，王忍之：《辛亥革命前十年间时论选集(第1卷)上》，生活·读书·新知三联书店1960年版，第85页。

② 李仁渊：《晚清的新式传播媒体与知识分子：以报刊出版为中心的讨论》，稻香出版社2006年版，第176页。

③ 李剑农：《中国近百年政治史》，商务印书馆2017年版，第203页。

④ 《说国民》，《国民报》1901年第2期。参见张枬，王忍之：《辛亥革命前十年间时论选集(第1卷)上》，生活·读书·新知三联书店1960年版，第77页。

⑤ 《中国灭亡论》，《国民报》1901年第3期。参见张枬，王忍之：《辛亥革命前十年间时论选集(第1卷)上》，生活·读书·新知三联书店1960年版，第85页。

子来领导，确立革命宗旨，建立资产阶级革命政党，以解救国家与民族，进一步明确了排满革命的斗争方向。《国民报》后因经费告罄而停办，仅出四期。停刊后，1902年戢元丞在上海创办《大陆报》月刊，仍由秦力山、杨廷栋、雷奋诸人担任笔政，鼓吹改革，排斥保皇，尤不遗余力，实为《国民报》之延续。

## 四、留日学生同乡会与革命思想的传播

“庚子以后，东京留学生渐濡染自由平等学说，鼓吹革命排满者日众。”[①]1903年留日学生由两百多人猛增至三千余人。他们利用同乡会等组织创办报刊基本为杂志，表现出明显的论说诉求。这些报刊的言论产生相当的影响力，这些报刊多在国内设有代办处，以国内读者为主要传播对象。参与办刊者流动性很大，多数刊物只存续一年半载，在政治立场上改良与革命混杂。

### (一)早期留日学生同乡会报刊之创办

1902年11月，《游学译编》在日本东京创刊，该刊由中国留日学生湖南同乡会主办，杨度、杨毓麟、陈天华、梁焕彝、黄兴等任编译。该刊以“扩充本国见闻，增益国民智识”为办刊宗旨，所译内容以学术、教育、军事、理财、时事、历史、地理、外论为主，无论书报，择其尤者。当时通行的丛报中除《新小说》外，以该刊字数最多，用五号字，洋装九十页。该刊不著论说，杂采书报，不美装潢，售价低廉。“今日译书出版者虽多，然书主陈言，报主新事，欲求一兼二者之长者，戛戛其难，此编杂译书报，新陈各备，又以外人理想，为我国国民脑中所无……于各书中摘译其精华，自为贯串，以求合我国之程度，动阅者之感情，实可称译界中一进化也。计东京留学界自庚子年《译书丛编》出版以来，兹编实为继起，颇有青胜于蓝之观。至其所译述之文，不求精进，惟取平易，亦过渡时代之言论当如是也。”[②]该刊出至1903年11月停刊，共出12期。

《湖北学生界》是较早以省名命名的革命刊物，1903年1月创刊于日本东京，月刊，共出八期，第六期起易名“汉声”。编辑及发行人员为湖北留日学生王景芳、尹援一、窦燕石等。刊物主旨是反对帝国主义，宣传民族独立，抨击君主专制制度，鼓吹民族民主主义。《湖北学生界》设有日本横滨、中国武昌、上海三个总发行处，还在湖北、上海、北京、天津、湖南、浙江、江西、四川、江苏、广东、山西和直隶等地设

---

① 冯自由：《冯自由回忆录　革命逸史(上)》，东方出版社2011年版，第16页。

② 《游学译编(第一号)》，《新民丛报汇编》，1904年，第861页。

立三十多个代派处，刊物销路很广，曾经再版发行。《湖北学生界》第五期刊有《湖北学生界特别大广告》，称："本社同人，负笈海外……特出丛报，饷我同胞。数月以来，颇邀奖誉，销数至七千份以上。"①是年六月第六期该刊易名《汉声》，公开宣称："今之时代共和立宪几遍全球，专制国之国民触之立败，盖亦天然之真理。我国民宜速持定主义，破坏倒灭满清之政府，而自建政府。"②

《浙江潮》1903 年 2 月在日本东京创刊，月刊，由日本东京浙江同乡会创办，共出 12 期。编辑兼发行有孙翼中、王嘉榘、蒋智由、蒋方震、马君武等。《浙江潮》设有社说、论说、学术、大势、记事、丛谈、时评、专件、杂录、小说、图画、文苑、调查会稿等栏目，该刊对严重的民族危机作了大量的描述，对帝国主义加紧侵略中国作了很多的论述和深刻的揭露，呼吁国人奋起抵制。"民族之所以建国之原，盖有二大原质也：其一曰发扬固有之特性，其一曰全体之群力……故曰民族主义者，对外而又界，对内而能群者也……盖国民必认其建国之天职，自知国之为我有，始能于政治上关心其利害，而别结同族以建国。"③"徒以土地过大，民力太弱，故民族的自觉心发达甚缓，而今日者全球之风潮以相搏矣，狮兮狮兮而尚不醒，则吾终不能不竭全体之力以与尔一搏也。"④《浙江潮》发刊后，很快风行国内外。每期印五千册，而且有几期重印过多次。

《江苏》1903 年 4 月创刊于日本东京，由中国留日学生江苏同乡会编辑出版，秦毓鎏、张肇桐、黄宗仰等主持，共出 10 期。该刊设有社说、学术、译篇、时论、记言、纪事、图画、小说等栏目。该刊宣扬革命是一种难以抗拒的世界潮流，中国革命是被清政府的倒行逆施逼出来的，呼吁丢弃对清政府的幻想，走上反清革命的道路。"披异族之待我黄胤，其刻毒残忍何竟若是之烈哉；其媚外政策，顾又若彼，惑乎哉？革命其可免乎！"⑤该刊除了在日本东京、神户、横滨等地发行，还在上海设立总经销处，在国内其他一些城市设立了分售处。

(二)参与拒俄运动号召"革命救国"

就空间意识来看，当时留日学生报刊大多强调行省观念，强调本省社会调查，侧重省情认识。与此同时，留日学生目睹了日本的强盛与文明，对清朝统治下的政

① 《湖北学生界特别大广告》，《湖北学生界》1903 年第 5 期。
② 《日俄战争如何》，《汉声》1903 年第 7、8 合期，第 23 页。
③ 余一：《论民族主义》，《浙江潮》，1903 年第 1 期，第 19 页。
④ 飞生：《国魂篇》，《浙江潮》，1903 年第 3 期，第 1 页。
⑤ 季子：《革命其可免乎》，《江苏》，1903 年第 4 期，第 9 页。

治腐败、暮气沉沉十分不满,颇有革命倾向。随着国内社会各界对政治改良道路的失望,这些刊物十分关注救亡图存压力下近代中国社会的出路。1903年前后时值日俄摩擦日炽,这些刊物主动参与拒俄运动舆论的宣传。

《游学译编》虽以译述为主,但其编译者也对现实问题发表自己的意见。他们在译文前用“译者识”,或在译文后用“译后”的形式表达观点。关于怎样救亡图存,《游学译编》的编译者也做了不少论述。《游学译编》的革命言论尤以黄兴、杨毓麟为代表。1903年4月,担任《游学译编》“教育”专栏的译员黄兴在该刊上连载日本人山田邦彦的《学校行政法论》。与此同时,他在日本东京组织拒俄义勇队。5月31日,黄兴回国发动革命。是年7月,针对清政府镇压拒俄运动,《游学译编》发文《满洲问题》,揭露清政府向沙俄出卖主权,鼓动国民奋起与清政府宣战。文章抨击清政府羸弱,“满政府外交界之现象,惟抑俄人之鼻息之不遑,其必终出于让步,可知也”。[①]

在1903年的拒俄运动中,《湖北学生界》发挥了重要的宣传鼓动作用。其以大量篇幅揭露沙俄侵略东北三省、蒙古、西藏的罪行,报道日本东京及国内上海、北京等地的拒俄斗争。该刊的一些编撰者,如蓝天蔚、刘成禺、李书城、金华祝等,参加留日学生拒俄义勇队(学生军)的活动,电请清廷出兵同义勇队一道开赴东北前线,抗击沙俄入侵。《湖北学生界》第四期刊载《学生军缘起》《学生军规则》,即4月3日留日学生在东京组织拒俄义勇队等学生军运动之序言。《湖北学生界》将这一革命行动与岳飞、史可法、郑成功、黄梨洲、朱舜水等历史人物相提并论,并反复提到满人曾经制造“扬州十日”“嘉定三屠”的悲惨情景,借此宣传反满思想,号召国人起来推翻清王朝的统治,建立资产阶级共和国;强调推翻君主专制统治,建立资产阶级共和国,是一个极其艰巨的任务,是仁人志士抛头颅洒热血换来的,宣扬革命者敢于斗争,不怕牺牲的英雄气概。《湖北学生界》对留日学生的拒法斗争,云南省铜矿工人的抗法反清斗争等也做了大量的报道,对革命斗争精神予以颂扬。

面对清朝政府悍然镇压拒俄学生军,留日学生各种刊物中原来的那种温和色彩改变了,公然鼓吹反满,鼓吹流血革命,提倡建立民主共和国。如何进行反清革命,成为留日言论界的中心话题。[②]《浙江潮》宣扬以暴力革命的手段推翻清政府,

① 杨毓麟:《满洲问题》《游学译编》1903年第9期,第39页。

② 金冲及:《辛亥革命研究》,上海辞书出版社2011年版,第43页。

抵抗外国侵略,歌颂革命志士赴汤蹈火在所不辞的英雄气概,赞扬革命党人为"再造我国"而奔走呼号,"倡保种爱国之大义,以求民族之自觉"[①]。该刊发表《国魂篇》《民族主义论》《公私篇》《敬告我乡人》《四客政论》《新社会之理论》等文章,对在中国建立民族国家的紧迫性作了很多论述。为了证明民族主义建国是救国良方,他们以西方资产阶级革命的历史和学说为依据,指出只有建立民族的国家,给人民以民主的权利,才能动员人民起来抵御外侮。在改良派与革命派的论争中,《浙江潮》明显倾向于革命派一方。《浙江潮》在第八、九期发表《近时二大学说之评论》,批判梁启超《新民说》"要新国必先新民"之观点,呼吁不能求旧政府立新制度,不能乞求所谓和平的立宪。

《江苏》用大量篇幅陈述帝国主义灭亡中国的危局,鼓动革命推翻清王朝。其中具有代表性的文章有《革命其可免乎》《政体进化论》《新政府之建设》《中国立宪问题》等。《江苏》重视借助外论来阐明其政治主张,并使用黄帝纪元,刊载民族英雄、起义军首领的图像或传记,署"复汉种者""保汉种者""爱新党者""汉儿"等笔名,在文艺作品中均赋予鲜明的政治内容,充分利用每一个小细节宣传革命思想,表示革命决心。《江苏》对郑成功、史可法等民族英雄极其崇拜,对陈胜、洪秀全等农民起义领袖赞赏备至,记述他们的历史贡献,借以宣扬民族主义和鼓吹革命,表达推翻清王朝的决心和信心。

### (三)早期留日学生同乡会报刊的舆论影响

《游学译编》《湖北学生界》《浙江潮》《江苏》等革命报刊"由是留学界有志者与兴中会领袖合冶为一炉"[②]。这些报刊之间密切关联,在区域甚至跨区域上形成一个传播舆论的共同体。例如《游学译编》第四册刊有《湖北学生界广告》包括门类(即第一期的专栏设置)、刊例及特色等。《游学译编》第五册刊有《浙江潮》第二期要目预告、《湖北学生界》第一期目录。《游学译编》第六册刊有"《江苏》告白",介绍其门类及第一期概目。《游学译编》第十册刊有"《湖北学生界》第六期内部组织一切改良,新定嘉名《汉声》"的公告。《湖北学生界》第一期刊有《游学译编》第四册目录预告;同时介绍了湖南编译社发行、上海广智书局代售的日本文学界人士贺长雄的《国家学》、浮田和民的《史学原论》、中野礼次郎的《十九世纪欧洲教育之大势》等书籍。《湖北学生界》第一期末尾还刊有发起人为黄兴、杨毓麟等的《湖南编译社

---

① 独头:《国际法上之国事犯观》,《浙江潮》,1903 第 8 期,第 31 页。

② 冯自由:《革命逸史(上)》,金城出版社 2014 年版,第 21 页。

叙》及《湖南编译社招股启》《湖南编译社总章》《湖南编译局编辑部章程》《湖南编译社总社及分社章程》《湖南编译社集股简章》等。《湖北学生界》第二期刊尾刊有《浙江潮》广告并附有目录及其办刊"特色"，连载《游学译编》第四册目录预告。《湖北学生界》第三期刊尾刊载《游学译编》第五期目录、《浙江潮》第二期目录。《湖北学生界》第四期刊有《江苏》广告，介绍其第一期概目及门类，等等。留日学生刊物之间相互往来并交织传播网络，也从侧面反映各省留日学生刊物在日本东京、横滨等异域相互暗中支持、帮助、依靠的政治关联。

早期各省留日学生同乡会报刊以故乡行省的名义追求祖国富强，因救亡图存而被迫向殖民者寻求富强之途径的留学生更有深刻的民族情感体验。以局部事实想象中国大陆整体，并以选择性的事实报道传播民族主义，这是大多数留日学生报刊的共同点。以地方主义为标识的这些刊物绝非留学生民族情感空虚时的顾影自怜或孤芳自赏，而是通过上海、长沙、武汉等向内陆大量传播。留日报刊对政治建构及革命话语呈现的媒介镜像，特别是其中传播的政治想象及排满革命等民族主义情绪，波及辛亥革命的全过程。[①]

1899—1904 年期间，革命报刊以欧美资产阶级的革命历史和革命学说为根据，从挽救中国免于灭亡的爱国主义出发，沉痛陈述帝国主义灭亡中国的危局，揭露帝国主义利用清政府作为统治中国的工具，动员国人反抗清王朝的专制统治，提出民族民主国家的建立是历史发展的必然趋势。民族主义和民主主义成为革命报刊喊出的响亮口号，国家观念、民权思想逐渐为唤醒广大知识分子的权利意识，反对封建制度，建立民主政治国家奠定了舆论基础，为后来的辛亥革命做了舆论和思想上的准备。

## 第二节　革命纲领宣传网络的建立与扩展(1905—1907)

1904 年前后，国内先后成立了一些革命小团体，从事民主革命的宣传、组织工作。如长沙的华兴会、上海的光复会、武昌的科学补习所、福建的汉族独立会、安徽的岳王会、江苏的强国会、江西的自强会等等。随着民主革命思想的广泛传播和国

---

① 王天根：《两湖留日学生刊物与政治舆论动员中的地缘倾向》，《广西师范大学学报》(哲学社会科学版)，2012 年第 5 期，第 200 页。

内革命形势的发展，为了凝聚各革命团体的力量，促进互相联络，在孙中山的积极倡议下，1905 年 8 月，一个全国规模的革命组织——同盟会正式成立，以“驱除鞑虏，恢复中华，创立民国，平均地权”为纲领。“三民主义”革命纲领的宣传网络随之迅速建立并得以扩展。

## 一、“三民主义”革命纲领宣传网络的建立

反对清王朝，“倾覆现今之恶政府”，是革命报刊鲜明的旗帜。革命报刊之间对“三民主义”革命纲领的认同虽然有分歧，但是在必须依靠革命斗争来推翻清王朝这个迫切问题上，革命报刊的意见是一致的。反对改良派“立宪救国”的幻想也是革命报刊的一个共同内容。

### （一）《民报》系列刊物的创办

《二十世纪之支那》是《民报》的前身，1905 年 6 月创刊于东京，湖南留日学生主要成员主办，编辑有田桐、宋教仁、黄兴、陈天华等。该刊的创办背景是，1904 年 10 月华兴会准备发动起义，后因事泄未能发动，黄兴等脱险来到上海，11 月 4 日革命团体爱国协会、青年学社召集陈天华、章士钊、陈去病、柳亚子、黄炎培、张继、吴春阳等四十余人集会，决定即日分头鼓动长江中下游学界、军队在湖北、南京等处起义，这是各省革命团体首次的联合行动。后因万福华行刺被捕，青年学社、《警钟日报》被封，起义计划不能实行，黄兴、陈天华等华兴会成员逃亡日本，与宋教仁等一起创办《二十世纪之支那》。

1905 年 6 月，孙中山自欧洲来到日本，经人介绍与黄兴相识，聚会于“二十世纪之支那社”，商讨组织统一机关，集中革命力量，推进革命事业；7 月底召集各省革命党员大会，决定联合组织大团体，以从事革命工作之必要。1905 年 8 月，在同盟会正式成立之大会上，黄兴因该刊的创办人和编辑多半加入同盟会，提议把该刊改为同盟会机关报。该刊后因抨击日本侵华政策被日本政府没收停刊，改名《民报》。1905 年 11 月，同盟会在东京出版《民报》(第一号)。《民报》是宣传“三民主义”革命纲领的主要论坛，1908 年 10 月出至第 24 期被日本政府封禁，1910 年在日本秘密印行第 25、26 期，之后即停刊。先后担任该刊主编的有张继(最初 5 期，实际主编是胡汉民)、章炳麟、陶成章、汪精卫(1910 年复刊，第 25、26 期)；主要撰稿人有陈天华、汪精卫、朱执信、宋教仁、廖仲恺、马君武、胡汉民等。

孙中山在《民报》“发刊词”中将同盟会十六字纲领归结为民族、民权、民生三大主义，即“三民主义”，且要将三民主义灌输于人心，从而内化为常识。《民报》创刊

后,提出“六大主义”(三民主义加上对外关系的主张)为办刊方针,公开宣布以“倾覆现今之恶劣政府”“建设共和政体”和“土地国有”为主义。《民报》创刊号初版印六千册,国内销三千余册,七次重版,其他各期也常常印四五版,销数达四五万册以上。用孙中山“三民主义”理论武装起来的《民报》受到海内外进步知识分子欢迎。

在《民报》正式创刊之前,1905 年 9 月《醒狮》在日本东京创刊,由东京中国留学生会馆总发行,共出五期。编辑兼发行人为李昙,主要撰稿人有柳亚子、马君武、李叔同、宋教仁、高旭、陈去病等。该刊也是革命派重要刊物之一,是《民报》之先导,其倡导“帝民主义”,即民主主义,主张实行法国、美国的民主政治制度,否定封建专制制度和君主立宪制度。其国内发行所设在上海四马路教育馆、国粹学报社等。问世后广受欢迎,创刊号“数日间即告罄”,而“询购函件又陆续不绝”,遂即重版。《醒狮》与《民报》亦有联系,其曾刊载《民报》创刊号目录加以宣传。

《复报》1906 年 5 月在日本东京创刊,由柳亚子、田桐主编,共出 11 期。《复报》前身是《自治报》,由柳亚子发起的自治学社学生自治会主办,用蜡纸刻印,每周一期,刊行 67 期后改名《复报》。1906 年柳亚子脱离自治学社,把学生自治会改为青年自治会,作为中国同盟会的预备军,将《复报》改为铅印,由周刊改为月刊,由单张改成单行本。《复报》结合反帝反封建两大革命任务,历陈排满主张。

(二)关于“三民主义”的论战

《民报》宣传的基本思想是“三民主义”,其主要政论是根据三民主义的理论开展与改良派的论战。在和改良派的论战中阐述和宣传“三民主义”革命纲领,《民报》成为革命派与改良派进行思想斗争的主要阵地。如梁启超在《新民丛报》发表的《开明专制论》《申论种族革命与政治革命之得失》中主张清政府先实行“开明专制”,再确立君主立宪。之后,改良派还将这两篇文章合刊为《中国存亡一大问题》的单行本,印一万册,国内外发行。对此,《民报》第三号特发号外,刊发与《新民丛报》辩驳的十二条论纲,议题甚广,涉及民主革命的对象、任务、方法、前途等,围绕“三民主义”展开,涉及要不要“反满”和以暴力推翻清王朝的统治,政治目标指向君主立宪还是民主共和,以及封建土地制度是否应当改革等。革命派与改良派在新加坡、檀香山、旧金山、中国香港等地的报纸也投入这次论战。

《民报》大力宣扬中国唯一的出路就是革命,革命的首要根本任务是推翻清王朝,建立民主共和国。《驳〈新民丛报〉最近之非革命论》《驳革命可以召瓜分说》《再驳〈新民从报〉之政治革命论》《驳革命可以发生内乱说》等文章从多个方面论述革命推翻清王朝的必要,把清王朝的腐朽统治同帝国主义对中国的侵略联系起来考察。对于改良派提出的革命将引发内乱,招致外国干涉和瓜分的问题,《民报》阐明民主革命不同于以往的农民战争,是有纲领有组织的运动,革命派有信心控制局势,使革命有秩序地进行,不会发生内乱。内乱既不发生,外国也就无理由干涉。至于瓜分,根本的危险在于清政府的腐败和卖国,所以推翻清朝的革命正是避免中国被列强瓜分的唯一途径。《民报》的这些论说在化解国人对革命的疑虑、增强革命信心方面发挥了作用。政治改革的目标是君主立宪还是民主共和,也是论战的重点。双方都主张地方自治,争论较多的是其中的"中央与地方的权力关系"问题。改良派报刊鼓吹"政府登高一呼"改订地方制度,在中央的支配下实行地方自治。《民报》《四川》《河南》《云南》等革命派报刊则主张扩大民权,反对专制,收聚中央权力于地方团体,以抵制中央集权。

革命派报刊与改良派报刊论战,客观上为中国留日的进步知识分子群体做了一次西方政治思想的普及,并关系到未来中国政治前景以及如何达成这一前景,讨论如何极大地消弭君主政权的权威,激发了更多的进步知识分子快速靠拢革命派,以迅速改变国家和自身命运。从新闻史视角看,这次论战之所以开展,是和政党报刊的出现这一历史事实密切相联。因为党报所宣传的主义、纲领,具有强烈的排他性,论战遂难避免。[①] 作为政治思想的传播手段,这次论战形成了中国政党报刊鲜明的政论文风,也推动了中国报刊政论文体的发展。

### (三)揭露清廷预备立宪与帝国主义侵略危局

针对清政府实行预备立宪,《醒狮》刊文指出,清朝统治者是绝不会真正实行立宪的。"满政府必不能实行立宪也明矣;即能行之,亦必非真正立宪,不过如朝鲜之宪法,俄罗斯之宪法,或不然而英国对于印度之宪法,日本对于台湾之宪法也明矣,吾汉人切勿为那拉氏之言所愚……吾汉人犹有日夜希冀满政府之和平改革者,其亦不可以已乎!"[②]《复报》多方面揭露和抨击清政府"预备立宪",指出预备立宪目的是笼络人心,抵制革命;清政府决不会让人民享有自由、平等的权利;呼吁国人不能把立宪的希望寄托于清政府;宣扬真正的平等自由必须经过艰难曲折、流血牺牲的斗争。《复报》在卷首刊载"吴樾君像",开辟"特别选稿"一栏,发表《吴樾君献身意见书》,痛斥清政府昏庸腐朽,根本没有立宪资格;揭露清廷立宪对于汉人不仅无利而且有害;号召仿行法国资产阶级革命和美国的资产阶级立宪制度,争取民权、

① 宁树藩:《宁树藩文集》,汕头大学出版社 2003 年版,第 497 页。
② 宋教仁:《清太后之宪政谈》,《醒狮》,1903 年第 1 期,第 144 页。

扩张民权。《复报》刊发《〈新民丛报〉非种族革命论之驳议》《驳梁启超书》等文章，批驳改良派拥护“预备立宪”，被誉为“《民报》小卫星”。

与此同时，《民报》系列报刊还将培养国人的爱国主义精神视为迫切之事。《二十世纪之支那》刊发时评揭露日俄侵略中国的野心。设“丛录”一栏，转载上海的《警钟日报》、香港的《中国日报》等国内外各革命报刊与其宗旨相同的文章。并介绍西方理科、实业、政法、军事、哲学等各种学说，介绍国家知识，如版图、人民、主权；这些内容对于反对清朝封建专制，建立资产阶级共和国，确立革命政府的对外政策等，都是很有必要的。《复报》大量列举事实痛斥帝国主义侵略中国的危局，同时揭露清政府卖国求荣的行径，以唤起人们革命思想的觉醒。《复报》发表不少以反抗外族侵略压迫为题材的小说，颂扬历史上的仁人志士勇敢顽强、不怕牺牲的英雄伟绩；用许多篇幅颂扬反清复明志士和太平天国运动领袖，斥责吴三桂、曾国藩效忠朝廷和镇压革命运动的行径，号召排满逐满；还经常将一些文章和作品做通俗化、口语化处理，以影响更广泛的人群，发挥文学作品对于思想启蒙和唤起民族觉醒的作用。

《醒狮》以大量的篇幅揭露清朝统治者对国人的压迫，激发反清情绪，拒绝采用清代皇帝年号纪年法，而采用黄帝纪年。并注重利用文艺形式宣传反清，发表了不少悼念革命家邹容、斥责清廷的诗文，发表历史小说《仇史》《松江失败英雄陈子龙传》等文章。该刊对思想文化方面的封建专制主义进行了较多批判，“君主既以人民之言论自由悬为厉禁，而士夫遂不敢创立异说，以冀得世界之真理，且于儒学之外，不敢同他学”[①]。揭示文化专制主义是封建专制在思想文化方面的表现，是为封建专制服务的实质问题。《醒狮》用大量的篇幅介绍西方的科学知识，包括物理、化学、医学、美学、教育学等，唤起人们学习西方的热情。同时，也批驳了一切照搬西方的观点，认为学习西方也要结合中国的具体情况。

## 二、“三民主义”革命纲领宣传网络的扩展

同盟会成立后，积极规划国内各省的革命运动。为了扩展“三民主义”革命纲领宣传网络，同盟会积极扶持留日学生同乡会组织，相继创办《云南》《鹃声》《汉帜》《河南》等刊物，与《民报》相呼应，宣扬“三民主义”，批判改良思想，大造革命舆论。这些刊物的创办人和撰稿人多为同盟会会员。

---

① 高旭：《学术沿革之概论》，《醒狮》，1905 第 1 期，第 42 页。

（一）同盟会扶持留学生创办地方性革命报刊

《云南》1906年4月在日本东京创刊，创办者是云南留日学生，赵伸任发行人，李根源任庶务干事，张镕西、席上珍、孙志曾任总编辑。1911年武昌起义后《云南》停刊，中间曾几次被迫停刊，共出23期及特刊《滇粹》1期。《云南》是在孙中山的直接关怀下筹备创办的。1908年《云南》的发行规模空前扩大，不仅在北京甚至边陲贵阳和云南诸多县城以及缅甸的瓦城设分社，亦在全国三十九个城市派有报社驻地代表。《云南》曾经三次再版，初创时发行量不过三千册，一年后增到万余册。《云南》在清末民主革命运动中有较大影响，尤其是对云南政治革命的推动作用较为突出，在收回路矿权的斗争及重九起义中都做出了贡献。清政府对其极为仇视，云南学政叶尔恺下令禁止学生阅读，并通过云南当局下令逮捕杂志的在滇销行员。1911年封闭各地的代销点，严禁杂志入境。

《鹃声》1906年创办于日本东京，由四川留日学生所办，雷铁崖、董修武、李肇甫等任编辑。只出两期，后复刊一期。前两期是白话文，复刊号是文言文。《汉帜》是湖南留日学生创办的《洞庭波》(只出1期，1906年10月)改名而来的，1907年1月在日本东京出版第一号，月刊，共出两期即停刊。主编者陈家鼎是同盟会评议部评议员，编辑杨守仁、仇式匡、宁调元三人皆为华兴会会员。

《河南》1907年12月在日本东京创刊，月刊，是同盟会河南分会的机关刊物，共出9期(到1908年12月)，是宣传"三民主义"革命纲领的一个重要阵地。总编辑刘积学，发行人张钟瑞。《河南》的前身是《豫报》，当时孙中山认为，河南地处中原重要战略位置，但该省革命党人理论薄弱，故对河南革命力量的培养和革命运动的开展极为关切，积极向河南留日学生宣传革命道路，勉励他们献身于革命事业，推荐他们加入同盟会。1906年11月，河南留日学生发刊《豫报》，计刊行6期，主事者政见分歧，常发表一些反对革命的主论，同盟会河南分会便以资金不足为理由停刊，另创《河南》代之。

（二）地方性革命报刊的舆论焦点

一是揭露帝国主义侵略诸省现状。《云南》发表论说以大量的篇幅揭露法、英帝国主义霸占云南矿山、垄断金融的行径；反映云南人民反对法、英抢夺路权的斗争；斥责清政府妥协投降，力主赎回路权，筹款自办；呼吁抵御外侮，收回矿权。《云南》发表时评、来函、调查报告，痛斥法国在西南许多重要地方设立领事馆和领事官，肆意侵犯中国主权，谴责法国殖民主义者蛮横干预云南教育权、司法主权等。

并注重翻译法国、英国殖民主义分子原著，以及法国报刊原文，转译日本学者和其他外国报刊文章，揭露法、英帝国主义以越南、缅甸为跳板侵略中国的实质，呼吁救亡图存、保卫云南。还刊登不少文章、图画展现越南、缅甸沦为殖民地的惨状，连载小说谴责法国侵略越南，歌颂越南人民联合黑旗军的抗法斗争，以越南、缅甸的亡国境遇作为前车之鉴，呼吁云南避免重蹈覆辙。《鹃声》尤其关心四川的处境，反复说明帝国主义扩大侵略，国家危难的情况，极力主张排满革命，建立民主政体；每期都在文苑栏刊载若干篇有关国家命运主题的诗歌，思想性很强。《河南》以反帝救亡为出发点，刊载许多专门论述当前民族危机、寻求救亡图存的政论，还从地理、历史、实业、地方自治等方面论述如何拯救中国于危亡。

二是揭露清政府"伪立宪"。《河南》用极多的笔墨揭露清政府"伪立宪"，指出清政府的伪立宪不仅是政治欺骗政策的实施，同时也是暴力镇压政策的运用，在清朝专制统治下的中国是不可能"开设有人格的国会"。其刊发《警告同胞勿受要求立宪者之毒论》《预备立宪者之矛盾》《要求开国会者与政府对于国会之现象》《中国变法之回顾》《土耳其立宪说》等文谴责立宪派赞颂清朝皇帝的立宪上谕，揭露立宪派此举是乞求开国会，妄图通过国会与清朝贵族、大地主阶级共同掌握政权，挤进统治阶级，是立宪派的黄粱美梦。《鹃声》抨击改良派"君主立宪"的主张，力主铲除清朝专制统治，争取人民民主权利，实现地方自治。

与此同时，《云南》介绍法国、普鲁士、瑞士、比利时、意大利、奥地利等国的宪法，说明其国民在法律上一律平等，并享有信教自由、言论出版集会结社自由等，提出参政权是国民的基本权利，号召人民为取得参政权而斗争。《鹃声》倡导资产阶级的思想自由、言论自由、出版自由的进步思想，指出报章杂志要敢于揭露社会的黑暗，形容政府的丑态，才是正大光明地坚持三大自由。《汉帜》发表论说《满政府之取缔报馆》痛斥清政府剥夺国民的言论、出版、集会的自由，揭露清政府的预备立宪是伪立宪，巡警部颁布的报律也不符合立宪国家法律程序。

三是声援各地革命行动。《云南》对云南地方政府的揭露更为具体，在"中外大事表"中报道了 1906 年留日云南学生发表《告全国人民书》，掀起反对云贵总督丁振铎和洋务总办兴禄的斗争。《云南》报道了云南反清救国革命团体"死绝会"成立的消息，转载其宗旨大意，连续发表贺该会成立的诗文。1908 年 4 月，孙中山发起河口起义，留日滇籍学生在东京召开云南独立大会声援起义，《云南》的负责人、主要撰述者赵伸、李根源、吕志伊、杨振鸿等都是大会的发起人和组织者。他们发表演说控诉清政府。《云南》第十四号、十五号大事表专门报道了河口起义的情况，以鼓舞革命斗志。《汉帜》发表社论《论各省速响应湘赣革命军》，为萍浏醴起义制造舆论声势，反对清政府的伪立宪，呼吁各省迅速响应起义军，建立民主共和国。《河南》宣扬实行革命排满，推翻清政府，用了很多篇幅宣传革命暴力，肯定暗杀的作用，但也指出仅靠暗杀并不能解决问题，只有组织革命军，发展革命运动，才能推翻清政府。该刊强调只有各界联合、联络各省、兴革命军，竭全国国民之力才能推翻清政府，废除封建君主专制制度，在中国实现"民权立宪"。

## 三、反对"三民主义"革命纲领的报刊舆论

在反对清朝封建统治的斗争历程中，改良派与革命派均为"民党"，彼此视为政治对手。1906年清政府宣布预备立宪，使海内外的改良派人士非常振奋，"促成宪政"成为梁启超等改良派人士急切关注的议题，他们特别担忧革命风潮日益高涨，认为只有实行立宪政治，才能从根本上消弭革命的发生，否则，革命是难免的。革命派也并不是所有的革命者都全部接受"三民主义"革命纲领，他们在解释这个纲领时也包含了不少混乱和分歧。

### (一)改良立宪之声

《新民丛报》是继《清议报》之后重要的改良主义刊物。1902年2月创办于日本横滨，半月刊，主编梁启超，主要撰稿人有韩文举、蒋智由、马君武等。梁启超在《新民丛报》发表《敬告我国民》《新大陆游记》《中国历史上革命之研究》，在这些文章里旁征博引反对革命的改良主义思想，并得到了《外交报》《东方杂志》《扬子江》《中国新报》《政论》等刊物的附和。1907年前后，由于财力、精力所限，梁启超打算转让《新民丛报》。他提议"此报若继续办去，则其报中内容组织上必须变更。其内容则于论著、译述两门外，弟极欲注重批评及记载，其批语门能如《太阳》之例，将半月中国及世界出来之大事批评之最妙，其记载门则采择《外交时报》及《国际法杂志》，有一定之条理足矣。"[①]他特别强调在报刊的内容设定上除了论著、译述以外，要增设批评、记载，这表明梁启超已不再独倡报刊承担"开启民智"的社会功能，报刊在传播时事、监督舆论方面的社会责任亦得到他的重视。

由于政治形势的变化，清政府宣布预备立宪，梁启超、蒋智由、徐佛苏、杨度等改良派人士积极投身到组党活动中，创办党报极力宣扬立宪政治，联合《时报》《大

① 梁启超：《致佛苏我兄书》。参见丁文江，赵丰田：《梁启超年谱长编(第4册)》，上海人民出版社1983年版，第387页。

同报》等报刊鼓吹早日召开国会,逐渐形成一定的舆论声势,并在此基础上形成了热烈的国会请愿运动,以督促并推进立宪政治的实现。《政论》1907 年 10 月在上海创刊,是“政闻社”的机关报,蒋智由主编,共出 7 期,主张“改造政府”“实行国会制度,建设责任政府”,着重论述国会、政党、地方自治等问题。该刊指陈内政外交的利害得失,向清政府提出建议和警告,为立宪大造舆论并反对暴力革命,主张以静实的态度从事学理研究,以监督并参与政府的有秩序的变革。

《政论》的创刊在“政闻社”正式成立之前,《政论》创刊号刊登了“政闻社”的宣言书、社约和社员简章。《政论》是梁启超等为“谋政党之组织”直接做准备的,政党问题在《政论》的宣传内容中占有相当突出的地位,他们把政党问题和国会问题紧紧联系在一起。《政论》的这些宣传为“政闻社”的组建起到舆论准备的作用。1907 年 11 月 17 日召开成立会,当天下午,“政闻社”举行演说大会,革命派冲乱会场,梁启超演说被迫终止。《政论》把国会问题作为首要的中心议题,最初是杨度作为一种重要的宣传策略向梁启超建议的,“先谋开国会为结党之第一要事,斯其党势必能大张。盖先举事而后造舆论,不若先造舆论而后举事”[①]。此建议得到梁启超的赞赏,“至专提倡开国会,以简单直捷(接)之主义,求约束国民心理于一途,以收一针见血之效,诚为良策”[②]。《政论》本着这个宣传策略,大张旗鼓地对国会问题展开宣传,之后把请愿速开国会作为推动立宪的近期目标。“国会请愿运动”让清朝统治者大为震惊,他们认为这是“民气喧嚣”“横议干政”的表现。1908 年 8 月,清政府宣布查禁政闻社,《政论》也随之停刊。

(二)国粹主义、无政府主义之声

国粹主义和无政府主义两个派别是革命派的两个支流。《国粹学报》是国学保存会的机关刊物,1905 年 2 月在上海创刊,月刊,以“发明国学、保存国粹”为宗旨,着重刊登文史方面的学术论文;主要撰稿人有章炳麟、刘师培、邓实、黄节、陈去病、黄侃、马叙伦等,大多为朴学根基较厚的革命党人。当时在学习西方的过程中,由于资本主义和资产阶级议会政治在帝国主义时代已经百病丛生,使这些爱国知识分子感到迷惘和惶惑,也不免对资产阶级共和国方案缺乏信心,便回过头去幻想从

---

① 杨度:《致卓如我兄足下书》。参见丁文江,赵丰田:《梁任公先生年谱长编(第 4 册)》,上海人民出版社 1983 年版,第 398 页。

② 梁启超:《与皙兄书》。参见丁文江,赵丰田:《梁任公先生年谱长编初稿(第 4 册)》,上海人民出版社 1983 年版,第 395 页。

中国古老的传统典章制度中,寻求某些可以避免或克服资本主义弊端的对策。[①]国学保存会提倡国粹,其主要目的在于:一是"用国粹激动种性,增进爱国的热肠"[②],鼓吹"排满光复";二是从古代的"良法美意"中寻找某些可以克服或避免资本主义弊端的对策,反对"醉心欧化"。

1906年7月,章炳麟主编《民报》,鼓吹"国粹",刊发大量宣扬国粹的文章,如《演讲录》《排满评议》《官制索隐》等,大力宣传国粹主义思想。同时还开设国学讲习会,成立国学振起社,提倡用国粹激励爱国思想,与上海的《国粹学报》和国学保存会遥相呼应。当时,一些重要的革命派刊物如《醒狮》《复报》《云南》《汉帜》《河南》等也都不同程度地参与到宣传国粹主义思想的行列中来,疾呼发扬国粹和保国保种,这对一些守旧而又有点"反满"情绪的知识分子有相当的吸引力。国粹主义思潮成为革命派阵营中一种颇具影响的思潮。[③] 但由于国粹主义引导人们向后看,利用落后的复古思想去同帝国主义文化和封建文化对阵,对国学的作用加以神化和夸张,对西学则抱着恐惧心理,仅从古学中寻找种族革命的思想武器,随着革命风潮的高涨,国粹派抱着"光复旧物"的文化观对革命逐渐淡漠,《国粹学报》连篇累牍地刊载校勘、考证等文字,与革命派的离心倾向逐渐增强。

清末无政府主义派又称虚无党,同盟会机关报《民报》对虚无党激烈的革命行动表达敬佩之情。在"译丛""来稿"等专栏刊载大量译文,如《欧美社会革命运动之种类及评论》(1906年5月第4号)、《无政府党与革命党之说明》(1906年9月第7号)、《社会主义史大纲》(1906年9月第7号)、《无政府主义之二派》(1906年10月第8号)、《无政府主义与社会主义》(1906年11月第9号)、《虚无党小史》(1907年1月第11号)、《苏菲亚传》(1907年7月第15号)、《巴枯宁传》(1907年10月第17号)、《〈无政府主义〉序》(1908年4月第20号)、《帝王暗杀之时代》(1908年6月第21号)、《西伯利亚纪行》(1908年10月第24号)等。无政府主义思潮对当时革命派人士影响不小,革命派并没有弄清无政府主义和社会主义之间的本质区别,认为二者之间在终极目的上是一致的,二者皆求个人之最完全自由,只是在实现目的的手段上有所不同而已。[④] 革命派认为无政府主义与民族主义可相辅而行,有助于

---

① 章开沅:《章开沅文集(第2卷)》,华中师范大学出版社,2015年,第137页。

② 太炎:《演说录》,《民报》,1906年第6期,第1页。

③ 张海鹏,李细珠:《中国近代通史・第5卷・新政、立宪与辛亥革命1901—1912》,江苏人民出版社2009年版,第196页。

④ 姜锐,鲁法芹:《社会主义思潮与中国文化的相遇》,山东人民出版社2016年版,第94页。

反帝排满革命思想的宣扬。

革命派内部发生分裂以后，脱离了革命派的刘师培夫妇以及李石曾、吴稚晖等，先后在日本东京、法国巴黎创办了《天义》《衡报》和《新世纪》，并以此为阵地大力宣扬无政府主义学说，成为中国较早一批无政府主义者。《天义》是近代中国较早的无政府主义期刊，1907 年 6 月创刊于日本东京，半月刊，主编何震，实际创办人是刘师培（何震的丈夫），共刊行 19 期。《天义》最初是"女子复权会"的机关报，标榜女界革命，兼提倡种族、政治、经济诸革命。第八、九、十卷合册开始，刊物宗旨改为："破除国界、种界，实行世界主义；抵抗世界之一切强权；颠覆一切现近之人治；实行共产主义；实行男女绝对之平等。"[①]《天义》实际上成为"社会主义讲习会"（后改为齐民社）的机关刊物。该刊鼓吹无政府主义，反对资产阶级民主革命，指责民族、民权、民生三大主义，宣扬政府是万恶之源，凡是建立政府的革命绝不会有好结果，鼓吹无政府革命是彻底、圆满的，有百利而无一害。

1907 年 6 月，由张静江（时任中国驻法使馆商务随员）出资，李石曾、吴稚晖在巴黎创刊《新世纪》，提倡无政府主义。该刊直接援用法国无政府主义刊物《新世纪》之名，宣扬民族民主革命是实现无政府主义的过渡，主张采用暗杀和暴动等激烈方式，利用下层民众进行无政府革命。《新世纪》与《天义》两刊互相呼应、互通消息、互相宣传。《新世纪》第 22 号、第 24 号转载报道《天义》社会主义讲习会第一次开会记事等内容。《天义》第 5 号、第 16—17 号刊载介绍《新世纪》的广告。这一时期的无政府主义思潮，主张扫除强权，赞同推翻清朝统治，在一定程度上有助于民主革命思想的传播。[②] 但其脱离中国实际反对一切政府，反对"三民主义"，与革命派民主共和理想发生矛盾。无政府主义者极端个人主义思想与行为，也不利于革命的组织活动，束缚并阻碍民主革命运动的发展。

## 第三节　国会请愿与武装革命的舆论动员（1908—1911）

1908—1911 年间，革命党颇活跃，且多次发动武装起义。如 1908 年钦廉上思

---

① 杨天石：《天义报、衡报》。参见丁守和：《辛亥革命时期期刊介绍》（第三集），人民出版社 1983 年版，第 334 页。

② 张海鹏，李细珠：《中国近代通史 · 第 5 卷 · 新政、立宪与辛亥革命 1901—1912》，江苏人民出版社 2009 年版，第 211 页。

之役、河口之役和安庆之役，1910 年的广州之役，1911 年的广州黄花岗之役。各地人民群众自发的反抗斗争，次数愈来愈多，规模愈来愈大，形式愈来愈激烈。1910 年爆发的湖南长沙抢米风潮和山东莱阳抗捐斗争尤为突出，都有上万群众参加，并从经济斗争发展成为武装反抗。四川、安徽、湖北、湖南等省的改良派和地方士绅，发起了争回路矿权利的运动。各种形式的斗争汇集成革命洪流，清政府在“立宪”招牌的掩护下继续挣扎。革命派、立宪派怎样对待清王朝的“立宪”？怎样对待群众的革命斗争？打算把革命引入什么样的轨道？革命想达到什么样的结果？他们的报刊时论文章，大致反映了各政治派别对这些问题的立场和态度。

## 一、立宪派报刊对国会请愿的舆论动员

1906 年清政府宣布“预备仿行宪政”，次年筹设资政院。1908 年颁布《各省咨议局章程》和《宪法大纲》，规定在九年内完成“立宪”前期准备。1908 年 2 月，立宪派的“政闻社”本部迁上海，意在筹建沿江及南北各省的分部。1909 年，各省咨议局分别开会，立宪派的一些代表人物进入了咨议局和资政院。他们或出版刊物、或组织团体，或运用咨议局、资政院的名义，全力鼓吹君主立宪。主要刊物有《外交报》《中国新报》《国风报》《蜀报》。立宪派以咨议局为阵地，1910 年 1 月再次掀起国会请愿运动。清廷以“国民知识不齐”由，坚持国会的召开须等九年预备期满。请愿失败后，立宪派在北京组织国会请愿同志会，号召各地士绅参加进来，以扩大请愿的声势，为建立大政党奠定基础。国会请愿同志会创办了机关刊物《国民公报》；还决定由江苏、广东、直隶三省派人到内地各省和南洋各埠进行立宪的宣传鼓动和请愿的组织工作。

在立宪派看来，只要能召开国会，国会具有制定法律、监督政府的职权，就能扭转乾坤，无论是从帝国主义列强收回权利，还是振兴实业发展资本主义等，许多难题就会迎刃而解。立宪派通过刊物开展舆论动员，努力发动更多的人，以各种各样的方式和名义，向清王朝请愿“召开国会”。梁启超任主笔的《国风报》，是立宪派的主要舆论阵地，1910 年 2 月创刊于上海，旬刊，到 1911 年 7 月，共出版 52 期。梁启超发表《论请愿国会当于请愿(责任)政府并行》等文赞颂清朝皇帝发布“预备立宪”的诏旨，呼吁要迅速召开具有实权的国会，建立一个对国会负责的政府。《国风报》大量论说怎样改革官制、选拔人才，怎样整理法政，改革弊制，怎样制定对外方针，为“立宪”出谋划策，对当时正在开展的立宪运动，起着舆论指导作用。该刊《叙论》提出报刊“制造健全舆论”的“五本”“八德”，主张用“忠告”“向导”的方式达到自上

而下的改良变革，倡导“节制”“浸润”，反对煽动暴力革命。梁启超在《立宪政治与舆论》一文中指出：“立宪时代，一切庶政无不取决于舆论。舆论之价值，固比例于民智民德之高下而为轻重者也。立宪时代，舆论实政治之源泉，欲举其监督、向导之重责，蕲国利民福之增进……欲造健全之舆论，必先求完粹之智德。”①

1910年，立宪派发起三次国会请愿运动，要求速开国会，建立责任内阁，均遭清政府拒绝。“皇族内阁”的出台给立宪派当头棒喝，各省咨议局联合会在《国风报》发表“宣告全国书”称，“新内阁如此，吾人民之希望绝矣。议员等一再呼号请命而不得，救亡之策穷矣”②。国会不能开，清政府一些地方的立宪派人士开始向革命派靠拢。梁启超等人当时对用和平手段究竟能否实现改革目标也是疑心重重。

## 二、国内革命报刊对武装革命的舆论动员

国内上海、桂林、武汉等地革命报刊针对政府的批评、抗议，所涉内容芜杂，但它们的共同特点是具备为民代言的“正当面貌”，有共同的社会心理基础。其中不少“题材”如民族主义，从一开始有激进倾向的抗议，很快发展成对武装革命的鼓动。

### （一）国内武装革命舆论机关的建立

《民呼日报》《民吁日报》《民立报》在新闻界有“竖三民”之称，三份报纸以于右任为主线一脉相承。《民呼日报》创办于1909年5月，同年8月便停刊了，共出版92期。《民呼日报》是一份对开大报，日出两张，四版广告，四版正文。鉴于苏报案后，清政府对富有革命色彩的书报施以严密监视，革命报刊不得不小心谨慎，用旁敲侧击之文字，作迂回宣传。《民呼日报》因揭发各省吏治腐败，抨击陕西、甘肃二省官吏最力，招致陕甘官吏仇恨，1909年7月甘肃护督致电上海道，请查究《民呼日报》侵吞甘肃赈灾捐款事宜。8月初社长于右任、主笔陈飞卿被拘。《民呼日报》被迫停刊。

《民吁日报》是《民呼日报》改头换面的延续。创刊于1909年10月，同年11月停刊，共出48期。范鸿仙为社长，朱少屏为发行人。《民吁日报》的反日宣传，引起日本帝国主义的仇恨，要求清政府封禁该报，该报被判永远停刊，机器不得再作印刷报章之用。1910年10月《民立报》创刊，社长于右任，主笔宋教仁，范鸿仙、吕志

① 长舆：《主宪政治与舆论》，《国风报》，1910年第1卷第13期，第5页。

② 第国溶：《咨议局宣言全国书》，《国风报》，1911年第2卷第14期，第61页。

伊、王印川、章士钊、马君武、叶楚伧、张季鸾等人担任编辑或撰稿者。该报是同盟会机关报,报馆为革命联络机关。辛亥革命前夕,《民立报》对革命事业的鼓吹颇有助益。宋教仁写的文章一时风行,《民立报》销数甚广。

《南报》于1910年9月创刊,共出3期,是同盟会广西支部的机关报。署侯声(该支部秘书长赵正平的化名)任编辑兼发行人,支部长耿毅、总参议何遂及分部张梁史、刘建藩、蒙经等,都曾以笔名撰稿,其中何遂(贱夫)写稿最多。《南报》主编赵正平及主要作者多是新军军官,该报着重宣传以军事力量反抗列强侵略、挽救民族危亡的爱国思想。《南风报》于1911年2月创刊,是同盟会广西支部继《南报》之后又一份机关报,仍由赵正平担任总主笔,该报的编者、作者多是当时新军的军官,共出八期,以灌输世界知识,发扬军国精神为宗旨,强调革命舆论的重要性。

1909年12月,革命党人宛思演、詹大悲、蒋翊武、刘复基等接办汉口《商务报》,版面扩大为两大张,以作革命鼓吹之用,宛思演、邢伯谦任正副经理,詹大悲任主笔,何海鸣任编辑,着力鼓吹革命,言论激昂,抨击无所忌讳。《商务报》被查封后,武汉革命党人决心重组革命舆论机关。1910年12月,《大江白话报》创刊,胡为霖任经理,詹大悲、何海鸣分任正副主笔。该报为小报性质,日出一小张。名为商办,实为革命党掌握。不久,汉口发生英国巡捕无理殴毙人力车夫案,地方当局通电全国不得评载,唯独《大江白话报》据实直书,无所畏惮,以头号字标题公开揭载,并发社论谴责英帝暴行。

(二)联络发动民众武装斗争

《民呼日报》讲究宣传策略,虽然没有直接号召推翻清政府,但通过"稗政失民心""水旱夺民命"的宣传,树立了"鼎革"的思想,通过宣传内忧外患,揭露清政府卖国行径,阐明反帝爱国立场,宣扬革命救亡思想。该刊以很大的篇幅揭露清朝各级官吏的贪污、暴虐、宿娼、纳妓、吸毒、赌博以及奔走钻营等腐败行为,宣传"鼎革"的革命思想。并以大量篇幅报道评述灾荒问题,不断报道天灾人祸造成的惨状。该报发动赈灾捐款活动,配合救灾活动,宣传"官逼民反""铤而走险",鼓动灾民奋起抗争;还通过多种形式鼓动指导当时的路矿斗争,聚焦粤汉路借款、津浦路舞弊、河南豫丰煤矿,声讨清廷的媚外官吏,揭露帝国主义的经济侵略,把反借款、争路权和矿权作为反对帝国主义的主要内容。

《民吁日报》围绕安奉路事件大量报道日本侵略中国的事实,两次刊载《日清条约》,通过引证日本官方和报刊的言论揭露日本在新约中获得的利益,强调反对日本侵略,号召国人参加反日救亡。该报在抵制日货的宣传中,发挥出了鼓动和组织作用,指出抵制日货是中国人抵御外侮的消极手段,主张以不立演说会、不发传单,专以隐秘手段进行,避免日本的干涉,应对清政府的禁止;提出发展民族资本是反对列强侵略的积极办法。《民立报》的中心论题主要是制造舆论,唤醒国人,迅速促成革命爆发及新政府之及时建立。以四川保路风潮为依据,揭露清廷的立宪骗局,呼吁国人不要抱有幻想,动员国人为挽救国家而不懈斗争,宣扬暴力推翻清政府。

《南风报》介绍孙中山在美洲的革命活动,详细报道广州新军起义以及同盟会领导的多次起义,赞颂革命党人英勇奋斗、不怕牺牲的革命精神,刊登《造炸弹者喻培伦传》《革党宋玉琳小史》等。还刊载表现明末桂林抗清英雄、抗清运动的文章、戏剧和绘画,呼吁国人向抗清英雄学习,进行反对清王朝的斗争。为避免清政府封禁,该刊公开布告声明:本报内容不敢主排满革命,无犯淆政体之条;不敢谤朝廷皇族,无犯诋毁宫廷之条。[①] 该报巧妙利用文章的编者按等揭露和抨击清政府的腐败无能和丧权辱国,痛斥清朝官吏的贪污腐化和荒淫无度,指出清政府是亡国祸根的实质;宣扬只有用武力推翻清政府反动统治,才能使国家独立富强。

1910 年 4 月,湖南发生抢米风潮,清廷欲调湖北新军前往弹压,革命党人决议乘机起事。同时,报纸著文谴责铁路国有政策,报道革命党人扭打杨度等新闻。群治学社和《商务报》引起当局注意,报社后被查封,馆内革命党人星散逃亡。《商务报》被迫停刊。《大江报》勇于揭露官厅黑幕,揭载抨击军中克扣军饷、减发服装等不法情事;在保路风潮中,痛斥盛宣怀、端方、郑孝胥卖国;在湖北新军各标营中设分销处,并招募特约通讯员,报纸发行则采取免费赠送。报社还将黄花岗诸烈士的遗文遗信印成单行本,随报分送,以形成持续的动员效果。

## 三、海外革命报刊的政治鼓动与思想启蒙

这一时期,海外革命派报刊配合国内的武装斗争,开展一系列政治鼓动和思想启蒙,揭露清王朝预备立宪之骗局,批判立宪派"请求"召开国会是替清政府的立宪骗局推波助澜,指出延续了数千年的专制政体绝不是言论鼓吹、文章激励、结社标榜、政策请求所能改变的;阐明唯有暴力革命才是出路的主张。

1906 年以后,清政府严厉禁止革命宣传,同盟会机关刊物《民报》很难运进国内。为了继续扩大革命宣传,各省留学生中的革命党人常以本省的名义继续创办

① 刘巨才:《南风报》。参见丁守和:《辛亥革命时期期刊介绍》(第三集),人民出版社 1983 年版,第 664 页。

和出版刊物，并利用国内外人脉、货物往来将革命刊物运回国内，主要面向本省进行革命宣传。《四川》就是在这种情况下创刊的。1907年下半年，四川留日学生在《鹃声》的基础上成立了四川杂志社。1908年1月《四川》在日本东京创刊。该刊以四川全体留日学生的名义创办，同盟会会员吴玉章为编辑兼发行人，同盟会会员、原《鹃声》主编雷铁崖、邓絜继续参加《四川》的工作，共出3期。第4、5两期在将要印好发行之际，遭日本当局查禁(在清政府的授意下)。日本当局指控《四川》鼓吹革命，激扬暗杀，煽动日本殖民地反对帝国，反对天皇。1908年2月《夏声》在日本东京创刊，月刊，由陕西留日学生所办。该刊以开通风气，剪除弊俗，灌输新学说，发挥固有文明，鼓舞国民精神为宗旨。1908年7月《江西》在日本东京创刊，月刊，由江西留日学生编行。该刊注重反映处在内忧外患的中国之悲惨图景，痛陈清政府对外腐朽无能，对内施行虐民之政。

《四川》充分揭露日法俄英等列强为了维护他们在中国的既得利益，背着清政府签订各种协定、密约，用大量事实说明亡国之祸迫在眉睫；提醒国人必须抛弃对清政府的幻想，明确主张推翻清朝腐朽统治，倡导以西欧资产阶级共和国做仿行蓝本，实行政党政治、地方自治。但就如何在中国实行，并没有提出系统明确的主张，只是简单地将所设想的资产阶级共和国视为乌托邦式的大同世界。《夏声》尖锐揭露和抨击清政府的“新政”和“预备立宪”骗局；指出“预备立宪”之预备期限，常视吾民之举动如何以做伸缩，宣布言论、集会之苛虐条例，均是摧抑吾民之手段。① 并倡导确立民权、发扬民气，号召从中国民众缺乏知识的现状出发，广启民智、协力同心、驱除外侮。该刊重视近代社会学说和科技知识的传播，还刊载不少调查材料，对了解当时国内外状况是很有益的。在论著栏目先后刊登有关陕西等西北地区的文章九篇，具有浓厚的地方色彩。《江西》用大量篇幅披露在清政府统治下江西省吏治之腐败，人民生计凋敝，社会之黑暗；宣扬只有推翻清朝的腐朽统治才是中国的出路；同时，提出军事、政治、经济的改革办法，以扩充实业，改良工艺，推广销路，维护利权。

总而言之，辛亥革命前十余年间，社会转型加之政治动荡，报刊媒介在政治裂缝中寻求发展。报刊媒介在公共领域构建有力量的话语权，起到了政治动员、吸引同盟军、扩大社会基础的作用。各政治派别的进步报刊互相依托、互相论争，不断

---

① 皮生:《策国民之前途》,《夏声》1908年第5期。参见张枬，王忍之:《辛亥革命前十年间时论选集》(第3卷)，生活·读书·新知三联书店1977年版，第405页。

将各种新政治观念作为“先进”的文明输入中国,宣扬变革维新思想,关涉国家富强与国民权利,颇能迎合彼时社会心理。新主义、“新名词”很快成为疏离、对抗封建统治者的现代思想资源。革命报刊宣传革命思想,开展舆论动员,推进了辛亥革命的爆发。“武昌起义,不数月,而国体丕变。成功之速,殆为中外古今所未有……问其何以能如是,则报馆鼓吹之功最高,此天下公言也。”①

① 梁启超:《鄙人对于言论界之过去及将来》。参见《中国近代报刊发展概况》,新华出版社 1986 年版,第23 页。

# 第八章

# 民初政治转型与民主共和氛围中的报刊舆论

1911年10月10日,湖北武昌爆发起义。1912年1月1日,中华民国临时政府在南京成立,标志着中国从封建帝制走向民主共和的政治转型。辛亥革命造成近代中国的政治转型,“是政治制度和社会思想的一大跃进”①。但是,传统中国的体制和思维惯性依然在起作用。革命果实为袁世凯窃取,他逐步利用内外政局所造成的党派矛盾走向专制独裁乃至复辟帝制。民初报刊舆论围绕着民主共和的政治建构与袁世凯掌权、专制乃至帝制这一矛盾,呈现出纷繁复杂的局面:一方面,民主共和氛围下政党竞争形成国民党、进步党等多种报刊系统,在拥袁和反袁问题上势成对立;另一方面,面对“二次革命”后袁世凯复辟帝制的倒行逆施,不同党派报刊在反袁的政治议题上趋同,更有不少舆论精英聚焦民主共和政治的思想基础问题,重视思想文化的舆论潮流预示着新文化运动的兴起。

## 第一节　民主共和氛围下新闻业短暂繁荣及党派纷争中的政治舆论

武昌起义后,民主共和政治体制确立对于中国新闻事业发展影响深远。尽管清末新政时期民营报刊已冲击专制统治者的言禁政策,但至此时共和政治的根本

① 陈旭麓:《近代中国社会的新陈代谢》,生活·读书·新知三联书店2017年版,第289页。

议题确立了民意在政治构建中的合法地位，“1911 年辛亥革命主要由三股力量策动而起，即海外的爱国者、报界和公共演讲，这标志着现代本土报刊的开端。由于言论和新闻更加自由，中国本土报刊进入第四个发展阶段——完全意义的现代化报业阶段”①。作为民意代表的主流报刊在民国元年获得迅速发展。

## 一、民初言论自由政策与新闻业的短暂繁荣

中华民国肇建，中国新闻事业在短时间内呈现出繁荣局面。戈公振称：“一时报纸，风起云涌，蔚为大观。”②仅就报纸数量而言，1912 年 3 月全国已出版报纸近 300 种；而 1912 年一年中，全国报纸就达到 500 种，总销数达 4200 万份。就报刊地域分布而言，北京、上海为舆论中心，并渐次向内陆拓展。据 1912 年 3 月北京民政部记录申请办报的数据，以北京（50 多种）、上海（40 多种）、天津（30 多种）、广州（30 多种）、四川（23 种）、浙江（20 多种）等地居多。③

民国元年新闻业短暂繁荣与民主共和政治语境及言论自由政策紧密相关。言论自由、出版自由是清末革命派反抗封建帝制的重要政治口号，辛亥革命中诞生的新政权以此为主线。1911 年 12 月 11 日，上海都督陈其美就《中外日报》指责《时事新报》刊登《危言》，作批示称：“《危言》一则，非但无反对之意，且足为各处民军之砭石。此后正当时时由此箴规，庶足以保言论自由，俾为政者得闻得失。”④可见新政权的开放心态。1912 年 2 月，中华民国临时政府颁布《暂行报律》，“希报界各社一律遵守”。报律遭到上海报界俱进会及著名革命派报人章士钊、章太炎等著文反对。章士钊在其主笔的《民立报》撰文称：“本报对于内务部之报律，其所主张，乃根本的取消，无暇与之为枝枝节节之讨论，以后并灌输真正之自由理想于国民之脑中，使报律两字，永不发于国会议员之口。”⑤由此，3 月 9 日孙中山发布取消《暂行报律》令，“案言论自由，各国宪法所重。善从恶改，古人以为常师，自非专制淫威，从无过事催抑者。该部所布暂行报律，虽出补偏救弊之苦心，实昧先后缓急之要

---

① 汪英宾：《中国本土报刊的兴起》，暨南大学出版社 2013 年版，第 21 页。

② 戈公振：《中国报学史》，中国新闻出版社 1985 年版，第 147 页。

③ 方汉奇：《中国新闻事业编年史（第二版）》，福建人民出版社 2018 年版，第 323 页。

④ 《报馆可以息讼矣》，《民立报》1911 年 12 月 11 日，第 6 版。转引自上海社会科学院历史研究所：《辛亥革命在上海史料选辑》，上海人民出版社 2011 年版，第 328 页。

⑤ 章士钊：《章士钊全集·第三卷》，文汇出版社 2000 年版，第 47 页。

序,使议者疑满清钳制舆论之恶政,复见于今,甚无谓也”[①]。此系“暂行报律事件”。革命派尊重言论、尊重民意的态度反映了民主政体与专制政体之界分。3月11日,《中华民国临时约法》规定人民权利,涉及“人民有言论、著作、刊行及集会、结社之自由”等条文。[②] 法律保障人权得到舆论界高度认可,亦成为评骘政局的有力武器。《中华民报》评论称:“中华民国临时约法者,中华人民之保障也。有敢昌言破坏临时约法者,是欲破坏中华民国也。”[③]与此同时,刚刚就职临时大总统的袁世凯,亦宣布“发扬共和精神,涤荡专制之瑕秽,谨守宪法”等。

民初报刊等新闻媒体的纷起反映了国人在新的政治秩序下政治参与的热望。民初政治体制以西式民主为参考,涉及政党政治及议会选举等,由此带来政党纷起及政党报刊繁荣。据时人观察,“革命成功,民国奠定,各派群起组织政党,以期争夺政权,即抱革命主义而秘密结社之中国同盟会,亦应运而改组为公开政党。其属光复会一派,则改组为中华民国联合会,嗣以地理上之关系,复与预备立宪公会派,联合组织统一党。而资政院中宪友会,至是则分歧为二派,组织共和建设讨论会与共和统一党,俨若孪生之产儿。武汉方面,则以黎元洪为中心而有民社。上海方面,则因同盟会之急进派,而有自由党与社会党。此其大较也,他若根据各种势力与特殊关系,起而组织小政团者,犹如雨后之春笋”[④]。政党或政团之成立涉及政见,亦多蕴含政客逐利之举,而争相创办报刊则为各政党争取舆论的重要举措。

就当时政党数量而言,“殆达三百有余”[⑤],但多系为达成某一目的的压力集团,具有健全政纲或具体政纲者不过35个[⑥]。其中,主要形成同盟会—国民党,以及共和党、民主党、统一党等,后三者于1913年5月合并为进步党。此外,还有较具特色的中国社会党等声势较小的政党或政治派别。这些政党形成各自的报刊体系,具体见表8-1所列。

---

① 中国社会科学院近代史研究所中华民国史研究室:《孙中山全集·第二卷》,中华书局2006年版,第198—199页。

② 中国社会科学院近代史研究所中华民国史研究室:《孙中山全集·第二卷》,中华书局2006年版,第220页。

③ 影:《辟神州日报之妄》,《中华民报》1912年7月23日,第2版。

④ 谢彬撰:《民国政党史》,中华书局2007年版,第38页。

⑤ 谢彬撰:《民国政党史》,中华书局2007年版,第8页。

⑥ 汪朝光:《中国近代通史第六卷·民国的初建》,江苏人民出版社2013年版,第3页。

表 8－1　1912—1913 年主要政党的报刊舆论阵地①

| 所属政党 | 地区 | 报刊名称 |
|---|---|---|
| 同盟会——国民党系统 | 上海 | 《民立报》《天铎报》《大陆报》(英文)《太平洋报》《民国西报》《中华民报》《民国新闻》《民权报》 |
| | 北京 | 《国风日报》《国光新闻》《民国报》《亚东新报》《民主报》《民立报》《中央新闻》 |
| | 天津 | 《民意报》《国风报》 |
| | 山东 | 济南《齐鲁民报》 |
| | 江苏 | 南京《民生报》《中华民报》 |
| | 浙江 | 杭州《汉民日报》、绍兴《越铎日报》 |
| | 湖北 | 《汉口民国日报》《民心报》《大江报》《春秋报》《震旦民报》 |
| | 湖南 | 《长沙日报》《军国日报》《湖南民报》《民国日报》 |
| | 福建 | 《福建民报》、福州《群报》《共和》 |
| | 广东 | 《中原报》《平民日报》《民生报》《中国日报》 |
| | 安徽 | 《安徽船》《青年军报》 |
| | 河南 | 开封《民立报》 |
| | 四川 | 《天民报》《四川公报》《中华国民报》《四川民报》《寰一报》 |
| | 重庆 | 《新中华报》《国民报》 |
| | 云南 | 昆明《天南新报》 |
| | 广西 | 南宁《民风报》、桂林《民报》 |
| 共和党——进步党系统 | 上海 | 《大共和日报》《时事新报》《民声日报》《东大陆报》 |
| | 北京 | 《国民公报》《天民报》《新纪元》《北京时报》《京津时报》 |
| | 天津 | 《庸言》 |
| | 湖北 | 《群报》《中华民国公报》《国民新报》《共和民报》 |
| | 山东 | 济南《大东日报》 |
| | 湖南 | 长沙《湖南公报》 |
| | 四川 | 《公论日报》《共和日报》《日日新闻》《四川正报》《政进报》《四川日报》 |
| | 重庆 | 《正论日报》《益报》 |
| | 广东 | 广州《天职报》《华国报》 |
| | 广西 | 南宁《指南报》、梧州《良知报》、桂林《公言报》 |
| 中国社会党 | 上海 | 《社会日报》《人道周报》《社会党月刊》《社会世界》 |
| | 江苏 | 《人报》 |
| | 浙江 | 绍兴《新世界》 |
| | 重庆 | 《国是报》《社会党日报》 |

① 方汉奇：《中国新闻事业编年史(第二版)》，福建人民出版社 2018 年版，第 341—383 页。

此种政治参与热情也反映在当时女权运动及精英女性的办报活动中。1912年原同盟会女会员唐群英、张汉英等掀起旨在争取男女平等参政权利的女子参政运动。而女性参政运动与女性报刊发展形成互动,1912年至1913年新创办女性报刊达13种之多,发展速率超越以往。主要有:1912年10月,唐群英等主导的女子参政同盟会创办《女子白话旬报》,以“普及女界知识”“务求达到男女平权”为宗旨;11月,张昭汉等主导神州女界协济社创办《神州女报》,以“发挥共和真旨,代表社会言论,导启女界政治及实业思想”为宗旨;12月,上海女子参政同志会发起《民国女报》,以“养成女子参与政治之智识”为宗旨;次年2月,又有湖南女子参政同盟会发起《女权日报》,提倡“男女平权,并参国政”;4月,张汉英等主导万国女子参政会中国部创办《万国女子参政会旬报》,宗旨系“为将来女子参政之预备”;等等。中国传统政治基本为男性垄断,共和语境下精英知识女性的参政诉求及其办报活动,反映了新政治秩序带来的国民政治参与及其办报热情,亦可见民初报刊动员下国民对于国家事务的参与度远超晚清。

## 二、袁世凯当政与政党报刊的舆论分野

从专制到共和的政治转型,国人借报刊对政治参与的聚焦点,指向共和政治中袁世凯专制图谋及不同党派的政治姿态。大体而言,随着袁世凯1912年3月就职总统,报刊舆论界围绕“拥袁”或“反袁”形成舆论竞争格局。舆论竞争以党派报刊为阵地,涉及不同党派之间政治理念分歧,尤多关涉各自的政治利益。而袁世凯则居中渔利,在其时纷杂的舆论格局中逐步强化专制举措,达到个人权力巅峰。

其时报刊舆论界论争涉及袁世凯与革命派之间的矛盾。袁记政府以统一为号召,排挤革命派,意欲大权独揽。革命派则以民权为号召,攻击袁世凯违背共和,对其专制图谋大加声讨。就革命派报刊阵地而言,涉及同盟会向国民党的转变及其报刊系统的构建。1912年年初,同盟会改组为国民党,其政治主张侧重民权、自治,党纲强调“促成政治统一,发展地方自治”等①,意在对抗袁世凯专制图谋,形成制约力量。同盟会—国民党及自由党报刊组成的“横三民”政治姿态尤其鲜明。所谓“横三民”是相对于“竖三民”而言,指的是《民权报》《中华民报》《民国新闻》。《民权报》系“自由党机关报”,1912年3月28日创刊于上海,周浩为发行人,戴季陶、何

① 谢彬:《民国政党史》,中华书局2007年版,第50页。

海鸣等编撰。《中华民报》创刊于 1912 年 7 月 20 日，创办人邓家彦，主笔刘民畏。《民国新闻》创刊于 1912 年 7 月 25 日，总编辑吕志伊，主笔邵元冲。

面对袁世凯就任总统后压制舆论、力谋专制等举措，《民权报》等以激烈言辞抗争。4 月 19 日，该报发表戴季陶时评称："报纸为舆论之机关，言论为天赋之自由，千百志士，洒如许热血，所欲得者此其一也。而袁世凯竟敢以野蛮手段封禁《中华日报》，专制野蛮达极点矣。"[①]19 日、20 日《民权报》第二版首篇"论说"，连载戴季陶的《袁世凯罪状》，称："袁世凯之为大总统，并非国民公意，而自始至终，其行为亦未能满人意者。夫事势虽不可挽，公理自在人心。吾人对于袁世凯之将来，不能不希望其力改前非，勉于为善，以巩固共和国之根基。然于其已过及现在所为之种种，则虽欲谓真心共和，而良心所系，殊不敢作昧己之谈。"[②]意在提醒革命党人警惕袁世凯之举动。5 月 20 日，《民权报》第二版首篇"论说"刊戴季陶《讨熊希龄》，声讨袁政府借款卖国行为，内有"吾民苟欲救亡国之祸，必杀熊希龄，更推其祸源而杀唐绍仪、袁世凯"[③]等激烈言辞。此举遭上海租界当局干涉，戴季陶被捕。同属同盟会—国民党阵营的上海《天铎报》予以声援，暗示袁政府与租界勾结，5 月 23 日该报刊文称："捕房因该报二十日论说及时评反对熊希龄等允借监督财政之外债，措词稍涉激昂，指为鼓吹杀人，遂出而控告逮捕天仇。夫此为言论上之事，捕房加以干涉，岂欲保护文中所指之人欤？则其人均未居上海租界。抑欲尊重中华民国之政府欤？则各国尚未正式承认。"[④]后此案不了了之。随着 1912 年 6 月袁世凯挤走内阁总理唐绍仪及随后的陆徵祥组阁风波，袁世凯大权独揽格局已成，同盟会—国民党报刊舆论声讨之益烈。7 月 23 日，《中华民报》刊文《政府罪恶论》，副标题"袁世凯专横　民国前途之危害"，文称："袁自为总统以来，种种倒行逆施之事，罄竹难书。近且愈演愈厉。夫内阁之动摇，非罕有事也。参议院之否认阁员，亦在其权限范围内。乃袁不组织正当之政党内阁，偏利用此时机扩张其威权。"[⑤]此可见袁记政府与国民党之矛盾难以调和。

与同盟会—国民党"反袁"舆论适成对立的是进步党及其舆论阵地。大体而言，进步党及其组成部分的共和党、民主党等，政治主张上多侧重中央集权，其党纲

---

① 唐文权、桑兵：《戴季陶集》，华中师范大学出版社 1990 年版，第 340 页。
② 天仇：《袁世凯罪状》，《民权报》1912 年 4 月 19 日，第 2 版。
③ 天仇：《讨熊希龄》，《民权报》1912 年 5 月 20 日，第 2 版。
④ 《戴天仇被捕记》，《天铎报》1912 年 5 月 23 日，第 5 版。
⑤ 民畏：《政府罪恶论》，《中华民报》1912 年 7 月 23 日，第 2 版。

称:“(一)采取国家主义,建设强善政府;(二)尊重人民公意,拥护法赋自由;(三)顺应世界大势,增进平和实利。”[①]进步党及其舆论领袖梁启超等在政治立场上与国民党针锋相对,其政治理念亦有利于当时袁世凯构建统治秩序,此为袁氏乐于支持。早在1911年年底,袁世凯就与梁启超等书信不断,拉拢梁氏,梁则表示“言论自任之意”,并“拟发表意见,并办一报,转移舆论”[②]。1912年10月,梁启超归国后,袁世凯对梁氏“月馈三千”;而梁氏促成共和党、民主党合并,袁世凯亦提供经费,11月1日梁启超致梁思顺信称:“党成后项城许助我二十万,然吾计非五十万不办,他日再与交涉也。”[③]由此可见,进步党组成有袁世凯的授意。针对国民党与进步党的舆论纷争,1919年国民党喉舌《民国日报》曾有论及:“民国初元之际,北京言论界号称极盛,类皆信笔成文,取快一隅,实无一系统无有态度之时期也。当时民党报纸之团体为新闻团,而政府党所组织之报界同志会,则为政府党各机关之总枢,与新闻团取对抗的形势者也。”[④]所谓“政府党”实际并不存在,此多暗指进步党及其言论。

针对袁世凯政府态度方面,国民党与进步党舆论对立关乎旧日恩怨及各自利益。1912年1月14日,《天铎报》评论称:“往日之立宪党人,貌为赞助,心存叵测者,证以近事,实不乏人,彼辈涂泽面目,希图幸进,何尝有革面洗心之诚意。稍动怜才之念,赦其既往,即后患有不胜言者矣。”[⑤]对于以立宪派为主的进步党而言,尤须面对民国语境下所遭遇的舆论压力。1912年12月,梁启超主编《庸言》在天津创刊。创刊号上刊登梁氏《鄙人对于言论界之过去及将来》。该文重在以革命派与立宪派在清末论战为背景,重塑民国语境下清末立宪派立言角色及合法性。梁启超强调“国体”“政体”应分开来看,即“国体变更”已成现实,而共和政体建设则仍须努力,“世论或以鄙人曾主张君主立宪,在今共和政体下,不应有发言权;即欲有言,亦当先自引咎,以求恕于畴昔之革命党……无论前此吾党所尽力于共和主义者何如,即以近年所主张,对于国体主维持现状,对于政体则悬一理想,以求必达”,

---

① 谢彬:《民国政党史》,中华书局2007年版,第55页。

② 骆宝善、刘路生:《袁世凯全集·第十九卷》,河南大学出版社2012年版,第69页。

③ 汤志钧、汤仁泽编注:《梁启超家书》,中国人民大学出版社2016年版,第24—25页。

④ 戊午编译社:《北京新闻界之因果录》。参见杨光辉、熊尚厚、吕良海、李仲明:《中国近代报刊发展概况》,新华出版社1986年版,第165—166页。

⑤ 布雷:《知人难》,《天铎报》1912年1月14日,第3版。

"故在今日,拥护共和国体、实行立宪政体,此自论理上必然之结果而何有节操问题之可言耶?"[①]梁启超回顾办报生涯及今后办报定位称:"若夫立言之宗旨,则仍在浚牖民智,熏陶民德,发扬民力,务使养成共和法治国国民之资格,此则十八年来之初志,且将终身以之者也。"[②]然而,对于革命派中激进的戴季陶等人而言,他们对梁氏的立论及言说保持高度警惕,此关乎民主或专制的趋向。1912年12月18日、19日、20日,戴季陶主笔《民权报》连载《民国之省制问题——并驳梁启超》,针对梁氏主导《庸言》偏向中央集权言论,强调梁氏思想还停留在专制时代,"其思想、其根据纯以亡清之旧制,以专制时代之思想为论据……梁氏之思想,梁氏之眼光,以之论国事,不特省制问题,其根据错误彼既为民国国民,其于民国之国是,既不知为何物,何况其他哉"[③],旨在以过往的政治立场消解梁氏立论的合法性和正当性。

面对袁世凯专制举措及政治对手梁启超等,革命党人经历同盟会到国民党的转变,革命派内部亦不断分化、重组。此涉及革命派阵营内部同盟会、光复会分歧在民初舆论舞台的呈现。同盟会、光复会分裂早在1907年即已显现。武昌起义爆发后,光复会骨干章太炎联合程德全等,组织成立"中华民国联合会",后改为统一党。1912年1月4日,中华民国联合会机关报《大共和日报》创刊,章太炎任社长。该报对孙中山主导中华民国临时政府立于监督者角色,对其举措多有指摘。1月28日,章氏致函孙中山:"乃如改历定官诸议有所指摘,此自平议之常。令新政府所行,庶政事无美恶,权无当否,徒以新政之名禁人訾议,度执事亦不谓然也。"[④]随后,章氏在建都北京或南京、袁世凯就职地点等问题与同盟会唱反调,甚至与黄兴有所争论。[⑤] 1912年4—5月,章氏致函梁启超解释原委:"盖党见纷争,混淆黑白,虽稍与立异者,犹不可保,况素非其类邪?自金陵光复以来,弟与雪楼、季直、秉三、竹君诸公,即尝隐忧及此,与诸君子相合,为中华民国联合会,近改署统一党,无故无新,唯善是与……以言政党,犹非其时;若云辅车相依,以排一党专制之势,则薄有消长耳。"[⑥]面对同盟会的舆论强势地位,章氏立于监督者角色定位显然有其政

① 梁启超:《在北京报界欢迎会之演说》。参见杨光辉、熊尚厚、吕良海、李仲明:《中国近代报刊发展概况》,新华出版社1986年版,第27—28页。

② 梁启超:《在北京报界欢迎会之演说》。参见杨光辉、熊尚厚、吕良海、李仲明:《中国近代报刊发展概况》,新华出版社1986年版,第27页。

③ 唐文权、桑兵:《戴季陶集》,华中师范大学出版社1990年版,第591页。

④ 汤志钧:《章太炎年谱长编》,中华书局1979年版,第385页。

⑤ 汤志钧:《章太炎年谱长编》,中华书局1979年版,第388—389页。

⑥ 汤志钧:《章太炎年谱长编》,中华书局1979年版,第401页。

治信念的坚守，但随着袁世凯上台，其反对立场则削弱同盟会及国民党的凝聚力。

值得注意的是，即便对袁世凯、梁启超等有一致态度的国民党舆论阵营，亦存在稳健、激进之分。就激进派而言，主要系前述“横三民”的激进政治姿态。与“横三民”的激进姿态相比，“竖三民”在民初硕果仅存的《民立报》转而以稳健的姿态再现舆论舞台。1912年10月18日，《民立报》举行创刊两周年纪念会。黄兴到会演说称：“《民立报》于破坏、建设两时代，均极尽力，所持言论、态度，尤各如分际。破坏时则激烈，建设时则稳健。此不独吾党所公认，即一般国民对于《民立报》，皆具一种敬之爱之之心理。”[①]国民党内部稳健派、激进派分化后则影响了针对袁世凯的应对举措。1913年3月，宋教仁被刺，同盟会—国民党报刊系统中稳健和激进两派在舆论上亦有不同呈现。4月7日，《民权报》发表“天仇”论说《专制与共和之激战》称：“此次刺杀宋先生者，并非专为杀宋先生也，实杀欲巩固中华民国者耳……共和对于专制之激战也，所图多数人自由幸福，故所杀政府中之民贼，是国民与政府之激战也”，作者呼吁应立即以激烈方式巩固民国，“合全力，奋精神，除民贼，存民国，皆以此时为最要关键。危机一发，不容稍误，凡有血气者，其听吾言”[②]。相对而言，《民立报》仍对袁世凯心存幻想，主张以法律手段惩处凶手。4月26日《民立报》载黄兴致袁世凯电，主张以特别法庭审理此案，“此案词连政府，据昨日程督、应省长报告证据之电文，国务院总理赵秉钧且为暗杀主谋之犯，法院既在政府藩篱之下，此案果上诉至于法院，能否望其加罪政府，无所相挠，此更为一大疑问……务请大总统独持英断，毋为所挠”[③]。而袁世凯再三阻挠，国民党坐失先机。

### 三、政治纷争语境下民营商业大报的政治取向及营业发展

民营商业大报兴起于清末，尤以上海工商业氛围下外国人经营的《申报》《新闻报》等为代表。从专制走向共和的氛围中，上海《申报》等为代表的民营商业报刊的一个趋势，是日渐从外国资本转入民族资本家手中。民国政治舞台上报业资本家的身影日渐清晰。

1908年，《申报》从英国人美查转为国人席子佩经营。1912年，史量才与张謇、

---

① 《民立报》1912年10月19日。转引自方汉奇：《中国新闻事业编年史》，福建人民出版社2018年版，第346页。

② 天仇：《专制与共和之激战》，《民权报》1912年4月7日，第2版。

③ 湖南省社会科学院：《黄兴集》，中华书局2011年版，第320页。

应德闳、赵凤昌合资12万元从席子佩手中购得。据上海老报人严独鹤回忆，史量才等购进《申报》虽与辛亥革命没有直接关系，但多蕴含江浙资本家群体运用报刊传媒影响政治、表达诉求的愿景：史量才等“都是当时在政治活动中和辛亥革命有相当关系的人物……狄楚青在《时报》馆楼上另辟有精室，题名‘息楼’，作为朋侪憩坐清谈之所……当辛亥风云勃起的时候，狄楚青和一些对政治有兴趣或有关系的友人，常在息楼上聚谈或对政治问题有所议论。于是息楼人物无形中也成为一个自然集合而含有政治性的小集团。”“史量才和雷奋(号继兴，是史的同乡)都是息楼座上客……这说明了史量才寄热情于新闻事业，早有了政治上的基础。”[①]无独有偶，主持上海《新闻报》的美国商人福开森，在辛亥革命后一度打算将该报股权以5万元出售给主持《神州日报》的汪彭年，只是汪当时无此财力而搁置。[②]

当时政党报刊及其舆论纷争愈演愈烈，民营报刊的商业化运作逻辑使其力图保持中立和独立。在言说策略上则采取“两面骂”的姿态，以稳健著称。1912年6月戴季陶称：“政客之逐鹿场开矣，党报攻击之风烈矣。当此政海恶潮澎湃之时，人民几不知所从。”[③]对此，《新闻报》副刊编辑严独鹤回忆：“在辛亥以至癸丑那一个阶段里担任《新闻报》总主笔的金煦生(别号‘柳篌’笔名单用一个‘柳’字)，是福开森的门生。他每天写一则时事短评，所持的论调是两面骂，有时骂袁政府，有时也骂国民党中心人物。”[④]《申报》主笔陈景韩在该报1928年两万号纪念感言中也称：“至于政治上之是非，非身入其间者，更不能悉其中之曲折，又无怪动辄得咎乎。十余年来之报馆编辑部，日在朝秦暮楚无所适从之中，外界虽或知之，而实不知困难若是之甚也。”[⑤]可见，政党竞争语境下，部分民营商业大报欲持超然姿态。

因此，民国初年的民营商业大报，其令人瞩目之处不在舆论引领，而在商业运营及促进报业现代化上的成功。自1899年开始担任《新闻报》经理长达二十余年的汪汉溪称，办《新闻报》“抱定经济自立宗旨……办报非经济自立，则言论纪载难

---

① 严独鹤：《辛亥革命时期上海新闻界动态》。参见杨光辉、熊尚厚、吕良海、李仲明：《中国近代报刊发展概况》，新华出版社1986年版，第162—164页。

② 严独鹤：《辛亥革命时期上海新闻界动态》。参见杨光辉、熊尚厚、吕良海、李仲明：《中国近代报刊发展概况》，新华出版社1986年版，第164页。

③ 唐文权、桑兵：《戴季陶集》，华中师范大学出版社1990年版，第432页。

④ 严独鹤：《辛亥革命时期上海新闻界动态》。参见杨光辉、熊尚厚、吕良海、李仲明：《中国近代报刊发展概况》，新华出版社1986年版，第162页。

⑤ 陈冷：《申报二万号纪念感言》。参见程曼丽、乔云霞：《中国新闻传媒人物志·第3辑》，长城出版社2014年版，第27页。

于自由;即使苟且敷衍,亦不能广其销路”[①],这基本反映了商业大报职业经理人的办报理念。汪汉溪论及中国报纸营业困难之原因:“然经济独立言之非艰,行之维艰。中国报纸,各埠姑不论,即上海一埠,自通商互市以来,旋起旋仆,不下三四百家。惟其致败之由,半由于党派关系,立言偏私,不能示人以公;半由创办之始股本不足,召集股本一二万,勉强开办,其招足十万八万为基金者殊未多见。”[②]《新闻报》在民初商业经营日渐兴盛,“该报在1914年销数已发达,原有的平面机,损时耗费,因在是年购置巴德式二层轮转印报机(Potter's TWo Deck Rctary Printing Press)一座,该机能力,每小时可出报七千份……上海报界改用轮转机,实自此始”[③]。现代技术与商业经营相互促动,推动民初上海报业资本主义进展。

与此同时,史量才接办《申报》后,在报纸商业化经营上力求振作,“延陈冷为主笔,张竹平为经理,采取新法,引用新人,营业更为增进,隐然成了上海报业的领袖”[④]。1915年4月,《申报》广告版面超过新闻、副刊等版面;发行量亦稳步上升,1914年比1912年发行量增加1倍,1916年总发行量达2万份,每年盈利在10万元以上。[⑤]《申报》资本的积累,亦着力从技术等层面促进报业现代化建设。1918年《申报》自建五层大楼,并陆续购置新式印刷机,“各部设备,更力求完备,如铜板机、浇字机、打纸版机、浇铅板机、铅字铜模,都选最优等的设备”[⑥]。对此,戈公振对《申》《新》等商业报纸的评论颇中肯:“自好者流,翻(幡)然觉悟,改向本身努力,以求经济之独立。然商业色彩太浓,渐失指导舆论之精神,是其病也。”[⑦]

总而言之,从民国肇建到1913年“二次革命”,其时报刊舆论界纷繁复杂。整体上看,共和取代专制意味着以国民为主体的新的政治范式在近代中国的初步奠定,由此而引发了国人办报、参政的热情。另一方面,共和政治构建面临着袁世凯

① 汪汉溪:《新闻事业困难之原因》。参见《新闻报馆三十年纪念册》,新闻报馆编印,1923年,“纪念文”第2—3页。

② 汪汉溪:《新闻事业困难之原因》。参见《新闻报馆三十年纪念册》,新闻报馆编印,1923年,“纪念文”第2—3页。

③ 胡道静:《上海的日报》。参见杨光辉、熊尚厚、吕良海、李仲明:《中国近代报刊发展概况》,新华出版社1986年版,第323页。

④ 胡道静:《上海的日报》。参见杨光辉、熊尚厚、吕良海、李仲明:《中国近代报刊发展概况》,新华出版社1986年版,第318页。

⑤ 宋军:《申报的兴衰》,上海社会科学院出版社1996年版,第91页。

⑥ 胡道静:《上海的日报》。参见杨光辉、熊尚厚、吕良海、李仲明:《中国近代报刊发展概况》,新华出版社1986年版,第318页。

⑦ 戈公振:《中国报学史》,中国新闻出版社1985年版,第283页。

专制的现实处境，同盟会—国民党报刊系统力图对此展开声讨，解构袁政府执政“合法性”。而这一过程伴随着不同政党之间的纷争，晚清改良或革命之争在民初一度演化为国民党、进步党等党报系统应对袁政府及其相关政治事件的论争。同时，国民党系统内复有稳健和激进的舆论姿态。政党纷争语境下民营商业大报采取超然姿态。尽管其“两面骂”的姿态在政治舆论构建方面影响甚微，但商业经营和技术更新取得长足进步，报业现代化进程在民国语境下加速发展。简言之，民国元年的报刊舆论分歧明显，莫衷一是，而袁世凯从中渔利，其政治地位日渐稳固，开启了以强势手腕治理舆论，迈向专制乃至帝制的路途。

## 第二节　袁世凯复辟帝制前后的舆论操控与国内外舆论抗争

1913 年 3 月宋案及 7 月“二次革命”爆发，袁世凯击败主要政治对手孙中山及其主导的国民党，一步步登上个人权力巅峰，并力谋复辟帝制。在此前后，袁氏的舆论操控与舆论界抗争犬牙交错。一方面是袁氏运用“金钱＋大棒”有意地对自我形象的营造及其对反对舆论的镇压；另一方面国内外舆论界对袁氏野心亦有警惕和抗争，包括国民党领袖孙中山等在海外构筑“反袁”舆论阵地、欧美等国主流媒体鉴于欧战局势对袁氏复辟持谨慎态度以及国内进步党领袖梁启超的舆论抗争等。

### 一、“二次革命”前后政治斗争与袁世凯的舆论操控

“二次革命”前后政治斗争在袁记政府与国民党之间展开，报刊舆论在其中扮演重要角色。大体而言，京沪等地的国民党舆论阵地具有优势，对袁世凯专制图谋的舆论讨伐亦颇有声势。曾任《京津泰晤士报》总经理兼总编辑的熊少豪回顾称：“先是国民党人，自负创造共和之功，汲汲图握政治之大权，攻击项城不遗余力。遂群集都下，创设报纸，以攻击袁氏，维护民党为目标。袁氏阳示宽和，阴以虚荣及金钱笼络党中重要人物，此计卒不得售。民国三年，大借款及宋教仁案发生，民党报纸吹求益烈。”①而在上海，《民权报》等“横三民”讨袁之声尤为激进。上海报坛闻人严独鹤称：“《民立》的政治论调趋于温和，为不少中、上层知识分子所爱阅。但一

① 熊少豪：《五十年来北方报纸之事略》。参见杨光辉、熊尚厚、吕良海、李仲明：《中国近代报刊发展概况》，新华出版社 1986 年版，第 435 页。

般革命热情较高的读者和向往革命的青年学生都欢迎《民权报》。”[①]舆论压力下袁世凯对反对声音“阳示宽和”，可见其心机深重。

随着国民党首先发难，举起“二次革命”旗帜，袁氏针锋相对以民主共和的政治话语予以反制。1913年7月19日，《政府公报》刊载《袁世凯驳复欧阳武通电令》：“共和民国以人民为主体，而人民代表，以国会为机关。政治不善，国会有监督之责；政府不良，国会有弹劾之例。大总统由国会选举，与君主时代子孙帝王万世之业，迥不相同。今国会早开，人民代表咸集都下。宪法未定，约法尚存，非经国会无自发生监督之权，更无擅自立法之理。岂少数人所能自由起灭，亦岂能因少数人权利之争，掩尽天下人民代表之耳目。”[②]突出国民党为“权利之争”而战，着力塑造自我维护共和的形象。此时与袁政府关系密切的进步党亦利用手中舆论阵地，与袁世凯紧密配合。7月23日，《时报》《神州日报》等刊载进步党通电称：“进步党支分部转各报馆、各政团公鉴定：……乱党所执以为口实者，政府违法，总统专制，逼而出此。即曰违法，有议会在，国务员当负其责。”[③]凡此种种，可见袁世凯在“二次革命”中有意识的经营自我媒介形象。

“二次革命”中袁世凯在战场上击败主要政治对手，随后在舆论界也无须顾忌，对国民党等异己的报刊报人打压毫不手软。管翼贤称：“（袁世凯）对于报人尤为注意，一言触怒，轻者饱尝铁窗风味，重者难免于死。元年冬，首先被诬者，为《新民公报》社长文实权，诬为君宪党余孽，捕入营务处，幸经军统冯国璋，营务处参议巴哈布（字笑然），代辩其冤获免。其次为《国风报》编辑田桐、仇亮，以反动为辞，先后遇害，社长朱民史为避祸而入龙泉寺为僧。《中华日报》杭辛斋被诬，驱逐回籍，卒为本省督军所杀。丁佛言亦曾被逮入狱，经人营救，得免于难。……二年夏，《正宗爱国报》社长丁宝臣被营务处所捕，缘该报编辑董行荪，发刊一段短评，涉及军队，因此将丁氏捕去，系狱三月，未讯一词，忽然绑出，毙于宣外刑场。董行荪遂逃于关外。因此报界震惊，谁复敢一言政府之非耶！”[④]国民党报纸在“二次革命”后被打

① 严独鹤：《辛亥革命时期上海新闻界动态》。参见杨光辉、熊尚厚、吕良海、李仲明：《中国近代报刊发展概况》，新华出版社1986年版，第158页。

② 朱宗震、杨光辉：《中华民国史资料丛稿·民初政争与二次革命》，上海人民出版社1983年版，第497页。

③ 朱宗震、杨光辉：《中华民国史资料丛稿·民初政争与二次革命》，上海人民出版社1983年版，第504页。

④ 管翼贤：《北京报纸小史》。参见杨光辉、熊尚厚、吕良海、李仲明：《中国近代报刊发展概况》，新华出版社1986年版，第423—424页。

压者尤多，“洎乎癸丑以还，民党失势，新闻团分子逃亡者半，遭显戮者半。京中言论界稍带民党彩色之报纸，从此无片影之留。”[①]到1913年年底，全国报纸总数从民国元年的500多种降至139种，史称“癸丑报灾”[②]。随后，袁世凯于1914年1月7日发布大总统令，规定“如有散布或售卖该乱党各种印刷文件”者，“从严惩办”[③]；3月2日颁布《治安警察法》，规定警察官吏有权查禁“扰乱秩序之安宁”[④]的报刊；4月2日再公布《报纸条例》，对报纸出版发行及其新闻、言论等均有规范，“盖自报纸条例公布，检查邮电，阅看大样，拘捕记者，有炙手可热之势也”[⑤]。

另一方面，袁世凯以金钱收买报人、报刊，尤其注意对外国在华报人报刊的拉拢，以争取列强政府的支持。1912年，袁世凯在外交上倾英美，对英美记者极尽拉拢。8月2日，袁世凯任命英国《泰晤士报》驻华记者莫理循为政治顾问，同时“还聘用了美国记者以‘保持美国舆论对他有利’”[⑥]。面对袁世凯政权的独裁局面及其称帝野心，英美政府亦有顾虑。1914年4月3日，《泰晤士报》报道“临时约法”修正案，称“一个独裁总统由此产生”，颇有讥讽。同月，总统府秘书长梁士诒为争取英国舆论支持，商请英国《曼彻斯特卫报》出版《中国专版》，为袁政权做宣传。[⑦] 随后袁世凯政治顾问莫理循赴英国，为袁政权寻求英国舆论支持。当时，纵横于豫、鄂、皖、陕、甘五省的白朗农民起义军被袁政府镇压，莫理循着力以此塑造袁政府的强有力形象。6月25日，《泰晤士报》以“记者专稿”报道对莫理循的访谈，文称：“对我而言，中国在我离京时的情形似乎比我经历过的任何时刻都更好。政令得以良好维持，匪徒‘白狼’的残部所威胁到的地区也已经在挽救之中”，列强关注中国政局稳定与其在华利益相关，莫理循则有意在此方面作文章。紧接着，他针对袁世凯的专制统治做解释：“将中国的现政府描述成是一个反动的专制政府是不公平的”；“在总统身边的要员中至少有40人曾在英美学习，六十多人曾在日本学习。他也在高级职位上任命了不少能干的广东人。”[⑧]意在塑造袁政府的开明形象，以

---

① 戊午编译社：《北京新闻界之因果录》。参见杨光辉、熊尚厚、吕良海、李仲明：《中国近代报刊发展概况》，新华出版社1986年版，第166页。

② 方汉奇：《中国新闻事业编年史（第二版）》，福建人民出版社2018年版，第381页。

③ 方汉奇：《中国新闻事业编年史（第二版）》，福建人民出版社2018年版，第383页。

④ 方汉奇：《中国新闻事业编年史（第二版）》，福建人民出版社2018年版，第384页。

⑤ 戈公振：《中国报学史》，中国新闻出版社1985年版，第149页。

⑥ 陈志让：《袁世凯传》，湖南人民出版社2013年版，第183页。

⑦ 凤冈及门弟子：《梁士诒年谱》，广东人民出版社2014年版，第183页。

⑧ 方激：《龙蛇北洋：〈泰晤士报〉民初政局观察记》，重庆出版社2017年版，第388—389页。

回应英国舆论对其“独裁”的指控。

## 二、孙黄等国民党领袖再度流亡及海外的“反袁”舆论

“二次革命”后，伴随着国民党人在战场上失利，其主要领袖孙中山、黄兴等再度流亡日本和欧美，并力图在海外构建反袁舆论阵地。流亡日本的孙中山鉴于“二次革命”失败教训，改造国民党为中华革命党，意在加强对党员的约束，形成凝聚力；其拟定《中华革命党成立通告》称：“本党党员，协力同心，共图三次革命。”① 1914 年 5 月 10 日，日本东京两份反袁刊物——《民国》杂志、《甲寅》杂志创刊。前者由孙中山发起，胡汉民任主编，属中华革命党机关报。后者在黄兴支持下由章士钊主持。尽管孙中山、黄兴在是否改组国民党为中华革命党等问题上仍有不同立场，但在反袁旗帜下两者属共同阵营。

针对袁世凯收买国内外报刊舆论，对革命派任意抹黑之举，孙中山、黄兴等力图借欧美主流媒体作出澄清。1914 年初，孙中山派遣私人秘书马素为特使赴英国、法国活动，“任务就是要向欧洲各国说明中国的现状，寻求各国支持”。《纽约时报》5 月 9 日对此做报道，并援引马素话语：袁政府是“中国的韦尔塔”，其“罪行远甚于威尔逊总统拒绝承认的韦尔塔”②。与此同时，黄兴于 7 月赴美，10 日接受美国记者采访时指出：“袁世凯花钱制造谎言，隐瞒其政府与中国现况的真相，几乎所有外人在华设立的报纸和外国通讯员都有津贴，以致大家无法明了自由在我国被扼杀的情形。而孙先生在世人面前被诬为自私自利、贪赃枉法、卷款潜逃，这些都是谎言。”③可见革命派力图通过欧美媒体，扭转不利舆论。

随着袁世凯加紧复辟帝制运动的步伐，其在 1915 年前后屡次试探列强态度，并力争国外主流媒体支持。但是，国外舆论界对帝制运动支持与否并非袁氏一厢情愿，而多与列强对华政策紧密相关。总体而言，1915 年年初的外交活动中，袁氏复辟帝制运动一度得到英国的认可。同时，日本乘机于 1915 年 1 月提出“二十一条”，后袁氏被迫接受但亦有所保留。但是，到了 1915 年 9 月、10 月，日本政府决心干涉袁氏称帝举动。而对袁政府持同情态度的英国，则因在欧战战场上的失利，对

---

① 陈锡祺：《孙中山年谱长编·上册》，中华书局出版社 1991 年版，第 900 页。

② 郑曦原：《共和十年·政治篇：〈纽约时报〉民初观察记(1911—1921)》，当代中国出版社 2011 年版，第 107—108 页。

③ 湖南省社会科学院：《黄兴集》，中华书局 2011 年版，第 364 页。

日本在华政策采取支持的姿态。[①] 9 月 14 日,《泰晤士报》报道称,帝制运动"本身并非不合理,而是选择推动它的时间点被人认为极不合时宜……政治上的任何改变都会扰乱已经存在的平静,这一可能性已经由昨天发生在上海的一家新成立的帝制报社的炸弹事件而表露无遗"[②]。"炸弹事件"指的是袁氏喉舌上海《亚细亚报》在 9 月 12 日遭炸弹袭击,而英国主流媒体《泰晤士报》据此表达对帝制运动的担忧。11 月 1 日,《泰晤士报》再次刊登报道,涉及日、英、俄共同制止帝制运动,"日本临时代办在英国与俄国公使的陪伴之下,于昨晚致电外交部,并就有关恢复帝制的运动作了一番论述……临时代办特别指出,欧洲此刻正陷于严重的战乱之中,中国若是进行任何改变,哪怕这种改变再微小,但若是有造成内乱的可能,对中国来说都会是一件充满了危险的事情"[③]。由此,日本在华舆论阵地《顺天时报》等对袁之举动就多有讥讽,"筹安时代,京中各报,慑服于权力之下,咸一致拥戴。惟《顺天时报》颇多讥讽不满之词。然此报为日人机关,且日人什九与项城不睦,宜其有非难之声"[④]。可见,国外舆论界就帝制运动表达看法多受本国政策的影响。欧战语境下英国等传统列强无暇东顾,日本政策倾向及其在华舆论阵地对中国政局的影响日渐显著。

### 三、袁世凯帝制自为与国内梁启超等进步党人的舆论反击

就国内舆论界而言,随着袁世凯复辟帝制运动日益公开,原支持袁世凯的进步党及其领袖梁启超等亦悄然转变态度,进而影响国内舆论走向。1914 年 12 月,梁启超坚决辞去币制局总裁职务。次年 4 月底,梁启超致函袁世凯,规劝其悬崖勒马:"国体问题已类骑虎,启超良不欲更为谏沮,益蹈愆嫌。惟静观大局,默察前途,愈思愈危,不寒而栗。"[⑤]1915 年 8 月,筹安会公开成立,帝制活动公开化。但政治高压下,国内舆论界对帝制运动一度寒噤,"京师筹安会发生,无何请愿变更国体,及电呈劝请者蝉联而至,全国有权位有声望之人,未有敢昌言其非者"[⑥]。对此,梁启超愤而作《异哉所谓国体问题者》予以驳斥。8 月 22 日,梁氏信中称:"吾不能忍(昨夜不寐,今八时矣),已作一文交荷丈带入京登报,其文论国体问题也。若同人

---

① 关于袁世凯称帝期间的外交政策,参阅唐启华:《洪宪帝制外交》,社会科学文献出版社 2017 年版。

② 方激:《龙蛇北洋:〈泰晤士报〉民初政局观察记》,重庆出版社 2017 年版,第 458 页。

③ 方激:《龙蛇北洋:〈泰晤士报〉民初政局观察记》,重庆出版社 2017 年版,第 459 页。

④ 戈公振:《中国报学史》,中国新闻出版社 1985 年版,第 150 页。

⑤ 丁文江、赵丰田:《梁任公先生年谱长编(初稿)》,中华书局 2010 年版,第 376 页。

⑥ 丁文江、赵丰田:《梁任公先生年谱长编(初稿)》,中华书局 2010 年版,第 380 页。

不沮，则即告希哲，并译成英文登之。吾实不忍坐视此辈鬼蜮出没，除非天夺吾笔，使不复能属文耳。”[①]该文发表后，在 9 月、10 月份形成一股“反袁”的舆论声势。诚如蔡锷所称：“先生所言，全国人人所欲言，全国人所不敢言，抑非先生言之，固不足以动天下也。”[②]

大体而论，国内舆论界针对袁世凯称帝图谋的言论姿态，涉及南北舆论环境差异语境下与袁记政府截然不同的政治关系。在北京，袁世凯政府的舆论控制颇为有效，甚而笼络一批为称帝造舆论的政客兼报人。对此，《民国日报》在 1919 年 1 月曾连载《北京新闻界之因果录》有详细记述：“京中人士谓帝制之祸，八罪魁外，犹有三小人焉。盖指康士铎、乌泽声(一名谪生)、汪健斋(汪立元)而言。初不意此三小人者，皆新闻界所有物也。”[③]这三人主持《国华报》《民视报》等与薛大可主持《亚细亚报》同声呼应，对袁世凯及其帝制论极尽谄媚之能事，“帝制论方兴，袁氏意旨多由筹安会转达于报界同志会，各报遂浑然一色，无稍作游词者。其时，除《亚细亚报》直接受杨皙子指挥外，次则以《国华》、《民视》两报最为鲜艳。凡所谓‘今上’‘圣躬’、‘我大皇帝’、‘万岁无疆’诸名词，皆满布于两报之纸面，尤有得气独先之概”[④]。但也有报人表示抗争。北京老报人朱淇与袁世凯有旧，在 1904 年创办《北京报》(后更名《北京日报》)。徐凌霄称：“洪宪改元，北京各报均承命大署‘洪宪元年’，而《北京日报》则属‘丙辰’，而另以最小之铅字嵌‘洪宪’字样于报中，骤视殆不可辨。官厅以其为元首故人，亦弗苛求也。”[⑤]袁记政府强力压制下，北京政客利用报刊谄媚，而有良知的报人显然持不同意见。

相对而言，身处上海租界治外法权中的报界，在面对筹安会及其帝制等问题上，有自己的抗争姿态。袁世凯在上海的喉舌《亚细亚报》于 1915 年 9 月、12 月两度在报社发现炸弹，以致停刊。[⑥] 与此同时，梁启超所著《异哉所谓国体问题者》主要就是在上海报界刊登并被反复转载，在 9 月、10 月形成一股舆论声势。梳理该文在上海大报《申报》《时报》《新闻报》等转载情况见表 8 - 2 所列。

---

① 丁文江、赵丰田：《梁任公先生年谱长编(初稿)》，中华书局 2010 年版，第 379 页。

② 转引自费正清：《剑桥中华民国史・上》，中国社会科学出版社 1994 年版，第 242 页。

③ 戊午编译社：《北京新闻界之因果录》。参见杨光辉、熊尚厚、吕良海、李仲明：《中国近代报刊发展概况》，新华出版社 1986 年版，第 168 页。

④ 戊午编译社：《北京新闻界之因果录》。参见杨光辉、熊尚厚、吕良海、李仲明：《中国近代报刊发展概况》，新华出版社 1986 年版，第 171 页。

⑤ 徐凌霄、徐一士：《凌霄一士随笔》，中华书局 2018 年版，第 91 页。

⑥ 戈公振：《中国报学史》，中国新闻出版社 1985 年版，第 150 页。

表 8 - 2　沪上报刊对《异哉所谓国体问题者》转载情况一览表

| 名　称 | 报　刊 | 时　间 | 备　注 |
|---|---|---|---|
| 异哉所谓国体问题者 | 大中华 | 1915 年 8 月 20 日，第 1 卷第 8 期 | 为此文首发 |
| 梁启超新著一文题曰异哉所谓国体问题者 | 时报 | 1915 年 9 月 4 日 | “国内专电”栏报道梁启超所撰之文章 |
| 异哉所谓民国立君说者 | 时报 | 1915 年 9 月 4 日 | 为“时评一”，称：“梁启超著一文曰异哉所谓国体问题者……国体问题之中更有所谓民国立君说者，自有史以来所未闻” |
| 异哉所谓国体问题者 | 时报 | 1915 年 9 月 6 日、7 日、8 日、9 日、10 日、11 日 | “来稿”栏连载此文 |
| 异哉所谓国体问题者 | 新闻报 | 1915 年 9 月 6 日、7 日、8 日、9 日、10 日 | “代论”栏连载此文 |
| 梁任公对于国体问题之新著 | 申报 | 1915 年 9 月 6 日 | 对《异哉所谓国体问题者》之摘编 |
| 梁任公先生著国体问题载大中华第八期 | 申报 | 1915 年 9 月 7 日 | 第一版广告，介绍梁氏此文及其《大中华》 |
| 梁任公主撰大中华　关心国体者不可不读 | 申报 | 1915 年 9 月 9 日、9 月 12 日 | 第二版广告，再次推介梁氏此文及《大中华》 |
| 读一读梁任公之文章 | 申报 | 1915 年 9 月 14 日 | 署名“觉迷”的文章，推荐梁启超文章，称“发起筹安会者、赞成筹安会者，良心而果未泯也，则请平心静气一读任公此两篇之文章” |
| 介绍大中华杂志 | 申报 | 1915 年 9 月 15 日 | 第十四版《大中华》广告，再次推介梁氏文章，“有心国事者，不能不一读” |
| 异哉所谓国体问题者 | 东方杂志 | 1915 年 10 月第 12 卷第 10 号 | 全文转载梁氏文章 |
| 异哉所谓国体问题者 | 协和报 | 1915 年第 6 卷第 2 号、第 3 号、第 4 号 | “来稿”栏全文刊载梁氏文章。该报为德国人在上海办的中文期刊 |

随着1915年12月袁世凯正式称帝,袁政府对沪上民营大报采取政治高压,但民营大报仍以迂回方式表达不满。当时袁政府要求各报改为洪宪纪年,对违抗者采取停止邮递、发卖等。沪上各报鉴于经营之需,采取迂回策略。戈公振称:"(各报)以六号字之'洪宪纪元'四字,横嵌于年月之下,并将警察厅来函,同日登出以求国民之谅解。"①查《申报》1916年1月26日头版《本馆启事》,果如是。这种迂回曲折的姿态也表现在民营报纸含沙射影的时评之中。1916年1月1日,《时报》时评《迎民国五年》称:"前者尝设为疑词以答问曰:果有民国五年乎?然而,今者民国五年之四字已赫然映于我之眼帘。我不敢曰此民国五年者能终其为民国五年。惟民国五年而犹有此名词也,安得不宝贵而欢迎之也。"②面对护国战争爆发后南方纷纷独立,沪上民营大报态度日渐鲜明。3月20日,《时报》时评《敢问》称:"广西又独立矣,敢问广西以外之一般态度何如?在昔之日,不过曰滇黔少数人也,今者广西又加入矣,敢问国家之大局此后影响何如?滇黔独立而滇黔之安堵如故。乃者川南湘西纷纷糜烂矣,自广西加入而糜烂之范围恐尚不止于川湘一隅已耳。敢问政府今日果何以善其后?"③此可见,以超然姿态呈现于舆论界的沪上民营大报,对袁政府倒行逆施之举动持怀疑和质问的态度。

总之,从报刊舆论角度看袁政府分崩离析,须关注外交与内政关系,以及在此背景下袁氏、革命派对外国主流媒体的运作。欧战语境下,英日对华政策捆绑在一起,国外主流媒体对袁氏称帝举动持谨慎态度。袁氏对国内的舆论管控又有京、沪不同处境,《异哉所谓国体问题者》频繁转载,一定程度上反映了其对租界上海舆论界管控乏力。而随着袁世凯政府在护国战争中分崩离析,"倒袁"舆论彰显了报刊在民国政治格局之中日渐重要的作用为世人重视。汪英宾认为,这标志着新闻事业的影响力日渐强大:"袁世凯称帝以及后来张勋复辟的失败,学生运动节节成功,安福系、梁士诒内阁和其他很多军阀执政者的倒台都归功于现代报刊的巨大力量。尽管军阀势力依然形成可怕的混战局面,然而最终证明口诛笔伐的力量胜过枪炮的威力。"④

---

① 戈公振:《中国报学史》,中国新闻出版社1985年版,第150页。

② 笑:《迎民国五年》,《时报》1916年1月1日,第2版。

③ 萍:《敢问》,《时报》1916年3月20日,第6版。

④ 汪英宾:《中国本土报刊的兴起》,暨南大学出版社2013年版,第21页。

## 第三节 从聚焦政治到关注思想文化：政治风云与报刊舆论新动向

民初政局波诡云谲、翻云覆雨。政局乱象中报刊舆论界的党派政见之争尤为剧烈。随着"二次革命"后袁世凯复辟帝制行动，原属政治对手的国民党、进步党等在反袁的政治舆论议题上趋同。与此同时，分属不同政治阵营的舆论精英逐渐汇聚于一个新的议题——民主共和的制度构建如何才能保证其不被诸如袁世凯这样的野心家所破坏？由此，袁世凯复辟帝制前后，报刊舆论展现了从革命或改良、拥袁或反袁、中央集权或地方自治等政治议题走向更为基础的社会改造层面的新动向，舆论精英致力于在思想文化上作出回应共和政治的呼声。

大体而言，聚焦思想文化议题的新文化运动起步于1915年陈独秀主撰《青年杂志》的创办，实则具有更深厚的舆论氛围，也与媒介市场机制紧密相关。民国肇建之初，聚焦于思想文化层面建设共和政治，是政治态度相对温和的文化人兼出版商的商务印书馆、中华书局等的舆论姿态。因此，当时舆论界比较突出的现象是：一方面是政论报刊、政党报刊大行其道；另一方面是瞩目于思想、学术、文化的大型杂志日渐兴盛。成立于1912年的中华书局在短短几年先后创办了所谓"八大杂志"，即《中华教育界》(1913年)、《中华小说界》(1914年)、《中华实业界》(1914年)、《中华童子界》(1914年)、《中华儿童画报》(1914年)、《大中华》(1915年)、《中华妇女界》(1915年)、《中华学生界》(1915年)等。此类杂志多与出版商推广和销售教科书等营业目的相关，但也显示了报刊舆论界在共和语境下的新动向。

思想文化议题聚焦与现实中的政治议题紧密相关，尤其是1915年袁世凯复辟帝制以及欧战牵动着舆论精英的深刻反思。1914年至1915年，进步党舆论精英梁启超、黄远生等就表现出一股"非政治"、重社会改造、个人改造的议政姿态。1915年1月，梁启超担任中华书局出版的《大中华》杂志主任撰述。创刊号登署名"天民"的文章论及梁氏主撰该刊之旨趣："今先生拟中止政治生涯，专从事于著述，精神全贯注于本杂志……先生办此报之宗旨有二：注重社会教育，使读者能自求得立身之道与治生之方，并了然于中国与世界之关系，以免陷于绝望苦闷之域。次则论述世界之大势，战争之因果及吾国将来之地位，与夫国民之天职，以为国民之指导。"[①]前者多与对袁氏主导的政局失望有关，而后者旨在回应世界大战及其对中国的影响。梁氏亦自撰发刊词，剖白心意："吾以为中国今日膏肓之疾，乃在举全国聪明才智之士悉辏集于政治之一途"；他认为中国政治改良关键在于社会改良，"既未尝从社会方面培养适于今世政务人才，则政治虽历十年百年终无根本改良之望，其间接恶影响之及于政治一部分者，既若彼矣，而政治以外之凡百国民事业悉颓废摧坏而无复根株之可资长养，故政治一有阙失，而社会更无力支柱，以待继起者之补救，其直接恶影响所及，则国家存亡，所攸判也"[②]。联系到梁氏在 1912 年、1913 年后政治上的积极作为，而此时内有袁世凯称帝野心、外有欧战及中日"二十一条"交涉，这种表达一定程度上反映了他希望借办报造成一种比政治事业更为基础的社会事业。

与梁启超同属进步党的著名记者黄远生，在民初以"北京特约通讯"而名声大噪。1912 年，黄氏先后担任上海《时报》《申报》等驻京特派记者，所撰"北京特约通讯"长于记事，具有"魔力"："一寻常人耳，而一经远生之描写，则须眉毕现；一寻常事耳，而一经远生之记述，则逸趣横生；笔锋所及，愈谐愈妙。"[③]时任《时报》编辑包天笑亦曾追忆："黄远庸最初在《时报》写特约通信，可谓名重一时，到了《申报》易主，被史量才夺了去，但黄远庸不忘故旧，在《时报》每月也还有一二篇点缀其间。及至赴美被害，乃成绝笔。"[④]同时，黄远生亦属进步党重要舆论领袖。1912 年 12 月，梁启超创设《庸言报》于天津，而黄远生、吴贯因等为该报撰述，所撰政论多持党见。同年，黄氏与梁派人物蓝公武、张君劢合办《少年中国周刊》，人称"新中国三少年"。

1915 年，袁世凯复辟帝制活动的公开化，黄远生裹挟其间，后及时醒悟并做沉痛反思。起初袁政府意欲议黄氏为御用记者，聘其为《亚细亚报》总撰述。后者于 1915 年 9 月登报辞去职务，并致函《甲寅》周刊章士钊，对民初党争及其论政文字作沉痛反省："远本无术学，滥厕士流，虽自问生平并无表见，然即其奔随士夫之后，雷同而附和，所作种种政谈，至今无一不为忏悔之材料。盖由见事未明，修省未到，

① 天民：《梁任公之著述生涯》，《大中华》第一卷第一期，第 2 页。
② 丁文江、赵丰田：《梁任公先生年谱长编(初稿)》，中华书局 2010 年版，第 369－370 页。
③ 吴贯因：《民国初元名记者黄远生》。参见黄天鹏：《新闻学刊全集》，光华书局 1930 年版，第 334 页。
④ 包天笑：《钏影楼回忆录》，中国大百科全书出版社 2009 年版，第 517 页。

轻谈大事，自命不凡，亡国罪人，亦不能不自居一分也。”[①]进而，黄远生表示今后报刊论政要在根本处下功夫，即政治要与普通人“生出交涉”，而尤要注意通过文学革命为抓手实现思想启蒙：“居今论政，实不知从何说起，洪范九畴，亦只能明夷待访……至根本救济，远意当从提倡新文学入手，综之当使吾辈思潮，如何能与现代思潮相接触，而促其猛省，而其要义，须与一般之人，生出交涉，法须以浅近文艺，普遍四周，史家以文艺复兴，为中世改革之根本，足下当能语其消息盈虚之理也。”[②] 11 月 10 日，他在《东方杂志》发表《忏悔录》，进一步对此前政治言论活动“忏悔”：“革命之后，党会纷立，余之所最感慨者，即此时期中买卖人口之风盛行。全国之高等流氓，乃等于插标入市之猪牛，小者卖其皮肉，甚者乃至毛骨不留。”进而他指出，国家改革要从社会、从个人做起：“今日无论何等方面，自以改革为第一要义。夫欲改革国家，必须改造社会；欲改造社会，必须改造个人。社会者，国家之根柢也；个人者，社会之根柢也。国家吾不必问，社会吾不必问，他人吾亦不必问，且须先问吾自身，吾自身既不能为人，何能责他，更何能责国家与社会……继自今，提倡个人修养，提倡独立自尊，提倡神圣职业，提倡人格主义，则国家社会虽永远陆沉，而吾之身心固已受用不尽矣。”[③]

国内进步党舆论精英的反省与身处日本的国民党及其反袁舆论斗士亦有互动。前述黄远生致函《甲寅》主编章士钊即属突出一例。由于远离袁世凯在国内的舆论控制，身处日本的《甲寅》《民国》等刊物，注意思想文化层面的舆论议题与袁世凯专制乃至帝制的政治事件直接勾连，显示办报路向转变。1914 年创办的《甲寅》《民国》致力于反袁舆论，强调以共和政治根本精神立论。1914 年 5 月，《民国》创刊号刊登戴季陶文章称：“袁世凯若何，袁世凯之将来若何？小局量小眼光之人，区区注意于此……欲知中华民国果能维持与否，共和政治果能完全实现与否，中国之前途果能发展与否，是惟在国民之自觉如何。唤起国民之自觉心，是又在国民先觉之能力修养若何。”[④]他声称，今后政治上要以政治启蒙为重点：“而今而后，欲使共和巩固，不先从根本上作起，使人人了解共和意义，一般人民尚不解共和为何物，欲其保障共和，不亦难乎？共和政治，须以人民公意为政治之权舆。”[⑤]彼时在《甲寅》

① 章士钊：《章士钊全集・第三卷》，文汇出版社 2000 年版，第 616 页。
② 章士钊：《章士钊全集・第三卷》，文汇出版社 2000 年版，第 616 页。
③ 张之华：《中国新闻事业史文选》，中国人民大学出版社 1999 年版，第 165 页。
④ 唐文权、桑兵：《戴季陶集》，华中师范大学出版社 1990 年版，第 696 页。
⑤ 唐文权、桑兵：《戴季陶集》，华中师范大学出版社 1990 年版，第 697－698 页。

担任编辑工作的陈独秀亦以坚定的反袁立场著称。1914年11月,他在《甲寅》一卷四号发表《爱国心与自觉心》,从国民“自觉心”“智力”等维度回应专制论、共和论、复辟论等。陈氏指出:“盖一国人民之智力,不能建设共和,亦未必宜于君主立宪,以其为代议之制则一也。代议政治,既有所不行,即有神武专制之君,亦不能保国于今世,其民无建设国家之智力故也。民无建国之力,而强欲摹拟共和,或恢复帝制,以为救亡之计,亦犹瞽者无见,与以膏炬,适无益而增扰耳。夫政府不善,取而易之,国无恙也。今吾国之患,非独在政府。国民之智力,由面面观之,能否建设国家于二十世纪,夫非浮夸自大,诚不能无所怀疑。”①陈独秀对共和政治的反思实际上指向新的办报路向。

随着袁世凯称帝而引发护国战争,身处日本的国民党及反袁人士迅速回国活动,章士钊将《甲寅》迁回上海出版却遭查禁。1915年9月,陈独秀则继而在上海创办了影响一个时代的《青年杂志》(1916年更名为《新青年》)②,以更为彻底的反传统精神揭开新文化运动序幕。陈独秀(1879—1942),字仲甫,谱名庆同,官名乾生,安徽怀宁人。他是中国近现代重要的政治家、启蒙思想家,被誉为五四新文化运动旗手,是中国共产党建党及大革命时期的主要领导人。办《青年杂志》之前,陈独秀就已高度重视报刊对民众思想启蒙的重要作用。1904年3月,陈独秀在安徽芜湖主持创办《安徽俗话报》。关于该报旨趣,他在创刊号撰文称:“我办这报,是有两个主义,索性老老实实的(地)说出来,好叫大家放心。第一要把各处的事体,说给我们安徽人听听,免得大家躲在鼓里,外边事体一件都不知道。……第二是要把各项浅近的学问,用通行的俗话演出来,好教我们安徽人无钱多读书的,看了这俗话报,也可以长点见识。”③可见该报着力用通俗语言对地方民众进行启蒙。《安徽俗话报》对民众启蒙以“现代国民”为标杆,大力提倡改良传统人伦风俗、民间文艺等。陈独秀认为,风俗“关系国家强弱”,中国的“恶风俗”包括婚姻制度、迷信乃至服饰装扮等。④ 人伦风俗改良,戏曲等民间文艺是对民众教化的有力方式。他在《论戏曲》一文中称:戏曲“算得是世界上第一大教育家”;戏曲对国民性质影响至深:“譬如看了长板(坂)坡、恶虎村,便生些英雄气概;看了烧骨计、红梅阁,便要动

① 任建树:《陈独秀著作选编·第一卷》,上海人民出版社2011年版,第149页。

② 关于《甲寅》与《青年杂志》之关系,参阅杨琥:《〈新青年〉与〈甲寅〉月刊之历史渊源:〈新青年〉创刊史研究之一》,《北京大学学报(哲学社会科学版)》2002年第6期,第124—129页。

③ 《开办安徽俗话报的缘故》,《安徽俗话报》1904第1期,第1—7页。

④ 三爱:《恶俗篇》,《安徽俗话报》1904第4期,第1—4页。

哀怨的心肠；看了文昭关、武十回，便起了报仇的念头；看了卖胭脂、荡湖船，还要动那淫欲的邪念。此外像那神仙鬼怪富贵荣华，我们中国人这些下贱性质，那(哪)一样不是受了戏曲的教训，深信不疑呢？依我说来，戏馆子是众人的大学堂，戏子是众人大教师，世上人都是他们教训出来的”[①]。因此，他呼吁要通过“多多的新排有益风化的戏”“采用西方”“不唱神仙鬼怪的戏”等方法改良戏曲，从而培养“有血性，有知识的好人”[②]。由此可见，陈独秀在1915年办《新青年》，从文学艺术、伦理道德，到国家政治的启蒙路径有其深厚的思想背景。

作为新文化运动最为重要的舆论阵地，《新青年》等所涉议题繁多，诸如反孔、白话文运动、妇女解放等等，本质上反映了国人学习西方从器物到制度再到思想文化的渐趋深入历程。在该刊主撰者陈独秀看来，民初政治不良关键在于政治制度之新与国人思想观念之旧之间的矛盾，呼吁“国人思想倘若未有根本之觉悟，直无非难执政之理由”[③]。所谓“根本之觉悟”，关键在于决定政治制度之根基的伦理制度及观念，“吾人果欲于政治上采用共和立宪制，复欲于伦理上保守纲常阶级制，以收新旧调和之效，自家冲撞，此绝对不可能之事”[④]，意在打破传统“三纲五常”伦理制度，重建以欧美个人主义、自由主义等为参照系的新伦理。

就政治局势与思想文化互动关系而言，《新青年》初创之时(第一卷、第二卷)正值袁世凯帝制活动高潮。鉴于《甲寅》教训，其言论多持谨慎姿态，表明“批评时政，非其旨也”。然而，署名“记者”实即陈独秀编写的“国内外大事记”，也常在政治事件的报道中隐晦曲折地呈现政治取向。据统计，《新青年》第一至三卷(第四卷取消该栏)，国内外大事记共登载新闻报道111条，平均每期约6条。“国内外大事记”侧重国内外重大政治事件。就国外而言，侧重欧战进程、俄国“二月革命”以及各国政权变更等，而国内政治事件则关涉袁世凯称帝、张勋复辟、中国参战问题等等。陈独秀对政治事件的立场常以夹叙夹议的方式表明对事件的态度。针对颇犯政治忌讳的国体问题，9月15日“记者”以新闻叙事的笔调称：“民国成立，四载于兹，友邦承认，已正式加入国际国体，而帝王名词亦随清廷退位诏以消灭。虽有劳乃宣、宋育仁辈，于去岁曾倡复辟之论，昙花一现，旋即为政府所制止。不谓前月中旬，忽有筹安会设于北京，大倡共和不适于中国之说，致发生国体问题，扰攘至于今日，已

① 三爱：《论戏曲》，《安徽俗话报》1904第11期，第1—6页。
② 三爱：《论戏曲》，《安徽俗话报》1904第11期，第1—6页。
③ 记者：《答王庸工》，《青年杂志》第一卷第一号，1915年9月15日。
④ 陈独秀：《吾人最后之觉悟》，《青年杂志》第二卷第一号，1916年2月15日。

近一月时而冷静时而骚动。今且劳总统派员赴参政院宣言，记者澄观默察，知去解决之期不远，爰就此事之经过分为四期述之。”[①]随后连续报道袁政府所谓“国民代表大会”以投票决定国体的内幕新闻。11月15日，“记者”报道称：“参政王印川临时提出国体投票标题之问题，讨论结果决定以君主立宪四字标题。孙毓筠重言申明，务必以此四字印于票上，不宜另书共和字样。”[②]意在揭露袁政府操纵民意之内幕。

随着袁世凯政府的倒台，民国陷入军阀纷争与南北对峙。在此背景下，袁政府治下的言论控制有所缓和，舆论精英等在军阀及政治派系斗争的夹缝中获得一定的议政空间。1916年下半年开始，陈独秀等力图以《新青年》为平台，以思想文化运动结合时事政治批评的方式，推动新文化运动迅速展开。就《新青年》早期最为重要的“反孔”议题而言，多与《天坛宪法草案》等时政批评紧密结合。1916年9月5日国会正式开会讨论宪法，以袁氏当政时期《天坛宪法草案》为基础，该草案中有“孔子之道为修身大本”之说，国会议员围绕是否删除此句存在争论。与此同时，康有为发表《致总统总理书》，要求定孔教为国教。康的门徒陈焕章等孔教会代表更在报纸杂志上鼓吹，并组织“国教维持会”为定孔教为国教积极活动。对此，陈独秀从二卷二号开始连续发表时评讨论孔教。他从法理、伦理、政理三个层面立论。就法理言，定孔教为国教违背宪法规定信仰自由原则，“独尊一孔，岂非侵害宗教信仰之自由乎?”就伦理言，孔教不但不可入宪法，且不能作为“修身大本”而纳入民国教育范畴，这是由于前者以三纲五常为“根本教义”，而后者应“发挥人权平等之精神”，孔教与民国教育精神根本违背。他说：“使今犹在闭关时代，而无西洋独立平等之人权说以相较，必无人能议孔教之非”，“惟明明以共和国民自居，以输入西洋文明自励者，亦于与共和政体西洋文明绝对相反之别尊卑明贵贱之孔教，不欲吐弃，此愚之所大惑也”。就政理言，孔教“别尊卑，重阶级，主张人治，反对民权”正是袁世凯帝制自为之“恶因”，“吾国思想界不将此根本恶因铲除净尽，则有因必有果，无数废共和复帝制之袁世凯，当然接踵应运而生，毫不足怪”[③]。后张勋果然复辟，不幸竟被言中。

---

① 《国内大事记·国体问题》，《青年杂志》一卷一号，1915年9月15日。

② 《国内大事记·国题问题》，《青年杂志》一卷三号，1915年11月15日。

③ 陈独秀：《驳康有为致总统总理书》，《新青年》第二卷第二号，1916年10月1日。陈独秀：《宪法与孔教》，《新青年》第二卷第三号，1916年11月1日。陈独秀：《孔子之道与现代生活》、《袁世凯复活》，《新青年》第二卷第四号，1916年12月1日。陈独秀：《再论孔教问题》，《新青年》第二卷第五号，1917年1月1日。

早期《新青年》掀起的思想启蒙运动尤以文学革命影响深远。早在《新青年》第一卷第三号、第四号即连载陈独秀的《现代欧洲文艺史谭》，旨在为中国文艺革新提供参照。陈独秀称："吾国文艺，犹在古典主义理想主义时代，今后当趋向写实主义。文章以纪事为重，绘画以写生为重，庶足挽今日浮华颓败之恶风"①，主张文艺革新应以刻画、探索人生社会现实问题为重。此论引起尚在美国哥伦比亚大学攻读博士学位的胡适注意。1916 年，胡适致函陈独秀，呼应陈氏对写实主义文学的提倡，并提出革新文学须从八事入手：不用典、不用陈套语、不讲对仗、不避俗字俗语、须讲求文法之结构、不作无病之呻吟、不摹访古人语、须言之有物。② 随后两人连续撰文，详尽阐述文学革命主张。1917 年 1 月，《新青年》第二卷第五号刊登胡适《文学改良刍议》，具体解释"八事"之含义。陈独秀则将此"八事"归结于白话文学，他在该文的按语中称："余恒谓中国近代文学史，施曹价值，远在归姚之上。闻者咸大惊疑。今得胡君之论，窃喜所见不孤。白话文学，将为中国文学之正宗。余亦笃信而渴望之。"紧接着，陈独秀在《新青年》第二卷第六号发表《文学革命论》，系统阐述其文学革命的主张："余甘冒全国学究之敌，高张'文学革命军'大旗，以为吾友之声援。旗上大书特书吾革命军三大主义：曰推倒雕琢的、阿谀的贵族文学，建设平易的、抒情的国民文学；曰推倒陈腐的、铺张的古典文学，建设新鲜的、立诚的写实文学；曰推倒迂晦的、艰涩的山林文学，建设明了的、通俗的社会文学。"③一场在表达形式上以白话取代文言，内在精神上聚焦现实人生、社会问题的文学革命运动拉开帷幕。

总而言之，1915 年前后政治风云变幻与舆论界的新动向紧密相关。梁启超、陈独秀、戴季陶等民初舆论精英不约而同在袁氏复辟帝制的语境下，对共和政治做更深入的学理反思。而《新青年》无疑是这一社会氛围下最具代表性的舆论平台。随着 1917 年陈独秀就任北大文科学长，《新青年》则从上海迁往北京，并与北大师生群体结合，使其影响力大为拓展。新思潮意义上的报刊阵营在新的国际、国内政治局势下渐趋成形。

---

① 独秀：《通信》，《青年杂志》第一卷第四号，1915 年 12 月。

② 胡适：《通信》，《新青年》第二卷第二号，1916 年 10 月 1 日。

③ 陈独秀：《文学革命论》，《新青年》第二卷第六号，1917 年 2 月 1 日。

中国新闻舆论史丛书

# 中国近代新闻传播流变史研究：1815—1949

## （下）

王天根　主编

合肥工業大學出版社

本书为安徽大学文科学术创新团队“新闻舆论史”(A类)及安徽省学术和技术带头人科研资助(项目编号:Z020118075)安徽省教育教学研究重点课题“新闻与舆论:基于学科融合的中国新闻史教材研究”(批准号:2020jyxm0101)的成果,亦为“中国新闻传播史研究”(教育部研究生课程思政示范项目)重要成果之一。

# 目　录

## （下）

# 第四编

# 民初国家—社会结构转型与社会重构中的新闻事业(1915—1937)

# 第九章

# 欧战语境下社会重建思潮与新文化舆论动员

1914年7月，随着奥匈帝国向塞尔维亚宣战，第一次世界大战正式爆发。之前，战争阴云早已在欧洲上空密布，世界各国人民对欧洲可能爆发大规模战争忧心不已。随着战争爆发及规模不断扩大，战场迅速由欧洲一隅扩大至整个欧洲。随着其他国家的加入，战火又很快蔓延至东亚，这给中国的社会重建和思想文化发展带来了深刻的影响。

## 第一节　欧战语境下社会重建思潮的舆论纷争

1912年，中华民国的建立宣告绵延两千多年的封建王朝至此大体画上了句号。在漫长的封建社会中，国家政治体系主要为由君主与民众所构成的二元对立结构。君民对立共存，形成了封建主义的社会体系。辛亥革命胜利，“民族、民权、民生”为核心的三民主义所树立和发扬的思想观念逐渐为社会大众所接受。但这一接受过程是缓慢的，在以袁世凯为代表的北洋军政利益集团的操控和把持下，民主共和观念的传播形成舆论暗流的局面，短期难以在社会上产生重要的影响。

## 一、国民对欧战的反应

1914年7月，欧战爆发。这场战争在欧洲列强纷纷加入战团之后，迅速发展到了史无前例的规模。战争规模和战争残酷的程度，不仅让欧洲人民触目惊心，也让中国的知识分子、舆论精英等震惊不已。

欧战爆发后，袁世凯政府作出应对。1914年6月28日，萨拉热窝刺杀事件发生，中国驻奥公使馆即向国内发出电报，提到"奥塞失和"[①]，提醒政府注意。7月28日，外交部向驻欧、驻日各公使电询奥塞失和后各国的态度与反应，并要求各公使把所调查的战况分别逐日详报。7月30日，外交次长曹汝霖亲自到奥匈帝国驻华使馆，探询奥塞之间战况。同一天，中国驻奥公使沈瑞麟也就奥塞战事向政府致电汇报。随着战争形势迅速发展，关于战争的各类消息迅速增多。8月1日起，袁世凯指派政事堂右丞钱能训专门负责战况的报道，并令酌派参议数员检译各国报纸中关于此事的报道及评论等。[②] 此时舆论精英严复即负责收集整理每日的欧战信息，并提交袁世凯浏览。[③]

综合各种信息，袁世凯政府制定了"中立"的外交政策。8月6日，中国政府对外宣布中立。8月7日，袁世凯命令将外交各要案提交至澄衷堂，以便能和外国使节随时磋商。外交总长办公室和总统府外交处也安排了专人值夜班。袁世凯命令统帅处将各国所制定的战区绘成详图，政事堂和统帅办事处所有府中会议即使在周末也照常议事。总统、国务卿、高级军官都必须出席。[④] 另外，总统府所设密电处的译电员由原来的4班(每班4人)增至8班，以处理数量众多的战报。12日，政事堂临时设立中立事务处，由国务卿徐世昌和参谋总长、副总统黎元洪为正副主任，陆海军、交通部派员襄助工作。

由此可见，欧战爆发之后，袁世凯政府对欧战及欧洲局势演变非常重视，也可看出欧战对民国政府的震撼非常强烈。

欧洲战争规模的迅速扩大，日本以日英同盟为由，于8月23日向德国宣战并出兵山东，从山东龙口登陆，进攻德国控制的胶济铁路和青岛。日本的加入，使得中国山东成了欧战在东亚的主战场。袁世凯政府对欧洲战事的关注度迅速降低，

---

① 卫金桂：《欧战与中国社会文化思潮变动研究》，香港拓文出版社2003年版，第1页。
② 卫金桂：《欧战与中国社会文化思潮变动研究》，香港拓文出版社2003年版，第3页。
③ 欧阳哲生：《严复看第一次世界大战》，《中国高校社会科学》，2014年第1期，第96—108页。
④ 洪岚，卫金桂：《试论欧战在中国的反响》，《兰州铁道学院学报》，2003年2期，第22—26页。

开始将主要精力集中于东亚地区。

相对于政府应对,普通国人对欧战的关注仍然需要舆论界不断推动。在欧战发生之前,以知识分子为主体的舆论精英就已敏锐地感觉到此次欧洲战争将会对历史、对世界产生深刻影响。在奥匈帝国对塞尔维亚宣战的第三天,《申报》即对此有较为详细的报道。随后整个8月,《申报》都在连续报道和评论欧战的发展及走势。如1914年7月31日,署名为"冷"的陈景韩就在时评中提出:若就其全局而析之,可分为三期。第一期为奥塞之战,第二期为俄法与奥德意之战,第三期为俄法英与奥德意之战。这一预测和欧战的走势吻合度相当高,说明陈景韩等舆论精英对欧战演变的分析与判断已有相当的深度。

《东方杂志》则在1914年8月第11卷2号发表高劳(杜亚泉)的《欧洲大战争开始》,认为:"斯诚近代未有之巨变,而开二十世纪之创局者矣。"持有类似观点的还有舆论界巨子梁启超。在欧战爆发之后,梁启超很快就写出了《欧洲战役史论》。这是国人对欧战进行历史分析的专著。梁启超后又在报上开辟《欧战蠡测》专栏,对欧战及欧洲局势变化做专题性分析。《东方杂志》不断跟进报道欧战的发展。在众多舆论精英和杂志、报纸的带动下,一时间,欧战研究成为学术界的热点,众多研究著作纷纷问世,形成了一次欧战研究的出版热潮,见表9-1所列。[①]

**表9-1 1914—1926年关于欧战的著作目录**

| 书 名 | 著译者 | 出版者 | 时 间 |
|---|---|---|---|
| 欧洲战纪(8册) | 欧洲战纪社编刊 | — | 1914 |
| 欧洲战事日记 | 驻奥使馆编 | — | 1914 |
| 欧洲战役史论 | 梁启超 | 商务印书馆 | 1914 |
| 欧洲血战记 | [美]施塔夫 | 时兆报馆译刊 | 1914 |
| 二十世纪世界大战记 | 胡祖舜 | 北京陆军协会 | 1914 |
| 世界战祸之由来 | 雷殷编 | 日本(东京) | 1915 |
| 参观欧洲大战记 | 黄慎图 | 商务印书馆 | 1917 |
| 欧洲之教训与中国之将来 | 黄郛 | 自刊 | 1918 |
| 普世战局 | [美]但依理 | 时兆报馆译刊 | 1918 |

① 卫金桂:《欧战与中国社会文化思潮变动研究》,拓文出版社2003年版,第43页。

（续表）

| 书　名 | 著译者 | 出版者 | 时　间 |
|---|---|---|---|
| 欧战善后策 | ［英］葛雷 | 大英战闻社 | 1918 |
| 世界大战英雄史 | 上海图书集成编辑所 | 中华图书集成公司 | 1919 |
| 欧战全史 | 梁敬錞、林凯 | 北京亚洲文明协会 | 1919 |
| 欧战期间外交记 | 许宝蘅 | 内务部编译处出版 | 1919 |
| 欧战期间政治思潮记 | 许宝蘅 | 内务部编译处出版 | 1919 |
| 欧战杂试 | 吴恭亨 | 湖南善后协会 | 1919 |
| 巴黎和议后之世界与中国 | 汪兆铭编 | 上海建设社 | 1920 |
| 欧战觚乘 | 汪启坤编译 | 华洋公论报出版部 | 1920 |
| 欧战后之中国经济与教育 | 徐世昌 | 中华书局 | 1920 |
| 战后之世界 | 黄　郛 | 上海中华书局 | 1920 |
| 国际侵略之末运 | 张　武 | 桐城张宅（北京） | 1921 |
| 战后世界新形势 | 王华隆 | 商务印书馆 | 1922 |
| 欧行杂录 | 李法端 | 自刊 | 1922 |
| 欧战与新潮 | 王金绂 | 北京师范大学发行 | 1923 |
| 欧战笔记 | 谢颂羔 | 上海广学会 | 1926 |
| 世界大战全史 | 裘乃燕 | 商务印书馆 | 1926 |
| 欧战调查录 | 军学编辑局编刊 | — | 约 1920 |

众多研究著作面世，可以看出欧战对国人的震撼非常之深。迅速扩大的欧战规模也让国人震惊不已。飞机、坦克、潜水艇、化学武器种种借科技进步手段而问世的先进武器，人类以此相互杀戮。不断的总动员令又让国人见识到了参战各国的战争狂热。不断升级的欧战，这样一个狂热的"他者"让中国知识精英们陷入深深思考。他们不断撰文介绍欧战的发展及对之所作的思考。

## 二、舆论精英对欧战的思考、预测

欧战爆发，精英知识分子由此反省并关注、思考国民性。在 1912 年之前，延续几千年的封建社会所形成的君民二元社会结构，使得民众的现代国家意识非常贫乏。国家即朝廷，朝廷为君主所有，天下为一家一姓所有。普通人对国家的认同感、归属感甚少。民国初建，不彻底的革命建国，自然也没有带来彻底的思想变革，国民对国家的归属意识、认同意识依然非常薄弱。欧战的爆发，使舆论界精英知识分子很快认识到，中国想要成为现代意义上的国家，国民的国家意识觉醒是一个绕不开的根本性话题。国民社会的建立，是中国成为现代意义上国家的基础。

《东方杂志》在11卷3号(1914年9月1日出版)刊载伧父(杜亚泉)的《大战争与中国》即写道：

乃民国成立，于今三年，徒拥共和之名，未举立宪之实，国家岁计，虽欲稽考而无从；地方自治，未知归复之何日。处此特别政体之下，吾侪小民，亦唯有自谋其个人之生活，安其消极之状态而已。

伧父认为，欧战的爆发终将会给沉闷的国民精神和社会带来莫大刺激：

此次大战争之关系于吾中国者，一为戟刺吾国民之爱国心，二为唤起吾民族之自觉心。此虽为间接之影响，而关系于吾中国十年内之变局者，当以此为最钜。

相比之下，梁启超也认为，欧战及其影响，将“可以助长极健实之国民自觉心，其不容以隔岸观火之态出之明矣”①。《申报》陈景韩从欧战中也看出国民意识建设问题的重要：然而欧洲之人无论智愚贤不肖，平日与政府若何深仇宿怨，苟遇外患，无不知国内之争轻而国外之争重者。此爱国心之所以可贵而其国所以能存也。我之国人深耻之。② 外患起而内乱消，此欧人之爱国性，我人所宜自省者。……然以余所见，更有一事足为我国之教训者，则为欧洲各国中无论若大若小，若强若弱，均有坚强不屈之精神，凛然不可犯之气概是也。③ 强健不屈的国民精神，坚定忠贞的爱国热情，正是现代国家乃至国民社会在欧战中的重要表现。中国舆论精英注意到这一点，并认识到其对建设现代国家所具有的重要意义。

欧战的爆发，除促使舆论精英注意到国民意识的建设之外，也促使他们思考欧战爆发的深层原因、战争的走向以及欧战将可能带来的具体影响。

## 三、“二十一条”及国民意识的觉醒

在欧战爆发之后，报界、出版界等众多媒体、文化机构把主要目光聚焦于欧洲战场。日本向德国宣战、出兵山东后，国内舆论也迅速把关注点转向山东。

---

① 《欧战蠡测》，《饮冰室合集·文集》(33)，中华书局1989年影印本，第12页。
② 《欧洲战事之教训》，《申报》，1914年8月3日，第2版。
③ 《欧洲战事之教训》(二)，《申报》，1914年8月9日，第2版。

国人对日本的关注在欧战爆发之初就已有所反映。1914 年 8 月 6 日，在中国政府宣布中立之时，《申报》于第 2 版刊发冷（陈景韩）的时评《英德已宣战矣》，写道：

日本之态度，亦为人所急欲知者。以日英同盟言，似有加入战争之意。然东方未有战事，则同盟之义务不在此限。则战事又似不至加入。然而以吴军港之忙碌，于各兵舰之上煤，又以竭力计免之说比较之，则日本之加入战争与否，尚在可知不可知之数也。

鉴于日英同盟，日本预感世界大战将爆发。大隈重信内阁当时即宣称，"日本必须抓住这个千载难逢的好机会"，以"确立日本在亚洲的权利和利益"①。日本政界元老井上馨侯爵（Marquis Inoue Kaoru）欢呼这对"日本的国家前途而言，堪称是大正新时代（Taishoera）的一个天赐良机"②。日本外相加藤高明（Baron Kato Takaaki）男爵在 1915 年也对一位美国记者这样说道：

德国是一个侵略成性的欧洲强国，它占据着山东省的一隅，也就是青岛。这对日本是一个巨大的威胁。而且，德国曾以貌似友好的借口迫使日本归还辽东半岛。因为我们遭受德国的外交压力，日本必须放弃我们的同胞靠鲜血才换来的合法战利品。当然，无论是对个人还是国家而言，报复都是不应该的。但是，当人们碰巧有这个条件并在同时能讨回旧债时，当然不应该错过这个机遇。③

事实演变也的确如此。日本很快对德宣战，出兵占领山东胶济铁路沿线，进攻并最终占领青岛。战争期间，日军在山东烧杀抢掠、肆逞淫威，给国人带来极大的灾难和耻辱。如日军在山东平度县出示"斩律五条"，内有"如该村有一人犯妨碍日军行动者，该村人民尽处斩刑"等语，舆论为之沸腾；同日，中国外交部以此向日公使提出抗议，但日方却置之不理。

1915 年 1 月 18 日，日本公使日置益向袁世凯秘密提出"二十一条"要求，要袁

① Xiaobing Tang，Global Space and the Nationalist Discourse of Modernity：The Historical Thinking of Liang Qichao（Stanford：Stanford University Press，1996），转引自：［美］徐国琦，马建标译：《中国与大战：寻求新的国家认同与国际化》，上海三联书店 2008 年版，第 94 页。

② 白蕉：《袁世凯与中华民国》，上海人文月刊社，1936 年，第 65－66 页。转引自：［美］徐国琦，马建标译：《中国与大战：寻求新的国家认同与国际化》，上海三联书店 2008 年版，第 94 页。

③ Leshommes dans l'Etat（Paris：Payot，1978）。转引自：［美］徐国琦，马建标译：《中国与大战：寻求新的国家认同与国际化》，上海三联书店 2008 年版，第 94 页。

“迅速商议解决，并守秘密”。袁世凯接阅并没有马上回复，只是称：“容详细考虑，再由外交部答复。”由于“二十一条”影响重大，当晚，袁世凯即召集紧急会议，孙宝琦、曹汝霖、梁士诒、徐世昌、段祺瑞等均出席，讨论对“二十一条”交涉对策，历时3小时。19日至21日又连续开会讨论对策。①

1月22日，东京《朝日新闻》印发号外，刊载内容涉及日本对华提出“二十一条”要求。虽然日本政府立即出动大批警察予以没收销毁，但消息终于外泄。是日，北京《亚细亚日报》与英文《北京日报》也刊载“日本又向外交部提出新要求”，相关内容指“二十一条”之消息。1月31日，《亚细亚日报》翻译刊载《朝日新闻》号外全文。至此，“二十一条”在国内迅速传播并引起了舆论的强烈反弹。

1月22日，《申报》发表时评《中日新交涉》，对“二十一条”做出舆论反应。虽然此时“二十一条”的具体内容尚未完全被新闻界所了解，但是确有秘密交涉之情形已被公众确信无疑。

2月1日，袁世凯为中日交涉问题，召集了国务卿徐世昌及各部总长开秘密会议。会上，各部代呈各省商学各界及华侨各团体联名电请政府抗议中日交涉，严词拒绝日本一切要求之电文130余件。② 2月11日，留日学生千余人在东京冒雨集会，反对日本政府对华提出“二十一条”，大会决议：“(一)电请政府拒绝要求，并公布条件；(二)以文字警告劝导海内外国民；(三)拟定留日学生对外宣言；(四)设立分机关于京沪；(五)准备归国之办法。”③

事实上，“二十一条”已为列强知悉。2月19日，中国驻美公使正式将“二十一条”全文告知美国政府，但没有得到美国政府的积极回应。④ 与美国政府的态度类似，英国驻华公使朱尔典在得知“二十一条”内容之后，称“(这)对这个不幸的国家来说是一个遗憾”，又称中国国力衰弱“在很大程度上就是她自己造成的结果，因为当今时代强权就是公理。因此，那些弱小国家必须为自己的无能付出代价或者自食其果”⑤。美国、英国持观望态度。

为对抗“二十一条”所带来的危机，袁世凯政府有意拖延中日谈判时间，并将内

---

① 韩信夫、姜克夫：《中华民国大事记》，中国文史出版社1997年版，第358页。

② 韩信夫、姜克夫：《中华民国大事记》，中国文史出版社1997年版，第340页。

③ 韩信夫、姜克夫：《中华民国大事记》，中国文史出版社1997年版，第362页。

④ [美]徐国琦著，马建标译：《中国与大战：寻求新的国家认同与国际化》，上海三联书店2008年版，第97页。

⑤ [美]徐国琦著，马建标译：《中国与大战：寻求新的国家认同与国际化》，上海三联书店2008年版，第96页。

容透露给新闻界。而作为舆论界巨子,同时又是政事堂参政顾问的梁启超则在报纸上有意识地掀起了一场舆论宣传战,对政府施加压力和提供民意支持。梁启超多次撰文,表达对“二十一条”的不满和抗议,警告日本不要把中国当成朝鲜第二,并呼吁公众起来反对“二十一条”。一些中华革命党人以及国民党人也公开表示此时需要支持政府全力与日方周旋,争取国家利益不受损失。在梁启超以及其他精英知识分子的不断呼吁下,公众对“二十一条”关注度迅速提升,并且开始采取行动,反对“二十一条”。

3 月 1 日,留日学生回沪代表发表《泣告全国同胞书》,揭露日本政府对华的诸多企图。表示拒绝日本“二十一条”要求,“宁为亡国前之雄鬼,不为亡国后之遗民”[①]。上海商界也行动起来。3 月 18 日,上海绅商学界在张园开国民大会,反对中日“二十一条”交涉,到会参加有三四万人,通过提倡国货、设公民捐输处等项决议。次日,国民对日同志会等团体致电袁世凯,谓“民等宁为战败忠魂,不作亡国奴隶,务乞速作战备,捍卫国家,人民誓死以赴国难”[②]。

与此对应,各地民众不断掀起抵制日货的高潮。在日本政府向袁世凯提出“二十一条”后,北京、上海、汉口、广州、奉天、吉林、哈尔滨等地先后掀起抵制日货运动。活动迅速蔓延至全国,日本对华输出商品锐减。1914 年 5 月日本对华输出商品为 1523.8 万元,1915 年 5 月减至 939.5 万元,降幅为 38.34%[③],使得日本的出口损失巨大。

面对全国人民的强烈反对,袁世凯政府却害怕起来。袁世凯政府不断对民众自发的抵制活动横加干涉。3 月 12 日,政事堂电布各省,称:“一切排日举动务应力为谕止,现在交涉未了,民气不宜嚣张。”[④]3 月 19 日,袁世凯又密电各省将军、巡按使,中日交涉前途无论如何困难,宜防制人民,不得轻举妄动。3 月 25 日,袁世凯再次通令各省严禁人民抵制日货。令各将军、巡按使“认真防范,倘有乱徒假托名目,扰乱治安,着即严拿惩办”[⑤]。

在全国人民强烈的反对声浪中,袁世凯政府依然在面对 5 月 7 日日本政府的最后通牒时,放弃了国家的尊严和权利,5 月 9 日接受了日本所提出的“二十一

① 韩信夫、姜克夫:《中华民国大事记》,中国文史出版社 1997 年版,第 364 页。
② 韩信夫、姜克夫:《中华民国大事记》,中国文史出版社 1997 年版,第 367 页。
③ 韩信夫、姜克夫:《中华民国大事记》,中国文史出版社 1997 年版,第 368 页。
④ 韩信夫、姜克夫:《中华民国大事记》,中国文史出版社 1997 年版,第 366 页。
⑤ 韩信夫、姜克夫:《中华民国大事记》,中国文史出版社 1997 年版,第 367 页。

条”,签订了丧权辱国的《民四条约》。

消息传出之后,全国舆论沸腾,各地纷纷掀起抵制活动。5月9日,国民对日同志会、中华国民请愿会、外交后援会、女子救国储金会四团体,四五万人为反对日本政府提出的最后通牒,在上海法租界开国民大会,并致电袁世凯:誓死反对接受日本帝国主义灭亡中国的“二十一条”,“恳政府,本国民之决心背城一战,民等愿毁家捐躯后援政府”①。同日,黄兴、陈炯明、李烈钧、柏文蔚、钮永建、程潜等17人联名通电,斥责袁世凯接受丧权辱国的“二十一条”,提出:“当此举国听命、内讧尽熄之时,政府膺四亿同胞付托之重,一味屈让,罔识其他,条约既成,国命以绝。”②全国教育联合会则规定各学校以每年5月9日为“国耻纪念日”,定期开展纪念活动,强化青年学生的爱国热情。

5月11日,北京总商会发起救国储金行动,在中央公园举行大会,到会者二三十万人,储金100万元,并宣传抵制日货。5月23日再次召开大会,到会30余万人,储金近80万元,并宣传爱国自强,提倡国货。③

内蒙古各界同样对袁世凯政府的卖国行为义愤填膺。5月18日,内蒙古王公联合会致函蒙藏院反对袁世凯政府出卖东蒙权利,谓“近闻日本之要求,妄加威吓,而政府委曲迁就,将东部内蒙古之种种权利断送日人。……王公等宁为玉碎,不为瓦全,宁为土地牺牲性命而不甘为他人之奴隶”。

内陆省份民众抗争也极为激烈。5月18日,汉阳发生排日风潮,日商日信洋行华工与司事冲突殴斗,汉口日本三菱公司厂房被焚。5月18日,湖南长沙一青年,反对日本“二十一条”,从天心阁跳城自杀。5月24日,湖南青年学生彭超因为袁世凯签订“二十一条”,愤而投湘江自杀。④

“二十一条”的签署给全国人民带来的屈辱是深重的。在“二十一条”的提出与最终签署过程中,舆论精英以大众报纸为媒介,开展了多样化的爱国主义宣传。随着新闻媒体的介入,政治不再是由少数人牢牢把持的神秘事物,而日渐与国民个体息息相关。国民对政治关注的热情大大提高,对应的则是对国家的认同意识不断提升。现代意义上的国民意识也在这一过程中逐渐深入人心,就一些问题达成共识。可以说,“二十一条”之后的舆论宣传和社会反应,已经成为一个标志。国民的

---

① 韩信夫、姜克夫:《中华民国大事记》,中国文史出版社1997年版,第375页。
② 韩信夫、姜克夫:《中华民国大事记》,中国文史出版社1997年版,第375页。
③ 韩信夫、姜克夫:《中华民国大事记》,中国文史出版社1997年版,第375页。
④ 韩信夫、姜克夫:《中华民国大事记》,中国文史出版社1997年版,第376页。

国家概念和国家意识迅速增强,爱国热情被高度激发,传统社会的君民对立共存的二元社会结构几近消亡,国与民共生共存的现代国家概念和国民意识逐渐成为社会主流观念。黄远生对此评论指出:“社会者,国家之根柢也;个人者,社会之根柢也。”①

国民意识的觉醒,使得民主共和的观念更加深入人心。《民四条约》签订之后,在袁世凯政府的极力压制之下,“二十一条”的相关舆论热潮暂时告一段落。但国民意识的觉醒已经成为不可逆转的历史潮流。这种国民意识的觉醒在袁世凯企图复辟称帝的过程中,体现为一股舆论的潜流。在中华革命党的报刊不断呼吁之下,这股潜流最终在袁世凯正式宣布复辟后成为抗争舆论的主体。

## 四、北洋军阀政府时期国民社会重建思潮

1916 年 6 月 6 日,众叛亲离的袁世凯在放弃帝制,恢复共和制度之后去世。袁世凯的去世在政治上形成巨大的权力真空。原本在袁世凯强力控制下的政治局势重又变得微妙。各种政治势力粉墨登场,开启了历史舞台上的新表演。国家政治与社会的关系又面临重构。

袁世凯死后,黎元洪继任大总统,段祺瑞为国务总理。在政治新秩序的重建中,北洋军政利益集团占据着得天独厚的优势。但在全国国民意识高涨的情况下,其也不得不做出民主、自由的姿态。黎、段先后宣布废除袁世凯时期所制定的限制报刊、钳制新闻言论出版自由的法律法规,宣布恢复《临时约法》。1916 年 7 月 6 日和 8 日,北京政府先后致电各省区,宣布前此查禁各报“应即准予解禁”,“一律自可营销”;7 月 15 日,黎元洪签署“申令”,宣布废止袁世凯时期所制定的《报纸条例》,恢复新闻记者招待处,宣布“凡中外文电有关国计者许登录”。六七月间,内务部也先后解除了对《时事新报》《民国日报》《中华新报》《民信日报》《民意报》《共和新报》等的禁令。②

但是北洋军阀政府的政治控制是由其反动本质所决定的,它对新闻舆论的控制始终无法放弃。在局势稍有缓和、社会控制力稍有恢复之后,北洋军阀政府即重拾袁世凯时期所制定的新闻法律法规。虽然在法理上,一些法令已经难以继续实

---

① 黄远庸:《黄远生遗著》,华文书局 1968 年版,第 103 页。

② 王润泽:《北洋政府时期的新闻业及其现代化(1916—1928)》,中国人民大学出版社 2010 年版,第 6 页。

施，但北洋军阀政府借助所谓《戒严法》、部门训令等对报刊和舆论继续施行强有力的钳制和打压。段祺瑞政府即在1917年3月，抓捕了《国风日报》经理裴梓青、发行人彭冀臣、记者宋寰公三人。1918年9月，又同时查封了《晨钟报》《中华新报》《北京新闻》《大中报》《大中华日报》《经世报》《亚陆报》《新闻编译社》，抓捕《中华新报》总编辑张季鸾、经理康心如等人。[①] 张勋复辟虽然只有12天，但也封闭了北京14家报刊。即便是号称段祺瑞政府喉舌的《公言报》，也在1916年11月22日，因刊载北洋政府向美国秘密借款500万美元的消息，被控泄露机密，发行人黄希文、编辑王德如被捕。

军阀对舆论的控制意图是发自本能的，无论北洋军阀政府、广东军政府，还是地方实力派军阀均是如此。诸如龙济光督军广东时，在广州地区设立新闻检查员，凡反袁及拥护共和的新闻及评论属严禁之例。广州《华国报》主编林灿予因为作《大盗移国论》，就被龙下令通缉。“龙部四将最专横，粤人称为四大天王，有误载军事者，则率队至报界公会，立召记者至，拔枪置案上，瞋目怒语，若呵斥奴隶。”[②]

即便北洋军阀政府假惺惺设立的记者招待处，也对记者的采访往往采取敷衍应对的态度。这一点邵飘萍有过鲜活的记录：

自共和复活以来，“开诚布公”四字，为当轴号令天下之一利器，就其小者言之，国务院中设新闻记者招待所，派人专司其事，亦开诚布公之一道也。记者初到北京，往晤徐秘书长(树铮)，秘书长忙极，寒暄数语即出。其所谓招待新闻记者之执事，述其办法，则每日以可以发表之文件消息，印刷分发，记者深以为然。但官场之事有足令人失望者，自有印刷之件分送以来，每日仅有绝不相干之文件摘有数十字，其材料最称丰富之日，则当内阁总理通过之日，各省贺电，照例如雪片纷纷飞来。段总理曾对此叹曰：“吊且不暇，贺于何有?”而国务院乃印刷之以夸示吾辈来自田间之新闻记者，岂不可怜？然此或曰可以使吾人见四海之景从也。而第二次材料最多者，则为各省干涉政治某事之电，又次则康圣人既不跪拜，留此膝何为之电。至最近又极枯窘。而昨日乃印刷贵阳议会反对省长民选之电，及反对交通部取消搭现令，某某长官之电，此外无一物焉。问之内部人，云：材料尚不止此，但办事人懒惰，惟摘录其最短者，出为应酬。然则对于极长之腐败文电，亦印刷以分送

① 王文彬：《中国现代报史资料汇辑》，重庆出版社1996年版，第132页。

② 谭汝俭：《四十七年来广东报业史概略》，见1935年出版的《华字日报七十一周年纪念册》。参见方汉奇：《中国新闻事业编年史(上)》，福建人民出版社，2000年版，第806页。

者，殆出于上司之特命矣。在彼言开诚布公者，欲以此广为流布，庶几奉扬仁风，或则利用新闻以反对其所欲反对者。然此等材料，岂值新闻记者之一顾！亦徒糟踏（蹋）若干纸墨油印之费，多养几位中下等游民而已。呜呼！我国所谓开诚布公者，皆当作如是观也。[①]

这种环境之下舆论常常有待于部分舆论精英在某些报刊中的言论鼓动。北京作为首都，中央政府所在地，自然也成为全国舆论的中心之一。北京的报纸数量、销量难及上海，但就舆论的影响力而言，政论性报刊北京报纸也多超过上海报纸。上海的报纸则多以北京电、北京通讯等为政治新闻重要来源。包天笑指出："报纸上……新闻可以分三部：一是要闻，质言之，便是北京新闻；二是外埠新闻；三是本埠新闻。要闻当然是最主要的。""上海的外国报纸，如《字林西报》之类，也派了专员在北京。"[②]

但北京的一些报纸在袁世凯政府以及其后的北洋军阀政府的打压之下，发展形势却不甚乐观。戊午编译社认为："吾人敢大胆下一断案曰，中国一切现象之最腐败最无聊者，莫若北京之报纸；中国人之最混沌最无感觉者，莫若北京之新闻记者也。"[③]

北京的报纸的"腐败"、"混沌"既与军阀政府的控制有关，也与北京文化传统有关，邵飘萍曾总结，北京是"社会麻木，任你的报办得怎样好，刺激性如何大，社会都不起反映"；还有一点是"惰性大，人都懒得很，不肯看报，间或有人去看报，明知自己订阅的报纸不好，懒得更换"，"一国的社会，对于政治、外交不注意，也是不好销售"[④]。一些如《京话日报》之类的白话报纸，销量还比较可观。就社会舆论的影响力而言，由于有政党势力的支持，政党报刊舆论影响力较强。《晨钟报》《晨报》《国民公报》（以上三种为研究系报刊）、《京报》（英文）、《京报》（邵飘萍创办）、《公言报》（段祺瑞政府喉舌）、《甲寅日刊》以及日本人所办的《顺天时报》等较有影响力。其中《公言报》由于立场落后，言论缺少品德，戊午编译社认为："北京报纸之最无耻最险狠者，以《公言报》首屈一指。凡共和之颠覆，段党之叛乱，其鼓吹煽惑之力，实以《公言报》为第一功臣。"[⑤]

---

① 北京特别通信（三十），《申报》1916年10月29日，第3版。

② 包天笑：《钏影楼回忆录》，大华出版社1971年版，第346、347页。

③ 杨光辉等：《中国近代报刊发展概况》，新华出版社1986年版，第165页。

④ 黄天鹏：《新闻学名论集》，联合书店1929年版，第53页。

⑤ 戊午编译社：《北京新闻界之因果录》。参见杨光辉等：《中国近代报刊发展概况》，新华出版社1986年版，第174页。

《晨钟报》创刊于1916年8月15日，取名“晨钟”(THE MORNING BELL)。自创办之始，《晨钟报》即非常注意国民的素质教育问题。创刊词《晨钟之使命——青春中华之创造》中，守常(李大钊)写道：“是故中华自身无所谓运命也，而以青年之运命为运命；《晨钟》自身无所谓使命也，而以青年之使命为使命。青年不死，即中华不亡，《晨钟》之声，即青年之舌。”[①]将救亡图存的历史使命寄托于拥有新思想的新青年身上。

《晨钟报》作为研究系报刊，时常通过议程设置对政治的重建施加影响。第一次世界大战爆发，国内外政治秩序与社会秩序的重建面临重大变革，充满了不确定性。就国际而言，世界均势格局已被打破，无论是协约国还是同盟国都在倾尽全力在世界各地搏弈。世界局势的动荡也意味着战后世界秩序重建。作为弱国的中国，虽然不能在军事上为国家争得强势地位，但在外交上也可有所作为。梁启超认为，奉行积极的外交政策则可以为自身寻求最大的权益。就国内而言，首要的是保持政治的稳定，剔除不安定的因素。在研究系看来，安福系正是众多不稳定因素的根源。时人评曰：“安福部愈扩张，研究系愈妒忌。”[②]而“安福部罪恶，全由金钱造成，金钱来源，由于外债”[③]。《晨钟报》多次揭露安福系及其背后段祺瑞政府所运作的山东铁路借款案、军械借款案等。一方面揭露其祸国殃民的不齿行径，一方面也借此打击安福系及其背后的段祺瑞政府。《晨钟报》对借款的揭露使段祺瑞政府恼羞成怒。1918年9月24日，段祺瑞政府以泄露机密为由，将《晨钟报》及其他相关6家报馆、1家通讯社一并查封。

1918年12月1日，《晨钟报》改名为《晨报》出版。《晨报》在发刊词中称：“居吾国今日政象模糊、权要纵横之下，而立新闻事业，是可谓至极无聊，而不堪之甚矣。”但是“新闻之为职，岂不曰于政界为瞽史，于民众为木铎?”由此论述《晨报》的使命：“《晨报》何为而作乎？曰：即为此罪恶之政治作、社会作、新闻界之恶作。良农不以收薄而废耕，良工不以知希而辍肆。况此社会、政治者?”[④]可见，《晨报》继续关注政治和社会。此时欧战刚刚结束，《晨报》也逐渐将关注点放到战后国家、社会重建以及政治秩序重构中。《晨报》没有放弃自己的历史使命：“周旋风云开阖之国际，而为其一员，必其自身先能成为一有真实意义之国家，而后能不婴风潮而糜碎。”首

① 张骏严：《新潮：民初时论选》，辽宁人民出版社1994年版，第38页。

② 温世霖：《安福祸国记》，中华书局2007年版，第21页。

③ 温世霖：《安福祸国记》，中华书局2007年版，第21页。

④ 《晨报》，1918年12月1日，第二版。

要的政治任务就是将自身建设成为一个“有真实意义之国家”，为此“国家必为统一之国家，政治必为循轨之政治，社会必为秩序的进步之社会。南北对抗，有害统一，固也。即言妥协，而貌合神离。妥协以后，而据地称兵、昵党狎权者，各如其故，微特乌合难久。殆适以重再度分裂之毒为国内党争之资，则假统一之可惧也。至于军阀干政，计吏卖国，持权者专恣宰割，而不顾民生、民意。失意者苟图逞快，公私破坏而无一所恤。自不知有政轨，犹日以越轨讥人。先已秩序荡然，更安有所进步之地？此诸病者有一不除，国家亡矣，并社会基础荡析无余，将求为世界人类之一特种，如犹太者，亦不可得。斯时尚忍言哉？吾人抱此主张，信此主张，足以救亡图强，而望我国家、社会一旦幡然上此有望之途者，敢自信始终如一日。日日言之而未效，及今言之犹为未晚。我神明之胄，履迷途其未远，倘亦能信此《晨报》者，实我国家、社会最关切之骨肉亲戚，而非特诤友已乎？而《晨报》则固无论如何不言不快、不听不止者也。”①

欧战爆发之初，知识精英即关注国人的爱国精神、政治素养。通过对欧战列强的学理分析，舆论精英充分认识到唤起国人的觉醒已成为国家独立的重要基础。无论是《东方杂志》《申报》对于国人爱国精神的呼唤，还是《晨钟报》《晨报》对国人政治素养提升的期许，都将国内诸多问题解决的关键放置到国人的教育和引导之上。

欧战行至后期，俄国、德国相继发生社会主义运动，其他一些国家的社会党人也逐渐获得了普通民众的认可。英国、法国、德国的社会党人甚至在国内也拥有了相当的影响力。民众在国家事务中所表现的主人翁姿态和高度的政治自觉，都让国内精英知识分子感慨不已。国民强则国家强，欲使国家成为“真正意义之国家”，必须首先从改造和教育国民开始。新文化运动的发展逻辑也于此形成。

俄国革命的爆发无疑激发了中国知识分子关注国民的热情。俄国革命之后劳工阶层所展现出来的强大力量，不仅使老牌帝国主义国家震惊不已，也极大地震撼了国内的舆论精英们。研究俄国，研究社会主义，了解布尔什维克主义逐渐成为思想领域的一股新的潮流。在历史诸多因素的合力之下，马克思主义、列宁主义成为国内先进知识分子的重要选择。

① 《晨报》，1918年12月1日，第二版。

## 第二节 新旧思潮变动与新文化运动时期的报刊舆论

新文化运动前后,国民的教育与觉醒,已成为关系国家兴亡的重要议题。作为舆论精英的知识分子自觉通过报刊进行议程设置,为新青年乃至新国民的"诞孕"大声疾呼。

"新"青年既是国家希望所在,如何塑造"新"青年亦成为社会必须回答的首要问题。而要解决青年新思想的塑造问题,首先涉及语体。

语体的改革是社会变革的重要构成。语体的变革从来就不是简单的文章表达方式的转变。不同的语体各有其自身时代特征。传统的文言文脱胎于先秦时期以孔子儒家为代表的社会思想体系,有着浓厚的宗法制度思想的留存。破除文言文在报章语体使用中的统治地位,也就是从侧面破除对传统旧思想、旧伦理制度、旧宗法制度的坚持与迷信。

语体的改革也是世界和中国内部发展进步的必然要求。面对列强的坚船利炮,中国被迫打开国门。随后国人认识到自身与世界列强的差距。特别是甲午战争之后,国人的觉醒达到了一个新的高度。实际上,从第二次鸦片战争之后的洋务运动至甲午战争之后的维新运动,中国的知识分子都在不断地寻求国家富强之道。在寻求的过程中,如何认识传统成为一个必须严肃面对的问题。洋务派的"中体西用"已被历史证明有其局限,百日维新也同样告知世人,寄希望于传统的主体自行改变,也是不切实际的幻想。维新变法失败之后,梁启超敏锐地察觉到这一点,提出"新民"说,以教育国民认识世界、树立国家意识为重要诉求。虽然他并没有明确反对文言文,但是对文言文语体的改革已经成为自觉的选择。从黄遵宪"吾手写吾口,古岂能拘牵"到"时杂以俚语俗语"的时务文体,语体改革此时着重要解决的是言、文不一致的问题。而以"义理、考据、文章"为重要特征的桐城派语体写作模式及其对旧伦理旧思想的固守就成为新文化倡导者讨伐的对象。

### 一、舆论话语权争夺背景下的语体改革

语体改革问题在晚清时期已进入学者的视野。维新运动的主要人物王照即于变法失败后不久创造了"注音字母",用于拼读官话。同时主张语言和文字要统一。他提出,西方列强正是因为语言和文字统一,才得以民智大开,国家强盛。学者劳

乃宣、北洋袁世凯、桐城派吴汝纶、天津严修等都将之引为同志。[①] 可见，语体改革从发轫之初就不是简单的语言学问题，而是事关国家发展、民智开化的具有极强政治性的议题。

1904年5月15日，陈独秀在《安徽俗话报》发表《国语问题》，指出："现在各国的蒙小学堂里，顶要紧的功课，就是'国语教育'一科。"[②]他认为，只有全国都推行了国语教育，人人都会说国语，才会有"同国亲爱的意思"。也就是说，只有推行国语教育，全国人说一样的话，才能构建真正的国民社会，也才能使国家成为真正的整体。否则"若是再不重国语教育，还成个什么国度呢！"[③]彭翼仲在京师创办《京话日报》，亦使用和推广俗话文章。这不仅直接为社会中下层民众提供新闻服务，也是通过自身实践为语体变革提供借鉴。《京话日报》的语体和文体风格取得了巨大成功。"凡言维新爱国者莫不响应传播，而都下商家百姓于《京话日报》则尤人手一纸，家有其书，虽妇孺无不知有彭先生。"[④]《安徽俗话报》《京话日报》等众多白话文报刊的成功，很好地满足了社会中下层民众的新闻需求，更是通过这一语体的广泛运用使得下层民众能够和社会上层知识分子与权贵们平等地消费新闻信息产品。

白话报、俗话报虽然在一些地方取得了成功，但报刊舆论的话语权仍然掌握在众多商业大报和政党报刊手中。以文言文为主的语体表达方式在社会整体上并没有多少改变。

1916年，陈独秀应蔡元培之约到北京大学担任文科学长。在陈独秀等人的引荐下，以北京大学为核心，迅速集中了一批有新思想、力图社会变革的新型知识分子。形成了以陈独秀、李大钊为核心，由高一涵、李辛白、程演生、王星拱、刘文典、高语罕、周龙光、蔡晓舟以及钱玄同、刘半农、胡适、周树人、周作人等共同组成的新知识分子群体。他们在报刊上著文发言，著书立说，使北京大学迅速成为宣传新思想、新文化的中心，也成为北京社会的主要舆论中心。新文化运动由此起步，轰轰烈烈地发展起来。

新文化运动的核心群体形成之后，立即着手进行新思想的启蒙运动。陈独秀认为，中国政治革命要取得成功，首先要改造人的思想。改造思想不仅在内容，也

---

① 欧阳哲生：《胡适文集(1)》，北京大学出版社1998年版，第113页。
② 《陈独秀文章选编·上》，生活·读书·新知三联书店1984年版，第37页。
③ 《陈独秀文章选编·上》，生活·读书·新知三联书店1984年版，第37页。
④ 颜浩：《民国元年：历史与文学中的日常生活》，陕西人民出版2012年版，第93—94页。

要有其承载形式的变革，因此白话文的推广就成为必然的选择。白话文的推广与白话文学的鼓吹是同步的，因为“由来新文明之诞生，必有新文艺为之先声”①。文学作品最能浸润人心，达到思想改变的效果。

为此，陈独秀向胡适约稿。胡适于1917年1月1日，在《新青年》发表《文学改良刍议》，旗帜鲜明地提倡文学改良，提倡白话文。陈独秀随后在同期发表《读胡适〈文学改良刍议〉有感》，指出：“白话文学，将为中国文学正宗。”②陈独秀在1917年2月1日出版的《新青年》中，进一步提出“文学革命论”，认为：“政治界虽经三次革命，而黑暗未尝稍减。其原因之小部分，则为三次革命，皆虎头蛇尾，未能充分以鲜血洗净旧污；其大部分，则为盘踞吾人精神界根深底蒂固之伦理道德文学艺术诸端，莫不黑幕层张，垢污深积，并此虎头蛇尾之革命而未有焉。”③所以，文学革命就是要“推倒雕琢的阿谀的贵族文学，建设平易的抒情的国民文学；推倒陈腐的铺张的古典文学，建设新鲜的立诚的写实文学；推倒迂晦的艰涩的山林文学，建设明了的通俗的社会文学”④。胡适则提出了著名的“八不主义”：须言之有物、不摹拟古人、须讲文法、不做无病之呻吟、务去烂调套路、不用典、不讲对仗、不避俗语俗字。在1918年回国之后，胡适又将主张浓缩为“国语的文学，文学的国语”，将国语改革和文学革命之间的紧密关系透辟地表达出来。

废除文言文，提倡白话文，很快在社会上引起了强烈反响。文学革命首先面对的论敌为以林纾等为代表的守旧派。他们坚决主张文言文不可废。胡先骕即提出：“某不佞，亦曾留学外国，寝馈于英国文学，略知世界文学之源流，素怀文学改良之志，且与胡适之君之意见多所符合。独不敢为卤莽灭裂之举，而以白话推倒文言耳。”⑤较为开明的严复也认为，“北京大学陈、胡诸教员主张文白合一……彼之为此，意为西国然也。不知西国为此，乃以语言合之文字，而彼则反是，以文字合之语言”。林纾更是对提倡文学革命的新知识分子群体十分痛恨，以至于写作小说《荆生》，寄希望于一位理想中的“伟丈夫”能够奋勇而出，扫除这些离经叛道者。现实中，林纾等人也将希望寄托于安福系，试图借助于政治的力量来摧垮对手，但并没有成功。

---

① 张骏严：《新潮：民初时论选》，辽宁人民出版社1994年版，第39页。
② 《新青年》，1917年1月1日，第二卷，第五号。
③ 张骏严：《新潮：民初时论选》，辽宁人民出版社1994年版，第93页。
④ 张骏严：《新潮：民初时论选》，辽宁人民出版社1994年版，第94页。
⑤ 伍启元：《中国新文化运动概观》，现代书局1934年版，第34页。

在北大新知识分子群体的舆论推动之下，白话文取代文言文之言文合一的呼吁很快引起众多青年学子的共鸣，也引起了北洋政府的注意。北洋政府为了统治的需要，对白话公文的制作和规范早有一定的要求。为开展通俗教育，一些省份也先后创办白话官报。早在1912年7月，北洋政府教育部通过了《采用注音字母案》，鼓励言文一致，提倡国语运动，但由于国内时局发生变动，运动暂时沉寂。1916年10月，蔡元培等人发起成立中华民国国语研究会，国语运动再次开展。1918年，胡适《建设的文学革命论》发表，提倡"国语的文学，文学的国语"，主张建立雅俗共赏的新国语。由此，国语运动和白话文运动走向合流，形成了不可逆转的社会思潮。1919年4月21日，国语统一筹备会成立。1919年10月，全国教育联合会第五届年会上，向教育部提出《推行国语以期言文一致案》。1920年1月12日，北洋政府教育部终于训令各省区"自本年秋季起，凡国民学校一二年级，先改国文为语体文，以期收言文一致之效"①。至此，国语运动取得了最终的胜利。白话文和白话文学作为新文学革命的重要成果，其意义不仅体现在一种文章语体形式的变化，更深层的是其通过对白话文和白话文学的提倡，取得了社会舆论的主要话语权。

## 二、新文化运动中的新旧思潮纷争

正如胡适所指出的那样："文学革命的目的是要用活的语言来创作新中国的新文学，来创作活的文学，人的文学。"②伴随着文章表述形式的改变，思想启蒙迅速走向深入。语体的改变不仅仅是个人表达方式的变革，更是一种新的人文精神的塑造。白话文以及以白话文为基础的白话文学，应该也能够承载起人的思想解放的重任。白话文运动的自然指向就是人的个体解放和思想解放。胡适指出："在中国新思想运动的第一年之中，我们已清楚地看出这一运动对解放妇女和争个人权利的要求。"③随着运动的发展，北大新知识分子群体所讨论和思考的问题也日趋深刻。爱情、婚姻、贞操、个人与国家、个人与社会等议题先后成为讨论的热点。而"家庭革命"一词一度成为舆论热词。

对旧思想、旧文化、旧文艺的批判，自然引起注重"国粹"的旧派知识分子的严

---

① 《咨各省区国民学校一二年级自本年秋季起先改国文为语体文以为国语教育之预备文》，《教育公报》第7年第2期，1920年2月20日，公牍，第12页。

② 欧阳哲生：《胡适文集(1)》，北京大学出版社1998年版，第103页。

③ 欧阳哲生：《胡适文集(1)》，北京大学出版社1998年版，第341页。

重不满。陈独秀于1919年1月15日《新青年》第6卷1号发表《〈新青年〉罪案之答辩书》，指出："本志经过三年，发行已满三十册；所说的都是极平常的话，社会上却大惊小怪，八面非难。"①陈独秀认为，究其原因，却只是因为拥护了德谟克拉西和赛因斯两位先生。"要拥护那德先生，便不得不反对孔教，礼法，贞节，旧伦理，旧政治；要拥护那赛先生，便不得不反对旧艺术，旧宗教；要拥护德先生又要拥护赛先生，便不得不反对国粹和旧文学。"②陈独秀指出，只有德赛二位先生才能够真正解决国内政治、道德、学术、思想上的黑暗，所以必须拥护。

以德、赛二位先生为精神指导的文学革命，行动上必然与对旧思想、旧文化、旧文艺的批判不可分割。新文化运动的倡导者首先针对袁世凯复辟时期尊孔及康有为倡导树立孔教展开批判。以《新青年》为主要阵地，陈独秀先后发表《东西民族根本思想之差异》《驳康有为致总统总理书》《偶像破坏论》等，李大钊则先后发表《孔子与宪法》《新的，旧的》《东西文明根本之异点》，易白沙发表《孔子平议》(上、下)等。对孔子及旧礼教批评尤为激烈的当属四川吴虞，发表《家族制度为专制主义之根据论》《吃人与礼教》《说孝》等文。陈、胡等人并对以桐城派为代表的旧文艺大加讨伐。1917年2月1日，陈独秀在《新青年》2卷6号发表《文学革命论》，指出文学史上的妖魔，"此妖魔者为何？即明之前后七子及八家文派之归、方、刘、姚是也"，"所谓'桐城派'者，八家与八股之混合体也"。

陈独秀等人提出反对旧思想、旧文化、旧文艺的激烈主张引起了以林纾为代表的守旧知识分子的严重不满。但林纾等旧派文人在学理分析上的素养远远不及新文化运动的倡导者。1916年4月9日，胡适致信陈独秀："顷见林琴南先生新著《论古文之不当废》一文，喜而读之，以为定可供吾辈攻击古文者之研究。不意乃大失望。林先生之言曰：'知腊丁之不可废，则马、班、韩、柳亦自有其不宜废者。吾识其理，乃不能道其所以然。'""此正是古文家之大病。"③这种缺乏学理分析能力的"大病"，在曾经留美或留日并受过严格学理训练的胡适、李大钊、钱玄同等人看来简直不值一驳。二者的论战能力高下立判。

启蒙思想家们运用"德先生"和"赛先生"对旧思想、旧文化、旧文艺展开的攻击卓有成效。但自欧战爆发之后，惨烈的战争中"科学"而又冷酷的杀人手段被大量

---

① 张骏严：《新潮：民初时论选》，辽宁人民出版社1994年版，第247页。
② 张骏严：《新潮：民初时论选》，辽宁人民出版社1994年版，第248页。
③ 水如：《陈独秀书信集》，新华出版社1987年版，第134—136页。

运用，使得西方一些学者对西方世界所发生的一切感到悲观绝望，把世界未来的希望寄托在有着悠久历史、深厚积淀的中国文化身上。1918 年 7 月，斯宾格勒推出成名作《西方的没落》，直接断言西方文明正面临没落的命运。他认为，欧战不是“民族感情、个人影响或经济倾向的一国一时性的偶然事故”，而是表明西方的“浮士德文化”正走向死亡。①

西方学界对西方文化的悲观，对东方文化的崇拜向往思潮，让一些东方学者开始重新审视西方文化和东方文化之间的关系，重新认识东方文化的价值。但这种映照西方文化前提下对自身传统文化的再认识，绝不是守旧知识分子固守传统，而是借西方的科学学理，分析本国文化在新时代的价值。这些学者用西方学理重新审视自身传统，得出东方文化可以在未来的世界秩序重建中有大作为的结论。这一派学者以辜鸿铭、梁漱溟等为代表。1914 年，辜鸿铭在香港《中国评论》发表《中国人的精神》，对西方文化进行反思，宣扬中国传统文化对世界的价值。此文在西方世界引发了轰动。欧战结束之后，梁漱溟发表《东西方文化及其哲学》，他通过对东西方文化的比较，揭示中国文化的独特价值。辜、梁这些学者的观点虽然也用西方学术研究的方法分析传统文化，客观上对全面认识传统文化的现代价值有所帮助，但因此也为“国粹主义”一味推崇“国粹”、坚持守旧的主张起到推波助澜的作用。因此，北大新知识分子群体对其学说学理也展开了深入批判。李大钊在 1918 年 7 月 1 日《言治》上发表《东西文明根本之异点》，在指出东西文明各有优长的特点之后，说道：“中国文明之疾病，已达炎热最高之度，中国民族之运命，已臻奄奄垂死之期，此实毋庸讳言。中国民族今后之问题，实为复活与否之问题。……然知吾人苟欲有所努力以达此志者，其事非他，即在竭力以受西洋文明之特长，以济吾静止文明之穷，而立东西文明调和之基础。”②李大钊主张东西方文明应各自发挥所长，相互取长补短，才能促进各自文明的发展。陈独秀则于 9 月《新青年》第 5 卷第 3 号发表《质问〈东方杂志〉记者——〈东方杂志〉与复辟问题》，旗帜鲜明地批驳辜鸿铭等人维护中国旧文化，抵制“西洋文明”的谬论。

## 三、五四运动前后新旧思潮的舆论纷争

语体变革和文学革命交织的自然结果，即是开展思想革命。白话文学本身即

---

① 郑师渠：《论欧战后中国社会文化思潮的变动》，《近代史研究》，1997 年第 3 期，第 209—236 页。
② 张骏严：《新潮：民初时论选》，辽宁人民出版社 1994 年版，第 193 页。

决定了其面向的对象不是固守"国粹"的传统精英，而是传统精英所不屑的"贩夫走卒"，是从事各种行业的普通国民。在启蒙思想家们看来，这些才是国家存在的基础。正如陈独秀所说的："近代国家是建设在国民总意之上。"[①]

国民的思想解放，需要破坏原有的旧思想的束缚，尤其破除以儒家为代表的旧思想的禁锢。为此，启蒙思想家们对旧思想、旧伦理以及反映在社会现实中的一切问题，如家庭问题、婚姻自由问题、女子和男子个人解放问题等，展开批判式讨论，从而形成胡适所说中国的文艺复兴运动。[②]

新文化运动走向新思潮的倡导，伴随的不仅是不同意见的纷争，也有欧战的发展及国内外形势的剧烈变化。

1916 年袁世凯病亡，中国今后的外交政策变化逐渐成为社会关注的焦点。如何对待德国，是否加入协约国作战等都成了热烈讨论的议题。外交方向的选择不可避免地掺杂了政治各派权力和利益的争夺。由外交而引发的府院之争愈演愈烈，最终酿成了张勋复辟事件。张勋复辟事件虽然短暂，但从另一个层面教育了国人。只有普通国民充分认识国情，达到思想的觉醒和人的觉醒，才可能避免国体问题的再次发生。以此为基点，旨在提高国民国家意识、科学与民主意识的新文学运动蓬勃开展起来。不过，在内忧外患的中国，北洋军阀政府不是团结全国各种力量，谋求国家发展，而是充分利用袁世凯去世之后留下的巨大权力真空，各自争权夺利。北洋派内部的分离与斗争，南方地方军阀的联合与斗争，以及列强对中国事务的深度介入，终使得国内政治长期处于混乱之中，难有起色。

1917 年，俄国爆发革命，世界上第一个社会主义国家成立。11 月 10 日，在十月革命爆发后三天，北京《晨钟报》，上海《申报》《时报》《民国日报》《中华新报》等报陆续以大字标题在显著地位报道了有关十月革命的消息。俄国苏维埃政权的建立及其随后所宣布的无条件放弃在华一切特权的宣言，不仅给世界以震撼，更引起了中国知识分子对社会主义、布尔什维主义的强烈关注。一时间，各种社会主义的思潮迅速涌入国内，引发了种种讨论。

1918 年 11 月 11 日，第一次世界大战结束。但作为战胜国之一的中国仍然面临诸多内忧外患。国内南北问题依旧，思想界新旧思潮的斗争也越发激烈。

以林纾为代表的桐城派守旧人物对以陈独秀、李大钊、胡适为代表的北大新知

---

① 中国社会科学院近代史研究所：《五四运动文选》，生活·读书·新知三联书店 1959 年版，第 91 页。
② 欧阳哲生：《胡适文集(1)》，北京大学出版社 1998 年版，第 341 页。

识分子群体痛恶异常，在学理素养难以匹敌的情况下，积极联络安福系，甚至企图利用安福系的军事力量对付北大新知识分子群体。新旧思潮的冲突愈加激烈。1919 年 3 月 4 日，李大钊在《晨报》第 7 版发表《新旧思潮之激战》，指出："宇宙中的进化，全仗新旧二种思潮，互相蜕进，互相推演……我们再回过头来看看我们中国：新的旧的都死气沉沉，偶有一二稍稍激昂的议论，稍稍新颖的道理，因为靡有旗鼓相当的对立，也是单调靡有精彩……那些旧人见了，尚且鬼鬼祟祟的，想用道理以外的势力，来铲除这刚一萌动的新机。"1919 年 3 月 30 日，陈独秀在《每周评论》第 15 号《随感录》系列时评上以"林纾的留声机"为题指出："林纾本来想借重武力压倒新派的人，那(哪)晓得他的伟丈夫不替他做主；他恼羞成怒，听说他又去运动他同乡的国会议员，在国会里提出弹劾案，来弹劾教育总长和北京大学校长。"陈独秀等人并非无端猜测。可印证的是 4 月 1 日《申报》登载：安福系参议员张元奇以北大教员、学生鼓吹新思潮的"出版物实为纲常名教之罪人"为名，特往教育部，"请教育总长加以取缔，当时携去《新青年》《新潮》等杂志为证。如教育总长无相当之制裁，则将由新国会提出弹劾教育总长案，并弹劾大学校长蔡元培氏"。作为旋涡中心的蔡元培则于 1919 年 4 月 2 日让傅斯年代撰复教育总长傅增湘函，说道："奉读尊札，敬悉一是。情长意殷，感荷无量。……局外人每于大学内情有误会之处，然若持《新潮》《国故》亮相比拟，则知大学中笃念往昔，为匡掖废坠之计者，实亦不弱于外间耆贤也。"并指出大学应秉持兼容并包的开放心态，"《新潮》《国故》皆能容纳于一校，事之方始，真相未明，辗转相传，易滋误解，历日稍久，情实自见。大学兼容并包之旨，实为国学发展之资。正赖大德如公，为之消弭局外失实之言。元培亦必勉励诸生，为学问之竞进，不为逾越轨物之行也"①。虽然教育总长傅增湘为桐城派弟子，但是在这件事上却较为开明，处理也较为宽容，使林纾等人的希望再次落空。4 月 6 日，陈独秀在《每周评论》16 号上发表《随感录》，以"婢学夫人"为题嘲笑林纾，同期以"倪嗣冲的儿子"为题嘲讽弹劾教育总长一事。

欧战结束之后新旧思潮的激烈斗争很快随着严峻的国内外形势变化而有了变化。1919 年 1 月 18 日，巴黎和会开幕。作为战胜国的中国对和会抱极大希望。特别是美国总统威尔逊在 1918 年 1 月 8 日提出民族自决和领土完整为核心之一的"十四点计划"，使中国学界和普通民众都对美国能践行这一提法抱以极大期望。

实际上美国威尔逊提出"十四点计划"之前，俄国外交事务人民委员托洛茨基

---

① 高平叔：《蔡元培全集(第三卷)》，中华书局 1984 年版，第 284—285 页。

宣布："任何民族都应得到民族发展的完全自由"，即另一阵营"民族自决原则"。由于俄国作为新成立的社会主义国家，在巴黎和会上没有发言权，但其主张也彰显了公理，抑制了强权的不合理性。

在巴黎和会召开之始，国内主要报纸，如《申报》《晨报》《大公报》以及《东方杂志》等媒体都对此做了连续的跟踪报道与评论。《晨报》并开辟专栏，征集文稿，以备政府决策服务。"欧战告终，和议将始，我国列席发言应有准备。兹特辟投稿专栏，征集国人对于外交问题之意见，用作政府后援。"①舆论界洋溢着一片较为乐观的情绪，对巴黎和会寄予厚望。梁启超、蒋方震等人也偕同至欧洲考察，并相机在欧洲宣扬中国的主张，以期得到欧洲舆论的支持。

但日本与英国、法国的密约，日本的强硬以及部分国家外交人员的假意调和之下，中国的国家利益再次被出卖。美国的妥协和退让，出卖了中国利益，使中国知识分子对美从充满好感转为极为失望，从而转向苏俄。中国外交在巴黎和会上彻底失败。消息传回国内，迅速引发了轰轰烈烈的五四运动。各地学生罢课、商人罢市、工人罢工，报界、商界等团体协会纷纷发表专电、通电，表达愤怒之情。特别是5月21日，上海《新闻报》刊载山东第五师全体士兵一万余人敬告全国同胞电，称："窃自我国外交失败，举国愤恨。……前次北京大学诸爱国学生等，击章贼之骨，焚曹贼之巢，军人等不胜欢跃钦佩。……足见我同胞心尤未死，国尚未亡。……军人等惟以铁血为诸君后盾。希我全国军人猛醒，万勿以南北二字存心，自相残杀，徒为个人争名利耳。……各国素云强权不压公理，请看今日巴黎和会，公理安在?!"②这一通电引发了北洋政府极度恐慌。

在全国人民的严厉督责下，参会代表拒绝签约，并表示："此事我国节节退让。……不料大会专横至此，竟不稍顾我国家纤微体面，曷胜愤慨！弱国交涉，始争终止，几成惯例。此次隐忍签字，我国前途将更无外交可言。……不得已，当时不往签字。"③至此，由巴黎和会所引发的五四运动发展暂时告一段落。

巴黎和会上中国所遭受的巨大屈辱，引发了舆论界的深刻思考。陈独秀在1919年5月4日《每周评论》20号发表《两个和会都无用》，指出："我看这两个分赃会议与世界永久和平，人类真正幸福，隔得不止十万八千里，非全世界的人民都站

① 《本报征求投稿启事》，《晨报》，1919年1月20日，第2版。

② 韩信夫，姜克夫：《中华民国大事记》，中国文史出版社1997年版，第630页。

③ 韩信夫，姜克夫：《中华民国大事记》，中国文史出版社1997年版，第642页。

起来直接解决不可。”[①]李大钊则在写作《庶民的胜利》《布尔什维主义的胜利》之后，于1919年5月和11月，《新青年》6卷5号、6号发表《我的马克思主义观》，全面系统地向读者介绍马克思主义。5月18日，李大钊又在《每周评论》22号发表《秘密外交与强盗世界》，称："这回欧战完了，我们可曾作（做）梦，什么人道、平和得了胜利，以后的世界或者不是强盗世界了，或者有点人的世界的采（彩）色了。谁知道这些名辞，都只是强盗政府的假招牌。我们且看巴黎会议所议决的事，那一件有一丝一毫人道、正义、平和、光明的影子，那一件不是拿着弱小民族的自由、权利，作几大强盗国家的牺牲！"[②]

巴黎和会的屈辱迫使新文化运动的领导者寻找救亡图存的新方向。经过不断选择、尝试，由十月革命所带来的马克思主义、列宁主义广泛传播终成为先进知识分子们的理论选择。

## 第三节　新民主主义革命语境下的舆论纷争

五四运动后，救亡图存与人文启蒙皆成为时代主题。巴黎和会之后，国人愈发深刻地认识到，只有全面彻底地变革国家政治体制才能走向独立富强。巴黎和会所带来的屈辱，日本侵略者的蛮横，北洋军阀政府的颟顸愚蠢都让国人深刻认识到，只有进行更深刻的革命，更彻底地救亡图存，国家才有希望。可以说，五四运动正式掀起了新民主主义革命的序幕。

### 一、救亡图存语境下社会思潮的舆论纷争

在鸦片战争之后，逐渐觉醒了的中国人开始不断寻找救国图强的道路。向西方学习，引进西方思想，寻求独立富强之道成为长盛不衰的历史潮流。尤其是在欧战及五四运动之后，改造旧思想逐渐成为社会共识。世界上一些主要发达国家的社会思想、社会思潮纷至沓来，被迅速引入国内。不论是来自苏俄还是来自资本主义国家，不论是资本主义启蒙时期、发展时期还是帝国主义时期，只要是与中国传统封建文化不同的社会思潮，几乎都被国人视为“新思潮”而引入国内，得到不同程

① 中国社会科学院近代史研究所：《五四运动文选》，生活·读书·新知三联书店1959年版，第259页。

② 中国社会科学院近代史研究所：《五四运动文选》，生活·读书·新知三联书店1959年版，第299页。

度的介绍和宣传。

因此,在五四运动之后,各类思潮、主义、学说在社会上以“改造中国”的名义相互激荡论争。在相互激荡之中,马克思主义思想以其科学性逐渐取得社会思潮传播的主体地位,成为影响最大的社会思潮。

在马克思主义广泛传播的同时,实用主义、基尔特社会主义、无政府主义、工读主义、新村主义、合作主义、平民教育思潮等也在国内广泛传播。在救亡与改造中国社会的旗帜之下,马克思主义与种种非马克思主义思潮展开了舆论纷争。从1919年到1922年,马克思主义与反马克思主义思潮在舆论动员上发生了三次大的纷争。

### (一)“问题与主义”之争

1919年6月11日,陈独秀因为散发《北京市民宣言》传单而被捕,同时李大钊也离京避祸。这样,《每周评论》的编辑任务即由胡适接管。接掌《每周评论》的胡适对报纸版面做了重大变革。在26期之后,胡适不仅将原来紧跟时事的“国外大事述评”“国内大事述评”“社论”等栏目全部取消,且于7月20日第31号《每周评论》上刊发《多研究些问题,少谈些主义》。后遂有“问题与主义”之争。

胡适对自己的这篇争论文章非常看重,曾写信给廖仲恺推荐阅读。7月19日,廖仲恺回信称:“尊函得读,即以呈之孙先生……《每周评论》31号出版,当敬读尊论。”①

胡适在文中提出:“现在舆论界的大危险,就是偏向纸上的学说,不去实地考察中国今日的社会需要究竟是什么东西。”胡适认为,空谈一些“主义”,是极容易的事,是“阿猫阿狗都能做的事,是鹦鹉和留声机器都能做的事”。空谈“主义”,“是没有什么用处的”。“一切主义都是某时某地的有心人,对于那时那地的社会需要的救济方法”,“偏向纸上的‘主义’,是很危险的”②。因此,他奉劝人们“多提出一些问题,少谈一些纸上的主义”,“多多研究这个问题如何解决,那个问题如何解决”③,不要高谈主义。此后,胡适又写作《三论问题与主义》《四论问题与主义》《新

① 中国社会科学院近代史研究所中华民国史组:《胡适来往书信选(上)》,中华书局1979年版,第64页。

② 彭明主编,金德群编:《中国现代史资料选辑·第1、2册补编(1919—1927)》,中国人民大学出版社1991年版,第35页。

③ 彭明主编,金德群编:《中国现代史资料选辑·第1、2册补编(1919—1927)》,中国人民大学出版社1991年版,第36页。

思潮的意义》等文章，继续就“问题与主义”展开舆论纷争。

李大钊、蓝公武等对胡适的主张进行了反驳。李大钊先后写了《再论问题与主义》《由经济上解释中国近代思想变动的原因》等文章，李大钊指出，在社会运动中问题和主义是不可分的。“因为一个社会问题的解决，必须靠着社会上多数人共同的运动。那么我们要想解决一个问题，应该设法使他成了社会上多数人共同的问题”。[①] 只有在形成了社会大多数人共同认可的“主义”之后，问题的根本解决才有可能。“不然，你尽管研究你的社会问题，社会上多数人，却一点不生关系。那个社会问题，是仍然永没有解决的希望；那个社会问题的研究，也仍然是不能影响于实际。”[④] 因此，社会运动中，不仅要研究些具体的问题，也要宣传理想的主义。李大钊指出，社会问题“必须有一个根本的解决，才有把一个一个具体问题都解决了的希望”。李大钊公开申明：“我是喜欢谈谈布尔什维主义的”，“布尔什维主义的流行，实在是世界文化上的一大变动。”[②]

“问题与主义”之争的实质是中国要不要马克思主义，要不要苏俄式的自下而上的、彻底的社会革命。胡适站在社会改良主义的立场上反对社会革命，反对对社会进行根本的变革。这次论争的意义在于它揭示了中国社会改造的根本道路，即必须以马克思主义为指导，实行社会问题的“根本解决”。

(二)关于社会主义的论争

1920 年下半年，英国学者罗素来华进行学术交流。张东荪、梁启超等借此机会，大力宣扬基尔特社会主义，攻击马克思主义理论，鼓吹社会改良主义，挑起了社会主义的论争。

1920 年 11 月，张东荪在《时事新报》上发表《由内地旅行而得之又一教训》的时评，认为，“救中国只有一条路”，就是“增加富力，而增加富力就是开发实业。因为中国的唯一病症就是贫乏，中国真穷到极点了”，“中国现在没有谈论什么主义的资格，没有采取什么主义的余地，因为中国处处都不够”[③]。12 月他又在《改造》第 3 卷第 4 号发表《现在与将来》一文，论述自己反对社会主义，主张发展实业发展资本主义，提升“富力”的观点。次年 2 月，梁启超在《改造》第 3 卷第 6 号上发表《复张东荪书论社会主义运动》，支持并发挥张东荪的观点。他们认为，中国现在最重要

---

① 李大钊著，中国李大钊研究会编注：《李大钊文集》，人民出版社 1999 年版，第三册，第 1 页。
② 李大钊著，中国李大钊研究会编注：《李大钊文集》，人民出版社 1999 年版，第三册，第 4 页。
③ 彭明主编，金德群编：《中国现代史资料选辑(第 1 册)》，中国人民大学出版社 1987 年版，第 247 页。

的是要开发实业，提升富力，而这必须使用资本主义的方法。社会主义只有在资本主义得到高度发展之后才可以实现。现阶段“真的劳农主义绝不会发生，而伪的劳农革命恐怕难免”。中国产业不发达的主要原因是“军阀当道”和“外国经济力压服”，而要解决这二者，应该采取“平和的或渐进的”方法。为预防革命，他们主张“劳资协调主义”①。

马克思主义者和社会主义者对张东荪、梁启超的观点展开了批驳。陈独秀的《社会主义批评》，李大钊的《中国的社会主义和世界的资本主义》，蔡和森的《马克思学说与中国无产阶级》，李达的《讨论社会主义并质梁任公》等先后发表。他们指出，开发实业，提升富力，在谈论社会主义的人从来没有反对过，并且也认为是必要的。社会主义者和资本主义者的分歧在于，使用什么样的方法来增加富力并开发实业。他们从理论和事实两个方面论述了资本主义制度的不合理性和腐朽性以及社会主义制度的优越性。“今日在中国想发展实业，非由纯粹生产者组织政府，以铲除国内的掠夺阶级，抵抗此世界的资本主义，依社会主义的组织经营实业不可。”“在现存制度下发展实业，只能越发强化现在的统治阶级而迫使下层农民为少数的统治者阶级付出更多的劳动。”②他们指出，“中国不但有讲社会主义的可能，而且有急于讲社会主义的必要”。张东荪、梁启超“主张借资本主义国家立法，施几项温情政策，略略缓和社会矛盾，并不是想根本地解决社会问题”。要解决中国问题，必须“采用劳农主义的直接行动，达到社会革命的目的”。

(三)马克思列宁主义同无政府主义思潮的论争

“五四”之后，马克思列宁主义的广泛传播及其与工人运动的结合，使得马克思列宁主义同无政府主义的对立日益尖锐。无政府主义代表黄凌霜、区声白先后发表了《马克思学说的批评》《我们反对“布尔什维克”》等文章，攻击俄国十月革命和马克思主义。区声白还以通信的方式向陈独秀阐述自己的反马克思主义观点。③

无政府主义者宣称反对强权，反对国家，尤其是攻击无产阶级专政。“我们不承认资本家的强权，我们不承认政治家的强权，我们一样不承认劳动者的强权。”(他们从主张个人绝对自由，因而反对一切组织纪律和集中统一领导。)“无政府主

① 中国社会科学院近代史研究所:《五四运动文选》，生活·读书·新知三联书店1959年版，第465—480页。

② 李大钊著，中国李大钊研究会编注:《李大钊文集(第四册)》，人民出版社1999年版，第85页。

③ 中国社会科学院近代史研究所:《五四运动文选》，生活·读书·新知三联书店1959年版，第543页。

义的社会，是自由组织的，人人都可自由加入，自由退出，所以每逢办一件事，都要得人人同意，如果在一个团体之内，有两派的意见，赞成的就可以执行，反对的就可以退出……这岂不是自由吗？”他们从小生产者的观点出发，主张在未来的社会主义社会，“将一切生产机关，委诸自由人的自由联合管理”。他们以绝对平均主义的观点反对社会主义各尽所能、按劳分配的原则，主张立即实行“各取所需”。

马克思主义者对无政府主义者的观点进行了有力的批驳。1920 年 9 月，陈独秀发表《谈政治》，对区声白的来信逐一答复和批驳。此外，蔡和森的《马克思学说与中国无产阶级》，李达的《社会革命的商榷》《无政府主义解剖》，施存统的《我们要怎么样干社会革命》，李大钊的《自由与秩序》等，也对无政府主义者进行了批驳，与其展开了舆论争夺。

马克思主义与各种反马克思主义思潮展开论争，进一步明确了二者的界限，逐渐夺得了舆论话语的主导权。马克思主义在华的传播进程也大大加快，更多的人接受了马克思主义。这也为中国共产党的成立做了思想上、干部上的准备。

## 二、追求国家统一语境下共产党报刊的舆论引导

伴随着“问题与主义”之争，作为新文化运动主体的知识分子内部出现了难以弥合的裂痕。新文化阵营内部的分裂已经不可避免。以胡适为代表的自由主义知识分子群体，继续坚持社会改良主义；而以陈独秀、李大钊为代表的知识分子群体则在接受了马克思列宁主义之后，坚持社会革命，选择了社会主义道路。他们通过《新青年》《向导》《热血日报》等报刊对社会议题进行舆论引导。

《新青年》创刊之后一度对政治问题都持不直接介入的态度。但面对国内外政治局面的变迁和救亡图存的压力，《新青年》也越来越多地介入政治议题的设置及引导。陈独秀在 1917 年 7 月 1 日《新青年》第 3 卷第 5 号发表《答顾克刚（政治思想）》称：“本志主旨，固不在批评时政。青年修养，亦不在讨论政治。然有关国命存亡之大政，安忍默不一言？”[①]陈独秀出狱之后，《新青年》的编辑工作重新由陈独秀负责。已经转向马克思主义的陈独秀，给《新青年》带来了日益鲜明的政治色彩。1919 年 12 月 1 日，《新青年》刊发《新青年》宣言，称：“本志具体的主张，从来未曾完全发表。社员各人持论，也往往不能尽同。读者诸君或不免怀疑，社会上颇因此发

---

① 任建树主编，李银德副主编：《陈独秀著作选编·第 1 卷（1897—1918）》，上海人民出版社 2014 年版，第 364 页。

生误会。现当第七卷开始,敢将全体社员的公同意见,明白宣布。就是后来加入的社员,也公同担负此次宣言的责任。""我们主张的是民众运动社会改造,和过去及现在各派政党,绝对断绝关系。""我们理当大胆宣传我们的主张,出于决断的态度;不取乡愿的、紊乱是非的、助长惰性的、阻碍进化的、没有自己立脚地的调和论调;不取虚无的、不着边际的、没有信仰的、没有主张的、超实际的、无结果的绝对怀疑主义。"①

面对《新青年》的转向,在北京的胡适等人依然希望《新青年》能保持不谈政治的"传统"。对此,陈独秀在1920年9月1日《新青年》第8卷第1号发表《谈政治》,表明《新青年》的转变已经不可逆转。他称:"本志社员中有多数人向来主张绝口不谈政治,我偶然发点关于政治的议论,他们都不以为然。……可以表明我对于政治底态度,一方面固然不以绝口不谈政治为然,一方面也不愿意和一班拿行政或做官弄钱当作政治的先生们谈政治。"②陈独秀认为,中国不谈政治的人有三派:"一是学界,张东荪先生和胡适之先生可算是代表;一是商界,上海底总商会和最近的各马路商界联合会可算是代表;一是无政府党人。前两派主张不谈政治是一时的不是永久的,是相对的不是绝对的;因为他们所以不谈政治,是受了争权夺利的冒牌的政治底刺激,并不是从根本上反对政治。"③

转向之后的《新青年》对社会议题积极进行舆论引导。1920年1月1日,陈独秀在《新青年》发表《约法底罪恶》一文,称:"政府拿《治安警察条例》和《出版法》两种武器,来束缚人民出版、集会底自由。……约法里明明说:'本章所载人民之权利,有认为增进公益,维持治安,或非常紧急必要时,得依法律限制之。'正因为约法对于人民底权利,原来有这样一手拿出、一手收回底办法,政府才订出许多限制的法律,把人民底出版、集会自由,束缚得和钢铁锁链一般。这本是约法底罪恶,何尝是政府违法呢?"④

1920年3月1日,陈独秀在《新青年》第7卷第4号发表《马尔塞斯人口论与中国人口问题》,称:"我向来有两种信念:一是相信进化无穷期,古往今来只有在一时

① 任建树主编,李银德副主编:《陈独秀著作选编·第2卷(1919—1922)》,上海人民出版社2014年版,第131页。

② 任建树主编,李银德副主编:《陈独秀著作选编·第2卷(1919—1922)》,上海人民出版社2014年版,第249页。

③ 任建树、张统模、吴信忠:《陈独秀著作选(第二卷)》,上海人民出版社1993年版,第249—250页。

④ 任建树主编,李银德副主编:《陈独秀著作选编·第2卷(1919—1922)》,上海人民出版社2014年版,第159—160页。

代是补偏救弊的贤哲，时间上没有‘万世师表’的圣人，也没有‘推诸万世而皆准’的制度；一是相信在复杂的人类社会，只有一方面的真理，对于社会各有一种救济的学说，空间上没有包医百病的良方。”在指出马尔萨斯人口论的不足之后，陈独秀提出：“贫民多子，自然是社会上一种悲惨的现象，我们应该设法救济的；但是救济的方法，不能够象限制人口那样简单。第一要向[问]贫民是怎么会贫的，是不是社会制度底罪恶？第二要问贫民底子女何以没有公共教育底机关，是不是社会制度底缺点？”陈独秀进一步指出：“但是中国人口问题，也不曾是马尔塞斯底学说可以解决的。中国不生产而消费的人过多……中国人口过多底现象，不是和土地比例的人口过多，乃是不生产而消费的游惰人口过多；生活资料不足，不是生活资料增加底可能性赶不上人口增加，是增加生活资料底方法赶不上人口增加。”要解决人口所谓“多”的问题，陈独秀提出了一套解决方案，引人注目的是，他指出：“分配平均

现在军阀集中资本，人民已经是受不了；财阀倘再来集中一下，将来恐怕只有极少数的人生活余裕，那最大多数最大痛苦的人，连一班拥护资本主义大骂社会主义的学者自己或是他的子孙，都要变成没有生活资料的贫民，都要被马尔塞斯取消他们的生存权了。……因为若将全社会合拢起来平均分配，不见得生活资料真是不足，恐怕是一班强盗太有余了，别人便当然不足呵。”[①]批判和斗争的矛头直指军阀和财阀。

中国共产党成立前夕，《新青年》刊发了大量介绍马克思主义的文章，为建党作充足的舆论准备。1921 年 6 月 1 日《新青年》第 9 卷第 2 号发表了高一涵《共产主义历史上的变迁》，李达《马克思派社会主义》，成舍我的《无产阶级政治》等文章。陈独秀也在本期发表《反抗舆论的勇气》，称：“舆论就是群众心理底表现，群众心理是盲目的，所以舆论也是盲目的。”陈独秀认为：“反抗舆论比造成舆论更重要而却更难……然而社会底进步或救出社会底危险，都需要有大胆反抗舆论的人，因为盲目的舆论大半是不合理的。”[②]《新青年》所刊发的这些文章，在众声喧哗的舆论场域里独树一帜，为马克思主义在中国的传播构筑了扎实的舆论基础。

随着中共一大、二大的召开，《新青年》对中国劳工运动的政治目标和努力方向有了更多的舆论呈现。1923 年 6 月 15 日，《新青年》季刊第一期刊出“共产国际

① 任建树主编；李银德副主编，《陈独秀著作选编（第 2 卷）1919—1922》，上海人民出版社 2014 年版，第 201，207，208，209 页。

② 任建树：《陈独秀著作选编（第二卷）》，上海人民出版社 2009 年版，第 381 页。

号”,《新青年》成为中国共产党的喉舌。

与成为党刊之后的《新青年》有着相同政治任务和舆论使命的还有《向导》以及《前锋》《热血日报》《劳动者》《劳动音》《劳动界》等报刊。它们共同组成中国共产党早期的宣传体系。在中国共产党指导之下,这些报刊针对现实事件设置公共议题,进行舆论引导,服务于党的政治目标,为党的事业发展提供助力。

中国共产党在二大提出《中国共产党对于时局的主张》,明确指出,辛亥革命虽然“在中国政治史上开创了一个新纪元”,但由于辛亥革命的不彻底和妥协,造成了辛亥革命的主旨——民族独立和发展实业,并未完成。而究其原因和解决方案,只有继续进行彻底的革命,打倒军阀和帝国主义才可能完成革命的根本目标。为此,《主张》指出:“中国共产党是无产阶级的先锋军,为无产阶级奋斗和为无产阶级革命的党。但是无产阶级未能获得政权以前,依中国政治经济的现状,依历史进化的过程,无产阶级在目前最切要的工作,还应该联络民主派共同对封建式的军阀革命,以达到军阀覆灭能够建设民主政治为止。”[①]在这一原则和共产国际的直接指导之下,中国共产党和国民党开始了历史上第一次合作。合作之后的共产党充分利用自身宣传能力突出的优势,积极发动劳工,建立劳工组织,组织劳工为维护自身权利而开展斗争,创办报刊,宣传以国家统一为目标的新民主主义革命思想。打倒军阀、打倒列强也就成为时代强音。

1922年9月20日,陈独秀在《向导》周报第二期发表《造国论》,倡言建立新的真正的国民军,创造真正的中华民国。为此,“第一步组织国民军;第二步以国民革命解除国内国外的一切压迫;第三步建设民主的全国统一政府;第四步采用国家社会主义开发实业”[②]。认为只有彻底地打倒军阀,消除帝国主义的经济和政治压迫,创造真正的中华民国才算成功。

除向公众介绍中国共产党关于政治、经济的主张外,《新青年》《向导》等报刊也与形形色色的反马克思主义的思潮进行论战,陈独秀、李大钊、陈望道、李达、瞿秋白、蔡和森、恽代英等先后撰文与无政府主义、联省自治思潮、新村主义、工读主义等思潮展开论战。通过这些论战,马克思主义学说的传播得以更加深入。

1924年年底,孙中山接受冯玉祥与段祺瑞的邀请,前往北京共商国是。1925

① 彭明主编,金德群编:《中国现代史资料选辑·第1、2册补编(1919—1927)》,中国人民大学出版社1991年版,第139页。

② 任建树主编,李银德副主编:《陈独秀著作选编·第2卷(1919—1922)》,上海人民出版社2014年版,第482页。

年3月，孙中山在北京逝世。孙中山逝世之后，国民党内部的分裂力量加剧。国民党右派和左派的分化日益严重。国民革命出现了历史的转向。陈独秀等先后发表《护党还是叛党?》(1925年3月14日《向导》周报第一〇六期)、《评中山先生死后之各方面》(1925年3月21日《向导》周报，第一〇七期)、《统一与分裂》(1925年4月5日《向导》周报第一〇九期)，揭露国民党右派叛变革命的危险动向，抨击国民党右派对中共的恶毒污蔑，尽力维护联合战线。

但在共产国际指导之下，作为共产国际远东支部，新生的中国共产党此时还没有能力完全摆脱其影响，决策上出现了一系列的错误。不过，由于中国独特的国情和革命形势，中国共产党仍然通过党的报刊，积极发动劳工，开展宣传工作，指导劳工运动的发展。《向导》周报作为党的第一个机关报，发挥了重要的作用。

《向导》周报1922年9月13日创刊于上海。创刊伊始，即将统一、和平、自由、独立作为宣扬的旗帜，大力宣传党的政策纲领。从第七期起，开设"时事短评"栏，针对时事进行分析，注重舆论议题的设置和引导。通过对帝国主义侵略事实的分析，《向导》指出，帝国主义作为封建军阀背后的支持人，同样是需要打倒的目标。《向导》第一次鲜明地提出了打倒帝国主义的口号。

在救亡图存的时代使命下，中国共产党顺应历史潮流，提出"打倒军阀、打倒帝国主义"的口号，借助自身舆论平台，积极设置议题，发挥了舆论引导的作用。

### 三、新民主主义革命时期国民党报刊的多向度舆论展现

欧战结束之后，中国社会的近代化也成为社会讨论的重要议题。"问题与主义"等社会思潮之间的碰撞，一定意义上也是国家重建道路不同选择之间的纷争。

在纷纷攘攘的社会思潮碰撞激荡之中，孙中山于1917年完成了著作《民权初步》；1918年至1919年，又完成了《孙文学说》和《实业计划》，从哲学、经济以至民主层面提出了一整套的较为系统的"建国方略"。为更好地宣传和教育引导民众，孙中山命胡汉民、朱执信、廖仲恺、戴季陶等筹办《星期评论》和《建设》杂志，搭建国民党政治学理和舆论动员的平台。

轰轰烈烈的五四运动和六三运动，掀开了新民主主义革命的伟大序幕。以苏俄为代表的劳工革命的成功，以及苏俄政府对中国政府和人民的两次宣言("加拉罕"宣言)给中国的知识分子带来了极大的精神震撼和鼓舞。迅速传播的马克思列宁主义学说也对国民党救国道路的选择产生了深刻的影响。

1919年6月8日，沈玄庐、戴季陶等人奉孙中山之命在上海创办《星期评论》。

《星期评论》探讨主题在宣传孙中山国家建设思想。第一号刊发《欢迎投稿》,指出:"诸君!我们这《星期评论》的主义和我们几个担任编辑的人的用心,已经在发起的告白上面,和诸君说过了。我们一面是用自己的观察,批评世界上的事物,一面并且希望诸君要批评我们的批评。并且还要希望诸君极力把所知道的下列各种事实,写了出来,发表在我们的《星期评论》上:工场工人的生活状态;各处的农夫的生活状态;各学校的学生对于他们学校的观察感想和在校内校外的生活状态。""交流用白话,句读圈点,照本纸的体裁。"由此可见,《星期评论》所关注的对象即以工人农民为代表的劳工阶层以及青年学生。其舆论所面对的对象也是如此。而且《星期评论》站在新文化运动主将们一方,顺应时代潮流,坚持白话文办报。这也促进了新文化运动的深入发展。

《星期评论》虽然关注劳工阶级,关注青年学生,在以后的版面中也较多地宣扬了马克思主义和苏俄革命。但究其根本,其仍然是以三民主义为理论基础的国民党的喉舌。从其发刊词中,即可看出。沈玄庐、戴季陶等国民党知识分子仍有着唯心主义思想的深刻印痕。沈玄庐撰写的发刊词指出:"我说,我是我的我,一切世界,都从心里的思想创造出来。这个心原是我一个人的心,却凡是人都有心,就都有我。合众我众心的思想和意识,就是创造或改造世界的根本。"①这里所反映的仍是"世界—心灵—我"唯心主义的思维模式。

沈玄庐写道:"我生在天地间,离衣食住原不能生活,然而但求生活,不求生趣,纵然生活,也是没趣。所以一切众我的生趣,都是我的心应该想着的。""什么内政哩,外交哩,都足以减削一切众我的生趣。"②作为个体,不仅要关注自我,也要关注"众我的生趣"。内政、外交不堪,"足以减削一切众我的生趣",但作为个体的自我仍然需要关注,并尽力加以改造。

面对欧战之后全面展开的世界秩序重建和中国家国关系的重构,《星期评论》希望在舆论引导和社会思潮阐释上发挥作用。《星期评论》设置有"评论""主张""世界思潮""思潮""世界大势""杂录""随便谈""谈话""创作""研究资料""记事"等栏目,注重社会议题上的舆论引导。1919年6月15日第2号上,编辑部发表《关于国民建设方针的主张》,提出了自己的主义和纲领:"我们信奉民主主义为信条,主

---

①　彭明主编,金德群编:《中国现代史资料选辑·第1、2册补编(1919—1927)》,中国人民大学出版社1991年版,第193页。

②　彭明主编,金德群编:《中国现代史资料选辑·第1、2册补编(1919—1927)》,中国人民大学出版社1991年版,第194页。

张废除一切用'军国主义''阶级主义'做根据的制度和施政方针。凡是国家的种种建设，都要本于'自由''平等''互助'的精神，促进文化、拥护人权、谋社会的均等幸福，图世界的永久和平。"①

在社会重建方面，《星期评论》也关注女性解放议题。1919 年 7 月 27 日第 8 号刊发胡适、胡汉民、廖仲恺、戴季陶、大白、倩玉等言论，并题名为《女子解放从哪里做起?》。女子解放思潮自戊戌维新时期发端以来，至五四时期达到了一个新的高峰。《星期评论》此后陆续发表三十多篇关于女性解放的文章，探讨了女子解放的主体、女子解放和男子的关系以及女子解放和教育平等等议题，将女性解放的舆论推向了新的高潮。

《星期评论》密切关注作为时代思潮主体的社会主义思潮的传播和其他思潮之间的激荡碰撞。《星期评论》既大量刊文介绍马克思主义和科学社会主义学说，同时也登载了不少宣扬"新村主义""互助主义""无政府主义"的文章，对诸多思潮采取兼容并蓄的方针。

但在宣传介绍马克思主义的过程中，作为国民党言论喉舌的《星期评论》则有着自己的立场和出发点。戴季陶等人对马克思主义、劳工阶级运动的分析和介绍，究其根本是建立在国民党党性思想的基础之上。1919 年 6 月 22 日，戴季陶发表《访孙(中山)先生的谈话》。他指出："这许多无组织无教育无训练又没有准备的罢工，不但是一个极大的危险，而且于工人本身也是不利的。但就这次的现象看来，工人直接参加政治社会运动的事，已经开了幕。如果有知识有学问的人，不来研究这个问题，就思想上知识上来领导他们，将来渐渐的趋向到不合理不合时的一方面去，实在是很危险的。"②他敏锐地认识到，工人阶级已经登上了历史舞台，必将在社会的变革中发挥巨大的作用；但又认为工人这种"无组织无教育无训练"的罢工，不仅危险，对工人本人也没有好处。"此刻这个时代，思想的震荡已经到了极点，中国在这世界思潮的震荡的中间，也就免不了震荡起来。但是因为知识程度太低的缘故，一般的人，对于世界上思想的系统，不能够明白。那些做煽动工夫的人，就拿

① 《星期评论》(1818 年 6 月 8 日—1920 年 6 月 6 日)，人民出版社 1981 年影印，1919 年 6 月 15 日第 2 号。

② 彭明主编，金德群编:《中国现代史资料选辑·第 1 册(1919—1923)》，中国人民大学出版社 1987 年版，第 195 页。

了一知半解系统不清的社会共产主义,传布在无知识的兵士和工人里面。"[①]因此,戴季陶、沈玄庐在这一时期大力研究马克思主义和阶级斗争学说,意图以国民党的理论思想为基础对其加以分析、阐释,从而尽力消融其社会影响。《星期评论》的这个努力并没有成功,但客观上促进了马克思主义的传播。

《星期评论》创办于五四运动的高潮时期。这一时期,沈玄庐、戴季陶等人虽有着自身的党性立场,但在中国社会重建和国家、国民建设等社会议题上,仍坚持自由主义的办刊方针,与新文化运动阵营陈独秀、李大钊、胡适等人有较多的互动。这一点的突出表现是《每周评论》《星期评论》,一北一南,相互配合,在五四之后的新思潮传播中产生了强烈的舆论共鸣。[②]

《星期评论》主笔沈玄庐、戴季陶等与《每周评论》的主持人胡适多有书信往来。1919年7月2日,戴季陶、孙棣三、沈玄庐曾致信胡适,称:"接到你29号的信并28号《每周评论》,很感激你的用意。同时看到《每周评论》上没有独秀先生的著作,又觉得非常伤感!监狱是进去了,几时回到研究室呢?"[③]可见《星期评论》对陈独秀被捕持同情态度。1919年9月7日,《星期评论》第14号评论专栏刊发戴季陶的《可怜的"他"》,称:"上月二十一、二日,看见报上说北京的《每周评论》被封了,我心里又气又恨又好笑,便作了一篇文章,一半是拿来做吊《每周评论》的文,一半是拿来警告那些可怜的'官鬼'。文稿刚发到排字房,《民国日报》接到北京电报,说《每周评论》还没有封,就高高兴兴地把这篇文章撤回了。谁想不到十天,《每周评论》被封的事依然成了事实。我只得没精打采的重把那一篇已经作好的'旧祭文'略为修改一修改,重行登载出来。"[④]由此可见戴季陶对《每周评论》的同情态度。至于《每周评论》被封的原因,戴季陶借中美通信社"北京通信"之口说道:"此地的《每周评论》前天忽然被政府封禁,可见政府厉行'压制政策',摧残民意。五月封《益世报》,八月二十三日封禁《京报》,不过是一个发端。将来凡不是安福系和亲日派机关的报纸,都要到不能存在为止。"[⑤]戴季陶进一步分析指出:"他们那些官僚武人

---

① 彭明主编,金德群编:《中国现代史资料选辑·第1册(1919—1923)》,中国人民大学出版社1987年版,第197页。

② 《每周评论》在1919年6月29日第28号上发表《欢迎我们的兄弟——〈星期评论〉》,称:"《星期评论》的特点是:'(一)有一贯的团体主张;(二)这种主张是几年研究的结果;(三)所主张的都是'脚踏实地'的具体政策,并不是抽象的空谈。"可见《每周评论》对《星期评论》持支持态度。

③ 中国社会科学院近代史研究所中华民国史组:《胡适来往书信选上》,中华书局1979年版,第62页。

④ 戴季陶著,唐文权、桑兵编:《戴季陶集(1909—1920)》,华中师范大学出版社1990年版,第992页。

⑤ 戴季陶著,唐文权、桑兵编:《戴季陶集(1909—1920)》,华中师范大学出版社1990年版,第992页。

和迷信国粹的学究，最希望的是全国人都不识字、不读书，全国读书识字的人都不研究科学，不和现代文明接触。我们要传布科学的思想，要建设现代的文明，要使全国的人都识字，要使全国人从'被治者'的地位觉醒起来，当然和他们是冲突的。既然冲突了，就得分一个胜负。但是他们到底的有胜利希望没有呢?"这里也可以看出《星期评论》在宣传新思想及促进新文化运动发展方面，与《每周评论》立场上的相通之处。

《星期评论》广泛宣传新思想、关注时事，终于触怒当局。在众多压力之下，《星期评论》于1920年6月6日自动停刊，完成了自己的历史使命。

与《星期评论》相伴而生的国民党言论机关刊物还有《建设》。《建设》由胡汉民、汪精卫、朱执信、廖仲恺、戴季陶等人奉孙中山之命于1919年8月1日在上海创办。胡汉民为总编辑。孙中山在为《建设》撰写的发刊词中表明创刊的目的："以鼓吹建设之思潮，展[阐]明建设之原理，冀广传吾党建设之主义，成为国民之常识，使人人知建设为今日之需要，使人人知建设为易行之事功。由是万众一心以赴之，而建设一世界最富强最快乐之国家为民所有、为民所治、为民所享者。"①孙中山自任社长，确定《建设》的发刊旨趣为："从精神上、物质上谋国家及社会之建设及革新为目的，内容分论说、记事、通信、杂录四门，所论多为研讨建设国家之具体问题并提供方案。"②

《建设》筹办的主要目的就是刊发孙中山重建中国的实业计划及方案。其第1期的"论说"栏就刊有孙中山的《建国方略之一——发展实业计划》。其中"记者志"按语说道："此篇为中山先生最近著作，原稿用英文，开篇总论，已见中外各报。其第一计划以下，则本月刊始就原著汉译者，为供阅者研求之便，故并总论登之，以成完璧。"③此后，《建设》陆续发表孙中山著《实业计划》英文原稿的中译文初稿（后编为《建国方略》第二部分"物质建设"）。

在此主旨之外，《建设》杂志也有着言论广开的自由倾向。1920年12月1日，《建设》第3卷第1号以"建设社同人谨白"的方式发表"欢迎投稿"，提出："本社创刊杂志从精神上、物质上谋国家及社会之革新，深望当代学者本其研究所得，就于

---

① 广东省社会科学院历史研究室、中国社科院近代史研究所中华民国研究室、中山大学历史系孙中山研究室：《孙中山全集（第5册）》，中华书局2014年版，第89页。

② 《建设章程》，《建设》第1卷第1号。参见陈锡祺：《孙中山年谱长编》（下册，第3卷），中华书局1991年版，第1193页。

③ 《建设》（第1卷，1919年8月—1920年1月），人民出版社1980年影印，第1页。

思想上、制度上应行改革之点，指出受病原因，提出救济方法。所有此项投稿，至为欢迎，尚望先觉之士，视本志为公开讨议机关。勿视为一家端固之言，不吝赐教。”[①]可见《建设》杂志在高举国家重建的实业计划方案之外，也非常关注社会重建、思想重建等议题。

除《星期评论》《建设》等期刊外，国民党在新民主主义革命时期还创办了《新国民》《新建设》等期刊，鼓吹国民党的国家重建思想，宣扬三民主义。

中国共产党成立后，苏联与共产国际认为国民党是现阶段中国比较革命的政党。在共产国际的协调之下，国共开始第一次合作。以孙中山逝世为界，国共的合作可分为两个时期：第一时期，国共合作相对平稳，革命宣传成效卓著，“打倒军阀”“打倒帝国主义”成为时代强音。但是，在合作的稳定局面之下，以冯自由、张继、谢持等为代表的国民党右派四处活动，破坏国共的合作。第二时期，因为孙中山逝世、廖仲恺被刺杀，国民党左派已越来越难以控制党内的力量平衡。随着革命的深入发展，国民党整体的右转倾向已越来越突出。国民革命已出现历史的转向。

## 四、社会重建语境下知识精英不同道路选择的舆论呈现

五四运动之后在中国救亡道路的选择上，知识分子群体内部有了不同的选择。大体而言，马克思主义者认同革命学说，主张继续进行民主革命，打倒军阀、打倒帝国主义，只有如此方可有社会真正重建的可能。正如李大钊所言，社会问题“必须有一个根本的解决，才有把一个一个具体问题都解决了的希望”[②]。而以梁启超、胡适、周作人、蒋梦麟等为代表的知识分子群体，虽对社会重建的路径认同不一，但都对革命路径不以为然。双方纷纷创办报刊，宣扬自己的主张，从而在舆论场上形成自然的言路分野。

社会重建的起点应是对自我历史的准确认知。在中国社会重建的道路选择上，首先需要解决的问题是如何看待和整理传统的“国学”或者说“国故学”。

近代整理国故的倡导者首推章太炎。章太炎及章门子弟黄侃、马幼渔、钱玄同与刘师培等人当时掌握着国学整理的话语主导权。而1919年1月1日创刊的《新潮》杂志构筑了一个对传统国学研究展开新文化思潮渗透的舆论平台。《北京大学

① 《建设》(第3卷，1920年10月)，人民出版社1980年影印，内封页。

② 李大钊著，中国李大钊研究会编注：《李大钊文集》，人民出版社1999年版，第三册，第4页。

学生周刊》称其为"以介绍西洋现代思潮，批评中国今日社会上学术上各问题为职司"[①]。《新潮》则认为："向者吾校性质虽取法于外国大学，实与历史上所谓'国学'者一贯，未足列于世界大学之林；今日幸能脱弃旧型，入于轨道。……本此精神，循此途径，期之以十年，则今日之大学固来日中国一切新学术之策源地。"[②]《新潮》将新学术与国学对应，既反映了其对国学的真实态度，也反映了其对国学欲加以改造的雄心。1919年5月1日《新潮》第1卷第5号刊发毛子水的文章《国故和科学的精神》，对章太炎的国学研究路径进行似褒实贬的评论。胡适则在1919年10月30日《新潮》第2卷第1号中发表《论国故学——答毛子水》对毛文观点中偏颇之处提出批评。同时也认为："现在整理国故的必要实在很多。我们应该尽力指导'国故家'用科学的研究法去做国故的研究。"什么是科学的方法呢？胡适认为："第一，用历史的眼光来扩大国学研究的范围。第二，用系统的整理来部勒国学研究的资料。第三，用比较的研究来帮助国学的材料的整理与解释。"具体来说，即："(1)扩大研究的范围。(2)注意系统的整理。(3)博采参考比较的资料。"[③]

在《新潮》创办之后，新文化运动倡导者又先后创办了《国故》《国学季刊》等舆论平台。而以胡适、傅斯年、顾颉刚等为代表的知识分子群体借助西方社会科学的研究方法对传统国学不断开展新的整理和研究，使国学研究快速进入近代化的轨道。这既是学术发展逻辑的自然结果，也与当时社会重建语境中对社会根基准确认识的政治性需要有关。

《新青年》创立之初，新文化阵营的知识分子高举科学与民主的大旗，对旧文化、旧伦理、旧宗教展开猛烈的冲击。欧战的爆发，让国人见识了"科学"的力量。正如胡适所说的："这三十年来，有一个名词在国内几乎做到了无上尊严的地位；无论懂与不懂的人，无论守旧和维新的人，都不敢公然对他表示轻视或戏侮的态度。那个名词就是'科学'。"[④]欧战的巨大破坏力也让西方和东方的学界对科学产生了深刻的疑问。梁启超提出疑问："这些唯物派的哲学家，托庇科学宇下建立一种纯物质的纯机械的人生观。把一切内部生活外部生活都归到物质运动的'必然法则'之下。……不惟如此，他们把心理和精神看成一物，根据实验心理学，硬说人类精神也不过一种物质，一样受'必然法则'所支配。于是人类的自由意志不得不否认

---

① 苏甲荣：《一年之回顾》，《北京大学学生周刊》创刊号，1920年1月4日，第9页。
② 宋原放主编，陈江辑注：《中国出版史料（现代部分）》，山东教育出版社2001年版，第20页。
③ 胡适：《国学季刊发刊宣言》，1923年1月《国学季刊》，第1卷第1号。
④ 欧阳哲生：《胡适文集(3)》，北京大学出版社1998年版，第152页。

了。意志既不能自由,还有什么善恶的责任?”[①]梁启超还认为,正是因为科学的日新月异,新发现常否定旧观念,所谓科学的权威使得“全社会人心,都陷入怀疑沉闷畏惧之中,好像失了罗针的海船遇着风雾,不知前途怎生是好。既然如此,所以那些什么乐利主义强权主义越发得势。死后既没有天堂,只好尽这几十年尽情地快活。善恶既没有责任,何妨尽我的手段来充满我个人欲望”[②]。更进一步,世界的资源有限,人的欲望无限,又丧失了原有的人生敬畏之心,最终必然导致弱肉强食。梁启超首先提出对“科学”的怀疑。这既是梁氏自己的直接观察,背后也是东西方文化碰撞的自然结果。

对科学的怀疑甫一萌发,国内守旧派知识分子即积极回应,掀起了旧道德、旧伦理、旧文化思潮的反弹。而反对旧道德、旧伦理、旧文化的一些新派知识分子也在对科学的反思中陷入迷惘。1923 年,张君劢在清华园作人生观的演讲,后将其整理并公开发表。其好友丁文江则持不同意见,发表《玄学与科学——评张君劢的“人生观”》,对张的观点进行批驳,从而引发众多学者、多种思想派别参与的“科学与玄学”大论战。

“科学与玄学”的论战大致可分为三个时期,由三个主要的思想派别参战。[③]参与方分别为以张君劢、梁启超等为代表的“玄学派”,以丁文江、吴稚晖、胡适等为代表的“科学派”和以陈独秀、瞿秋白等为代表的马克思主义者。所依托的媒介平台则主要为《时事新报》《努力周报》《新青年》。

第一阶段的论辩双方主要为科学派和玄学派,论战的焦点为科学能否支配人生观。玄学派认为,人生观的核心是“我”。科学是客观的、论理的、分析性的,为因果律所支配。而人生观的核心问题却是处理“我”与“非我”的关系。它是主观的、起于直觉的,综合不可分析的自由意志。且人生观属于个人人格单一性的。科学与人生观的差异如此之大,科学难以完全解释并且支配人生观。“故科学无论如何发达,而人生观问题之解决,决非科学所能为力,惟赖诸人类之自身而已。”[④]科学派则认为,科学方法是万能的、普遍的、贯通的,科学能够支配人生观,但由于本身的局限,并没有提出有力的论证。

---

① 梁启超著,张品兴译注:《梁启超全集》,北京出版社 1999 年版,第 2833 页。

② 梁启超著,张品兴译注:《梁启超全集》,北京出版社 1999 年版,第 2833 页。

③ 周训芳:《论二十年代的“科学与人生观”论战》,《复旦学报(社会科学版)》,1985 年第 6 期,第 94—98 页。

④ 钟离蒙、杨凤麟:《中国现代哲学史资料汇编:科学与玄学论战(上)》,辽宁大学内部出版,第 25 页。

论辩第二阶段涉及吴稚晖、胡适等提出具体的人生观问题。吴稚晖提出“人欲横流的人生观”，表现了人生观的客观内容。胡适则在此基础上提出“科学的人生观”。他首先提出：“中国人的人生观还不曾和科学行见面礼呢！我们当这个时候，正苦科学的提倡不够，正苦科学的教育不发达，正苦科学的势力还不能扫除那迷漫全国的乌烟瘴气，不料还有名流学者出来高唱‘欧洲科学破产’的喊声，出来把欧洲文化破产的罪名归到科学身上，出来菲薄科学，历数科学家的人生观的罪状，不要科学在人生观上发生影响！信仰科学的人看了这种现状，能不发愁吗？能不大声疾呼出来替科学辩护吗？”胡适认为，人们要根据天文学、地质学、生物学、人类学、物理学、化学、社会学、心理学等等“二三百年的科学常识”，知道空间的无穷之大，时间的无穷之长，生物界的生存竞争的浪费与残酷，人和别种动物只有程度的差异等等。而“空间之大只增加他对于宇宙的美感；时间之长只使他格外明了祖宗创业之艰难；天行之有常只增加他制裁自然界的能力。……至于生存竞争的观念也并不见得就使他成为一个冷酷无情的畜生，也许还可以格外增加他对同类的同情心，格外使他深信互助的重要，格外使他注重人为努力以减免天然竞争的残酷与浪费”。总而言之，“这个自然主义的人生观里，未尝没有美，未尝没有诗意，未尝没有道德的责任，未尝没有充分运用‘创造的智慧’的机会”[①]。

第三阶段的主要是陈独秀、瞿秋白等马克思主义者参加了论战。从1923年12月到1924年8月，陈独秀、瞿秋白等运用马克思主义的唯物论，做到解释世界、解释历史、解释人生。陈独秀指出：“我们相信只有客观的物质原因可以变动社会，可以解释历史，可以支配人生观，这便是‘唯物的历史观’。”[②]“什么先天的形式，什么良心，什么直觉，什么自由意志，一概都是生活状况不同的各时代各民族之社会的暗示所铸而成。”[③]瞿秋白则鲜明指出：“市侩所需要的是‘这样亦有些，那样亦有些’：一点儿科学，一点儿宗教，一点儿道德，一点儿世故人情，一点儿技术知识，色色都全，可是色色都不彻底。这样才能与世周旋。可是决不可以彻底根究下去：不然呢，所得的结论，便是彻底改造现存制度，而且非用革命方法不可。”瞿秋白进一步指出实验主义哲学家的虚伪。他们在遇到革命的时候，只会惊呼：“——那多么可怕啊！现状是可以改造的，却不必根本更动现存的制度，只要琐琐屑屑，逐段应

---

① 欧阳哲生：《胡适文集(3)》，北京大学出版社1998年版，第165页。

② 欧阳哲生：《胡适文集(3)》，北京大学出版社1998年版，第172页。

③ 欧阳哲生：《胡适文集(3)》，北京大学出版社1998年版，第171页。

付好了。"①

马克思主义者的参战,使得科学与人生观的问题在哲学层面得到了彻底的解决,同时也产生了两个方面的影响:第一,玄学派和科学派的唯心主义本质被更多的青年认知,削弱了他们对青年的影响。第二,马克思主义以其彻底的科学性、理论性对科学与人生观的问题进行了完美解答,促进了马克思主义在青年中的深入传播。

欧战结束之后,世界经济秩序、政治秩序在经历巨大破坏后均需重建。无论是在西方还是在东方,这都引起了学者们的深入思考。辜鸿铭《中国人的精神》、梁漱溟《东西文化及其哲学》都反映出这种哲学思考的深度。作为尚未完全进入近代化的中国,如何组织自己的社会重建,选择合适的重建道路以达到救亡图存的目的,也成为不同立场的知识分子必须回答的时代议题。旧派知识分子眼光向后,继续向传统寻求解决当下问题的方案,但注定一无所获。反对社会革命的改良主义知识分子,一方面在与旧派知识分子的论争中与马克思主义者近于同一战线;但另一方面,在更进一步的社会革命议题上,则畏缩不前,体现出时代和自身的局限性。整理国故思潮和科学与人生观的大论战,在多个媒介平台上有着多向度的呈现。这反映出在新民主主义革命语境下,知识分子群体的自然分化所形成的言路分野。

① 钟离蒙、杨凤麟:《中国现代哲学史资料汇编:科学与玄学论战(上)》,辽宁大学内部出版,第8页。

# 第十章

# 国民党舆论统制的建立与中共有关舆论话语权的抗争

1928年12月30日，《民国日报》刊发《全国大统一告成》《三省易帜之通电》等文章，文章称“奉吉黑二十九日易帜，晨七时青白旗满城飞扬”①。“即日起宣布遵守三民主义，服从国民政府，改旗易帜。”②同日的《盛京时报》也发表题为《白山黑水霞蔚云蒸山海关外一起揭扬青天白日满地红旗矣》的文章称“中华民国十七年统一”③。随着控制东北的张学良正式通电全国，宣布改旗易帜，加上新疆宣布服从国民政府，国民政府形式上统一中国。南京国民政府成为当时中国境内合法的政权。经历了北伐和反革命政变等一系列行动，国民党正式在全国范围内执政。

早在广州国民政府时期，国民党内即有人呼吁建立自己的宣传系统，以掌控舆论，引导革命。国共合作期间，共产党展示自己的宣传能力，并在北伐前期的一系列斗争和行动中充分地展现了由此形成的舆论力量。这使得国民政府不得不重新审视宣传的力量，以及由宣传带来的舆论导向。

在南京国民政府建立之后，巩固政权、统一经济、剿灭异己的同时，亦开始建立宣传系统。

---

① 《全国大统一告成》，《民国日报》1928年12月30日，第3版。

② 《三省易帜之通电》，《民国日报》1928年12月30日，第3版。

③ 《白山黑水霞蔚云蒸山海关外一起揭扬青天白日满地红旗矣》，《盛京时报》1928年12月30日，第4版。

# 第一节 国民党新闻统制的建立

为了确立国家意志,引导舆论走向,加强舆论监督,国民政府极度重视新闻和报刊。国民政府在北伐之际既深知报纸对舆论的引导,尤其是共产党彼时通过《政治周刊》《广州民国日报》等有限的媒介,依然能够充分地动员民众,参与革命。国民政府建立国家新闻体系的重要目标即为控制舆论,使其成为维护自身统治的工具。

## 一、新闻舆论体系的建立

国民政府于1928年开始逐步建立健全宣传系统,逐步建立起"一报、一社、一台"的中央宣传体系。"一报"指的是1928年2月1日建立的《中央日报》。在国民党中央宣传部组建以叶楚伧为首的《中央日报》体系。各地依托地方国民党党部,成立《中央日报》在各省的分支,作为地方宣传导向工具。"一社"指的是中央通讯社。中央通讯社承担着国民政府对外宣传的重要职责。"一台"指的是中央广播电台。随着通信传媒技术的发展,收音机已经成为民众获取信息的重要来源,其大大增强了信息的时效性,也便于国民政府各项政令得到及时的传递。民众亦可通过电台获取政治之外的经济、文化等诸多信息。通讯社和电台的建立,极大地拓展了国民政府信息的覆盖面和信息传递的时效性,有效地执行国民政府对舆论的引导。

以《中央日报》为中心,国民政府建立遍布全国的报刊网络。这一时期国民党的新闻统制主要以报纸为基本的媒介平台而展开。从1926年广州筹办《中央日报》开始,至1928年2月创办《中央日报》,国民党建立起自身报刊舆论平台。《中央日报》在其创报之际发表何应钦的《本报的责任》一文,宣称其报刊理念,"与民更始""屏弃共产党理论""进一步宣传三民主义""准备训政方案""打到一切恶势力"。[①] 在国民党中央宣传部主管之下,《中央日报》逐步建立起中央到地方的"中央"报系,包括《杭州民国日报》(杭州,1927.3);《宁波民国日报》(宁波,1927.3);《天津民国日报》(天津,1928.6);《民国日报》(济南,1928.6);》《甘肃民国日报》(兰

① 何应钦:《本报的责任》,《中央日报》1928年2月1日,第1张,第3版。

州，1928.7.9)；《华北日报》(北平，1929.1.1)；《武汉日报》(汉口，1929.6.10)；《山西民国日报》(太原，1929.11.12)；《西京日报》(西安，1933.3.10)；《湖南民国日报》(长沙，1933.7.1)；《赣北民国日报》(江西浮梁，1940.9.8)等。此外，还有各级地方报刊、军队报刊等，庞大的报刊网络，基本实现了国民党统治区域的新闻舆论覆盖，从而使国民党政令得以传达，实现党、国一体化的统治。

在围剿中共建立的人民政权时，国民党通过虚假报道营造出军事围剿节节胜利的假象。以《中央日报》和《扫荡日报》为宣传平台，辅以中央广播电台的进一步报道，使国民党统治区域的民众"误以为"国民党在军事上不断取得胜利，对"共匪"的围剿取得了辉煌战果。1931年11月7日，中华苏维埃共和国在江西瑞金成立，《中央日报》当日还在报道"赤匪窜闽已证实"①，次日亦发表一组剿"匪"新闻，《平浏散匪次第消灭》中伪称："贺龙段德昌两股精锐，歼灭殆尽云。"②

一党专政之下的新闻舆论管控是国民党进行舆论统制的重要手段。在中央，以党报《中央日报》为全国舆论风向标，在地方以各级国民党党部报刊为延续，唯中央马首是瞻，对地方言论进行限制，并结合特务组织和国家颁布的各种法律维护自身利益，将国家言论与党派政治、经济利益紧紧捆绑在一起，企图建立国民党一言堂的"党国天下"。

## 二、新闻舆论人才队伍的形成

建立覆盖全国的报刊新闻网之后，国民党依托国家机器，逐步加强对新闻舆论的监督、管理，掌控舆论。

报纸和广播电台作为媒介平台，执行国民党政权对舆论的管控。但无论政策也好，媒介也罢，需人执行，国民党舆论控制的核心依然是人治。在这一过程中，国民党的新闻宣传骨干，成为国民党舆论统制建立并执行的关键。

国民党执政之后，为了强化舆论宣传等效果，不断网罗著名报人、新闻评论家，为其舆论造势、鼓吹。在国家政权做后台支持下，国民党亦开始培养自己的舆论人才。1928年，国民党于上海创办《中央日报》之际，便初步形成了以时任国民党中央宣传部部长丁惟汾为社长、潘宜之为经理、彭学沛为主笔的报社核心。后逐步扩大编委会，吸收了胡汉民、戴季陶、吴稚晖、陈布雷等人。1929年，南京复刊时以叶

---

① 《赤匪窜闽》，《中央日报》1931年11月7日，第1张，第3版。

② 《平浏散匪次第消灭》，《中央日报》1931年11月8日，第2张，第3版。

楚伦为社长、沈君匋为经理、严慎予为总编辑。

以程沧波、陈布雷等为首，国民党内部逐渐形成较为固定的宣传人员系统。程沧波，曾任上海《时事报》主笔，1932 年开始任中央日报社、中央时事周报社社长，重庆《世界日报》总主笔。陈布雷，这位曾经在辛亥革命后起草英文版《对外宣言》的著名报人，以犀利的笔锋在北洋政府时期闻名。国民党统治建立后的 1928 年，陈布雷便出任上海《时事新报》主笔。此后又出任蒋介石侍从室第二处主任、中央宣传部副部长、国民党中央委员等，其所在位置，接近国民党中枢。很长一段时间内，国民党重要文件皆由其起草。

这些国民党系报人长期工作于新闻界，深谙舆论之道。在他们的亲自经营之下，国民党很快建立并完善了自身的报刊系统。

## 三、新闻舆论管控与法律法规

党报条例的颁布，是国民党通过国家立法干涉新闻自由的开始。国民党形式上统一中国后，其内部派系斗争并未停止，特别是一些有实力问鼎中央政权的地方军阀，同蒋介石派系的冲突不断。蒋介石一方面出卖国家主权，换取列强支持，增强自身力量；一方面以中央名义颁布各种法律法规，以国家、中央的旗号，压制地方派系，实现其对全国的管控。

1928 年 6 月，国民党政府先后颁布了《设置党报条例》《指导党报条例》《补助党报条例》三个条例，在三个条例之下，党报的权威得到了确认和巩固，并进一步打压党报之外的民营、非党报纸。经由国家统一管理的党报系统，是国民党在全国范围内的话语延伸，也是其重要舆论引导工具。

除了党报条例之外，国民党还通过国家政权，以标榜新闻自由的名义，取消北洋政权时期的新闻检查，颁布新的新闻法律。

1930 年 12 月，国民政府出台《出版法》，这是国民党政府上台后颁布的一部重要的新闻律法，在名义上维护新闻自由，通过立法的形式将舆论控制在国民党希望的范围之内；同时有效打击了其他不利于国民党统治或者散布不同声音的舆论媒介。仅 1931 至 1933 年，国民党政权就新闻律法不断补充和修改，以适应国民党政权对舆论监管的控制。这些律法既包括了对《出版法》的补充条例，也包括了各种详细的细则以强化舆论监管。国民党政权时期部分新闻律法，见表 10－1 所列。

表 10-1 二十世纪三十年初国民党统治时期部分新闻律法

| 颁布时间 | 法律名称 |
|---|---|
| 1930 年 12 月 | 出版法 |
| 1931 年 1 月 | 危害民国紧急治罪法 |
| 1931 年 10 月 | 出版法施行细则 |
| 1932 年 11 月 | 宣传品审查标准 |
| 1933 年 9 月 | 修正重要都市新闻检查办法 |
| 1933 年 10 月 | 新闻检查标准 |

1930 年国民党政权控制内《出版法》赋予新闻出版的基本自由。而为了控制新闻舆论,《出版法》中的各项规定都在强化对新闻出版的管控,使其能完善政府对新闻舆论的监督和管理。国民党政权的《出版法》第七条规定,“为新闻纸或杂志之发行者应于首次发行期十五日前以书面陈明左列各款事项呈由发行所所在地所属省政府或隶属于行政院之市政府转内政部声请登记”[①]。恰恰是这种严苛的管控,说明国民党对舆论的恐惧,而越是重压越有反抗。

## 第二节 中共宣传系统的重建及其舆论话语权

孙中山病逝后,国民党反动派公开反共并取缔共产党的活动,特别是在一系列反革命事件中,如“四一二”“七一五”等,中共损失了大批骨干,其中包括众多舆论宣传精英,共产党主办的各种报刊甚至同情共产党的报刊,或被查、或被封、或被改组。一时间,中共的革命宣传和舆论动员陷入低潮。

### 一、舆论话语权的重拾

面对国民党的白色恐怖,中共并没有屈服,选择重新建立宣传系统,坚持革命动员。在“八七会议”上,中共中央通过了《中国共产党中央执行委员会告全党党员书》等议案,确立了毛泽东提出的“枪杆子里面出政权”的斗争策略。同时为了进一步增强党的力量,加强同各级工农群众的联系,提出“虽然政治压迫非常之严重,也

① 《立法院公报》,第二十五期,1931 年 1 月,第 25 页。

必须实现党的民权主义,使党的政策在党员群众之中讨论,在下级党部讨论”[①]。为了贯彻会议精神,中共中央着手在上海重新建立起党的宣传系统,传播马克思主义,加强共产党组织建设。

面对国民党把持的公众舆论权,共产党在建立健全新的宣传系统的同时,也积极开展多种形式的宣传工作。一方面坚持革命斗争,一方面争夺舆论话语权。中共认为:“必须组织每日出版的销行全中国的工农报纸。报纸的文字,内容,价格要十分适合广大群众的能力。”[②]依靠报纸等出版物,继续扩大党的影响,宣传党的政治主张,吸收更多的进步群众加入革命队伍中。简言之,以报刊作为舆论动员的重要载体,是中共这一时期的主要宣传活动方式。

报刊是舆论引导的重要媒介平台。在中国共产党建党之后,即有《新青年》《共产党月刊》《向导》等多份刊物,宣传马克思主义和政治理念,进行革命动员和宣传,是彼时引导工人舆论的重要途径。这一时期,中共在着手重建宣传系统的同时,亦积极创办多种报刊,进行革命动员和宣传。面对舆论宣传的形势,中共着手重新创办革命报刊,其中包括了理论刊物《布尔塞维克》和通俗报纸《上海报》《红旗日报》《红旗周报》等。

创办理论刊物用以指导舆论斗争的方向。理论刊物《布尔塞维克》的创办,是中共重新建立宣传系统的标志。1927 年 10 月 22 日,中共中央以中央通告的形式,宣告创建《布尔塞维克》,并确立办刊宗旨:“《布尔塞维克》报为建立中国无产阶级的革命的思想之机关,当为反对资产阶级思想及一切反动妥协思想之战斗机关。《布尔塞维克》报并且要是中国革命新道路的指针——反对帝国主义军阀豪绅资产阶级的革命斗争的领导者,他应当做工农群众革命行动的前锋。”[③]1928 年 10 月 4 日,中共中央召开工作会议,制定下一阶段的革命工作,其中重要的一点即为重建自己的宣传系统。“(1928 年)10 月 4 日,中央政治局会议决定中央党报委员会以 7 名政治局委员及《布尔塞维克》《红旗日报》两报总编辑 2 人,共 9 人为党报委员会委员……同时决定批准《布尔塞维克》报编辑委员会以蔡和森等 37 人为委员。”[④]新

① 《中国共产党中央执行委员会告全党党员书》,《中共中央文件选集》(第三册),中共中央党校出版社 1989 年版,第 290 页。

② 《宣传工作的目前任务》,《中共中央文件选集》(第四册),中共中央党校出版社 1989 年版,第 420 页。

③ 《中央通告第十一号——关于出版中央机关报〈布尔塞维克〉的决议》,《中国共产党组织史资料》(第八卷・文献选编上),中共党史出版社 2000 年版,第 144 页。

④ 中共中央组织部、中共中央党史研究室、中央档案馆:《中国共产党组织史资料》(第二卷・上),中共党史出版社 2000 年版,第 73 页。

的宣传系统吸纳了蔡和森、周恩来、瞿秋白等一大批中共优秀的宣传人才和报人，重拾新闻舆论这柄利剑，与国民党抗争。与国民党的国家行为、政治挂靠所不同的是，中共一方面经历大革命失败后，革命活动已陷入低潮，很多地方出现了党员与组织失去联系的情况；另一方面是面对国民党建立的集权统治，民众想要抗争，却无法统一。《布尔塞维克》是中共在这一时期传播马克思列宁主义，并尝试引导中国革命，将政治主张与舆论动员结合的重要尝试。与建党初期中共着重介绍马克思主义理论及各种共产主义活动不同，基于《布尔塞维克》为平台的舆论动员，注重与中国革命相结合。

《上海报》是这一时期中共创办的工人报纸之一。该报于1929年初创，为秘密印刷、公开发行的通俗报纸。初名为《白话月报》，1929年5月19日改名为《上海报》。作为面向工人阶级的报纸，《上海报》是中共这一时期引导工人舆论，领导工人斗争的风向标，也是中共坚持革命斗争，宣传马克思主义的平台。在1929年的“中东路事件”中，《上海报》发挥了舆论箭头的作用，报道“中东路事件”进程，响应共产国际号召，动员上海及全国工人参与到保卫社会主义苏联的斗争中。在《上海报》关于“中东路事件”的报道中，我们可以看到中共在共产国际“保卫苏联”的号召下，对这一时期报纸舆论议程设置的影响。

1928年11月20日《红旗日报》创刊，其宣传的核心即面对国民党对无产阶级的镇压和动员工人运动。其舆论走向围绕社会主义运动而展开，通过各种红色纪念日等活动扩大舆论影响。在国民党多种新闻律法和军警围剿之下，大批报童被捕、报馆被砸，损失惨重。“(1929年8月1日)上海组织在中央的直接领导下，尽管帝国主义和军阀实行猖狂的白色恐怖，尽管有500人被捕，并且其中3名党员和1名非党员被枪决，还是成功地对群众进行了动员。印发150万份各种传单，出版半合法的日报(上海报)3000份，而在8月1日出版1万份，出版3期《红旗》和1期《布尔塞维克》，动员三分之二上海党组织党员。”①

面对“九一八”事变后国民党舆论方面的失声，中共此时领导的《红旗周报》等报刊频频发声，揭露日本帝国主义侵华真相，号召民众团结抗日。中共于事变第三日便公开发表抗日宣言《中国共产党为日本帝国主义强暴占领东三省事件宣言》，

① 《共产国际执行委员会远东局关于中国开展八一国际红色日情况的决议》，《联共(布)、共产国际与中国苏维埃运动(1927——1931)(第八卷)》，中央文献出版社2002年版，第152页。

呼吁“反对日本帝国主义强占东三省！立刻撤退占领东三省的海陆空军！”[①]随即在9月22日通过《中央关于日本帝国主义强占满洲事变的决议》，并于9月30日再次发表《中国共产党为日帝国主义强占东三省第二次宣言》。在中共机关报《红旗周报》上发表专刊，同期刊发《中国共产党为日本帝国主义强暴占领东三省事件宣言》《中国共产党为日本帝国主义强占东三省第二次宣言》《中国共产党为日本帝国主义强占东三省事件宣言》《中国各地苏维埃政府为日本帝国主义强占东三省宣言》以及《中央关于日本帝国主义强占满洲事变的决议》等文。国内众多媒体亦频频表明抗日决心，呼吁民众抗日。一时间，中共与国内有识之士推动了民族抗日的舆论洪流。

与国民党之间的舆论抗争，始终是这一时期中共斗争的要点。面对第三次围剿的失败和苏维埃共和国的建立，国民党加紧在军事上和宣传上的双重攻势，在军事上组织第四次大规模“围剿”的同时，宣传上发动舆论攻势，在《中央日报》上大造声势，为国民党军事行动鼓吹，同时污蔑红军和苏区，并制造各种舆论宣传欺骗民众。国民党政府利用国家舆论机器主导话语权，大肆宣传其国民会议的决议。中共与之展开针锋相对的舆论战，揭露国民党反动统治及舆论宣传。在1931年1月召开的中共六届四中全会上，针对国民党国民会议的虚假宣传，中共指出：“苏维埃区域内的工人每天只作八小时工，但是国民党在号召国民会议上加强的宣传劳资合作；在苏维埃区域内的每个农民都有土地，但是国民党在号召国民会议上强迫农民向地主纳租；在苏维埃区域内，红军有选举代表参加政治活动之权，并分得土地，但在国民会议之下的一切士兵仅不过是枪靶子和军官的奴隶；苏维埃区域内的一切贫民，都得到政府机关的保护和帮助，但是在国民会议之下的贫苦民众则完全践踏在资本家地主的足下。”[②]国共合作时期，国民党一方面利用中共助其北伐，另一方面“……打击C.P.，与C.P.争夺领导权”[③]，国民党欺骗民众、投靠列强的行径，使其政治公信力急剧下降，政治话语权失去权威。面对上海地区学生发动罢课响应中共革命主张，“上海各帝国主义报纸，现在正在告诉国民党政府应该如何像过

① 《中国共产党为日本帝国主义强暴占领东三省事件宣言》，《中共中央文件选集》(第七册)，中共中央党校出版社1989年版，第399页。

② 《四中全会为反对国民会议宣言》，《中共中央文件选集》(第七册)，中共中央党校出版社1991年版，第42页—第43页。

③ 《中央通告第六十二号——目前党的根本策略与政治宣传鼓动》，《中共中央文件选集》(第四册)，中共中央党校出版社1989年版，第566页。

去段祺瑞一样，去残杀这些学生的‘暴徒’”[①]。中共通过报刊发动舆论反击，揭露国民党假革命、真内战、不抗日的面目。

此外，中共为扩大舆论宣传影响，广泛采用灵活多变的形式。在那些没有直接出版中共报刊的城市和乡村，油印、铅印乃至手抄报，甚至墙报等等皆成为中共进行舆论宣传的重要形式。“灰色刊物”的出版则是这一时期中共面对国民党对新闻舆论打压所采用的一种灵活多变的形式。1928 年 6 月 30 日，中共以中央通告方式指导各地的宣传工作，提及各地出版“灰色刊物”。这种刊物不直接表明立场与组织关系，而以局外人或第三人的视角阐述观点。这些“灰色刊物”在国民党白色恐怖包围之下，在一定程度上坚持了革命动员和舆论宣传，鼓舞了革命群众和地方党员的斗志。

## 二、地方舆论体系的尝试

同国民党进行舆论抗争的同时，中共积极推进上海等核心地区的工作，并有计划地尝试在其他地区积极推进相应的工作，诸如创建宣传报刊，开展舆论宣传工作。除了上海和江西苏区，其他部分地区已经或正在筹建省委，开展工作，包括东三省、河北、山东和福建。为加强组织建设、党员教育和联系，并传播中共的政治主张和革命纲领，这些地区陆续发行了党报刊，利用报刊进行舆论宣传。诸如福建的《福建红旗》，河北的《北方红旗》以及东北地区的《满洲红旗》，这些地方党报刊的出现，丰富了土地革命时期中共舆论宣传，也为地方革命做出了贡献。

福建毗邻江西，中央苏区是中共较早开辟的根据地。福建根据地亦称闽西根据地，主要包括龙岩、永定地区。为了加强根据地建设，党组织于 1930 年 12 月 11 日创立了《福建红旗》。其作为闽西苏维埃政府的机关报，在宣传苏维埃、传播党的政治主张和建设根据地方面做出了重要贡献。

《北方红旗》是中共顺直省委的秘密机关刊物，初创于 1929 年 2 月 16 日，1930 年 12 月改为河北省委机关刊物。其积极宣传党的政治主张，在白色恐怖包围之下，多次采用改换封面的方式秘密发行，为北方革命火种的传播起到了积极的作用。

《满洲红旗》于 1930 年 9 月 15 日在沈阳创刊，是中共满洲省委新的机关刊物。

① 《中国共产党中央委员会为目前时局告同志书》，《中共中央文件选集》（第七册），中共中央党校出版社 1991 年版，第 546 页。

1931年年底,日本占领沈阳后,加强了对中共等抗日组织的搜查工作。因日本军警的搜捕,1931年11月,中共满洲省委的宣传部长赵毅敏等省委领导人被捕,《满洲红旗》被迫停刊。1931年年底,中共满洲省委机关转移到哈尔滨,由聂树先继续主持党的宣传工作,恢复了《满洲红旗》,继续开展革命工作。

中共在各个根据地创建的报刊舆论锋芒上针对国民党的全国报刊网络。这些党报刊反映了劳动人民的困苦生活,揭露了帝国主义和国民党的黑暗统治,并在极其艰苦的条件下始终坚持宣传革命、传播马克思主义、鼓舞人民的革命斗争。全国各地区的斗争环境各不相同,且情况特殊而复杂。面对国民党的舆论打压,地方上的党报刊及时传达党的意志,使各地区的革命运动能够得到党的统一领导,在推动革命形势发展的同时团结工人阶级、农民阶级和广大义勇军,推进了党的政治宣传,扩大了党的影响,整合了革命队伍,促进了无产阶级革命思想的形成;进而树立革命意识,壮大革命力量,在党的统一领导下为全国的革命斗争做出重要的贡献。

## 三、苏维埃政权下"国家舆论"抗争

1931年11月7日,中华苏维埃共和国的成立,是中共探索中国革命道路新的尝试。这是中共在经历了大革命失败,探索中国革命道路时做出的选择。中共建立起与国民党不同意识形态的"国家政权"。在此背景下,围绕人民政权的政治建设,中共遂创办用于革命宣传的一批出版物,逐步明确这一时期宣传舆论的工作重心,即"党应宣传苏维埃的内容,理论和工作"①。并以此为主旨,与国民党的舆论宣传展开针锋相对的论战。

这一时期中共的宣传较大的变化在于传播形式的变化。建立政权之前,中共的宣传多通过报纸和刊物,以组织传播为主,辅以大众传播。大革命失败之后,中共活动转入地下,大众传播基本停止,有限的组织传播也受到了国民党打压。

建立政权之后,中共不仅有了自己的根据地,还逐步建立起自己的邮局体系。宣传的对象也扩大到了苏维埃政权下的广大工农革命群众。因此,面对客观环境的变化,中共的舆论宣传,由组织传播为主,大众传播为辅,向组织传播与大众传播相结合、大众传播比例逐渐上升的趋势过渡。

---

① 《苏维埃政权的组织问题决议案》,《中共中央文件选集》(第四册),中共中央党校出版社1989年版,第391页。

与此前较为集中地宣传马克思主义和报道工人运动所不同，在苏维埃共和国之下的中共宣传，已经着手建立起一整套的无产阶级的宣传系统。除了政府机关报《红色中华》之外，还有社会主义青年团的机关刊物《青年实话》，红军的军报《红星报》等等。《红色中华》的发行量也逐渐上升，从最初的三千多份一度达到四万多份，远超当时名噪一时的《大公报》。而《红色中华》之所以发展迅速，一方面与苏维埃共和国的发展密不可分；另一方面则是中共通过《红色中华》发表其言论，众多亲农、爱民的政策通过《红色中华》第一时间发布，使中共的政策深入人心，得到了广大工农革命群众的支持。这一时期众多机关、团体所办的刊物使得苏维埃共和国之下的宣传呈现出一种百花齐放的景象，红色政权在中共的领导之下愈显生机勃勃。

值得注意的是，《红色中华》作为中国共产党建立人民政权之后的第一个政府的机关报，其成为中共掌握国家机器之下宣传的开始。《红色中华》既对之前所有的中共宣传刊物，包括《新青年》《共产党》《向导》《布尔塞维克》和《红旗》等刊物在形式上、内容上、方法上有所继承，又开辟了此后中共宣传的形式和道路，其承前性和启后性决定了《红色中华》特殊的历史地位。虽然这一时期的《红色中华》依然存在着诸多问题，但对于年轻的中国共产党以及中国的革命进程而言，其历史地位毋庸置疑。

随着中共政权的建立，中共在进行舆论宣传的同时，不断增强“政治家办报”在舆论宣传中的作用。众多中共的领导人投身到办报、办刊当中，以其敏锐的政治嗅觉和政治觉悟发挥政治家在舆论宣传中的作用。《红色中华》第一任主编周以栗，在苏维埃共和国成立后任内务人民委员；其后代管的项英是苏维埃政府副主席；李一氓任主笔时期同时为国家政治保卫局执行部部长；瞿秋白任主笔时期同时为苏维埃共和国中央政府教育部部长；沙可夫任主笔时亦为苏维埃大学副校长。同时中共亦在党的领导干部参与宣传舆论动员方面有了明确的指示：“各级党部负责同志，必须经常的负责给党部负担文章，发表他对于各种问题的意见，他在实际工作中所遇到困难与所得到的经验。各级党部负责同志必须彻底了解，给党报担任做文章，实是他的实际工作中的有机一部分与最重要政治任务之一。”[①]即通过“政治家办报”增强中共在宣传舆论中的影响。此后，依托《红色中华》，中共主要的领导

① 《中共中央关于加强党报领导作用的决议》，《中国共产党新闻工作文件汇编（上）》，新华出版社 1980 年版，第 76 页。

人频频发表署名文章，引导舆论走向，指导革命工作。红色中华主编、主笔(1931.12—1935.1)，见表10-2所列。

表10-2　红色中华主编、主笔(1931.12—1935.1)

| 姓　名 | 任职时间 | 备　注 |
|---|---|---|
| 周以粟(主编) | 1931.12—1932.2 | 因病调离 |
| 项英(代管) | 1932.2—1932.3 | 时任苏维埃副主席，代管 |
| 王观澜(主编) | 1932.3—1932.8 | 调任土地部 |
| 梁栢台(代主笔) | 1932.4—1932.9 | 时任司法部长，代管 |
| 李一氓(主编) | 1932.10—1933.1 | 调任国家政治保卫局 |
| 杨尚昆(负责人) | 1933.1—1933.3 | 调任马克思共产主义大学 |
| 沙可夫(主任) | 1933.4—1933.12 | 因病调离 |
| 任质斌(秘书长) | 1934.1—1934.7 | 因迟发博古文章被撤职 |
| 瞿秋白(负责人) | 1934.10—1935.1 | 长征后留守。后被俘，牺牲 |

《红色中华》作为其时中共人民政权的机关报，其言论代表中共的政治趋向，是其政治主张伸展的平台，"苏维埃的机关报是苏维埃政策的宣传者，从苏维埃政府的立场来登载消息"①。在报道内容上，更集中地针对国民党对苏区展开的舆论攻势。面对苏维埃政权的蓬勃发展，国民党政府调动优势兵力，妄图消灭红色政权。在报道红军面对敌人围剿的"不利"局面时，《红色中华》往往会采用轻松诙谐的标题报道这些消息。在及时传递消息的同时，鼓舞苏区军民士气。在国民党广东地方军阀陈济棠准备进攻中央苏区的报道上，采用了"准备送枪"②这样的标题，讽刺陈济棠对中央苏区的进攻不会取胜，反倒是为苏维埃送来武器。在第18期上，郑重宣布中华苏维埃共和国对日宣战，同期报上针对何应钦挂帅对中央苏区围剿的消息，采用"国民党又要送枪给红军"③的标题，抗日与围剿，一目了然。在其后续报道中，与红军因抗日而出现的活跃局面相比，何应钦亲自到前线指挥围剿，《红色

① 《中央关于苏区宣传鼓动工作决议》，《中共中央文件选集》(第七册)，中共中央党校出版社1991年版，第212页。

② 《准备送枪》，《红色中华》，第6期，1932年1月20日，第3版。

③ 《国民党又要送枪给红军》，《红色中华》，第18期，1932年4月21日，第2版。

中华》则刊出针对何应钦到来的消息报道，以“又要来苏区送枪弹”[①]讽刺何应钦不去抗日反而进攻苏区的行为。

揭露帝国主义侵略中国野心，是《红色中华》引导舆论走向的重要内容。《红色中华》在刊登帝国主义侵华相关的报道时，一针见血，使民众读到报纸时，认清帝国主义的本质。在日本侵略东三省的相关报道中，《红色中华》不断指出日本在扩大侵华的同时，蚕食了其他帝国主义国家在华利益，希望通过此种编排新闻的方式，引起其他国家的关注，对日本侵华施压。在《英帝国主义向日本抗议》一文中，指出：“日本将北宁榆宁铁路，划归南满，英大不满意（妨害英帝国主义利益），向日提出严重抗议，英日冲突又加紧张。”[②]

虽然国民党在这一时期建立起全国性的舆论控制网络，但中共的抗争始终没有停止。通过以《红色中华》等诸多报刊为平台，中共的宣传舆论对内镇压土豪劣绅，对外抵御国民党军事围剿，使中共根据地军民士气高涨，军民一心，同仇敌忾，积极投入武装保卫苏维埃政权的行动中，为中共开展的各项事业奠定了基础，为人民政权提供了有力的支持，使更多的民众听到了国民党舆论统制之外的声音，了解事实真相和国家困境，在动员全民抗战、保家卫国中，起到了积极的作用。

---

① 《又要来苏区送枪弹》，《红色中华》，第19期，1932年4月28日，第2版。

② 《英帝国主义向日本抗议》，《红色中华》，第6期，1932年1月20日，第2版。

# 第十一章

# 新闻学科化建制及民营报刊的职业化趋向

自清末近代报刊诞生至民国初年，在政权更迭、社会重构的历史背景下，中国新闻事业与新闻学从萌芽到发展，走过了半个世纪的历程，并在民国初年迎来了重要发展期：在学科进程上，北大新闻学研究会的成立标志着中国近代新闻教育开始起步，并随着各类高校开设新闻学专业课程而完成了学科化建制的第一步。在新闻事业上，民营报刊及报人步入了职业化的进程，并开始探索新闻职业精神。在新闻学学术思想的演变上，也历经了新闻本体论、新闻大众化与宣传并存等数次更迭。

## 第一节　北大新闻学研究会与中国早期新闻学科化建制

中国近代新闻学科建制与北京大学密切相关。北大新闻学研究会及北大相关的课程设计对其他新闻教育机构亦有影响。

### 一、北大新闻学研究会的成立

据北大新闻学研究会成立时的历史回顾："民国元年以后，新闻骤增，仅北京一隅，闻有八十余种。自然淘汰之结果，其能持续至今者，较十余年前之规模大不同矣。惟其发展之道，全恃经验，如旧官僚之然。苟不济之以学理，则进步殆亦有限。此吾人所以提出新闻学之意也。”[①]1918 年 10 月 14 日晚 8 时许，北京大学理科第十六教室，著名教育家蔡元培发表演讲。蔡元培，1868 年生于浙江绍兴，1916 年至 1927 年任北京大学校长。蔡元培时年 51 岁，正值其执掌北大的第三个年头。自蔡元培入主北大以来，兼容并蓄，邀请《新青年》主编陈独秀为文科学长，提倡学术民主，支持新文化运动。彼时国外新闻学教育迅速发展，“欧美各国，科学发达，新闻界之经验又丰富，故新闻学早已成立。而我国则尚为斯学萌芽之期”[②]。对比国内新闻界现状，蔡元培与徐宝璜、邵飘萍等动议，在北大成立新闻学研究会，开展新闻学教育，介绍欧美新闻学，同时“我国新闻界之经验，亦与外国有特别不同之点。吾人本特别之经验而归纳之，以印证学理，或可使新闻学有特别之发展”[③]。蔡元培的致辞，后以《新闻学研究会成立记》为题发表在两天以后，即 1918 年 10 月 16 日的《北京大学日刊》上，这也标志着中国第一个新闻学研究机构——北京大学新闻学研究会正式成立。

在蔡元培简短的致辞之后，徐宝璜即开始给到场的会员授课。徐宝璜，1894 年生于江西九江，1912 年毕业于北京大学，考取官费留学，于美国密歇根大学攻读经济学，兼修新闻学；1916 年学成归国，曾任北京《晨报》编辑，是著名的新闻教育家，被誉为“新闻教育界第一位大师”。彼时徐宝璜任北京大学教授、校长办公室秘书，同时担任《北京大学日刊》主任，也是较早在国外接受过正规新闻学训练的学者。当晚，徐宝璜的讲授内容以“新闻纸之职务及尽职之方法”为题，对新闻纸的名称来源、内涵定义、职能功用进行了梳理。徐宝璜认为，“若专以输灌知识，提倡道德，或发达商业等事为目的，而绝不供给新闻或视之为无足轻重者，则只可名曰：‘杂志’，不能称为‘新闻纸’”[④]。他从学理层面明确了新闻纸的定义，而“新闻纸职务颇繁，言其重要者有六，即：供给新闻，代表舆论，制造舆论，输灌知识，提供道德，发达商业是也”[⑤]，同时对如何让新闻纸发挥其功用提出了可行的方法。这是中国新闻研究领域首次从学理层面对新闻何以为学提出自己的见解，徐宝璜也因此被

① 《新闻学研究会成立记》，《北京大学日刊》第 228 号，1918 年 10 月 16 日，第 2 版。
② 《新闻学研究会成立记》，《北京大学日刊》第 228 号，1918 年 10 月 16 日，第 2 版。
③ 《新闻学研究会成立记》，《北京大学日刊》第 228 号，1918 年 10 月 16 日，第 2 版。
④ 《新闻学研究会成立记(续)》，《北京大学日刊》第 229 号，1918 年 10 月 17 日，第 2 版。
⑤ 《新闻学研究会成立记(续)》，《北京大学日刊》第 229 号，1918 年 10 月 17 日，第 2 版。

誉为“新闻教育开山祖”[①]。

1918 年 11 月 3 日，北京大学新闻学研究会的另一位导师邵飘萍开始授课。邵飘萍，1886 年生于浙江金华，曾为《时事新报》《申报》《时报》等多家报刊撰稿，并创办“北京新闻编译社”、《京报》，文笔老练辛辣，时为“名满京师”的著名记者。1918 年，感于“我国新闻事业之不振，良由新闻界人才之缺乏”[②]，又“我国新闻界人才之寥落，良由无人以新闻为一学科而研究之者”[③]，邵飘萍致信蔡元培，“陈本校应设新闻研究一门，造就人才，为将来之新闻界谋发展”[④]，建议在北京大学开展新闻教育及新闻研究，并亲自担任授课导师。第一次授课便以《新闻社之组织》为题，邵飘萍认为，“欧美大都会之新闻纸，每部除广告外，平均约六万及至八万余言，足与全部长篇小说相埒……日本京阪各大新闻，亦发行五万乃至二十五万以上，他种书籍，数万言之字数，殆需数月而始告成，此则至多仅历二十四小时，经过若干机关，遂能完成新欤之新闻纸，廉价而供大众之披览。问何以神速至此，则同部机关之组织，不可不无一研究之”[⑤]。时值邵飘萍创办《京报》不久，对一份报纸的整体架构、组织运营有着新鲜而深刻的体会，他介绍了报社营业、工场、编辑三部分的基本架构，讲演内容实用性极强。

从 1918 年 10 月 14 日北京大学新闻学研究会成立以来，“每逢星期一、星期三、星期五，七点至八点，在理科第十六教室开常会”[⑥]，常会最重要的内容即为导师授课。邵飘萍加入之后，授课时间调整为“(一)每星期一及星期三晚七时至八时，由徐先生担任演讲。(二)每星期日上午十时至十一时，由邵先生担任演讲”[⑦]。时人认为，中国近代新闻教育，“自北京大学于民国七年添设新闻学课程起”[⑧]。

---

① 黄天鹏:《新闻学纲要·序》。参见徐宝璜:《新闻学纲要》，上海联合书店 1931 年 12 月版，第 5 页。

② 《邵振青导师在新闻学研究会之演说(十一月三日)》，《北京大学日刊》第 245 号，1918 年 11 月 5 日，第 3 版。

③ 《邵序》。参见徐宝璜著，肖东发、邓邵根编:《徐宝璜新闻学论集》，北京大学出版社 2008 年 12 月第 1 版，44。

④ 《邵振青导师在新闻学研究会之演说(十一月三日)》，《北京大学日刊》第 245 号，1918 年 11 月 5 日，第 3 版。

⑤ 《邵振青导师在新闻学研究会之演说(十一月三日)》，《北京大学日刊》第 245 号，1918 年 11 月 5 日，第 4 版。

⑥ 《新闻学研究会启事》，《北京大学日刊》第 228 号，1918 年 10 月 16 日，第 2 版。

⑦ 《新闻学研究会启事》，《北京大学日刊》第 241 号，1918 年 10 月 31 日，第 2 版。

⑧ 赵君豪:《中国近代之报业》，1938 年 12 月版，第 191 页。

## 二、中国专业新闻教育的第一步

在此之前,中国专业新闻学教育一直处于萌芽状态,无论是报界还是学术界,都随着时代的年轮,逐步为在中国开展专业新闻学教育进行准备。1912 年中华民国成立之初,《中华民国临时约法》便规定"人民有言论、著作、刊行及集会、结社之自由",中国新闻界进入蓬勃发展期,"一时报纸,风起云涌,蔚为大观"[①]。虽政局因时势几经变幻,但新闻界也从政论时代走入商业时代,尤其是 1918 年申报馆斥资 70 余万元建造申报大楼。新的报业大楼高 5 层,有 100 多个房间,并在美国订购最新式的印报机、制铜版机、浇字机等设备,时人认为"报馆之自建房屋者极少,有之亦与普通房屋无异。惟申报馆之房屋,比较合于报馆之用"[②]。与报业蓬勃发展不相适应的,是新闻专业人员的匮乏。邵飘萍就曾感叹人力不足,身为社长事务繁忙,仍需亲自采写新闻,撰写评论,甚至面向大学生组稿。[③] 开展专业的新闻教育迫在眉睫。

同时,随着日本学者松本君平《新闻学》与美国记者休曼《实用新闻学》相继在中国出版,学术界也逐渐做好了准备。松本君平,1870 年生于日本静冈县,1890 年赴美留学,并曾于 1895 年在《费城报》《纽约论坛报》担任记者,1896 年回国后进入日本新闻界,1898 年创办东京政治学校,开设三门新闻学课程,进行新闻教育,并亲自授课。1899 年 12 月出版《新闻学》一书,该书又名《欧美新闻事业》,系松本君平的新闻学课程讲义。1903 年 10 月,上海商务印书馆翻译出版,引入中国,"为我国人知有新闻学之始"[④]。美国记者休曼的《实用新闻学》于 1903 年在美国出版,休曼曾在美国芝加哥长期从事新闻工作,该书原著副标题为"最佳办报手册"。1913 年,该书由史青译成中文,上海广学会出版,"国人于日式新闻学之外,复念一美式之新闻方式,渐引起世人研究之兴趣"[⑤]。这两本书的翻译出版为中国开展专业新闻教育做了必要的学术准备。1919 年 12 月,徐宝璜在北京大学新闻学研究会的讲义出版时便以《新闻学》命名,并在文中多次引用松本君平的新闻学观点。1922 年,任白涛出版《应用新闻学》,1923 年邵飘萍的著作则以《实际应用新闻学》命名。

---

① 戈公振:《中国报学史》,商务印书馆 1935 年版,第 181 页。

② 戈公振:《中国报学史》,商务印书馆 1935 年版,第 206 页。

③ 罗章龙:《忆北京大学新闻学研究会与邵振青》,《新闻研究资料》,1980 年 6 月 29 日,第 119 页。

④ 黄天鹏:《新闻运动之回顾》。参见黄天鹏:《新闻学名论集》,联合书店 1929 年版,第 1 页。

⑤ 黄天鹏:《新闻运动之回顾》。参见黄天鹏:《新闻学名论集》,联合书店 1929 年版,第 2 页。

东方杂志社则将胡愈之的《欧美新闻事业概况》与徐宝璜缩减版的《新闻学》，合出一本《新闻事业》。中国早期部分受松本君平及休曼新闻思想影响的新闻学著作，见表11-1所列。

**表11-1　中国早期部分受松本君平及休曼新闻思想影响的新闻学著作**

| 序号 | 年　份 | 作　者 | 书　名 | 出版方 | 备　注 |
|---|---|---|---|---|---|
| 1 | 1903 | [日]松本君平 | 原著《新闻学》 | 商务印书馆 | 又名《欧美新闻事业》 |
| 2 | 1913 | [美]休曼著，史青译 | 原著《实用新闻学》 | 上海广学会 | |
| 3 | 1919 | 徐宝璜 | 《新闻学》 | 国立北京大学新闻学研究会 | |
| 4 | 1922 | 任白涛 | 《应用新闻学》 | 亚东图书馆 | |
| 5 | 1923 | 邵飘萍 | 《实际应用新闻学》 | 京报馆 | 又名《新闻材料采集法》 |
| 6 | 1923 | 徐宝璜、胡愈之 | 《新闻事业》 | 东方杂志社 | |
| 7 | 1924 | 曹用先 | 《新闻学》 | 商务印书馆 | 王云五主编 |
| 8 | 1924 | 邵飘萍 | 《新闻学总论》 | | |
| 9 | 1925 | 戈公振 | 《新闻学撮要》 | 商务印书馆 | |

报界在专业新闻人才方面的巨大需求，学术界对专业新闻教育的理论准备，都为推动中国近代新闻教育做好了铺垫。事实上，中国报界对新闻教育的实践略早于大学。1910年9月4日，中国报馆俱进会在南京成立，该会“入会资格，须为中国人自办之报馆”①，以报馆为会员，各报总理、主笔为代表。申报馆、时报馆、中外日报馆、北京日报馆、商报馆等全国各地40余家报馆均加入该会成为会员，遍及北京、东三省、上海、广东、香港等南北各地，是中国近代新闻史上第一个全国性新闻工作者团体。该会1912年更名为“中华民国报业俱进会”，并通过“设立新闻学校案”，提出“吾国报馆日来异常发达。查各国大学，均有新闻一科，若访员、若编辑、若广告、若发行，各有专门学。我报界欲与欧西媲美，非设此项学堂不可。经公决：由报馆俱进会设立新闻学校一所”②。然而令人遗憾的是，此案虽获得通过，却因

① 《中国报界俱进会记事》，《东方杂志》第六年第九期，1909年10月8日，第244页。
② 《中华民国报馆俱进会第四日大会记事》，《申报》，1912年6月10日。

为种种原因未能付诸实施。一直到6年后,由蔡元培以北京大学为基地,徐宝璜、邵飘萍任导师,北京大学新闻学研究会正式成立之后,专业新闻教育方才得以以每周授课的形式在中国境内正式开展。至此,中国新闻学科化建设迈出了艰难而至关重要的一步。

1918年9月、1919年1月和1919年10月,北京大学新闻学研究会陆续进行了3次招生,前后听课人数近百人,且"研究满一年以上,由本会发给证书"①。尤其值得一提的是,毛泽东便是北京大学新闻学研究会的会员之一,获颁听讲半年证书,是近代中国较早一批接受正规国内新闻专业教育的人。

在蔡元培、徐宝璜、邵飘萍等人的勉力维持下,北大新闻学研究会持续经营了两年许,也逐渐难以为继。由协会牵头进行的不定期的专业教育,活动系于发起人一身,1919年8月,邵飘萍因《京报》事逃亡日本;1920年10月,蔡元培离开北京赴美考察;1920年11月,徐宝璜因母亲去世返乡奔丧。北大新闻学研究会的主要发起人四散离京,该会至迟也于1920年年底结束了日常活动。

## 三、中国早期新闻学科化建制

北大新闻学研究会虽然因为各种原因逐渐退出历史舞台,然则它在新闻学专业教育和学科建设上的开山之功也让后人受益无穷。北大新闻学研究会的两位导师之一徐宝璜于1920年1月在北京大学中文系下增设选修课程新闻学,"每周开课两小时。于本星期六起午后一至三时开始授课,各系学生均可选习"②。教授对象不再限于以前缴纳会费的会员,而是面向北大全校学生,且不再收费。不同于随意性更大的协会讲座,由学校正式纳入日常课程的新闻学,正式进入了高校教育的范畴。

1921年,上海教会学校圣约翰大学创办了报学系,"附于普通文科"③,延请"美国密苏里大学新闻学科毕业生"④、"密勒氏评论报主笔毕德生(D. D. Patterson)兼任其事"⑤,每学期选读者约五六十人,因未设专科,"故毕业生者,仍给以文科学士

---

① 《新闻学研究会改组纪事》,《北京大学日刊》第305号,1912年2月10日。
② 《本校布告》,载《北京大学日刊》第517号,1920年1月17日。
③ 戈公振:《中国报学史》,商务印书馆1935年版,第275页。
④ 《约翰创设新闻科》,《申报》,1921年10月13日。
⑤ 戈公振:《中国报学史》,商务印书馆1935年版,第275页。

学位”[①]。国人自办大学将新闻教育纳入高校教学规模化建制的开端则始于华侨陈嘉庚1921年创办的厦门大学，先设有新闻学部，后改为新闻科，为该校八科之一。然而遗憾的是，“草创伊始，教授缺乏，学生只一人而已”[②]，始终经营艰难，旋于1926年1月停办，被时人批为“徒有其名、昙花一现”[③]。

彼时，五四新文化运动正如火如荼，劳工大众这种底层社会力量进入学者的视线。1918年，在蔡元培的大力倡导下，北京大学创办了为在北大工作的工友提供进修机会的“校役夜班”，这即是北京平民大学的前身。1923年，北京平民大学新闻学系成立，由徐宝璜任系主任，邵飘萍等人任教授，学制4年。该系的成立，将一门刚刚进入高校教育范畴的选修课程，历史性地扩展为“系”这种明显带有组织架构性质的单位。除了名称上的这种改变，北京平民大学新闻学系的课程设置可以说名实相符。专业课方面，有新闻学、新闻采访、新闻编辑、新闻事业史、新闻经营、新闻评论、摄影、速记、广告学及实习等相关课程，与后世的新闻学科课程设置几近相同。除此之外，还大量加入文史哲和社会科学的相关课程，设有中国文学、时事研究、经济学、政治学、社会学及各种法律课程，还同时要求兼修英文、日文等外国语言，见表11-2。新闻学系的课程设置，与一门选修课的分量不可同日而语。该系1923年成立，直到1937年停办，实实在在地为中国新闻学学科化建制增添了浓墨重彩的一笔。

**表11-2　北京平民大学新闻学系学程[④]**

| 序号 | 课程 | 第一学年 | | 第二学年 | | 第三学年 | | 第四学年 | |
|---|---|---|---|---|---|---|---|---|---|
| | | 时数 | 学分 | 时数 | 学分 | 时数 | 学分 | 时数 | 学分 |
| 1 | 新闻道德 | 1 | 1 | | | | | | |
| 2 | 新闻学 | 2 | 2 | | | | | | |
| 3 | 新闻采集法 | | | 1 | 1 | | | | |
| 4 | 新闻述辑法 | | | 1 | 1 | | | | |
| 5 | 新闻事业经营法 | | | | | 1 | 1 | | |
| 6 | 新闻事业发达史 | | | | | 1 | 1 | | |
| 7 | 中国文学 | 2 | 2 | | | | | | |

① 戈公振：《中国报学史》，商务印书馆1935年版，第275页。
② 戈公振：《中国报学史》，商务印书馆1935年版，第276页。
③ 戈公振：《中国报学史》，商务印书馆1935年版，第276页。
④ 《北京平民大学学则》(1928年4月修订)，第11—13页。

（续表）

| 序号 | 课程 | 第一学年 | | 第二学年 | | 第三学年 | | 第四学年 | |
|---|---|---|---|---|---|---|---|---|---|
| | | 时数 | 学分 | 时数 | 学分 | 时数 | 学分 | 时数 | 学分 |
| 8 | 出版法 | | | | | 1 | 1 | | |
| 9 | 时事研究 | | | | | | | 1 | 1 |
| 10 | 特约通讯 | | | | | | | 1 | 1 |
| 11 | 戏评及书评 | | | | | | | 1 | 1 |
| 12 | 广告学 | | | 2 | 2 | | | | |
| 13 | 速记术 | 1 | 1 | | | | | | |
| 14 | 照相术 | 1 | 1 | | | | | | |
| 15 | 现代社会问题 | | | | | | | 2 | 2 |
| 16 | 政治学 | 3 | 3 | | | | | | |
| 17 | 政治史 | | | 2 | 2 | | | | |
| 18 | 经济学 | 2 | 2 | | | | | | |
| 19 | 财政学 | | | 2 | 2 | | | | |
| 20 | 财政史 | | | | | 2 | 2 | | |
| 21 | 民法 | 总则 2 | 2 | 物权 2 | 2 | 债权 2 | 2 | | |
| 22 | 刑法 | 2 | 2 | | | | | | |
| 23 | 商法 | | | 总则 2 | 2 | 商行为公司律 4 | 4 | 股票 1 | 1 |
| 24 | 宪法 | 2 | 2 | | | | | | |
| 25 | 行政法 | | | 2 | 2 | 2 | 2 | | |
| 26 | 国际公法 | | | 平时 2 | 2 | 战时 2 | 2 | | |
| 27 | 国际私法 | | | | | | | 2 | 2 |
| 28 | 统计学 | | | | | 2 | 2 | | |
| 29 | 社会学 | 2 | 2 | | | | | | |
| 30 | 银行学 | | | 2 | 2 | | | | |
| 31 | 货币学 | | | 2 | 2 | | | | |
| 32 | 交通政策 | | | | | | | 2 | 2 |
| 33 | 殖民政策 | | | | | | | 2 | 2 |
| 34 | 社会及工业政策 | | | | | | | 2 | 2 |

（续表）

| 序号 | 课程 | 第一学年 | | 第二学年 | | 第三学年 | | 第四学年 | |
|---|---|---|---|---|---|---|---|---|---|
| | | 时数 | 学分 | 时数 | 学分 | 时数 | 学分 | 时数 | 学分 |
| 35 | 商业政策 | | | | | | | 2 | 2 |
| 36 | 外交史 | | | | | | | 2 | 2 |
| 37 | 英文 | 4 | 4 | 4 | 4 | 4 | 4 | | |
| 38 | 第二外国文（德、法、俄、日之一） | 2 | 2 | 2 | 2 | | | | |
| 39 | 新闻实习 | | | | | | | 2 | 1 |
| 合计 | | 26 | 26 | 26 | 26 | 21 | 21 | 20 | 19 |

在厦门大学和北京平民大学之后，随着学术研究水平的稳步提升和学术成果的不断出版，一批高校先后建立了新闻科系。1924 年北京国际大学与燕京大学、1925 年上海南方大学等，先后设立报学系[①]，燕京大学与美国密苏里大学交换教授与研究生[②]，该系师生还合组“燕京通讯社”(Yenching News Service)，采集中英文稿件供给北京、天津、上海、汉口、香港、东京、纽约等十余家报纸。[③] 北京民国大学、上海复旦大学则分别于 1924 年、1927 年相继成立新闻学系。其中“复旦尤注重实习，所授课程，深合于实际应用”[④]。随后上海国立商学院，南京中央政治学校，中华教育社补习学校，亦纷纷设立新闻专科。当时由中国共产党领导的上海大学，也在邵力子的主持下开设新闻学课程。

与此同时，新闻业界也积极开设新闻函授课程，面向社会培养通讯员。1932 年，《申报》在上海设立新闻函授学校，全国各地约五百名青年学生报名入校，遍及蒙古、新疆、西藏、西康、青海、宁夏等边区省份。其中大学生约占三分之一，课程则参照国内大学新闻学系课程编定。

从学科化的角度说，由术入学亟须解决的一个问题是学科概念的厘定，“每一个学科都试图对它与其他学科之间的差异进行界定，尤其是要说明它与那些在社会现实研究方面内容最相近的学科之间究竟有何分别”[⑤]，亦即对该学科的学术含

① 戈公振:《中国报学史》,商务印书馆 1935 年版,第 275 页。
② 赵君豪:《中国近代之报业》,1938 年 12 月版,第 195 页。
③ 戈公振:《中国报学史》,商务印书馆 1935 年版,第 277 页。
④ 赵君豪:《中国近代之报业》,1938 年 12 月版,第 196 页。
⑤ 华勒斯坦等:《开放社会科学》,生活・读书・新知三联书店 1997 年版,第 32 页。

义、研究对象、研究范围、研究方法进行学理层面的思考。此前虽有松本君平《新闻学》和休曼《应用新闻学》的引入，国人接受了“新闻有学”的说法，然则如何研究这门学科，上述两本著作并没有太多涉猎，而且作为“舶来品”，并不能代表本土新闻研究的水平。经由北大新闻学研究会数年来推行新闻专业教育的涓滴之功，教学相长，持续的授课既让学员们较为系统地接受了新闻学专业教育，也促使授课导师们对相关领域的研究更推进一步。20 世纪二三十年代，本土新闻学著作陆续出版，其内容已基本包括了新闻学的各个方面。

新闻学著作中具代表性的有徐宝璜所著的《新闻学》。[①] 1918 年暑假，彼时北大新闻学研究会尚在筹备之中，徐宝璜鉴于“余对于斯学，虽曾稍事涉猎，然并无系统之研究。客岁蔡校长设立新闻学研究会，命余主任其事，并兼任导师”[②]，便展开相关研究，“以为开会后讲演之用”[③]，初命名为《新闻学大意》，发表于《东方杂志》。在北大新闻学研究会授课期间，徐宝璜以《新闻学大意》为讲义蓝本，结合授课实际，历时一年半时间，参考 31 种中西方书籍和 72 篇论文，四易其稿，最终以《新闻学》为名，1919 年年底由北大出版部以新闻学研究会的名义正式出版。

在《新闻学》一书中，徐宝璜给新闻学下了明确的定义，“此学名‘新闻学’，亦名‘新闻纸学’。既在发育时期，本难以下定义，故曰：新闻学者，研究新闻纸之各问题而求得以正当解决之学也”[④]。徐宝璜认为，新闻学虽是新学，然“尝考各科学之历史，其成立无不在其对象特别发展以后，有数千年之种植事业，然后有农学林学。新闻纸之滥觞既迟，而其特别发展，又不过近百年事，故待至近数十年，方有人以为对象而特别研究之者；研究结果，颇多所得，已足构成一种科学，不过尚在青年发育时期耳”[⑤]。蔡元培在给《新闻学》一书作序时，也表达了类似的观点：“凡学之起，常在其对象特别发展以后，烹饪、裁缝、运输、建筑之学旧矣，积久而始有理化；树艺、畜牧之业旧矣，积久而始有生物学、农学；思想、辩论、信仰之事旧矣，积久而始有心理、论理、宗教诸学；音乐、图画、雕刻之术旧矣，积久而始有美学。以此例推，则我国新闻之发起（昔之邸报与新闻性质不同），不过数十年，至今日而始有新闻学

---

① 华勒斯坦等：《开放社会科学》，生活·读书·新知三联书店 1997 年 4 月第 1 版，第 32 页。
② 徐宝璜：《新闻学》，国立北京大学新闻学研究会，北京大学日刊编辑处 1919 年版，第 4 页。
③ 徐宝璜：《新闻学》，国立北京大学新闻学研究会，北京大学日刊编辑处 1919 年版，第 4 页。
④ 徐宝璜：《新闻学》，国立北京大学新闻学研究会，北京大学日刊编辑处 1919 年版，第 1 页。
⑤ 徐宝璜：《新闻学》，国立北京大学新闻学研究会，北京大学日刊编辑处 1919 年版，第 1 页。

之端倪,未为晚也。"[①]

徐宝璜的《新闻学》出版后不久,邵飘萍在其北大新闻学研究会的授课讲义的基础上整理出版了《实际应用新闻学》,后作为平民大学新闻系的教材使用,该书被称为由中国人自撰的第一部新闻采访学专著。1924年,邵氏又出版了《新闻学总论》,曾作为法政大学的新闻学教材。《申报》新闻函授学校则于1935至1936年间,将孙怀仁编《新闻学概论》、孙恩霖与钱伯涵编《报馆管理与组织》、谢六逸编《实用新闻学》《通讯练习》等17种授课讲义编辑出版。除此之外,姚公鹤所著《上海报纸小史》、任白涛所著《应用新闻学》、戈公振《中国报学史》也相继出版。这些著作涵盖新闻理论、新闻实务、新闻史等各个方面,为中国本土新闻学科建设打下了扎实的理论基础。

随着中国新闻教育事业的持续发展,全国各地依托各高校新闻学系、科,纷纷成立新闻学术团体,1924年,平民大学新闻学会成立;1927年,北京新闻学会、天津新闻学会先后成立;1928年,燕京大学新闻学会成立;1931年,中国新闻学研究会成立;1933年,北平民国学院新闻学会成立;1935年,复旦大学新闻学会、国民党中央政治学校新闻学系新闻学会相继成立;1936年,金陵大学新闻学会成立……部分学会还创办了自己的学术期刊,以期加强新闻学相关学术研究。之前如北大新闻学研究会曾发行专业学术刊物《新闻周刊》,以"便会员之练习""便新闻学识之传播""便同志之商榷"[②],一度被誉为当时"中国唯一传播新闻学识之报纸"[③]。新闻学会的成立和学术期刊的发行,弥补了课堂教育和学术专著的不足。

总之,自1912年中华民国报业俱进会提出"设立新闻学校案"始,经北大新闻学研究会两年开拓,在蔡元培、徐宝璜、邵飘萍等学术大师和报界精英的不懈努力下,在各大高校教授、学子的持续坚守中,历数十年之功,到20世纪30年代新闻有学的观念逐渐深入人心。新闻学专业教育在中国高等教育领域占据一席之地。本土新闻学著作成果丰硕,各地新闻学研究会和新闻学学术期刊如星火燎原。中国新闻学专业教育和新闻学学科建制终有小成。

---

① 徐宝璜:《新闻学》,国立北京大学新闻学研究会,北京大学日刊编辑处1919年版,第1页。
② 《〈新闻周刊〉发刊之目的》,《北京大学日刊》第357号,1919年4月21日。
③ 戈公振:《中国报学史》,商务印书馆1935年版,第275页。

## 第二节　民营报刊及报人的职业化趋向

第一次世界大战爆发之后，列强忙于在欧洲瓜分新的利益，暂时无暇东顾。此时民国缓步迈入了发展民族工商业的黄金时期。中国近代新闻业进入了快速发展的阶段，商业报刊趋于活跃，以《申报》《新闻报》等为代表的一些私营报纸，斥资购入新式设备，开拓广告收入来源，运用现代化的管理模式，向着企业化、现代化方面不断前进，中国民营报刊和一批以此为生的报人群体，从此走上了职业化的道路。

### 一、近代民营报刊的职业化

《申报》原名《申江新报》，由英国商人美查及友人创刊于 1872 年(清同治十一年)4 月 30 日，1949 年 5 月 27 日停刊。是近代中国发行时间最久、社会影响最为广泛的报纸。《新闻报》则晚于《申报》，1893 年(清光绪十九年)2 月 17 日创刊，初为中外合资兴办。这两份都是老牌的商业报刊，进入 20 世纪 20 年代以来，两份报纸分别进入史量才时代和汪汉溪时代。

史量才，1880 年生于江苏，是中国近代著名的"报业大王"。1908 年曾任《时报》主笔，1912 年与友人筹资购入经营不善的《申报》，并任总经理。史量才严格按照商业原则经营报纸，改革报务，广告盈利十分可观。1922 年《申报》创刊 50 周年时，日发行量由 1912 年初购入时的 7000 份上涨到 50 000 份，资金积累成倍上升，发展成为实力雄厚的现代化企业报纸。

汪汉溪，1874 年生于浙江温州，他入主《新闻报》的时间比史量才购入《申报》的时间早十余年。1899 年，上海南洋公学(交通大学前身)校长福开森购入《新闻报》，委任该校庶务汪汉溪为总经理兼董事，从此汪汉溪开始了职业报纸经营家之路。汪汉溪接手后，定位以经济新闻为《新闻报》刊发重点，服务工商界，该报辟有经济新闻专栏，后又增辟《经济新闻版》，逐步为工商界读者所重视。也正是在汪汉溪的苦心经营之下，《新闻报》的日销量从 1914 年的 20 000 份增加到 1921 年的 50 000份，形成与《申报》并驾齐驱的局面，史、汪二人的经营方略也颇为相似。

彼时中国报界刚由政论报刊向商业报刊转型，报馆接受津贴、润笔费成风。史、汪二人均坚持报馆要经济独立、立场中立。1921 年，美国新闻学家格拉士访华,曾赴《申报》馆参观,史量才在欢迎仪式上致辞说,“孟子所谓‘贫贱不能移、富贵不能淫、威武不能屈’,与顷者格拉士君所谓‘报馆应有独立之精神’一语,敝馆宗旨似亦隐相符合。且鄙人誓守此志,办报一年,即实行此志一年也”[①]。汪汉溪同样提出“经济独立”“无偏无党”的办报宗旨,《新闻报》专注于经济新闻,以及它的美商背景,也让汪汉溪得以实施这一宗旨。报馆总经理奉行“独立”之宗旨,报馆方能有“独立”之报格,这也是《申报》《新闻报》能在当年风云谲诡的时代脱颖而出,走向职业化道路的关键所在。

除了坚持“独立”的办报宗旨,史、汪二人也都致力于革新报馆的技术设备。史量才兴建现代化的申报馆报业大楼,斥巨资购入新式设备,使《申报》具备当时国内第一流的先进技术水平。美国密苏里新闻学院创始人、世界报业协会会长沃尔特·威廉博士访华时,三次造访申报馆,盛赞其“布置极似美国之《纽约日报》”[②],并认为以当时申报馆的机器技术水平,“不独可称中国第一大报,即在世界大报中,亦占一位置矣”[③]。汪汉溪在新闻报馆也不遑多让,早在1914年就进口二层轮转印报机;1916年又加购三层、四层轮转印报机,大大提高印报速度,缩短出报时间;1922年,还创造性地在《新闻报》馆内设置无线电收报台,每天直接抄收外国通讯社电讯,当晚译出,抢先登报。这些都大大提高了《新闻报》的技术水平和竞争实力。

在以《申报》《新闻报》为代表的大报的引领下,中国近代报业向着现代化、企业化的方向不断发展。从报馆的组织架构上看,社长之下大多设编辑、营业、印刷三部,有的还会设经理部,协助社长处理报社事务(见图11-1),这在报馆经营上已成为行业规范行为:“不外编辑营业印刷三大部。不过规模小者,常以一人而兼理数职,规模大者,则分部别门,各有专员外,更添设各种补助及旁系机关而已。”[④]

---

① 《本馆欢迎格拉士君茶话会纪》,《申报》,1921年12月23日。
② 《世界新闻协会会长参观本报记》,《申报》,1919年2月11日。
③ 《世界新闻协会会长参观本报记》,《申报》,1919年2月11日。
④ 曹用先:《新闻学》,商务印书馆1924年版,第105页。

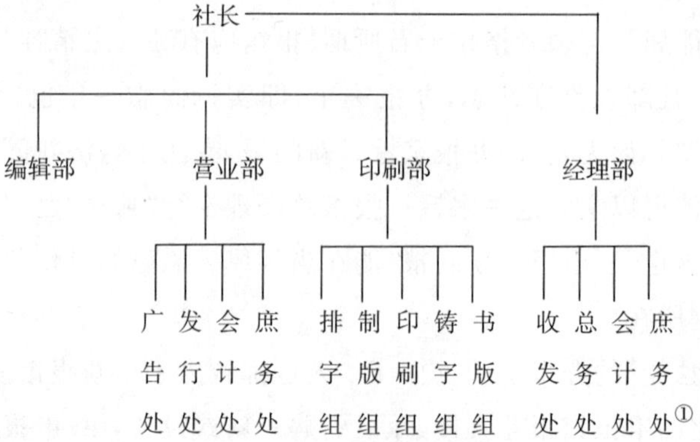


图 11－1　20 世纪 30 年代中国报馆组织架构图[2]

此时商业报纸的经营方式也发生了变化，“在昔经营新闻事业者，以发行报纸——销售报纸——为其主要之财源，近则以广告为主要之财源”[3]，从发行本位变为广告本位。营业部被称为“军队之粮台与辎重……夫军队之能操必胜之权者，固恃战斗部队之奋勇。然荀子弹与粮饷之供给不足，则接济断而战机转矣，则辎重与粮台之活动尚也”[4]。史量才先后聘请擅长经营的汪英宾、张竹平负责《申报》广告部，馆内创设广告推广科，派出外勤人员到处招揽广告业务。同时“改进广告设计，代客绘制广告，撰写文字说明。”[5]这种做法很受工商界欢迎，广告客户迅速增加。比如为“拉拢商店广告的便利起见，特另出一张“本埠增刊”专登广告式的文字，每逢阳历年底圣诞节前，还分出各种冬至特刊，和其他的装饰、饮食、国货等特刊……还另刊广告竞赛，定有奖金，以资鼓励”[6]。汪汉溪则在《新闻报》内增设准备科，专门计算每日广告与新闻的比例，以决定第二天出报的张数，甚至抽掉新闻为广告让路。与《申报》的设“本埠增刊”的做法类似，《新闻报》也另刊有“本埠附刊”，“每月另印各业的专号，像烟草专号，书籍专号等”[7]。两份报纸的广告业务和

① 会计处与庶务处，有时设于营业部，有时设于经理部，一般不在两个部同时设立。

② 参考吴定九：《新闻事业经营法》，上海现代书局 1932 年版，第 4－5 页。姚公鹤：《上海报纸小史》，《东方杂志》第十四卷第六号，1917 年 6 月 15 日。

③ 吴定九：《新闻事业经营法》，上海现代书局 1932 年版，第 5 页。

④ 吴定九：《新闻事业经营法》，上海现代书局 1932 年版，第 3 页。

⑤ 李煜秋：《旧中国民营大报经营策略初探》，《青年记者》，2009 年 6 月 30 日。

⑥ 张静庐：《中国的新闻纸》，光华书局 1928 年 9 月版，第 75 页。

⑦ 张静庐：《中国的新闻纸》，光华书局 1928 年 9 月版，第 75 页。

报纸销量节节攀升,报馆经济实力和技术实力大大增强,这些也都为报馆继续奉行“独立精神”奠定了基础。《申报》与《新闻报》发展在前,其他商业报纸也纷纷效仿,后来者如新记《大公报》、《时报》等等,各家报馆努力发展,开拓广告收入,商业报刊逐渐步入职业化的路径。

## 二、报馆职业群体诞生

报馆的职业化发展催生了报馆职业群体的诞生。这从徐宝璜的《新闻学》一书中便可看出端倪。徐宝璜所著《新闻学》一书,全书共6万余字,分为十四章。除去新闻的定义、价值、采集、编辑等章节外,从第十章开始,便是新闻纸之广告,第十一章新闻社之组织,第十二章新闻社之设备,第十三章新闻纸之销路,第十四章通信社之组织。20世纪30年代出版的大部分新闻学论著,也多会对新闻社的组织架构和经营方式进行介绍。除政论主笔、新闻记者、编辑等职务外,面对商业社会随着激增的广告业务,不断更新的新式技术,以及通讯社等服务性机构,一家报社要正常运营,同样也少不了设置广告、技术、销售、管理等相关职务。《申报》便创设广告推广科,《新闻报》也增设准备科等等。一个行业在逐渐职业化的进程中,必然催生出与之相关联的各种工作岗位,并且这些工作岗位职能划分明确,功能相辅相成。

随着报馆的组织架构逐步健全,各个岗位的职能也逐渐清晰。在商业化最为发达的上海,报社社长,也称总理,“是一馆之领袖,故宜知编辑、营业、印刷三方面之真相,尤贵在知人善任”①,月薪在三百元左右。编辑部内有总编辑、编辑长、要闻编辑、地方新闻编辑、本埠编辑、副刊编辑等,总编辑又称总主笔,负责撰写社论,月薪在一百五十元至三百元之间。编辑长亦称理事编辑,“其事务至繁,指挥馆员,考核访员皆属之”,月薪在一百五十元左右。要闻编辑、地方新闻编辑、本部编辑等月薪约八十元左右,副刊编辑则约六十元。此外,外地报纸在京专员,“或事事发电,或专事通信”,除交际费之外,月薪在百元左右。国内外的特约通讯员,大多按篇计酬,一篇十元左右。国内各埠所驻访员,专任者月薪四十元左右,兼任者约十几元。报馆在本地所专聘的特别访员,“平时外出交际,有事发生,则立即出而访问”,月薪约在四十至六十元之间。专门采访体育运动的访员,月薪则在三十元左右。普通访员则多与其他报馆兼用,月薪在十至三十元不等。除了这些与新闻采

① 戈公振:《中国报学史》,商务印书馆1935年版,第259页。

访编辑直接相关的岗位，编辑部内还有一些辅助的工种，如翻译、校对、译电人等。翻译月薪在五十元至八十元，校对与译电人月薪约二十元。

编辑部之外，营业部和印刷部则设置了大量必不可少，又与新闻采写并不直接相关的工作岗位。营业部部长"纯粹为商人性质，须干练而长于会计"，月薪在百元左右。其下有专司广告、代派、订报、零售、出纳等职务的工作人员，月薪平均水平约三十元。印刷部"由娴于机械者管理之，或由营业部长兼任"，其下有排字工、铸字工、印刷工，还有打纸板浇铅版的工人，月薪在十元至二十元之间。其中懂得照相技术的，月薪则在三四十元。[①] 这些衍生岗位与更广为人知的记者、编辑一样，是每日不断运转的新闻事业不可或缺的一分子。成舍我提出，报社的报差、工人与经理、主笔一样，都要经过严格的训练，"因为一个报差偷懒，漏送或迟送了一份报，和一个工人疏忽，将报纸印错或印得一塌糊涂，这与经历主笔的用非其人，都一样的会受到读者的责备"[②]。

报纸萌生时，来报馆谋生者多为不入流的落魄文人，"从事于新闻事业，惟落拓文人，疏狂学子，或借此以发抒其抑郁无聊之意思"[③]，报馆主笔一度被张之洞斥为落魄文人的末路。而随着社会的进步与时代的发展，新闻记者一跃而为"社会各种职业中最有权威者"[④]，被誉为"无冕之帝王""社会之师表"[⑤]。而随着报馆职业化进程的发展，更多围绕新闻事业的岗位出现，越来越多的人依赖新闻事业安身立命，报馆职业群体也应运而生。这些新出现的岗位，需要掌握一定的专业技能，同样促使高校开设新闻学相关课程，而当高校开设新闻学系之后，又为这些岗位提供了源源不断的新鲜血液。这一良性闭环的形成，既是报馆职业化的必然结果，也将促使报馆在职业化的道路上更进一步。

在报馆职业群体中，记者是非常引人注目的一个岗位。便如同一部电影是团队合作的产物，而光环往往集于明星一身。记者因为他的职业特性，或奔走于权贵政要之间，或穿行于弄堂巷陌之中，且往往在报纸上享有署名权，故此，记者是新闻行业被外界最所关注的职业之一。彼时名记者辈出，黄远生、邵飘萍、范长江、张季

---

① 戈公振：《中国报学史》，商务印书馆1935年版，第259—260页。

② 成舍我：《三种报纸的出路》。参见上海复旦大学三十周年纪念世界报纸展览会筹备会：《报展》，复旦大学新闻学会，1936年1月出版，第52页。

③ 戈公振：《中国报学史》，商务印书馆1935年版，第102页。

④ 任白涛：《应用新闻学》，商务印书馆1941年版，第3页。

⑤ 曹用先：《新闻学》，商务印书馆1924年版，第105页。

鸾、胡政之等人名动天下。黄远生(1885—1915),民初三大著名记者之一,他首创夹叙夹议的通讯文体,甫一问世,便深受读者追捧,时人将这种文体命名为"远生通讯"。黄天鹏在《新闻文学概论》中说"自黄远生出,而新闻通讯放一异彩……为报界创一新局面"①。戈公振更在《中国报学史》中盛赞其为"报界之奇才"②。范长江(1909—1970),我国杰出的新闻记者,以旅行通讯与战地通讯闻名,是继黄远生之后,又一位以通讯文体见长的著名记者。1935年,他以《大公报》旅行记者的身份去西北采访,历时十个月,所写旅行通讯汇编为《中国的西北角》一书,蜚声海内外。

名记者巨大的社会声誉,吸引着更多的人投身新闻界,一时间新闻行业异常繁荣,各地记者协会陆续成立:1909年,我国最早的新闻工作者团体上海日报公会成立;1910年,我国最早的全国性新闻工作者团体全国报馆俱进会在南京宣告成立,该会后更名为"中华民国报馆俱进会";1919年,全国报界联合会在上海正式成立。同时,以上海日报公会、湖南全省新闻联合会、上海新闻记者联合会等为代表的各种地方性的新闻工作者团体层出不穷,或称新闻记者俱乐部,或称记者公会。③ 新闻工作者团体成立后,在争取舆论自由,改善记者待遇,加强新闻教育等方面付出了相当的努力,其中最令人瞩目的事件之一便是民国记者节的设立。1933年1月21日,国民党江苏省政府主席顾祝同在证据不足的情况下强行枪杀《江声日报》主笔、经理刘煜生,这一血案被斥为"实与北洋军阀在北京枪毙邵飘萍、林白水之暴行,如出一辙"④。南京记者公会、上海新闻记者公会纷纷发文谴责,认为"此案不独关系新闻事业之安全,新闻记者之保障,直足以危害全国人民之自由与生存"⑤。全国新闻界共同声援,发起声讨顾祝同的浪潮。迫于舆论压力,1933年9月1日,国民政府行政院颁发《切实保护新闻从业人员》训令,要求"查人民非依法律,不得逮捕拘禁审问处罚,与人民有发表言论及刊行著作之自由,非法律不得停止或限制之……应由内政部通令各省市政府,军政部通令各军队或军事机关,对于新闻事业人员一体切实保护"⑥。第二年8月,杭州记者公会向新闻界发出倡议,公定9月1日为记者节,并开展纪念活动。⑦ 这一倡议得到了全国新闻界的大力支持,此后每

---

① 黄天鹏:《新闻文学概论》,上海光华书局1930年版。
② 戈公振:《中国报学史》,商务印书馆1935年版,第187页。
③ 黄天鹏:《中国新闻事业》,上海联合书店1930年版,第127—129页。
④ 《枪决刘煜生案之反响》,《申报》,1933年2月2日,第四张。
⑤ 《枪决刘煜生案之反响》,《申报》,1933年2月2日,第四张。
⑥ 戈公振:《中国报学史》,商务印书馆1935年版,第373页。
⑦ 支念慈:《纪念节日史略》,新夏图书公司1947年版,第95页。

年 9 月 1 日新闻界都自发组织记者节的庆祝纪念活动。十年后,也即 1943 年,国民政府发布行政院义一号第五二九七号指令,正式设立九月一日为记者节。"使各地新闻记者,每年在此日向社会宣传新闻记者责任的重大和地位的重要,必须提高新闻记者的待遇,才能使他们为社会为国家尽最大而又最善的任务,一面向同业促进他们的自觉,必须在维护新闻记者地位的目标之下,团结起来,才能争取言论自由的实现,和职业安定的保障,这就是记者节发生及其存在的本义。"[①]新闻工作者团体的成立,营救被捕记者的共同奔走,记者节纪念的同气连枝,一系列活动让这一职业的从业者有了更多的归属感和责任感。

### 三、对新闻记者职业精神的探索

作为职业化的群体,记者的职业精神也一直被提及和讨论。早在政论报刊时代,梁启超就对部分报人凭个人恩怨对时事私加毁誉的做法提出了质疑,"臧否人物,论列近事,毁誉凭其恩怨,笔舌甚于兵力,或扬颂权贵,为曳裙之阶梯,或指斥豪富,做苞苴之左券",以致"形同无赖",被世人"至等秉笔政于市侩、无行者相伯仲"[②]。进入商业报刊时代后,报业发达,记者职业化,从业人数大大增加,报纸对舆论的影响日甚一日,"以今法作报,可将一无辜良善之人,凭空诬陷,即可陷其人于举国皆曰可杀之中。盖一人杜撰,万报腾写。社会心理薄弱,最易欺朦也。至于恣臆造论,吠影吠声,败坏国家大事,更易为矣"[③]。同时,民国初年政局混乱,军政两界纷纷培植为自己效力的新闻媒体,新闻从业者"因利津贴而有之,因谋差缺而为记者者有之",新闻界受"利诱威胁之蹂躏,舆论颠倒,道德堕落"[④]。因此,对记者职业精神的探索就更显迫切了。

1915 年,"报界奇才"黄远生提出,新闻记者必须具备四项职业素养:"新闻记者须有四能。(一)脑筋能想,(二)腿脚能奔走,(三)耳能听,(四)手能写。"[⑤]这被称为远生"四能说",并具体指出所谓四能,分别是指"调查研究,有种种素养,是谓能想。交游肆应,能深知各方面势力之所存,以时访接,是为能奔走。闻一知十,闻此知彼,由显达隐,由旁得通,是谓能听。刻画叙述,不逸不漏,尊重彼此之人格,力

---

① 关楚璞:《记者节与职业团结》,《星洲日报半月刊》,商务印书馆,1939 年 9 月 1 日。
② 梁启超:《论报馆有益于国事》,《时务报》,光绪二十二年七月十四日,第一册。
③ 黄远生:《忏悔录》,《东方杂志》,1915 年第 12 卷第 11 号,第 10 页。
④ 戈公振:《中国报学史》,商务印书馆 1935 年版,第 373 页。
⑤ 黄远生:《忏悔录》,《东方杂志》,1915 年第 12 卷第 11 号,第 9—10 页。

守绅士之态度,是谓能写”[①]。邵飘萍主张加强记者的品德修养,他在《实际应用新闻学》一书中,便认为,“记者精神上之要素,以品性为第一。所谓品性者,乃包含人格操守,侠义勇敢,诚实勤勉,忍耐及种种新闻记者应守之道德”[②],记者要炼成“贫贱不能移,富贵不能淫,威武不能屈,泰山崩于前、麋沸兴于左而志不乱……品性完全独立,不受社会恶风之熏染,不为虚荣利禄所羁勒”[③]的品性与操守。徐宝璜则认为:“访员应如军中之兵卒,责任所在,无论何事,皆尽力以为之……虽对人低头屈膝,而不以为耻,只须精神上保其独立不屈之概耳。”[④]彼时出版的大部分新闻类书籍,多辟有“记者资格”或“记者修养”一节,对新闻记者的职业素养提出探讨。

从以上名记者和学者对记者素养的要求不难看出,这些要求与中国由古至今对君子之道和文人风骨的要求非常类似,当时对记者职业精神的探索尚属萌生阶段。到了20世纪30年代,随着日军侵华步伐的加速,国难日益深重,关于记者职业素养的探讨也与时代联系得更为紧密。

1934年,以陆怡、袁殊、恽逸群等为代表的一群“以新闻事业为终身志愿的青年”[⑤],在上海自发地聚在一起,定期召开记者座谈会,“讨论各种有关新闻事业本身的问题和理论”[⑥],呼吁整顿新闻风纪。恽逸群,著名记者、报人和新闻教育家,1926年加入中国共产党,1932年投身新闻界,在上海孤岛时期秘密开展地下活动,曾历任新华社华中分社总分社社长、山东《大众日报》总编辑、上海《解放日报》社长等职。袁殊曾在日本早稻田大学攻读新闻学,1931年加入中国共产党,是近代史上著名的新闻工作者。他们在上海团结了一批20～40岁的少壮派记者和新闻系学子,抨击国民党的新闻统制政策,争取言论自由,探讨新闻记者风纪,呼吁加强职业精神的重塑,整顿新闻风纪,认为新闻界责任的丧失,“有关整个国家民族的危险”[⑦]。他们在《记者座谈》上具体指出,“做一个记者的,学问之外,尚得要把人格健全起来”[⑧],要加强道德的修养,要树立“自尊的观念,忠实的态度,廉洁的节操,

---

① 黄远生:《忏悔录》,《东方杂志》,1915年第12卷第11号,第10页。
② 邵飘萍:《实际应用新闻学》,京报馆1923年8月版,第7页。
③ 邵飘萍:《实际应用新闻学》,京报馆1923年8月版,第7页。
④ 徐宝璜:《新闻学》,北京大学新闻学研究会1919年版,第35页。
⑤ 陆诒:《座谈会的告白》,《大美晚报(中文版)》,1934年8月31日,第3版。
⑥ 怀云:《在〈座谈〉席上——代发刊献词》,《大美晚报(中文版)》,1934年8月31日,第3版。
⑦ 恽逸群:《回顾与前瞻》,《大美晚报(中文版)》,1934年8月22日,第3版。
⑧ 《个人修养和外力诱惑》,《大美晚报(中文版)》,1935年1月31日,第3版。

刚直的意志"[①]。并就此呼吁"欲使记者独立尊严之人格永远屹立,应注意下列两件事:一,提高记者待遇……二,改革生活"[②]。

这一时期出版的很多新闻学著作也积极反思新闻记者职业素养与时代的关系,赵君豪认为:"报纸为社会公器,从事报业者,应秉国家至上,民族至上之精神,竭尽才能,为国家民族谋至上之福利,不容有些微私见,渗杂于其间。"[③]邹韬奋则认为:"新闻记者的思想和行动是要立在时代的最前线的,所以对于知识的补充和当前切要问题的内容,都须有继续不断的研究和探讨。至于搜索材料和奔波采访,那也是新闻记者的分内事,可是非有坚忍耐烦勇往直前的精神不可。"[④]任白涛认为,新闻记者是一种深受社会尊重的职业,记者应做到,"笔可焚而事实不可改,身可杀而良心不可夺"[⑤],反之,则沦为"操觚界之蟊贼,一种之鹰犬而已"[⑥]。

作为新生的职业群体,找寻其职业精神乃应有之义。前一代际的新闻从业者还在愤愤于"世有以新闻记者为下等职业、无赖之人而贱之者,实为大谬"[⑦],此时对新闻记者职业精神的探讨虽仍在起步阶段,但是新闻记者的职业特性注定它是社会分工中受家国之难冲击较前沿的一环,彼时国难深重,新闻从业者对职业精神的探寻从单纯的文人素养主动向时代责任过渡。尽管此时尚不成体系,但也正是这些职业群体对职业精神的不断探索,代际更迭而初心不改,方使得记者职业之魂日益凝练。

在近代中国动荡的时局下,商业报刊抓紧短暂的过渡期,不断发展技术,拓展市场,以广告收入反哺报馆运营,终于使报馆一改往日依附权贵,靠津贴度日的窘境,既展现了商业报刊强大的生命力,也在良性循环的推动下走上了职业化的道路。而报馆的职业化同样催生了近代新闻界职业群体,这些职业群体有技术、有销售、有编辑、有运营,他们多以报馆的专业工作为主要生存来源,各工种互为助力,有机整合,让新闻界呈现一片欣欣向荣之势。尤其是这其中璀璨夺目的记者群体,他们成立各种新闻工作者团体,设立记者节,积极探索职业精神,更成为近代中国职业化的代表。近代报馆和报人,互为表里,在商业报刊时代,初步完成了职业化的进程。

---

① 施钧伯:《新闻记者的修养(续)》,《大美晚报(中文版)》,1935年3月14日,第3版。

② 静庵:《改善待遇与改革生活》,《大美晚报(中文版)》,1935年1月31日,第3版。

③ 《再版序言》,赵君豪:《中国近代之报业》,《申报》,1938年12月版,第1页。

④ 《新闻记者的正确动机》,汉口《新闻记者》创刊号,1938年4月1日版。

⑤ 任白涛:《应用新闻学》,亚东图书馆1937年版,第15页。

⑥ 任白涛:《应用新闻学》,亚东图书馆1937年版,第12页。

⑦ 《日本普通新闻学》。参见邵飘萍:《实际应用新闻学》,京报馆1923年8月版,第59页。

## 第三节　全面抗战前新闻学术思想的演变

从19世纪70年代中国第一代报人王韬以报刊论政闻名以来,历维新运动康、梁等政论家掀起的中国办报高潮,至辛亥革命前后报刊成为宣传革命的重要载体,报刊论政成为一种常态,却又容易沦为政治纷争中各派斗争的工具,“戊戌政变以迄辛亥革命,则篇幅几为政治新闻所独占”[①]。二次革命后,袁世凯、北洋军阀政府采取禁锢言论的政策,“自洪宪以还,军人柄政,祸乱相寻,有若弈棋。报纸之言论与纪载,苟忠实而无隐讳,则甲将视为袒乙,乙又将视为袒甲。故封报馆、扣报纸,检阅函电,十余年来,数见不鲜”[②],一时间报馆人人自危,评论少发。同时,从世界局势看,一战爆发后中国迎来发展的黄金十年,人们对新闻报道的需求增加,“欧战以后,经过巴黎华盛顿诸会议,始稍明了世界大势,而时有见有统系之纪载。年来因教育实业之发展,社会新闻已大改观,如教育商务之各有专栏”[③]。从业界到学界,逐渐由政论本位转为新闻本位。

### 一、新闻本位时代来临

早在1901年,侨居日本已两年余的梁启超,便在其创办的《清议报》第100期上发表《本馆第一百册祝辞并论报馆之责任及本馆之经历》一文。彼时,梁启超在日本耳闻目睹了西式大众化报纸的发行,同时接触了松本君平《新闻学》等西方资产阶级新闻学说,“脑筋为之改易,思想言论与前者若出两人”[④]。在《清议报》100册祝辞中,梁启超提到,报纸“不徒重主笔也,而更重时事,或访问,或通信,或电报,费重资以求一新事不惜焉”[⑤]。按照报纸不同的性质,他将报纸分为四类:“有一人之报,有一党之报,有一国之报,有世界之报。以一人或一公司之利益为目的者,一人之报也;以一党之利益为目的者,一党之报也;以国民之利益为目的者,一国之报

① 戈公振:《中国报学史》,商务印书馆1935年版,第374页。

② 戈公振:《中国报学史》,商务印书馆1935年版,第378页。

③ 戈公振:《中国报学史》,商务印书馆1935年版,第374页。

④ 梁启超:《夏威夷游记》。参见《饮冰室合集》专集第5册,中华书局2015年第1版,第5664页。

⑤ 梁启超:《本馆第一百册祝辞并论报馆之责任及本馆之经历》,《清议报》1901年12月20日第100期。

也；以全世界人类之利益为目的者，世界之报也。”[①]他期待《清议报》能“脱离一党报之范围，而进入于一国报之范围，且更努力渐进以达到世界报之范围”[②]。此时，这位在政论报刊时代以笔论名闻天下的主笔，已经悄然转变。

及至史量才入主《申报》、汪汉溪掌管《新闻报》，辟广告一途为报馆收入主要来源，增添新式设备、扩大报纸发行量，各大报馆争相效仿，《大公报》《世界日报》《立报》等报各辟蹊径，近代报业在时代裹挟下步入商业时代。独立的经济来源，相对稳定的政治局势，使报纸保持中立成为可能。因此，尽管多数报纸背后与政党都有千丝万缕的联系，但发刊之初，纷纷标榜“独立”。如《大公报》便曾以“不党不卖不私不盲”的“四不方针”名噪一时。各报均十分重视新闻采访。黄远生认为：“叙述一事，贵能恰如其分，调查研究，须有种种素养。”[③]邵飘萍则强调：“新闻以不加批评为原则，盖外交记者之职务，只在供给消息，若批评则评论记者之事业。故外交记者之报告消息纯为客观的调查所得之实状，而不以主观的意志左右之。”[④]在业界影响下，新闻学术思想也由政论本位发展至新闻本位。

徐宝璜在《新闻学》一书中明确提出，新闻纸最重要的职能之一就是供给新闻，“以真正之新闻，供给社会，乃新闻纸之重要职务”[⑤]。徐宝璜认为，社会舆论的正当性与新闻事实的正确与否密切相关，“新闻纸者，最能常以关于各种问题之消息供给社会者也。舆论之根据，实在其掌握中”[⑥]。因此，报纸供给的新闻“第一要确实……第二要新鲜”[⑦]。且新闻“既不可因威迫利诱或个人之关系，以非新闻而假充新闻，亦不可因一种关系而没收重要新闻，致社会无研究与立论之根据”[⑧]。在读者对新闻的关注日益上升之时，应扩大选用新闻的范围，“新闻现不限于本埠及本国之要事也，自世界交通日便，各国发生密切关系以来，他国之要事，亦为吾人所注意，故亦为新闻”[⑨]。早期中国新闻学的开创者之一任白涛也提出，新闻机构是

① 梁启超：《本馆第一百册祝辞并论报馆之责任及本馆之经历》，《清议报》1901年12月20日第100期。

② 梁启超：《本馆第一百册祝辞并论报馆之责任及本馆之经历》，《清议报》1901年12月20日第100期。

③ 戈公振：《中国报学史》，商务印书馆1935年版，第187页。

④ 邵飘萍：《实际应用新闻学》，京报馆1923年8月版，第157页。

⑤ 徐宝璜：《新闻学》，北京大学新闻学研究会1919年版，第3页。

⑥ 徐宝璜：《新闻学》，北京大学新闻学研究会1919年版，第3页。

⑦ 徐宝璜：《新闻学》，北京大学新闻学研究会1919年版，第3页。

⑧ 徐宝璜：《新闻学》，北京大学新闻学研究会1919年版，第3页。

⑨ 徐宝璜：《新闻学》，北京大学新闻学研究会1919年版，第4页。

社会公共机关,“彼盈利的或名誉的事业,只计及少数人之利害荣辱。而新闻事业,则以大多数人之利害荣辱为标准”[①]。任白涛(1890—1952),河南南阳人,曾留学日本,新闻学家,1922年出版《应用新闻学》。他强调新闻专业精神,认为:“报纸为满足人类共同的兴趣起见,故传播‘最新’之事实。同时,尤须注力于‘最有兴趣’之点。故将‘最新’与‘最有兴趣’之二原质,含蓄而调和之,亦艺术上重要之条件也。”[②]戈公振(1890—1935),著名记者,新闻史学家,我国第一部全面系统研究中国新闻事业发展史的著作《中国报学史》的作者。他同样认为:“报纸之原质,质言之,即新闻公布之谓也。”[③]他强调,记者的天职是“代表舆论”而非“制造舆论”,其行为不应是“起而言”,而是“坐而听”,即“耳有所听,手有所记,举凡国民欢笑呻吟哭泣之声,莫不活跃纸上,如留音机器然”[④]。这是新闻本体论的典型论调。曾任《申报》要闻编辑、上海大学教授,后任国民党中央宣传部副部长、新闻检查处处长等职的潘公展也强调新闻的客观性,“如果新闻记者把他自己的好恶掺入新闻的本身,那么他对于报纸和社会公众实在负了一种欺骗的责任,无异毁了新闻的信用”[⑤],认为记者在采写新闻时,要“完全用客观的地位来叙述”[⑥]。

蔡元培曾提出“新闻类史”的观点,“新闻者,史之流裔耳。古之人君,左史记言,右史记事,非犹今之新闻中记某某之谈话若行动乎?不修春秋,录各国之报告,非犹今新闻中有专电通信若译件乎?由是观之,虽谓新闻之内容,无异于史可也”[⑦]。黄天鹏则认为,新闻文学与史学在选材与写作方式上的差别是,“史之所记,不嫌其旧,而新闻唯求其新……史纪事结论于末,新闻记事撷纲于端”。黄天鹏,1905年生于广东普宁,曾就读于北京平民大学新闻学系,时徐宝璜任该系主任。黄天鹏的研究继承了前辈学者的精髓,并有所洞见,他认为“报纸是人类的食粮”[⑧],在当时就敏锐地观察到“新闻事业之进化,最初为政论本位,后来始为新闻

① 任白涛:《应用新闻学》,商务印书馆1941年版,第5页。

② 任白涛:《应用新闻学》,商务印书馆1941年版,第10页。

③ 戈公振:《中国报学史》,商务印书馆1935年版,第13页。

④ 戈公振:《中国报学史》,商务印书馆1935年版,第381页。

⑤ 潘公展:《新闻记者的观点》。参见黄天鹏:《新闻学名论集》,上海联合书店1929年10月版,第276页。

⑥ 潘公展:《新闻记者的观点》。参见黄天鹏:《新闻学名论集》,上海联合书店1929年10月版,第276页。

⑦ 蔡元培:《新闻学大意序》。参见《蔡孑民(元培)先生言行录》,新潮社1920年版,第444页。

⑧ 黄天鹏:《新闻学入门》,光华书局1933年4月版,第6页。

本位”[①]。他先后创办《新闻学刊》《新闻周刊》《报学杂志》等，吸引了徐宝璜、邵飘萍、胡政之、戈公振、徐彬彬、潘公展等一大批新闻学专家和著名编辑记者，形成一个“以新闻为本位”的松散的研究团体。黄天鹏注重收集整理新闻学著作和论文，不仅捐助了大量新闻学藏书协助复旦大学成立新闻学研究室，还认为：“二三十年来之新闻运动，自胚胎时期而酝酿时期而萌芽时期而启蒙时期以至今日之光明时期，统计专书不下二十册，论文约二百余篇，其进展之痕迹，固有蛛丝马迹可寻，获一模糊之印象，而论著散见报章新志，日就散佚湮没，其中不乏可存之作。”[②]1929—1931年，黄天鹏收集这些学者和业界代表的“可存之作”，结集出版《新闻学名论集》《新闻学刊全集》《新闻学论文集》《报学丛刊》《新闻学演讲集》等书，整理收集了当时新闻学研究的点滴进展，是当时著述最丰的新闻学研究者之一。

## 二、向新闻大众化与宣传并存时代过渡

时代并未给初有成果的新闻本体论太多的学术空间，1931年九一八事变，东三省落入日本人之手，1935年，日本与国民党当局签订进一步控制华北的《何梅协定》。华北事变后我国丧失大部分华北的主权，抗日救亡运动兴起。新闻界在九一八以后发生了明显的变化，史量才改变了保守态度，公开赞成团结抗战；一批左翼文化工作者参加合法报刊和通讯社工作，把宣传革命文化和宣传抗日救亡结合起来。时局的变动，业界的转向，也让新闻学研究者苦苦思索，试图在新闻大众化与日益严峻的战前局势中寻找新的平衡点。

1931年10月23日，中国新闻学研究会成立，该会由“左翼社会科学家联盟”下的“集纳协会”、《文艺新闻》《申报》《新闻报》《时报》部分编辑和记者以及复旦大学新闻系、民治新闻学院部分师生组成。他们向全国新闻记者发出号召：“赶速的集合、组织起来，从研究到行动，负起新闻界对社会所应负的任务，并谋求充实有效的忠尽我们的职责！”[③]呼吁记者肩负起社会责任，一方面“要记录战争的实迹，要报导无数同胞在日军兽性之下裂体分尸的惨况”[④]，另一方面，“要唤醒一切沉迷未悟的大众，要建立舆论的权威及其任务”[⑤]。

① 黄天鹏：《新闻文学概论》，光华书局1930年8月版，第19页。
② 黄天鹏：《新闻学名论集》，上海联合书店1929年10月版，第4页。
③ 中国新闻学研究会：《檄全国新闻记者》，《文艺新闻》第51号，1932年4月18日。
④ 中国新闻学研究会：《檄全国新闻记者》，《文艺新闻》第51号，1932年4月18日。
⑤ 中国新闻学研究会：《檄全国新闻记者》，《文艺新闻》第51号，1932年4月18日。

新闻界开始重新重视评论的力量，曾在上海国民大学、上海沪江大学执教新闻并在抗战初期主持《申报》的潘公弼认为，“报纸的评论，是公众的舆论，是人民的喉舌，是民众的指导者与代表者”①，“报纸精神的表现，全寄之于评论”②。恽逸群等在上海组织“记者座谈”的同人，也同样重视新闻评论的作用。他们认为，新闻评论最能体现办报者的政治倾向，重视评论，亦即重视报纸的宣传功能。若不设评论，报纸就不能承担“教育民众，指导民众的任务”③。黄天鹏1931年编著《新闻学演讲集》时感慨，“集中的演讲者约有十多人，很可代表这二三年来一般人对于新闻学的见解。和我前年所选辑过去二三十年的新闻论文——《新闻学论文集》，正是一个相反的时代。由这二本截然不同的集子，可以看出近代新闻学理论上的变迁和进展”④，认为“新闻学在中国已进了一个新的时代了”⑤。

彼时，国民党推崇“为党立言”，面对不断严峻的国内外形势，不断通过多种措施建立并加强了全国的新闻统制。1930年，中原大战甫一结束，即颁布《出版法》，在经济发达、文化繁荣、共产党活动较多的上海，国民党更是厉行了相较于全国其他地方更加严格的统制政策，陆续公布并实行《宣传品审查标准》《重要都市新闻检查办法》《新闻检查标准》《邮电检查施行细则》《图书杂志审查办法》等。1935年，成立中央新闻检查处，强化了新闻检查。逐渐收紧的新闻统制政策让推行报纸大众化、追求言论自由、以新闻为本位的新闻界人士备感束缚。为寻求解决之道，一时间，各种新闻学研究观点层出不穷，有的从日本舶来，有的受美、德学派影响，马克思主义新闻学的观念也经五四新文化运动传入中国，并随着中国共产党的革命实践日益扩大影响。

张友渔系近代中国用马克思主义探究新闻理论与实务的先行者。张友渔(1899—1992)，山西灵石人，曾两次赴日本攻读新闻学。九一八事变后，他回国担任《世界日报》主笔，兼燕京大学新闻学教授。他是第一位在非共产党的舆论工具上公开宣传“报纸是阶级斗争之武器”观点的新闻学者。他认为，“报纸本质是阶级社会中之一种阶级斗争的武器，在它的背后，常站着一种阶级的势力，至少，也站着党派的势力；因而它所登载的消息，不能不渗透过这种阶级意识和党派意识的作

---

① 《报纸的评论》。参见黄天鹏：《新闻学演讲集》，上海现代书局1931年版，第103页。
② 《报纸的评论》。参见黄天鹏：《新闻学演讲集》，上海现代书局1931年版，第104页。
③ 恽逸群：《读“早报”后》，大美晚报(中文版)，1935年6月13日。
④ 《例言》。参见黄天鹏：《新闻学演讲集》，上海现代书局1931年版，第1—2页。
⑤ 《例言》。参见黄天鹏：《新闻学演讲集》，上海现代书局1931年版，第2页。

用，隐蔽了或改变了它的真相”[①]。面对国外侵略势力的掠夺，国民政府反而加紧了对国内的封锁和清洗，阶级矛盾日益尖锐。张友渔提出，此时应摈弃以往以新闻为本位、有闻必录的做法。作为社会公器，报纸摆脱不了它的政治属性，“报纸是政治上的一种统治工具，也即是政治思想的工具”，任何报纸对于政治都“不是中立或超然的”[②]。当时，世界报系的成舍我，主张把社论作为大众化的重要内容，通过社论表达一定的政治倾向，通过对重大政治事件和社会事件的评论，以期吸引读者的注意，在纷繁复杂的局势和日益激烈的竞争中获得一席之地。张友渔也持类似的观点，并在学术层面做了更深入的研究。1932 年他在燕京大学新闻系开设社论课程，后将课程讲义整理成《何谓社论》一文，发表在《世界日报·新闻学周刊》上。该文是当时较早从学理层面对社论进行剖析的学术论文。张友渔认为，社论“代表报社之意见，对于时事，有所解释、批判及主张，以期指导读者之论评也”[③]。社论需要紧扣时事，尤其是在当时社会动荡的历史背景下，“若在政治斗争激烈，人民关心时事，尤其革命流潮澎湃之时，社论而不论及时事，将必为人所厌弃矣”[④]。

中国本土新闻学术思想，自清末民初的以政论为本，经梁启超的首倡之功，再经黄远生、邵飘萍、徐宝璜、任白涛等业界巨擘和学界同人的共同努力，在二十世纪二十年代经济发展、社会平稳的局势下，经五四新文化运动的洗礼，一变而进入新闻本体时代。九一八事变之后，东北沦陷，中华民族到了最危险的时候，抗日救亡成为时代主旋律，经中国新闻学研究会、集纳协会、记者座谈等新闻学术团体，经张友渔、恽逸群等新生代学者和记者代表的共同呼吁，再变而进入新闻大众化与宣传并存的时代。每一次新闻学术思想的变化，都伴随着时局的更迭，似有一只无形之手，冥冥中搅动风云变幻。面对纷繁芜杂的国内外局势，几代新闻人历时局震荡而初心不改，直面社会责任，有抱负有担当，虽学术观点不断变化，却无不是当时背景下适合行业发展的理论学说。

---

① 张友渔：《由消息的真伪谈到天津〈益世报〉的失败》(1933 年 12 月 14 日)。参见《张友渔文选》(上)，法律出版社 1997 年版，第 34 页。

② 张友渔：《政治与报纸》(1934 年夏)。参见《张友渔文选》(上)，法律出版社 1997 年版，第 60 页。

③ 张友渔：《何谓社论》。参见燕京大学新闻学系：《新闻学研究》，良友公司 1932 年版，第 1 页。

④ 张友渔：《何谓社论》。参见燕京大学新闻学系：《新闻学研究》，良友公司 1932 年版，第 3 页。

# 第五编

# 战争中政治结构调整与国家重建语境下新闻事业（1937—1949）

# 第十二章

# 抗战时期媒介地理及其战争动员

1931年9月18日，日军在沈阳城附近蓄意挑衅，制造了震惊中外的“九一八”事变，长达十四年的抗日战争爆发。抗日战争是一场关系到国家民族生死存亡的战争。抗日战争对中国社会的影响是巨大的，它不仅给中国人民和中国社会带来无尽苦难，同时也“把整个社会投入战争的烘炉中，用最进步的铁锤，驱使整个社会向新方向前进，而这样的进步速度，往往超过平时几十倍，或几百倍”[①]。早在1939年初，范长江就认识到，“中国对日抗战一年半的过程中，中国传统的政治经济文化各种理论和实践的办法，都起了根本的变化”[②]。这种根本性的变化映射到新闻事业上，典型特征就是新闻宣传与军事政治行为的高度黏合。舆论动员和新闻宣传都围绕抗日救亡这一全国新闻宣传的中心议题，紧密配合抗战军事斗争和政治战略，甚至出现“舆论一律”的提法：“敌人的侵略凶焰，反映到新闻界上，在国家方面是新闻管制之建立，在报界本身是言论自由说转变为舆论的统一，即‘国家至上’

---

① 范长江：《通讯与论文》，新华出版社1981年版，第213页。

② 范长江：《通讯与论文》，新华出版社1981年版，第213页。

'民族至上'国论的形成。"[①]这种统一，是谋求舆论导向和舆论对抗上全面的统一。抗战时期形成以国统区、沦陷区、抗日根据地为代表的三大地理空间，大致具体地落实在中国的大西南、西北及中国中东部三大区域。三大区域和三大行政主体相对应，形成了基于各自的行政主体和地域空间的媒介系统，也形成不同的舆论动员模式。这种具有鲜明的区域特征的传媒格局和舆论动员的模式也随之形成三大舆论场域。三大区域利用自己的媒介系统，在抗战的不同阶段，针对不同的政治军事事件，展开不同主旨、不同目的的舆论宣传鼓动，甚至发动针锋相对的舆论战。此外，除了这三大舆论场之外，还有以这三个舆论场为主导延伸出来的海外舆论场。

## 第一节　抗战背景下舆论场域的变迁与重组

抗战十四年间，舆论场的变迁和重组是同步发生的，每一次变迁既包括舆论场双方关系、地理区域的关系变化，也包括舆论本身轨迹的转变。同时，围绕中日关系、国共关系以及抗日战争的历史进程，在不同的历史阶段，舆论场域的变迁、重组的原因呈现多元。

### 一、抗日战争期间舆论场域的变迁

抗战期间三大舆论场最终形成于战略相持时期，即国民政府迁移至大西南区域。三大舆论场的形成经历一个时期，变化的节点主要取决于抗战进程的不同阶段。中日双方、国共两党的舆论诉求和舆论场所属的地理空间均不相同，这种差别呈现关联舆论场域范围和特征的变化。

#### (一)华北危机推动下舆论场的转变

随着"九一八"事变的爆发和日军一步步侵入华北，中国进入抗日战争的局部抗战阶段，抗战救亡渐成大众媒介的主流话语。华北事变之后，主张"团结御侮"逐渐成为舆论主流。"我们破碎的中华民国，已经到了最后的生死关头，敌人得寸进

① 黄天鹏：《四十年来中国新闻学之演进》，《中国新闻学会年刊》，1942年第1卷第1期，第36页。

尺的步步来侵略,压迫,吞并全中国的计划,眼见即将完成。”[①]东北沦陷的结果是以伪满洲国的名义分割出去。华北事变之后即有日伪控制下的冀东防共自治政府成立。这些日伪政治主体从政权结构上瓦解了中国国土和国家主权的完整性。面对国家民族的存亡危机,以群众运动为代表的抗日运动风起云涌,尤其是“何梅协定”之后,以中共为代表的各爱国党派、组织“进一步抛弃宗派主义、关门主义,投身到抗日统一战线的洪流中”[②]。“中国政治生活中的各阶级,阶层,政党,以及武装力量,重新改变了与正在改变着他们之间的关系。”[③]群众运动是中国各个阶层,尤其是人民大众对抗日的决心和意志的体现,团结抗日逐渐成为中国当时的主流话语和主要的舆论导向。

基于对国际国内情势的判断,1935 年 8 月 1 日,中共驻共产国际代表团草拟并刊发《为抗日救国告全体同胞书》,明确提出建立抗日民族统一战线的政治诉求。“只要国民党军队停止进攻红军的行动,只要任何部队实行对日抗战,不管过去和现在他们与红军之间有任何旧仇宿怨,不管他们与红军之间在对内问题上有何分歧,红军不仅立刻对之停止敌对行为,而且愿意与之亲密携手共同救国。”[④]为了适应国内国际新形势的需要,中共于 1935 年 12 月在瓦窑堡召开会议,指出党的策略路线是“发动,团聚与组织全中国全民族一切革命力量去反对当前主要的敌人:日本帝国主义与卖国贼头子蒋介石”[⑤]。明确抗战重点目标是“开展神圣的民族革命战争,驱逐日本帝国主义出中国,打倒日本帝国主义走狗在中国的统治”[⑥],强调“只有最广泛的反日民族统一战线(下层的与上层的),才能战胜日本帝国主义及其走狗蒋介石”[⑦],“在亡国灭种的前面,中国人民决不能束手待毙”[⑧]。中共在抗日和联合各阶级、阶层上的坚决性,带动了舆论场域上呼求抗日、呼求联合起来一致对外的舆论诉求。

---

① 沈颂芳:《新闻记者与民众运动——全国新闻记者组织之必要》,《大美晚报·记者座谈》专刊,1935 年 12 月 26 日,第 3 版。

② 夏衍:《懒寻旧梦录(增订本)》,中华书局 2016 年版,第 180 页。

③ 《中共中央文件选集》(第 10 册),中共中央党校出版社 1991 年版,第 604 页。

④ 为抗日救国告全体同胞书(八一宣言)》(1935 年 8 月 1 日)。参见中共中央党史资料征集委员会:《第二次国共合作的形成》,中共党史资料出版社 1989 年版,第 57 页。

⑤ 《中共中央文件选集》(第 10 册),中共中央党校出版社 1991 年版,第 604 页。

⑥ 魏建国:《瓦窑堡时期中央文献选编(上)》,东方出版社 2012 年版,第 30 页。

⑦ 《中共中央关于目前政治形势与党的任务的决议(1935 年 12 月 25 日)》。参见《建党以来重要文献选编》(第 12 册),中央文献出版社出版 2011 年版,第 536 页。

⑧ 魏建国:《瓦窑堡时期中央文献选编(上)》,东方出版社 2012 年版,第 30 页。

从地理空间上看，这个时候中共主导的舆论场域，以长征的线路为主。长征过程中，工农红军以军事单位为主体，一边行军作战，一边办报办刊，以长征线路为地理空间，形成了移动的、立体的宣传模式，实现了“长征是宣言书，长征是宣传队，长征是播种机”①的宣传效果。当然，除了北上途中的宣传，这一时期中共也有扎根于上海、南京、香港等地的舆论宣传。在这些地域的宣传既有借助于通讯社、期刊报纸，如《集纳批判》及上海新生通讯社、远东通讯社等传播中共的抗日主张，还有以新闻组织为介质开展的舆论宣传和舆论鼓动活动，如以中国新闻学研究会、“记联”等组织为媒介开展的新闻活动。所以从地理空间上看，这一时期的舆论场域是国统区、沦陷区和中共长征经历区域及零散各地的地下舆论宣发点，可简单归纳为“两块、一线、多点”的舆论呈现。总之，1935 年的华北事变推动国共双方在抗战的政治立场和国家利益上的趋同。毫无疑问，中共的一系列政策和对政策的执行是抗日民族统一战线形成的重要推助力。

(二)统战背景下以中日对抗为主旨的两大舆论场

华北事变推动了中国社会不同阶级阶层、不同武装力量、不同团体、不同政党谋求以抗日为目的的“统一”，谋求暂时之和平。其中，不仅有中共，也有各地方实力派，以及国民党阵营中的爱国人士或者有其他政治目的的一部分人。他们有不同的动机和立场，“有的只是为了保持他们原有的地位，有的为了要争取运动的领导权，使运动不至于超出他们所容许的范围之外，有的真是为了中华民族的彻底解放”②。比如，这个时期蒋介石本人也提出“统一”口号，并强调“统一”是彻底剿灭中共的“统一”。为了促进抗日民族统一战线的尽快形成，中共决定将“反蒋抗日”政策转向“逼蒋抗日”。早在 1935 年，毛泽东就给驻守西北的抗日名将杨虎城写信，提出“西北大联合”的主张。最后在中共极力推动下，杨虎城最终接受了中共有关停止内战，一致抗日的主张。这个局部范围的统一战线为西安事变的爆发奠定了基础。这也正体现了华北事变之后，“许多爱国人士开始要求南京接受共产党的停止内战和在‘志愿统一’的基础上建立民族阵线的建议，以便集中全国人民的力量抵抗日本这一共同的敌人”③，以争取一切可能的力量到抗日战线中来。西安事

① 《中国工农红军长征史料丛书》编审委员会：《中国工农红军长征史料丛书 · 回忆史料(4)》，解放军出版社 2016 年版，第 214 页。

② 《中共中央文件选集》(第 10 册)，中共中央党校出版社 1991 年版，第 604 页。

③ [美]埃德加 · 斯诺著，董乐山译：《西行漫记》，东方出版社 2005 年版，第 408 页。

变爆发后，经过两天的谈判，蒋介石接受了包含"停止'围剿'政策，联合红军抗日"在内的六项协议[①]，西安事变和平解决。"西安事变的和平解决成了时局转换的枢纽：在新形势下的国内的合作形成了，全国的抗日战争发动了。"[②]

国共第二次合作、抗日民族统一战线初步形成，标志着国共联合抗战舆论场与日伪占据沦陷区舆论场的形成。这两大舆论场，并非以各自的舆论生成和运行机制为切分，而是以抗战政治事件中中日舆论对抗为重点，同时区别于后期的三大舆论场。因此，必须关注的是，基于一致对外的国共舆论上的合作，主要体现在抗战这个重大民族事件上舆论的一致性。这一时期，国共两党都积极开展抗日舆论宣传，尤其是中共，不仅宣传自己的抗日策略，也积极配合国民党的舆论宣传。其他方面，双方仍然有各自的舆论导向。统战开始之初，中共就清醒地意识到统一战线"决不是要削弱苏维埃，把红军融化在共同的抗日军队里，把共产党融化在中国某个共同的政治团体里"[③]，始终坚持自己的舆论导向和舆论阵地。随着抗战相持阶段的到来，两大舆论场逐渐发展为三大舆论场。

### (三)战略相持阶段与三大舆论场的最终形成

"1938年10月，日军占领广州、武汉以后，中日战争逐渐转入战略相持阶段"[④]，1939年继南京、长沙相继失守后，中国抗战正式进入相持阶段[⑤]。国民政府迁到重庆，大西南地区成为地理区域上的国统区。

此时，从政治形势上看，军事行动上的惨败，加上汪精卫集团公开叛国投敌，导致以蒋介石为首的国民党一方面积极开展对日妥协投降，另一方面积极限制和消灭共产党抗日力量，前后掀起三次反共高潮。面对国民党的两大趋向，1940年5月4日毛泽东指出："在一切国民党区域，党的基本方针，同样是发展进步势力(发展党的组织和民众运动)，争取中间势力(民族资产阶级、开明绅士、杂牌军队、国民党内的中间派、中央军中的中间派、上层小资产阶级和小党派，共七种)，孤立顽固势力，用以克服投降危险，争取时局好转"[⑥]，仍然坚持对外抗战的统一战线不动

① 文熙：《一战战史·二战战史》，中国华侨出版社2018年版，第431页。

② 《论联合政府》(1945年4月24日)。参见《毛泽东选集》(第3卷)，人民出版社1991年版，第1037页。

③ 《共产国际执行委员会书记处给中共中央书记处的电报》(1936年8月15日)。参见《共产国际、联共(布)与中国革命档案资料丛书》(第15卷)，中共党史出版社2007年版，第241页。

④ 中共中央党史研究室：《中国共产党历史》(上卷)，人民出版社1991年版，第529页。

⑤ 陈标：《中国抗战何时进入战略相持阶段——毛泽东的谜底》，《抗日战争研究》，2003年第1期。

⑥ 《毛泽东选集》(第2卷)，人民出版社1991年版，第756—757页。

摇。但是，随着抗战进入胶着阶段，对外抗日已经不是国民党的唯一目标，对内限共、防共成为蒋介石为首的国民党的重要目标，国共统一战线出现了新的危机。与此相对应的是，国统区和抗日根据地舆论场也产生了明显的对立和抗衡，其中以“皖南事变”的舆论交锋和舆论对抗为重要体现。

国共之间的舆论对抗和舆论交锋，导致以陕甘宁边区政府为中心和以重庆为中心的国共两大舆论场域的最终形成。它们既延续了两大舆论场域时期对日伪的舆论战，又彼此之间依托自身的报刊等媒介系统和政党宣发机构开展舆论争锋，三大舆论场正式形成。

## 二、抗战舆论场重组的原因分析

舆论场域的重组，涉及地理空间的变迁，此是非常重要的标志和表现。即基于抗战语境下舆论所依附的主体，具体地落地在不同的地理空间。三大舆论场域对应地就是三个行政主体、媒介系统、舆论立场。

### （一）地理空间的人为切割

1937年“七七事变”爆发，全面抗战的序幕就此拉开。此后，作为重大政治历史事件的抗日战争全面爆发导致了中国领土上行政领域的分割、行政主体的分化、军事活动的对抗，中国政治格局在地理空间发生巨变。根据行政主体的不同，中国的行政版图被人为的分为三个部分：抗日根据地、国统区、沦陷区。依托于政治体制的传媒生态必然也随之被重新分割，传媒格局的空间意义也必然随之改变。这种改变导致中国出现了沦陷区、国统区与抗日根据地三个生态迥异的舆论场域。此时，中国时局呈现出抗战建国的政治转向，传媒格局出现以急速的时间压缩空间的方式进行调整。从空间版图上来看，抗战时期中国的舆论场域大致也可以分为抗日根据地区域、国统区和沦陷区。从舆论走向上来看，国民党、共产党领导的舆论导向皆以抗日为主题，对抗日本所谓“大东亚共荣圈”的企图及其在中国东北建立伪满洲国和以上海、南京为中心建立汪伪政权，鼓吹中日友好的舆论。

从地理空间的变化来看，抗日战争国民党军队总体上节节败退，导致中国新闻事业格局的零碎化并在地理空间上发生大迁移。以《大公报》为例，该报原以天津为中心，京津等地为日本所控制的前后，《大公报》逐步南迁，先后刊出上海版、汉口版、重庆版、桂林版等，甚至香港版。这种传媒机构的撤退与迁移的过程，也是三个舆论场形成过程的表征。因此，这种舆论场的分割并非传媒自身发展的结果，而是人为的切割。三个舆论场之间有时互相呼应，有时互相对抗，有时彼此孤立。此外，这个舆论场的范围随着抗战形势的推进，处于不断变化之中。如地理空间上沦陷区从东三省逐渐向内陆推进，如抗日根据地舆论场虽以延安为中心，但在沦陷区、国统区中也有呈现。

这三个主要的舆论场，又分别依托于不同的国际舆论场。这也是舆论场人为切割的一个表现。沦陷区的日伪势力主要依附于日本及二战“轴心国”法西斯联盟国家，因此日伪舆论从属于日本及二战“轴心国”法西斯舆论场，以宣传法西斯殖民统治为主。以重庆等地为核心的国民党在大西南的本部继续自己的统治，并受美国的军事等诸多方面的援助。抗战后期，也逐步与二战“协约国”的舆论场互相配合。就国内舆论场而言，无论是地处西北的共产党领导的人民武装，还是国民党领导的大西南地区，都从属于抗战建国的舆论主体。

（二）抗战军事政治对抗中对报刊舆论的依赖

全面抗战前夕，面对亡国灭种的危机，抗战建国的基本国策已成为舆论共识，“全国一致准备应付战争，乃是上下应有的决心，应有的共同努力之工作”①。对全面抗日要做的准备工作，马星野总结为三项：“第一，是军事的总动员之准备，第二，是经济的总动员之准备，第三，是意见的总动员之准备。”②军事、经济和意见三个方面决定战争胜负，即“战争之胜负，取决于人力物力与宣传力”③。这三种准备中“宣传力又为推助物资动员与人的动员的动力所在”④，直言宣传在抗战中的重要作用。钟期森也指出：“两个国家当作战的时候，军事上争夺固然重要，而宣传上的争夺，也是同等重要的。宣传足以辅助战争的发展……”⑤而众多的宣传手段中，新闻界在抗战中的重要作用是被广泛认可的，报纸是表现舆论的工具⑥成为各界共识，“据第一次世界大战的经验，宣传工作，最好是由新闻记者来做”⑦。政府和民众都认识到，“我们要获得神圣的伟大的民族解放战争的最后胜利，第一要紧的条件，便是动员民众，可以说，组织民众，训练民众，使每个民众都能参加这个战

---

① 马星野：《战时宣传之应有准备》，《中外月刊》，1936年第1卷第8期，第93页。

② 马星野：《战时宣传之应有准备》，《中外月刊》，1936年第1卷第8期，第93页。

③ 马星野：《论战时新闻政策》，《战时记者》，1939年第5期，第9页。

④ 马星野：《论战时新闻政策》，《战时记者》，1939年第5期，第9页。

⑤ 钟期森：《论战时新闻政策》，《新闻记者》，1938年第1卷第4期，第10页。

⑥ 燕京大学新闻学系：《第六届新闻学讨论会——今日报界的使命》，燕京大学新闻学系刊印，1937年，第4页。

⑦ 马星野：《战时宣传之应有准备》，《中外月刊》，1936年第1卷第8期，第97页。

争"[①]，而"新闻纸是负有动员、组织、训练民众的潜在的基本任务的"[②]。媒介既是宣传工具，也是信息传递的工具。在宣扬政策、整合民心、集中整个中华民族的力量对抗外来侵略者上，媒介作为工具，起到凝聚人心和散播信息的功用。尤其是全面抗战时期，"全国报人所负的使命，当然是报道并解释各种新闻，诱导社会对战争的正确舆论；从而鼓吹和加强全国同胞的抗战情绪"[③]。后来的实践也证明了记者、报人在战时舆论动员中发挥了主力作用。尤其是民众关心的前线的战事新闻，主要都是战地记者承担。因此，新闻媒介在战时的作用也是和平时期不可比拟的。

抗战时期，幅员广阔的中国被军事斗争和政治力量分割为国统区、敌后抗日根据地和沦陷区。被隔离在不同区域的民众，通过大众传媒了解局势、战事和其他各区域的经济、民生。对新闻宣传在抗战中重要性的普遍肯定，不仅仅是媒介传播本身的意义，也是抗战背景下，对新闻信息的特别依赖，更重要的是与抗战爆发后的特殊国内国际情势相关。中国的抗日战争作为二战中远东太平洋战场上主战场，是具有世界意义的，基于争取国际同情和援助的国际宣传的重要性，对外传播也是新闻界的重要任务。"可知今日报界之使命：对内为完成民族的有机的现代式国家之统一；对外为加强世界与中国之联系。故对内为指导作用，而对外为宣传作用。以求得自觉与世界共同之觉悟。于此吾人应注意者，指导须正确，宣传要敏捷，不追随，不作尾巴主义。"[④]即对外的宣传敏捷，不追随，以自身立场发表自己的声音，体现中国的国家利益，呈现抗战中军人乃至人民的表现。

此外，抗战时期的重要报刊还具备了整合政治势力统一到抗战话语下的任务。报刊是各方政治势力宣传政治观点、方针、政策的阵地，"新闻事业者是舆论的代表，而其所代表的舆论，实是种种政治集团的意见"[⑤]，假如各个政治集团都已同意一致抗战的原则，并在事实上动员抗战，"那这成为各个政治集团喉舌的各个新闻事业者，就必须为抗战而运用其舆论的领导力，来领导全面抗战"[⑥]。实际上，在西安事变之后，国共两党在共同抗日上达成了一致，一致对外，他们各自所掌握的报纸，也在很长一段时间以宣传抗日为主。

---

① 裴克：《培养战时新闻人才》，《战时记者》，1939 年第 1 卷第 5 期，第 5 页。

② 裴克：《培养战时新闻人才》，《战时记者》，1939 年第 1 卷第 5 期，第 5 页。

③ 钱震：《战时报人的进修问题》，《战时记者》，1939 年第 1 卷第 5 期，第 3 页。

④ 燕京大学新闻学系：《第六届新闻学讨论会——今日报界的使命》，燕京大学新闻学系刊印，1937 年，第 16 页。

⑤ 王新常：《抗战与新闻事业》，商务印书馆发行，1938 年，第 4 页。

⑥ 王新常：《抗战与新闻事业》，商务印书馆发行，1938 年，第 4 页。

在实际的军事对抗中，新闻报道的功能不仅可以传播新闻消息，也有极强的战略功能，“在抗战期间，新闻事业者应站在比陆海空军将士更前一线，去做保卫民族的先锋”[①]。这种“先锋”的概念不仅有战前的舆论造势功用，也有战争中的战况传达、整合民心、鼓舞士气的功能，对实际的战斗有不可轻视的效用。“在平时，报界的使命不外乎：第一，传达正确的消息，第二，建立公正的舆论。”[②]到了战时，即中国报界自述中的非常时期，“除了前述两种使命之外还有着更重大的使命。当此全国上下一致努力于救亡图存之际，报界应当负起其特殊的使命”[③]。特殊使命就不仅仅局限于传达正确的消息和建立公正的舆论两条，而有着与战时状态相配合的其他宣传要求。

## 三、随战局而改变的三大舆论场的地理空间呈现

三大舆论场的形成与当时实际的地理空间的人为切割有关，它们基本以其所属的地理空间为主。

抗日根据地舆论场域从地理空间上主要区域是中国共产党活动的范围。其以延安为主，兼涉沦陷区的根据地及国统区某些区域。从地域分布上看，呈现的是以延安为中心，多点散布的状态，且遍及香港、南洋及法国等境外区域。中共在沦陷区及国统区的报刊舆论构成上既有公开宣传，也有地下宣传。公开宣传比如国统区公开出版的《新华日报》和《群众》周刊，地下宣传如沦陷区的各种传单、小册子等。在舆论走向上，抗日根据地的舆论以团结一致、一致对外为主，动员抗战救国。其中，在延安地区及华北、华中各抗日根据地，中国共产党不仅掌握了军队还控制着行政机关，成为严格意义上的执政党。中国共产党作为传播的主体，开始全面执行适合于本政权的舆论宣传。在这种导向下，抗日根据地的舆论生成和传播模式显著区别于其他两个舆论场。

国统区的地理空间也是随着抗战情势不断变化的。随着国民政府领导的抗日军队由沿海撤向腹地，再由两湖地区的长沙、武汉向大西南撤退，国统区的舆论场也在不断变化。包含报人在内的文化人及传媒报刊也随之撤至桂林、昆明、重庆等

① 王新常：《抗战与新闻事业》，商务印书馆发行，1938 年，第 4 页。

② 燕京大学新闻学系：《第六届新闻学讨论会——今日报界的使命》，燕京大学新闻学系刊印，1937 年，第 21—24 页。

③ 燕京大学新闻学系：《第六届新闻学讨论会——今日报界的使命》，燕京大学新闻学系刊印，1937 年，第 21—24 页。

地。大批报人、记者等文化群体的涌入,一度让桂林、昆明等成为全国性文化重镇。抗战文化城中全国性的大报虽然流落到桂林这些西南边城,但其发行与宣传定位仍为全国的,在涉及舆论动员的问题上,大部分报刊均鼓吹“团结一致”“共同对外”的政论主张。

沦陷区地理空间以日占区为主,或通过伪政权实施殖民统治的中国地区。从政权形式上来说,具体为抗战时期的伪满洲国、华北伪政权、汪伪南京政权以及台湾日占区。对这么广阔的占领区开展军事进攻和伪政府统治,日本必须拥有自己的大众传播机构,因此,日本及其支持成立的伪政府或创办报刊,或改造原有的宣传舆论机构进行自己的舆论建构。尤其是在新闻通讯社上,对中国原有的传媒机构,采取直接扫荡、摧毁或者侵占。在此基础上,一方面,建立起日本自己的通讯社、报社和杂志社;另一方面,扶植傀儡政权创办报刊,或改造原有的报刊,使得侵略区的媒介系统服务于日伪统治和为日本的侵略行径宣传鼓吹。如侵占上海期间,在 1941 年 12 月 8 日之后对上海知名报纸《申报》进行控制,《申报》沦为汉奸报纸。利用这些汉奸报刊,在舆论引导上,日伪一方面宣传所谓“中日友好”“东亚共荣”,为其侵略粉饰;另一方面通过对军事行动的密集、夸张的报道,瓦解中国军民的抗战斗志。

总体而言,三大舆论场以行政主体为界,划分在不同的地理区域。具体地落实在中国的大西南、西北及中国中东部,属三个不同的历史空间。但彼此亦有交叉,尤其是中国共产党的地下舆论动员,在沦陷区和国统区均有开展。

## 第二节　三大舆论场的战争动员及政治认同

全面抗战时期,国民党、共产党和日伪的宣传系统均是多元立体的,包含多个层面。三大宣传系统主要取决于政治元首的顶层设计,具体执行上既涉及宣传部,也涉及围绕重大军事政治活动的舆论造势,以及报刊的政党属性和政治倾向。

其中,涉及国共两党的舆论动员的总体特征是以国民党当局的抗战建国为总体目标。国民党当局设立了严密的宣传系统,服务于这一目标。基于国共两党复杂的政治关系,中国共产党在国统区的舆论场建构,有隐性和显性两种不同建构主体,显性集中在《新华日报》《群众》周刊,隐性则以中立形式出现,实际上却是中共领导,或者受中共影响较深的媒介机构和新闻团体,典型的有中国青年记者学会等新闻团体的活动、国际新闻社的新闻活动等。

## 一、国统区的战争动员与抗战建国

全面抗战爆发之后,国统区基本上沿袭了之前的宣传体系和宣传方法,只是区域和范围上比之前缩小。在舆论场域上,大后方为主阵地的国统区的战争动员和舆论构造,涉及以国民党为主体,以国民政府为主要的执行机构。

### (一)以党治国目标下舆论动员系统的设置

国统区抗日舆论动员宣传的机构和导向,是由国民党当局全权部署。国民党宣传部管控下的党报社论由党报社论委员会把握,而新闻则多从中央社获取或统一发布。1939 年 1 月 21 日,蒋介石在国民党第五届第五次中央全会开幕词中称,"在我们未退出武汉以前,他(日本)的杂志报章上就竭立(力)鼓吹中止战争,或设法停战,一面用种种狡计诡谋想诱我们入彀,欺骗世界,图取便宜。但是不久他又图穷匕现,拿出他所谓'兴亚院''东亚协同体'一套狠毒计划来"[①],强调抗战建国的舆论动员。29 日,第五届国民党中央执行委员会第五次全体会议通过了《对于党务报告之决议案》,强调抗战以来,"国民革命即已转入第二时期。前一期革命在消灭军阀之势力而奠定国家之统一,第二期革命则在打倒日本帝国主义之侵略,争取国家民族之自由平等"[②]。此次会议后,国民党再度加强以党治国的党国体系,同时,开始尤其重视对于基层的掌控。国民政府于是年 9 月公布了《县各级组织纲要》,意在推行新县制。因此,在报刊体系的建构上,媒介不仅要服务于国民党对国家的控制,也要服务于它对基层社会的控制。

具体而言,政治部下主管抗日文化宣传工作的第三厅即"职司宣传,其主要工作计分下列三部,即一般宣传工作,艺术宣传工作,及对敌宣传工作"[③],是国共合作特殊历史条件下的产物。它负责一般宣传、艺术宣传和国际宣传,以鼓励将士、激发士气,以及动员民众参加抗战、支援抗战。它坚持了中国共产党的抗日民族统一战线政策,同时巩固了国民党与共产党及其他抗日党派的统战工作。1940 年,

---

① 蒋介石:《开会词》(1939 年 1 月 21 日)。参见荣孟源主编,孙彩霞编辑:《中国国民党历次代表大会及中央全会资料》(下册),光明日报出版社 1985 年 1 版,第 530 页。

② 《对于党务报告之决议案》(1939 年 1 月 29 日)。参见荣孟源主编,孙彩霞编辑:《中国国民党历次代表大会及中央全会资料》(下册),光明日报出版社 1985 年 1 版,第 551 页。

③ 中国第二历史档案馆馆藏:《军事委员会政治部第三厅报告》,全宗号 2 卷,宗号 16。

国民政府另外设立文化工作委员会,其第三组负责日本政治、军事、经济、社会等各方面的敌情研究。

(二)"舆论一律"下以党报代表的新闻宣传系统的强化

国民党的"舆论一律",重要的表现即把三民主义思想和国民党的政治理论奉为舆论的圭臬。为了实现这种目的,主要从国民党党报刊体系和抗战舆论的新闻团体展开。

1. 组建了以《中央日报》为核心的报刊体系

1939年3月12日,国民政府颁布《国民精神总动员实施办法》和《国民精神总动员会组织大纲》,实行三民主义统领下的精神动员,强调国家至上、民族至上。在宣传鼓吹上既有对外抗战对内建国,也有针对共产党的布局。为了配合这种精神动员,国民党政权掌控下县党部试图重建"一县一报"的党报体系。在体系布置上,仍是地方县报以《民国日报》的地方翻版的面目出现,与《民国日报》形成自上而下的体系。国民党政治宣传在顶层设计上一度将党报定位为事业单位、企业化管理的经营模式。《中央日报》属于国民党党报,政党色彩不言而喻,可谓国民党统治下党国架构的重要媒介体现。国民党报刊分为党政方面与军政方面,对应的是党报与军报。抗战军事涉及宣传及其精神动员,故战略意义上军报显得尤其重要。以《扫荡报》为代表的军报主要由国民党军事委员会政治部掌管。而抗战时期由于军事新闻及其评论极受关注,《扫荡报》作为军事委员会政治部的喉舌一时间颇有影响。全面抗战之前,《中央日报》特别是南京《中央日报》就已经是国民党及国民政府最为重要的政治喉舌,1932年南京《中央日报》改为社长负责制。这种模式后成为国民党其他党报党刊效法的样板。

2. 建立服务于抗战舆论的新闻团体

抗战期间,国民政府组织记者团体,聚合新闻记者,试图从人事方面控制新闻事业。国民党吸取了德国意大利法西斯统治新闻从业人员的经验,组织了以新闻记者公会为代表的新闻记者团体,使之成为唯国民党是从的新闻统制机关。这些以职业团体、群众组织面貌出现的记者团体,所起的作用各不相同,但亦是国民党宣传抗战建国、宣传三民主义理论的重要载体。这亦是国民党用来对新闻从业人员实行组织人事控制的手段。诸如中国新闻学会成立之时,国民党政府直属媒介和相关行政处室直接参与。该组织将宣传三民主义作为主要的宗旨。在成立大会的训词中,蒋介石提出,记者必须以国民党的三民主义为指导,新闻学会也要以三民主义引导记者研究新闻报道,提高业务水准。他说:"贵会由新闻研究者与从业者之职合，愿在三民主义之最高指导方针下，研究报学，改进报业，肃斯旨趣，砥砺报业之道德，维持报界之荣誉。”[①]在刊物中宣传国民党及三民主义，如“中国国民党尊奉国父遗教，领导国民革命，其目的在实行三民主义，造成民有民治民享的新国家，使中华民国的主权，能够确实属于国民全体，对于人民言论出版自由的基本权利，向极重视”[②]。同时，宣传国民党对于言论自由的领导权和决策的正当性，“中国国民党领导革命，为民前锋，对于人民的意见和言论，自有辅导和发扬的责任。必如此而后人民自由发挥言论方有正轨可循”[③]。

（三）加强鼓吹抗战舆论动员的战时新闻学的研究

在全面抗战阶段，国统区公开发行的刊物，“不论日报、晚报、各种期刊，所有当时公开发表的社论、短评，都是坚决宣传对日抗战，主张抗战到底，一定要争取最后胜利”[④]，从形式上形成了前所未见的舆论统一的局面。这种舆论一律的形态，是中国现代新闻学发展的新阶段，此时的新闻学术形成了一种特殊时期的新闻学样态——战时新闻学。战时新闻学用“战时”这一时间特征命名新闻学，它并非新闻学自身发展规律中的必经阶段，是新闻学在非常时期的特殊表现。“在战时，尤其是在抗战时期，新闻界（包括新闻学研究、教育与新闻工作者）逐渐形成一种一致的态度，这种态度就是国难当头，新闻事业要为抗战事业服务。”[⑤]这一时期，新闻学中的两个核心议题就是抗战与宣传。据统计，1937－1945 年间出版了近 70 种新闻学著作，有关抗战新闻学和抗战的大约 25 种。相关著作实际上远超过 25 种，应为 33 种以上。战时新闻学的意义和价值，很快就在全面抗战爆发之后得到了证实。“一直到现在（1938 年），更证实了我（任毕明）过去见解的正确性”[⑥]，当时国家和新闻界的境况表明了战时新闻学理论的合理性和必要性。然而，战时新闻学并非在 1938 年任毕明提出之后该理论就完全形成，而是在之后的抗战中由新闻界的不同主体不断丰富，不断实践才得以最终形成。

上述研究成果，服务于国民党的战时宣传和管理政策，一方面从新闻理论、新闻研究层面，给战时新闻宣传和管理奠定了基础，另一方面多角度诠释和宣传了国

① 李瞻：《新闻学》，中国台北三民书局 1985 年版，第 261 页。
② 潘公展：《言论自由与中国国民党政策》，《中国新闻学会年刊》，1944 年第 2 卷第 2 期，第 39 页。
③ 潘公展：《言论自由与中国国民党政策》，《中国新闻学会年刊》，1944 年第 2 卷第 2 期，第 39 页。
④ 王文彬：《中国现代报史资料汇辑》，重庆出版社 1996 年版，第 4 页。
⑤ 王蔚：《新闻真实观探究一种历史与实践的视角》，中国广播影视出版社 2014 年版，第 142 页。
⑥ 任毕明：《战时新闻学》，光明书局 1938 年版，第 1 页。

民党的抗战建国政策。

## 二、抗日民主根据地的舆论动员

抗日根据地主要开展服务于抗战的舆论动员,这种动员也是建立在中国共产党领导的报刊、广播乃至通讯社等展示的媒介框架之上的。随着延安整风的开展,以延安为中心的抗日根据地,配合抗战建国、民族解放的舆论导向,构建了抗日民主根据地舆论场域,变成了民族解放的战场。

### (一)报刊、通讯社等中国共产党舆论动员的媒介框架

抗日战争时期,受国民党以及日伪的封锁和破坏,以及设备、资金、地理环境、人员素质等条件的限制,中国共产党的新闻宣传事业多存在发行量小、影响有限、发行时间短、发行方式落后、人员短缺等问题。为此,中共提出精简办报的策略,以集中有限的人财物保证重点宣发机构有效运行。以延安为例,延安是抗日战争时期中国共产党领导的陕甘宁抗日民主根据地的首府,也是当时革命新闻事业的中心。延安的报刊,初期有《解放》周刊、《新中华报》等。1941 年开始,中共下发《中共中央关于调整刊物问题的决定》,开始对延安报刊进行逐步调整,“由于目前技术条件的限制,与某些书籍小册子的急于出刊,决定《中国青年》《中国妇女》《中国工人》,自四月起暂时停刊,以四个月为期。在停刊期内,关于这些方面的指导性的文章,分别登载在《解放》与《共产党人》上面”①。此后又陆续停办了《中国工人》《解放》《共产党人》《中国文化》等报刊,合并了《新中华报》《今日新闻》,创办《解放日报》《边区群众报》等。其中,作为中央机关报的《解放日报》很快成为中共舆论宣传的重镇。毛泽东明确指出:“一切党的政策,将经过《解放日报》与新华社向全国宣达,《解放日报》的社论,将由中央同志及重要干部执笔。各地应注意接收延安的广播。重要文章除报纸刊物上转载外,应作为党内学校内机关部队内的讨论与教育材料,并推广收报机,使各地都能接收,以广宣传,是为至要。”②

中共深知舆论宣传的重要性,也认识到舆论战争对军事战争的影响。除了集中力量办大报之外,也利用各种条件办小报。为了适应艰难的抗战形势,这些小报

---

① 《中共中央关于调整刊物问题的决定》(一九四一年三月二十六日)。转引自中国社会科学院新闻研究所:《中国共产党新闻工作文件汇编(上)》(1921—1949),新华出版社 1980 年版,第 96 页。

② 《中共中央关于出版〈解放日报〉等问题的通知》(一九四一年五月十五日)。转引自中国社会科学院新闻研究所:《中国共产党新闻工作文件汇编(上)》(1921—1949),新华出版社 1980 年版,第 97 页。

利用可利用的条件,努力出版。在使用的材料上,可油印则油印,可铅印则铅印,纸张上更是因地制宜,"'大后方'报纸用的纸张,一般都是各地出产的土纸,既没有韧性,又厚薄不匀,一副又黄又黑的面孔"①。基于这些努力,在日伪围剿等极度艰难的条件下,各根据地坚持创办报刊,据不完全统计,"华中、华北两个主要的敌后根据地,有 700 多种小型报刊"②。其中比较有影响力的如《抗敌报》《盐阜大众报》以及《拂晓报》等等。以《拂晓报》为例,该报原为新四军四师的机关报,后来成了淮北为核心的苏皖边区根据地的机关报。在具体的报刊功能上,既传达党的路线主张、政策、决议以及个别时期的指令,也是新四军四师部队及当地群众在军事、政治、文化娱乐工作上的供给站,相对翔实地记录了豫皖北和淮北军民的抗战征程。

此外,中共积极在大后方创办公开、半公开和秘密报刊,尤以《新华日报》、《群众》周刊等党在国统区的重要思想舆论阵地为代表。以《新华日报》为例,该报地处国统区,但依据中共中央方针和政策的变化,在各个形势变化的重要时刻,及时发表言论,广泛宣传中共的应对政策和抗日主张。总之,这些报刊体系,形成了以延安为中心,多点分布,彼此呼应的宣传格局。

在整合报刊的同时,中共也非常注重通讯社的建设。从 1938 年起,新华社在大的解放区建立分社。此后不久,新华社开始以延安为中心,向敌后根据地扩展,以创建分社组织等形式,将业务范围从陕甘宁边区扩展到各敌后其他根据地。除了对内发布消息之外,新华社也非常重视对外宣传中国共产党及中国人民抗战的情况。

除了新华社之外,国际新闻社也是中国共产党领导的重要通讯社。国际新闻社是依托"青记"的记者群体,由胡愈之、范长江、孟秋江、邵宗汉共同创建的,其稿源主要来自"青记"成员。"青记"一支队所写的《晋南盐池敌我争夺战》《晋南工人支援抗战的事迹》等战地通讯,从不同的方面报道了那一时期中条山战区的一些面貌,而国际新闻社几乎都转发了这些通讯。③ 由于国际新闻社处在国统区,信息来源和传播范围又与新华社有不同,"青记"成立国际新闻社,是为了"发挥'青记'在各地会员的力量,通过香港、仰光等地,把解放区和国统区的真实信息发往香港、南

① 中国社会科学院新闻研究所《新闻研究资料》编辑室:《新闻研究资料丛刊》,1981 年第 2 辑(总第 7 辑),新华出版社 1980 年版,第 65 页。

② 方晓红:《中国新闻史》,北京师范大学出版社 2017 年版,第 213 页。

③ 中国人民政治协商会议全国委员会文史资料研究委员会《文史资料选辑》编辑部:《文史资料选辑》(第 44 卷第 129 辑),中国文史出版社 2000 年版,第 185 页。

洋和海外的侨报，为争取团结抗战，民主进步尽一点力量”[①]。

但报纸和通讯社传播范围及时效性有限，不能完全满足根据地舆论宣传的需要。于是中国共产党的第一座广播电台——延安新华广播电台于1940年开始播音。在发声受限、新闻封锁、内外交困的现实面前，坚持“电台广播是各抗日根据地目前对外宣传最有力的武器”[②]，于是集中物力人力创办电台。电台和通讯社、报刊一起，成为中国共产党对内对外宣传的主体框架，使得中国共产党的新闻宣传更加立体化和集约化。

（二）延安整风涉及思想上的统一

在整风中，延安及各抗日民主根据地对新闻事业进行了改革，具有典范意义的是《解放日报》的改革。1942年3月16日，中共中央宣传部以文件形式提出党报改革的基本要求。改版前的《解放日报》，存在国际新闻占据篇幅过大、对抗日民主根据地报道不够、对整风学习宣传不力等问题。4月1日开始改版，改版后的《解放日报》以“全党办报”为总的执行方针。同时，《解放日报》论述了一些重大的新闻理论问题，按照列宁报的组织性、战斗性等方式批评教条主义和资产阶级的新闻观点，初步奠定了中国无产阶级新闻学理论的基础。由此，延安及抗日根据地的新闻事业走上了成熟发展的道路。改造后的党报对党员的要求也精准到党报学习上。“党报正是反映党的一切政策，今后地方党部必须根据党报杂志上重要负责同志的论文，当作是党的政策和党的工作方针来研究。”[③]这使得中国共产党的行政系统借党报可以公开传达中共的各项政策，同时较为彻底地完成了对官僚主义、宗派主义的改造，达到了整风目的。

以延安为中心的抗日根据地的新闻事业，以抗日宣传为主。抗日根据地由此也变成了民族解放的战场并构建了相应的舆论场域。抗日根据地舆论场正式形成。延安成为这个舆论场的中心。这种舆论中心的构造，为日后宣传和贯彻党的新民主主义革命路线，宣传中共抗战建国的政策，组织群众以及引导舆论做了充分动员。同时，中共陕甘宁边区政府得到了国民政府的认可，且与外界的人员、物资往来变得频繁，可以在一定范围内全面地对内对外宣传新政和抗日主张，报刊数量

① 广西日报新闻研究室：《国际新闻社回忆》，湖南人民出版社1987年版，第2页。

② 中国社会科学院新闻研究所：《中国共产党新闻工作文件汇编（上）》，新华出版社1980年版，第100页。

③ 《中央关于党报问题给地方党的指示》，《解放》，1938年5月1日，第2卷第36期。

在此阶段达到了高峰。延安地区出版的报刊有近71种之多，其中报纸23种，刊物48种[①]，内容涉及时政、军事、文学、教育等方面。正是依据这些报刊，抗日根据地开始自己的舆论动员和舆论场建设。

### (三)抗日根据地报刊的舆论动员

抗日根据地的舆论动员主要可以分为对内和对外两大部分。

对内，报刊主要关注的焦点在根据地，以抗日根据地的政治运动、经济生活为主，尤其是集中在“应该使党的全部政策和政府施政纲领，经过各种具体的鼓动工作变成群众的实际行动”[②]上，所以报刊上以党的施政纲领、政策解读、群众对政策的执行和反馈为主。同时，报刊也聚焦根据地的经济生活、文化生活，尤其是大生产运动以及以此为基础的政治动员，根据地的报刊对此进行了比较细致、深入的报道。部分报道采用了典型报道的方法，利用对吴有满等模范形象的塑造，让群众有具体的学习对象，有具体的事件可对照，有利于人民群众对中共施政纲领的理解和执行，以及形成规模化的宣传图景。

对外，抗日根据地的舆论动员始终坚持彻底的抗日。一方面，努力维系抗日民族统一战线，另一方面舆论重点始终是坚持彻底抗日。《陕甘宁边区施政纲领》就强调：“团结边区内部各社会阶级，各抗日党派，发挥一切人力、物力、财力、智力，为保卫边区、保卫西北、保卫中国、驱逐日本帝国主义而战。”[③]这种对坚决抗日的坚持，在舆论动员上，具有代表性的是对毛泽东发表的《论持久战》一文的宣传和讨论。《论持久战》的写作背景是在日军大举进攻的状况下，毛泽东对抗日战争特点及进程的预判，斩钉截铁地提出抗日战争是持久战、最后胜利属于中国的论断。这个论断不仅仅是中共军事行动的指南，也为舆论动员提供了明确的导向，有效对抗和遏制了国民党阵营中消极抗日的舆论。针对国民党消极抗战，抗日根据地报刊则从早期的鼓吹统一战线，到后期揭露国民党“假抗战，真反共”的行为。在对国民党的问题上，抗战伊始，毛泽东及中共中央提出应采取既联合又斗争的政策。一是在国统区出版机关报《新华日报》和《群众》周刊，既可以在国统区公开宣传，又成为国共两党团结抗战的标志；二是针对国民党顽固派的欺骗宣传，进行针锋相对的斗

---

① 朱鸿召：《延安文人》，广东人民出版社1991年版，第81页。

② 《中央宣传部关于抗日根据地群众鼓动工作的指示》，引自中共中央宣传部办公厅、中央档案馆编研部：《中国共产党宣传工作文献选编(1937—1949)》，学习出版社1993年版，第267页。

③ 《陕甘宁边区施政纲领》，引自《中共中央抗日秘籍女足统一战线文件选编(下)》，档案出版社1986年版，第570页。

争,在 1938 到 1944 年间,通过舆论战击退三次反共高潮。

## 三、沦陷区敌伪的战争舆论动员

沦陷区从地理区域上包含东北等日伪完全控制的区域,是一个地理空间不断变化的区域。

### (一)舆论动员配合军事侵略的进展

日伪反动宣传重心是“加强对各机关的统制,重点放在使中国军民懂得其一切幸福的获得,必须反共叛蒋,依靠亲日防共的新政权”①。

随着抗战进入相持阶段,日伪的新闻宣传策略也发生了改变。这一时期,日本主要以如何瓦解抗日民族统一战线为主。在其掌控的传媒工具上宣扬“现在国府内之共党,倔强异常,并不服蒋之统制,大有喧宾夺主之势。任此以往,虽无汪等脱离之事,蒋等国民党,前途颇为黯淡”②。

这种对舆论机关的密切关注,在日本军部中也有呈现。日本陆军省、外务省的有关官员感到,有必要成立一个便于“各省密切联系、交换情报并协商决定对内对外宣传基本方针的机构”③。早在 1935 年日本海军法务部刊发文件,强调军部要加强舆论控制。军部应当“明察内外非常时局的真相”,以“确立国民大众的动员组织”,尤强调“要利用新闻事业”④,“军部必须有计划地有成效地利用报刊新闻的宣传鼓动机能”,“满洲事变以来,军部也曾利用新闻鼓动而得到成功,如这些眼前的明显事实所表示的”,表明日本有充分的新闻鼓吹的经验。如何具体地实施新闻鼓吹:“首先是创办有力的报刊,作为统一舆论的理论斗争机关,作为新人才的动员机关,作为军部的思想宣传机关。经过必要的准备,特别在资金可能时,就自己办起足以压倒现在的《中央公论》《改造》等刊物的言论机关。再则,利用原有的新闻报刊。其方式很多,例如松冈洋右,如中野正刚,如各种改造势力的言论,如军部相关者的时局意见等,其主张与倾向不一定严格求其完全与军部相同。”“应当努力使全

---

① 日本防卫厅战史室:《华北治安战》(上),天津人民出版社 1982 年版,第 81 页。

② 《重庆国府大崩坏》,《盛京时报》,1935 年 1 月 15 日。

③ 内川芳美、新井直之著,张国良译:《日本新闻事业史》,新华出版社 1986 年版,第 52 页。

④ 复旦大学历史系日本史组:《日本帝国主义对外侵略史料选编》(1931—1945),上海人民出版社 1975 年版,第 129 页。

国报纸每天大量刊载特种记事,在全体国民面前造成一种改造的大势。"[①]既创办一批报刊,又扶植原来的言论机关,保证舆论导向满足军部侵略的需求。这两种途径是日伪新闻媒介运作的主要方式。

(二)扶植汉奸媒介和汉奸报人开展舆论鼓吹

抗战期间日本侵略者对国民党舆论精英实行又拉又打的政策,诸如通过傀儡政权拉拢和扶植汉奸报人,比如管翼贤、林柏生、胡兰成、余大雄、钱华等人,在沦陷区鼓吹所谓的"中日亲善""共存共荣""大东亚新秩序"等,展开欺骗性政治宣传。当然,日伪傀儡政权开展的舆论鼓吹,旨在瓦解中国人的战斗意志,同时粉饰日本侵略行径。汪伪政府在《战时文化宣传政策基本纲要》中也自命"担负大东亚战争中文化战思想战之任务"[②],对其卖国丑行进行粉饰。

同时针对不同群体,日本军部采取不同的拉拢、利用的办法。针对学会成员、政府官员公务员,"使他们直接间接参加智囊团及新设言论机关方面尽其重要作用",针对政党,"使其中的有力成员加入智囊团,按前述各种动员组织的做法使他们发展扩大成为新的政治团体而斗争"[③],针对各种调查研究机关的知识分子,则"实践者自己决定了",但并非不重要,"公私研究机关里的工作人员,是现时舆论的提供者,军部现在就必须努力争取之,可以把他们作为智囊团的一翼"[④]。因此,日本军部仍是努力争取,将其拉拢收买。对新闻事业和知识分子群体的拉拢、同化和利用,与扶植傀儡政权异曲同工。这些被日军及傀儡政权领导下的一些中文报刊和汉奸报人,鼓吹更加直接,欺骗性更强。

以管翼贤及其《实报》为例。《实报》是管翼贤经营的日伪报刊,报道内容以日军击溃"党军""共军"为主,将日军侵略美化和曲解为"拯救中国"及"和平"的需要。尤其在南京沦陷之际,《实报》营造"国民再生论","南京之陷落,实给与中国一般民众以彻底反省之重大机会",误导被侵略的中国人民"乘机彻底反省,决心努力新中

---

① 复旦大学历史系日本史组:《日本帝国主义对外侵略史料选编》(1931—1945),上海人民出版社1975年版,第132页。

② 《战时文化宣传政策基本纲要》,档案号:2008/583,中国第二历史档案馆藏汪伪国民政府立法院档案。

③ 复旦大学历史系日本史组:《日本帝国主义对外侵略史料选编》(1931—1945),上海人民出版社1975年版,第134页。

④ 复旦大学历史系日本史组:《日本帝国主义对外侵略史料选编》(1931—1945),上海人民出版社1975年版,第134页。

国之实现”[①]。此后还推出庆祝南京陷落特刊，将南京失陷称为“最可庆幸的事件”[②]。这些汉奸媒介配合当时日伪直接控制的报刊、广播等媒介，按照日本殖民者提出的“思想战”与“宣传战”的布局和要求，通过媒介鼓吹，强化沦陷区的思想控制和殖民奴化教育。

## 四、作为延伸和补充的海外华人华侨报刊及海外舆论场

全面抗战爆发前欧洲、美洲的海外华人华侨报刊主要集中在两大对立的军事阵营，既有中文的，也有法文、英文等其他语言的。海外舆论场最早由维新与革命派的论战为主，20 世纪 20 年代后，逐渐转移为宣传革命思想和反映各派政治主张，这一时期中共在海外舆论场以共产国际和欧洲共产主义思想为纽带的共产主义宣传为主。全面抗战爆发后，国共两党第二次合作，欧美的华人华侨报刊和其他的海外地区一样，开始与时俱进呈现中国，为中国的抗战争取国际舆论的支持。而《救国时报》以“不分党派，不问信仰，团结全民，抗日救国”为宗旨。1935 年 10 月 1 日，该报首次刊登了《为抗日救国告全体同胞书》，利用这个平台向世界公开了中共对建立民族统一战线的主张。除了《为抗日救国告全体同胞书》外，该报还通过社论、要讯、论坛、通信等多种形式，用大量的篇幅，全面立体地宣传中共及其领导人建立全国抗日民族统一战线的思想及政策。

同时，该报针对国共合作的问题，提出自己的看法和期待，首先坚决肯定中共在抗日民族统一战线上的积极性和主动性，“为抗日救国的第二次国共合作，共产党方面是完全可行的”[③]，那么国民党呢？“日寇……，戳伤了每个中国人的良心，就是在蒋介石挟持下的军队中，就是在国民党蓝衣社和其他派别中，民族意识之奋张也随日寇之侵凌而与日俱增，并且业已激荡成为种种运动与暗潮”[④]，“在国民党方面不管蒋介石的企图如何也是完全可能的”[⑤]，认为国民党阵营中也存在国共合作的可能性。围绕国共二次合作的议题，该报刊发诸多时文，甚至直接发函鼓动学

---

① 曾宪明：《中国近现代报人与报业》，武汉出版社 2008 年版，第 263 页。

② 曾宪明：《中国近现代报人与报业》，武汉出版社 2008 年版，第 263 页。

③ 重庆市政协文史资料委员会、中共重庆市委党校、红岩革命纪念馆：《抗战时期国共合作纪实（上）》，重庆出版社 2016 年版，第 61 页。

④ 重庆市政协文史资料委员会、中共重庆市委党校、红岩革命纪念馆：《抗战时期国共合作纪实（上）》，重庆出版社 2016 年版，第 62 页。

⑤ 重庆市政协文史资料委员会、中共重庆市委党校、红岩革命纪念馆：《抗战时期国共合作纪实（上）》，重庆出版社 2016 年版，第 63 页。

生"坚持到底，促进全国工农商学大团结，一致救亡，海外同胞誓为后盾"①。

抗日战争全面爆发后，内地平、津、沪、宁等新闻事业重镇相继失守，大批抗日报人被迫转道香港地区或流亡他国，继续坚持抗日新闻宣传工作，基于这些报刊和新闻通讯社，这些地区也形成了以抗日为主要基调的舆论场。

(一)香港的抗日报刊与抗战舆论动员

全面抗战爆发后，由于地理优势，香港作为内地新闻事业的转移或补充的定位出现。香港抗日报刊既有在内地出版的新闻报刊迁港出版的，也有在港创办新的刊物、通讯社，或是加入抗战舆论的诸如《华侨日报》《工商日报》《华字日报》等原先的香港报刊媒介。这种迁移和创立，既是新闻机构的扩展，也是内陆新闻人才的迁移。传媒机构和传媒人才的扩充，促进香港地区抗日报业趋于繁荣。太平洋战争爆发前，香港已经成为抗日报刊的重要基地。较早迁来香港的是上海《申报》。稍后，《立报》等原大陆相关报刊均出现在租界香港，该地区逐渐形成了一个完整的报刊体系。他们以香港为基地既向海外华侨宣传抗日，又积极影响内地。其中，较为知名的是《华商报》晚刊。它是中共领导创办的爱国统一战线报纸，有着"中共喉舌"之称。它以团结抗日为办报宗旨，创刊号开始连载邹韬奋的长篇纪实报告《抗战以来》。该报不强调马列主义、国际主义，避免说阶级斗争、无产阶级专政，力求表现为民主主义、爱国主义立场。② 此外，香港《立报》刊载过《青年是和平民主的保卫者》《新女性》《史沫特莱的"叫化"》《夜间来客》等文，从不同的角度，描述抗战话语下陕北抗日根据地的建设，以及革命志士和青年人对陕北抗日根据地的向往。

"皖南事变"后，中共在国统区创办的进步报刊不得不转移或停办，以中共中央南方局为主导，有计划地把重庆、桂林的一些左派新闻记者转移到香港，并以报刊、新闻团体、新闻院校、通讯社为主体，为这些左派人士提供工作和进修的平台。中国香港新闻学院就是其中的典型代表。"为了充实新闻战线，大量的训练新闻界的新斗士，中国青年记者学会香港分会创立了中国新闻学院。"③"中国新闻学院前后共存在六年左右，毕业学员三百多人，为抗日战争和解放战争培养了一批有用的新

① 《巴黎同胞来函望团结一致坚持到底》，《学联日报》，1936年2月7日。

② 张友渔：《我和〈华商报〉》。参见钟紫：《香港报业春秋》，广东人民出版社1991年版，第120页。

③ 广州、香港中国新闻学院校友会筹备会：《历史·话旧·怀念香港中国新闻学院纪念文集》，生活·读书·新知三联书店香港分店1984年版，第6页。

闻人才。”[①]

从抗战开始到1941年太平洋战争爆发，英国占领下的香港政治、地理环境特殊，成为抗日进步新闻事业的重要基地。太平洋战争爆发后，香港的特殊作用随之消失，许多新闻界人士被迫转移，有些赴抗日根据地，为抗日宣传作出了独特贡献。《华商报》《光明报》、国新社香港分社等，都以香港为基地，既向海外华侨和世界各国积极宣传中国人民的抗日，又利用相对宽松的舆论环境影响内地，成为大陆地区三大舆论场的有效补充。

(二)知名报人主导的海外华侨与华人的报刊舆论

“九一八”事变后，海外抗日侨报蓬勃发展。抗日救国运动活跃的新加坡、马来西亚两地，从1937年到1941年出版华文报刊多达29种。“九一八”事变后，随着国共两党第二次合作的形成，抗战救亡的宣传导向得到统一，同时基于抗战中对于国际舆论的需求，两党都积极推动海外报刊的宣传，积极开拓海外舆论场，海外出现了又一次中文报刊的办报高潮。据不完全统计，“截止到1941年底，海外中文报刊总数多达151家”[②]。海外舆论场以华人较多，文化较为接近的东南地区为主。该地区出现了许多鼓吹抗日救亡运动的报刊，有《南洋商报》《星洲日报》《叻报》《星洲日报·星期周刊》《星中日报》等中文报刊五十余种。依托这些报刊，出现了一些知名的报刊活动家，尤以胡愈之、郁达夫及其在东南亚的抗日报刊宣传活动有影响。

1940年年底，胡愈之受中共安排赴新加坡开辟海外中共抗日宣传阵地。针对华侨救亡运动中的问题和华侨最关心的事件，他以《南洋商报》为阵地，不仅宣传国共两党和中国人民的抗日事迹，还具体阐述中共的抗日民族统一战线的方针政策，以中共的统战政策为基础宣传团结抗战和民主进步，批驳统战阵营中分裂投降和专制倒退的论调。同时，与香港国际新闻社保持联系，大量采用有关祖国和世界各地的专稿、专电。此外，从1938年年底到1942年年初的3年中，郁达夫以《星洲日报》及其早报、晚报的副刊为阵地，在较为集中的时间段发表了大量宣传抗日的政论、短评、杂文和诗词，以各种文本样式广泛传播抗战救亡图存的民族意识和爱国主义思想，不仅帮助海外华侨华人了解抗战的进展，更重要的是带动了海外舆论场对抗战必胜的舆论走向，对抗战时期海外新闻文化事业做出了贡献。除了郁达夫

① 钟华：《香港中国新闻学院——记解放前一所新型的新闻学府》，《新闻研究资料》，1986年2期，第107页。

② 钱承军：《抗战时期的海外中文报刊》，《晋图学刊》，2006年第3期。

等人自己撰写的文章外,该报还于1939年间,连载了特派战地女记者黄薇采写的战地通讯,多达100余篇。以《活跃在华北敌后》和《晋察冀边区访问记》较为有影响力,这些通讯利用第一手的信源报道了中国军民抗战的具体事迹,同时积极揭露日伪在中国大地的侵略行径。上述这些报刊积极配合国统区和抗日根据地舆论场的舆论,密切跟踪国内抗战进程,通过消息、社论、图片、副刊文学等形式外,鼓吹抗日救国,形成大陆和海外共同造势,彼此呼应的舆论空间。

海外舆论场是大陆三大舆论场的外延。它们从属于大陆三大舆论场,又因为远离政治中心,有一定的独立性和相对性。从舆论场的特征上看,海外舆论场典型特点是表现出较为明显的政党引导和政治色彩。尤其是舆论场形成比较复杂多面的香港,拥有一个时期相对自由的宣传空间,是中共对外宣传和对内舆论动员的重要阵地。总体而言,海外舆论场只是国内区域的延伸,实际并未形成互相对抗角逐的新舆论空间,这一区域舆论鼓吹比较突出的是抗战救国。

## 第三节 舆论场重组的历史省思与国家重构的关系

三大舆论场的形成是抗战特殊政治历史事件的产物,它们基于抗战事件而生,又契合于抗战历史进程。在这个过程中,它们既有配合军事战和政治战的舆论交锋,也有舆论鼓吹的互相配合。各舆论场域对内对外动员是显著的特征。

### 一、三大舆论场的舆论交锋

舆论交锋的实质是舆论参与方在国家民族利益、政治立场、政党利益上的对立或分歧。抗战时期三大舆论场交锋牵涉到国家与国家、政党与政党、战争与政治等等多方面复杂的诱发因素,通常通过典型的舆论事件爆发出来。

(一)国共联合抗日的舆论战

抗战语境下三大舆论场之间的舆论交锋的焦点是国家与国家、政党与政党之间的对立和冲突。舆论交锋反映双方或者多方的利益分歧,但同时也反映交锋参与者对历史事件的关注,交锋本身是交锋者对同一历史事件不同侧面的理解和诉求,也是某一历史情境下的共识。在抗战时期国共联合抗日中,基调一致的抗日舆论是国共双方的共识,尤其是在“皖南事变”爆发之前。国共双方抗日的舆论部署,既有各自步伐,也有协同作战抗战御侮基本立场和控诉日伪侵略行为的导向,基本是一致的。

为了探讨国家民族的出路，国共两党筹办了诸多报刊并在舆论场域或合作或争论。卢沟桥事变之后为抵御外敌入侵，国共携手抗日实现第二次合作。双方在宣传动员上达成许多一致，尤其是以抗战建国为主导的对内和对外宣传。在这种舆论一律的诉求下，国民党允许在国统区公开发行《新华日报》和《群众》周刊等等，将其纳入自己的宣传鼓吹体系中，也是某种程度的妥协和协作。

抗战对新闻事业的影响是显著的，突出的一点是新闻的政治性被凸显，"在一切工作都划为'抗战'范畴的当前，新闻学当然要首先被提到"[①]。没有一张报纸能够脱离政治影响的战争时期，也没有一种新闻宣传能脱离抗战政治语境。国民政府领导的正面战场与中共领导的敌后抗日根据地遥相呼应。这种呼应的根源是国共在抗日问题上具有舆论导向的一致性。为应对日本强势的宣传战，国共双方均采取有效的应对。在舆论布局上，基本上是国民党在国统区，针对全国性的舆论鼓吹，1940 年 4 月 5 日颁行的《手谕注重对敌后宣传并拟定对敌宣传竞赛办法》中提到"组织敌人后方宣传，由前线绕越到敌军后方"，"一面散发传单，一面散播谣言"[②]。蒋介石在其本人的日记中也反复提及"反宣传"一词："1932 年 2 月 7 日，友人来电均以不增加援队于上海相责难，乃知反宣传之大，必欲毁减余历史，其余不为革命也。"[③]在这种密切关注的基础上，蒋介石也提出了非常明确的反宣传目标，"对敌国民众宣传最高原理适应其目前之需要，以站在领导地位在抗倭旗帜之下标明积极建设性之主张以其时乎，上午批阅党部升进人员，令各地军队协助耕种，下午会报会客，研究敌情与宣传要旨"[④]。

在敌后抗日根据地舆论场，中共以抗战敌后宣传，以及根据地自身的经济建设、思想整风鼓动为主。在配合国民党的舆论动员上，中共中央宣传部称："对于国民党的抗战方面和合理方面的宣传，我们（中国共产党）应该以拥护和赞助的态度。"[⑤]因此，在抗日宣传上，抗日根据地舆论场是积极配合国统区舆论场的。尤其是抗日反战宣传上，中共中央、军委在指示中明确指出："应该抓转目前的时机，在

---

① 任毕明：《战时新闻学》，光明书局 1938 年版，第 1 页。

② 陈诚：《陈诚回忆录——抗日战争》，东方出版社 2009 年版，第 417 页。

③ 转引自美国斯坦福大学胡佛研究所藏《蒋介石日记》（手稿本），1932 年 2 月 7 日。

④ 转引自美国斯坦福大学胡佛研究所藏《蒋介石日记》（手稿本），1932 年 6 月 2 日。

⑤ 《中央宣传部关于展开对国民党宣传战的指示（1941 年 5 月 7 日）》，转引自中共中央宣传部办公厅、中央档案馆编研部：《中国共产党宣传工作文献选编（1937—1949）》，学习出版社 1993 年版，第 223 页。

前线，在敌占区，用一切文字和口头的方法，用在华日本爱国者和反战同盟或其他各种名义，向日本国内人民，在华日人和日本士兵展开一个大规模的反战宣传，着重说明日本军阀和政府现在所采取的冒险政策完全是危害日本的。”[①]除了在抗日根据地与国民党互相配合展开敌后宣传外，中共也尽力在国统区发出自己的声音。对于中共而言，国统区是抗日民族统一战线重要的政治舞台，是其不可忽视的重要战略区域，中共的许多政策都要通过大后方的媒介平台传播出去。总之，大后方的舆论建构就是中共根据地舆论场域的重要组成。统一战线确立后，国共关系改善，中共在大后方的党组织得到快速恢复和重建。这一时期的大后方媒体建设，涉及面广，新闻人才需求大，为中国共产党媒体布局奠定了良好的组织与人才基础。

(二)皖南事变中的国共舆论交锋

第二次国共合作初期，国民党较为配合。进入抗战相持阶段，国民党对日本、对中共的态度发生了明显变化。南方局关于国共关系的汇报，将不同时期国民党对中共的态度进行了整理：1936 到 1938 年重在组织上解决即图融化共产党时期；1938 到 1942 年，是重在军事上解决，是试图削弱和消灭共产党时期；1942 年以后则是重在政治上解决，即图控制共产党的时期开始。[②] 总体而言，抗战过程中，国民党从抗战初期与中共合作一致对外，逐步转变为对日妥协，对中共提防和打压。国共之间的摩擦事件乃至军事冲突时有发生。与军事冲突相呼应的是双方的舆论交锋。蒋介石指责中共破坏国家政令、军令统一，消极对敌，攻击国军，危害抗战大局；中共批评重庆专制独裁，政治腐败，消极抗战，制造摩擦。双方的舆论交锋体现在争取民众，控制舆论主导权上，皖南事变中的舆论对抗尤为典型。

皖南事变发生后，国民党直接将“事变”定性为军纪问题，为自己辩解和开脱。据这一论调，以《中央日报》为首的国民党直属的宣传机构，刊发社论，强调该事件仅为军事问题，与政治问题无关。“我们相信这次军事最高当局处理这事变，一定比我们更痛心、更惋惜。其心理与诸葛孔明挥泪斩马谡正复相同。新四军擅自行动，是反抗军令、破坏军纪的重大问题，这不但与政治问题无关，而且与其他部队也风马牛不相及，责任全在叶挺、项英几个人身上。”[③]国民党强调宣传要点如下：

---

① 《中央关于向日本军民进行反战宣传的指示(1941 年 11 月 15 日)》，转引自中共中央宣传部办公厅、中央档案馆编研部：《中国共产党宣传工作文献选编(1937—1949)》，学习出版社 1993 年版，第 295 页。

② 南方局党史资料小组：《南方局党史资料：统一战线工作》，重庆出版社 1990 年版，第 85 页。

③ 《抗战的纪律》，《中央日报》(重庆版)，1941 年 1 月 18 日，第 1 版。

“一、此次事件纯出于皖南新四军之不遵命令，攻击友军，在纪律上自应受相当之制裁，乃纯粹军纪问题绝不含政治的或党派斗争的意义。二、军纪之执行以行为为根据，此次违抗命令破坏军纪者只新四军，各言论机关，如有评述，应以新四军为范围予以评述，对中共及十八集团军可勿涉及。”①

针对国民党当局颠倒黑白、混淆是非的政治宣传，中共作出了应对。中共中央发出《关于皖南事变的指示》，指出：“皖南事变是抗战以来国共两党间，也是抗日民族统一战线内部空前的严重事变。”②同时要求“各抗日根据地通过刊物、报纸、会议、群众大会，对国民党亲日派、顽固派同谋歼灭皖南新四军的行动，提出严重抗议”③。1月20日，毛泽东指出，皖南事变的根源是为数颇多的早已潜伏在国民党党政军机关中亲日派首要分子的侵华阴谋，而且这种阴谋，“至去年年底，其全部计划乃准备完成。袭击皖南新四军部队和发布一月十七日的反动命令，不过是此种计划表面化的开端”④。1941年1月，周恩来“指示新华日报社撰写关于皖南事变真相的报导和抗议国民党皖南事变的社论，并指示八路军办事处和新华社编印揭发皖南事变真相的传单”⑤。延安广播电台通报了国民党制造皖南事变的阴谋。

总体而言，皖南事变的舆论交锋，中共宣传方针正确，坚持以事实说话，在国统区、根据地和海外媒介上，多渠道地传播事实真相和自己的声音，从而在很大程度上引导着社会舆论的走向。这种舆论引导使中共及新四军在国内舆论场获得支持和同情，同时又通过海外舆论场博得了国际舆论的称赞和声援。这次舆论争锋不仅仅揭露了国民党在抗战上的妥协，也呈现了中共在抗战救亡上的坚定，极大地提高了中国共产党的政治威望。这一次舆论交锋，是国共两党第二次合作之后的舆论对立。“这次斗争表现了国民党地位的降低和共产党地位的提高，形成了国共力量对比发生某种变化的关键。”⑥经过这次舆论争锋，皖南事变引起全国及全世界人士的关注，“中国共产党更加成了中国团结抗日的重要因素，我党的地位已提高了。这次反共高潮的大退在国内政治生活中将产生重要的意义。它象征着抗日民族统一战线内部阶级力量对比的变动。蒋介石在这次反共高潮中的失败，使他在

---

① 《皖南事变资料选》编写组：《皖南事变资料选》，上海人民出版社1983年版，第376页。

② 《毛泽东年谱》(中)，人民出版社、中央文献出版社1993年版，第257页。

③ 中共中央文献研究室、中央档案馆：《建党以来重要文献选编(1921—1949)》(第十八册)，中央文献出版社2011年版，第17页。

④ 中共中央文献研究室、新华通讯社：《毛泽东新闻作品集》，新华出版社2014年版，第259页。

⑤ 中共中央研究室：《周恩来年谱(一八九八至一九四九)》，中央文献出版社1998年版，第497页。

⑥ 中共中央文献研究室：《毛泽东文集》(第2卷)，人民出版社1993年版，第778页。

今后再要发动这样的高潮更加困难，使他不能不重新考虑他自己的地位与态度”[①]。

## 二、国家重构与战时舆论动员

抗战期间，无论是国统区还是抗日根据地都面临着抗战建国的诸多问题。其中，在对抗外侮中，战时舆论动员中无一不包含有中华民族复兴、国家重建的政治主题。抗战爆发前，中国的国家建构是以中国革命的先行者孙中山的革命构想为主。他将国民革命历程预设为军政、训政与宪政等阶段，预设经历了这些阶段后，中国将成立一个以三民主义为基准的民主共和的中华民国。与此对应的是，这一阶段的传媒也在相应的阶段承担相应的政治宣传及舆论动员的任务。

1937 年的“七七”事变证明国民党的前期国家建构的挫折，整个中国进入国家重建阶段，这个阶段一直延续到 1949 年中华人民共和国成立。自 1931 年“九一八”事变后，中国时局逐步呈现抗战建国的政治转向，传媒格局出现以急速的时间压缩空间的方式进行调整。自 1937 年“七七”事变之后，随着上海沦陷、南京沦陷，以及随之发生震惊世界的南京大屠杀，国民政府及其军事失利可从军事地图来看：国民政府领导的抗日军队，由沿海撤向腹地，再由两湖地区向大西南撤退，文化人及传媒报刊也随之撤退。

面对抗战建国，国共两党都有自己的想法。1938 年 3 月 29 日至 4 月 1 日，中国国民党在武汉召开临时全国代表大会，这次大会是为了应付日军侵略下错综复杂的局面，明确今后任务和行动的方针政策。大会颁布了《抗战建国纲领》，并在闭幕式发表重要宣言，申述抗战建国同时并进的意义：“此次抗战，在事势上为必然发生而无可避免，吾人不能于和平中谋建设，惟当设法同时并行，是则救亡的责任与建国的责任，实同时落于吾人之肩上。……盖吾人此次抗战，固在救己，尤在使建国大业，不致中断，且建国大业，必非使抗战胜利之后，重新开始，乃在抗战之中，为不断的进行。吾人必须于抗战之中，集合全国之人力物力，以同赴一的，深植建国之基础，然后抗战胜利之日，即建国大业告成之日，亦即中国自由平等之日也。”[②] 1938 年 4 月 3 日蒋介石在武汉各界扩大总理纪念周演讲，提出：“一方面要领导全国努力抗战；一方面就应该在抗战进展中，逐渐完成三民主义的国家建设。尤其要

① 南方局党史资料小组：《南方局党史资料：统一战线工作》，重庆出版社 1990 年版，第 69 页。

② 流寓：《抗战建国　同时完成》，《西北论衡》，1938 年，第 6 卷第 7 期，第 120 页。

知道建立国家是我们抗战革命的唯一目的。"[①]国民党中执委宣传部编发了《抗战建国纲领浅说》，从学理方面来阐发[②]，并要求"本党同志应切实研究，而且要从事宣传。务使'家喻户晓'，共同实践"[③]。以国民党直属媒体为主的媒介系统，开始大范围地宣传边抗战边建国的建国纲领。以《中央周刊》为例，1938年到1945年间仅仅标题中含有"抗战""建国"字样的文章就多达36篇，其中1938—1939两年为集中宣传期，共有28篇。

中国共产党也强调一边抗战，一边建国。与国民党多从民族复兴层面去宣传不同的是，共产党多从民族解放层面进行舆论动员。民族解放具体体现在中国共产党最终以抗战建政为主要目标。"亦即在抗日的同时，通过建立根据地并发动群众，实行中共领导下的政治、经济、文化和社会等全方位改革，为通过抗战实行全国建政打下坚实的基础"[④]。因此，在媒介运作中，共产党更偏重实际情况、具体问题的宣传，"我党的宣传鼓动工作是要使得群众在自身的政治经验上来认识我们党的理论、政策、主张、口号的正确"[⑤]，如抗战问题上的《论持久战》；抗日根据地建设的政策、纲领和建设的风貌。如关于"三三制"的议题，仅《共产党人》就登载过《关于政权的三三制》[⑥]《在三三制政权中争取和团结党外人士的经验》[⑦]《陇东分区实行三三制政权的一些经验教训》[⑧]《在实行三三制的政权政策中延安中区五乡征粮委员会的创造及其意义》[⑨]等多篇文章，从不同的角度论述"三三制"实行中的问题和对策。中共在舆论动员中，尤其看重媒介的作用。"报纸、刊物、书籍是党的宣传鼓动工作最锐利的武器，党应当充分利用这些武器。"[⑩]在整风中以《解放日报》改版

① "中华民国重要史料初编委员会"：《中华民国重要史料初编：对日抗战时期第四编战时建设》，中国台北"中央文物供应社"1981年版，第2页。

② 国民党中执委宣传部：《抗战建国纲领宣传指导大纲》，1938年，第1页。

③ 国民党中执委宣传部：《抗战建国纲领宣传指导大纲》，1938年，第1页。

④ 步平、王建朗主编，汪朝光著：《中国抗日战争史：战时政治（第三卷）》，社会科学文献出版社2019年版，第232页。

⑤ 中国社会科学院新闻研究所：《中国共产党新闻工作文件汇编（上）》，新华出版社1980年版，第105页。

⑥ 罗迈：《关于政权的三三制》，《共产党人》，1940年第11期，第10—17页。

⑦ 冯治国：《在三三制政权中争取和团结党外人士的经验》，《共产党人》，1941年第17期，第23—27页。

⑧ 《陇东分区实行三三制政权的一些经验教训》，《共产党人》，1941年第19期，第66—72页。

⑨ 陈正人：《在实行三三制的政权政策中延安中区五乡征粮委员会的创造及其意义》，《共产党人》1941年第17期，第19—22页。

⑩ 中共中央文献研究室、中央档案馆：《建党以来重要文献选编（1921—1949）（第十八册）》，中央文献出版社2011年版，第430页。

为代表的媒介阵营改革重组,既体现了整风在媒介领域的影响,也从媒介功能上推动了“整风运动”的深入。

## 三、“抗战建国”同一命题下国共两党的舆论建构的历史评价

“抗战建国”是国共双方在抗战时期都论述的重要命题。双方都倡导“抗战建国”,但是在不同的舆论场也有明显的区别。两大舆论场基于不同的政治主体,在抗战同一个历史阶段,既兼顾国家和民族,又要顾及政党的利益,即在舆论建构中有着自身的特征。

### (一)“抗战建国”舆论场的特征

在抗战历史时空下,形成了两个完全不同的媒介宣传鼓吹体系下的舆论场域,既互相勾连胶合,在各自的区域内又自成系统。

首先,这两个舆论场之间的胶合和交锋,与抗战的历史阶段紧密相连。抗战的不同阶段不仅决定了两个舆论场范围的变动,还决定了它们互相的舆论场的关系。比如在抗战期间,沦陷区舆论场与抗日根据地舆论场是对立关系。皖南事变之后,国民党“积极反共、消极抗日”,日伪企图利用军事轰炸配合舆论宣传,迫使国民党投降。又比如十四年抗战期间,舆论场的数量和涉及范围多次变动,但具体到国统区和抗日根据地这两大舆论场,抗日建国、民族复兴等一直是传媒系统的主要议题,并且达成了一些舆论共识。两者一直存在或明或暗的舆论交锋,中共中央宣传部文件指出,“要同国民党展开全面的(国民党已经开始这样做)、进攻的(国民党方面一般是防御的)宣传战”[①]。舆论交锋反映两党在抗日问题、国家建设上的取向。

其次,抗战舆论的媒介话语建构有明显的政治引导倾向。无论是国民党领导的国统区,还是共产党领导的抗日根据地,都面临着舆论话语建构的导向和模式的问题。不同阶段两党的政治宣传重点不同。如共产党在推动抗日民族统一战线过程中,从“反蒋抗日”到“逼蒋抗日”,再到“联蒋抗日”。国民党在战略防御阶段、战略相持阶段和战略反攻阶段,对日本、对中共的政策及其宣传策略均有变化。即两个舆论场的媒介系统在不同时期舆论动员的话语内容和方式有所转变。

### (二)“抗战建国”同一命题下国共两党的舆论建构

“抗战建国”是近代社会变迁的重要历史主题和舆论议题。国共两党在各自的

---

① 《中央宣传部关于展开对国民党宣传战的指示(1941年5月7日)》,转引自中共中央宣传部办公厅、中央档案馆编研部:《中国共产党宣传工作文献选编(1937—1949)》,学习出版社1993年版,第224页。

舆论场都积极鼓吹抗战建国,国民党推行一边抗战一边建国,共产党也以抗战建国为媒介宣传的主题。对于抗战的问题,两者在大部分历史阶段是一致的,都是以抗击日本殖民侵略为主题。建国问题,即抗战结束后要建立一个什么样的国家政权的问题,两者的舆论建构是不同的。论述抗战建国的前途时,国民党提出:"夫抗战建国,必须在'一个领袖'方可克奏肤功,完成大业。"①同时从民族复兴层面去宣扬通过抗战,实现了"吾国之新生",政治上的重要表现即"全国各党各派,一致宣布,仰三民主义,服从国民政府,在总裁领导之下,共同为实现三民主义而奋斗"②,认为抗战政治体制表现为建立国民党一党专政的专制国家。蒋介石在国民党六大开幕词中,提出三项任务,其中之一即为"确定实行宪政,完成革命建国大业"③,强调抗日战争是"三民主义"践行的过程。

共产党对抗战建国目标多从民族解放层面进行动员。在民族生死存亡之际,民族共同体的意识显然得到高度的张扬。周恩来重新解读"民族至上""国家至上"的概念④,提出抗战建国所要建立的国家"应该是抗日各革命阶级统一战线的国家,因为它要从坚决反对日本帝国主义的革命战争中建立起来的"⑤,强调战后成立的应当是民主的、联合的政权。这种基于民族解放为目的的国家重建是中共的主要舆论导向。

无论是"抗战建国"还是抗战建政,都涉及抗战基础上的国家重建。值得注意的是,除了各自区域,即便是沦陷区,地下组织和租界势力在上海等地仍有影响。共产党、国民党在上海皆有自己的特工人员及情报系统,也包括他们筹办了一些报刊,迂回曲折地发表自己的政治见解,呈现自己的国家建构的理念。而随着抗日战争的结束,国民政府迅速接管了沦陷区的一些报刊、广播电台等,抗战期间被挤压至大西南的一些媒体又搬归原地,一个新的报刊系统再次建立,中国的舆论场重新分割。

(三)两大舆论场角力的结果

随着 1945 年日本投降,包括传媒系统在内的沦陷区诸多问题得到了解决。国

① 李宗仁:《抗战建国的前途》,《建设研究》,1940 年第二卷第五期,第 88 页。

② 李宗仁:《抗战建国的前途》,《建设研究》,1940 年第二卷第五期,第 88 页。

③ 《开幕词》(1945 年 5 月 5 日)。参见荣孟源:《中国国民党历次代表大会及中央全会资料》(下册),光明日报出版社,第 901 页。

④ 周恩来:《民族至上与国家至上》,《新华日报》,1941 年 6 月 15 日、22 日。

⑤ 周恩来:《民族至上与国家至上》,《新华日报》,1941 年 6 月 15 日、22 日。

统区、抗日根据地派员接管日本控制下的报刊、广播电台等媒介。抗战期间，国共双方在上海的宣传，呈现“团结对外、一致抗日”的一致性。日本投降后，国民党、共产党的宣传系统领导人分别进入或重新进入上海，双方在媒介势力的争取上有所角力。原伪满洲国所在东北地区的报刊，共产党领导解放军在苏联的支持下接手得多一些。相比之下，江浙一带报界，国民党及其领导的军队在日伪败退之后，接管得多一些。可以说抗日战争造成中国新闻事业的搬迁或重组，牵制了中国新闻事业的发展，而抗日胜利后重新接管推动中国新闻事业向解放战争时新的格局发展。

日本侵华势力在中国败退之后，中国政治风云变幻。国共综合实力的变化是战时政治演进最大的变化，且是最重要的结局，同时决定了战后中国政治的走向。这种变化的根源在于国共两党在抗战期间的政治、经济、社会、外交、军事等多维政策的运筹和执行，其中就包括战时舆论宣传和舆论引导。围绕战后建国道路的抉择，矛盾日益尖锐。重庆谈判的失败，随着时局变化解放军提出了“打倒蒋介石，解放全中国”的口号，中国进入解放战争。中国的政治舆论场域及其政治导向由此而进入另一番天地。

# 第十三章

# 政党舆论竞争与国家重建的道路抉择

全面抗战开始之后，国共两党提出不同的抗战路线，逐渐造成了两种截然不同的结果。至抗战胜利前后，随着国共双方力量对比变化及国际局势演变，中国共产党提出了“联合政府”口号，并通过党报党刊展开了行之有效的舆论宣传。“联合政府”口号得到了大后方民主党派的赞同，其进入国统区报刊亦有一个媒介建构的过程。抗战胜利后国共重庆谈判吸引了报刊舆论的强烈关注，预示着两种不同政治道路在舆论场中的激烈博弈。与此同时，战后国统区民营报纸生存的舆论空间经历了起起伏伏，彰显了战后中间路线在中国的最终命运。

## 第一节　战后中共对国家重建道路的选择及其舆论表达

抗战胜利前夕，中国共产党适时地提出联合各抗日党派力量成立“联合政府”的政治主张，回答了战后中国向何处去的问题，并借助舆论的力量谨慎而巧妙地公之于世。此后，中共党报聚焦国共重庆谈判，通过行之有效的舆论宣传引起了社会各界对中共政治主张的广泛关注。

## 一、中共“联合政府”口号的提出及其舆论宣传

对中国共产党而言，1944 年具有重要转折意义。中共领导下的根据地、军队逐渐从日伪军严酷而频繁的扫荡与围攻中走向胜利。1944 年 12 月 31 日，中共党报《解放日报》发表头版专论《敌后战场伟大胜利的一年》，自豪地总结了一年来中共领导下抗日军队取得的骄人战绩，一年来中共军队累计光复国土八万余平方公里，解放同胞一千两百万，对日伪军作战成效显著：“大小战斗两万余次，毙伤敌伪二十二万余名，俘获敌伪六万余名”，中共军队与根据地人口增加迅猛，“我们的正规军，由过去的四十七万，增加到现在的六十五万，民兵由二百万增加到二百二十万，解放区的人口由过去的八千万，增加到现在的九千二百万，这就大大增强了我们的反攻力量。”①

第三方的观察同样印证了中共党报所言。1944 年 6 月 9 日，饱受外界压力的国民党当局首次允许中外记者西北参观团赴抗日根据地采访。代表团共 21 人，其中包括 6 名国外记者分别代表了美联社和伦敦《泰晤士报》、美联社、路透社、塔斯社、美国《时代》杂志等国际知名报刊、通讯社。

鉴于本次记者团所具有的官方组建背景，以及国外记者所代表的深不可测的国际舆论影响力，国共双方均对其极为重视。共产党一方亟须借助本次采访，突破国民党封锁，获取外界的支持与援助。中共向记者团开展舆论宣传，反击国民党不实舆论。毛泽东在访谈中阐释了本党的政治理念与主张，重申坚持国共合作的立场，“中国是有缺点的，而且是很大的缺点，这种缺点，一言以蔽之，就是缺乏民主。”谈及关于国共相关谈判，毛泽东表示：“谈判已进行了许久，但是今天还在谈判中。我们希望谈判有进步，并能获得结果。其他今天还无可奉告。”②

与同期共产党所取得的成绩相比，国民党遭遇了抗战以来空前的政治、经济、文化等方面严重危机。1944 年 4 月至 12 月，日军发动旨在打通中国大陆交通线的大规模进攻战役，此即豫湘桂战役。中国军队遭遇自武汉失守之后正面战场上最大的失利。日军兵锋所指之处，国军丧师失地，8 个月内丢失超过 146 座城市，6000 余万同胞沦于敌寇铁蹄之下。

---

① 《敌后战场伟大胜利的一年》，《解放日报》，1944 年 12 月 31 日，第 1 版。

② 《会见中外记者西北参观团的讲话》。参见中央文献研究室、新华通讯社：《毛泽东新闻作品集》，新华出版社 2014 年版，第 313 页。

国民党所实行的片面抗战路线，消极抗战，过于依赖盟国的做法，日益引起国际盟友的不满。当年 7 月，美国总统罗斯福告知蒋介石，声称："假若还不立即实行彻底和迅速见效的补救方法，我们的共同目标将受到不幸的挫折。"[①]蒋记国民政府的领导能力遭受普遍质疑，罗斯福建议由美方史迪威将军统一指挥所有中美军队。

大后方民众对国民党及其军队的腐败无能极为失望。针对国民党政府坚持独裁统治、横征暴敛、压迫人民的做法，他们强烈要求国民党政府改弦更张，实行民主以挽救时局。1944 年以来国共两党领导的正面和敌后战场呈现出截然相反的情形：一个失败，一个胜利；一个后退，一个前进。

1944 年 9 月 15 日，中共代表林伯渠在国民参政会上作关于国共谈判的报告，根据中共中央指示，他代表中国共产党在报告中正式提出了"希望国民党立即结束一党统治的局面，由国民政府召开各党各派、各抗日部队、各地方政府、各人民团体的代表，开国是会议，组织各抗日党派联合政府"[②]的主张。此为中共在公开场合正式提出建立"联合政府"的主张。国民党方面试图最大程度上消减中共政治主张的舆论影响力，国民党中央宣传部的许孝炎下令："关于联合政府的问题，千万不要见报。"结果中央通讯社将林伯渠相关表述删除。

9 月 17 日，身处国民党机构重重监督之下的《新华日报》全文刊发了该报告。外国记者也纷纷向海外发出新闻稿，一时间产生了巨大的国际舆论影响。9 月 22 日，《解放日报》头版头条报道了林伯渠报告全文，着重提及共产党提出的立即结束一党专政，组织各抗日党派联合政府的主张。

1945 年上半年，抗战局势日益明朗，国共双方均开始考虑战后问题。1945 年 5 月 5 日至 21 日，国民党召开六大。几乎与此同时，1945 年 4 月 23 日，中国共产党第七次代表大会在延安杨家岭中央大礼堂召开。毛泽东作了题为《论联合政府》的报告，向全党明确了战后建立民主的联合政府的政治主张，确定了七大的主题即为结束一党专政，成立联合政府。毛泽东早在上年 12 月 12 日主持召开中共六届七中主席团会议时，便为中共七大定下基调："现在全国总的任务是建立统一中国一切力量的民主联合政府，其他的不提，七大也要采取这种态度。"[③]

---

① 《中美关系资料汇编》(第 1 辑)，世界知识出版社 1957 年版，第 135 页。

② 《关于国共谈判：林祖涵同志报告全文》，《解放日报》，1944 年 9 月 22 日。

③ 中共中央文献研究室：《毛泽东年谱(1893—1949)》(中卷)，人民出版社 1993 年版，第 565 页。

中国共产党“联合政府”政治主张提出并在报刊媒介广泛报道后，很快引起中国社会各界的广泛关注。西安、成都、昆明等地的报刊纷纷发表社论和文章遥相呼应，国内各界实行真正的民主政治的呼声日益高涨。

## 二、中共党报对重庆谈判的关注与报道

在吴鼎昌的建议下，1945 年 8 月，蒋介石连发电报邀请毛泽东赴重庆谈判。8 月 25 日中共中央发表《对于目前时局的宣言》，提出：“在全中国与全世界，一个新的时期，和平建设的时期，已经来临了！”[①]《新华日报》等中共党报的宣传中心即围绕宣言展开舆论报道，集中报道毛泽东、周恩来、王若飞来重庆与国民党谈判的情况。[②]

1945 年 8 月 28 日下午 3 时，毛泽东、周恩来、王若飞在美国驻华大使赫尔利、蒋介石代表张治中等人陪同下抵达重庆，并在机场面对中外记者发表书面谈话，阐释了中共对于当前时局的看法，表示：“目前最迫切者，为保证国内和平，实施民主政治，巩固国内团结。”[③]毛泽东等中共人士的一举一动获得中外舆论的广泛关注，其政治观点与主张亦得到相当大程度传播。

毛泽东等人亲身赴渝同国民党商谈中国未来政治道路，对国内各界无疑产生了轰动性效应。民主党派和中间派人士得以当面同中共领袖交流对中国未来政治道路的看法。毛泽东等面对新闻媒体详尽阐述中共“和平、民主、团结”的政治主张。参与访谈的知名大报及通讯社便有《大公报》、合众社等。

重庆谈判期间，中共谈判中的政治主张、态度、意见常由处于重庆的中共党报《新华日报》面向公众进行报道。

毛泽东等中共代表飞赴重庆谈判的举动同样对国内普通民众产生了巨大影响。《新华日报》1945 年 8 月 29 日刊发报社当月 27 日收到的读者胡其瑞等四人的来信，其中称：“毛泽东先生应蒋主席的邀请，毅然来渝，使我们过去所听到的对中国共产党的一切诬词和误解，完全粉碎了。”来信认为，“毛先生来渝，证明了中共为和平团结与民主而奋斗的诚意和决心，这的确反映和代表了我们老百姓的要求”[④]。民间舆论与中共倡导“联合政府”理念汇通，形成事实上的统一战线。

---

① 《中共中央发表对目前时局宣言》，《解放日报》1945 年 8 月 27 日，第 1 版。

② 石西民、范剑涯等：《新华日报的回忆·续集》，四川人民出版社 1983 年版，第 82 页。

③ 中共中央文献研究室：《毛泽东年谱(1893—1949)》(下卷)，人民出版社 1993 年版，第 16 页。

④ 卓兆恒等选编：《重庆谈判资料》，四川人民出版社 1980 年版第 62 页。

在中共治理下的解放区，中共党报亦密切关注国共重庆谈判的进展，连续地报道中共对于中国未来政治道路的主张。《解放日报》10月3日刊发社论《前进还是后退》，指出："抗战胜利了，但是或是前进或是后退，这依然是目前中国的歧路。前进的准绳是什么呢？这就是尊重人民的利益，尊重民族的利益。这就是把人民的利益看成至上，把民族的利益看成至上。后退的准绳是什么呢？这就是轻视人民的利益，轻视民族的利益。"而解决前进或后退问题的方案便是，"争取一个和平、民主、团结的中国"①。

经过43天的艰苦谈判，国共双方对国是问题的讨论以《双十协定》的签订告一段落。《双十协定》所商定的内容最终又以召开政治协商会议的形式得以体现。和平氛围也短暂地出现在1946年春季的中国。

## 第二节 "联合政府"口号在国统区报刊空间的媒介建构

自日本全面侵华以后，传统中国"国家至上"的观念和民族危机意识进一步强化。以获得政权为首要目标的革命政党，也都将"独立和统一"作为增强凝聚力的政治口号，政权重建成为国家重建的中心。至1944年，随着国际反法西斯战争局势及国共力量对比发生显著变化，政权重建议题再次成为重点。

在各政治力量提出的重建方案中，共产党的"联合政府－政治协商"路线得到了大后方大多数民主党派的赞同，并与国民党媒体宣扬的"立宪政府－国民大会"路线相对峙。"联合政府"口号是如何进入国统区报刊空间而成为主流的媒介话语的？政治论争又是如何形塑其相关舆论的？虽然毛泽东于1945年3月31日表示联合政府"口号一提出，重庆的同志如获至宝，人民广泛拥护"②，但距1944年9月15日中共在三届三次国民参政会上首次提出该口号逾半年之久。其间的媒介建构过程需要呈现出来，这至少应当考量两个方面的内容：一是视媒介为宣传动员、社会启蒙和造就舆论的工具，强调其在政争中的战斗性功能。如有学者围绕"舆论议程与统治合法性危机"，阐述了一方利用报刊对另一方进行议程设置以削弱、动

① 《前进或是后退》，《解放日报》1945年10月3日，第1版。

② 中共中央文献研究室：《毛泽东在七大的报告和讲话集（1944年4月—6月）》，中央文献出版社1995年版，第101页。

摇其政治合法性的过程。[①] 二是认为"媒介化"的政治实践会导引社会的观看和表达,为时人提供观察局势、感知舆论的标准视野。这涉及媒介叙事的框架化和权力博弈的媒介化。如"联合政府"在报刊空间的稳定立足及其话语优势的形成,会扩大其在公共空间和读者感知中的影响力。

## 一、"至足眩惑人心":"联合政府"进入国统区报刊空间

1944年6月,毛泽东在中共六届七中全会上提出:将来可能成立各党联合的民族联盟,思考建立一种新的政权形式,[②]至三届三次国民参政会召开前已明确为"联合政府"。当时毛泽东判断"各小党派是需要的",美国也"有训令给(驻华大使)高思,要促成中国的联合政府"[③]。中共适时创办文摘性外宣报刊,拓展政治传播空间;利用国际舆论形势和民盟呼声,报道豫湘桂溃败和政府腐朽是"独裁恶果",凸显联合政府是解决现实问题的良方,并将其作为统战话语与国民党争夺"民意";基于既有立场和变动时局设置新闻议程,争取中间阶层及其报刊的支持。至此,"联合政府"成功进入国统区报刊空间,被国民党称为"至足眩惑人心"[④]并以提前召开"国民大会"应对之。

### (一)突破国统区新闻检查:扩大联合政府口号的传播空间

在重庆的政治高压和繁苛的新闻检查下,联合政府这一蕴含国家政治秩序革新的方案的传播极为困难。1944年9月15日林伯渠便在三届三次国民参政会报告末尾提出了该主张。次日《中央日报》以较大篇幅登载了这一报告,却把涉及联合政府的文字全部删去[⑤];《新华日报》发表的报告提纲也被删得七零八落,中央社更把其篡改得面目全非[⑥],意欲围堵其进入报刊。9月17日《新华日报》全文刊发了林伯渠的报告,外国记者也向海外发出新闻稿[⑦]。此后风声日紧,《群众》周刊涉

① 王天根:《近代中国报刊与社会重构的传媒镜像(1915—1937)》,合肥工业大学出版社2016年版,第29—32页。

② 转引自邓野:《联合政府与一党训政:1944—1946年间国共政争(修订本)》,社会科学文献出版社2020年版,第19页。

③ 转引自金冲及:《联合与斗争》,三联书店2018年版,第190页。

④ 中国第二历史档案馆:《中华民国史档案资料汇编·第5辑第2编·文化(1)》,江苏古籍出版社1998年版,第544页。

⑤ 《参政会昨开两次大会听取中共问题报告》,《中央日报》,1944年9月16日(2)。

⑥ 《评此次国民参政会》,《解放日报》,1944年9月24日。

⑦ 参见金冲及:《联合与斗争》,三联书店,2018年版,第192页。

及联合政府、党派会议的社论《纪念“双十”三十三周年》《中共中央代表林祖涵再致国民政府代表王世杰、张治中两先生的信》“均奉令免登”①。如果联合政府口号不能流播于大后方报刊，也就谈不上舆论影响力的建构了；且若不能以新闻议程的形式进行报道及评论，仅凭《新华日报》一个“点”是无法形成“面”的传播效果的。1944年9月12日，《解放日报》发表社论《言论自由之后》，批评国民党限制言论自由和钳制舆论。但重庆当局不但置之不理，还连续发布内参通告（10月6日、7日、14日）：绝不允许报刊宣传联合政府。一份“重庆新闻检查处呈文”称，《新华日报》送检稿件《外国记者眼中的重庆》有放弃一党专政、组织联合政府字样，“荒谬之至”，会同该报馆附近的宪警机关将10月3日《新华日报》扣留2000余份；同时“为防止流布各地，淆惑听闻，经分别函电各有关机关迅将其没收及扣邮，以杜流传，而遏乱萌”②。

总之，在“联合政府”提出之初，关于它的报道在《新华日报》以外的国统区媒体上少见。许多在渝报刊对发表涉及“联合政府”的言论十分谨慎，一度影响了传播时效。如1945年1月13日民盟《对蒋介石新年文告发表时局宣言》，要求“立即结束一党专政，建立联合政权”，“开放党禁，承认各党派公开合法地位”；但宣言稿送交各报后，仅《新华日报》一家报纸于1月15日发表，其他报纸无一敢刊登，当日《新华日报》因此还被扣压。但《新华日报》工作人员于发行前一小时将该稿送到新闻检查处，一扔而走。检查员要决定扣稿的时候，报纸已大半开始发行了，发行了不少份。③ 直到“双十协定”达成时，国民党还在强调“对于共党组织联合政府一项宣传攻势，幸勿轻信谣言，听候中央指示为要”④，报刊言论中最好少使用“联合政府字样”⑤。在此语境下，中共鉴于绝大多数党报不能在国统区发行，便创办了一批文摘性外宣报刊，转载延安、重庆、成都、昆明、西安等地文字，涉及报道联合政府。如1944年中共晋绥分局复刊了以联络敌占区为目标的《祖国呼声》半月刊，转

---

① 《本刊启示》，《群众周刊》，1944年10月15日(19)。

② 战时新闻检查局一九四四年一至六月检扣《新华日报》稿件报告书(1944年7月)、重庆新闻检查处检扣《新华日报》刊发应放弃一党专政与组织联合政府等稿件的有关文件(1944年10月)。参见中国第二历史档案馆：《中华民国史档案资料汇编·第5辑第2编·文化(1)》，江苏古籍出版社1998年版，第540—546页。

③ 危涟漪：《周恩来抵渝与新华日报》，《新闻天地》，1945年2月20日(2)，第11—12页。

④ 《国民党中宣部关于分析杜鲁门对华声明系掩饰马歇尔来华干涉中国内政使命密电(1945年12月22日)》。参见中国第二历史档案馆：《中华民国史档案资料汇编·第5辑第3编·政治(2)》，江苏古籍出版社2000年版，第91—92页。

⑤ 《陈布雷发言》，《市民日报》，1946年1月16日。

载主张联合政府的《解放日报》社论(如《敌后战场伟大胜利的一年》《争取胜利早日实现》等),并以在封面加印伪装做遮掩的形式发行到敌占区和国统区。1945年在上海创办旨在连通内地与收复区的意志、传达各方对于国事意见的《文萃》周刊,表面为集纳性和文摘性读物,实则宣传民主政治改革。

(二)设置报道框架:联合政府成为解决中国现实问题的关键

首先,中共报刊在报道中把豫湘桂溃败与国民党的政治独裁链接起来,利用美英舆论质疑蒋政府作战不力导致战局恶化,强调"联合政府"是解决困境的对症良药;民盟把国民政府政治腐败与一党专制链接起来,旨在形成以"联合政府"革新民主政治的合理性。早在1944年8月8日衡阳失守后,《中央日报》连续发表社论和战事总结,称衡阳败退皆因孤军奋斗、外援断绝、兵力及装备不如日军。[①]《解放日报》则强调"一切问题的关键在政治",战局如此艰难乃独裁政治、片面抗战的恶果。[②] 9月24日《新华日报》刊发潘梓年写的社论《胜利之路》,指出"纵有优良武器,如果没有骨壮力健、忠勇为国并知道是为民主而战的人,又如何能打胜仗?实行民主政治是争取抗战胜利和盟邦援助的必要条件"。此间英美主流舆论也抨击蒋政权作战失利、贪污腐朽,主张改组国民政府。[③] 这激起了民主人士的共鸣。张澜主张:"放弃一党专制的统治,国事要以真正大多数的民意为依归。民主政治的开步走就是联合政府。"[④]中华职业教育社机关刊物《国讯》刊发了一组读者感知时局的投书,呼吁"国家危亡,再不能讳疾忌医,这是最后的考验了"[⑤],"联合政府"的呼声不断高涨。

其次,国共两党及其报刊皆在"符合民意"的框架内解释其政治主张,中共将"言论自由、政党平等、反对新闻检查"等放到"联合政府"框架内,彰显统战话语。针对国民党以"提早宪政"回避"联合政府"的企图,中共揭示其"实行宪政"的策略性和局限性。1944年9月18日《中央日报》社论称三届三次国民参政会赢得了人民拥护,其划时代意义在于蒋主席宣布"提早结束训政:实行宪政,愈早愈好"的决

---

① 《衡阳守军誓死报国》,《中央日报》,1944-8-9;谈衡阳保卫战功劳[N]. 中央日报,1944年8月12日。

② 《衡阳失守后国民党将如何》,解放日报,1944年8月12日。

③ 《顾维钧回忆录(第五分册)》,中华书局1987年版,第438-444页。

④ 《全国各地要求改组国民党政府及统帅部的呼声》,《祖国呼声》,1944年11月16日(14-15),第57-58页。

⑤ 《静波·读者投书》,《国讯》,1944年12月1日(381):第15-16页。

心。[①]《解放日报》驳斥道：此次国民参政会召开于中国正面战场濒于崩溃的深刻危机之时，开会两星期内在湘粤桂三省，平均日失一城而有余，西南重镇桂林已极危殆。唯有废止国民党一党的寡头统治，改组政府和统帅部才真正代表全国人民公意的要求、使国家转危为安；蒋介石空口允许“考虑提早结束训政”之类，其实乃一种延宕的策略。[②]《中央日报》对此不予认同，强调“湘桂战事今天还没有达到评论的时期，我们只能够说：全州的意外挫折与宝庆的猛烈战斗还是得失互见的结局。桂林的稳定更是日益明显的事实”（未几，桂林陷落）；“国民政府预期于抗战结束后一年内召开国民大会，蒋主席更是宣布他正在考虑提早实施宪政”，如果不按照一定的计划和步骤来实施民主，“不务民主政治之实，徒务民主政治之名，其结果不过使中国的政权落入少数政客军阀之手”[③]。该社论与10月4日国民政府发言人张平群公开对记者表示“联合政府一说不值讨论”[④]相呼应。《新华日报》《解放日报》对此逐条批判：要想扭转湘桂战局，只能顺应国内要求实施民主政治的民意，组织并武装人民反击；同时回击张平群的说法，强调正面战场危机的加深暴露了国民党独裁统治的无能和腐朽，大后方人民要求立刻问责国民党，拒不讨论“联合政府”正是不顾人民呼声和国家安危的寡头专政行为。[⑤]

### （三）对接民主宪政诉求：推动联合政府口号向中间阶层延伸

“联合政府”讲求政治主体多元化和党派协商，比一党包办的“立宪政府”更能代表民主党派的政治利益。[⑥] 尤其是豫湘桂大溃退引起了对执政者而言“最重要的人心变动”：大后方的中间党派及青年学生对国民党当局的看法普遍发生了巨大变化，“联合政府”和遏制腐败成为进步势力的共同呼声。[⑦]

抗战期间国民党屡提宪政，结果每次都延期。其中1943年9月的宪政运动对第三方面打击最大：民主精英费时耗力，结果宪政实施筹备会的“会员均由蒋主席指定”[⑧]，最终沦为国民党政权的点缀和上流社会的清议。《新华日报》见证了宪政

---

① 《参政会划时代的成就》，《中央日报》，1944年9月18日。

② 《评此次国民参政会》，《解放日报》，1944年9月24日。

③ 《革命抗战的责任与信心》，《中央日报》，1944年10月4日。

④ 《记者招待会后日由张平群张东泉报告》，《大公报（重庆）》，1944年10月4日(2)。

⑤ 《再论湘桂战局》，《新华日报》，1944年10月8日。

⑥ 《邓野·联合政府与一党训政：1944—1946年间国共政争（修订本）》，社会科学文献出版社2020年版，第36页。

⑦ 金冲及：《转折年代：中国·1947》，生活·读书·新知三联书店2017年版，第481—492页。

⑧ 《黄炎培日记（1943年10月2日）》，华文出版社2008年版。

运动的失败，在1944年9月25日报道宪政座谈会时提出“为真正实行民主挽救危局，只能成立各党派平等合作的联合政府”①，将联合政府与民主宪政对接起来。国民党党报则忙碌于“青年从军宣传”，试图逆转溃败战局，无暇顾及学生民主运动并对其予以暂时遮蔽，对中共的报道仍以“军令政令统一”训导警告之。这在客观上有益于联合政府口号在媒介空间的高扬。9月19日，成都的国家青年党机关报《新中国日报》社论《以民主宪政解决一切问题》谈及林伯渠的报告，支持党派合法化，认为党派平等联合与民主宪政息息相关；民主宪政“不仅是中共的需求，而且是中共以外其他政党一致的主张，有此方可解决国家一切问题。今日所谓‘中共问题’与夫其他政党合法存在的问题，都由于民主宪政未能实现”②。9月25日《新华日报》刊发重庆各党派各阶层代表要求改组政府的报道，沈钧儒等组织民主宪政促进会。《新华日报》还将宪政运动的出路引向联合政府：宪政运动表征着中国民主运动蕴积着无穷尽的力量，但民主运动面临的更迫切任务是“团结与组织各种民主要求为共同的民主呼声，把一切民主力量团结为强大的民主阵线”③。至此，联合政府承接了宪政的希冀与问题，在青年学生中引发舆论。10月7日，成都华西坝四川大学、华西大学、燕京大学、金陵大学、齐鲁大学12个学会召开国是座谈会，《华西日报》自10月8日接连发表社论、短评，主张把国家大权交给人民。《新华日报》刊发《“双十”三十三周年》等予以声援。在“联合政府”作为民主政治象征引发的舆论压力下，蒋介石于1945年元旦急忙提出召开国民大会、组建立宪政府以应对。至此，联合政府对国民党形成了政治舆论威胁。

## 二、中共及民盟合力：“联合政府”口号立足渐稳

中共把联合政府置于“真实民主”的框架下，而将“国民大会”定位为“虚假民主”，以动摇其现实合法性；同时采取双管齐下的报道策略，为“联合政府”和“国民大会”设置了“民主的统一”和“专制的统一”的分殊，动摇了其理论合法性。国民党知识阶层不得不对联合政府展开批判，从而放弃了此前“拒谈联合政府”的策略，这意味着联合政府已稳定立足于国统区报刊界。

---

① 刘宗向：《评新华日报对于宪政问题的几个论点》，《新检月报》，1944年7月31日(10)：第21—23页。

② 《昆蓉报纸著论主张：必须赶快实行民主》，《新华日报》，1944年9月24日。

③ 《召开国事会议成立联合政府》，《新华日报》，1944年9月25日。

### (一)“结束训政”不足为训：作为“真实民主”话语的联合政府

中共及民盟通过设置议程，构建了联合政府的“真实民主”话语框架，并以“虚假民主”框架批判“国民大会”。1944 年 9 月，蒋介石表示考虑提早结束训政，《中央日报》赞之为“由训政而宪政的坚实一步”。《解放日报》揭露其乃“伪装民主以破坏民主的手法”[①]。由于部分民主人士对“国民大会”抱以期待，《解放日报》又警示世人：国民党屡言“限于民国二十九年召集国民大会”“抗战结束后一年实行宪政”云云，立宪诺言比清末立宪时期慈禧载沣给得更多；然而其参政会的产生方法与实际权力，还不如清朝的资政院咨议局来得实在。[②] 但因当时联合政府口号刚提出，揭批“结束训政”的言论较少。一直到 1945 年蒋介石发表《新年文告》，被认为是客观上对联合政府的表态，相关讨论开始增多；加之民盟已认同民主之实现须经过党派会议而成立联合政府，中间及左翼报刊开始发力。

1945 年 1 月 1 日《中央日报》刊发了蒋介石文告，其中以下语句引人注意：一俟我们军事形势稳定，反攻基本确定，最后胜利更有把握的时候，就要及时召开国民大会，颁布宪法。[③] 次日《中央日报》再发社论《提早召开国民大会》，陈述国民大会符合由孙中山提出的由训政而入宪政的步骤，在抗战末期实施具有兼顾民主革命与社会革命的现实意义。这一谈话夹带着对“联合政府”的批评，引发了“国民大会能否真正实施”的争论。1 月 10 日的《新华日报》社论从罗斯福支持欧洲国家成立联合政府推动国际关系民主化的国情咨文切入，提出反法西斯国家内部的民主联合政权也益于国内政治民主化[④]，将“联合政府”引入了“符合国际和历史潮流并切实可行”框架内。1 月 15 日，对宪政民主很有发言权的民盟发表了由黄炎培、左舜生、章伯钧、沈钧儒等商定的《时局宣言》，表示蒋介石声明提前召集国民大会，“吾人在原则上自赞成之，但目前事实上乃绝少办得到的希望。”《宣告》进一步指出：“如仅仅将二十五六年所选出之一部分代表，再就无法选举之若干省份指派若干，以足 1440 名之额，更益以数百名国民党中委及候补中委为当然代表，以此而欲指

① 《参政会划时代的成就》，《中央日报》，1944 年 9 月 18 日。《评此次国民参政会》，《解放日报》，1944 年 9 月 24 日。

② 《美国务院政府通讯社严斥国民党军阀》，《解放日报》，1944 年 10 月 9 日。《张平群发言错误：人民要求立即改组政府及统帅部》，《解放日报》，1944 年 10 月 9 日。《今天和辛亥》，《解放日报》，1944 年 10 月 10 日。

③ 《蒋主席元旦播讲》，《中央日报》，1945 年 1 月 1 日。

④ 《民主联合争取胜利》，《新华日报》，1945 年 1 月 10 日。

定一部全国共遵之宪法，以此而居然‘还政于民’，并欲以此而成就全国的团结统一，吾人认为必将适得其反”。民盟等进步力量要求通过党派会议产生联合政府，指出国民党借延宕以资敷衍、弄名词以淆视听会使国家民族陷于分裂破碎之境地。[①] 这一声明对国大代表的合法性提出质疑，动摇了“国民大会”的合法性根基。

中共支持民盟宣言并竭力突破新闻检查宣传之。1945年1月24日周恩来至重庆谈判，次日唯有《新华日报》刊载《周恩来由延安抵渝向记者发表重要谈话》，宣布中共主张通过党派会议商讨联合政府的组织问题。《新华日报》还传播昆明《民主周刊》的声援：中国人民需要的民主是货真价实的民主，当局不要以虚伪的民主来欺骗和搪塞人民。[②] 蒋介石抵制联合政府的态度在国民党内部也引发了不同声音。2月16日《新华日报》报道了国民党中常委孙科在私邸接见记者的谈话，其以法国成立联合政府后国际地位提高为例，说明建立联合政府是一个解决问题的好办法：遵循民主的方式，各党派参加政府共同负责，加强政府效能，这在欧洲已屡见不鲜，应从认识上解除对它的杞忧及恐惧。[③] 2月22日重庆媒体刊发重庆文化界对时局进言，指出在内政未能团结、政治贪墨成风、经济日趋竭蹷、人民尚待动员的情况下，召集国民大会乃“空言民主固属画饼充饥，预约民主亦仅望梅止渴”，必须通过各党派组织临时紧急会议商讨时局改进策略以作为国民会议前驱，组建战时全国一致政府。[④] 对此，蒋介石被迫拿出“国家统一”和“还政于民”的理由来应对。

### (二)软硬结合的表达策略：作为“民主统一”话语的联合政府

中共在营造“联合政府”的舆论上既顾全大局，又有所争取，恰当回击了国民党“联合政府危害国家统一”“党派会议不符合还政于民”的言论，建构了联合政府作为“民主统一”的话语。

早在“联合政府”刚提出不久，国民党中宣传部长梁寒操即表示：只有在国家军令、政令统一的前提下才能考虑政治问题的解决。[⑤] 当时国共正在谈判，《新华日报》未予抨击，而是转载昆明《云南日报》9月19日社论《民主与统一》表达观点：怎

---

① 中国人民解放军政治学院党史教研室：《中共党史参考资料·第九册》，内部资料，1979年，第478－479页。

② 舒危震：《人民要民主，要真的民主》，《新华日报》，1945年2月5日。

③ 《对三强会议和国内政治问题：孙院长昨日发表谈话》，《新华日报》，1945年2月16日。

④ 郭沫若：《对时局进言》，《新华日报》，1945年2月22日。

⑤ 《外国记者招待会中梁部长谈中共问题》，《中央日报》，1944年9月21日。

样才能获得真正的团结统一呢?唯一的途径只有先实行民主。[①] 后来鉴于蒋介石在谈判中态度强硬,《新华日报》批判道:清季、袁世凯时期在形式上是统一的却没有民主,其实早就国已不国了;抛开了民主讲统一,在今天是绝对不行的。[②] 在蒋介石提出尽早召开国民大会后,国民党报刊批评联合政府的理由仍是"党派联合的主张影响了国家统一"。如《中央日报》含沙射影地说,"有些人企图用民主政治斗争反对国家完整,这是错误的"[③];"所谓民主政治不仅是应用以衡量政府对人民之标准,也是应用以衡量国民对国家之标准。必须在国家的统一之下履行国民责任"[④]。由于中共拥有武装力量,所以此处"以民主斗争反对国家完整"的说辞,点的还是中共"割据地方"的名。于是2月16日《新华日报》发表《中共中央代表周恩来离渝前的声明》,谈及国民党坚持不把军队移交给国民政府便没有中共的合法性;国民政府"拒绝了关于建立民主的联合政府、联合统帅部的建议"。2月17日《新华日报》发表《民主主义与"合法"主义》,称中国的统一问题必须循着民主主义的途径才能解决,而不应以一党专政的"合法"主义摒弃坚强抗日的最广泛人民。"民主的统一"才是"联合政府"目的之所在,"专制的合法地统一"正是国民大会性质之体现。

同时,国民大会以"还政于民"自居,意图否定党派会议,结果反在舆论上强化了联合政府的现实合理性。1945年1月25日《新华日报》发表周恩来的声明:为挽救当前危机,亟须与政府及各方商讨建立民主的联合政府之具体步骤。[⑤] 但重庆《益世报》1月27日、30日社论称"党派会议和联合政府"是"少数玩弄政治的人"的分赃会议,而不是国民的宪政选举会议。《新华日报》发表邓初民的《只有人民是最后的公断者》批驳之,指出"联合政府是欧洲在民主主义反法西斯主义的斗争中出现的新国家新政权,开始都是由各党各界加强民主团结,召开党派会议组成民族、民主阵线,再组成具有临时议会性质的国民会议和具有临时政府性质的民族解放委员会,最后正式成立临时政府";它能最大程度最广泛地代表国内各党派、各阶层和各劳动者的呼声,比代表某一党及其集团利益的政治主张更符合人民呼声。2月26日,国民党政论家胡秋原在《大公报》撰文指责效法欧洲的联合政府与党派会

---

① 《昆蓉报纸著论主张:必须赶快实行民主》,《新华日报》,1944年9月24日。

② 潘梓年:《"双十"三十三周年》,《新华日报》,1944年10月10日。

③ 《提早召国民民大会》,《中央日报》,1945年1月2日。

④ 胡秋原:《决定的一年》,《中央日报·元旦增刊》,1945年1月1日。

⑤ 《周恩来由延抵渝向记者发表重要谈话》,《新华日报》,1945年1月25日。

议会导致政党竞相争权，阻碍完成宪治的过程，解决政争唯有召开国民大会。[①] 蒋介石在3月1日的宪政实施协进会上对联合政府大泼冷水：在国民大会召集以前政府不能结束训政，不能将政治上的责任和最后的决定权移交给各党派；吾人只能还政于国民大会，不能还政于党派会议或联合政府，并放言要在11月12日单独召开国民大会。[②] 于是就有了毛泽东下面这一段颇有意味的文字："请委员长组织联合政府，我们请了没有呢？请过多次了，前些日子周恩来同志去请过，我们《解放日报》、新华社不是几天就请一次吗？你每请一次，他总是摇头，不大高兴。他说组织联合政府就是要'推翻政府'。我们说开党派会议，他就叫'分赃会议'。"[③]鲜活呈现出中共报刊为报道联合政府所做的努力。

(三)联合政府话语空间的拓展：从政治话语到学术论争

虽然联合政府是由中共提出并首在党报上发表，但其在大后方的系统性论争，则是由民盟及知识阶层完成的。1944年12月，鼓吹依据蒋介石《中国之命运》去研究中国的《国是》月刊登了一组讨论"国是会议"和"联合政府"的通讯。作者正是国民党青训团上校研究员孙午南。他从"国民党的革命换来了执政合法性""联合政府不合乎中国政治现实""联合政府是党派分赃""一党制符合中国民主"等方面出发，认为中国民主政治是计划性的，要经过军政、训政和宪政，当前仍要以训政手段去促成宪政；主张推翻它而另起炉灶，组织所谓联合政府，实为没有认识中国革命之特性和中国现实。这组文章基本上涵盖了联合政府批判的所有论调，民主及进步报刊对这些论调进行了及时、有力地回击。

首先关于联合政府是否适用于中国社会。孙午南认为联合政府是以欧美多党制国家为基础的，多党政治是它产生的根据，或国内有多股力量相当的小党派而无一力量突出的大党，或像英国那样国内有大小党若干，而在战争时期以共同内阁处理军国事务。中国只有国民党为唯一合法性大党，且处于由训政而宪政的阶段，没有联合政府的政治土壤。[④] 知名杂志《大学》则指出，凡稍稍留心于国际局势发展的人，在每天读报的时候，一定都会有这样的感觉：联合的民主政府已成了欧洲各被解放国家的普遍的政权形式，它们是根据反对国内外法西斯力量的要求而产生

① 胡秋原：《论党派会议之说》，《大公报(重庆)》，1945年2月26日。

② 《还政于国民大会不能还政于联合政府》，《大公报(重庆)》，1945年3月2日。

③ 毛泽东：《对〈论联合政府〉的说明(1945年3月31日)》。参见中共中央文献研究室：《毛泽东文集》(第三卷)，人民出版社1996年版，第272—279页。

④ 孙午南：《读者通讯：(二)关于"国是会议"和"联合政府"》，《国是》，1944年第8期，第39—42页。

的。由于各党派各阶层人民联合起来完成了驱逐法西斯的任务，因此新国家政权必须代表各党派各阶层人民的利益而非一党一派的利益；且联合政府根据不同国情具有多种形式和多重内容，因此不要抱守残缺地以某一党派的判断为准绳。[①]

其次是联合政府的民主性质及施政效率。三民主义理论家、国民党中宣部副部长叶青宣称，从民主方面看，联合政府由多党而非国民代表组成，不能称之为宪政民主而是党派民主[②]；况且联合政府讲求多党派协商，容易导致政出多门，不利于形成公意，从而分散了人民意志。从国家需要方面看，中国只有一个大的合法政党，一个三民主义，国家政府应当永为一党制政府，如此可集中力量而不受牵制、促进各种建设，政党太多的国家对政府牵制太多。[③] 对此，民盟中央委员邓初民在《群众》周刊撰文指出，当今是人民的世纪，联合政府即代表各党派、各团体、各阶层人民利益的政府，已成为国际民主和社会民主的潮流。民盟机关刊物《民主周刊》也强调，在拥有广泛社会公意的联合政府统治下，政治民主较先前更进步，同时也特别注重经济改革，包括土地改革和劳工权益保障等更切实际的内容；联合政府使人民的意志成为决定性力量，人民有权监督政府官吏，因此是真正的民主政治。旧民主的条文固然说得好，但由于经济制度不平等，也就不可能做到表里一致的民主，联合政府是各阶层人民的联合，尤其包括最广大劳工大众；朝着这个方向去决策和施政，更容易达成一致性认同而绝不会产生推诿扯皮等现象。[④]

民主报刊还对联合政府的实践性予以讨论，质疑国民大会的合法性。如民盟南方总支部执委萧敏颂指出，必须先建立联合政府，再召开国民大会，因为眼下召开国民大会必然涉及旧选国民大会代表资格的问题，那些代表都是政府在抗战前圈定的；若真先开国民大会，那国民党独裁也就有了正当性。[⑤] 也有支持联合政府但疑惑其能否实现的舆论。如《大公报》质疑"联合政府、联合统帅，国民党是否愿意接受，固一事实问题；即被接受，能否实现民主的理想也并不乐观"[⑥]。经过阐发，联合政府与中国政治语境结合了起来，"国民党独裁—豫湘桂溃败及贪污腐化—需要改组政府—联合政府""民主潮流—反法西斯联合阵线—人民意志—联合

① 达史：《欧洲各国联合政府的理论和实际》，《大学（成都）》，1945 年第（1/2）期，第 38—47 页。

② 云汉：《论联合政府》，《民主评论》，1945 年第 2 期，第 13—14 页。

③ 叶青：《"联合政府"研究》，《国是》，1945 年第 3（11）期，第 16—21 页。

④ 邓初民：《人民的世纪》，《群众周刊》，1944 年 10 月 15（19）日。《二次世界大战的一个新收获》，《民主周刊》，1945 年第 8 期。

⑤ 萧敏颂：《先建立联合政府呢，还是先开国民大会》，《民宪：东南版》，1945 年第 3 期，第 72—79 页。

⑥ 李庆华：《论"联合政府"》，《大公报（重庆）》，1945 年 2 月 24 日（3）。

政府”也在操作层面和理论层面有了合法性。

## 三、从政治口号到媒介话语:报刊舆论的建构性

作为媒介话语生成与演变,“联合政府”是各方政治力量在报刊空间的博弈。从其进入大后方舆论界的过程来看,它受到国共力量与美苏关系的影响,凸显出其作为政治口号与媒介话语的建构性特征。

### (一)政治口号的媒介叙事:抗战末期国共关系在报刊中呈现

“联合政府”口号表达的国家政权重建,本质上是抗战末期国共关系的再调整。当时各方政治权力均不满意已有的政权体系。除了均不满日本侵略外,国民党不满共产党“地方割据”、言行“狂悖”和民盟“诋毁政府”,共产党不满国民党一党独裁、武力剿共,民主党派不满国民党不实行宪政民主却和中共兵戎相见,美英不满国民政府抗战无力而希望其民主化。那么,国家重建的最好机遇是什么时候?对于在野党共产党及其盟友而言,应该是执政者面临执政危机的时候——抗战末期就是个契机。1944年下半年,日本败亡只是时间问题,豫湘桂大溃败则是抗战最凶险的阶段①,美英舆论斥责蒋政府无能,催促蒋成立一个有全国代表性的政府,以反映所有集团和所有政党的意志,让一党专政的狭隘气氛里也吹进些新鲜空气。从整体上看,报刊空间里的“联合政府”口号总是主动出招的,“国民大会”口号却大多是被动回应的。

抗战后期国共两党力量对比的态势,并不利于新的政治调和的实现(国民党军事集团仍然一家独大)。“联合政府”对中国产生实际效力的程度,还有赖于特定国际背景和地缘政治环境的变革。二战期间美英和苏联的关系始终处在微妙状态中,雅尔塔会议使三国达成了势力范围的新交易②,因此力主远东和平成为战后大国的国际需要。美苏都主张国共继续合作抗战,这是联合政府的国际背景。但当后来抗战胜利后美苏矛盾凸现,意识形态冷战加剧,美国一边倒地偏向扶持国民党态势就明确了。

总之,联合政府口号在报刊中的变动凸显国际国内局势的变动。中共基于自身实力的增强及国内外局势的有利境况,与民盟一起不断提出政治要求,反映在报

---

① 张郁廉:《白云飞渡:中国首位战地女记者》,广东人民出版社2017年版,第110页。

② 王建朗、黄克武:《两岸新编中国近代史·民国(卷上)》,社会科学文献出版社2016年版,第351—355页。

刊上则是批判政府的文章越来越多，也越来越尖锐。国民政府军事委员会战时新闻检查局的一份文件指出，1943年全年《新华日报》违检稿件仅67件，约占检扣稿件之11%；而1944年仅上半年《新华日报》违检稿件就达128件，约占25%，“足见彼党企图遂行阴谋之日趋积极”。“其所如此者，殆外而见少数友邦人士有注视我内政之趋向，内而见一部分国人发出民主自由之呼声，遂有恃而不恐耳。”①这句话道出了“联合政府”口号盛行的部分原因。再如1944年12月“联合政府”口号被国民党及其媒体批评之后，共产党意在成立解放区联合会。美军驻延安观察团负责人包瑞德劝告中共，中共考虑到联合政府口号更响亮且已得到民盟的赞同、统战效果很好，于是决定解放区联合会暂缓成立，报上也不宣传，可放口头空气（警示国民党）。② 在美国的调停下，蒋介石虽堵住了建立“联合政府”大门，但面对强大舆论也不能完全无视，遂在1945年的元旦广播中宣称召开国民大会。③

（二）媒介话语的博弈：通过中间党派及其报刊呈现

联合政府意味着多党制政府，因此民盟赞成与否，将在很大程度上决定这一口号的成败。民盟出于对国民党多次以画宪政之空饼、主导宪政运动而导致其失败的反思，转而支持“眼前可得民主之食”的、最大限度地代表了第三方面政治利益的联合政府。一方面，1944年至1945年国共的政治论争，以中间党派的向背为衡量标准之一——当时国共都在各自政治框架下争取中间势力④；另一方面，民盟、知识阶层的主张为大后方民众提供了观察时局并感知舆论环境的窗口。尤其在后来政党言论严重对立、青年学生自认缺少真实新闻的语境下，民间报刊一度成为吸引关心时局的民众的意见平台，并在相当程度上充当了民意代言者的角色。⑤

首先，中共强调中间党派对于联合政府的重要性，在本党报刊及左翼报刊上将其定位为“国共谈判的第三方”，民盟及其报刊在呼应中共的同时也对“联合政府”予以深刻研讨，澄清了国民党右翼报刊对联合政府的误读，凸显出政治多元化、媒

---

① 《战时新闻检查局一九四四年一至六月检扣〈新华日报〉稿件报告书（1944年7月）》。参见《中华民国史档案资料汇编·第5辑第2编·文化(1)》，江苏古籍出版社1998年版，第540—542页。

② 邓野：《联合政府与一党训政：1944—1946年间国共政争（修订本）》，社会科学文献出版社2020年版，第77—78页。

③ 张帆：《中共中央南方局与〈新华日报〉》，中共党史出版社2017年版，第216页。

④ 邓野：《联合政府与一党训政：1944—1946年间国共政争（修订本）》，社会科学文献出版社2020年版，第76—81页。

⑤ 李纯青：《青年的动向》，《上海大公报·时代青年周刊》，1946年11月4日。

介化的舆论生态;中共与民盟在各自言论阵地上互相协助,以"联合政府一党派协商"批判国民党的"一党训政"及"国民大会",在报刊空间为其设置了"应付联合政府的手段""坚持一党独裁"的虚假、独裁、落后政党的框架形象,为报刊空间"联合政府"舆论的兴盛与"国民大会"言论的式微提供了恰当的历史注脚。

其次,中间党派对联合政府的学术探讨,使其具有了作为政治话语在公共空间中自由言说的合理性,以及作为媒介话语在报刊中自由讨论的合法性,并愈发引起报刊舆论对于国民大会的质疑。"联合政府"的政治理念不但稳稳立足国统区舆论界,而且还以政治话语、媒介话语、学术话语的合力,构成了对国民党当局一党训政的政治秩序及其导控的媒介话语秩序的挑战。1945 年以后,国民党报刊对中共的报道绝大多数是负面的,解放区报刊的报道很少传播到大后方,《新华日报》及明显偏左立场的报刊又受到严苛监控。在此语境下,民盟及同人报刊就成为大后方读者观察联合政府、表达政治意见的窗口和平台。随着国民党及其报刊宣扬一党包办的国民大会,以调停国共自居的中间党派及其报刊大多数转向支持共产党框架里的联合政府释义,从而以舆论合法性的形式强化了共产党国家重建方案的政治合法性。

## 第三节 抗战胜利后民间报纸生存的舆论环境

《胡绳论"从五四运动到人民共和国成立"》强调了中间力量的重要历史作用。它说:国共两极之间还有一大片,就是中间势力,包括"知识分子,工商界,搞工业的,搞教育的";"革命能胜利,是因为我们党把中间势力拉过来了,如果中间势力都倒向国民党,共产党就不可能胜利"[①]。民营报纸就是解放前报刊界的中间势力,在上海发展很快。由于销量较大的《申报》《新闻报》在战后都被国民政府控制,销售量次之的《大公报》《文汇报》就更具代表性。受到国共两党和民主党派的影响,民营报纸逐渐分化,中间偏左的《文汇报》主持人徐铸成和中间偏右的《大公报》分道扬镳就是其中的标志性事件。令人遗憾的是,对这个当时"新闻界中的新闻"[②],

---

① "从五四运动到人民共和国成立"课题组:《胡绳论"从五四运动到人民共和国成立"》,社会科学文献出版社 2001 年版,第 3—4 页。

② 青:《文汇报总主笔徐铸成一夕谈》,《人物杂志》,1947 年第 4 期,第 33—34 页。

后人主要从徐与胡政之、王芸生的个人恩怨角度去解析[①]，未能将其放在当时的政治时空背景之下进行解读。

## 一、抗战胜利之初《大公报》面临的问题

战后的《大公报》除了面临财务窘迫及重新定位的问题之外，还面临着在即将开打的内战中，到底要支持国共哪一方或者如果可能的话保持中立的问题。[②] 全面抗战八年期间，《大公报》辗转搬迁，在沿海的产业损失殆尽，复员没有力量。1945 年 4 月，胡政之向蒋介石申请官价外汇，得到批准后，《大公报》对共产党的态度发生了明显变化。

胡政之希望《大公报》恢复民间报纸身份，但由于战后蒋介石依然实行一党独裁，内战愈来愈烈，《大公报》"陷入更艰苦的境地"[③]。这个在全国民营报纸中"真正为国人所创办，事业维持得最久，社会基础最稳固，销路普遍到全国，在任何角落都会得到反应的""占第一位"的舆论重镇[④]，由于受到蒋介石重视，所受束缚越来越多。战时新闻检查制度取消后，国民政府压制言论自由、捣毁报社、逮捕或杀害报人的事件仍层出不穷。1946 年 8 月 2 日，上海《大公报》发表社评称"对于民意，尤应任其宣泄"，"压制舆论，只是逼人将言论变为行动"；"假如少数人吃山珍海味，多数人喝西北风，即使全国设秘警，遍地是集中营，政权也无从稳定……贫穷饥饿，必逼人民走上极端绝途"。蒋介石读后，感到"至为惋惜"，认为"几全为'共党'宣传，已丧失其昔日之公正立场"[⑤]。这是"蒋档"中自 1933 年之后首见的对《大公报》负面态度的记述，可见双方关系已出现裂痕。但由于局势扑朔迷离，大公报人左右观望。

## 二、见解不合，徐铸成与《大公报》分道扬镳

1945 年 8 月，《大公报》董监会联合办事处派徐铸成和李子宽负责筹备上海《大公报》复刊。徐铸成在"受命"以后，私下决定："过去是以'抗战第一、胜利第一'

---

① 李伟：《徐铸成与〈大公报〉的恩怨》，《钟山风雨》，2006 年第 2 期，第 9—13 页。

② 黄仁宇：《黄河青山：黄仁宇回忆录》，三联书店 2015 年版，第 56 页。

③ 胡政之讲、曾敏之记：《认清时代　维护事业》，《大公园地》复刊第 16 期，第 2—4 页。

④ 胡政之：《胡总经理对津馆编辑部新旧同仁的谈话》，《大公园地》复刊 1947 年第 7 期，第 6 页。

⑤ 《蒋介石评价〈大公报〉言论事记录》，1946 年 8 月 2 日，蒋介石文物，档号：002—060100—00215—002，中国台北"国史馆"藏。

为框框，右袒些，还可以为读者所曲谅。今后，作为民间报，至少应以‘民主第一’为言论中心。”[①]他发表《走向民主建国的大路》说：我们要由次殖民地变成强国，“要先铺好民主的建国大道。没有民主，就不会有真正的团结进步，就不能真正发挥全力于建国”[②]。因此该报在11月复刊后，以鲜明之态度反对内战、争取民主，呼吁坚持政协路线，如实报道沧白堂事件、校场口事件，因而大受读者欢迎，发行数迅即突破十万。昆明惨案、重庆沧白堂殴打民主人士的事件发生后，《大公报》的报道和言论曾对蒋介石政府加以揭露和攻击，引起蒋的不满，说回重庆后“要找胡政之、王芸生算账”[③]。1946年1月“大公报社总管理处”在上海成立。2月胡政之找徐铸成谈话，认为其言论态度太激烈，担心一旦逼急当局，封闭报馆，危及三百多职工的生活。徐铸成则认为上海版的言论态度“没有越出民间报应守的范围”。4月王芸生抵达上海，徐铸成即写信给胡政之，请准辞职。胡派李子宽前去恳切挽留，无果；又约至其家中恳谈三小时。徐铸成述说自己的理想之后反问：“五年以后，《大公报》将如何立足？以何为依据？先生想过这根本问题没有？”[④]胡政之默然。就这样，徐铸成离开了待了十八年的《大公报》。

《文汇报》于1945年8月18日复刊。复刊辞号召读者“依照蒋主席在《中国之命运》中所昭示的方针，致力于各部门的建设”。《中国之命运》认为国民党是抗战建国、民主复兴的力量和希望，只有国民党才能救中国。从8月下旬到12月，《文汇报》的评论文章、新闻报道、版面安排、标题制作，基本体现了这一编辑方针。由于人民对国民党的统治日益不满，《文汇报》销量不断下跌，广告客户随之减少，收入也不断减少。在中共地下组织的帮助下，该报逐步改变立场，打开局面。[⑤] 1946年5月1日《文汇报》改组出版，发表《我们的自勉》认为：“中国的唯一进路是民主，而所谓民主，决不是靠权力阶级的恩惠，而要民众自动觉醒，由下而上，组织争取。报纸应该是人民最有力的武器”；“应该先严肃自己的立场，树立应有的风格。否则，尽管数量多，销路好，设备改进，而一味歌功颂德，吞吞吐吐，不敢正视现实，正视真理，那末，我们新闻界不仅永无前途，而且迟早要被民众唾弃，被时代抛落的”。

徐铸成认为：“报纸的维持不外两条路，在法西斯独裁的国家，是靠津贴，在民

---

① 徐铸成著，贺越明编：《徐铸成新闻评论集》，生活·读书·新知三联书店2011年版，第27页。

② 徐铸成：《走向民主建国的大路》，《周报》，1945年第3期，第2—3页。

③ 徐铸成：《我的自述(运动档案材料)》，生活·读书·新知三联书店2012年版，第220页。

④ 徐铸成：《徐铸成回忆录》(修订版)，生活·读书·新知三联书店2018年版，第124—125页。

⑤ 文汇报报史研究室：《文汇报史略》，文汇出版社1988年版，第78—83页。

主的国家，是靠营业；我们办这张民营报，决心绝对不接受任何津贴，也决不接受任何政治性的投资，那末，当然只有靠营业收入来维持。”[①]对于胡政之申请官价外汇一事，徐铸成相当反感，引以为戒，曾多次拒绝国民党的收买。[②] 内战扩大、工商凋零、市场不景气、官报竞争的情况下，《文汇报》营业吃力，如何处理资金短缺问题？据《文汇报史略》载：《文汇报》每遇困难和遭受打击，读者就特别热心给予帮助，“读者股”即最好之事例。虽然《文汇报》发行量已在上海跃居第三位，但印刷设备陈旧，亟待更新；其获得的平价配给纸不到所需量的三分之一，其余以高价仰给于黑市，因此报社依靠广大读者以渡过难关。[③] 1946 年年底，《文汇报》呼吁读者参加投资，得到积极响应。这种依靠读者小额筹股解决资金短缺问题的做法，迥异于《大公报》通过蒋介石申请外汇来对付报纸资金来源问题的做法，其效果也大相径庭。1947 年年底，徐铸成说：“《文汇报》在过去一年中，能够站得定，账面上能够做到收支平衡，主要是因为读者的热烈拥护，发行不致亏本”；《文汇报》是绝不会被挤垮的，因为“她已有相当广大的读者，在国内外已起了相当大的影响”；“以这次增股而论，有许多读者，宁愿每月少理一次发，每天少吃一碗饭，把节省下来的钱来入股，尽管文汇的读者，大部是有良心而经济力量极薄弱的，但众志成城，尤其这股热情，使我们感动，而增加了勇气”[④]。《密勒士评论报》也说：“经济独立，得不到任何津贴，《文汇报》得争取更多的读者，俾能增加收入，以稳定其事业。……很明显的，她已与人民并肩前进，她已变成反映人民意思的一种组织，她的成功是她赞助人民的政策的必然结果。”[⑤]

由于与胡政之、王芸生对《大公报》面临的主要问题有着不同的见解，供职多年的徐铸成离开报社，主持《文汇报》。后来他又谈道：新闻记者职业“是非常庄严的，他应该面对真理，辨别是非，喊出一般民众的声音，促进人类社会的进步，虽说是自己职业，而实际对历史负着无比沉重的责任”[⑥]。显然，这种职业责任感也是徐铸成做出此举的重要驱动力。

① 徐铸成：《文汇报是读者的》，《上海文化》，1947 年第 12 期，第 18—19 页。
② 徐铸成：《徐铸成回忆录》，广西人民出版社 2015 年版，第 210—213 页。
③ 文汇报报史研究室：《文汇报史略》，文汇出版社 1988 年版，第 152 页。
④ 徐铸成：《文汇报是读者的》，《上海文化》，1947 年第 12 期，第 18—19 页。
⑤ 转引自《生活与时代》，1948 年第 2 期，第 6 页。
⑥ 徐铸成：《新闻界的一个典型——悼李伯虞先生》，《天下》，1947 年第 3 期，第 1—2 页。

## 三、中间偏左的《文汇报》生存的舆论空间

其实,胡政之的担忧是现实的。在反内战、要和平的浪潮中,《文汇报》以大量篇幅刊登新闻、评论、读者来信等抨击国民党顽固派挑起内战、专制独裁的行为,最终导致了该报的停刊。

### (一)《文汇报》左倾导致停刊七日

1946 年,上海市警察局为了加强社会控制,订定了"警员警管区制",允许警察可以随时随地强入民宅搜查。5 月 7 日,《文汇报》发表社评《如何确保治安》抨击道:社会治安"唯严加防范,厉行管制,实不足以防患未然,苛民扰民而已"。《读者的话》栏目连续整版发表读者信稿,反对搞"警管区制"[①]。新闻版还发表各界团体及知名爱国人士的谈话和专文,痛责"警管区制"残害人民自由。但警察局长宣铁吾不顾舆论指责,悍然决定从 6 月 1 日起实施"警管区制"。当天《文汇报》发表社评《接受警察局的挑战》指出,既然警局坚决地向市民挑战,我们要"以同样坚决的态度应战。我们唯一的武器就是'不合作'"。这使国民党对《文汇报》恨之入骨,必欲封之而后快。7 月,《文汇报》发表李公朴、闻一多在昆明被特务暗杀的消息,全国震惊,对国民党责难之声四起。周恩来、董必武、吴玉章、邓颖超、李维汉代表中共向政府提出严重抗议,痛斥国民党特务野蛮卑鄙的法西斯行为。[②] 宋庆龄也在声明中严厉谴责国民党的恐怖统治和政治暗杀。[③] 国民政府担心《文汇报》在李闻案件上大造舆论激起人民的更大义愤,对统治不利,所以就对《文汇报》借端立威。[④]

7 月 12 日《读者的话》栏目刊出了警察的来信《吃饭不要忘记种田人,拿出良心来待老百姓》,说:"我们是一群被社会人士所憎恨的警察……但这鄙视的造成,倒不是我们本身,而是别人拿我们做工具去压迫奄奄一息的饥饿良民,乃使社会人士对我们发生了极端的反感";我们"看见了 6 月 23 日全市工友学生们一群雄壮的行列,欢送人民代表马叙伦等诸先生赴京请愿,制止内战,使我们感动得热泪直流,不期然地也要参加这狂潮而去";我们"又看见人民代表到京时,在车站被什么'苏

---

① 《读者的话》,《文汇报》,1946 年 5 月 12、14 日,第 5 版。

② 《对李公朴闻一多先生惨遭暗杀,中共代表团向政府提抗议》,《新华日报》1946 年 7 月 18 日,第 2 版。

③ 《宋庆龄氏发表重要主张　立即扑灭内战火焰　实行真正的三民主义成立联合政府　指斥中美反动派阴谋挑动新的战争》,《解放日报》1946 年 8 月 2 日,第 1 版。

④ 文汇报报史研究室:《文汇报史略》,文汇出版社 1988 年版,第 119—120 页。

北难民’围打的消息，又悲愤！又担忧！悲愤的是当局在场的警察为什么竟若无其事，试问我们的责任是什么？吃的，穿的，是什么地方来的？……怎么对得起人民？”报纸还发表具名为“本市一巡官”的来信说：“因为公务员待遇菲薄，无力负担制服费。”标题为《警局巡官要求夏季制服免费》。《文汇报》因此被上海市警察局以“捏造警员名义，离间上下感情，淆惑社会视听，意图破坏公共秩序”的罪名勒令停刊一周（18日至24日）。[①]

《文汇报》被迫停刊，被当时的报刊界普遍视为“警察当局滥用警权并侵犯中国新闻自由的举动”[②]。莫斯科电台广播塔斯社上海消息甚至称“《文汇报》之被罚停刊一星期，乃为胜利以来上海报界之最大之耻辱”[③]。停刊消息传出后，各地读者哗然，慰问函电如雪片飞来。郭沫若在7月19日给徐铸成的信上说：“此次《文汇报》因小故被勒令停刊七日，其政治作用甚为明显。贵报乃全国性有力之人民喉舌，际兹李（公朴）闻（一多）二公连续遇刺，反动者作贼心虚，畏人多言，致不得不狂施暴力，扼杀舆论，并以增加其恐怖政策之效果。然此实心劳日拙之举，适足以提高贵报之声誉，而促进人民之决心耳。”叶圣陶在报纸封门的第二天，写信给“读者的话”主编柯灵，建议《文汇报》在停刊期满之日，“宜出一特刊，至少两版，专载读者投函”，表明读者“与此报纸有片刻不能相离之情感。亦使反动家知所警惧，报纸后面原来有如此大力之支持”[④]。7月25日《文汇报》复刊，“读者的话”整版摘发读者来信。除郭沫若、叶圣陶、千家驹等名人外，还有新闻界、文化界、教育界、文艺团体、各行业的职工和热心读者。第七版专刊摘发了部分媒体对该报停刊七日的报道和评论，鼓励《文汇报》同人勇于坚持真理，谴责反动派违反民意的不法行为；《编辑赘言》说，“留给我们的路只有一条，就是面向真理，义无反顾，勇敢地迎上前去”。《文汇报》销数由停刊前的二万左右增至三万余份，一时洛阳纸贵，人争传诵。改版后的《文汇报》被读者称为“广大蒋管区内的一盏明灯”，销量仅次于《申报》《新闻报》《大公报》[⑤]，引起胡政之关注。其秘书梅焕藻向徐铸成透露，胡每天到报馆，必先索《文汇报》，从头至尾细看，然后读《大公报》及其他各报。徐评价说：“《文汇报》

---

① 《文汇报停刊七日》，上海《大公报》，1946年7月18日，第4版。

② 《文汇报停刊事件》，《文萃》，1946年第40期，第18页。《文汇报的停刊》，上海《大公报》，1946年7月18日，第3版。

③ 《莫斯科的电台也关心文汇报》，《中华时报》，1946年7月24日，第4版。

④ 柯灵：《叶圣陶同志的一封信》，《收获》，1979年第5期，第119－120页。

⑤ 文汇报报史研究室：《文汇报史略》，文汇出版社1988年版，第121－123页。

不仅立场公正，态度鲜明，而且版版扎实，内容充实，朝气蓬勃。宜乎对此报坛多年宿将有如此吸引力也。”①

(二)《文汇报》替中共说话被停刊

早在1943年，徐铸成就意识到报业“要是不能和民众打成一片，为他们的利益和存在而努力，那只是一种点缀品，这不能称为真正的舆论，而只是为少数人服务，服从少数特殊阶级的利益，而成为他们的工具”②。这是作为民间报的《文汇报》能够深受中共影响的一个重要原因。该报在抗战时期坚持抗日宣传，曾在敌伪压迫下停刊；后来主要创办人严宝礼鉴于《文汇报》因持亲国民党立场，发行量很少，急于想改变报纸的政治面貌。于是从1945年年底开始，一批批中共地下党员、进步新闻工作者通过各种渠道进入报社，陆续掌握编辑部的重要部门，代替了多数原来的工作人员，使报纸逐渐倾向进步。社评根据中共的路线方针，从政治、经济、军事、文化、教育等方面对国民党发起进攻。它以知识分子为读者对象，在反对国民党独裁的斗争中，发行数逐渐上升，影响也不断扩大，成为国统区尤受欢迎的报纸之一。③

据中共报纸《胶东大众》报道，1946年1月18日《文汇报》发表社论称：当前的第一要务就是让新闻界自由发言，自由采访，自由刊载；上海、南京、天津、北平各地的报，可以派员到延安去采访新闻，设立分馆，延安的报纸也可以照样派员到各地自由工作；全国的报纸除自己的专电特讯外，中央社和新华社同样可以登载；共产党可以在平津沪办报，国民党也照样可以到延安办报。④ 国民党江西省执委会指导出版的《尖兵》则称：闻《文汇报》已接受共党代表团按月津贴一千万元，双方议定《文汇报》每日采用新华社稿三件以上，共同组织社论委员会，社论及新闻均不违反中共对时局主张之原则；共产党的发行网移转《文汇报》，按期供给宣传大纲，各地办事处代为推销。⑤ 随着时间的推移，时人观察到该报目前作风已完全倾向民盟，故对民盟与中共方面之消息“载来特别详细，虽《时代日报》亦自叹弗如”⑥。不论这些消息可信度有多高，均反映了社会对《文汇报》与中共关系之密切有所关注，

① 徐铸成：《徐铸成回忆录》(修订版)，生活·读书·新知三联书店2018年版，第125—132页。
② 徐铸成：《同温室随笔》，《创世》，1947年第16期，第10—12页。
③ 文汇报报史研究室：《文汇报史略》，文汇出版社1988年版，第126—127页。
④ 《文汇报呼吁言论自由》，《胶东大众》，1946年第30期，第21页。
⑤ 《共党与〈文汇报〉》，《尖兵》，1946年1—2期合刊，第6页。
⑥ 怡红：《文汇报因祸得福》，《罗宾汉》，1946年7月29日，第2版。

《文汇报》的立场也日渐鲜明。下关惨案中遭到毒打的雷洁琼指出："解放区和国统区的公正舆论都支持我们。……在国统区的报纸中，重庆《新华日报》和上海《文汇报》态度最为鲜明。"[①]徐铸成也自评道："我们在上海乃至广大国统区，起了与《新华日报》类似的作用，而读者面似乎更广阔，与《联合晚报》配合，成为上海最鲜明的进步旗帜。"[②]

《文汇报》超出国民政府的容忍范围。1947 年 2 月 15 日，《文汇报》在"二九"劝工大楼惨案扑朔迷离之际，以"二九惨案后援会"的名义刊载《驳复吴国桢方治的谈话》一文，受到吴的质问："该报所刊文件，未注明地址及负责人，是否预备依样葫芦，故意混淆黑白，以煽动挑拨，重新制造事件？"[③]国民党市党部主任委员方治也认为，上海"系国家之安危，当局与人民，无不苦心求治，而拨弄是非者，则企图加重社会之不安，遂其政争之目的"[④]。3 月 8 日，《文汇报》刊载专电说南京黄金黑市价收进六十万元，卖出六十五万元，险些引起金融市场轩然大波，报纸因"触犯经济紧急措施方案第八条"受到警告。[⑤] 4 月 24 日，《文汇报》又因刊载黄金黑市市价再受警局警告，说事后如再违反，"定予该报负责编辑拘留处分"[⑥]。

同时，代表国民党意旨的《和平日报》开始对《文汇报》发起攻击。1947 年 1 月 13 日，《和平日报》发表社评称《文汇报》把过去破坏和平的责任和今日和平的关键都推到政府身上是"完全错误的"，《文汇报》的宣传"事实上有阻碍和谈，扩大内乱的作用"[⑦]。2 月 21 日，国民党当局迫使军事调处执行部中共代表叶剑英返回延安，随即又限令中共驻南京、上海、重庆三地代表及有关工作人员于 3 月 5 日前全部撤退，重庆《新华日报》也被封闭。至此，和平谈判之门都被国民党封死，国共关系破裂。3 月 4 日，《文汇报》发文指出国共关系决裂责任在国民党。并沉痛质问：用"逮捕""捣毁""封闭"这些手段来对付参加民主运动的人民，来企图镇压当前正轨发展的民主运动，"国民党和政府将何以昭大信于天下？而今后又将何以维持其

① 雷洁琼：《血溅金陵忆当年》，《解放战争时期第二条战线（工人运动和市民斗争卷）》（下册），中共党史出版社 1999 年版，第 15 页。

② 徐铸成著，贺越明编：《徐铸成新闻评论集》，生活·读书·新知三联书店 2011 年版，第 30 页。

③ 耶田：《刊登后援会广告　市长质询文汇报》，《诚报》，1947 年 2 月 16 日，第 1 版。

④ 《文汇报刊载谬论》，《立报》，1947 年 2 月 16 日，第 4 版。

⑤ 《文汇报受警告》，《罗宾汉》，1947 年 3 月 15 日，第 1 版。

⑥ 《沪警察局警告文汇报》，《中央日报》，1947 年 4 月 25 日，第 2 版。

⑦ 《真正的长期的和平》，《和平日报》，1947 年 1 月 13 日，第 1 版。

作为中国第一大政党的信用和地位于永久？”[①]3月5日,《和平日报》指责《文汇报》替中共辩护,污蔑政府。[②] 3月19日,国军攻入延安。3月21日《文汇报》发表社评《由延安易手说起》,认为国军进入延安只费一天时间,是因为中共已不把延安当作政治中枢,自动放弃了;延安易手,标志着内战发展到新的阶段。次日《和平日报》指责《文汇报》“颠倒是非混淆黑白”:“易手两个字,即够颠倒是非了。因为延安被国军光复,全国人民一致欢腾,舆论界更没有一家报纸不表示欣慰。文汇报别具心情,轻轻视为‘易手’,仿佛延安的得失,不过是换换手。绝对没有是非,也绝对没有国家观念。”在谈及延安易手的影响时,《文汇报》说:美国“那些早已跃跃欲出手干涉中国内政的人,是会更提早更坚决更露骨地‘援助’了的。最现成的自然是伍亿借款。而在国内呢,必然会更鼓舞起武力统一的信念”。《和平日报》认为这是“把干涉内政与援助混在一起,同时污蔑政府之武力统一”[③]。3月10日,蒋介石将《文汇报》视为敌对阵营的舆论工具后,《和平日报》对该报更为激进。4月22日,《和平日报》批评“昨天《文汇报》的社论,自己说是‘不放弃批判政局艰苦求生的权利’。可是事实上照他们的论旨,却在淆惑听闻,煽动革命”;又叫嚣在民主宪政之下,中共没有存在的余地,《文汇报》批评政局,其居心无疑是企图煽动人民,反对国民政府。[④] 4月25日,《文汇报》发表《论安定与统一》,认为“今天中国的问题,似乎并不是一个单纯的中共问题”“中国的安定与统一,其唯一道路,只有和平、民主”。对此,《和平日报》把“国家不统一与人民不安定”归咎于中共,直指《文汇报》为中共开脱,没有站在国家民族的立场,也缺乏是非顺逆的心理。[⑤] 两报针锋相对,势不两立。5月,《文汇报》因刊载国民党军事失利消息及有鼓动学潮的嫌疑,加上反对美军驻华、国民党征粮抓壮丁打内战,与《新民晚报》《联合晚报》两份民间报纸一起被国民政府停刊。

## 四、中间偏右的《大公报》生存的舆论空间

中间偏左的《文汇报》因批评国民党政府而被停刊,中间偏右的《大公报》生存的舆论空间是又怎样的呢？在蒋介石的逼迫下,《大公报》虽谨言慎行,但却依然不

① 《最低限度的民主风度》,《文汇报》1947年3月4日,第2版。
② 《难道共特还不应撤退吗？》,《和平日报》,1947年3月5日,第1版。
③ 《什么叫延安“易手”》,《和平日报》,1947年3月22日,第1版。
④ 《公平的再批判——文汇报煽惑言论的驳正》,《和平日报》,1947年4月22日,第1版。
⑤ 《安定与统一的正道》,《和平日报》,1947年4月27日,第1版。

见容于国民党,被视为敌对阵营的舆论工具,与《文汇报》《新民报》等同;《大公报》同时在夹缝中求生存,陷于孤立而危险的境地。1948年,经过艰难抉择,《大公报》与蒋介石政府关系决裂,宣布新生,投向人民怀抱。

(一)《大公报》与蒋介石政府的摩擦

1946年,《大公报》复刊上海,王芸生继续主持言论及编辑业务。王芸生为文"得张季鸾十之八九"[①],而其与蒋介石的关系却远不如张与蒋的关系融洽。王芸生虽曾于1934年9月3日受邀为蒋讲课[②],1937年6月22日,蒋又嘱张群邀请王芸生参加各界名流谈话会[③],但秉性耿直的他平日严以律己,发誓"不做蒋家官,不收蒋家钱"。有人认为他太不通人情,王芸生听后则以笑置之。[④]

王芸生早年投身工人运动,曾一度加入共产党,笃信"独立""自由",与后期蒋政府愈加独裁的做法格格不入。虽然张季鸾在世时曾告诫他"你在报纸上骂谁都行,就是不要碰蒋先生"[⑤],"谓当大局危疑震撼之时,务宜维护中枢威信,以积极情调鼓舞人心",临终之顷又对他"尚以拥护领袖,拥护政府为嘱"[⑥];但"张死后,王芸生笔下锋芒渐露,且当时抗战形势日趋险恶,政军风纪败坏,王为文常激越不能自已"[⑦]。主持《大公报》后,王与蒋政府摩擦不断。1941年12月22日,该报发表社评《拥护修明政治案》,引发了大后方"倒孔"运动;1943年2月2日发表社评《看重庆,念中原》,被罚停刊三天;1945年4月20日发表社评《黄金案的处理》,使得当时在美交涉援华黄金运输问题的宋子文焦头烂额。凡此种种,都招致蒋介石的不满。在蒋看来,由《大公报》对外发布与政府有关的消息,较之党报尤能取信于人,因此蒋仍希望双方能保持合作态势,对于该报的"越轨"行为虽偶有惩戒,但更多的是在经济与物资上予以扶持。[⑧] 但随着战后蒋专制统治的继续,这种态势发生了改变,特别是1946年8月2日该报社论《欧洲这面镜子》使得双方关系出现裂痕。在此

① 贺善徽:《大公报的抗日言论》。参见周雨:《大公报人忆旧》,中国文史出版社1991年版,第65页。

② 《事略稿本》,1934年9月3日,中国台北"国史馆"藏蒋介石档案,档案号:002-060100-00086-003。

③ 《蒋介石致张群电》,1937年6月22日,中国台北"国史馆"藏蒋介石档案,档案号:002-010200-00177-032。

④ 周雨:《王芸生》,人民日报出版社1996年版,第28页。

⑤ 王之芙:《忆父亲王芸生》。参见周雨:《大公报人忆旧》,中国文史出版社1991年版,第296页。

⑥ 《王芸生致陈布雷函》,1941年12月23日,蒋介石档案,档号002-080103-00055-005,中国台北"国史馆"藏。

⑦ 侠:《王芸生痛哭张老灵前》,《大光明》,1945年第5期,第3页。

⑧ 俞凡:《新记〈大公报〉再研究》,社会科学文献出版社2016年版,第262—265页。

情况下，胡政之考虑由周太玄来指导《大公报》的思想言论。

(二)胡政之视周太玄为报社“最高客卿”

周太玄与胡政之“平时相知很深，相期许又很切”，彼此有着长达40年“亦师亦友”的关系。① 胡了解周有着与自己相似的思想，如主张实业教育救国、反对政治救国和暴力革命、建立对民族文化的自信等；与王芸生等相处和谐、合作愉快。从1937年开始，周太玄陆续在《大公报》上发文集中讨论文化科学思想问题，笃信“学术救国、读书救国”并认真付诸实践，然而现实促使他对这一口号产生了怀疑，他开始自学俄文，研究马克思主义著作。1939年，他成为“文协”成都分会的重要成员；1940年，任西康经济研究所所长，仍研读马克思主义著作，亦与名流叶圣陶、张友渔、沈志远、黄药眠等聚会。此时周太玄依旧崇尚自由主义，对各党派似乎都不抱好感。1943年，周太玄再回四川大学任教时，思想活跃，经常在一些学会和大中学校作学术报告和形势报告，有时公开指责国民党反动当局，被称为“红色教授”，因深孚众望被选为教授会主席。② 1945年1月，他与叶圣陶等创办了具有进步倾向的“新世纪学会”。抗战结束前夕，他对社会的不平等、不民主十分不满，从阶级的角度去分析“不平等”的现象和产生的根源。③ 1946年4月，周太玄在历数工商阶级与事业家的腐化现象后，指出“造成这种罪恶的人，却都是统治者或统治者的走狗”④。显然，残酷的现实推动着周太玄思想的转变，此时的他已经运用阶级分析的方法来探究社会问题。不过总体来看，相对于王芸生针对现实问题发表犀利观点的社评来说，周太玄的文章还是比较温和的。

抗战结束后，胡政之忙于计划如何扩展《大公报》业务，因而就报馆事项和前途与周太玄有过多次对话。对战后报社面临的复杂情形，周太玄是知情的。1946年9月16日，胡政之希望周在该报“处于最高客卿地位，指导思想言论”。据周太玄理解，“大公报之言论由我作主，无人可以干涉”。胡政之还告诉他：自己“明春即退休，只任创办人、常董，由谷冰接管，而编辑方面则芸生独任。”这样一来，二人“均同处于只问大事方面”⑤。

---

① 周太玄：《悼念政之先生》，香港《大公报》，1949年4月21日，第2版。

② 周孟璞、周仲璧、刘恩义：《一代通才的科学家周太玄》。参见四川省政协文史资料研究委员会、四川省文史馆：《四川近现代文化人物》，四川人民出版社1989年版，第290－291页。

③ 周太玄：《说平等》，《现代周刊》1945年第22期，1945年6月2日，第1版。

④ 周太玄：《提高道德水准》，天津《大公报》，1946年4月28日，第2版。

⑤ 周太玄：《周太玄日记》(第1册)，国家图书馆出版社2015年版，第124、125页。

(三)《大公报》谨言慎行不见容于国民党

抗战胜利后，《大公报》谨言慎行。

1946年10月11日，上海《大公报》副刊编辑陈伟球在《大公园地》的“园丁琐谈”中发表短文《啼笑皆非》，对当时美国的对华政策和国民党的腐败予以批评：“在报上公布了马歇尔与司徒雷登的联合声明之后，接着又看见司徒雷登的《向中国人民致贺》的文章。”“‘中国人民’真是还有可‘贺’的么？”另一短文《不必发愁》说：“自当局宣布禁止使用霓虹灯后，有人为国际饭店高楼上的‘礼义廉耻’四字无光而惋惜，甚至于发愁。我以为不必，即使有，它也不过是二十四层高楼上的东西而已！”陈伟球说：“很可能这一天‘琐谈’中的这两段触怒了国民党，第二天王芸生就通知我，《园丁琐谈》今后不要再刊出。”[①]

11月，国共和谈破裂，蒋介石急于召开国大，并诱逼部分党外人士参加。11月10日胡政之作为社会贤达受到接见。蒋嘱咐他和众人“转告第三方面人士，为国家抑为‘共党’，应有所抉择。”[②]次日再次受到蒋的接见。在旁边的傅斯年说：“政之先生！你究竟是跟着国家走，还是跟着共产党走，今天应该决定了。”[③]胡政之只好在11月14日向国民大会报到，然后就离开了南京，没有参会。显然，他恪守的办报理想受到了冲击。“不参加，《大公报》会受压迫；参加了，又怕没有销路。”[④]最终他对报馆同人说：“为了《大公报》的存在，我个人只好牺牲。……希望你们了解我的苦衷，参加国民大会不是我的本意。我是被迫的。”[⑤]

1947年1月10日，《大公报》重庆分社社长王文彬召开编采会议，传达总社方面指示：(一)《大公报》日刊大体上应替政府说话，小处应毫不客气攻击政府，使读者认为我们中立。(二)言论方面，同情政府。对中共民盟，不在必要时不得有所抨击。(三)《大公晚报》可以较左之手法出现，争取中共及民盟之同情。(四)编采人

---

① 陈伟球：《上海大公报工作杂记》。参见周雨：《大公报人忆旧》，中国文史出版社1991年版，第207—208页。

② 《事略稿本》，1946年11月10日，蒋介石档案，档号002—060100—00218—010，中国台北“国史馆”藏。

③ 李纯青：《笔耕五十年》，生活·读书·新知三联书店1994年版，第529—530页。

④ 中共中央文献编辑委员会：《周恩来选集》上卷，人民出版社1980年版，第260页。

⑤ 李纯青：《为评价大公报人提供史实》。参见周雨：《大公报人忆旧》，中国文史出版社1991年版，第316页。

员不得参加任何党派及小集团，尤不能自由参加任何签名及宣言等，决以无党无派姿态出现。[①]

1月17日，在国民党航空公司发生两次乘机失事后，陈伟球在《大公园地》发表评论说："据说这次飞机死难乘客的恤金，中国人每人100万元，外人每名美金一万元，按照目前的市价，约在六千万以上。我明白外国兵在中国境内肇事，而不能引起另一些人们重视的道理了，中国人的生命太贱，六十个中国人才能抵得上一个外国人呢。不信，有航空公司抚恤的例子在。"[②]第二天王芸生看大样时下令把这个栏目撤去，并严肃地告诉他说：以后《大公园地》里，不得再出现这一类东西。[③]

尽管《大公报》已决定在读者面前呈现出中立姿态，甚至替政府说话，蒋介石还是加强了对该报的监视。1947年1月29日，美国宣布退出"军调"。2月14日，上海《大公报》发表社评《军事形势鸟瞰》称"国军不可能于数个月内消灭中共，中共也不可能在短期内拖倒国民党"，"战事已不可再打，军事不能解决问题。若必要继续打下去，只有荼毒人民，祸害国家"。蒋介石认为"其诬蔑政府，偏袒'中共'，靡有纪极。而值此经济紊乱、物价腾涨之际，尤足以煽惑人心，摇撼国本"，直指"该报负责人胡霖等究何心肝，而必欲与国家为仇至此耶？"[④]3月10日，俞济时就限制左倾报纸赴东北采访活动一事致电熊式辉，将《大公报》《文汇报》《新民报》等视为敌对阵营的舆论工具，并指令限制这些报纸的记者行动，嘱咐"惟此事不得见诸任何文件，以免授人口实"[⑤]。至此，《大公报》已不见容于国民党。

(四)《大公报》逐渐式微

1946年11月《飞报》说：战后一年来"大公报言论的态度，是两面不讨好，左面骂他右倾，右面骂他左倾"，独立第三者的"态度最不容易讨好，所以时时大公报在夹攻之中，变成被打倒的对象"[⑥]。

---

① 《俞济时呈蒋介石报告》，1947年1月11日，蒋介石文物，档号：002－080200－00541－020，中国台北"国史馆"藏。

② 水之湄：《沪滨散语》，上海《大公报》，1947年1月17日，第12版。

③ 陈伟球：《上海大公报工作杂记》。参见周雨：《大公报人忆旧》，中国文史出版社1991年版，第208页。

④ 《事略稿本》，1947年2月14日，蒋介石档案，档号002—060100—00221—014，中国台北"国史馆"藏。

⑤ 《俞济时电熊式辉禁止左倾报纸派驻东北记者往前线采访以泄露军情》，1947年3月10日，蒋介石档案，档号002－070200－00023－080，中国台北"国史馆"藏。

⑥ 大风：《王芸生不怕打倒！》，《飞报》，1946年11月15日，第2版。

12月3日和4日，王芸生在上海《大公报》发表《一统与分权》，认为中国历史上的变乱"大致为秦始皇式的一统所酿成或加甚，也大致可用均权的药医治之"。12月18日，南京《中央日报》发表专论《远史与近事》反驳称"一个强有力而且是统一的中央政府，才能保持国家不被异族侵略"，王芸生的说法"无异是鼓吹各自为王的政治……将来中国国体的造型，中央政府应该有他应有的权力，是必要的。否则，国家将无由统一，而中共称兵据地也可以假自治而宣布其独立"，最后警告"王先生在言论上勿踏联省自治立宪派的窠臼"！

1947年3月，《飞报》刊文指出，"大公报向来以言论敢于批评时事见长"，于今却转变了；接着列举事实说"大公报自金钞风潮发生，从未批评只字，两月来反对内战，臧否政治的文章，更绝迹于社评，每日尽登些几万里的国际问题议论"；并判断"今后政学系登场，以吴达铨（鼎昌）的关系，大公将更无法向原路线上走了"①。

同月，复旦大学新闻系学生张啸虎在《观察》上发表《我对〈大公报〉的看法》，批评《大公报》"对几个具有爆发性的时代的来临，与各种富有革命性的运动底酝酿"，"没有作过积极有力的推动，更不论轰轰烈烈的领导……即就对罪恶与黑暗而言，大都在小处与枝节上加以揭发与指摘，言词含蓄，满纸慈悲；很少能从大处与根本上下手。……加以版面固定，没有弹性；标题朴素，难以动人……青年学生，感觉该报老气横秋，缺乏蓬勃奋发的活力。保守的读者，觉其有不少辛辣之味，不合口胃。激进的读者，又以其平淡中和，不够刺激。四十五年以来，稳扎稳打，不疾不徐；沉着有余，创造不足。其今后的成就决定于此，其今后的发展亦拘泥于此"②。文章生动揭示出《大公报》的窘境。

5月20日，南京学生大规模游行抗议国民政府，遭到军警镇压。次日天津《大公报》发表《演变中的学潮》，呼吁政府"尊重学生的立场，持大体，尚容忍，而无取乎任何方式的干涉或压迫"，否则"只有使学潮激荡横决，以至不可收拾"。当日第三版整版报道都是平津和南京的流血事件。但在《观察》主编储安平看来，这种态度过于"轻描淡写"，甚至"违反民心"③。

5月24日，上海警备司令部下令取缔《文汇》《新民》《联合》三报，理由是"连续

---

① 无名氏：《大公报文汇报转变了》，《飞报》，1947年3月12日，第2版。

② 张啸虎：《我对大公报的看法》，《观察》，1947年第5期，第21页。

③ 储安平：《论文汇、新民、联合三报被封及大公报在这次学潮中所表现的态度》，《观察》1947年第14期，第5—7页。

登载妨害军事之消息，及意图颠覆政府、破坏公共秩序之言论与新闻”，并于25日起停刊。[①] 这激起了舆论界的同情和抗议，认为“这正是对‘民主宪政’的尖刻讽刺”[②]。《密勒士评论报》说《文汇报》是“中国最杰出，最能影响读者的报纸之一”，“她的封闭是爱好与争取民主与自由的中国人的一种损失”；“因为内战的失利，以及普遍的无能、腐败、虐政的被暴露，《文汇报》遂做了政府的替罪羊”[③]。对于三家报纸停刊，国民党中宣部曾以电话训令南京各报馆，禁止表示任何同情。《纽约前锋论坛报》评论说：“此等报纸之处分罪名，可能加诸中国每一被称为报纸之刊物，甚至中国最有势力之《大公报》亦能因这样之理由而予以停刊处分。”[④]5月26日，43名参议员在预备参议会上拥护警备部禁止三报出版及复刊，以后其他各报若有同样记载，亦加以停刊处分。[⑤] 在如此政治高压下，《大公报》没有表示明确的抗议和同情。储安平批评说：“在《大公报》的编辑标准中，大概像在一个城市中同一天封了三家报纸这样一个消息，其重要性还不如一个电影明星的私人轶事”，认为其“显然失态，至可遗憾。”[⑥]

《文汇报》停刊后，有人预见到《大公报》“对于此后刊载新闻之立场问题，较前更伤脑筋，而更须谨慎小心从事，因《大公报》虽有‘政学’之大背景，但由《文汇报》等第一道阵线突破后，各方最注目者即为《大公报》。故此后该报之一文一字，其影响较前更大，亦极不易做到八面玲珑，讨好各方面也。”[⑦]果不其然，《和平日报》于6月4日发表《文汇报精神不死》，称“厌憎它对于小市民和乌合的群众一五一十的宠容和无微不至的媚谄”，并认为“《文汇报》既停，《文汇报》的精神其实没有死”，“它的一套宠容和媚谄”“已经显然马上移植在一张姓大的报上了”。

(五)《大公报》与蒋介石政府决裂

胡政之害怕《大公报》被封，于是更加谨慎。10月16日，上海《大公报》刊载王芸生的文章《麦克阿瑟手上的一颗石子》说：日本是麦克阿瑟手上的一颗石子，他拿着这颗石子预备对付苏联以及警备中国；“一旦有事之时，美国军舰装着日本的‘关

① 《沪上三报被迫停刊》，重庆《大公报》，1947年5月25日，第2版。

② 宁广佐：《创办〈文汇报〉的严宝礼》，《人物杂志》，1947年第10期，第27—28页。

③ 转引自《生活与时代》，1948年第2期，第6页。

④ 《新闻政策》，《老乡》，1947年第4期，第2页。

⑤ 《四十三参议员呼声禁文汇报复刊》，《光报》，1947年5月27日，第1版。

⑥ 储安平：《论文汇、新民、联合三报被封及大公报在这次学潮中所表现的态度》，《观察》1947年第14期，第5—7页。

⑦ 小陈：《文汇报停刊好了大公报》，《导报》，1947年5月28日，第1版。

东军'，重在我们的东北登陆，一面与苏联战，一面也就对中国直接执行'防共'以至'剿共'的任务。"尖锐的文辞立即引起胡政之的质问。11 月 27 日，胡政之对重庆馆同人说："他(指蒋介石)读报十分仔细。最近沪版地方通信中刊载了一条开封通信被他用笔圈好，指为替共党宣传，要求纠正。""我已是退休之年了，可以撒手。可是过去二十余年来积多少同人心血而成的事业谁也不能因求一时的痛快而毁掉它！我们必须细水长流，顽强努力，试想《大公报》如垮台，中国可有第二个《大公报》？痛快要能济事，不妨杀身成仁，如其不然，还是往远处看为是！"①

12 月初，胡政之向周太玄谈到国民政府很难抵抗解放军，估计津版和沪版都不易维持，故决定为恢复港版做准备。他希望以香港为基地将《大公报》事业推向海外发展，劝请周太玄主持《大公报》海外版。在他的多次劝说之下，周太玄终于加入《大公报》。

1948 年年初，美国酝酿"希望蒋主席让位运动"。1 月 13 日，胡政之面见美驻华大使司徒雷登，言其代表上海教育文化界、银行界及商界六十余人建议："值兹全盘混乱，局势动荡之时，同人等不愿共产党成功，但因目睹政府环境恶劣，拟请蒋主席下野，以六个月为期，在此期间政府由张岳军负责支撑。"②此事经毛人凤告蒋，蒋闻讯大怒："胡本阴险之政客，却不料其卑劣无耻至此，是诚媚外成性，不知国家为何物。"③

胡政之本已打算在香港复刊，便于 1 月 25 日率报社骨干赴港着手相关工作，认为那里"国民党政府管不到，讲话也方便"④。3 月 15 日，港版终于复刊，他亲自撰写《大公报港版复刊辞》说："两极端的政治思想热烈的斗争着，相互的激荡着。最受苦的，是爱好和平、倾心自由的善良人群。"这就是说：在今后两极政治斗争的大格局中，国共双方都难容忍《大公报》存在，只有在香港，报纸或许可做长期努力。

### (六)1948 年新记《大公报》的艰难抉择

《大公报》不见容于社会各派，影响了它的稿源。1948 年 4 月，上海《大公报》

---

① 胡政之讲、曾敏之记：《认清时代·维护事业》，《大公园地》复刊第 16 期，第 2—4 页。

② 《毛人凤呈蒋介石报告》，1948 年 1 月 14 日，蒋介石文物，档号：002－080102－00038－011，中国台北"国史馆"藏。参见司徒雷登著，陈礼颂译，傅泾波校订：《司徒雷登日记》，1948 年 1 月 15 日，黄山书社 2009 年版，第 38 页。

③ 《胡霖告司徒雷登欲藉美政府促蒋下野事记录》，1948 年 1 月 19 日，蒋介石文物，档号：002－060100－00233－004，中国台北"国史馆"藏。

④ 吕德润：《台北纪事》。参见周雨：《大公报人忆旧》，中国文史出版社 1991 年版，第 161 页。

文艺副刊、《读者之页》的编辑姜钟德被调至香港，代替前任编辑罗承欣编《大公园》和文艺副刊。办理交接时，罗告诉他："由于总经理胡政之当了'国大代表'，香港《大公报》又是他亲手主办的，现在香港的进步作家均不给《大公报》写稿，副刊稿源困难。"为解决稿荒，姜钟德写信给上海等地的一些师友求援，委托罗承欣向熟识的进步文化人组稿，请报社同人供稿，从读者来稿中选登优秀作品。这样《文艺》才没有闹过稿荒，但由于他所熟识的作家大多不善于写副刊需要的短小文章，《大公园》稿源仍较困难。[①]

1948 年，王芸生看到《大公报》的活动空间越来越狭小了。在上海向暨南大学新闻系学生发表演讲时，谈及报人的处境，他说："尤为困厄，帽子满天飞，红的、白的、五色缤纷，应有尽有，不幸碰上，轻则离职，重则入狱，丢命。"[②]6 月 26 日，周太玄写了一封长信给王芸生说：《大公报》"最近之将来更为困难而微妙。或不出半年一年之内，即有非常紧要而急迫之局势要《大公报》表示态度。……况现时一般人民对统治者之无信心、多嫉视、不怀希望已是愈来愈甚，而《大公报》却尚天然的为其代言人，不觉为其掩护，始终无法自解'小骂大帮忙'之嘲，于是一般对统治者之绝望因而对《大公报》亦怀绝望之感矣"；同时援引两年前徐铸成离开《大公报》并着手创办《文汇报》的事，说明今后之言论界如不能站在最大多数人民的立场上，而为自私无救之统治者分谤，"实无法能真起领导作用"。他劝告王"如果不多所迁就而能放笔直言，定能使《大公报》从渐衰中振奋而起，亦即使人心因之而振奋"。从现实需要来看，周认为自己"日夜审思努力以赴者为轮廓较大之文化思想问题"，王所面对者"乃短兵相接之现实政治社会经济等问题"，而《大公报》需要先从现实中立定脚跟。另外，"个人与馆内外之人事环境亦为其中之重要条件"，周感到自己不具有使《大公报》平稳过渡之必要条件，认为王"为此种转变中之枢纽人物"，表示自己将起到协助作用。[③]

王芸生明确意识到中间路线走不通了，于是《大公报》开始同情和支持学生运动，明确反对美国扶持日本军国主义。国民政府不满于日渐疏远的《大公报》，在 7 月发

---

① 姜钟德：《在大公报编副刊的经历》。参见周雨：《大公报人忆旧》，中国文史出版社 1991 年版，第 189—190 页。

② 王芸生讲，黄蕾记：《一个理想的报人与理想的报纸》，《知识与生活(北平)》1948 年第 28 期，第 6—8 页。

③ 《周太玄至王芸生》，1948 年 6 月 26 日。参见《周太玄日记》第 7 册，国家图书馆出版社 2015 年版，第 529—531 页。

表的社论中，《中央日报》责骂王芸生是“新华社广播的应声虫”，认为王芸生主持下的《大公报》“是以仇美亲苏”为宗旨。① 王芸生感慨：“这是国民党硬要把我推到共产党那边去。看来恐怕是在给我指明出路啊！”②在中共的争取下，11 月 10 日王芸生在香港《大公报》发表社评《和平无望》，标志着他本人和《大公报》立场的转变。

国民党对《大公报》的转向也有所察觉。12 月 13 日保密局呈送蒋介石的一封电文说王芸生“一月八日自台北赴香港，表示香港《大公报》将改变态度，并拟将徐盈、子冈等调港工作。”……共产党“现正谋拉拢王氏，盖王芸生之政治态度，向极暧昧，月来言论益显激烈，并与李济深等有密切联系”③。1949 年 2 月，天津《大公报》改组为《进步日报》。4 月 14 日，胡政之在上海病逝。6 月 17 日，王芸生在上海《大公报》上发表《大公报新生宣言》，宣布《大公报》走向新生。

1947 年，徐铸成“坚信民主和平终必实现”。他在接受专访时谈及离开《大公报》的原因，坦承“大公报虽然是我的家，但我并不能作主，有妨碍到报纸立场的话我不能说，不说又于心不安，我主持《文汇报》，可以说我应说的话”；“抗战期间为了胜利第一，许多应说的话未能说，但是胜利以后，民主建国既然是大家所公认的，报纸应当反映民意，……至少不应该作‘对销’的工作，新闻检查既然已经取消，没有理由再使我们不自由发言，总不能说裹着小脚就不向前走”④。对战后民间报纸的言论态度、资金来源和所持立场问题，他与胡政之、王芸生等有着不同的见解，这是他离开《大公报》重要原因。但无论是中间偏左的《文汇报》，还是中间偏右的《大公报》，在国民党一党独裁的严峻形势下，都丧失了生存和喘息的空间。

---

① 《在野党的特权》，南京《中央日报》，1948 年 7 月 16 日，第 2、3 版。《王芸生之第三查》，南京《中央日报》，1948 年 7 月 19 日，第 2 版。

② 王芝芙：《老报人王芸生》，《文史资料选辑》（第 97 辑），文史资料出版社 1985 年版，第 74 页。

③ “蒋介石文物”，《一般共情》，档号：002－020400－00011－133，中国台北“国史馆”藏。

④ 青：《文汇报总主笔徐铸成一夕谈》，《人物杂志》，1947 年第 4 期，第 33－34 页。

# 第十四章

# “声音的媒介”广播事业的发展与变迁

无线电技术是伴随科技革命的发展而出现的，无线电技术的出现和发展推动了全世界广播事业的发展。

## 第一节 “引领时代”的前奏——广播在中国初兴

广播自诞生开始就作为信息传播工具而存在。20世纪初期，使用无线电传送语言和音乐的实验取得初步成功后，英国、美国等国家先后开始发展无线电广播事业。中国最早的无线广播出现在20世纪20年代的上海。[①] 早在国民党建立官办的广播事业以前，中国其他地方就已经出现了官办和民营两种类型的广播电台。这些电台的出现顺应了时代发展，并引导人们认识了“声音的媒介”广播。最终在这些广播电台的刺激之下，国民党开始建立属于自己的官办广播事业。

① 相关论述参见赵玉明主编：《中国广播电视通史》，中国传媒大学出版社2006年版，第4页。

## 一、"基础"——无线电技术的引入

作为声音的媒介——广播及其相关科技，亦是西学东渐的重要构成，并对中国舆论场重构提供了技术支撑。

晚清中国就开始引入无线电报。1905 年无线电训练班在天津开班，一边培养相关的技术人员，一边购置无线电收发报机，装置于北京、天津和北洋海军舰艇之上，便于军事情报的传递。[①] 1906 年，清政府认识到了无线电的作用，开始设置邮政传递部，并划归电政司进行电报电话事宜的管理。[②] 电报除了运用在信息的传递之上，还开始介入晚清政治生活。如公电以全新姿态登上了中国的政治舞台，并在政治动员、纲领发布上取得了巨大的成功。同年，上海英商汇中旅馆私自架设无线电报机，这是外国人在我国私设无线电台的开始。[③] 此后，西方各个国家为了方便通信联络，未经中国政府允许，竞相在中国境内架设无线电收发报机。面对这样的混乱状况，清政府曾经多方进行交涉并试图取缔这些无线电收发报机。但清政府对于西方各国缺乏约束力，各国仍在中国肆无忌惮地使用无线电报机。[④]

辛亥革命之后，北洋政府试图加强对无线电事业的管理。当时"在华外人，深觉中国人之易欺，乃各自装设电台，……或以军用为名，或借报告气象为辞，擅收电报，扰乱空间秩序，无所忌惮。其间迭经交涉，或则顽抗，或则狡赖，卒无结果"[⑤]。加上北洋政府时期军阀混战，为了争权夺利，扩大自身的势力，在无线电事业上寻求西方各国的支持，各国在中国的私设电台越来越多，甚至试图"国际共管"中国的无线电事业，掠夺更多在华无线电利益。

北洋政府多次通过国际会议要求各国撤销在中国的无线电台。1922 年华盛顿会议上，各国名义上表示"尊重中国之主权与独立及领土与行政之完整"，同意"废除"在中国境内私设电台。但是此后并没有国家执行相关会议决定[⑥]。至 1925 年，中国境内的外国私设电台达到 58 处。"一战"之后各国的广播事业得到了长足发展，广播的影响力开始在世界范围内扩张，因此中国境内也出现了第一批外商广播电台。

---

① 吕世勤:《无线电何时引进中国》,《中国科技史料》1983 年第 1 期,第 12 页。
② 《新知识,论无线电报的作用》,《东方杂志》1908 年第 6 卷第 11 期,第 95—98 页。
③ 金家凤:《中国交通之发展及其趋向》,正中书局 1937 年 7 月,第 91 页。
④ 《清国电报本末》,《清议报全编》(第 14 卷),第 154—160 页。
⑤ 王崇植:《无线电与中国》,文瑞图书馆 1931 年 9 月,第 91 页。
⑥ 交通部、铁道部编纂委员会:《交通史·电政编》,1936 年 11 月,第 4 章,第 37—42 页。

## 二、"初创"——无线电广播传入中国的背景与中国广播事业的源起

"一战"之后，随着无线电技术的成熟和收听工具的出现，无线广播得到了很快的发展。意大利、德国、美国、苏联等国家的无线电广播事业得到了高速发展，从而为在中国引入广播打下了基础①。

### (一)"潮流之先"——外商电台在上海的建立与影响

电台在中国的出现最早是由外商推动的，上海特殊的商业环境，孕育了广播电台诞生的环境，也加速了中国广播事业的发展。

#### 1. 广播电台最早出现在上海的文化场景

近代上海是中国中西方文化交汇点，也是中国受多元文化影响最深的城市。上海的文化底蕴充满了中西交融的特色。这里有三类市政机关，三个司法体系，四种司法机构，三个警察系统，三个公交系统，三个供水系统，电压都有两种。上海的人口构成也非常多元化，外侨人口最多的时候达到 15 万，至抗战前租界的外国人也有 7 万人以上②，他们当中有鸦片商人、实业家、军人、政客、强盗、流氓、传教士等来自各个国家各种阶层的人。这些外来人群所包含的国籍和民族最多的时候超过了 60 个，日本人还自建社区"小东京"。人口多元化带来的后果是这里的教育和宗教呈现多元化局面。除了有中国人的官办或者民办学校，还有教会学校、外侨团体办的学校等，而教学语言除了中英文之外，亦多种多样，教学方法和教科书也五花八门。宗教方面更是多元化，除了佛教、道教、伊斯兰教、天主教、基督教等，还有犹太教、东正教、理教、锡克教等。这些差异巨大的宗教聚集在上海，使得上海拥有全中国最多的风俗和节假日，成为多元文化汇集的区域。这些外来人口除了给上海带来了许多国外的新奇事物，还带来了新的生活方式，使得"上海人之气习多洋气"。整个上海弥漫着崇尚新奇事物和国外生活方式的风气，从而为广播在上海的出现和发展打下文化基础。

上海自开埠以后，便迅速从一个海边的小县城成长为 20 世纪 30 年代国际性第五大都市，成为一个"各种活动因素在地理上的大规模集中"③大都市。在这个过程中，上海的水陆交通、报刊、电报、电话事业都得到了相应的发展，使得上海成

① 方汉奇:《中国新闻事业通史(第二卷)》，中国人民大学出版社 2004 年版，第 164 页。
② 罗志如:《统计表中之上海》，"中央研究院社会科学研究所集刊"第 4 号，1932 年版，第 22 页。
③ 巴顿:《城市经济学》，商务印书馆 1984 年版，第 12 页。

为中国各种社会资源和信息流通渠道的集合地。

在开埠后的工业化过程中，上海对于便捷交通的需求越来越大，除了不断开辟水陆交通线路以外，还不断引进和使用新式交通工具①。上海远洋航线的轮船甚至已经达到万吨级别，长江三角洲地区的航运则已经开始使用商用轮船。由于市区租界和华界修筑了许多城市公路，汽车和电车亦成为上海日常生活的常见工具②。交通的发展不仅有利于加快上海工业化的进程，同时也带动了上海商业的发展，更带动了上海对便捷信息的需求。

近代报刊事业和电报电话事业在上海的高速发展，说明上海社会对于信息的巨大需求量。大量的外商在上海聚集，催生了上海对外经贸活动的发展，这些人群对于新闻和商情的迅速获取有很大的需求③。早在广播事业在上海发端以前，外文报纸在上海的数量多达“91种，刊发语言多达6种”④。而无线电报这种可以瞬间传达信息的工具，更是影响了上海工商业的经营方式。由于外商对于无线电报的大规模使用，上海的无线电报事业拥有25条国内线路，24条国际线路。这些电报广泛地运用于商业资讯的传递和船舶通信，并成为报刊主要的信息来源。对于信息的渴求也使得电话这种直接传递信息的新通信工具在上海也得到了大大的普及。不管是租界还是华界，中国自办电话事业及外商电话公司均不断发展扩张，电话用户逐渐增多，不仅洋行、商铺争相装设，私家用户也以装设电话为生活时尚。至“1937年8月上海的电话用户达到42710线，数量位居全国第一”⑤。

这些新式交通和通信工具的运用与发展，组成了上海都市的信息传播网络，信息封闭状态被打破，开始了异地信息共享、信息即时交流的新时代，为引入广播这种更新式的传播媒体提供了基础。

除了这种水陆贯通的交通优势以外，由于历史原因，上海一直处于中外两种权力控制的边缘地带。民国初年上海有租界，租界地区虽然名义上为中国土地，但是里面的人受到治外法权保护。公共租界虽然大部分时间权力控制在英国人手中，但是工部局总董是由租界有关居民选举产生的，并不需要向英国政府或者英国驻沪领事负责。而法租界与法国政府也并不是殖民地与宗主国之间的关系。因此上

① 王立群：《上海是轮子转出来的：上海公共交通百年录》，学林出版社1999年版，第22页。
② 戴鞍钢：《内河航运与上海城市发展》，《史林》2004年，第4期。
③ 张仲礼：《上海城市史研究》，上海人民出版社，1990年版，第251页。
④ 秦绍德：《上海近代报刊史论》，复旦大学出版社，1993年版，第6页。
⑤ 李长莉：《中国人的生活方式：从传统到近代》，四川人民出版社2008年版，第229页。

海的广播事业在一开始较少地受到南京国民政府法规的约束，外商的广播电台得以顺利建立和发展。

早在1920年《东方杂志》上便以“无线电传送音乐和新闻”为题目刊登新闻，这是中国大众媒体中较早一次提到广播。这篇文章介绍了广播的效用并描绘了使用广播后对于生活的改变：“晨间由中央无线电局(即广播电台)将是日所得新闻，发出报告。则家家仅须开动收音机即可亲聆新闻，且可于早餐时且食且听之。较批阅报章，便利多矣。”“晚间八时半，为人民音乐跳舞之时间。可由中央无线电局于此时自无线电传出音乐。则跳舞之家，但将收音机开动，音乐立时大作。跳舞者可以应声而舞，不必更雇音乐班。”①

类似的文章还出现在多种外文报刊上，这样的介绍和宣传使得广播对于上海人来说不再是一个神秘事物，而是值得期待的新传播工具，从而为第一个广播电台的开播在上海打下了舆论基础。

2. 第一家外商电台在上海的开播与外商电台在上海的迅速发展

早在第一家广播电台出现之前，上海就有诸多外商期盼着能在上海听到本地的广播。1922年12月，美国人奥士蓬决定创办中国的第一家外商广播电台。他说：“公司带给亚洲的一些最新发明一定会使门外汉惊奇得目瞪口呆。”他同时还对《大陆报》说：“世界历史上至今还没有任何科学像无线电话那样阔步前进的，今天不仅能够听到三千多英里外忠实地传来的音乐和声响，还能够听到剧院里纽约人的鼓掌声和百老汇外面传来的汽车喇叭轰鸣声”②。随后，奥士蓬宣布与《大陆报》报馆合作，租用外滩大来洋行屋顶，这就是第一家外商电台“大陆报——中国无线电公司广播电台”，电台采用呼号XRO，发射功率50瓦。这是中国境内的第一家广播电台，从1月23日开始每天播送新闻简报、音乐、演说和其他特别娱乐节目，“上海居民为之耳目一新”③。节目开播之后，上海附近船只上多次传来无线电呼话表示收到了当天的广播节目，就连北京、天津、苏州、南京甚至沈阳都有电报报告说，“上海电台传来的声音清晰可闻”④。在广播电台开播前后，上海已经安装数百架收音机，因此奥士蓬电台开播当晚，就有五百多架收音机在收听当晚的广播。除了这些收音机之外，理查饭店格子房和卡尔登也都

---

① 《无线电传送音乐及新闻》,《东方杂志》第17卷第15号,1920年8月10日。

② 《关于本报与中国无线电公司合办广播电台》,《大陆报》,1922年12月19日,第二版。

③ 《接收上海广播的独家服务节目》,《大陆报》,1923年1月24日,第二版。

④ 《首次无线电节目昨晚大获成功》,《大陆报》,1923年1月24日,第二版。

装置了特殊设备，当天就餐的客人也能听到广播。市内的另外一些咖啡馆和剧院亦装置了带有放大器的无线电话接收机（收音机）。“上海所有第一流的音乐家和许多第一流的演员，包括业余戏剧俱乐部，都答应近期内予以合作。他们将协助每天晚上播出的无线电节目”。这样上海逐渐形成一个无形的无线电网络，开创了“与周围500～600英里内数千人通讯的特殊手段”①。

由于奥士蓬电台邀请的都是当时上海比较知名的乐队来电台进行音乐演奏和演播，因而深受听众欢迎。为了扩大广播影响，电台还举办无线电知识讲座，进一步普及收音机知识，在听众中引起一阵“无线电热”②。电台在诞生之后也第一次参与当时中国的政治生活。1月26日，奥士蓬电台播出了孙中山讲话《和平统一宣言》。次日，孙中山对此特意发表讲话表示称赞，并对广播事业的成功以及其有助于在中国开展政治传播和宣传表示极大信心。讲话中谈道：

> 余之宣言亦被宣传，余尤欣慰。余切望中国人人能读或听余之宣言，今得广为宣布，被置于无线电话接收器之数百人所闻，且远达天津及香港，诚为可惊可喜之事。吾人以统一中国为职志者，极欢迎如无线电话之大进步。此物不但可于言语上使中国与全世界密切联络，并能联络国内之各省份，使益加团结也。③

奥士蓬电台的成功使得外商开办电台的信心大增，此后，又有几家外商电台在上海出现。

1923年5月30日，新孚洋行在南京路50号大楼最高层装置广播无线电台一座，功率50瓦，用于向顾客展示该公司经营的收音机效果及其各种装配零件。这座电台的创办宗旨是促进公司收音机的销售和进行广播商业广告，因此主要是利用电台作为收音机的销售门市，方便顾客随时试用收音机的收听效果。④

1924年美商开洛电话材料公司在法租界福开森路开办开洛广播电台，并在大晚报馆、大陆报馆、申报馆等处设立分馆，在报馆之中安装发音室以利于报告新闻。“本馆每日报告一切，系以便利本埠市民为目的。海上如有名乐师愿献艺而借本馆无线电话供同好者，可来函商酌。本馆所发出音浪，各地如北京、天津、汉口、南京、

---

① 胡吉人：《上海无线电事业之过去与现在》，《电友》，1931年第7卷第2期，第33页。

② 朱启清：《上海无线电现状》，《电友》，1926年第2卷第8期，第6页。

③ 《无线电话佳布孙先生统一宣言》，《民国日报》，1923年1月28日，第三版。

④ 《关于新孚洋行广播电台试验播音》，《大陆报》1923年5月30日，第三版。

杭州等处,均可听得"[①]。由于上海报纸的"鼓吹",江浙两省的居民争相购买收音机以便收听各种音乐、新闻、商情及汇兑行情报告。开洛电台的播音从1924年4月一直持续到1929年10月才告结束,这家电台是早期上海外商电台中存活时间较长的一家,探其原因,主要是电台经理迪莱为了吸引听众从而便利推销无线电器材,在广播节目的编排上甚是用心,常常推出许多音乐、弹词等深受欢迎的娱乐节目。

根据统计,当时上海居民已经拥有收音机上千架,开洛公司为了扩大影响,还发展了新的点播节目。这个点播组织虽然由西方人创办,名字却叫"中国播音会",在这个组织中的听众如果喜欢某个节目,便可以通过这个组织向电台点播。开洛公司以此来满足更多听众对于节目的需求。[②]

在推广公司销售的收音机上,开洛公司更是不遗余力。在开洛公司播出的一条广告中如此说道:"各机价目,自五元起至四百五十元止","家庭中装置一具,可以省去一切无谓的消费,增进家庭幸福;学校机关装置一具,可以灵通消息,辅佐兴趣"[③]。开洛公司的努力显然获得了听众的认可,两年之间,听众就从数十人增加至数千人。上海地区外商电台播送时间见表15-1所列。

**表15-1 上海地区外商电台播送时间表**

| | 申报馆用上海土音报告汇兑市价及船舶班期等 | 大晚报馆用英语报告汇兑及市场消息并放音乐 | 新孚洋行用英语报告新闻并演唱歌曲 | 申报馆用上海土音报告新闻并演唱歌曲 | 巴黎饭店用英语报告新闻并演奏歌曲 | 神户电气公司用日语报告新闻并演奏日本音乐 |
|---|---|---|---|---|---|---|
| 一 | 上午九点三刻至十点一刻 | 午后十二点半至一点半 | 下午六时至六时半 | 下午八点半至九点半 | 下午九点半至十一点半 | 无 |
| 二 | 同上 | 同上 | 同上 | 同上 | 同上 | 无 |
| 三 | 同上 | 同上 | 同上 | 下午八点半至九点 | 同上 | 无 |
| 四 | 同上 | 午后十二点半至一点半 | 下午九时至十时半 | 下午八点半至九点半 | 同上 | 无 |

① 《本馆无线电话报告新闻》,《申报》1924年5月14日,第13版。
② 金康候:《中国播音会之与替》,《无线电问答汇刊》,1932年第19期,第361页。
③ 《11月14日广告》,《申报》,1925年11月14日,第四版。

（续表）

| | 申报馆用上海土音报告汇兑市价及船舶班期等 | 大晚报馆用英语报告汇兑及市场消息并放音乐 | 新孚洋行用英语报告新闻并演唱歌曲 | 申报馆用上海土音报告新闻并演唱歌曲 | 巴黎饭店用英语报告新闻并演奏歌曲 | 神户电气公司用日语报告新闻并演奏日本音乐 |
|---|---|---|---|---|---|---|
| 五 | 同上 | 同上 | 下午六时半至七时 | 同上 | 同上 | 无 |
| 六 | 同上 | 同上 | 同上 | 同上 | 同上 | 无 |
| 七 | 无 | 无 | 下午五时至六时 | 无 | 无 | 下午七点至九点 |

资料来源：曹仲渊：《三年来上海无线电话之情形》。

3. 外商电台的影响

从表 15－1 中，可以看出上海租界外商电台特点是规模不大，播出节目的种类也并不算丰富，多以新闻、商情和音乐为主。电台开播之初的宗旨是为外国人提供节目，多数节目以英语播出，因此受众相对有限。但是其开启的意义仍然是显著的，对中国广播事业随后的发展产生了显著的影响。

首先，外商电台的开播对上海大众舆论的传播和市民的生活方式都产生了影响。外商电台自开播起，便在报刊上进行了大力的宣传。《东方杂志》早在 1922 年便刊发数十篇文章介绍无线电的专业知识，使得国人对“空中传音”法有了理论认识并充满期待。第一家电台奥士蓬电台播出后引起了整个上海租界的轰动，由于《申报》提前数日便在报上预告电台开播，开播当晚娱乐场所聚集的听众达到了数百人以上，比如理查饭店、哥伦比亚乡村俱乐部、中华基督教青年会大楼礼堂等地。听众中不仅有外侨，也包含许多华人。开洛公司更是和各家报馆合作进行广播，而发行范围最广、影响力最大的《申报》对于电台的开播进行了连续几天的报道，对电台的播音节目进行宣传，“人们对于此道兴趣如此之浓，固然可以说是真空管发话机日臻完善，各家报纸皆开专栏，登载某处某时播送某种消息或歌曲。城市居民无论矣，即农夫走贩之家，每喜装置一收话机，按时收听，以供家庭娱乐”①。由此可见，广播的出现对于城市休闲和市民生活方式的影响。

① 《开洛公司电台今日播音节目》，《申报》，1925 年 8 月 12 日。

其次,外商电台的开播对于收音机销售刺激极大。自上海外商广播电台开播,按照购买数量统计,上海的家庭收音机达到600具以上,听众人数超过6000人,对于装设了收音机的公共娱乐场所,听众人数更是不可计量。而“江浙两省之居民,因上海报纸之鼓吹,争先购置收话机以供家庭娱乐者亦不在少数。现在上海租界内外居民之屋顶到处可以仰见二线或四线之天线,则陆续自去年夏秋以来所装挂者”。但是时人对于收音机的数量也有自己的看法:“收话机之数目确数为何,殆无一人能确实答复。究其原因,一因矿石收话机为多数人乐用,而此项收话机不必尽向公司购买,稍能领会其法者,亦能依样装置,而所用原料不必定向专门行号购买。二因收话机之装置本不合法,但在租界以内,西人官厅并未限制,而租界以外之中国官署又不妄加干涉,未颁布限令注册或者调查用户,故而上海收话机总数难以明了。”[1]由此可以看出,电台对于收音机在普通民众家庭中的普及作用,虽然此时装设收音机的装户仍然以上海租界居民最多,但是普通民众通过公共场合和自制简易收音机也能够常常接触广播,对于这种新型媒体有了更新的认识,也为之后上海民营广播事业的起步和民族无线电事业的发展打下了良好的基础。正是由于上海广播事业的繁荣发展,国民政府才决心建立属于自己的舆论引导工具——中央广播电台。

再次,虽然最早的外商电台几乎是美国商人所开办,上海无线电器材多数都是从美国进口的“美国货”,但是由于收音机需要组装,因此除了材料需要从美国进口之外,“成器之一番搭配功夫,美国行号常在上海着手,有时候以小件托付华人工厂制造,这种状况间接刺激了民族无线电事业的发展。此项制造无线电机器零件之华人小工作所,总数不下二十余家,将来若联合各家为一专门工厂,前途当无限量”。此外还有苏祖国、苏祖修、苏祖圭三兄弟创办的中国最早的无线电公司——亚美无线电公司,从推销无线电书籍开始,然后自己制造无线电广播电机和收音机材料,至1924年,亚美无线电公司已经能够产出价格低廉、效果良好的矿石收音机。其主办的《中国无线电》杂志也成了无线电爱好者学习和交流的有名刊物,客观上促进了民族无线电事业的发展。而民族无线电事业的发展使得收音机的普及成为可能,为国民政府在各地普及收音机、建立中国广播网客观上创造了物质条件。

最后,外商广播电台有助于民众更加迅捷地接受广播作为信息的传播媒介。

① 曹仲渊:《三年来上海无线电话之情形》,《申报》,1926年9月16日。

外商广播电台注重播送汇兑市价、钱庄兑现价格等商业信息，使得民众认识到广播“公用之伟大，如商业之交易、国际之通信、市面金融之涨落，有无线电则消息灵敏而事业易兴矣”，从而提升了广播在商业中传递信息的特殊地位。许多中国商人因此而受到启发，“无锡某工厂首先装设收音机，而沪上开洛公司每日播送金融、纱布、食品、交易市价，此厂得悉最早，可以运作一切”①。

奥士蓬广播电台播送孙中山的讲话以及广播传递新闻的便捷快速也使得更多有识之士认识到广播在政治生活中的重要性，“无线电与国家有莫大关系，国际间宣传，更为重要。五卅之事，我国无线电即行传布，广东数百十同胞被害亦然，徒受他国蒙蔽掩没，世界不明真相，我国公理不申，思之痛心。我国民受此痛击，岂可仍事迁延，亦速起研究，从事发明，得与其他列强共争地位”②。这样的认识一定程度上促进了中国政府开办广播电台的决心，因此，就在上海无线电事业高速发展的同时，中国自办广播事业也在东北开启。

### （二）“新纪元”——中国自办广播电台的开端

1922 年 1 月，第一次直奉战争爆发。1924 年秋天，冯玉祥、胡景翼、孙岳等人，联名发出了呼吁和平的漾电，发动“北京政变”。直系军阀被驱逐出北京，皖系军阀联合奉系军阀，掌握了北京政府的大权。

在军阀混战中，各军阀开始认识到通信和传递新闻的重要性。1925 年 2 月，北洋政府交通部开始在北京、天津筹备广播电台，利用电话局的无线电话试验传播新闻和音乐，但初见成效后却由于政局动荡，始终未能成事。

1926—1927 年，北方各省始终处于奉系和直系军阀的争战之中。至 1927 年 6 月，直系军阀瓦解，奉系军阀张作霖组织安国军政府，成为北洋军阀最后一位统治者。在此期间，北洋政府曾经派员参加了在华盛顿召开的国际无线电信会议，派出的人员目睹欧美等国无线电广播事业的蓬勃发展，回国之后再次向北洋政府建议筹备中国自有的广播电台。由于奉系军队身处东三省，部队现代化程度较高，拥有兵力达到 195 000 人，且奉系当局因军事需要也对此大力支持，因此中国的自办广播最早在东北出现。③

除了器材之外，广播人才的储备也很重要。1913 年，北京交通传习所设高等

---

① 《无锡某工厂设置收音机》，《申报》，1924 年 1 月 22 日。

② 王信吾：《五卅运动之失败与今后运动方针》，《自强》，1925 年第 1 卷第 1 期，第 50 页。

③ 方德万：《中国的民族主义和战争》，生活 · 读书 · 新知三联书店 2007 年版，第 30 页。

电气工程甲班、高等电气工程乙班(三年制)和无线电速成班,开始培养中国自己的无线电人才。这些补习班不仅设置如电气工程、无线电试验、无线收发、无线电机械、应用电气学等无线电相关课程,还同时兼开国文、英文、数学等基础科目。北京邮电学校开设无线电海军工程班、陆军部无线电教练所,交通大学也分别在1917年、1919年和1921年开始设立无线电培训课程,培训掌握无线电知识的人才。到1922年年底,各个学校培训的人员超过500人,这是中国第一批掌握无线电技术的人员。[①] 而这些培训班中的教员都是“宏儒硕彦”,课堂用英文授课,课程设置“兼顾东西”,因此人员学成之后技术知识和实践能力都比较强。开办第一个中国自有广播电台的刘瀚,哈尔滨广播无线电台主任陈淮清,天津广播无线电台主任耿励,北京广播无线电台主任沈宗汉,都毕业于以上这些培训人才的学校。[②]

1918年,北洋陆军部向英商马可尼公司购买了200架行军无线电话机。[③] 这批器材到达中国之后,“东北方面,所得独多,以奉天为中心,形成今日东北无线电通信网”[④]。这批无线电话机后来被改装为广播发射机,实际上成为中国最开始自办广播电台的机件。

1922年9月,奉军开始准备开办无线电广播电台。而这个时期东北地区日本势力十分活跃,已经在东北自办了多个日本电台进行新闻和电报的收发,大有侵犯东北电信主权之势。为了维护电信主权,同时加强当局“传递消息,鼓吹文明”之能力,东北广播电台的成立已经势在必行。[⑤]

1926年10月1日,哈尔滨广播电台正式开始播音,呼号为XOH,发射功率100瓦,每天播音两小时,内容有新闻、音乐、演讲及物价报告。这是我国的自办广播电台之始,在此之后,刘瀚多方筹措资金。经过他的争取,1928年1月1日,新建的哈尔滨广播电台在秦家岗的新广播大楼开播,发射功率达到全国最大的1000瓦,与日本东京、大阪放送局的发射功率相同。呼号变更为COHB,有汉语、俄语和日语三种广播节目,受广播电台开播刺激,哈尔滨居民拥有的收音机达到1200台以上。[⑥]

---

① 陈尔泰:《中国广播史考》,四川广播电视出版社2008年版,第10页。

② 《交通部咨海军部邮电学校高等电气工程训练班毕业时间》,《政府公报》1917年第693期,第22页。

③ 陈尔泰:《中国最早的广播发射机哪儿来的》,四川广播电视出版社2008年版,第16页。

④ 王崇植:《无线电与中国》,1931年版,第94页。

⑤ 《绕博森无线电讲演》,《滨江时报》,1922年12月13日,第三版。

⑥ 满洲电信电话株式会社:《东省特别区行政长官署指令3129号》。参见满洲电信电话株式会社:《满洲放送年鉴》,1939年,第1到2页。

哈尔滨电台开播以后，新闻节目来源狭窄，内容也不丰富。为了丰富新闻节目素材，刘瀚受到日本人建立“通信社”的启发，创办了“新闻通信”。20 年代日本人在东北的活动日益活跃。为了增加有利于日方的言论，在东北的日本人组成了一批能够采访新闻或者组织新闻的注册备案机构，把新闻或调查用刻钢板油印的方式，印成新闻小册子，向日本报社供应。有的通信社还要请外地人定时给通信社提供稿件，以扩大新闻的来源，考察其内容言论，多数是维护日本利益，鼓吹扩大在华利益的论调。这些新闻言论引起了当地一些爱国团体的注意。其中刘瀚的老乡救国唤醒团的成员韩庆昌在报上发表宣言谈道：“日本报纸信口雌黄，捏造黑白”“鼓吹其伤风败俗之行，为留心外患捍卫主权者所深痛”。以此提醒国人不要受到日本人左右舆论的影响。而朱庆澜也一再强调电台“务宜注重主权”①，所以哈尔滨广播电台也有拱卫主权的责任。基于以上原因，刘翰的“新闻通信”很快便发展起来，除了与各家通信社和报馆接洽，每日供给本地新闻材料外，还规定军、政机关须传布之新闻，均应由该机关负责，将新闻电稿交电台发布。哈尔滨电台成为当时东北最快、最新甚至是独家新闻的新闻节目源。② 到后来，连奉天、长春、齐齐哈尔等多个无线电台均纳入新闻通信网络，供给广播电台消息，反过来，各家电台收录广播电台新闻之后，也抄录数份，分送各机关和报馆。③ 这样的通信网络使得东北三省形成一个快速传递消息的新闻网络。这种新闻通信的执行，实际上是由权力极大的东三省陆军整理处首先“咨”达东三省铁路护路军总司令部和吉林、黑龙江保安副司令，再由他们层层函达，分别转饬军政机关执行。因此，“新闻通信”实际上成为东北当局“播扬政治、发展商务、辅助教育、唤发社会”的工具。④

电台新闻源的问题解决了之后，电台又开始尽力完善娱乐节目，“就近各有名戏院各俱乐部，均设有专线，以资播发戏曲”⑤，这些转播专线的设立，大大丰富了电台的音乐及戏曲节目，同时哈尔滨电台也会邀请名人至台进行广播讲演，因此电台除了新闻以外的节目时间大大增加，听众热情直线上升。

除了哈尔滨广播电台以外，东北当局于 1923 年建立了东北无线电监督处，设在奉天，专门管理广播电台，并开始筹设天津、北平广播电台。1927 年 5 月 15 日，

---

① 《无线电交涉》，《滨江时报》，1926 年 11 月 20 日，第二版。
② 陈尔泰：《早期广播新闻节目之考察》，四川广播电视出版社 2008 年版，第 32 到 35 页。
③ 《哈尔滨广播无线电台规则》，《电友》，1926 年第 2 卷第 11 期，第 13 页。
④ 《全满放送一览》，《满洲年鉴》，1944 年出版，第 387 页。
⑤ 《无线电之前途》，《滨江时报》，1923 年 3 月 17 日，第二版。

天津广播电台开始播音，发射功率为500瓦，呼号为COTN。[①] 同年9月1日，北平广播电台开始播音，发射功率100瓦，呼号COPK，两家电台均设有新闻、音乐、讲座和戏曲节目。[②] 由于两地盛行京剧，因此"播音专线添放戏院若干处"，"每晚九点二十五分至九点四十五分，放送天津平安、福禄林、戈登堂、天升等处西乐，九点四十五分至十二点零十五分放送北平中和、广德楼、第一台、华乐、明星、三庆、城南游艺园等各戏院名伶戏曲"。[③] 这样的节目设置极大地迎合了听众的需求，至1928年，仅北平一地，收音机的装设就超过了1900家，销售收音机的商户达到45家。

除了这两家电台以外，1928年1月1日，东北奉天广播电台开播，发射功率2000瓦，呼号为COMK，这家电台和哈尔滨电台加在一起的发射功率超过全国广播电台发射功率的百分之八十以上，由此可见东北广播事业的兴盛程度。

必须看到的是，此时这些地方官办电台的发展虽然也在照顾听众的娱乐需求，但是发展的主要动力仍然是来自军事和政治需求。传播政令、传达新闻、掌控舆论的需求促成了地方官办广播电台的发展。根据估计，全国此时大约有一万架收音机，广播电台的影响力大多也集中在当地及周边地区，中国还没有一座全国性的中央台。而此时中国政局的变幻，催生了第一座中央广播电台的出现。

## 三、"第一家全国电台"——中央广播电台的诞生

国民党中央广播电台的诞生是国民政府对宣传事业的急切需求推动的。国民政府十分重视广播事业的发展。因此，国民党中央广播电台一开始就得到了相当多的人力和物力配置，发展迅速。

### (一)"宏声初发"——中央广播电台的成立

早在北伐开始之前，国民党政府就试图在新闻上建立舆论控制。1924年，国民政府创办中央通讯社，主要任务为"凡关于中央及地方党务消息，社会、经济、政治、外交、教育、军事以及东西各国要闻，足供我国建设之参考者，以介绍国人"。除了将总社建在南京以外，国民政府还在北京、天津、重庆等地建立了11个分社，在重要城市派驻了30个通讯员，形成了全国的通讯网，垄断了国内重要新闻的发布权。1927年国民政府又在上海创办《中央日报》，成为国民党主要的宣传喉舌，亦

① 《天津无线电台概况》，《无线电台问答汇刊》，1932年10月10日，第23页。
② 《北京电台昨日试验放送》，《晨报》，1927年9月2日，第一版。
③ 《交通部广播电台小史及进行状况》，《无线电台问答汇刊》，1932年10月10日，第20页。

为“阐明党义，宣扬国策”之工具[1]。

1928年，国民党第四次全体会议后发表宣言，其中要求：“吾党同志及全国国民，当切实遵守总理之遗教，以努力于革命的建国事业。”但是陈果夫作为主管宣传的部长提出，一般民众，对于总理遗教茫然不知者，占绝大多数，虽然中央方面，印刷了大量的册子进行宣传并散发各地，再加上报纸杂志的配合，力事宣扬，但是“我国幅员辽阔，道路堵塞，加以交通工具缺乏，一件印刷品，运销内地，近则数天，远则数月。同时电信设备简陋，辗转需时，一条重要新闻，从首都颁发，必须一两天后才达边省。尤其我国文盲众多，接得印刷品，亦无从明悉其内容”[2]。此时又正是南京国民政府刚刚成立，急需进行“三民主义”等各项宣传之期，因而陈果夫为如何拓展宣传事业大费思量。

1928年4月，陈果夫至上海开会，偶然收听到开洛公司播送的商业广告广播，大受启发，深信广播电台是“宣传主义、宏扬国策、报道新闻、推广教育”的无上利器，“非尽速设置，无从实现宣言中的冀望”。随后陈果夫与中央宣传部的戴福贤、中央委员叶楚伧商议决定设立功率可覆盖全国的中央广播电台。陈果夫设法筹措了一万九千两白银作为启动资金，并委托军事委员会上海无线电机器制造厂，向开洛公司订购机器。初定100瓦功率，后“以世界广播事业，发展甚速，此后国内外电台众多，同时播音，电波纵横，不免扰乱”为由，将各种机器详细比较，拟采用500瓦电力机械。经“详细磋商以得律风根公司所索价最廉，遂决定选该公司承办”[3]。最后选定功率500瓦特的中波播音机一台，包括发射机、放大机、增音机、传话机，电话机、发电设备、天线铁塔、重要备货等等，并交由国民党军事委员会交通处处长李范一规划。

国民党中央广播电台呼号为XKM，播出当天，“总裁蒋公中正致广播开幕词，民众恭聆”，之后陈果夫等人也发表了演讲。“本京热闹地区，均装置巨大之放音机，聆者均有好誉”。从此每天从9点到21点，间断播音4个小时，节目内容有“政令、新闻、主义、学政、教育、娱乐无不兼备，深得听众之称誉”[4]。

国民党中央广播电台发射塔、电台的放大机如图15-1、15-2所示。[5]

---

① 中国社会科学院近代史研究所中华民国研究室：《中华民国史资料丛稿：大事记》第三十辑，中华书局1992年版，第5页。

② 吴道一：《中广成立之原委》，中国广播公司1968年版，第4页。

③ 吴道一、吴保丰：《中央广播无线电台工程》，《无线电杂志》第二卷第一期，1933年，第45页。

④ 《战前及战时之我国广播事业》，《无线电世界》第一卷第四期，1946年，第33页。

⑤ 吴道一：《中央广播电台扩大之经过》，《工业中心》，第一卷第五期1942年，第48页。

图 15-1　中央广播电台发射塔

图 15-2　电台的放大机

国民党中央广播电台设立之初，人员结构很简单，“工作同志，仅十人左右”，随着电台的扩大，才逐渐增设了多个部门，充实了内部组织，“各负一部分专责”。1928 年 8 月 25 日，国民党第四届中央执行委员会再次核准国民党中央广播电台管理处的组织条例，正式将国民党中央广播电台分为三个科室，分别为“文书科”“事务科”和“传音科”：文书科负责文稿整理、校对、誊写等工作；事务科负责职工任免、进退、请假考核、收音机装户调查、登记、技术维护等各项事项；传音科则负责播送节目、解释、转发、收听并转播中外各家电台播音、各地党部新闻公台之收发、中央通讯社及各地分社新闻之收发等事项。①

除了依据工作划分三个科，还有编译和报务两个科室，播送机之运用以及管理由技术科负责，节目征集由传音科负责，播讲稿件由编译室负责。② 电台还具体划分为发音室、播送台、动力厂三大部，“播送台播发由发音室传出来的各项节目，动力厂供给播送台所需要的电力，为工作方便起见，发音室设置在管理处内，播送台及电力厂，则装置在南京西郊江东门，相距 9.5 公里，中间以广播节目特制之电缆联络之”。由于发射功率的增大，听众也日益增多，国民党中央广播电台发起的调查显示，“按着技术科解答各地听众而论，开播三年内差不多答复了一万多个人的问题，人员覆盖遍入内地，从学生和公务员扩充到工人以及乡村从业者均在收听”③。

① 吴道一：《中央广播电台的命名经过》，中国广播公司 1964 年 4 月第一版，第 10 页。

② 《中央广播电台管理处组织条例》，《军事杂志》，1941 年第 41 期，第 6 到 7 页。

③ 《中央广播电台参观记》，《广播周报》，1936 年 104 期，第 25 到 33 页。

### （二）"为我所用"——国民党中央广播电台的角色及功能

国民党中央广播电台成立之初，有教育、娱乐、新闻、宣传四种节目，教育节目是各种科学和通俗演讲，用于增加听众常识。周一到周日都是不同的主题，包含家庭常识、防空演讲、青年问题、妇女讲座、儿童节目等。娱乐节目是播送音乐和戏剧的唱片，主要是评剧、粤曲、昆曲和普通歌曲及音乐会。但是周末的特别音乐则是南京特别市政府管弦乐队前来中央大礼堂演奏，另外每天都会有两次气象报告。新闻方面，"征集审查各地登载广播消息之通讯稿报纸三十余种，以察实际效率"。"中央纪念周节目每周一次，国际要闻每周报告五次，每逢周二五用外国语报告"。"国内要闻，国府各机关施政报告，依次轮流，逐日一次，中央常委决议案，国务会议决议案，通令，通告，重要新闻，军事消息等，共报告六千零八十五件。其余如气象报告，名人演讲，特种演讲，科学演讲，特别音乐及各种纪念典礼节目，均按时播发"①。截至 1929 年年中统计，电台共"播音一千三百七十一小时又二十一分，充电一千四百八十四小时，并于各种纪念大会时，装卸公共演讲机五次"②。中央广播电台早期节目见表 15－2 所列。

**表 15－2　中央广播电台早期节目表**

| 寻常节目 | | 特别节目 | | | | |
|---|---|---|---|---|---|---|
| 新闻 | 八点十分<br>至八点半 | 周一 | 周三 | 周五 | 周六 | 周日 |
| 通令<br>通告 | 十点至十点半 | 九点 | 三点至四点 | 三点至四点 | 七点一刻至<br>八点半<br>八点半至<br>九点 | 二点至<br>二点三刻<br>七点至<br>七点一刻<br>七点一刻至<br>八点 |
| 唱片 | 十二点一刻<br>至一点 | 中央纪念周 | 名人演讲 | 科学演讲 | 特别音乐<br>重要新闻 | 唱片<br>气象报告<br>重要新闻 |

① 《中央广播电台 XGOA 每周播音节目时间表》，《广播周报》，1936 年第 73 期，9 月 27 日。

② 《中央广播电台工作概况》，《中央党务月刊》，1929 年第 28 期，第 231 页。

（续表）

| 寻常节目 | | 特别节目 |
|---|---|---|
| 宣传大纲 | 二点至二点三刻 | |
| 报告决议案 | 五点至五点三刻 | |
| 气象报告 | 七点至七点一刻 | |
| 唱片 | 七点半至八点 | |
| 重要新闻 | 八点半至九点半 | |

资料来源：《中央广播电台节目表》，成都市档案馆，全宗号0074，目录号0001，案卷号0078。

国民党中央广播电台由于缺少记者和编辑，无力满足自己的新闻播送需求。因此，播送的新闻大多采用中央通讯社及各大日报的稿件。中央通讯社的前身为国民党中央宣传部新闻科，是国民党中央对外发布新闻的公开宣传机构，不仅配有专门编辑和记者在编辑室工作，还有电务室和译电室专门收听和翻译国外的广播，编写和油印人员专门编发电讯广播稿。由于电报"有限于无线电"，因此国民党中央广播电台成立之后，广播又成为其传播新闻的重要工具。"每天午后四点与午后八点两次，事先通知全国各地各机关及报馆，自设收音机接受该社消息，重要军情，一日之内，得播及全国"①。遇战争期间，除了联络前方政治工作人员随时供给消息，还加派随军记者。

国外的新闻来源则分为以下几种：一是花钱订阅的国外广播稿，二是与外国交换的免费广播稿，三是直接翻译德国日本等国家的广播稿。这些广播稿经过抄收并由工作人员翻译、编选、整理之后，编译成中文电码，再播发到全国各地，这就是中央广播电台国际新闻的来源了。②

国民党中央通讯社的广播稿不仅是供国民党中央广播电台播送使用，也会供广播电台编写成对国外发播的国际广播稿。这些广播稿就是中央通讯社的总社编辑部选择当天的重要新闻，抄送编译室，经负责人审阅之后，交给翻译译成英文，再

① 《中央通讯社工作概况》,《中央党务月刊》,1929年第12期,第429页。
② 《中央通讯社组织规程》,《中央党务月刊》,1930年第22期,第1页。

交国际电台广播出去。

由于国民政府初期设备缺乏，因此国民党中央广播电台还担任了国民政府重大活动的现场转播任务。其中最引人注意的是1929年的“奉安大典”[①]。南京中山陵竣工后，国民政府决定用专列迎接孙中山遗体回南京安葬。除了运送人员的专列以外，中央广播电台还装置了“宣传列车”，一路上使用扩音机进行广播。除了播放哀乐以外，还讲解孙中山的生平事迹和三民主义等，沿途停靠了一些重要城市，虽然当时的技术水平还不能进行现场转播，但是转播任务仍然扩大了电台的影响力，加强了民众对于广播的认识。

（三）“利器结网”——中国广播网的形成

中央广播电台成立之后，吴保丰撰写《建设全国广播网计划草案》并提交至国民党行政院会议进行讨论。[②] 在文中，他指出：

考世界各国无线电广播历史，不及二十年，其风起云涌，突飞猛进之象，至是惊人。欧美各国乃至远东之日本苏俄，莫不岌岌焉扩充广播事业。其用途不但供给国内民众教育及娱乐之资，甚且利用之一威胁其邻国，竭尽其挑拨离间造谣生事之能事。旧时至今日，广播之效应，已超乎寻常娱乐之上，而为国际宣传侵略之惟一利器矣。反顾我国，幅员辽阔，人口众多，交通阻梗，民智蔽塞，加以频年国难，民志消沉，团结御辱，复兴民族，实属刻不容缓。在承平之时，广播事业用以辅助教育，提倡高尚娱乐，固为惟一之利器，一旦国家有事，对内则集中意志，共赴国难，对外则宣传正义，博国际之同情，更非借广播不为功。环顾域外强力之大台，有增无减，大有筑成一广播壁垒以保卫吾国之概，造谣煽惑，咄咄逼人，形势严重，未可轻视。中央虽有七十五千瓦之大台，其如孤峙力微，不足抗衡何！[③]

在这样的思想指导下，在抗战之前，除了南京建立的中央广播电台以外，国民政府也在全国一些主要城市建立了一批广播电台。虽然有的省已经有一些民营电台，但这些民营电台“大小杂陈，良莠不齐，各自为政，互相干扰”，皆因中国的广播事业一直缺少“整个计划，规范未备，步骤未定，组织散漫，资源缺乏”。但是这些官办电台在当时分别属于各个地方政府或者党部管辖，从而有利于“确定广播网计

---

① 李晋：《参加奉安大典之后的感想》，《新纪元周报》，1929年第1卷第14期，第2页。

② 赵玉明：《中国广播电视通史》，中国传媒大学出版社2006年版，第22—24页。

③ 吴保丰：《建设全国广播网计划草案》，《无线电》，1937年第四卷第二期，第89页。

划,按步骤整理扩充”。广播网之定则,是划全国为区域,合每区各台而成网,一网之间或网与网间,有相当联络。凡是重要节目,全国各网,或各网各台,得播发同一之节目。① 这种利用广播网进行宣传的手段,团结民心,收效之宏,莫可比拟。吴保丰还谈到建立广播网有如下几个好处:一是各台间可以互换节目,减少征集困难,减省节目费用;二是听众以简单小收音机,得以聆听远地播音;三是便于行政管理,每网总台承中央总台之命,得办理行政技术节目之指导监督,使得整个广播事业之组织,形成一有机体,运行自如,绝无阻碍。

建立广播网的涉及扩充国民党中央广播电台,在国民党中央广播电台扩建的同时,国民政府将全国划分为十个区域,见表 15-3 所列。

**表 15-3　全国广播分区统计表**

| 区　名 | 所在地 | 面积(亩) | 人口(人) | 管辖省 | 射　程 |
|---|---|---|---|---|---|
| 苏浙皖区 | 上海 | 347,313 | 85,470,585 | 江苏、浙江、安徽 | 苏浙冀晋鲁豫赣闽粤皖 |
| 鲁冀热东北区 | 济南 | 1,592,255 | 100,259,602 | 山东河北<br>热河东三省 | 晋鄂皖苏鲁闽察陕豫冀东 |
| 察绥晋蒙区 | 太原 | 2,347,525 | 17,798,345 | 察哈尔、绥远<br>陕西、蒙古 | 苏皖鄂赣湘川<br>陕鲁甘宁晋绥察热 |
| 陕豫鄂赣 | 西安 | 567,837 | 29,737,657 | 陕西、河南、湖北 | 桂湘赣皖鲁晋陕绥宁甘川黔 |
| 宁甘青区 | 兰川 | 1,350,163 | 8,924,643 | 宁夏、甘肃、青海 | 晋豫鄂湘黔康<br>川青甘宁蒙绥察 |
| 闽赣湘区 | 长沙 | 632,142 | 55,869,773 | 福建、江西、湖南 | 浙闽赣粤桂黔<br>川陕晋冀鲁苏皖 |
| 粤桂区 | 广州 | 434,982 | 45,775,020 | 广东、广西 | 皖鄂湘浙闽赣粤桂黔 |
| 川康区 | 成都 | 802,908, | 53,931,456 | 西康、四川 | 陕晋豫鄂湘桂<br>黔滇川康青甘宁 |
| 滇黔区 | 昆明 | 499,520 | 21,037,756 | 云南、贵州 | 粤安南暹罗缅甸<br>滇康川黔鄂湘桂 |
| 新疆西藏区 | 迪化 | 3,044,206 | 8,082,031 | 新疆、西藏 | 蒙古新疆青海 |

资料来源:吴保丰,《建设全国广播网计划草案》,《无线电》1937 年第四卷第二期,第 92 页。

① 吴保丰:《建设全国广播网计划草案》,《无线电》,1937 年第四卷第二期,第 91 页。

在进行分区之后，每一个区下面建立省市地方台：

福州广播电台原本是福建省政府1933年筹建的，后来被第十九路军组建的“中华共和国人民革命政府”使用，十九路军撤离之后，国民党中央广播事业管理处将之接管，定名为福州广播电台，呼号XGOL，使用福州话、厦门话和国语轮流进行广播。①

河北广播电台设在北平，1934年开始广播，呼号XGOT，发射功率有500瓦。1935年，电台转移至西安，建立西安广播电台，呼号XGOB，功率不变。

南昌广播电台是由国民党政府驻洛阳办事处组建，后来交给江西省政府管理，呼号XGOC。②

汉口广播电台1934年开播，发射功率达到5000瓦，呼号XGOW，这是全国第二大的广播电台。以上这些电台都是属于中央广播事业管理处管辖。

北平广播电台，1927年9月1日成立，原来由东北无线电长途电话监督处创办，并商请旧的交通部转饬北平电话局协助进行。最早的电力仅仅有20瓦特，后改装50瓦特播音机扩大覆盖力。由于北平多次被不同的派系势力占据，电台先后被阎锡山、张学良和平津卫戍司令部管辖，最后电台在1932年1月由交通部派员收回，并归上海交通部国际电信局管辖，呼号XGOP，发射功率扩建至300瓦。③

上海广播电台是上海外商美灵登电台被上海电信局收编之后改建而来，1935年开播，呼号XQHC，发射功率达到2000瓦，这是上海第一个官办电台，同样受交通部管辖。除了这座电台以外，上海市政府还开办了上海市政府广播电台，1936年3月8日开播，呼号XGOI，功率500瓦。这两座电台构成了上海地区的官办电台。④

上海市政府广播电台外景和上海市政府广播电台之播音机如图15-3、15-4所示。⑤

---

① 《福州广播电台成立》，《福建省政府公报》，1933年第2卷第34期，第23页。

② 《广播电台成立经过》，《江西省政府公报》，1931年第32期，第18页。

③ 《北平广播电台电台概况》，《无线电问答汇刊》，1932年10月10日，广播特刊，第337页。

④ 《市府广播无限电台装竣》，《中国无线电》，1935年9月5日，第17期，第797页。

⑤ 《上海市政府广播电台》，《中国无线电》，1935年第3卷，第20期，第926页。

图 15-3　上海市政府广播电台外景

图 15-4　上海市政府广播电台之播音机

四川地区也有一座交通部筹建的电台——成都广播电台，1936 年开播，呼号 XGOG，发射功率 1000 瓦。重庆广播电台则是四川善后督办公署成立的，呼号 XGOS，发射功率 1000 瓦。

浙江广播电台成立于 1928 年，浙江省政府鉴于浙江省各县交通不便，为了使消息及政令及时传达，设立浙江省广播电台，呼号 XGY，最初功率仅 250 瓦特，至 1931 年发射功率增加到 2000 瓦。[①]

云南无线电局广播电台由云南省政府成立，发射功率 250 瓦，呼号 XGOY；山东省政府建立了山东省会广播电台，呼号 XOST；山西省政府则建立了太原广播电台，呼号 XGOT；广西省政府建立了南宁广播电台，呼号 XGOZ；湖南省政府成立了湖南省广播无线电台，呼号 XGOH；河南省政府建立了河南广播电台，呼号 XGOX；江苏省政府建立了镇江广播电台，呼号 XGOZ；广州市政府建立了广州市广播电台，呼号 XGOK。[②]

以上这些地方政府建立的电台都建立在省会都市或者人口殷实的城市，在商业和交通上，都占有相当的重要性，但共同特点是电台功率都不大，从 200 瓦到 1000 瓦不等，节目内容都以当地方言和国语播出的娱乐和新闻节目为主，每日编排与国民党中央广播电台类似[③]，大致有政治概要、通令、军事常识、公民常识、儿

① 《浙江省广播电台成立经过》，《浙江省政府公报》，1931 年第 321 期，第 38 页。

② 以上各电台成立情况均参考自《全国无线电台建成经过》，《无线电问答汇刊》1932 年第 19 期，第 32—36 页。

③ 《江西省广播无线电台播音节目表》，《江西省政府公报》，1935 年 12 月 4 日，第 363 期，第 14 页。

童教育、科学常识、家庭常识、法律常识、国语唱片、卫生及农林常识、体育及经济常识、气象、新闻、演讲等诸多与中央广播电台编排类似的节目。节目的来源多数为党政机关和省政府下属各厅。[①] 新闻则是转播国民党中央广播电台的新闻内容，虽然电台功率不大，但都是针对地方的民众所编排，因而针对性比较强。

## 第二节 “大迁移”——国民党中央广播事业的转移与再发展

全面抗战时期，作为声音的广播电台发挥了巨大的作用，国民政府亦充分地认识到这一点，充分发掘广播的对内对外政治宣传功能，使其在社会动员中发挥了重要作用。

### 一、“复兴”——国民党中央广播电台的再建

1938 年 3 月 10 日，国民党中央广播电台在国民党中央党部新址——重庆上清寺聚兴村 6 号，用呼号 XGOA 恢复播音，频率 1400 千赫，功率 10 千瓦，台长由吴道一兼任。同时，重庆广播电台被撤销。[②] 经过多次扩招，此时国民党中央广播电台人数达到两百零五人，其中国民党中央音乐组人数大概有二十多人，而负责节目内容方面的则有六十七人，余下的人员仍然是按照国民党中央广播电台之前的建制，分为四个组，负责管理、机件修理等工作。[③]

新建的广播大厦由于坚固、抗空袭能力强，设备又齐全，成为各种政治和文化活动的集会场所，不仅召开各种科学年会[④]、晚会[⑤]、音乐会[⑥]等，还由于各方政治、文化人物都来此处，因而成为一个风云际会的场所。国民党中央广播电台在抗战前期的节目多是主张团结抗日、共御外辱，不仅每天播送爱国歌曲，如《义勇军进行曲》等，在名人演讲栏目中，还曾经多次邀请中共代表、抗日将领、国民党的抗战派、

---

① 《订定本省广播无线电台播音节目表及稿件供给表》，《江西省政府训令》，1935 年 12 月，第 11169 号。

② 重庆市地方志编纂委员会总编辑室：《重庆大事记》，科学技术文献出版社重庆分社 1989 年版，第 161 页。

③ 《中央广播电台组织条例》，重庆市档案馆，全宗号 0053，目录号 28，案卷号 41。

④ 《电机工程师渝区会开幕》，《大公报》，1944 年 6 月 4 日。

⑤ 《纪念音乐节音乐界昨天盛会》，《大公报》，1944 年 4 月 6 日。

⑥ 《中外音乐会邀请函》，重庆市档案馆，全宗号 0053，目录号 28，案卷号 40。

爱国人士和国际友人到电台讲演，如周恩来、郭沫若、黄炎培、李济深、沈钧儒等都曾到国民党中央广播电台进行广播讲演，内容多是号召抗战，呼吁团结。[①] 1939年，周恩来到国民党中央广播电台做《二期抗战的重心》的播讲，讲述日军可能的进攻路线，阐明共产党的主张，分析当前的抗战形势，号召全国团结进行持久抗战，很快就在全国产生了巨大的影响。[②] 大凡到达重庆的各地重要官员，也常常到国民党中央广播电台发表讲话。与此同时，在国民党中央广播电台的主流声音里面，抗战再一次成为被经常提起的词汇。与此相应的广播节目也有了一些新的特点。

### (一)演讲类节目中民众动员的比重明显增强

与之前国民政府试图安抚民众的论调不同，此时电台中的论调明显更加飞扬激昂。对于意志动员和军事动员的准备被提上了议程，比如重庆正式定名为“陪都”之后，各方要人纷纷发表广播讲话称“设立陪都就是表明抗战到底的决心”，“重庆现在是抗战的司令台和神经中枢，地位重要”[③]。重庆市市长吴国桢也发表以《建设新重庆》为题目的广播演讲，他讲道：“历史上秦汉两个帝国都是发源于四川，秦得巴蜀，日臻富强，汉朝兴起，先定巴蜀。”“四川为民族复兴之根据地，重庆会巴蜀之众水，控瞿塘之上有，襟带湘鄂，战时蔚成军事政治经济之枢纽。”“这是重庆市和重庆市民的光荣，凡我重庆市民，自当格外奋勉，努力增强抗战力量，争取抗战最后胜利。”[④]

当日寇南进之时，吴仁初在国民党中央广播电台发表讲话分析“日寇为什么要南进”“南进后与英美之冲突”“日军南进是自杀之路”等，并称“德国与英决战已经不可避免，而日军南进，则是为了牵制美国力量”，而美国则势必进一步支援中国抗战，故而“假如日本不畏惧第三国冲突，今年仍然是个胜利年，如果发生冲突，今年就更是个胜利年”[⑤]。

### (二)与抗战相关的文艺节目开始成为主流

抗战时期歌曲节目中的爱国歌曲开始取代传统的小调、弹词。这些曲调激越，容易让民众感同身受的抗战歌曲在广播中成为重要的民族主义象征。除了一些已有的

---

① 郭沫若：《二期抗战的形势》，《民族公论》，1939年第2卷第4期，第492页。

② 周恩来：《二期抗战的重心》，《广播周报》，1939年第174期，第42页。

③ 中国第二历史档案馆：《重庆各界庆祝重庆陪都建立筹委会关于庆祝重庆陪都建立宣传大纲》，《中华民国档案资料汇编·第五辑第二编·政治(1)》，江苏古籍出版社1996年版，第9页。

④ 吴国桢：《建设新重庆》，《新运导报》1940年9月第33期，第34页。

⑤ 吴仁初：《日寇南进与我国抗战》，《广播周报》，1941年第196期，第36页。

传唱甚广的救亡歌曲，如《大刀进行曲》《救国军歌》《热血》《为国而死》《战歌》等，还有一些充满乡土色彩的歌曲，也十分容易唤起听众的共鸣。如具有浓厚的东北乡土韵味的《九一八小调》，以其悲怆的声调、激昂的歌词而获得广泛传唱，其中唱道：

高粱叶子青又青，九月十八来了日本兵，先占火药库，后占北大营，杀人放火真是凶，杀人放火真是凶！[①]

冯玉祥还曾经从手枪连挑选士兵到广播电台进行抗战宣传演唱。

（三）募捐类节目在广播中多次出现

在此期间，国民党中央广播电台出现了一个新的栏目，即面向听众开始进行募捐物资动员。这类栏目最开始是战前针对受灾地区等进行募捐，号召民众捐出一天的所得，称之为爱国一日捐。如 1935 年二月黄河再发水灾，受灾面积甚广，国民党中央广播电台在电台中播出受灾情况后，向听众募集物资和钱粮。仅在一周之内就收到赈款二百三十六大洋、金圆五元、棉衣和粮食若干。所有钱粮由中央广播管理处代收，本来只预计募集一周，结果听众的热情大出意料，均要求延长募捐时间。捐出钱物的听众不仅仅有个人听众，还有华新纱厂、中小学等团体。[②]

## 二、“中国之声”——国际广播电台的创办

国民政府重视广播的国际舆论动员功能，因此国民党在国际广播电台筹办上颇费心力。

（一）“短波大电台”——国际广播电台的筹办及特色

早在 1934 年，国民党中央广播事业管理处就“议设强力短波广播电台，定向放射于欧美各国”，“深感先进各国，莫不重视广播”，因此将广播“列为国防要素”，作为“国际宣传之喉舌”[③]，宣传国民党及其政府的对外政策和“民主政治”。短波广播因为其播送区域广泛性和普遍性的优势而得到国民政府有识人士的日益重视。且国民党中央广播电台过去的中波广播的播音在夏天的时候屡屡收到听众来信称“电波衰落，很难清晰收听”。因此，建立放送功率大、覆盖面广的短波电台刻不容缓。张向勉称：“我国对于短波广播，似乎未加注意，国营的尚未举办，民营的是绝

① 《九一八小调》，《广播周报》第 169 期，第 24 页。
② 《本处经收听众水灾赈款报告》，《广播周报》，1935 年第 75 期，第 57 页。
③ 《中央短波广播电台筹备经过》，《广播周报》1939 年第 162 期，第 13 到 14 页。

对不许”,然而“短波的最大好处,在以微小的电力,能获得广大的服务区域”。

(二)“面向世界”——国际广播电台的节目特色

国际广播电台的播音语种和时间,随着国民党当局所提供的经费、人员、设备等条件而定。1939年开播的时候,仅仅用9种语言,到了1941年增至17种语言播音。一类是本国语,有国语(普通话)、粤语、闽语、客家语、沪语等;另一类是外国语,有英语、法语、德语、俄语、日语、荷兰语、印度语、缅甸语、越南语、西班牙语、马来西亚语、朝鲜语等。在这些语种中,经常使用的是国语、粤语、英语播音;其他语种每天播音各约半小时。全台各语种每天播音一般有12小时,最长达16小时。为了适应不同地区的收音状况,国际广播电台根据不同地区的时差,制定了不同的天线,以不同的波长、频率,定向或者不定向发射,对不同国家和地区定时广播。此外,国际广播电台每晚也要转播国民党中央广播电台国语新闻节目30分钟,而国际广播电台21时英语新闻节目,也要求国内各地的广播电台转播。①

国际广播电台的节目,以新闻为基础,辅以时事演讲和各国音乐。其中,新闻几乎全部采用国民党中央社电讯稿和《中央日报》刊登的新闻、评论以及中宣部国际宣传处和美国新闻处提供的稿件。国际广播电台每晚还有对美新闻纪录节目,由旧金山专门机构收录转播。②

## 三、广播与舆论

1939年,曹立瀛在《战时舆论与政治》一文中表述了舆论与政治之间的关系:

> 近来,中国舆论界显示着新的动向。政府历来的政策,无论训政约法中怎样规定着为言论自由,是恐惧着舆论、压抑舆论的,于是北伐成功以后,有识之士每每感到民意的消沉。东北事变以来,消沉的民众燃烧了民族之火,舆论随着火焰而上升。一方面政府当局感到民众动员的切要,在扩大宣传的过程中推动了舆论界;另一方面公众舆论的勃兴,形成一种社会力量,不是政府当局所能绝对统制的。③

由此可以看出,如果政党能够引导舆论的形成,势必能够在民众之中形成有利于自身的言论环境,同时还能引导民众关注民族危机,并为解决此危机而服从政党

① 《转播国际广播电台英语新闻节目》,重庆市档案馆,全宗号0004,目录号0001,案卷号0058。

② 《国际广播电台对美播音效果》,重庆市档案馆,全宗号0053,目录号0002,案卷号0558。

③ 曹立瀛:《战时舆论与政治》,《国是公论》,1939年第3期,第1页。

的领导。①

在梳理国民党中央广播电台的节目演变过程中，可以很容易看出其对舆论的影响和引导作用。1934年，国民党中央宣传部召开的新闻检查工作会议上，北平和天津的新闻检查所便提出“中央的新闻政策应采取更加积极的态度”，有关于国家民族事件，“尤应该将事变经过与历史背景，一一介绍于国人之前，积极的俾国人详加研究而善谋处理，消极的亦得认识真相而免于猜惑”②。对于相关提议，国民党中央宣传部予以通过，并决定呈请中央采取更加积极的舆论引导手段。这样的政策变化也反映在广播讲话之中。蒋介石在1936年的广播讲话中更是明确提出了要利用舆论激发民族主义，全国的广播电台均转播了此次讲话，民众借此利器而“恍若与中国政治领袖相聚一室”。他在广播中说道：

> 夫国家之统一，要在人民有统一之意识，有统一之见解与决心。此种统一心理之建设，最有效之工具，一为新闻事业。战后新兴诸国，民族主义推行不遗余力，于此一工具莫不充分利用，作有效之控制。然新闻事业，在鼓励民族感情方面，其力量不若无线电。盖以文字与人民相见，不如以语言与人民交通也。且中国人识字者不多，交通不便利，藉（借）报纸传播一种意见与命令，不能立刻达到全中国各隅。无线电不受时间及空间之限制，一语既出，举国可闻，喜怒悲欢，均可以因演说者之作用，而引起听众之直接反应。中国领土广大，人民思想及意见，参差不齐，使人民知有关国家与政府，使人民知为国工作之途径，则伺候无线电广播，当更积极发挥其效能，以建设统一之国民心理，坚强之民族意识。③

总的来说，抗战前后的广播节目展现出曲折的社会主体性，广播节目的形式在丰富，广播内容在不停转变。一方面是适应社会的时代性需要，国民政府力求从广播中注入国家意志、符合其需求的价值观念和充满民族情感的表达；另一方面，广播电台的播出内容也是国民政府不断调适其与民众和社会舆论关系的结果。

---

① 格雷姆·特纳：《普通人与媒介——民众化转向》，北京大学出版社2011年版，第68—90页。

② 《国民党中央宣传部召开的新闻检查工作会议录》。

③ 蒋中正：《广播事业与中国统一》，《广播周报》，1936年第68期，第55页。

## 第三节　抗战胜利及解放战争时期广播事业的演进与转向

作为新闻事业的广播与报刊一样，随着战局的变动而格局重构，一方面是国民政府宣传部门对广播事业重新布局，另一方面是中国共产党广播新闻事业的发展。

### 一、抗战后国民党对敌伪广播接收及国统区的广播业

国民党官办广播电台在抗日战争胜利后发展迅猛。国民政府中央广播事业指导委员会在日本投降后即紧急部署对敌伪广播电台的接收事宜，分派接收专员对华中、华北、东北、台湾四区的敌伪广播电台进行接管。抗日战争胜利之前，据1944年2月统计，在国统区，国民党的官办广播电台有16家。抗日战争胜利后，国民党官办广播电台尤其是隶属于国民党中央广播事业管理处的广播电台日益增多，据1946年12月统计，隶属于国民党中央广播事业管理处的广播电台已多达39家。至1947年4月时，国民党中央广播事业管理处所直辖的广播电台分布于全国多省，电台总数为41家，共有发射机81部，共有职员1500多人，见表15-4所列。

**表15-4　国民党中央广播事业管理处所属广播电台概况统计表(1947年4月21日)[①]**

| 台　别 | 台　址 | 发射机部数(部) | 电力总数(千瓦) | 员工人数 | |
|---|---|---|---|---|---|
| | | | | 职员 | 工友 |
| 中央台 | 南京 | 3 | 19.5 | 139 | 23 |
| 上海台 | 上海 | 5 | 16.25 | 83 | 29 |
| 江苏台 | 镇江 | 1 | 1 | 12 | 5 |
| 浙江台 | 杭州 | 3 | 0.98 | 21 | 10 |
| 徐州台 | 徐州 | 1 | 0.05 | 16 | 6 |
| 福建台 | 福州 | 2 | 0.45 | 21 | 10 |
| 厦门台 | 厦门 | 3 | 0.74 | 13 | 6 |
| 江西台 | 南昌 | 1 | 3 | 35 | 12 |
| 台湾台 | 台北 | 3 | 113 | 130 | 40 |

① 本表据以下资料制成：中国第二历史档案馆：《中华民国史档案资料汇编·第五辑第三编(文化)》，江苏古籍出版社1999年版，第159—161页。

（续表）

| 台　别 | 台　址 | 发射机部数(部) | 电力总数(千瓦) | 员工人数 | |
|---|---|---|---|---|---|
| | | | | 职员 | 工友 |
| 台南台 | 台南 | 1 | 1 | 30 | 9 |
| 台中台 | 台中 | 1 | 1 | 30 | 9 |
| 嘉义台 | 嘉义 | 1 | 0.5 | 13 | 6 |
| 花莲台 | 花莲港 | 1 | 0.05 | 12 | 6 |
| 高雄台 | 高雄 | 1 | 1 | — | — |
| 台东台 | 台东 | 1 | 0.1 | — | — |
| 广州台 | 广州 | 3 | 2.2 | 31 | 13 |
| 国际台 | 重庆 | 3 | 46 | 104 | 90 |
| 昆明台 | 昆明 | 2 | 51.5 | 47 | 45 |
| 贵州台 | 贵阳 | 2 | 15 | 38 | 15 |
| 长春台 | 长春 | 2 | 10.05 | 129 | 25 |
| 沈阳台 | 沈阳 | 2 | 2 | 54 | 19 |
| 吉林台 | 吉林 | 1 | 0.05 | 20 | — |
| 锦州台 | 锦州 | 1 | 0.1 | 20 | — |
| 安东台 | 安东 | 1 | 0.1 | 1 | — |
| 北平台 | 北平 | 5 | 111.1 | 143 | 80 |
| 天津台 | 天津 | 3 | 0.7 | 76 | 31 |
| 山东台 | 济南 | 2 | 1.1 | 27 | 8 |
| 青岛台 | 青岛 | 2 | 0.6 | 38 | 7 |
| 张家口台 | 张家口 | 2 | 0.515 | 27 | 10 |
| 河北台 | 保定 | 2 | 0.12 | 17 | 4 |
| 石门台 | 石家庄 | 2 | 0.15 | 15 | 4 |
| 唐山台 | 唐山 | 2 | 0.15 | 17 | 5 |
| 汉口台 | 汉口 | 3 | 11.2 | 47 | 16 |
| 湖南台 | 长沙 | 1 | 1 | 23 | 8 |
| 河南台 | 开封 | 2 | 0.55 | 16 | 6 |
| 甘肃台 | 兰州 | 3 | 11.1 | 41 | 24 |
| 归绥台 | 归绥 | 1 | 0.5 | 20 | 6 |
| 包头台 | 包头 | 1 | 0.5 | 15 | 4 |

（续表）

| 台 别 | 台 址 | 发射机部数(部) | 电力总数(千瓦) | 员工人数 | |
|---|---|---|---|---|---|
| | | | | 职员 | 工友 |
| 陕西台 | 西安 | 2 | 0.54 | 16 | 10 |
| 山西台 | 太原 | 2 | 0.6 | 25 | 9 |
| 大同台 | 大同 | 1 | 0.5 | 17 | 4 |
| 总计 | 41 | 81 | 426.545 | 1579 | 614 |

（一）对国统区敌伪广播事业的接收改造

1945年8月15日，日本天皇裕仁通过日本东京广播电台向全世界宣读了《停战诏书》，这标志着中国人民抗日战争暨世界反法西斯战争取得了伟大胜利。面对突如其来的胜利，国民党中央广播事业管理处紧急拟定"派员接收敌伪所办广播电台及其附属设备"等措施仓促应对，之后通过广播电台通令敌伪电台员工"努力保护机件，听候接收"①。国民党中央广播事业管理处拟定《广播复员紧急措施办法》，企图独占日伪广播事业。

9月，国民党政府行政院公布《管理收复区报纸通讯社杂志电影广播事业暂行办法》，规定："敌伪机关或私人经营之报纸、通讯社、杂志及电影制片厂、广播事业一律查封，其财产由宣传部(按：国民党的"中央宣传部")会同当地政府接收管理。但其中原属未附逆之私人及非敌国人民财产而由敌伪占用者，经查明确实，并经中央核准后得予归还。"②随后行政院的"收复区全国性事业接收委员会"又拟定了《广播事业接收三原则》，其内容为："一、凡广播电台原系国营或敌伪设立者，由中央广播事业管理处接管运用；二、凡广播电台原系省(市)经营者，由各该省(市)政府接管运用；三、凡广播电台原系民营者，暂由中央广播事业管理处会同原主接收。"③

国民党政府在抗争胜利后发布接收政策和选派"接收"专员赶赴收复区，采用不同方式将各地敌伪广播事业加以接收改造。

在东北地区，伪满洲国设立的25座日伪广播电台由苏联红军撤出中国时移交国民党当局接管。在华北地区，国民党当局接收了伪北平中央电台和天津、唐山、

① 温世光：《中国广播电视发展史》，中国台北三民书局出版社1983年版，第68页。

② 中国第二历史档案馆：《中华民国史档案资料汇编·第五辑第三编·文化》，档案出版社1999年版，第1—2页。

③ 转引自方汉奇、宁树藩：《中国新闻事业通史》(第二卷)，中国人民大学出版社1996年版，第729页。

济南、石家庄、开封、保定、青岛、运城、太原和北戴河、大同、绥远、包头等地的日伪广播电台。在华中、华南地区，对广州、汉口两处的日伪广播电台进行了接收改造。在华东地区，对南京的日伪广播电台进行接收，将其改造为中央广播事业管理处南京广播电台，并接收了上海、苏州、杭州、徐州以及厦门和台湾等地的一批日伪广播电台，这些广播电台基本上被接收改造为国民党官办广播电台。

根据1946年9月1日《广播周报》复刊第1期，中央广播事业管理处吴道一处长在1946年5月5日胜利还都南京时所做报告记载，从1945年8月27日起至1946年5月5日止，国民党的中央广播事业管理处共接收了日伪广播电台21座，大小广播发射机41部，总发射电力大约为274千瓦。[①] 抗战胜利后，国民党当局相继恢复了被战火摧毁的广播电台，并对日伪广播电台进行接收改造。国民党当局对日伪广播事业进行抢收、抢占，甚至“劫收”，为的是不断增加统治区内总广播电台的发射电力和电台发射基地，在有限的新闻宣传阵地上占得先机，最终为控制战后的国内舆论，抢夺话语权做提前谋划。

（二）国民党还都南京建立全国广播网

1946年5月5日，国民党政府还都南京，同时，国民党中央广播台和中央事业管理处也从战时首都重庆迁往南京发展。加上国民党接收的敌伪广播事业，如此便使国民党官办广播事业较战时又得到扩充。同时在建国方针的指导下，中央广播事业管理处正在积极筹建“庞大而周密的全国广播网”。

胜利还都后，国民党当局将广播事业的发展提上了建国的议事日程，意使广播事业配合建国方针的展开，将改进和扩充广播事业作为中央广播事业管理处当前的工作目标。

首先，提出了建立所谓外联友邦、内固民心的“庞大而周密的全国广播网”的计划。具体实施计划为：在南京设立中央总台，在上海、福州、广州、昆明、拉萨、迪化、重庆、长春、北平、汉口、兰州、归绥这12个区域中心分别设立1座电台，另外在各省会城市、港口以及其他商业繁盛地区广设分台，形成总台、区台、分台分工合作、相互连接的作用。目标是建立55座广播电台，完成后全国广播总发射功率能够达到225万7500瓦特，超过战前电力的100倍，使广播的声音能够触及全国各个地区。

其次，广播机和收音机二者相互结合，方能使广播事业达到应有的功效，在全国

---

① 吴道一：《胜利还都与我国广播事业》，《广播周报》复刊第1期，国民党中央广播事业管理处编印，1946年9月1日，第3—4页。

各地增加的收音机应放在重要位置。蒋介石在所著的《中国之命运》一书中提到，要在全国各地广设收音机1800万架，促使每家每户即便是偏远地区也能收听到广播。

再次，为了辅助广播事业网的建立，国民党中央广播事业管理处还拟定了增加有线电广播、设置公共演讲机等配套设备和制造录音片的计划。

最后，在人才扩充方面，计划大量训练广播技术员和播音员等专业人才；在推进服务上，训练收音机修理员；在节目内容上，加强广播、收音方面的专业学术研究，以优化收音的服务体系。[①]

国民党当局还都南京后，之所以提出大力发展广播事业，一则抗战期间广播作为继海、陆、空之外的"第四战线"发挥着巨大的鼓舞人心、舆论动员的作用，可谓是对外敌作战的利器，应受重视；二则对国内来说，抗战胜利后国民党当局相当重视广播事业，目的是进一步用广播传播普及知识、宣传教化民众、控制国内舆论，稳固并促进国内政治、经济、文化的发展。大众传媒是一种权力资源，也是话语力量的增效器，是可以有力地影响、操纵并变革社会的手段，是现代国家形塑社会生活意象形态的主要方式。[②] 广播作为当时先进的大众媒介之一，国民党当局以国家的名义增设广播发射机、增加收音机、优化广播播音服务，试图促进广播事业的全面发展，并影响此时的政治、经济、文化及民众的日常生活。

同时，为了提高广播事业推进的效率，实现广播普遍化，国民党中央广播事业管理处毫不犹豫地将历史悠久的《广播周报》在1946年9月1日复刊，同时为了方便读者阅读将发行时间定于每周日出版。[③] 广播具有不受空间限制、传播面广泛、传播快捷的优点，不可避免的是播音内容的易逝性、极难保存、稍纵即逝的短处，因此国民党中央广播事业管理处复刊《广播周报》进一步将声音文本转化为纸质文本，以备民众随时查看并及时收听各地广播电台的播音节目，充分发挥广播与听众的联动效应。

## 二、中国共产党领导的人民广播事业在解放区发展

广播事业在中国共产党革命进程中发挥了重要作用。

---

① 吴道一:《胜利还都与我国广播事业》,《广播周报》复刊第1期，国民党中央广播事业管理处编印，1946年9月1日，第3—4页。

② Denis Mcquail, *Mass Communication Theory*. New York: Sage Publications, 1994。

③ 《纪念复刊一百期》,《广播周报》,复刊第100期，国民党中央广播事业管理处编印，1948年8月15日出版，第3页。

(一)延安新华广播电台在抗战的胜利声中恢复播音

1940 年，延安新华广播电台在延安西北部的偏远小村庄王皮湾村建立，呼号 XNCR。它的创建历经波折。在这之前，国民党反动派和日本侵略者的一再阻挠，使得广播发射机一直无法被运送进陕甘宁边区。直到 1939 年的冬天，核心硬件的缺失问题出现转机。周恩来因治疗受伤的右臂，前往莫斯科。在与当时的共产国际领导人季米特洛夫商谈之后，共产国际决定赠送中共一部广播发射机。入境后，辗转各地，又经过与国民党当局的交涉，最终顺利抵达延安。[①] 此后，又经过半年多的尝试，这部广播发射机才改装成功。1940 年 12 月 30 日，延安新华广播电台开始播音。但是由于王皮湾村的设备过于简陋，严重影响广播的音质和音效。1943 年，广播发射机的内部零件损坏，延安新华广播电台被迫停止播音。

在抗日战争即将迎来胜利之际，延安新华广播电台恢复播音。1945 年 8 月下旬，周恩来起草了七道命令，后经毛泽东修改签发，以朱德总司令名义进行发布。这七道命令"要求我军各部向一切敌占交通要道开展积极进攻，迫使日伪军投降。其中第七道命令特别提出要控制无线电机关"[②]。延安新华广播电台对这七道命令进行多次播报。1946 年 6 月底，国民党撕毁当年 1 月签订的停战协定，对解放区发起全面进攻。为了有备无患，保证人民广播的主要宣传力量不中断，1946 年的冬天，延安东北部瓦窑堡的一间小庙里筹建了一家战备广播电台。[③] 1947 年 3 月，蒋介石将全面进攻转为重点进攻，陕甘宁边区是其重点进攻的方向之一。1947 年 3 月 13 日，胡宗南整编军队向延安发起进攻，近百架飞机对延安狂轰滥炸。延安广播电台在这样艰难的环境中秘密转移到瓦窑堡，人民广播的声音在战火中传播至各地。3 月 21 日起，延安新华广播电台更名为陕北新华广播电台。1948 年 5 月 23 日，陕北新华广播电台转移至河北平山县播音。1949 年 3 月 24 日，陕北新华广播电台迁移至北平，第二天以北平新华广播电台呼号开始播音。9 月 27 日，陕北新华广播电台更名为北京新华广播电台。12 月 5 日，北京新华广播电台又更名为中央人民广播电台。

(二)各地人民广播电台在革命的胜利中壮大发展

1945 年 8 月中旬，延安新华广播电台在抗日战争胜利之际恢复播音，8 月 20

---

① 北京广播学院新闻系：《中国人民广播回忆录》，中国广播电视出版社 1986 年版，第 22 页。
② 北京广播学院新闻系：《中国人民广播回忆录》，中国广播电视出版社 1986 年版，第 23 页。
③ 北京广播学院新闻系：《中国人民广播回忆录》，中国广播电视出版社 1986 年版，第 6 页。

日，东北解放区的第一座广播电台——哈尔滨广播电台开始播音。此后，张家口和东北地区陆续办起一批人民广播电台。东北地区的原日伪广播电台大部分为苏军接管，其中部分广播电台又先后移交中国共产党领导下的人民军队接办。[①]

1948 年 3 月，解放区广播事业经过两年多发展，先后建立的广播电台有十家。关内三家：陕北、邯郸、晋察冀；东北七家：西满（在齐齐哈尔）、东北（在佳木斯）、延吉、临江、哈尔滨、安东、牡丹江。[②] 1948 年春，陕北新华广播电台迁进平山县西柏坡附近，东北、华东、西北解放区也相继建立起本地区的中心广播电台，解放区的广播事业进入了新的发展时期。同年 11 月，《新华总社关于应注意陕北台记录新闻的意见》指出："东北总分社转东北广播台，太行分社转邯郸台，华东总分社即转华东广播电台、济南台：各线胜利接踵而来，你们应注意陕北台每日记录新闻，记下各种战报，在当日重要新闻中播出。陕北台对蒋军讲话中重要稿件……为使你们能够预先明白那些稿件翌日作记录播出，我们在当夜播送蒋军节目时即在开头加上'请东北、邯郸、华东各台注意速记'一句，作为暗号，每逢有此句出现，该稿翌日必作记录，请你们注意。"[③]解放区的广播事业是在条件极其艰苦的环境下建设起来的，其中有多处都是在物质条件极其匮乏的乡村兴建，但播音的电源和设备等却都是最新的设备。解放区广播事业作为新兴事业，担负着报道解放军胜利的战况、解放区人民建设发展动态及成绩，以及瓦解蒋介石军队等重要工作。

解放战争进入战略决战阶段，人民广播事业也获得空前发展。1949 年 3 月 1 日，解放区已有 24 座广播电台，其中华北 4 座、东北 15 座、华东 3 座、西北 1 座、中原 1 座。1949 年 6 月 5 日，中共中央决定将原属新华总社的口语广播部扩充为中央广播事业管理处，统一管理和领导全国广播事业。至 7 月，中央广播事业管理处所属广播电台增至 34 处，截至 1949 年 9 月中华人民共和国成立之前，先后建立人民广播电台 46 座。解放区人民广播电台概况见表 15 - 5 所列。

---

① 赵玉明：《中国现代广播史料选编》，汕头大学出版社 2007 年版，第 408 页。

② 北京广播学院新闻系：《中国广播史料选辑（第五辑）》（内部资料），1982 年版，第 42 页。

③ 中央人民广播电台研究室、北京广播学院电台新闻系：《解放区广播历史资料选编（1940—1949）》，中国广播电视出版社 1985 年版，第 39 页。

表15-5　解放区人民广播电台概况统计表（1940年底—1949年9月）①

| 地　区 | 广播电台数量（座） | 广播电台名称 |
| --- | --- | --- |
| 中央台 | 1 | 延安新华广播电台 |
| 华北解放区（包括原晋察冀、晋察冀鲁豫解放区） | 9 | 张家口新华广播电台、邯郸新华广播电台、张家口人民广播电台、唐山新华广播电台、天津新华广播电台、北平新华广播电台、太原新华广播电台、保定人民广播电台、包头人民广播电台 |
| 东北解放区（包括原冀热辽、冀察热辽解放区） | 18 | 东北新华广播电台、哈尔滨新华广播电台、齐齐哈尔新华广播电台、牡丹江新华广播电台、长春新华广播电台、吉林新华广播电台、延吉新华广播电台、通化新华广播电台、四平新华广播电台、沈阳新华广播电台、营口新华广播电台、本溪新华广播电台、鞍山新华广播电台、安东新华广播电台、大连新华广播电台、抚顺人民广播电台、锦州新华广播电台、承德新华广播电台 |
| 华东解放区 | 12 | 华东新华广播电台、济南新华广播电台、徐州新华广播电台、青岛人民广播电台、南通新华广播电台、南京人民广播电台、常州人民广播电台、苏州新华广播电台、无锡人民广播电台、浙江新华广播电台、上海人民广播电台、福州人民广播电台 |
| 华中解放区 | 3 | 中原新华广播电台、汉口人民广播电台、南昌新华广播电台 |
| 西北解放区 | 3 | 西北新华广播电台、兰州人民广播电台、西宁人民广播电台 |

各地广播电台的广播内容很丰富，除了政治、经济、时事、文化、科学、文娱等节目外，并组织了职工、青年、妇女、学生的轮播节目，对于推动群众工作起了一定的作用，播送的形式则有新闻、通讯、评论、演讲、系统讲座、戏剧、音乐、歌曲等，并对许多重要的会议或演讲都做了录音。② 1949年3月5日，毛泽东强调，通讯社报纸

① 《中国广播电视年鉴》编辑委员会：《中国广播电视年鉴1990年》，北京广播学院出版社1990年版，第520—521页。

② 北京广播学院新闻系编：《中国广播史料选辑（第一辑）》（内部资料），1979年版，第45页。

广播电台的工作要围绕着生产建设服务这一中心工作，为这个中心工作服务。解放区广播事业不仅承担人民解放战争的斗争任务，而且肩负新中国建设事业发展的任务。在解放战争后期，各地广播电台亦根据解放区城市发展特点，开设为城市劳动人民服务的广播电台。解放区的广播事业以触达全世界人民为服务目标，大力扩展解放区广播事业。

第一，以全国各大城市为中心，组织庞大的广播网，使中国人民的声音能够传播到全国各个有收音机的角落里去。

第二，组织全国的收听网，现在全解放区大概有二百万架收音机，中国人民除去准备再装配一些收音机外，还准备试验推广有线广播。

第三，培养广播工作的干部。

第四，设置强大电力的国际短波台，将中国人民的声音传播到全世界去。[①]

## 三、1949 年中国共产党的广播政策与广播事业的性质转变

1949 年是中国近现代历史中最为重要的分水岭，广播事业亦是如此。中国共产党改造广播事业与时俱进。

### (一)对新解放城市中旧有广播事业的处理

毛泽东曾在 1949 年 2 月复第二野战军和第三野战军的电报中强调，所有军队干部都必须善于接收、管理城市，要善于管理好报刊、通讯社及广播电台。[②] 在各地陆续解放之后，各地军事管制委员会在着手接收旧有新闻、出版事业的同时，也开始了对旧有广播事业的接管与改造。

#### 1. 对国民党旧有广播事业的没收与接管

平津战役打响之前，为迎接华北地区即将解放的新形势，实现对该区旧有广播事业的有效管理，中共中央宣传部在 1948 年 11 月 19 日就新解放城市广播电台的问题对华北局宣传部发出指示：各解放城市中的广播电台在军事管制期间均由各地军管机关管辖，500 瓦以下 20 瓦以上的小广播电台在被接收后立刻恢复播音；被接管的广播电台的技术人员须查明背景后有选择地录用。[③] 一天后，中共中央

① 中央人民广播电台研究室、北京广播学院电台新闻系：《解放区广播历史资料选编(1940—1949)》，中国广播电视出版社 1985 年版，第 115 页。

② 中央人民广播电台研究室、北京广播学院电台新闻系：《解放区广播历史资料选编(1940—1949)》，中国广播电视出版社 1985 年版，第 46 页。

③ 北京广播学院新闻系：《中国广播史料选辑(第五辑)》(内部资料)，1982 年版，第 243－244 页。

正式发出面向全国各解放区的《中共中央对新解放城市的原广播电台及其人员的政策的决定》，该决定的第一条与第四条详细规定了对待国民党党营广播事业的处理办法：接收国民党政府军队与党部管理的所有广播电台，保留其机器设备及资财；原有的广播从业人员中的广播员、编辑人员一般不任用，旧技术人员则须在查明身份后选择录用。[①] 这些规定基本沿用了中共中央宣传部向华北局宣传部发出的对新解放城市广播电台管理的文件内容，并对其进行了细化，成为1949年处理旧有广播事业的政策指南。

1949年1月15日下午，天津军管会对国民党天津广播电台实行了接管，共接收了4部晶体振荡机以及原有工作人员57人。当天晚上，播音员徐恒以天津新华广播电台的呼号播出了新华社的新年献词——《将革命进行到底》。此后，天津新华广播电台还在新闻类节目之外增加了文艺与服务类节目，如《文化教育》《群众服务》等。两个月后，天津军事管制委员会在经过一番仔细调查之后，接管了三家具有反动背景的广播电台——天津华声广播电台、天津市文化广播电台和青联广播电台。此前，这三家广播电台披着"私营"的外衣，实则为国民党的反革命言论做宣传。天津华声广播电台创办于1946年，虽名义上是私营广播电台，但实际上为国民党国防部保密局的特务所控制，以进行国民党反动宣传为目的。天津市文化广播电台亦于1946年创办，是国民党特务机关中统局经营的一个反动广播电台。青联广播电台则在1947年由国民党军统天津站保密组创办、经营，其实质是一个特务机关。1949年2月时，廖承志在为中共中央宣传部及新华总社起草的复天津市委的电报中明确强调，"凡资本、经营俱属国民党特务，而利用私营或其他面目出现之广播台，一律予以没收"[②]。因此，在落实了这三家广播电台的反动背景后，天津市军事管制委员会对其予以迅速接收，而对于这三家电台中的私人股资的处理则是予以退还。

华北作为全国率先解放的地区，严格执行着中共中央在接管国民党经营的广播机构方面颁布的政策。待到华东地区迎来解放，这些相关政策亦得到了落实。1949年5月27日，上海解放，就在这一天，上海市军管会宣告成立。上海在解放之时还存在着23家具有国民党经营背景的广播电台，上海市军事管制委员会各接管单位派出专职人员对这些广播电台进行了接管。其中，于上海解放当日由上海市

① 中国社会科学院新闻研究所：《中国共产党新闻工作文件汇编·上卷（1921—1949）》，新华出版社1980年版，第194—195页。

② 廖承志文集、传记编辑办公室：《廖承志文集》，人民出版社1990年版，第154页。

军管会文化教育管理委员会接管的原属国民党中央广播事业管理处的上海广播电台改为上海人民广播电台，并在5月27日晚即开始播音。其他22家分别由上海市军事管制委员会政务接管委员会、青年工作委员会、上海市公安局等单位接收[①]，对部分广播电台的机器设备、资财予以没收处理。

在全国陆续解放的其他地区，对具有国民党经营背景的广播机构的接管亦遵循《中共中央对新解放城市的原广播电台及其人员的政策的决定》，只不过在对旧有广播人员的处理政策上，中共中央根据接管过程中的实际情况进行了调整与补充。1948年11月颁布的《中共中央对新解放城市的原广播电台及其人员的政策的决定》对旧有广播员的处理是原则上不录用，然而经过审慎的调查甄别后发现，这些广播员大部分不具有反动背景与倾向，同时他们丰富的播音经验也会有助于发展人民广播事业，所以在1949年9月，中共中央将对旧广播员的处理更改为：对政治方面无反动背景的旧广播员可以录用。

国民党的广播机构是其"喉舌"，他们所从事的广播活动是为其反动言论服务的，如若在各地解放后听任其继续活动，将对中国共产党领导下的人民政权极为不利。采取立即接管的政策，既夺取阻碍全国解放进程的反动势力的武器，又有效吸收了余留的物资设备与富有经验的从业人员，为发展人民广播事业添砖加瓦。

2. 对私营广播事业的改造

各新解放区在解放初始的广播事业由两个部分组成：一是具有国民党经营背景的广播事业；二是私营广播事业。对于私营的以及非全部官僚资本经营的出版机构，中共中央采取的政策是不接管并允其继续营业；然而，由于私营广播机构的构成资本复杂，加之广播作为一个特殊的宣传工具，其传播效果明显有别于报刊及出版，所以中共中央在制定对于私营广播事业的政策时考虑颇多。

在1948年11月的《中共中央对新解放城市的原广播电台及其人员的政策的决定》中，中共中央规定了民营广播机构在刚解放的军事管制期间由各地的军事管制委员会负责处理。对于民营广播机构中确有国民党经营背景的悉数没收，纯属私人经营的则暂允其继续广播活动。为了加强对私营广播电台的广播活动在政治上的正确引导，文件中对广播活动的内容进行了明确的限制——必须转播新华台

---

① 上海市档案馆：《旧中国的上海广播事业》，档案出版社1985年版，第775－776页。

节目且不可有反对人民解放军和人民政府的广播活动。[①] 同时，因短波的有效传播距离最远，为防止可能出现的不当言论、思想向国际传播，所以对私营广播电台中的短波电台予以取缔。1949 年，对私营广播电台的处理规定更加细化。在 1949 年 2 月中旬，中共中央将私人经营的广播电台必须遵守的准则通过文件的形式详细罗列。首先，规定对纯私营的广播电台实行登记制。其次，对广播活动的节目内容规定多为对新闻节目的管控，如要求其对陕北新华广播电台的新闻广播节目进行转播，同时明令禁止播送自制新闻节目。[②] 在其他文艺节目和广播广告方面的限制则稍小，允许纯商业性质的广告存在。

全国其他地区在解放后都由各地军事管制委员会颁布有关私营广播机构的处理办法。上海解放后，上海市军管会在接管具有国民党经营背景的广播电台的同时，以 1948 年 11 月中央的相关广播政策为依据，为处理好上海市的私营广播电台因地制宜，有序地进行着对私营广播电台的处理工作。上海解放前，部分上海市的私营广播电台依旧向听众播出具有封建迷信思想的节目，为了整治这一腐化现象，上海市军事管制委员会于 1949 年 6 月 13 日发布了对上海市私营广播电台的暂时管理条例。条例规定，对重新播音的私营广播电台实行登记制，对每日的节目内容安排须报上海市军事管制委员会审核，同时要求所有私营广播电台在 12 日内将各自的经营情况详细呈上报批。[③] 上海在解放之后共有 23 家私营广播电台，但是其中不乏一些掺杂着国民党官股的广播电台。在上海军管会发出了管理私营广播电台的暂行条例后，仍有一些构成资本复杂的私营广播电台未将其具体背景呈交上海市军事管制委员会。为了彻查这部分私营广播电台的复杂经营背景，同时避免其出现抵触情绪，上海市军事管制委员会文化教育管理委员会新闻出版处通过茶话会的形式将这些私营广播电台的负责人组织起来，从思想上进行引导、教育。上海市军事管制委员会文化教育管理委员会的首长之一范长江在会上强调了对待私营广播电台的基本态度：由于广播这一媒介在传播效果上有别于报纸，对待它原则上是不允许私人经营的；可由于它已经事先存在，所以“人民政府本着‘公私兼顾’的政策，是要予以保护的”[④]。

---

① 中国社会科学院新闻研究所：《中国共产党新闻工作文件汇编·上卷（1921—1949）》，新华出版社 1980 年版，第 196 页。

② 中国社会科学院新闻研究所：《中国共产党新闻工作文件汇编·上卷（1921—1949）》，新华出版社 1980 年版，第 278 页。

③ 北京广播学院新闻系：《中国广播史料选辑（第五辑）》（内部资料），1982 年版，第 246－247 页。

④ 北京广播学院新闻系：《中国广播史料选辑（第五辑）》（内部资料），1982 年版，第 260 页。

私营广播电台因其广播节目贴近生活且富有趣味性，在各地解放前便已经拥有了大批忠实的听众。新成立的各地人民广播电台相比之下缺少相应的贴近城市市民生活的广播节目，所以允许纯私人经营的广播电台继续营业是完全有必要的。通过团结私营广播电台，各地的人民广播电台可以向其取经，学习其优秀广播节目的编排与制作，从而更好地发展属于人民的广播事业。

（二）对人民广播事业的管理

1940年年末，第一座人民广播电台在延安创办。在这之后，各新解放城市成立了多家人民广播电台。随着解放战争的推进，全国各地迎来了解放，中国共产党所领导的人民广播事业迎来了发展的新一轮高潮。在接收了一大批具有国民党经营背景的广播电台的基础上，各地兴建起多座人民广播电台。如何加强对全国各地人民广播电台的领导与管理是中共中央在处理旧有广播事业之外的又一项重要任务。

1. 中央广播事业管理处的成立

从延安新华广播电台开播以来的1940年到1949年9月，全国各地创办的人民广播电台共有46家。这46家人民广播电台分布于东北、华北、华东、华中、西北各解放区，其中东北地区有18家，华北地区有10家，华东地区有12家，华中地区与西北地区各有3家。① 规模日益扩大的人民广播事业急需规划与管理。为此，1949年6月初，中共中央发布关于建立一个管理全国广播事业的领导机构的政策性文件。中共中央决定将新华总社的口头部扩充，在此基础上成立中央广播事业管理处。② 通知规定了该机构与新华总社平级，直接由中共中央宣传部领导，中央广播事业管理处由此确立了其在全国广播事业中的领导地位。

应华东地区解放后的现实需要，中共中央华东局宣传部与上海市委宣传部向中共中央请示成立便于统一管理的华东广播事业管理处。1949年8月，《关于成立华东广播事业管理处的指示》由中央广播事业管理处与中共中央宣传部颁布。该文件对华东广播事业管理处的工作范围进行了明确规定：除对私营广播电台进行改造之外，华东广播事业管理处的主要任务是对人民广播事业的领导与管理。③ 而当前的首要任务则是对上海人民广播电台的广播活动进行管理与规范，使其成为构成上海市民生活的一个重要组成部分。华东广播事业管理处的成立推动了华东地区尤其是上海

① 赵玉明：《中国现代广播史料选编》，汕头大学出版社2007年版，第415页。
② 赵玉明：《中国现代广播史料选编》，汕头大学出版社2007年版，第377页。
③ 北京广播学院新闻系：《中国广播史料选辑（第一辑）》（内部资料），1979年版，第14—15页。

市的广播事业接收与管理工作，为人民广播事业的有序发展做出了重要贡献。

2. 中央广播事业管理处对全国广播事业的管理

在中央广播事业处成立之前，对各新解放区的广播事业管理一律由各地军管会统一进行。中央广播事业处成立后，对私营广播电台的接收工作部分转交至中央广播事业处负责，全国的人民广播事业则由其统一领导。其实早在相关文件发布之前，中央广播事业管理处便已成立，它不仅设有编辑部还设有联络部。[①] 1949年4月至9月期间，中央广播事业管理处已经接管了昆明、太原、杭州等多地的广播电台。据统计，1949年7月，全国直属于中央广播事业管理处管理的广播电台共有34家。这34家人民广播电台有15家位于东北地区，6家位于华北地区，10家位于华东地区，2家位于华中地区，1家位于西北地区。详情见表15－6所列。

**表15－6　中央广播事业管理处所属广播电台概况统计表(1949年7月)[②]**

| 地　区 | 广播电台数量(座) | 广播电台名称 |
|---|---|---|
| 东北 | 15 | 哈尔滨人民广播电台 |
| | | 长春人民广播电台 |
| | | 沈阳人民广播电台 |
| | | 吉林人民广播电台 |
| | | 齐齐哈尔人民广播电台 |
| | | 延吉人民广播电台 |
| | | 牡丹江人民广播电台 |
| | | 鞍山人民广播电台 |
| | | 承德人民广播电台 |
| | | 抚顺人民广播电台 |
| | | 营口人民广播电台 |
| | | 锦州人民广播电台 |
| | | 安东人民广播电台 |
| | | 通化人民广播电台 |
| | | 四平人民广播电台 |

① 温飙：《温济泽百年诞辰纪念文集》，中国社会科学出版社2014年版，第281页。

② 该表格根据以下资料整理：北京广播学院新闻系：《中国广播史料选辑(第五辑)》(内部资料)，1982年版，第62—69页。

（续表）

| 地　区 | 广播电台数量(座) | 广播电台名称 |
|---|---|---|
| 华北 | 6 | 北平新华广播电台 |
| | | 北平人民广播电台 |
| | | 天津人民广播电台 |
| | | 太原人民广播电台 |
| | | 唐山人民广播电台 |
| | | 张家口人民广播电台 |
| 华东 | 10 | 上海人民广播电台 |
| | | 杭州人民广播电台 |
| | | 南京人民广播电台 |
| | | 无锡人民广播电台 |
| | | 徐州人民广播电台 |
| | | 南通人民广播电台 |
| | | 常州人民广播电台 |
| | | 绍兴人民广播电台 |
| | | 青岛人民广播电台 |
| | | 济南人民广播电台 |
| 华中 | 2 | 武汉人民广播电台 |
| | | 南昌人民广播电台 |
| 西北 | 1 | 西安人民广播电台 |

1949 年 6 月底，中央广播事业管理处颁布了《对各地广播电台暂行管理办法》。文件对各地广播电台的名称进行了明确与统一，即“除全国中央台的北平新华台外，各地所设的广播电台一律统称‘某地人民广播电台’”①。自该文件颁布后，各地所设的广播电台的名称统一改为人民广播电台。在中央广播事业管理处与各地人民广播电台的关系上以地域不同划分为两种：只有中央局所在地的广播电台的工作方针与技术、人事配备须请示中央广播事业管理处，其他普通城市的广播电台在这些方面则只须向中央局所在地的广播电台请示即可。此外，该文件还向各地广播电台规定了请示报告制度。这个请示报告制度的内容既包含各地人民

① 北京广播学院新闻系:《中国报刊广播文集(一)》(内部资料)，1980 年版，第 175 页。

广播电台在播音前的基本情况的报告说明，又包含对特殊广播稿件的事先审查。后者具体指对“涉及全国性问题的广播稿件，非经北平新华广播电台或新华通讯社总社已发表者”[①]的事先审查。其实，对于此类广播稿件的事先审查在1949年6月9日《中宣部、中央广播事业管理处关于地方广播稿件审查问题的指示》中已明确提出。渡江战役之后，中共中央决定向全国进军，令第一野战军向西北进发，后又令十八、十九兵团进入陕西攻打国民党胡宗南集团。为了使战略部署顺利进行，这一军事行动应秘而不宣，但是西北广播电台却向外界播送出了这一军事行动的广播。在出现了这样的事件之后，中央广播事业管理处开始重视起对地方广播稿件的审查，提出了“其中特别重要的问题，影响及于全国者，必须事先向中央宣传部或新华总社请示”[②]。所以为了不让此类事件再次发生，中央广播事业管理处后来又在《对各地广播电台暂行管理办法》中进行了明确的规定。

中央广播事业管理处作为领导与管理全国人民广播事业的机构，在成立之后不仅承担起对旧有广播事业的接管与改造工作，还引导各地人民广播事业朝着有序的方向发展。中华人民共和国成立之后，中央广播事业局取代了中央广播事业管理处，后者就此结束了其历史使命。

---

① 北京广播学院新闻系：《中国报刊广播文集(一)》(内部资料)，1980年版，第176页。

② 中国社会科学院新闻研究所：《中国共产党新闻工作文件汇编·上卷(1921—1949)》，新华出版社1980年版，第318页。

# 第十五章

# 战时新闻传播与民营新闻业收缩及新中国新闻事业的曙光

随着抗日战争的全面爆发,国民党不得不放弃"攘外必先安内",转而与中共合作,联合抗日。新闻传播媒介作为呈现战时中国社会镜像的重要载体,与党国体制建构有着密切联系。因此,相关宣传机构亦与时俱进而做出相应改变。从全面抗战爆发到解放战争结束,在"非常态"的战时状态下,国民党经历了从抗战初期的联合抗战,抗战中后期的消极抗战、积极反共及解放战争时期寻求独裁专制统治的三个不同阶段,党国政治架构逐渐强化,国民党新闻制度与政策也由相对宽松转向新闻统制。随着战时新闻版图的迁移与变化,国民党在加强话语统制的过程中建立了庞大的新闻事业网,而在近代中国历史上留下"惊鸿一瞥"的民营新闻业则在内外交困的环境下逐渐走向衰落。

## 第一节　战争时期国民党新闻统制的建立与强化

近代意义上的战争不局限于军事、武力等有形的"硬杀伤"能力的较量,更多地涉及战争双方智慧与谋略等无形的"软杀伤"能力的角逐与比拼。其中,战时用于政治宣传、舆论动员的新闻传播媒介,越来越成为这场没有硝烟的战争中的一支重要力量。国民党从未放弃过对新闻传播媒介的控制,战争时期尤其注重强化新闻统制,加强舆论掌控。

## 一、全面抗战时期国民党新闻统制的逐渐强化

西安事变和平解决之后,国民党开始改变"攘外必先安内"的方略,国共团结合作成为促进国家发展、拯救民族危亡的新途径。随着全面抗战的爆发,民族危机上升为国家的主要矛盾,抗日民族统一战线初步形成,国民党及国民政府也出现短期相对宽松的新闻政策。

1937年2月,国民党召开的五届三中全会通过《恢复孙中山先生手订联俄联共扶助农工三大政策案》《关于根绝赤祸决议案》,提出"整个民族之利害终将超出一切个人一切团体利害之上""为全国共守之信条"①。会上蒋介石针对开放言论自由等问题发表讲话,提出:除宣传赤化、泄露机密、颠倒是非捏造言论三种之外,"本属开放,本属自由,而且亦希望全国一致尊重之言论自由"②。自此,国民党改变了对内专制、对外妥协的政策,开始"由内战、独裁和对日不抵抗政策,向和平、民主和抗日的方向转变,而开始接受抗日民族统一战线政策"③。

1937年7月8日,国民政府颁布《修正出版法》,授予县政府或社会局对出版品以就近扣押、取缔等权力。但之前较为宽松的呈报制被改为核准制。该法还增加"关于诉讼事件,非俟判决后不得批评""关于个人或家庭隐私事件不得登载"④等事项;同时,加强国民党对出版事业的渗透,各级党部对出版事业具有一定的核定、审查权,实质上出版物同时受到党、政的联合审查,程序烦琐、限制更多,不利于报界的发展。

1938年3月,国民党临时全国代表大会在武汉召开,会上通过的《全国建国纲领》提出"在抗战时期,于不违反三民主义最高原则及法令范围内,对于言论、出版、

---

① 荣孟源:《中国国民党全国代表大会及历次中央全会资料(下册)》,光明日报出版社1984年版,第429页。

② 《蒋委员长谈话》,《中央日报》,1937年2月23日。

③ 《毛泽东选集(第1卷)》,人民出版社1991年版,第255页。

④ 《重要都市新闻检查办法》。参见刘哲民:《近现代出版新闻法规汇编》,学林出版社1992年版,第137页。

集会、结社，当予以合法之充分保证”[①]。相较于国民党长久的新闻统制而言，《抗战建国纲领》在采纳共产党意见之后放松了言论控制，给予人们一定的言论自由和民主自由。时任宣传部部长的邵力子在回顾抗战初期的新闻检查时，称“自本人服务中宣部以后，关于检查标准，即决定不用可扣则扣的方针，而改用可不扣即不扣的方针……数月以来，新闻界同业已都能认识，检查为此时所必要，不仅不妨碍言论之自由，而且还能加以辅助”[②]。可见，抗战初期为了联合各民族各党派团结抗战，国民党对言论的控制稍加放松。

抗战进入相持阶段后，国民党开始消极抗日、积极反共。1939 年 1 月，国民党召开五届五中全会，会上确立了“溶共、防共、限共”的“反共”方针，国民党的重心由对外转向对内。随着国民党抗战策略的转变，国民党也逐渐收紧言论。1939 年 3 月，《国民总动员纲领及实施办法》颁布，提出“国家民族至上，军事胜利第一，意志力量集中”[③]的原则，并对新闻政策作出新的阐释：“一、不违国民革命最高原则之三民主义；二、不鼓吹超越民族之理想与损害国家绝对性之言论；三、不破坏军政军令及行政系统之统一；四、不利用抗战形式以达到国家民族利益以外之任何企图。一切思想言论，悉以此为准绳。有违此义，则一体纠绳，共同摈绝。”[④]1939 年 5 月 26 日，国民党军事委员会拟定《战时新闻检查办法》，规定“将现有军事委员会新闻检查机构改组，设立战时新闻检查局，集中管理战时全国新闻检查事宜”。与此同时，各省、市设立战时新闻检查所，重要县市设立战时新闻检查室，“到 1940 年 11 月，国民党建立新闻检查所 21 个，新闻检查室 54 个，遍布国统区各省和主要市、县”[⑤]。国民党建立起从中央到县、市，包含报刊、出版、印刷、书店等全方位的新闻检查网络，对新闻业施行更加严密的检查与管理。随后，陆续颁布《对于新闻发布统制办法》《战时新闻违检惩罚办法》《修正战时新闻检查标准》《修正图书杂志原稿审查办法》等，国家权力开始对战时新闻出版事业肆意干涉，新闻出版事业受到损害，举步维艰。

1940 年，蒋介石发表《今日新闻界之责任》《怎样做一个现代新闻记者》，这也是蒋介石关于新闻事业的专门讲话。两次讲话明确当时新闻界的责任，并对新闻

---

① 荣孟源：《中国国民党全国代表大会及历次中央全会资料(下册)》，光明日报出版社 1984 年版，第 487 页。

② 邵力子：《抗战与宣传》，独立出版社 1938 年版，第 2 页。

③ 彭明：《中国现代史资料选辑(第 5 册)(下)》，中国人民大学出版社 1989 年版，第 121 页。

④ 彭明：《中国现代史资料选辑(第 5 册)(下)》，中国人民大学出版社 1989 年版，第 121 页。

⑤ 向芬：《国民党新闻传播制度研究》，中国社会科学出版社，2009 年版。

记者提出相应的要求,蒋介石称:“现代新闻事业的经营,决不是纯商业的性质,而是要求达到宣传民意、指导舆论、贯彻国家宣传政策的目的。”“我们一般从事新闻事业的人,平日受了党国的培养,负了革命的责任,不能精诚尽到职责,反而藉(借)此只图赚钱,这比贪官污吏,真是罪恶还大!”[①]他要求新闻记者不负党国培养,不负革命责任。而对于新闻界的责任,蒋介石指出:“今当全国努力抗战之时,我新闻界为国奋斗责任之重大,实不亚于前线冲锋陷阵之战士。如何宣扬国策,统一国论,提振人心,一致迈进,达到驱逐敌寇,复兴民族之目的,而完成三民主义国家之建设,实为新闻界积极奋斗是赖”[②],旨在使笔杆子同枪杆子一起发挥作用,达到舆论动员的目的。

1939年,国共两党合作关系渐趋恶化。在外敌威胁没有解除的情况下,国民党反动军队发动皖南事变,开始掀起新一轮反共高潮。皖南事变之后,为争夺舆论主导权,国民党开动宣传机器,企图在言论上制造声势、引导舆论、压制共产党。1941年1月4日,《中央日报》发表社论宣称:“国家民族今日已至真是决定盛衰存亡的关头,断不容任何个人,任何军队,蔑视国家的法令,违反国家的纪律,逞其私欲,任意妄行,以容损国家法纪的尊严者,破坏国家政治军事的统一。”[③]同年,国民党中央宣传部拟定发布针对中共的《特种宣传纲要》,内容涉及“揭露中共之流寇面目及汉奸本性”“揭发中共在抗战阵营中违背国家民族利益,妨碍抗战之行为”“揭露中共之伪装”[④]等方面,旨在打压与控制舆论,掩盖皖南事变真相,混淆视听。

随着世界反法西斯战争的转折性胜利,为争夺全面抗战胜利后的政治主动权,国民党宣传部面一边重整旗鼓继续抗日宣传,一边进一步收紧言论,加强话语统制。1943年2月15日颁布的《新闻记者法》严格规定了新闻记者的行业标准,规定新闻记者的任务是“关于三民主义之阐发与国策之推进事项”“关于宣传政令与协助政府之宣传事项”等,并提出“新闻记者不得违反国策、不利于民族和国家的言论”[⑤]等,对新闻记者的采访活动进行严格规定。1943年,国民党又颁布《战时新闻禁载标准》《战时新闻违禁惩罚办法》《各省市新闻检查规则》等加强新闻登记、检查等标准,同时对新闻内容进行严格管控。与此同时,1943年,国民党连续颁布《中

① 蒋介石:《怎样做一个现代新闻记者》,《新闻学季刊》,第1卷第3期。
② 蒋介石:《今日新闻界之责任》,《新闻学季刊》,第1卷第3期。
③ 社论:《以统一来保障胜利》,《中央日报》,1941年1月4日。
④ 《中华民国史档案资料汇编·第5辑第2编·文化(1)》,凤凰出版社1991年版,第6—9页。
⑤ 《新闻记者法》。参见刘哲民:《近现代出版新闻法规汇编》,学林出版社1992年版,第520—524页。

央宣传部直辖党报组织规程》《中央宣传部直辖报社分社组织规程》《中央宣传部直辖报社及分社管理规程》三个与《中央日报》直接相关的文件，收回了中央日报社的财政权和人事任免权，从根本上改变了1932年以来实行的社长制，使《中央日报》完全处于国民党及国民政府的管控之下。

1944年6月20日，国民政府颁布《战时出版品审查办法及禁载标准》，制定十二条禁载标准，并明确指出“审查方式包括事前审查和事后审查两种”；“审查程序分为原稿送审和自愿送审两种”，“凡以论述军事、政治、外交为目的之杂志暨单篇文字，均应在出版前以原稿送所在地审查处审查”，“凡图书暨不以论述军事、政治、外交为目的之杂志，得不以原稿送审，而自行负责审查”[①]。据不完全统计，全面抗战期间，国民党当局陆续颁布两百多条与新闻统制相关的临时性法律文件，并且不断对《修正战时新闻检查标准》《修正图书杂志原稿审查办法》等若干法律条文进行修改。

全面抗战八年期间，国民党新闻统制政策也随着国内外形势的变化而发生转变。全面抗战前期，国民政府施行了短暂宽松的新闻政策，以《修正出版法》《抗战建国纲领》等为代表；抗战进入相持阶段后，国民党五届五中全会的召开预示着新一轮新闻统制的开启，以《战时新闻检查办法》《战时图书杂志原稿审查办法》《战时新闻禁载标准》等为代表，新闻统制日趋严苛。抗战胜利前夕颁布的《战时出版品审查办法及禁载标准》等使国民党政权的新闻检查制度逐渐完备，新闻统制进一步强化。国民党政权新闻统制在特殊的战争时期虽然可以在一定程度上避免国家机密泄露，保障抗战胜利，但是通过新闻统制制度把党的意志转喻成国家意志，将党的新闻检查变成政府执法行为，在党国政治框架逐渐强化的同时严重妨碍了民众的言论自由，损害了报界的公共性和独立性，阻碍了报界职业化发展和言论报国的初衷，也有悖于世界民主进步潮流。

## 二、全面抗战胜利后国民党新闻统制的继续发展

抗日战争的全面胜利结束了中国近代以来受屈辱被压迫的局面，民族危机的暂时解除也给久在战乱中的国人带来短暂的和平，如何建国成为这一时期国共两党共同面对且存在分歧的问题。为了维持国民党对新闻事业的统治地位，国民党

---

① 《战时出版品审查办法及禁载标准》。参见刘哲民：《近现代出版新闻法规汇编》，学林出版社1992年版，第276－282页。

一方面迅速将党营媒介机构回迁，迅速占领沦陷区的重要新闻机构；另一方面在新的历史条件下继续发展新闻统制政策和思想，发布新闻法律法令，加紧言论控制。国民党新闻事业也经历了从短暂繁荣到迅速衰亡的过程。国民党新闻事业和国民党的大陆统治为何迅速崩盘，值得深思。

抗战进入中后期，日军在太平洋战场的败退预示着世界格局的变动，国民党亦做好接收和占领沦陷区新闻事业及机构的准备。国民党政权在日本投降之初即开始筹划其新闻事业的回迁工作，并在美国的帮助下，选派多路接收大员飞往沦陷区，准备全面接收工作。1945 年 9 月 27 日，国民政府行政院颁布《管理收复区报纸、通讯社、杂志、电影、广播事业暂行办法》，规定："敌伪机关或私人经营之报纸、通讯社、杂志及电影制片、广播事业，一律查封，其财产由宣传部会同当地政府接收管理；凡自国军撤退后，继续在沦陷区公开出版或摄制者，概作附逆论；附逆新闻事业由当地政府查封，听候处置；收复区出版之报纸及通讯社稿，在地方尚未完全平定以前，应由当地政府施行检查；各地新闻检查工作，应受宣传部之指导，并由宣传部派员协助地方政府办理。"①

抗日战争胜利后，和平建国呼声高涨，"全国党派，无论在朝在野，均各以和平建国为共同目标"②，社会各界希望国共两党共同商讨和平建国方略。在激烈而复杂的政治博弈过程中，引导舆论的新闻媒体机构和宣传资源成为两党争夺的对象。为争取言论界和社会民众的支持，国民党多次许诺给予民众言论、出版自由，但均未真正付诸实施。1945 年 7 月，受毛泽东邀请访问延安的黄炎培回到重庆后，在半个月内写出《延安归来》一书，向世人介绍延安的情况。限于国民党新闻检查制度，黄炎培等人在重庆出版界和杂志界的支持下，联合重庆 40 余家杂志、书店等发表声明，发动"拒检运动"。随后，为争取新闻自由、开放禁令的呼声不断高涨。昆明、成都等地新闻出版界也先后发起"拒检运动"，以此来表达对国民党当局长期实行新闻检查的不满。国民党当局迫于和谈时期的压力，不得不做出让步，于 1945 年 9 月通过《废除出版检查制度办法》及《战时出版检查办法及禁载标准》。与此同时，废除新闻检查制度，撤销战时新闻检查局，并在《双十协定》中承诺："政府保证人民享有一些民主国家在平时应享受的身体、信仰、言论、出版、集会结社之自由，

① 《管理收复区报纸、通讯社、杂志、电影、广播事业暂行办法》。参见刘哲民：《近现代出版新闻法规汇编》，学林出版社 1992 年版，第 508－510 页。

② 丁守和：《二十世纪中国史纲》，河南人民出版社 1994 年版，第 525 页。

现行法令当依此原则，分别予以废止或修正。”[①]这是近代历史上新闻出版界争取新闻自由的重要胜利，使得新闻传播事业获得短暂的自由。

“拒检运动”后，新闻出版界进一步要求国民党中央废除限制新闻出版自由的法律法规。蒋介石为使其统治合法化，1947 年下半年开始打出“行宪”的幌子，宣布将实行宪政。新闻统制方面，国民党及其政权也开始退居幕后。1947 年 6 月，国民政府成立新闻局；1947 年 10 月 24 日，行政院临时会议通过《出版法修正草案》，“行政院新闻局”将接管以往“中央宣传部”负责管理的新闻审查等事务，相关新闻法令法律也由国民政府等职能部门颁布。新闻统制表面出现“去党化”现象，但是国民政府对新闻的统制并没有放松，规定“战时或遇有变乱及其他特殊必要时，得依中央政府命令之所定，禁止或限制出版品关于政治、军事、外交或地方治安事项之记载”，将原规定的“出版品不得为意图破坏中国国民党或违反三民主义者”等言论改为“不得为意图颠覆政府或危害中华民国者，妨碍邦交者，意图损害公共利益或破坏社会秩序者”，增加了“出版品不得妨害本国或友邦之元首名誉之记载；不得妨害他人名誉及信用之记载”等新规定，希望通过行政手段干预言论出版自由的行径，限制了言论界的自由度，同时也禁绝人们对执政者的舆论监督和批判，这引起言论界的普遍不满。

随着国共和谈的破裂，全面内战爆发，国民党新闻检查制度再次卷土重来。国民党及国民政府颁布一系列法律法规，严格控制人们的言论和出版自由，尤其是加大对进步新闻事业的摧残和破坏，将新闻统制发挥到极致。1946 年 5 月制定与颁布的《维持社会秩序临时办法》旨在打击和破坏进步新闻机构。随后，两百多家新闻言论机构被查封。1947 年 7 月 4 日，国民政府颁布《全国总动员案》开始“动员戡乱”，要求集中军民意志，动员全国力量，一面加紧戡乱，一面积极建设。此后国民政府又颁布《动员戡乱完成宪政实施纲要》《剿匪总动员宣传计划纲要》，一方面以“戡乱”之名剥夺人民的言论出版自由，钳制社会舆论，另一方面提出对中共“明令讨伐”，并为严厉镇压中共、稳固统治提供合法依据。

战后国内物资紧缺，纸荒严重，国民党中宣部对纸张进口实行配额制度。1947 年 9 月 5 日，国民政府行政院颁布《新闻纸杂志及书籍用纸节约办法》，规定：“各地报纸关于新闻及广告之编排，应力求节约篇幅。原在一张以上者，均应于本办法公布后自动缩减为一张，原在二张以上者，不得超过二张。各地杂志篇幅应依照下述

① 郑初民讲述，司马星笔记：《中国政治之路(十四续)》，《唯民周刊》，第二卷第二期，1946 年 7 月 6 日。

规定：(1)周刊，每期以 16 页为度；(2)半月刊，每期以 32 页为度；(3)月刊以上，每期以 64 页为度。前项页数均以单面计算，封皮可另加 4 页。无充分资金、固定地之新闻纸、杂志，应严格限制其登记。”[①]1948 年 1 月，行政院又颁布《非常时期取缔日用军需品囤积居奇办法》，把纸张列为囤积取缔物品，严格限定纸商库存数量及报馆白纸储存量，需随时报明同业公会以便社会局调查。[②] 严格限制民营报纸的纸张供应，报业受纸张短缺影响，不堪重负。

内战进入白热化阶段后，国民党及国民政府在面临统治危机之际连续颁布一批严密的新闻统制政策，进一步控制言论空间。1948 年 6 月，国民政府拟定《军事新闻发布实施暂行办法》，后改为《动员戡乱期间军事新闻采访发布办法》，规定各新闻事业机构自行采访的军事信息“非经事先询明当地军事新闻发布机构后不得发布”。1949 年 6 月，国民政府颁布《惩治叛乱条例》，规定对散布谣言或传播不实信息的进行严惩，最高可判处无期徒刑，加紧对进步新闻事业的管制和压迫。

广播作为声音的传播媒介，自进入中国以来即受到国民党当局的严密掌控。内战时期，国民政府交通部从 1946 年起先后颁布《广播无线电台设置规则》《取缔外国在华设立广播电台决议案》《军用广播无线电台设置与管理暂行办法》《广播无线电收音机取缔规则》《广播无线电收音机登记规则》等，诸如此类，对广播播出时间、内容等进行规定并严格审查，亦涉及在广播电台设立和收听层面加强对广播活动的限制等。

## 第二节 战争时期国民党新闻事业体系的发展与覆灭

战争时期的传播媒介以独特的形态在中国近代历史上发挥着重要作用。传播媒介对外不但要主动承担起宣传全面抗战的职责，对内还是不同政党之间进行话语争夺的舆论阵地。以《中央日报》、中央通讯社、中央广播电台为代表的国民党新闻机构是其重要言论平台和宣传机构，在输出民族国家意识、宣传国民党党义等方面发挥重要舆论作用，历来受到蒋介石及国民党的重视。国民党亦在特殊的战争

① 《新闻纸杂志及书籍用纸节约办法》。参见刘哲民：《近现代出版新闻法规汇编》，学林出版社 1992 年版，第 513 页。

② 《上海各报动态，各报负责人及编辑采访名单，申报驻外人员通讯录》，1948 年 2 月 8 日，上海档案馆藏，档号：Q430：1－13。

年代和相对落后的经济、文化环境中不断强化党国框架，逐步形成以《中央日报》、中央通讯社、中央广播电台为中心的庞大的新闻事业体系。然而，随着内战的骤然激化，国民党当局陷入前所未有的政治、经济危机，其新闻事业体系也随国民党权力在大陆的瓦解迅速覆灭。

## 一、全面抗战初期国民党新闻版图的迁移与变化

七七事变之后，随着日本侵略行动的深入推进，国民政府及其军队“以空间换时间”，逐渐向大西南撤离。与此同时，作为舆论宣传载体的报刊、广播等媒介与大量知识分子也随之内迁。1937 年年底，上海、南京先后失守，武汉逐渐成为国民党各项统治的中心，大量新闻机构纷纷奔赴武汉。随着国民党军队在正面战场的节节败退，1938 年 10 月武汉沦陷，重庆、成都、昆明等西南城市成为国民党统治的主要阵地。这种非常规的地理空间上的迁徙，使国统区尤其是重庆地区汇集了包括左、中、右各种流派、各个政党的 140 多家报纸，形成了纷繁复杂的媒介生态格局。

报刊是全面抗战时期主要的新闻传播媒介，以《中央日报》为主体的党报系统在整个战争时期发挥着重要的舆论宣传作用。《中央日报》的播迁从 1937 年 7 月庐山版的设立开始。“八一三”事变后，南京《中央日报》开始准备迁社事宜。1937 年 11 月 22 日，《中央日报》发表社论《告京市民众》，希望南京民众能够“凝定意志，勿自惊扰，为民族生存而奋起，为国家独立而抗战”①，同时呼吁民众支持国家抗战，坚定必胜信念，期待前途光明。11 月 26 日，《中央日报》出完大陆最后一期报纸后，开始分两路向西南撤退：一路由总主笔张客公、总编辑周邦式等人员带领西迁至长沙，于 1938 年元旦期间衔接南京版继续发行。另一路随着战事变化向四川地区迁移，《中央日报》最终迁移到重庆，于 1938 年 1 月正式复刊，长沙版变成地方版。与此同时，《中央日报》部分器材辗转运送至昆明和邵阳，于是除重庆总社之外，又拥有两个分社，并且在大后方开展西南五省发行网扩展计划。② 此后，《中央日报》在南宁、贵阳、昆明、成都、福州、屯溪等地纷纷设立分版，完成了党报报系在战争开始后的初步整顿。

随着国民党党报《中央日报》的内迁，国民党其他大型报纸亦陆续迁至内地出

---

① 《告京市民众》，《中央日报》，1937 年 12 月 22 日。

② 《中央日报丰盈的一甲子》。参见胡有瑞：《六十年来的中央日报》，中国台湾“中央日报社”1988 年版，第 23 页。

版。《扫荡报》是由国民政府军事委员会政治部在南昌主办的军事报刊，在抗日战争时期尤具特色。1935年5月《扫荡报》由南昌迁至武汉出版，1938年武汉陷落前，《扫荡报》开始沿着长江和粤汉铁路向西南方向迁移。10月1日向西迁移的一路在重庆复刊，由黄少谷担任社长。1939年日本轰炸重庆期间，由于物资困难，《扫荡报》与《中央日报》等重庆报刊联合出版。向南迁移的一路于1938年12月25日在桂林出版《扫荡报》，由易幼连任社长。后因1944年豫湘桂战事紧张，又迁至贵州独山出版。除此之外，各战区设立中型军报《阵中日报》，各集团军及各军师政治部设立小型简报《扫荡简报》，1938年也初步形成《扫荡报》《阵中日报》和《扫荡简报》三大军报系统。1943年，根据统计，党办报纸在中央、省、市、县合计有400家，军队政治部办报约270家，私人办报约300家。[①] 国民党党报和军报逐渐掌握战争时期重要的舆论话语权。

国民党中央通讯社自成立以来即以传播国民党"党务咨询"为主要功能，协助国民党新闻宣传事业发展，得到国民政府政策和经济上的大力支持。1932年，萧同兹提出改组中央通讯社，主张中央社要"工作专门化，业务社会化，经营商业化"[②]，并开始推进全国通讯网的建立。同时，国民党中央通讯社在组织上也大规模改组，中央通讯社改组成社长制，由国民党中央宣传部秘书萧同兹任社长。改组后，中央通讯社名义上是一个独立的新闻宣传机构，但是实际上依然服务于国民党中央宣传部。

全面抗战爆发前夕，中央社完成电讯网的设置，在国内占据发送稿件的垄断地位的同时，与路透社、哈瓦斯社、合众社等外国通讯社签订合同，交换稿件，打破外媒对中国通讯市场的垄断。与此同时，中央通讯社在纽约、旧金山、伦敦、香港、东京、新德里等地分别设立分社或办事处，在国际传播中占据一定地位。

中央社在全球不断拓展业务的同时，其组织管理也渐趋完善。中央社总社在社长下设有采访、编辑、英文编辑、征集、电务、事务等部门。社长主要对全社业务、人员等进行统筹管理，采访部主要负责新闻稿件的采写，编辑部主要负责新闻稿件的编辑、整理、译发，征集部主要负责稿件、书报的征集与审查，电务部主要负责基础电讯设备的维护，事务部主要负责日常办公、财务管理等相关事务，各个部门分工有序，权责分明。但中央社是国民党建立起来的，为维持通讯社正常运转，政府

① 《抗战六年之党务》，中国国民党中央执行委员会宣传部编。

② 萧同兹：《我怎样办中央通讯社》，《新闻战线》，1941年第7期。

始终给予其经济支持,因此,中央社依然以宣传国民党政策、思想为首要目标,其地位和性质仍为站在国民党立场上的宣传机构。

抗战初期,日军对南京进行狂轰滥炸,位于南京丁家桥的中央通讯社总社成为日军轰炸的重要目标,通信网络面临被破坏的危险。日军逼近南京之际,中央社总社随国民政府开始西迁,1938 年 1 月位于汉口保华街 62 号的武汉分社成为中央社总社办事地点。1938 年 6 月起,日军进攻武汉,中央社被迫于 10 月再次辗转迁至重庆铁报街 2 号,继续开展新闻收发、情报搜集、舆论宣传等活动。为了适应战争时局的需要,中央通讯社的组织结构在保持原有一社长、六部门组织架构的同时,也先后增设总编辑室、摄影部、编译部、人事室、会计室,组织架构更加细化,人员分工更加明确。其中,中央社于 1938 年 5 月增设摄影部,主要负责新闻图片的摄制、翻译、说明、保管、登记等,为战时报道提供了大量真实、直观、丰富的新闻图片。1939 年 1 月增设总编辑室,由陈博生担任总编辑,主要负责全社编采工作之指示与计划、总分社新闻稿及期刊稿之审核、新闻资料之登记及工作之记录、特种及专门问题稿件之编纂与研究等①,此为战时通讯社各个部门搭建桥梁和纽带,指导战时新闻报道各环节的建设和运行。

国民党通讯事业在战争时期也面临艰难困境,抗战初期广播事业虽然持续运营,但损失惨重。中央广播电台亦随国民政府及其军队内迁,1938 年 3 月 10 日在重庆复播。但是广播的发射功率由繁盛时期的 75 千瓦锐减到 10 千瓦,广播电台数量也由战前的二十三座减少至六七座,总发射电力仅剩 110 千瓦。抗战爆发前,国民政府对广播事业高度重视,在广播的管理方面亦逐步完善。国民政府广播事业管理机构主要是中央广播事业指导委员会和交通部。中央广播事业指导委员会作为广播管理的最高机构,由中央广播事业管理处、中央宣传部、中央文化事业计划委员会、军事委员会、教育部、交通部、内政部、海外部等有关部门各派代表共同组成,主要负责全国广播事业的统筹计划与管理、电台筹设与取缔、意识形态、节目编排、播出时间、节目审核等工作,而交通部主要负责全国无线电发展的相关工作,主要涉及基础设施、发放牌照、注册登记等。国民政府在战前基本上形成了对广播事业"软件"和"硬件"的全面管控,为其后期思想宣传和政治统治奠定基础。抗战爆发后,随着国民党中央广播电台的西迁,中央广播事业指导委员会依然对全国的

---

① 《中央通讯社总社新闻纸杂志登记证、内部各单位权责表、组织工作报告及有关电文》,中国第二历史档案馆藏,全宗号:六五六(4)/5142。

广播事业进行统筹规划、全面管理，广泛增设大后方广播电台，强化广播的战时舆论宣传能力，广播节目内容、广播时长等也随着战争的进展进行调整。同时，为了增强对外宣传效果，中央广播事业指导委员会成立国际广播宣传计划委员会，针对不同国家制定不同的对外宣传策略，希望通过广播让世界民众了解抗战的真相、中国的立场等，以期获取国际同情与支持。广播在抗战初期的抗日宣传中，发挥了重要的舆论宣传和动员作用，一直到武汉失守，轰轰烈烈的抗日救亡宣传在中国广播史上写下了悲壮的一页。

## 二、抗战中后期国民党新闻事业网逐步发展

抗战进入相持阶段后，国内政治生态发生新的变化，意识形态对立再次凸显。国民党新闻政策也随其对内、对外政策的改变日趋收紧，逐渐加强新闻统制。同时，国民党新闻事业西迁至大后方后，进入相对稳定的发展时期。在战时的特殊语境下，以《中央日报》、中央广播电视台、中央通讯社为主的国民党新闻事业网日趋强盛，国民党新闻统制的地域版图虽然缩小了，但是其影响力却较战前强大，通过西南大后方，国民党新闻事业逐渐掌控国内舆论的话语权。

国民党党报《中央日报》迁至重庆后，迅速恢复出版，国民党中宣部认为这是党报的“进展时期”，虽然经历众多波折，但是发展速度最快。由于战争破坏，战前全国的报纸共有1014家，到抗战1年后，有600多家被摧毁。[①] 党报、军报及民办报纸等均受到严重破坏，各家报纸的数量、质量、篇幅等呈现退步状态。国民政府在后方稳定后，积极恢复国民党的言论机构，尤其重视党报的恢复与发展。蒋介石在抗战期间多次对新闻工作提出要求，并先后发表《今日新闻界之责任》《怎样作一个现代新闻记者》，呼吁新闻界“为国奋斗”“统一言论”，并要求新闻工作者把党报办成能够及时准确发布信息并为三民主义文化服务的言论机关。首先，国民党中宣部对《中央日报》及其分社进行经济补贴，从十几万元到两三百万元不等，为党报发展提供充裕的资金支持。重庆《中央日报》的经费数额最大，达300万元之多，可见中宣部对其重视程度。国民党中央在纸张供应、报纸发行等方面亦给予倾斜，优先满足重庆《中央日报》办报需求，同时各级党政军机关也建立全方位的《中央日报》发行体系，解决其销路问题。其次，《中央日报》在新闻贫乏的战争时期，国民党中宣部编订简要新闻办法，促使《中央日报》能够优先获取中央社等各方面信息，保证

---

① 曾虚白：《中国新闻史》，中国台湾三民书局1977年版，第407页。

《中央日报》内容发行的同时也大大提高了竞争力。得益于政策、经济等方面的支持，国民党迅速在贵阳、成都、昆明、武汉、梅县、福州、邵阳、屯溪、康定等大后方和抗战前线成立分社，国民党中央直辖党报亦由战前的 9 家发展为 18 家之多，建立起庞大的党报报业体系。除此之外，国民党地方党报网络也迅速铺开，据国民党中宣部统计，“1944 年国统区有地方党报 412 种，其中省市级党报 16 家，其余均为县级党报或简报，如果再加上 18 家中央直辖党报和 170 家军报，国民党党报在 1944 年已达到 600 家左右。占当时全国报纸总数的 53.9%，大大高于抗战前 40.5%的比例。”[①]至抗战胜利前夕，国民党建立起当时中国最大规模的报业集团。

为顺应战时形势发展需要，国民党广播与通讯社等信息传播媒介亦纷纷迁至重庆。国民党一方面集中力量推进广播电台西迁；另一方面优化广播电台布局，扩大广播电波覆盖面，以期扩大国民党广播对国内外听众的影响，从而获取国内外同情与支持。1938 年 3 月，国民党中央广播电台迁至重庆后，损失严重，功率由战前的 75 千瓦降至 10 千瓦。1940 年 1 月，中央广播电台更名为中国国际广播电台，开始对亚洲、欧洲、美洲等地广播。珍珠港事件后，中国国际广播电台成为远东反法西斯联盟唯一与世界沟通的枢纽，为国民党各战区报纸提供转播、发稿等服务。

在国民政府和英美等国的支援下，国民党广播事业在全面抗战中后期迅速发展，至 1944 年国民党共创办 23 座广播电台，总功率达 154.09 千瓦。[②] 全面抗战时期的国民党中国国际广播电台以抗战宣传为主要内容，揭露敌人侵略本质和阴谋，动员民众积极支援抗战，向世界报道中国战况，争取国内外舆论支持。地理空间上，除了重庆中央广播电台外，还分别在昆明、贵州、福建、西康、西昌、兰州等地设立广播电台，并通过汉语、藏语、蒙语、粤语、闽南语、客家话、英语、日语、法语、俄语、越南语、缅甸语、印度语、阿拉伯语等众多语言向国内外发声，形成了深入内陆、纵贯南北且辐射海内外的广播事业体系。这一时期广播的管理体制和抗战初期基本一致，1943 年 4 月 19 日，交通部将电政司改为邮电司，6 月 12 日重庆设立电信总局，直属于交通部，负责管辖电政事务。[③] 与此同时，国民政府对战时广播的人员管理和节目编排等也进行调整，突出抗战广播的舆论宣传特点。如对于广播从业人员，国民党中央广播电台要求广播人才既需要专业科班出身、掌握一定广播技

---

① 蔡铭泽：《中国国民党党报历史研究 1927—1949》，团结出版社 1998 年版，第 203—204 页。

② 吴道一：《中广四十年》，中国台湾“中国广播公司”，1968 年版。

③ 参见孔庆泰等：《国民党政府政治制度史词典》，安徽教育出版社 2000 年版，第 164 页。

术,也需要掌握普通话、方言和具备一定的外语能力,同时对广播人才的资质和背景进行严格审查,严格掌控广播事业的人才体系。而对战时节目的编排和播报方面,国民党中央广播电台要求所有广播内容必须服务于抗战宣传,通过多样化的形式将广播内容和救亡宣传有机结合,起到鼓舞士气、引导舆论的作用。

作为传播中枢神经的国民党中央通讯社在抗战中后期逐渐发展壮大,并成为抗战时期国内最大的新闻机构。全面抗战爆发后,中央通讯社迁至重庆,中央社的组织结构也随战时工作需要进行相应调整,地方分社除原有的上海、广州、南昌、屯溪等分社外,先后在长沙、昆明、桂林、福州、洛阳、迪化、兰州及宁夏等地增设分社,以扩大对全国的宣传和影响。在新闻采集和播发方面,中央通讯社统一言论,统一编发国内外关于抗战的新闻稿件,进行免费播发,供给各报;与此同时,派遣战地随军组,并携带小型无线电收发报机,到各战区指挥中心收集战争进展信息。《大公报》主笔张季鸾曾称:"抗战期间通讯社的供给,基本依靠中央通讯社。"[①]国家面临外敌入侵之际,中央通讯社一方面积极开展国内外舆论动员;另一方面及时、准确地把战争信息呈现在人们面前,发挥重要的传播媒介作用。在国际传播方面,中央社大量扩充国外分支机构,先后增设新加坡分社、纽约分社、伦敦分社,并在缅甸仰光、葡萄牙里斯本、美京华盛顿、苏京莫斯科、法京巴黎、德京柏林等地设特派员或特约通讯员,国外单位从 4 个增加到 12 个。盟军单位,如史迪威将军总部、蒙巴顿将军总部、麦克阿瑟将军总部、美国第十四航空队总部、意大利战场、西南太平洋战场、中太平洋战场、西欧盟军总部,也都有中央社记者活跃的踪迹。[②] 与此同时,中央通讯社继续与国外新闻通讯社交换新闻稿件,并向外播发。1945 年 9 月,美军公共关系主管曾称:"中央通讯社是'世界五大通讯社'之一,与其他四大通讯社——美联社、合众社、国际社、路透社一样,享有优先发送新闻消息的权利。"[③]抗战胜利前夕,中央通讯社的辐射范围扩展至国内外众多国家和地区,即在国内各地建立新闻通讯事业网的同时,在国际上也拥有一定的话语权。

抗战中后期国民党中央通讯社的组织管理也发生一些变化,战时经费紧张、资源短缺,人员流动性较强,为了节省开支,中央社对内部一些不太重要的部门也进行了精简,如将征集部缩编为征集室等。为了适应战时报道需要,缓解人事流动的

① 冷若水:《中央社六十年》,中国台湾"中央通讯社六十周年社庆筹备委员会"1984 年版,第 35 页。

② 陈玉申:《中央通讯社与战时新闻传播》,《杭州师范大学学报》,2015 年第 37 卷第 5 期,第 66－70 页。

③ 冯志翔:《萧同兹传》,中国台北传记文学出版社 1975 年版,第 6 页。

压力，减轻社长的繁杂事务，中央社总社于1942年7月增设人事室负责人事任免、升迁、考核等工作；1943年1月增设会计室负责财务管理等相关工作；1944年4月增设编译部，负责中央社的密码电本的编制及翻译等工作。同时，这一时期的中央通讯社在用人方面，尤其注重专业人才的发掘和利用，从事新闻具体工作的人员大多经过专业的教育和训练，能够掌握战时必备的新闻采编、电子通信等技术，吸纳聚集了大量的优秀新闻人才。战时中央通讯社形成了体制健全、覆盖国内外的庞大通讯网络，为战时新闻事业做出一定贡献。

纵观全面抗战时期的国民党新闻事业，在特殊的战时语境和战时体制下，其影响力大大超过战前，并且在国统区从中央渗透到县乡，形成了国民党官方新闻独霸之势。

## 三、内战时期国民党新闻事业的由盛而衰

抗战胜利后，国内获得短暂和平。然而在建国方略、和平民主等问题上，不同意识形态之间面临新的纷争，国民党政权也面临着新的道路选择。国民党政权在全面抗战胜利后达到顶峰，但在选择“反共内战”继而开展全面内战的过程中，又迅速覆灭。作为政权重要组成部分的传播媒介，也经历由战后繁盛到迅速衰落的过程，以致最后在大陆失败。

沦陷区新闻机构的收复与改造情况，一定程度上代表着国民党政权收复的象征意义。为维持国民党新闻事业的垄断地位，国民党在抗战胜利后迅速将西南大后方新闻事业回迁东部，并着手接收沦陷区的新闻机构。因此，在沦陷区最先恢复出版的是国民党官方的党报、军报、团报等。对于日伪集中在北京、上海等大城市创办的报纸，国民党直接接收，并改造为国民党党报。而对于沦陷区的民营报纸，大多以附逆的罪名进行没收、掠夺，全面党化，如对商业大报《申报》《新闻报》等的改造。在完成对沦陷区新闻机构的收复与改造之后，国民党各级党政机关开始大力扶持各级各类党报恢复与发展。从全面抗战胜利至1947年底，国民党党报进入短暂的复兴与繁荣时期。据数据统计，1947年8月，全国已登记换照的报纸总数增加到1781家，增长了81%。[①] 除《大公报》《世界日报》《新民报》等少数民营报刊有所发展外，大部分是各级各类国民党党营报刊。

国民党抢占舆论阵地，较先恢复的是上海《中央日报》(1945年8月30日)和南

① 曾虚白:《中国新闻史》,中国台湾三民书局1977年版,第452—453页。

京《中央日报》(1945年9月10日)，并在此基础上结合各级各类党报建立起庞大的报业体系。据国民党中宣部统计，1947年以南京《中央日报》为首的23家中央直辖党报的总发行量达到45万份，约占全国报纸总发行量的20%。《扫荡报》于1945年11月12日改名为《和平日报》后，以《和平日报》为首的军报系统也于抗战胜利后迅速在汉口恢复出版，并创设南京、上海、兰州、广州、沈阳、海口、台湾等分社，形成覆盖全国的军队党报系统。地方上，各省各县级党报也迅速恢复，形成地方党报系统。内战时期，国民党党报共计约1781家，其中地方党报约890个，约占全国报纸总数的一半，可见其在地方影响力不容忽视。据统计，内战期间“国民党党报发行量116万份，约占全国报纸总数和发行量的66%和54%，大大高于战前的40.5%和21.1%”①。随着全面内战的爆发和扩大，国民党政治、军事处境艰难，经济形势亦愈发严峻。通货膨胀、物价飞涨、纸张奇缺、配给制度不合理等使国民党党报陷入前所未有的危机之中，多家报纸在政府补贴的情况下依然持续亏损，面临倒闭。1948年年初，刚刚发展到顶峰的国民党党报事业开始下滑，政治形势的恶化、军事上的失利、经济上的破产等使得国民党党报深陷困境之中，各地党报开始停刊或联合发行。1949年年初，庞大的国民党党报体系开始解体，部分党报人员和器材被陆续运至台湾，大部分党报被解放军军事管制委员会接收，统治中国大陆长达22年之久的国民党党报体系彻底瓦解。

国民党新闻通讯事业在这一时期亦经历从战后的繁荣鼎盛到衰败消亡的发展历程。广播电台媒介在战争中发挥不可替代的重要作用，因此，国民党对“转瞬即至”的广播电台倍加重视。战后国民党在恢复原有广播电台的同时，1945年8月下旬即派员分赴各地接收日伪广播电台机构。至1946年5月，国民党还都南京之时，全国共有广播电台41处，广播总功率达42万余千瓦。至此，国民党广播系统进入鼎盛时期。这一时期，国民政府对广播电台的管理较抗战时期有所不同，1946年2月14日，国民党制定和颁布《广播无线电台设置规则》，将广播电台分为国营、公营和民营三类，并对广播电台的设置、分布及内容进行严格管理；随后，于9月7日颁布《取缔外国在华设立广播电台决议案》，逐步取缔外国人在华设立的广播电台。1946年，陈果夫等人为了扩大广播的影响，满足国民党的宣传需要，主张实行广播电台的企业化。是年12月20日，国民政府行政院和中国广播有限公司颁布《中国广播有限公司章程》，规定中国广播有限公司的业务、资本及股份、股东会及

① 蔡铭泽：《中国国民党党报历史研究1927—1949》，团结出版社1998年版，第269页。

组织管理等相关章程。1947 年 1 月，行政院与中国广播股份有限公司签订合约，委托中国广播股份公司进行宣传工作，期限为五年，政府每月补助约 20 万元美元。[①] 中国广播公司并没有因为股份形式的变化而改变其国民党宣传工具的性质，该公司仍然与国民党有千丝万缕的联系，是党营文化事业的重要组成部分，且广播事业依然由之前中央党部广播事业处人员负责，管理模式依然遵循之前的模式，实质改变的内容不大，国民党对广播事业依然拥有绝对的控制权。

国民党中央通讯社在抗战时期的战事新闻报道方面基本处于垄断地位，战后国民党中央通讯社迅速恢复战前分社，并接收日伪同盟社和汪伪政权通讯社，分社机构迅速增加。国内分社由战时的 18 家发展到 43 家，国外分社和特派员办事处，由战时的 12 家发展到 25 家，国民党管控的广播电台在战后发展到 100 余家。

随着国民党大陆政权的覆灭，国民党通讯事业亦衰落，1948 年年底，国民党中央广播电台在蒋介石的批准下逐步辗转拆迁至台北，大部分地方电台被共产党收复。中央通讯社于 1948 年年底先后关闭开封、济南、长春、沈阳等分社，并陆续将南京总社人员和器材运至台北。至此，国民党在大陆新闻事业随着其政权的丧失而消失。

## 第三节　战争时期民营新闻事业的收缩及新中国新闻事业的曙光

民营报刊作为近代中国新闻事业的重要组成部分，曾在近代中国社会留下“惊鸿一瞥”。民营报纸自晚清民国开始出现并有所发展，在资金募集上主要是私人独资或集资方式，办报理念、编辑方针、内容发行、组织管理相对独立和自由。民营报纸与党派报纸有明显不同，它们主张经济独立、政治超脱且坚持职业办报理念。近代中国的民营报纸伴随着中国政权的更迭历经创立期、发展期、繁荣期和衰落期，全面抗战之前民营大报发展到顶峰。全面抗战爆发后，特殊的战争语境和国民党严苛的政治统治使得民营报刊举步维艰，历经停刊、复刊、迁徙等艰难生存过程。随着国民党新闻垄断事业的形成，民营报刊在庞大的国民党党报体系面前，逐渐失

① 高郁雅：《国民党的新闻宣传与战后中国政局变动(1945—1949)》，中国台湾“国立台湾大学”委员会 2005 年版，第 159 页。

去生存空间，直至最后走向衰落。而随着中国共产党及其军队解放上海，新中国新闻事业发展渐显曙光。

## 一、全面抗战时期民营新闻事业的生存路径

日本发动全面侵华战争，民营新闻事业得以生存的媒介生态环境屡遭破坏。随着日军的不断南下，民营新闻事业亦随国民政府及其军队陆续向内地转移。民营报刊在迁移过程中大多选择政治、文化中心或地理位置优越的交通枢纽城市，如多条铁路干线联通南北的武汉，国民党西南大本营重庆，抗战文化城桂林、昆明，民营报刊亦因向内地不断迁移进入新的发展阶段。

全面抗战初始，在正面战场激烈交锋之际，文化界救亡运动也迅速开展。上海作为全国文艺中心和报业重心，率先成立上海救亡团体——上海文化界救亡协会（简称"文协"）。文协由蔡元培、潘公展、胡愈之等上海文化界知名人士发起，推选宋庆龄、何香凝、蔡元培、潘汉年、巴金等 83 人为理事。为了更好地宣传抗战、开展救亡运动，国共两党利用"文协"这一组织于 1938 年 8 月 24 日创立《救亡日报》，由郭沫若任社长，夏衍任总编辑。《救亡日报》是小型四开四版报纸，内容上倾向于文艺，以多种形式介绍前线进展，分析国际形势，积极报道抗日故事，开展救亡宣传运动。1937 年 11 月 12 日，随着上海守军撤守，《救亡日报》迁至武汉出版。这一时期上海还涌现大量爱国民营报刊，如《文化战线》《抗战》《战时妇女》《战时联合旬刊》等，纷纷加入抗战救国行列，积极从事抗战宣传和民众动员。

全面抗战初期的商业性民营大报在战争初期坚持爱国立场，高度关注时局变动，及时报道战事信息，坚决支援人民抗战，揭露批判日军阴谋。1937 年 7 月 9 日，《申报》在国内要闻的头条位置刊登《华北形势突变　日军炮击宛平城》《我驻军坚决表示　愿与卢沟桥共存亡》的大字标题文章，翔实报道日军发动卢沟桥事变的详细经过，以及中日双方对卢沟桥事变的态度；同时，发表社论《又一次侵略行动》揭露日本侵略中国是一个有详细计划的阴谋，提醒国民政府要做好充分应对。此后连续数天，《申报》在要闻版面发表《本报记者实地视察》[①]《宛平城视察记》[②]《日军企图扩大事态　华北情形万分严重》[③]《日军屡攻受巨创　我军固守原来阵地》[④]

① 《本报记者实地视察》，《申报》，1937 年 7 月 10 日。
② 《宛平城视察记》，《申报》，1937 年 7 月 11 日。
③ 《日军企图扩大事态　华北情形万分严重》，《申报》，1937 年 7 月 11 日。
④ 《日军屡攻受巨创　我军固守原来阵地》，《申报》，1937 年 7 月 12 日。

《日军增援到平郊　今晨以重兵进犯南苑》[①]等时评，并又增派战地记者到前线对卢沟桥事变进行直观的报道，把战场的第一手信息及时、客观地传递给民众，受到民众的支持与欢迎。

作为在近代中国有影响力的民营大报《大公报》主张和平，七七事变爆发后，也“从此一变而为百折不挠的主战派”[②]。1937 年 7 月 9 日，《大公报》第一次在第三版刊载《卢沟桥中日冲突》对卢沟桥事变进行报道，揭露日军企图扩大事态、占领中国的野心和阴谋。《大公报》密切关注日军侵华事态的发展，并积极发表言论，先后发表《卢沟桥中日军撤退》[③]《卢沟桥案善后问题》[④]《卢沟桥事件逆转》[⑤]《危机一发的东亚大局》[⑥]《日本诚意何在》[⑦]《外交部电驻外使节　以卢事真相告各国》[⑧]等消息和言论，将卢沟桥事变之后的军事冲突程度、日本侵略意图，以及“我们的态度”、坚决抗战的立场等完整地聚焦和呈现出来，有学者称所言“实际上形成了有别于中日官方对该事变定位的另一种声音”[⑨]。

随着上海、南京等重要城市的沦陷，日本对中国的侵略逐渐扩大，《申报》《新闻报》《大公报》《立报》《时报》等商业性民营报刊的生存路径愈加困难。《申报》《大公报》等民营报刊也因物资短缺、时局动荡、信息不畅等原因缩减版面、开设分版。

上海和南京相继失守以后，处于我国地理“心脏”位置的武汉成为我国抗日的重要宣传中心，众多民营报刊从全国各地汇聚而来，一时间武汉新闻事业异常活跃与繁荣。这一时期，邹韬奋主编的《抗战》三日刊从上海迁至汉口，1938 年 7 月与《全民》月刊合并后改名为《全民抗战》继续出版，至武汉沦陷前，《全民抗战》辗转迁徙到重庆，改为五日刊继续出版，直至 1941 年 2 月被查封。《申报》《大公报》等民营商业大报也陆续迁至武汉后发刊汉口版。1938 年 1 月 15 日，《申报》在汉口特三区湖南街 23 号刊行汉口版，复刊词指出：“抗战期间，报纸职责，更为重大。抱最大决心，间道来汉，筹划复刊。”[⑩]《申报》提出，在抗战报道中坚持两个原则，“其一，坚

---

① 《日军增援到平郊　今晨以重兵进犯南苑》，《申报》，1937 年 7 月 14 日。

② 胡政之：《日本春秋》序，大公报出版部，1939：2。

③ 《卢沟桥中日军撤退》，《大公报》，1937 年 7 月 10 日。

④ 《卢沟桥案善后问题》，《大公报》，1937 年 7 月 10 日。

⑤ 《卢沟桥事件逆转》，《大公报》，1937 年 7 月 11 日。

⑥ 《危机一发的东亚大局》，《大公报》，1937 年 7 月 12 日。

⑦ 《日本诚意何在》，《大公报》，1937 年 7 月 16 日。

⑧ 《外交部电驻外使节　以卢事真相告各国》，《大公报》，1937 年 7 月 16 日。

⑨ 王天根：《卢沟桥事变与〈大公报〉新闻时评及其舆论聚焦》，《兰州学刊》，2016 年第 12 期，第 62 页。

⑩ 《本报复刊辞(社评)》，《大公报》，1937 年 7 月 16 日。

守国家立场，不苟且、不屈服。其一，抱定公正精神，不欺骗，不枉曲”[①]。同时《申报》于1938年3月在香港云咸街79号刊行香港版，同样表示，《申报》将会继续坚持至公无偏的办报方针，不受威逼利诱，坚定地表明了《申报》的爱国抗战立场，以坚持《申报》创刊六十年来的报格。1938年7月，因战事紧急，汉口版《申报》迁往桂林。与此同时，《大公报》亦被迫继续西迁，直至1938年10月到达重庆继续出版。

1938年3月，正值日军疯狂侵略扩张之际，由范长江、夏衍、恽逸群等人创办的中国青年记者协会(简称“青记”)迁至汉口召开第一次全国代表大会，邵力子、于右任、叶楚怆、范长江、郭沫若、张季鸾、恽逸群等国内宣传界、文化界众多人士列席。“青记”会员达1000多人，分会遍及广州、香港、重庆、成都、桂林、兰州等地，“青记”中的记者们在战时新闻报道、抗战舆论宣传、鼓舞军民斗志、巩固新闻界抗日民族统一战线等方面发挥了重要作用。

1938年10月武汉失守后，重庆成为战时“陪都”。来自上海、南京、武汉、天津、北平的民营新闻报刊再次迁至重庆、桂林、昆明等西南大后方。最先迁至重庆的是上海的《时事新报》和南京的《新民报》，分别于1937年年底迁至重庆。随后，武汉的《全民抗战》《武汉时报》《武汉晚报》，天津的《大公报》《益世报》，北平的《世界日报》以及南京的《南京晚报》等相继在重庆复刊。加上重庆原有出版的《新蜀报》《国民公报》《西南日报》等报刊，一时间山城重庆汇聚了众多民营报馆以及大批文化精英，对重庆地区的文化繁荣和新闻事业发展起到了不容忽视的作用。

在战时的桂林、昆明等地区，因地理位置优越、传播环境相对宽松，吸引了大量的文化工作者。有数据统计，全面抗战期间，包括教育家、文学家、历史学家、艺术家、科学家等千余人集聚在桂林文化城。在此背景下，大量民营报刊亦开始迁至桂林、昆明等地，如《大公报》(桂林版)和《力报》《救亡日报》《国民公论》《朝报》等，为西南抗战文化城的建设夯实了文化根基。

全面抗战时期的民营报刊在环境恶劣、物资匮乏、人员颠沛流离的情况下，仍然依靠笔杆子为救亡图存而努力。《申报》《大公报》《新民报》《益世报》等民营报刊经历停刊、复刊、斗争、迁徙、辗转。《申报》在孤岛时期沦为日军的宣传工具，留下极为没落、屈辱不堪的一页。《大公报》在强敌压境、狂轰滥炸的情形下，先后舍弃五处馆舍和设备，仍然坚持出版，更在1941年获得美国密苏里大学新闻学院授予

① 《本报复刊辞(社评)》，《大公报》，1937年7月16日。

的“最佳新闻服务奖”,可见其在国内外的影响力。抗战时期的民营报刊可谓困难重重、血迹斑斑、举步维艰,但是维护民族国家利益、开展救亡宣传报道依然是众多民营报纸的使命。正如张季鸾所说的,“在这抗战时期,一切私人的事业,精神上都应为国家所有,换句话说,就是一切的事业都应当贡献国家,听其征发使用。各界截然,报纸岂容例外”①。

## 二、内战时期传统民营大报的收缩与新中国新闻业的曙光

因历史因素、商业传统等原因,民营大报在近代中国社会中扮演着重要角色。民营大报既可以传递信息,为民众提供服务,又可以针砭时弊,对国民政府展开激烈批评。国民政府曾慑于民营大报的影响力和公信力不敢对其采取过激措施。然而,全面抗战的爆发使得全国大多数民营报业折损严重,且在国民党党营报业体系的笼罩下影响逐渐式微。抗战胜利后,国民党在迅速恢复出版党营报纸的同时,迅速对收复区民营报纸进行接收与改造,尤其以“附逆”的罪名加大对上海地区大型民营报纸的没收,并逐渐使其党化。根据内政部 1946 年的统计,全国报纸已登记的有 984 家。因战争摧残及战后国民党的接收,全国报社的总数并没有超过战前的总数。经历了战争的破坏和国民党的强制接收与改造,民营大报逐渐收缩并衰退,直至退出历史舞台。

1945 年 8 月全面抗战胜利后,国民党新闻事业的中心也随国民政府回迁到上海、南京等东部地区。“接收”成为这一时期的工作重点。根据不完全统计,这一时期包括来自中央系统、行政系统、地方系统以及各行各业的“接收”机构共计 89 个,其中上海地区最多。全面抗战还没有完全结束之时,国民党即派接收大员回到上海,着手准备接管上海地区的新闻机构。此后,国民党于 1945 年 9 月 20 日颁布《管理收复区报纸通讯社杂志电影广播事业暂行办法》的训令,规定“敌伪机关或私人私营之报纸、通讯社、杂志及电影制片、广播事业一律查封,其财产由宣传部会同当地政府接收管理。”同年 10 月蒋介石批准成立“收复区全国性事业委员会”,由行政院副院长翁文灏兼任主任委员,同时拟定《广播事业接收三原则》等法令,使得国民党基本上全面控制沦陷区的电台、报社、通讯社等新闻机构。至 1946 年 5 月,国民政府还都南京之时,国民党建立起超越战前的庞大新闻事业网。

上海是近代中国新闻事业最发达的地区,大量商业报纸、出版机构云集,且在

① 《本报移渝出版》,《大公报》,1938 年 10 月 17 日。

中西交融的政治、文化环境中，新闻言论相对自由、开放。国民政府在南京成立以后，其新闻势力在上海影响弱于民营商业报纸。

全面抗战时期，上海地区的《申报》《新闻报》因留在上海继续发展，与日伪及其政府有着一定关系。《申报》在抗战时期曾表示不向日本侵略势力屈服，先后迁到汉口、香港出版，后迫于时势紧张均再次停刊。1938 年，《申报》借美商之名在上海租界复刊，被日本军部控制，之后成为日伪向国内外宣传的工具。《新闻报》在"八一三"战事爆发后不久即接受日军检查，迅速为民众所不齿，影响一落千丈。后企图以"洋旗报"避免日军检查，仍被日军所控制，成为日军混淆视听的舆论宣传机器。战后，国民党对党媒进行重新布局，逐步在上海建立新闻据点，抢占舆论阵地。《申报》《新闻报》等历史悠久、影响巨大的民间商业大报成为国民党接收和改造的典型对象。抗战胜利后，国民党即派接收大员到上海，命令《申报》《新闻报》停止出版。国民党当局对在上海影响巨大的两家民营商业大报高度重视，视为专案处理，先后拟定《管理〈申报〉〈新闻报〉办法》和《〈申报〉〈新闻报〉报务管理委员会组织章程》，对两家报纸进行特殊处理：

一、保留《申报》《新闻报》两报名称，以利宣传。

二、《申报》《新闻报》暂时在宣传部管理下恢复出版。

三、由宣传部各遴选适当人员十一至十五人，分别组织《申报》《新闻报》报务管理委员会，负责接管经营并筹划各该报改组事宜。各报业管理委员会为两报管理期中最高权力机关，对宣传部负责。

四、在《申报》《新闻报》管理期间，两报股东之股权应暂时停止行使。旧有董事会亦应撤销并停止股票过户，俟清查后再定办法。

五、对《申报》《新闻报》附逆应负责任股东之股票，由各该报报务管理委员会查明，呈请政府依法处理。

六、前项清查工作完成后，即召开股东大会，选举董事，成立董事会，正式改组两报，报务管理委员会即时即行撤销。

七、《申报》《新闻报》未附逆之员工应尽先录用，以示奖勉。①

为更好地实现对两报的接收，国民党中央宣传部拟成立委员会，《申报》方面由潘公展任主任委员，李惟果任副主任委员，委员有吴绍树、冯有真、陈景韩、钱永铭、

① 马光仁：《战后国民党对申、新两报的控制》，《新闻研究资料》，1985 年第 5 期，第 156—157 页。

潘公弼、马星野、陈训畬、陈克成等共11人。《新闻报》方面由萧同兹任主任委员，许孝炎为副主任委员，委员有蒋伯诚、董显光、吴任沧、程希孟、钱永铭、曾虚白、詹文浒、杭石君、邓友德等共11人。[①] 1945年9月19日，国民党中宣部部长吴国桢、副部长许孝炎联名写报告请蒋介石审批，9月21日，蒋介石批准吴、许二人的报告，分别派出以潘公展、程沧波为首的接管《申报》《新闻报》的工作小组，进驻两报馆。[②]

为了进一步加强对申、新二报的全面控制，1946年3月9日，国民党当局采取加入官股、改选董事会的策略。《申报》资本额总计15 000股，经过改造后，史家仅剩5300股，占总数的35%，其他大部分股东多为国民党要人，官股总额超过51%。《新闻报》原资本额总计20 000股，国民政府收购5000股，陈布雷、程沧波、张道藩等十人每人收购400股，唐乃建等五人每人收购200股，对于其余股份"以后再陆续收购"[③]。《申报》《新闻报》二报的经济大权被国民党要人所控制，彻底改变了其纯民营报刊的性质。与此同时，国民党改选董事会，调整报社组织管理人员，使控制大部分股份的国民党新股东占董事会绝大多数。《申报》方面，杜月笙任董事长，潘公展任社长兼总主笔，陈布雷、端木恺、潘公展、陈训畬、吴任沧、程沧波、徐青甫等国民党要人当选为新董事，史咏赓仅为副董事长。《新闻报》方面，钱永铭任董事长，詹文浒任总经理，陈布雷、潘公展、詹文浒、张翼枢、赵棣华等成为新董事。经过运作，国民党当局通过"合法"手段控制了《申报》《新闻报》。改组后的《申报》《新闻报》丧失了传统商业大报的风骨和内涵，成为国民党新闻舆论宣传的传声筒和扩音器，在中国存续七十余年的民营商业报刊逐渐退出历史舞台。

1946年6月，国民党当局对中原解放区发起进攻，全面内战爆发，国民党对新闻事业的统制也随之强化。抗战胜利后，国民党表面承诺给予人们言论自由，却继续制定新闻统制法令法规，加强新闻控制。《维持社会秩序临时办法》《动员戡乱完成宪政实施纲要》《新闻纸杂志及书籍用纸节约办法》《戡乱时期危害国家紧急治罪条例》《军事新闻采访发布实施暂行办法》《惩治叛乱条例》《白报纸配给标准》《特种营业管制方法》等各种密集颁发的法律法令，从报馆的登记管理、出版物的发行、报纸的审查核查、军事新闻的编发、纸张的配给、报纸的运输等方面进行更严密的管

① 马光仁:《战后国民党对申、新两报的控制》,《新闻研究资料》,1985年第5期,第158页。
② 马光仁:《战后国民党对申、新两报的控制》,《新闻研究资料》,1985年第5期,第158—159页。
③ 马光仁:《战后国民党对申、新两报的控制》,《新闻研究资料》,1985年第5期,第159页。

控。1947年后,国民党当局甚至动用特务、宪兵,破坏报馆、暗杀报人,在新闻舆论界实行白色恐怖。民营报刊在社会环境复杂、政治环境严苛、经济环境恶化、报业竞争激烈的媒介生态下举步维艰。

随着内战进入白热化状态,国统区新闻界出现鼓吹"第三条"道路的呼声。"第三条道路"标榜走"中间"路线,既反对国民党的独裁统治,也反对共产党的人民政权,实质上是想建立英美式的资产阶级专政。这一时期鼓吹走"第三条道路"的报刊主要是《大公报》《观察周刊》《文汇报》《新民报》《新路》等刊物,《大公报》明确提出反对任何形式的一党专政,揭露国民党腐败统治,希望中国由自由主义分子来领导。1947年10月,国民党下令解散民盟,同时采用攻击、威胁、停刊的方式镇压"第三条道路",迫使王芸生、邹韬奋等人离开上海,投身解放区新闻事业。

1949年新中国成立以后,新闻事业进入新的转型阶段。民营报纸从内部结构、办报理念、新闻生产到经营管理、出版发行等方面均发生转变,直至失去维持办报的根基,最后不得不选择退出历史舞台。民营报刊的退场方式多样,先后经历六年之久。其中民营报纸被直接改造成共产党机关报是这一时期的重要方式,其中《申报》被改造成《解放日报》是这一方式的典型代表。民营报纸转变成公私合营进而改造成机关报也是一种重要方式,如重庆《大公报》、北平《新民报》等报刊先转变成公私合营,后因难以为继,进而改造成机关报。同时,还有民营报纸改变为公私合营等方式,如上海《大公报》《新民报》《文汇报》等影响较大的民营报刊,但是由于政治环境、办报理念和经营方式均发生变化,报刊的发行量和影响力逐渐降低,民营报纸不得不借助政府的资金扶持维系生存。此外,经历了多年的战乱与磨难,民营报刊经常遭遇审查严格、物资短缺、竞争激烈等困境,更多近代民营报刊在错综复杂的媒介生态环境中无法经营,直接停刊,如《新民报》《华北汉英报》《哈尔滨公报》《越华报》《宁波人报》等。至此,在中国大陆存续七十多年的民营报纸在新中国成立六年之内彻底消亡。

舆论,作为军事战场之外的"第二战场",地位在战争时期日益凸显,是实现"不战而屈人之兵"的重要手段。战争时期国民党从未放弃过对新闻传播媒介的控制,一方面出台一系列法律法规加强新闻统制;另一方面不断发展壮大国民党新闻事业,建立庞大的国民党新闻事业体系,抢占舆论阵地。南京国民政府成立以后,国民党就对新闻传播领域实现了报纸、杂志、通讯社、广播、出版物等全方位的统制。全面抗战爆发后,国民党逐渐强化新闻统制,通过新闻统制制度把党的意志转喻成国家意志,加强对国家与民众的掌控。内战时期国民政府还出台一系列限制新闻出版自由的法律法规,加紧对进步新闻事业的管制和压迫。战争时期的国民党新闻事业在党国框架不断强化的情形下逐步发展、繁盛,建立了以《中央日报》、中央通讯社、中央广播电台为中心的庞大的新闻事业体系。然而,随着内战的骤然激化,国民党陷入前所未有的政治、经济危机,其新闻事业也随国民党政权的瓦解迅速覆灭。而中国共产党领导下的新中国得以建立,新中国新闻事业亦随之迎来了曙光。

# 结论

## 中国近代新闻舆论史多重面相及其书写

这些年，中国新闻舆论史研究团队一直在着力于“中国新闻舆论史”研究及书写，涉及以中国新闻媒体与舆论演进、社会结构变动的互动关系视角，重在探讨中国近现代舆论主潮变迁，及其与社会历史互动关系的规律性。舆论是伴随着人类社会发展而呈现的一个基本的社会现象。古代已有舆论现象及其相关舆论学理的探讨，比如说汉代月旦评、太学清议等，涉及民意、公论。后随着历代王朝更替，舆论及其动员也较明显。在没有报纸这一近代传媒之前，民意、公意乃至舆论是一直存在的。实际上，进入近代中国，报纸区别于明清的京报、邸报，尤区别于宋代的“小报”，是一种新的传播媒介。这种新媒介涉及以新闻、时评乃至广告的方式呈现社会资讯，尤其是商业资讯。

近代以来，舆论呈现的形态日渐丰富。维新变法时期，康有为等联络在京应试的举人公车上书，属借助传统的科举考试这样的机会而形成舆论动员的典型行动。所以舆论的“舆”，一开始即与“复古”意义“公车”密切相关，维新变法时期是指区别于皇帝的圣旨上传下述，呈现民意、公意等色彩。而新闻纸进入之后，舆论的呈现与展示与之前相比发生巨变，若马路与公路之比。

报纸改变了近代舆论时空格局。随着西学东渐，作为近代新媒体的报刊进入中国以后，舆论呈现及其关联的形态发生巨变。另一方面，舆论的形成、演变，亦与承载舆论的传播媒介关系密切。总之，随着时代的发展，报纸在竞争当中日益以新闻乃至时评为核心的办报取向。新闻多反映世界的变动及其过程，新闻内容往往提供场景和资讯。这种场景和资讯往往折射一些新生事物的诞生、旧事物的消亡，反映了人类社会新陈代谢的进展。以新闻纸为核心的传播媒介嵌入，使得近代社会的舆论演变呈现更为复杂的局面。

## 一、中国近代新闻舆论史探索的多重面相

从古代中国舆论到近代中国舆论之历史演变，涉及传播媒介，亦关涉西方学理参照。伴随中国近代社会由封建君主专制转向资产阶级意义上的民主共和制，中华民国合法性的根基不再是君权神授，而是"主权在民"的社会契约论思想。这反映舆情及其关联的政治演变背后的学理变迁。无论是新闻抑或时评，近代中国相关舆情解读多有西方学理框架。这是西学东渐在中国新闻舆论场域中的展示。舆论概念及媒介舆论发展的历程，亦在报纸上有所解读。近代中国无论是国家与社会关系重构，还是新闻传播和舆论的关系重建，多借助或直接引进西方的社会学框架。由此而论，进行社会结构的分析乃至舆情分析等，涉及学理及实践。

第一，近代媒介呈现网络状。从 1815 年《察世俗每月统记传》的筹办到当下的媒介系统呈现网络状有个历史发展的过程，网络状有其联系的目标，这个目标涉及区域意义上的国家与社会。媒介横向上勾连中国与世界，即相应的媒介总是某些区域意义上的，如 1930 年前后世界经历 4 年经济危机步入严重的经济大萧条，欧美列强自救不暇，而同期中原大战的爆发可谓围绕汪精卫与蒋介石的权力斗争，诸路军阀付诸武力并逐鹿中原重要体现，也是最大规模的军阀混战。1931 年九一八事变，国民政府在洛阳召开国难会议，洛阳一度被宣布为"行都"，《河洛日报》《行都日报》其重要性不言而喻。当时民国政府以南京为中心，在北方一度以洛阳为军事地理中心。由此而论，分析《行都日报》，涉及洛阳的地理位置，当涉及军政地理，即媒介的目标所关联的往往是特定的区域。如《皖北日报》和《皖南日报》分别相对应的是合肥的皖北行署和芜湖的皖南行署，它们对应的是区域意义上的政治，1951 年 12 月 26 日一度出版《皖北日报·皖南日报(联合版)》。后皖北行署和芜湖的皖南行署合并在合肥办公，1952 年 6 月 1 日改出《安徽日报》。办报地点与毛泽东所说"合肥不错，为皖之中"，即合肥为安徽省会，密不可分。

传媒乃至传播在较高层次上涉及国家，关联政治意识形态，在较低的层次上往往联系着社会。媒介的网络状涉及近代报刊，有很多类型，有政治类、财经类等；时

间上有早报、晚报，而特殊时间、事件，有号外等。媒介所针对的受众、所网罗的对象以及媒介的出发点，往往有些相似。或可将媒介置于媒介生态环境中的场景分析，如果将受众比作鱼，媒介与受众就类似于鱼和网的关系。媒介有多重类型，所以媒介的网络状，也是很复杂的。而就关联性而言，有的报纸本身的名称显示面向的是社会，如 1921 年 3 月 1 日林白水在北京筹办《新社会报》并敢于揭露社会黑幕并因此入狱。林白水出狱后于 5 月 1 日该报易名《社会日报》继续刊行，意在改造报业与革新社会，可谓早期京派文化重要媒介。而 1919 年 3 月 3 日在上海钱芥尘筹办、余大雄主编的小报《晶报》面对的是福尔摩斯等西方小说类爱好者，也登载鸳鸯蝴蝶派等代表的传统文人喜好内容，《晶报》之流可谓是早期海派文人手中的媒介。所以这种报刊受众往往是流动的，他们在这个区域可能作为原居民而存在，但在跨区域的文化空间上他们有可能是流动的。可见媒介所构成的网络面对的是移动的受众文化空间，一如网中的鱼是游动的，只不过上海滩码头的移民文化，涉及中西会通之下传统性与现代性的博弈。

通常意义上的社会网络分析，涉及“纲举目张”。传播意义上“纲举目张”，涉及媒介受众、办报及其宗旨等奠定之后构成相应版块，比如中英合资的《新闻报》所构成的版块有新闻、时评等。《新闻报》的“纲举目张”中的“目”系由几个版块支撑。1893 年 2 月 17 日（正月初一）创刊的《新闻报》的主要竞争对手是 1872 年 4 月 30 日创办的《申报》。而英人丹福士为总董，斐礼思为总理的《新闻报》创立伊时定位“柜台报”，即在杂货店铺柜台上放置，这与英国杂货店零售报刊密切相关。《新闻报》一度以经济新闻为主，问题是在上海滩买杂货与进入永安百货公司购物，常常是两码事。

第二，考量媒介本身的筹划及其落地之间，对应的网络状关系。有一个词叫“天罗地网”，“天”与“地”是中国传统的宇宙哲学，认为“网”是从天而降，但终在区域意义上进行覆盖。所以笔者强调受众和媒介形成的区域和网络等关系，它类似渔夫、网和鱼的关系，即报人和报馆之间的联络组织，以及它和受众之间的定位，关系密切。这方面研究，历史学界做得很好，华裔学人叶文心书写的时段界于 1843 年至 1949 年的《上海繁华》所以出彩，多缘于她从经济伦理层面描述作为都会的上海及其消费文化，并试图捕捉上海的“知识”与“思想”及其背后关联的现代传媒。由此，她聚焦金融、出版与百货业，探究阅读与消费在都市文化中的建构性。笔者认为，作为海派文化中心的办报人及读报人之间的报，构成一个类似“邮寄”意义上的流动网络，而且认为受众是流动的受众，缘于受众“今天或许帮别人看铺子”，“明天在工厂里上工”。受众通过“读者来信”的方式在媒介网络中常有所呈现。由此，笔者组织新闻舆论史研究团队，希望相关媒介史书写重在呈现区域文化空间网络状勾连的内容及其传播过程。区域意义可能指都市，也可能指省份、行政地理的，甚至是一个国家性大报，而近代早期国家与国家之间的资讯沟通，涉及《国闻报》《亚东时报》乃至《中外日报》《东方杂志》报或刊，以及中华书局乃至亚东图书馆等专业出版，这些可能会构成东亚区域的文化特色，所以有东亚报刊之类的报名。某些东亚报刊的名称表面上是想超越中国、日本等国家的界限，但背后往往又鼓吹弱肉强食的丛林法则，这是需要注意的问题。

第三，交往脉络中受众分析。媒介本身河床，而资讯类似河水，所以河床与河水之间相互约束。作为载体，媒介可能会选择性地登载一些资讯内容，比如说上海滩办了很多剧场、电影院等，需要剧本，20 世纪二三十年代有文艺类报刊，如《紫罗兰》常常刊发影视剧本。东南亚等华人居住的地方有类似刊物，尤其是新加坡，二三十年代新加坡的影视深受上海滩码头文化的影响。类似《紫罗兰》《星期六》等刊物，文化消费类刊物曾在新加坡出现。这些报刊涉及的源头往往是上海滩，主编也多来自上海滩。类似《紫罗兰》名称的报刊，约束的故事内容，很适合舞台表演乃至影视，但很少讲到学界或者是新闻界，另外一些刊物，如《大美晚报》“记者座谈”的专栏等往往以学界、业界为主。所以说，媒介像河床，资讯就像河水一样呈现。有时候资讯来得太猛烈有可能冲刷河床，而河床会约束资讯的走向。媒介系统往往涉及“媒介”本身呈现的河床、河流、河道，甚至呈现水系网络。前文讲的媒介呈现网络状，是指微观层面上媒介呈现的河床以及它的水系，媒介和它的生态系统之间的关系。诸如，近代北方和南方的媒介生态系统，涉及北方官报与《北洋官报》，南方官报与《南洋官报》。北方以《北洋官报》为核心，《南洋官报》是学习《北洋官报》的，南方的官报不以《北洋官报》为学习模板，而是以《南洋官报》为学习模板。这两个相互交流对峙形成以北方为中心及以南方为中心南北官报区域系统。这在近代尚涉及媒介生态，涉及直隶总督和两江总督非常复杂的关系。《北洋官报》创立者是袁世凯，北方无论是东北、华北、西北，还是中原，多以《北洋官报》为效仿的对象，而《南洋官报》报馆是在两江总督驻地南京，两江总督管辖江苏及安徽，辖地首府形成了两个地方，一个指南京，另外一个指安庆。两江总督驻地是南京。在中观层面，我们要看到媒介和媒介系统组成网络状水系一般，并在地理区域上呈现。母报与子报并非一定是一家企业公司，也可以是媒介地理上空间布局。

第四，小的媒介的网络节点如电报、驿站、马车、火车等交通传送，和大的通信系统互嵌,涉及有形的网和无形的网、大网和小网彼此勾连。地理区域水路状的通道、火车组成的实体性的通道和马匹组成的驿站通道,关系复杂。诸如小的媒介对应都市,《南洋官报》对应的南洋地区,《北洋官报》对应的北洋地区,这些"洋"本身就相当于河水、河床类似的取名。所以北洋、南洋从地理区域上界定海军水师。水域对应的江、河、湖、海等。从区域来讲,遍布的媒介网络并不像我们所讲的那样有多大的威力,并不一定能捕获受众。比如,大河里放一张网,很难想象这张网马上就能捕鱼,就有受众来。在这种情况下,应知道媒介受众目标涉及读者密度和地理区域的关系。此外,还涉及读者的偏好和这些对应的网络状传播的互动关系。另一方面,社会的生态系统往往涵盖媒介系统。有时媒介的从业者被杀,实是媒介承担的功能过多生产政治统治的非法性、非正义性,往往会遭到统治者妒恨,导致鱼死网破。

第五,定位媒介的成长过程类似于捕鱼和休渔之间的关系,涉及媒介的运动。舆论的强度涉及媒介。报馆不宜太多。特定区域报馆太多易惹是生非。报馆太少,也易致缺乏舆论监督。因此媒介与当局之间互动过程当中,形成网状的牵连亦有运动周期。过多了就会镇压,过少了也会有人不断投入。所以从这种角度来讲,有时候媒介被取缔,不仅仅是因为它刊载咨询是否公开,时评是否公正透明。近代也有可能是报刊过多,无法操控而导致惹是生非。从细节上可以看出,媒介教育和媒介的网络状态可谓授渔之说,须引导人们从学与术的层面来总结媒介网络的覆盖。所以在这种程度上,如果把媒介本身视作河床与河水的关系,我们一定要看到:如果媒介坚守的过于清白,淡漠媒介尚有娱乐功能等,那么媒介很有可能如庄子所言"水至清则无鱼"。如果媒介呈现乃至展示区域社会过于"清洁"、过于"道义性",反而没有读者或数量锐减。

## 二、中国近代新闻舆论史书写省思

近代新闻舆论史探索有其路径与方法,涉及历史与现实的交融互参。诸如报纸、杂志、期刊、广播等发布有关时局或民生等重要新闻,紧接着对新闻进行评论。新闻基础上的这种评论多属时评,往往会展示舆论精英观点或思想。由此可见,时事评论展示思想、观点。这要了解的第一个问题涉及考量新闻与时评的关系。其次,把握什么是学科史意义上"舆论"及其历史书写。

舆论史探索既有历史纵向主脉的勾画,也涉及某个场域小规模的政治动员。舆论史探索要注意舆论与舆论动员的结合:舆论是一种民意,是渐渐形成的声音,以及声音之间相互支撑形成强大的社会压力。舆论形成的力量和真实事件呈现的力量有很多共同点，但差别也非常大。舆论具有主观性、建构性，所以它不完全是一种客观的多种声音的呈现，舆论往往是媒介有意识的营造某种可能性，强化某种声音，而对另外一些噪音予以清除。这是中国新闻舆论史研究团队及其研究成果探讨的重点所在。舆论史探索的主脉与余脉之间的关联性，如同黄河的河道整体趋向，及其与各个支流的具体流向关联。黄河河水整体由西向东流，但是黄河又有九十九道弯，就不能保证没有一道支流的河水由东回冲到西；就好比历史有一个总的趋势，一个文明接替另一个文明，但不可否认有开历史倒车的现象。

中国新闻舆论史的探索，尤其侧重近代传媒、舆论场域及其与社会结构变动之间的关联。近代中国诸如新闻史与舆论史关系，舆论场域与社会框架变动之间的关联性等，以往没有得到充分地揭示；很少看到舆论场域和政治变革的关系相关成果。救亡图存语境下的历史探索，涉及富强指向在新闻纸上的呈现乃至展示。我们认为，以报刊为核心的新闻纸关注经济变动及其脉络展示，由此可追溯政治变革的取向，然后再从阶级、阶层的划分，论及社会运动；实际上，近代中国政治变革新陈代谢，涉及其与舆论主潮相互促进及制约的内在关联，诸如：清末维新舆论到革命舆论转向，民初社会秩序重建舆论的兴起以及抗战语境下所谓国家中心论乃至建国舆论的强势，等等。

简言之，以往新闻史学书写往往是从时评乃至政论的方面去分析，很少从学理上考虑，且存在过度阐释。此种写作方式存有一定的问题。舆论涉及“有意识的营造”，舆论就是笔杆子，笔杆子参与论战，舆论战其实是笔杆子的战争。舆论史的探索是中国新闻传播史研究中具有重要意义的课题，却同时也是未得到充分揭示的重大问题。由此而论，相关历史脉络的揭示，有助于发掘中国近代舆论演变及其呈现的规律性，对当下中国社会政治结构多个面向的关联性的历史渊源的理解亦具有重要意义。

# 后记

本书稿从召集会议、拟定大纲及目录、写作及完成，费时5年，感谢学界诸多同行的指教及匿名审稿专家的宝贵意见。书稿拟名也费思量，虽为“新闻传播流变史”，但更多从新闻舆论乃至社会动员层面切入，意从新闻传播流变的历史脉络中展示舆论的新旧代谢的轨迹及规律，故列入中国新闻舆论史丛书。特作交待。

导论：王天根（安徽大学）

第1章：王天根（安徽大学），刘佳（安徽建筑大学），林娜（安徽大学）

第2章：王天根（安徽大学），林娜（安徽大学）

第3章：高俊聪（河南工业大学）

第4章：陈雨璇（安徽阜阳师范大学）（第一节、第二节），刘蕊（安徽大学）（第一节）

第5章：王天根（安徽大学），林娜（安徽大学）

第6章：张朋（安徽大学）（第一节、第二节、第四节），李铭煜（深圳大学）（第三节）

第7章：曹丹（福建工程学院）

第8章：张朋（安徽大学）

第9章：李军（安徽财经大学）

第10章：刘威（辽宁大学）

第11章：方慧琪（安徽建筑大学）

第12章：胡凤（安徽大学）

第13章：范子谦（山东财经大学）（第一节），程磊（山东大学）（第二节），王咏梅（山东大学）（第三节）

第 14 章:朱叶(电子科技大学)(第一节、第二两节),鲍宪伟(中国科学技术大学)(第三节),董瑜玥(南京信谊儿童文化发展有限公司)(第三节)

第 15 章:郭静(合肥学院)

结论:王天根(安徽大学)

审读者:安徽大学学报编辑部张朝胜老师,安徽大学历史学院周乾教授,安徽大学出版社李加凯副编审。审校中,周乾教授出力尤多,多次把关,工作认真细致。主编王天根拟定书稿著述的大纲及目录,并结合主线作了逻辑上调整。张朋作为学术助理,作了辅助工作,林娜作了协调工作。书稿完成后,主编王天根多次召集会议,在整体及细节上提出修改意见。后主编王天根对书稿进行统稿及审阅,并对相关部分进行删改。

王天根